EXCEL
데이터 분석
바이블

윤신례 저

내일의 업무를
오늘 끝내주는
실무 활용법

YoungJin.com Y.
영진닷컴

엑셀 데이터 분석 바이블

ISBN : 978-89-314-4738-5

독자님의 의견을 받습니다.
이 책을 구입한 독자님은 영진닷컴의 가장 중요한 비평가이자 조언가입니다. 저희 책의 장점과 문제점이 무엇인지, 어떤 책이 출판되기를 바라는지, 책을 더욱 알차게 꾸밀 수 있는 아이디어가 있으면 팩스나 이메일, 또는 우편으로 연락주시기 바랍니다. 의견을 주실 때에는 책 제목 및 독자님의 성함과 연락처(전화번호나 이메일)를 꼭 남겨 주시기 바랍니다. 독자님의 의견에 대해 바로 답변을 드리고, 또 독자님의 의견을 다음 책에 충분히 반영하도록 늘 노력하겠습니다.

이 메 일 : support@youngjin.com
주   소 : (우)153-803 서울특별시 금천구 가산동 664번지 대륭테크노타운 13차 10층
등   록 : 2007. 4. 27. 제16-4189호

STAFF

저자 윤신례 | **책임** 김태경 | **진행** 정소현 | **본문 디자인 · 편집** 영성기획 | **표지 디자인** 임정원

Introduction

엑셀을 사용하여 작업을 하다 보면 데이터가 쌓이게 됩니다. 이러한 데이터는 단순한 숫자로 남을 수도 있지만 아주 중요한 정보가 될 수도 있습니다. 과거 데이터를 이용하면 미래 매출을 예측할 수도 있고, 매장의 물품 진열을 다시 배치할 수도 있고, 고객들이 좋아하는 분위기의 음식을 만들 수도 있습니다. 이러한 일들을 가능하게 하는 것이 바로 엑셀의 데이터베이스 기능입니다.

이 책에서는 엑셀 기능 중에서도 데이터베이스 기능을 이용하여 할 수 있는 여러 가지 기법들에 대해 알아봅니다.

따로 프로그램을 이용하지 않고 엑셀에서 입력해 놓은 데이터만 있다면 다양한 각도로 데이터를 가공하여 분석할 수 있습니다. 데이터베이스하면 떠오르는 피벗 테이블 분석 기능만이 아니라 데이터베이스 관련 함수, 도구 분석, 시나리오, 해 찾기, 예측, 차트 등 엑셀에서 제공하는 여러 가지 기능을 사용할 수 있기 때문입니다. 하나하나 기능을 익혀 전체적으로 조합하면서 사용할 수 있다면 더 바랄 것이 없겠습니다.

데이터베이스를 이용한 이러한 작업은 실제 업무를 하는 말단 사원에서부터 업무 처리를 위해 결정을 해야 하는 결정권자까지 누구나 필요한 작업입니다. 100% 예측을 보장할 수는 없지만 어떠한 사항을 결정하는데 중요한 역할을 하기 때문입니다.

마지막으로 이 책이 나올 수 있도록 도움을 주신 영진닷컴의 정소현 님께 감사의 마음을 전합니다.

저자 윤신례

미리보기

이 책은 엑셀을 이용하여 데이터를 분석하는 방법을 체계적으로 학습할 수 있도록 5개의 PART로 구성되어 있으며, 각각의 PART는 Chapter와 따라하기 형식의 Step으로 세분화되어 있습니다. 데이터 분석을 하기 위해서는 많은 양의 데이터가 필요하므로 데이터를 손쉽게 정리하는 기본적인 방법부터 데이터 처리와 분석, 예측까지 자신의 업무에 필요한 데이터를 다루는 여러 가지 방법에 대해 알아봅니다.

Chapter
데이터 분석의 다양한 기능을 Chapter로 구성합니다.

Step
본격적인 학습 코너로써 따라하기 형식으로 구성하여 데이터 분석의 기능을 쉽게 익힐 수 있도록 유도합니다.

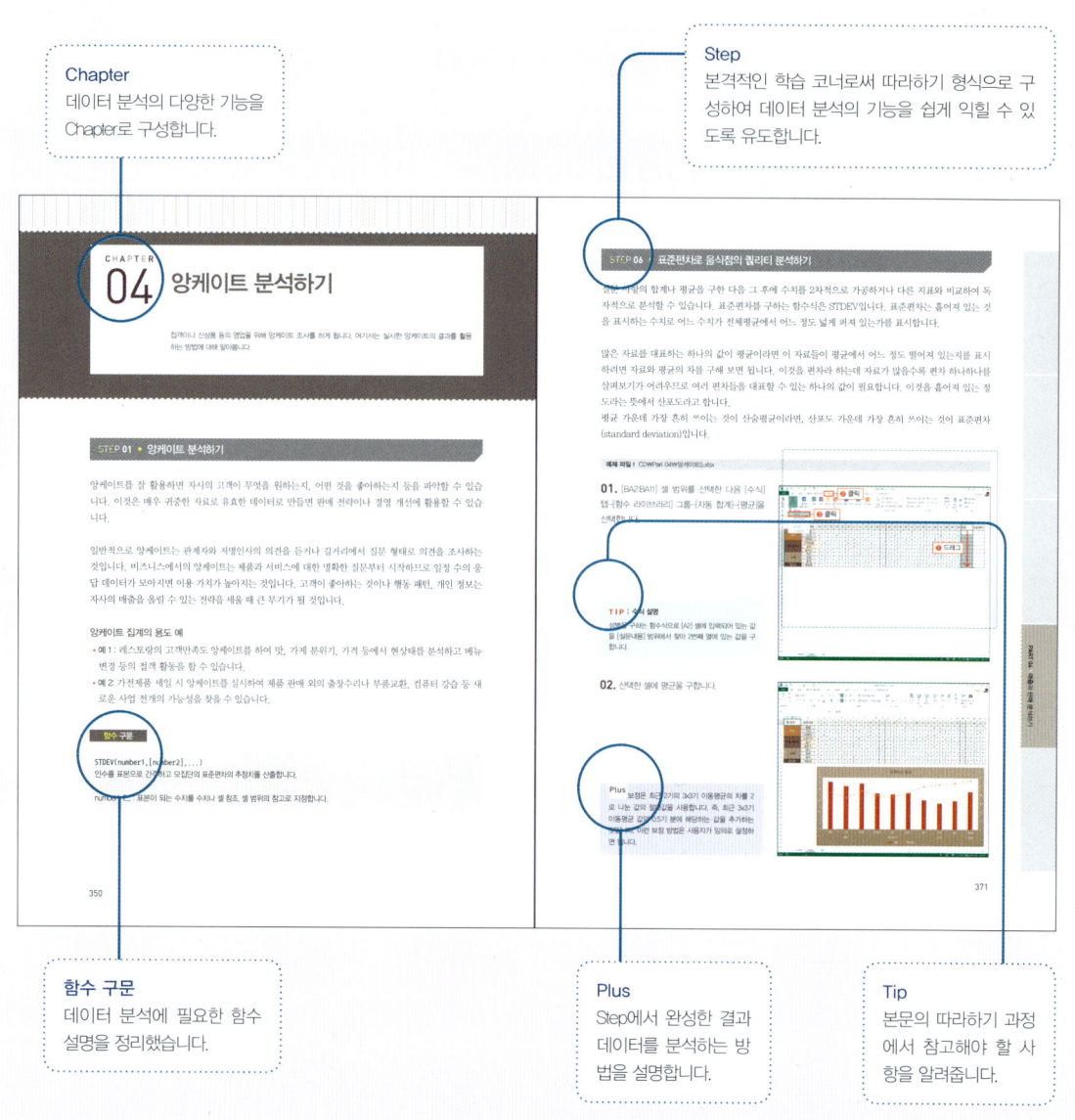

함수 구문
데이터 분석에 필요한 함수 설명을 정리했습니다.

Plus
Step에서 완성한 결과 데이터를 분석하는 방법을 설명합니다.

Tip
본문의 따라하기 과정에서 참고해야 할 사항을 알려줍니다.

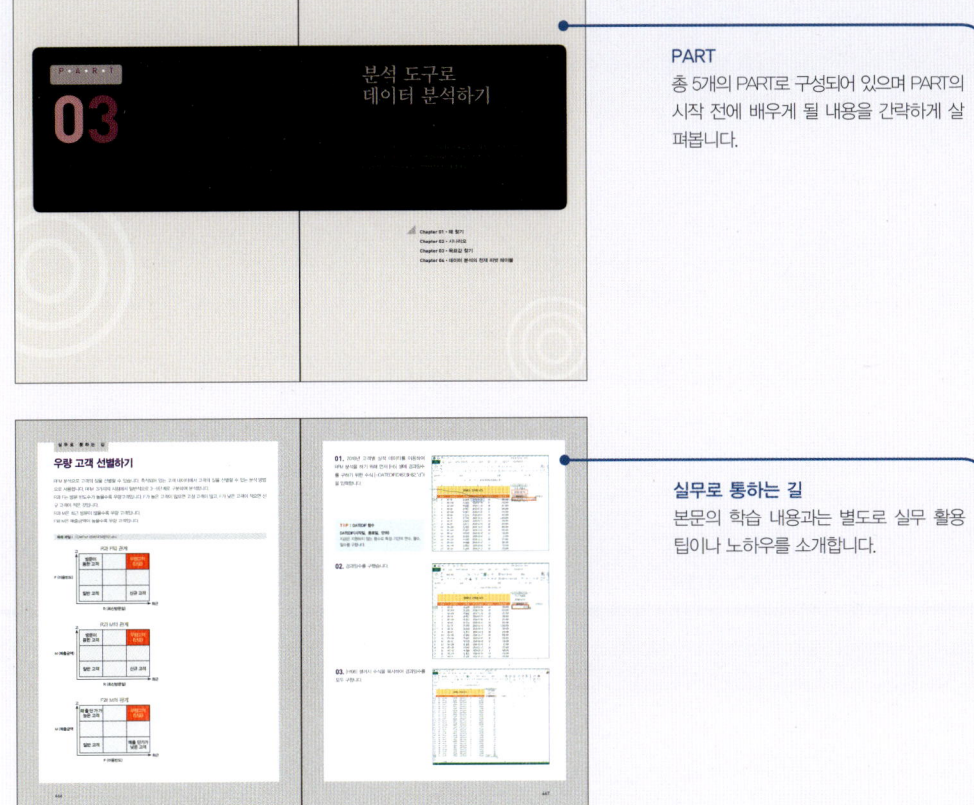

PART
총 5개의 PART로 구성되어 있으며 PART의 시작 전에 배우게 될 내용을 간략하게 살펴봅니다.

실무로 통하는 길
본문의 학습 내용과는 별도로 실무 활용 팁이나 노하우를 소개합니다.

PART Summary
PART에서 배운 엑셀 데이터 분석의 핵심 내용들을 다시 한 번 복습할 수 있도록 간단히 요약해서 소개합니다.

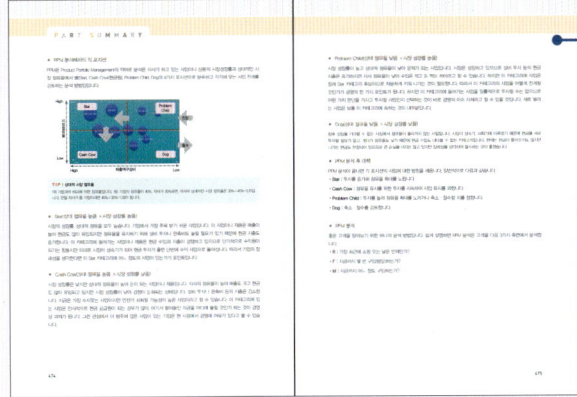

■ **홈페이지에서 예제 파일 다운로드 받는 법**

이 책에서 제공하는 예제는 영진닷컴 홈페이지(www.youngjin.com)의 [고객센터]-[도서자료실/CD 다운로드] 게시판에서 검색 창에 도서명이나 키워드를 입력한 후 다운로드 받아 사용하실 수 있습니다.

목차

PART 01

데이터 분석의 기초

Chapter 01 | 비즈니스 데이터 분석   12
STEP 01: 엑셀로 하는 데이터 분석   12
STEP 02: 비즈니스 데이터 분석 기초   16
STEP 03: 신뢰할 수 있는 데이터를 준비하고 엑셀로 시작하는 데이터 분석   18
STEP 04: 데이터 분석의 기본 요소   19
STEP 05: 차트 해석하기   20
STEP 06: 비즈니스 데이터 분석의 기본 방법 익히기   22

Chapter 02 | 기본 통계량   30
STEP 01: 기본 통계량 구하기   30
STEP 02: 기초 통계량 구하기   35
STEP 03: 중앙값 구하기 MEDIAN 함수   37
STEP 04: 최빈도 구하기   38
STEP 05: 데이터에서 규칙성을 찾기 위해 분산과 표준편차 구하기   39
STEP 06: 분산형 차트 작성하여 데이터의 불균형 확인하기   43
STEP 07: 기술 통계법 도구로 여러 가지 통계 한번에 구하기   48

Chapter 03 | 데이터 분석을 위한 데이터 입력 작성 방법   50
STEP 01: 데이터 분석의 기초는 리스트 형식의 데이터로 만들기   50
STEP 02: 틀 고정시켜 제목만 표시되도록 하고 나머지는 스크롤하여 보기   52
STEP 03: 정렬은 데이터 분석의 첫 걸음   53
STEP 04: 자동 필터로 매출 Top 10 보기   55
STEP 05: 어림잡아 숫자 파악하기   57
STEP 06: 지정한 거래처의 매출 금액 합계 구하기   58
STEP 07: 도수분포표와 히스토그램 작성하기   60

Chapter 04 | 손익분기점과 성공 여부 구하기   63
STEP 01: 손익분기점을 사용하여 이익과 손실의 경계 포인트 보기   63
STEP 02: 손익분기점을 차트로 표시하기   65
STEP 03: 성공 여부 구하기   71

Chapter 05 | 한계이익 차트 만들기   74
STEP 01: 한계이익 차트   74
STEP 02: 한계이익 차트를 만들기 위한 데이터 작성하기   75
STEP 03: 기본 차트인 누적 영역형 차트 작성하기   77
STEP 04: 이익한계선을 표시하는 차트 작성하기   78
STEP 05: 계열 서식 설정하기   86

Chapter 06 | 영업 성적 분석하기   92
STEP 01: 간단하지만 강력한 분석 기능 정렬과 표   92
STEP 02: 매출금액 상위 10% 추출하기(조건 지정하기)   94
STEP 03: 지점별 예산 달성 상황 파악하기   101
실무로 통하는길 목표 달성한 사원수 구하기   103
실무로 통하는길 자동 필터로 입력 오류 체크하기   104

● **PART SUMMARY**   **106**

PART 02

트렌드와 예측 데이터 분석하기

Chapter 01 | 예측 112
STEP 01: 예측 데이터 분석하기 112
STEP 02: 추세선 삽입하기 116
STEP 03: 예측값 계산하기 118
STEP 04: 추세선을 올바르게 선택했는지 확인하기 120
STEP 05: 가장 오차가 적은 직선으로 매출 예측하기 123
STEP 06: 급증하는 매출 예측하기 125

Chapter 02 | 함수로 매출 예측하기 131
STEP 01: 예측 함수 131
STEP 02: LOGEST 함수 : 지수 추세의 매개 변수를 배열로 구하기 ... 132
STEP 03: LINEST 함수 : 선형 추세의 매개 변수 구하기 ... 133
STEP 04: SLOPE 함수 : 선형 회귀선의 기울기 구하기 134
STEP 05: INTERCEPT 함수 : 선형 회귀선의 절편 구하기 .. 135
STEP 06: FORECAST 함수 136

Chapter 03 | 트렌드 분석하기 138
STEP 01: 트렌드 분석 기능 138
STEP 02: 월별 매출을 피벗 차트로 작성하기 141
STEP 03: 계절변동비 구하기 143
STEP 04: 계절변동까지 고려하여 데이터 분석하기 148
STEP 05: 이동평균법 151
STEP 06: 지수평활법으로 예측하기 156
STEP 07: 최고 기온에 따른 아이스아메리카노 판매량 예측하기 ... 160
STEP 08: 분석 도구를 이용하여 단순회귀분석 구하기 165
STEP 09: 기온이 31도일 때 아이스아메리카노 판매량 예측하기 ... 167
STEP 10: 매출에 가장 영향을 주는 것은 서비스, 입지, 상품?
        새로운 매장의 매출 예측하기 169
STEP 11: 매출에 효과를 주는 요인 찾기 174
STEP 12: 과거의 월 매출을 이용하여 다음달 매출 예측하기 176
STEP 13: 요일, 광고지, 날씨 데이터로 고객수 예측하기 . 187
실 무 로 통 하 는 길 고객이 재방문할 가능성 예측하기 199

● **PART SUMMARY** 205

PART 03

분석 도구로 데이터 분석하기

Chapter 01 | 해 찾기 210
STEP 01: 해 찾기 기능 210
STEP 02: 해 찾기 기능 추가로 설치하기 211
STEP 03: 이익이 최대가 되는 생산 수량 구하기 212
STEP 04: 상품 진열로 최대의 이익이 되도록 공간 활용하기 ... 216
STEP 05: 창고별 제품 재고량 계획하기 221

Chapter 02 | 시나리오   224

STEP **01:** 시나리오 기능   224
STEP **02:** 현재 상태 파악하기   226
STEP **03:** 시나리오 작업 데이터 만들기   229
STEP **04:** 시나리오 등록하기   235

Chapter 03 | 목표값 찾기   240

STEP **01:** 목표값 찾기 기능   240
STEP **02:** 원하는 손익분기점 찾기   242
STEP **03:** 원하는 이익 금액 찾기   249

Chapter 04 | 데이터 분석의 천재 피벗 테이블   250

STEP **01:** 피벗 테이블   250
STEP **02:** 한 항목의 분석을 위한 하위 수준 표시 기법   254
STEP **03:** 피벗 차트로 다항목 조건 분석하기   258
STEP **04:** 시점을 변경하여 조직간 분석하기   264
STEP **05:** 날짜 데이터 그룹화하기   267
STEP **06:** 날짜를 7일 단위로 그룹화하기   272
STEP **07:** 포지셔닝 맵 작성하기   274
STEP **08:** 문제가 있는 항목의 개선점 찾기   287
STEP **09:** 특징을 파악하여 거래처 그룹 동향 파악하기   294
실무로 통하는 길   해 찾기로 계산하기   298
실무로 통하는 길   대출금의 개월수 구하기   301

● **PART SUMMARY**   303

PART 04

매출과 판매 분석하기

Chapter 01 | 상품 특징 분석하기   306

STEP **01:** 상품 분석 개요   306
STEP **02:** 파레토 차트를 작성하기 위한 데이터 정리   310
STEP **03:** ABC 분석 차트 작성하기   314
STEP **04:** Z 차트 작성하기   318

Chapter 02 | 중점 상품을 결정하고 매출을 올리기 위한 전략 세우기   324

STEP **01:** 상품회전율을 높이면 판매 증가와 연결된다   324
STEP **02:** 판매상품의 실력 평가하기   326
STEP **03:** 상품 위치를 보기 위한 분산형 차트 작성하기   328

Chapter 03 | 계절변동비 고려하기   332

STEP **01:** 계절변동 기법   332
STEP **02:** 이동평균법으로 시계열 데이터 작성하기   334
STEP **03:** 계절지수 구하기   337
STEP **04:** 계절 변화를 제거하여 성장 판단하기   342
STEP **05:** 차트 작성하기   347

Chapter 04 | 앙케이트 분석하기   350

STEP 01: 앙케이트 분석   350
STEP 02: 평균과 방사형 차트에 의한 분석   352
STEP 03: 히스토그램에 의한 분석   354
STEP 04: 재방문이 높은 고객의 특징을 상관으로 분석하기   357
STEP 05: 피벗 테이블로 앙케이트 집계하기   359
STEP 06: 표준편차로 음식점의 퀄리티 분석하기   371

Chapter 05 | 재고 관리하기   374

STEP 01: 재고 관리   374
STEP 02: 발주시점 계산하기   378
STEP 03: 재고 수량 파악하기   381
STEP 04: 표 기능을 이용하여 재고회전율 분석하기   384
STEP 05: 시계열 추이 비교   389

Chapter 06 | 기업의 성장성 분석하기   389

STEP 01: 시계열 추이 비교   389
STEP 02: 이동평균 구하기   391
STEP 03: 연평균 성장률 구하기   396
STEP 04: 팬 차트 작성하기   399

Chapter 07 | 상관 분석하기   402

STEP 01: 상관 계수 이용하기   402
STEP 02: 지역별 사원의 신제품 선호도의 상관 관계 찾기   403
STEP 03: 상관 계수 구하기   406
실무로 통하는 길   팬 차트 작성하기   412
실무로 통하는 길   파레토 차트 작성하기   415

● PART SUMMARY   417

Chapter 01 | PPM으로 상품 분석하기   422

STEP 01: PPM 분석   422
STEP 02: 매출액구성비 구하기   424
STEP 03: PPM 차트 작성하기   426
STEP 04: 시장의 연령층 구성비를 비주얼하게 표현하기 위한 데이터 만들기   431
STEP 05: 피라미드 차트 작성하기   437

Chapter 02 | RFM으로 고객 분석하기   440

STEP 01: 고객의 움직임을 보다 선명하게 보기 위한 RFM 분석   440
STEP 02: 고객 분석하기   442
STEP 03: 고객의 움직임을 보다 선명하게 보기 위한 RFM 분석   450
STEP 04: 고객과의 커뮤니케이션 FR 크로스 집계   458
실무로 통하는 길   우량 고객 선별하기   466

● PART SUMMARY   474

PART 05

고객 분석하여 매출 올리기

01

EXCEL
BIG
DATA

데이터 분석의 기초

축적되어 있는 데이터를 이용하여 자신의 업무에서 사용할 수 있도록 과거 경향을 분식하거나 앞으로의 예측을 하기 위한 것이 바로 데이터 분석입니다. 같은 데이터라도 전혀 엉뚱한 결과를 구할 수도 있으므로 파악하고자 하는 업무에 맞는 분석법을 사용하는 것이 중요합니다.

Chapter 01 · 비즈니스 데이터 분석

Chapter 02 · 기본 통계량

Chapter 03 · 데이터 분석을 위한 데이터 입력 작성 방법

Chapter 04 · 손익분기점과 성공 여부 구하기

Chapter 05 · 한계이익 차트 만들기

Chapter 06 · 영업 성적 분석하기

01 비즈니스 데이터 분석

데이터 분석을 하려면 표와 차트 기능은 물론 함수 기능도 기본적으로 알아야 합니다. 또한 다양한 분석 방법을 익혀야 하는데 여기서는 먼저 비즈니스 데이터를 분석하는 이유와 기초적인 통계량 등 전반적인 개념에 대해 먼저 알아봅니다.

STEP 01 • 엑셀로 하는 데이터 분석

■ 데이터 분석 시작하기

데이터 분석을 하면 자신에게 필요한 데이터를 뽑아서 볼 수 있을 뿐만 아니라 그 데이터를 이용하여 자신의 수완을 표현할 수 있습니다. 데이터 분석만 잘해도 자신의 가치가 쑥쑥 올라간다는 사실 잊지 마세요. 데이터 분석은 과거의 데이터를 분석하여 과거/현재의 상태를 이해할 수 있도록 하고, 그것을 바탕으로 현재의 경향에서 미래의 모양을 예측하는 것입니다. 데이터로 바로 얻을 수 있는 결과만으로는 충분하지 않으므로 데이터 결과를 보다 더 정확하게 하기 위한 여러 가지 기법이 필요합니다.

먼저 데이터를 분석하는 목적에 대해 알아볼까요?
가장 먼저 생각해 볼 수 있는 것은 통계적인 데이터 분석입니다. 통계적인 데이터 분석에서 얻을 수 있는 것은 다음과 같습니다.

• 숫자, 크기, 비율
• 평균값, 최대값, 최소값, 최빈도, 중앙값 등
• 분산, 표준편차 등

숫자와 크기, 비율은 원래 데이터이며, 평균값이나 최대값 등은 원래의 데이터에서 하나의 값을 말합니다. 그리고 표준편차나 분산 등은 조금 복잡한 계산을 하여 얻은 데이터로 평가용 변수라고 할 수 있습니다.

통계적인 데이터는 여러 가지 종류와 그룹이 있고 대표값 또는 기본적인 통계량이라고 하는 것이 있는데 이것을 목적에 맞게 사용합니다. 예를 들어 데이터를 분석하여 '매출을 올리고 싶다'면 다음을 생각해 볼 수 있습니다.

• 무엇을 어떻게 구하고
• 무엇을 배워

- 그것을 어떻게 개선할 것인가
- 매출 데이터를 분석하여 매출을 올리기 위해서 평균값과 표준편차를 사용하나?

이와 같은 말을 한다고 해도 데이터 분석의 기법을 알지 못한다면 무엇을 어떻게 사용하면 좋을지 알 수 없습니다. 예를 들어 엑셀의 함수를 이용한다고 가정하면 함수 종류를 어느 정도 알아야만 합니다. 데이터 분석 또한 이와 같다고 할 수 있습니다. 먼저 대표적인 예를 이해하고 그것을 사용하여 데이터 분석을 할 수 있도록 하는 것입니다.

■ 모든 것은 과거의 데이터 분석에서 시작한다

먼저 여기서는 가장 중요한 점을 이해해야 합니다. 통계적인 데이터 분석을 포함한 모든 데이터 분석은 '과거의 실적 데이터'의 분석에서 시작하거나 지금부터 과거, 현재, 미래 데이터를 이해하고 미래의 예측 데이터를 도출해내는 프로세스의 과정을 거치는 것이라고 할 수 있습니다.

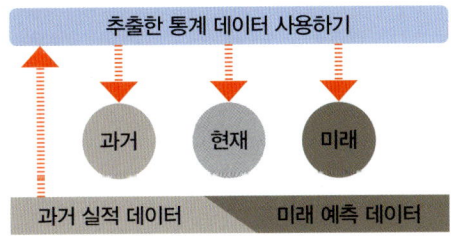

■ 데이터 분석의 순서에 따른 엑셀의 역할

엑셀은 데이터 분석에는 없어서는 안 될 도구인 동시에 분석을 더욱 잘 할 수 있도록 해주는 무기라고 할 수 있습니다. 이 책에서는 데이터를 분석하는 순서를 따라해 보면서 엑셀이 어떠한 역할을 하는지 확인합니다. 다음 표를 보면 엑셀이 데이터 분석의 중요한 수단이라는 것을 알 수 있습니다.

데이터 분석의 수단		엑셀의 역할과 기능
		역할을 표현하는 엑셀의 기능
현상 파악하기, 배경 이해하기	데이터 분석을 하는 실무상 문제와 과제에 대해 현재 상태를 파악하고, 뒷받침하여 문제와 과제를 명확히 합니다.	현재 상태를 파악하고 과제를 명확히 하기 위한 데이터 수집과 정리를 합니다. 1. 데이터 수집 : 외부 데이터 가져오기 기능 2. 데이터 정리 : 데이터베이스 기능 　정렬, 분류, 추출, 집계
목적 / 목표 설정하기	문제와 과제를 해결하기 위한 테마를 설정합니다.	
분석 방법을 설정하고 분석하기	목적을 달성하기 위한 분석 방법을 설정하고 엑셀에서의 방법을 결정합니다.	여러 가지 분석 기능에 따라 데이터 분석을 합니다.
결과 이해하기	분석 결과를 이해합니다.	데이터 분석 기능 : 피벗 테이블, 차트 기능, 함수, 시뮬레이션, 최적화 기능
결과 반영하기, 실행 결과 축적하기	분석 결과를 보고 의사결정한 내용을 실행하고 그 결과를 데이터로 남겨 다음에 반영합니다.	데이터를 축적하고 효율적으로 정리합니다. 데이터 정리 : 표 기능, 차트 기능, 데이터베이스 기능, 피벗 테이블 기능

■ 데이터 분석에 접근하기

매출 향상을 위해서는 어떻게 접근해야 할까?

매출을 올리기 위해서는 크게 3가지 접근 방법이 있습니다. 간단하게 살펴보면 다음과 같습니다.

- 상품력을 분석하여 판매 강화를 그리는 접근법(통계적 데이터 분석 등)
- 상품을 선별하여 최적화를 그리는 방법(ABC 분석, 차트 분석 등)
- 매출 변동이 큰 상품은 경향을 유출하는 접근 방법(시계열 분석 등)

상품력을 분석하여 판매 강화를 그리는 접근법(통계적 데이터 분석 등)

판매되지 않는 것처럼 보이는 상품을 판매하는 상품으로 표시하여 판매 촉진하는 방법입니다.

- 조화평균, 이동평균, 팬 차트 → 성장도 분석
  장래 판매 가능성이 있는 상품의 발굴
- 표준편차 → 안정성 분석
  판매의 안정성에 주목하여 판매 촉진하기

> **TIP : 판매 향상을 위해 주목해야 할 점**
> 매출은 고객이 상품을 사는 행동에 따라 발생하기 때문에 고객에 주목하는 방법도 있습니다.

상품을 선별하여 최적화를 그리는 방법(ABC 분석, 차트 분석 등)

ABC 분석은 평균값이 아닌 매출액 자체를 비교하는 방법입니다. 다음과 같이 상품의 선별에 이용하지만 상품력 비교 시에는 추천하지 않습니다.

- 판매되는 상품의 매출 올리기
- 판매되지 않는 상품은 판매되는 상품으로 바꾸어 넣기
- 판매되지 않는 상품을 판매되는 상품으로 바꾸기

매출 변동이 큰 상품은 경향을 유출하는 접근 방법(시계열 분석 등)

주기적 변동을 제거하고 경향을 추출한 다음, 통계적 데이터 분석과 ABC 분석, 차트 분석 방법을 적용하면 경향을 관찰하고 데이터를 분석할 수 있으므로 쉽게 전망할 수 있고, 그에 앞서 얻은 매출 예측은 계절변동까지 적용합니다.

- 계절변동 분리하기
- 계절변동을 제거한 후에 매출 예측하기
- 예측된 데이터에 계절변동값 다시 되돌리기

■ 데이터 분석의 기본적인 방법들

통계 해석의 방법 외에 엑셀 함수를 이용한 차트 분석, 데이터 예측 방법, 신뢰성 분석과 재고 최적화 방법 등 데이터 분석과 엑셀의 기능을 조합하여 여러 가지 방법을 다음과 같이 정리할 수 있습니다.

상품력 분석하기

• 판매수량 비교 → 단기, 누계 이동평균
• 신장률 비교 → 상승평균
• 안정성 비교 → 표준편차
• 선형근사 매출 예측 → 최소제곱법 함수 이용

매출 예측

• 경향 분석 → 계절변동 선형근사곡선
• 이동평균법, 지수평활법 → 다음 기의 판매 예측
• 복수변수 선형근사곡선 → LINEST 함수, FORECAST 함수

차트 해석의 응용

• Z 차트 → 올해 매출 분석, 전년도 비교 매출 분석
• 강화 제품 선별 → 파레토 차트, ABC 분석
• 선형계획법 → 해 찾기
• 손익분기점 분석 → 목표값 찾기

비즈니스 데이터 분석은 일상의 업무 활동으로 축적되는 대량의 데이터를 여러 가지 형태로 가공하여 업무상 잠재하는 과제와 문제 등을 명확하게 하고, 그 원인을 발견하여 대책을 세우고 개선하는 활동이라고 할 수 있습니다.

비즈니스 데이터 분석을 하는 가장 최종적인 목적은 회사를 더욱 좋은 방향으로 이끌고, 회사의 이익을 올리기 위한 것입니다. 이것은 회사가 존속하기 위한 가장 중요한 것이라 할 수 있습니다. 여기서는 비즈니스 데이터 분석의 사이클과 기본 요소에 대해 알아봅니다.

■ 비즈니스 데이터 분석 사이클

비즈니스 데이터 분석은 여러 가지 부문에서 각각의 목적에 따라 분석을 하지만 분석의 토대가 되는 것은 모두 공통적입니다.

❶ 과거의 데이터를 수집, 정리하여 회사의 현상을 정확하게 확인합니다.

❷ 과제와 문제를 명확히 합니다.

❸ 적당한 대책을 세웁니다.

❹ 합리적인 의사결정으로 개선되도록 진행합니다.

❺ 개선된 내용은 다음의 문제 해결의 토대가 되도록 데이터로 저장합니다(다시 ❶번으로 돌아갑니다).

업무에 존재하는 문제를 해결하려며 먼저 현 상태를 파악해야 합니다. 현 상태를 파악하기 위해 가장 첫 번째 할 일은 과거에서 현재까지의 데이터를 모으고, 정리하는 것입니다. 왜냐하면 데이터는 이제까지의 회사의 실적과 걸어온 길을 숫자로 명확하게 표시하는 것이기 때문입니다. 그다음은 데이터를 보는 일입니다. 숫자를 바로 보고, 현 상태를 파악하고, 현재 내포하고 있는 업무상 과제와 문제점을 명확하게 합니다.

의사결정은 업무상 여러 가지 중요사항에 관한 것을 판단하는 것입니다. 사람은 경험을 쌓아 사물이나 사상에 대해 예측할 수 있기 때문에 경험을 바탕으로 일하게 됩니다. 그러나 데이터를 무시한 채 감에 의한 의사결정은 오류를 범하는 판단을 할 수 있습니다. 데이터는 회사의 실적을 객관적인 숫자로 표시하는 것입니다. 이 객관적인 데이터를 사용하여 사실을 알고, 실시한 대책을 데이터로 하여 축적하면 차제에 의사결정의 정밀도가 올라갈 수 있습니다.

여기서 잊으면 안 되는 것은 의사결정은 어디까지나 사람이 판단하는 것이므로 데이터를 판단해야 한다는 점입니다. 합리적인 의사결정은 이제까지와 같이 경험을 바탕으로 하는 것이 중요합니다. 그리고 그 경험을 바탕으로 더욱 연마하기 위해 데이터 분석이 필요한 것입니다.

■ 문제를 찾고, 개선책을 실천하기 위한 데이터 분석

매일의 업무 활동은 거대한 데이터를 발생시킵니다. 매출액이나 판매수량, 할인율과 구매금액 등 이것은 절대적인 수치로 크기가 있고 비율입니다. 그리고 한 단계 더 파고들어 월평균 매출액과 전년동월대비 이익금액, 최고매출월과 3분기 비교 손익계산 등은 비교 대상에 대해 우월을 평가합니다.

또한, 손익분기점과 ABC 분석은 현 상태를 분석하거나 경향이나 변화를 볼 수 있습니다. 매출액과 판매수량과 같이 절대적인 수치를 보는 것은 그리 큰 어려움은 없습니다. 단순하게 '이번 달은 1,000만원 올랐어', '이번 주는 400개 팔았어'와 같이 쉽습니다. 그러나 단순한 집계만으로 내내 현재 상태의 유지인지는 기대할 수는 없습니다. 데이터는 현재의 회사를 비추는 거울이라고 할 수 있을 것입니다. 데이터를 분석하는 것으로 현장은 활성화하고 업무는 확대됩니다.

데이터 분석은 취득한 데이터를 다양한 각도로 보고, 문제와 과제, 성과와 성공을 찾고, 개선과 확대를 위한 활동을 하는 것입니다. 데이터 분석은 어디까지나 과거의 데이터를 대상으로 합니다. 따라서 그 분석 결과로 얻은 성과는 과거의 분석이고, 현재의 그것과는 다르다고 할 수 있습니다. 가려낸 문제점에 대한 대책과 개선책을 준비하고 실천하는 것으로 미래는 확대로 향하게 됩니다.

■ 해결의 힌트는 주변의 데이터에 숨어 있다

요즘과 같은 저성장 시대에는 솔직히 매출이 오르는 것에 대해 희망적이지 않습니다. 필요 없는 경비 삭감은 물론이고 상품과 소재의 공통화, 배송의 효율화 등 낮출 수 있는 경비에는 한도가 없습니다. 경영은 타사와의 차별화가 필요하기 때문에 많은 문제와 과제가 발생합니다.

- 자사의 매출과 업계, 경쟁사, 지점별 세세한 분석을 하고 싶습니다.
- 판매량은 증가하는데 시장 규모는 확대되는 것인지 축소되는 것인지 알고 싶습니다.
- 경쟁력이 있는 상품 가격을 설정하고 싶습니다.
- 최근 고객의 움직임을 빠르게 파악하고 싶습니다.
- 전기에는 적자 결산이었지만 현재 재무 상태는 괜찮은지 알고 싶습니다.
- 현금 흐름을 의식한 경영을 하는 것이 좋을까요?
- 신규 사업의 성공률은 어느 정도나 될까요?

이러한 상황에서 직감에 의지한 경영, 비효율적인 업무를 하면 아무것도 얻을 수 없습니다. 시장의 움직임은 자신의 주위에 있는 시장 데이터에 힌트가 숨어 있습니다. 고객의 소비성향은 거래처의 구매 이력에 숨어 있는 것입니다.

걱정이나 불안은 끝이 없지만, 조금이라도 자신을 갖고 행동하기 위해서는 주변의 데이터를 보고 분석하고 근거 있는 대책을 마련하는 것에 힘을 쏟아야 합니다. 매일의 업무 활동에서 발생하는 많고 다채로운 데이터에 당신이 구할 수 있는 답이 숨어 있습니다.

데이터 분석에 따라 이제까지 보지 못한 과제와 개선 포인트를 볼 수 있습니다. 상반기 상품 판매 데이터를 분석한 결과 현재 상품의 판매 실적이 올랐다면 호조인 이유를 명확히 하고 그 특징을 알 수 있습니다. 역으로 매출이 오르지 않는다면 오르지 않는 원인을 밝히고 검증한 다음 대책을 세워 계획을 실천하여 회사의 변화에 대응할 수 있게 하는 것입니다. 한 사람 한 사람이 데이터의 중요성을 인식하고 실무현장에서 생기는 데이터 분석을 해 보세요.

다음은 그 목적별 예입니다.

- 제조부문의 수주/발주 업무를 부드럽게 하기 위한 유동수 분석
- 부문간 철저한 가격 의식을 하기 위한 ABC 분석
- 고객이 거는 크레임의 정도를 보기 위한 방사형 차트 분석
- 광고비용을 회수할 수 있는 이익금액을 산출하기 위한 손익분기점 보기
- 변동하는 매출액에서 계절지수를 고려한 판매금액 예측
- 이익이 올라가지 않는 사업의 존속과 퇴진을 PPM 분석으로 평가

		자사의 현장에서 할 일		
분석 목적	엑셀 기능	분석, 의견	검증	실천
데이터	엑셀	데이터	대책, 개선	경영 전략
• 매출액 • 판매수량 • 재고수량 • 거래처정보 • 사원명부 • 시장통계 ⋮	• 정렬 • 통합 • 필터 • 피벗 테이블 • 목표값 찾기 • 시나리오 • 해 찾기 • 분석 도구 • 조건부 서식 ⋮	• 텍스트 • 값 • 목록 • 표 • 차트 ⋮	• 현상 분석 • 경향 파악 • 미래 예측 ⋮	• 현상 유지 • 사업 축소 • 신규 개발 • 차별화 ⋮

데이터를 분석하는 것은 컴퓨터가 아닙니다. 컴퓨터는 신속하고 정확하게 분석 결과를 구해 주는 수단일 뿐입니다. 분석하는 목적을 명확히 하고, 분석 방법을 결정하고 분석 결과를 이용하여 대책과 개선을 진행하는 것은 사람입니다. 데이터 분석을 할 때 필요한 요소는 다음과 같이 4가지입니다. 이 4개의 요소를 몇 번이라도 반복하다보면 보다 정확한 의사결정을 할 수 있습니다.

■ 알기 = 지식

'도대체 데이터가 무엇을 표시하고 어떠한 데이터를 분석하면 경영이 살아날까?' 이것은 얼마나 많이 알고 있는지와 일맥상통합니다. 알고 있을 때와 알지 못할 때의 비즈니스 데이터 분석 레벨은 많이 다릅니다. 여러 가지 지식은 의사결정에 중요하면서도 큰 영향을 줍니다. 데이터를 분석하기 위해 주변 지식을 습득하는 것이 좋습니다.

■ 하기 = 경험

데이터 분석의 지식을 탁상공론으로 끝내지 않아야 합니다. 경험하는 것이 중요합니다. '어느 케이스에서 데이터 분석을 하고, 분석 결과를 바탕으로 의사결정도 하고, 실제로 해보니 이렇게 되었다.'라는 경험이 많을수록 감을 익힐 수 있게 되는 것입니다.

데이터 분석을 통해 얻은 결과를 경험으로 쌓아올리는 것이 다음의 데이터 분석에서 피가 되고 살이 됩니다. 실패를 두려워하여 하지 않는 것보다는 실패한 경험을 반성의 재료로 삼으면 다음 의사결정에서 정밀도를 높일 수 있게 됩니다.

■ 익히기 = 창의

데이터 분석은 일정한 이론이 있는 것도 사실이지만 정해진 데이터를 사용하고, 정해진 분석만을 한다고 해도 정해진 결과가 도출되는 것은 아니므로 새로운 발견을 하기가 어렵습니다. 뜻밖의 데이터를 이용하거나 뜻밖의 발상으로 전개하거나 의외의 경영 분석으로 응용해 보거나 일련의 창의적인 공부가 유의미한 정보를 도출하기도 합니다. '해 보아도 아무런 정보를 얻을 수 없었다.'라고 할 수도 있지만 그러나 '이 방법으로는 어떤 정보도 얻을 수 없다.'라는 경험은 남게 됩니다. 실행에 연연하지 않고 계속해서 연구해야 하는 이유입니다.

■ 간파하기 = 판단

데이터를 가공하여 표나 차트로 표시하는 것이 데이터 분석의 완성은 아닙니다. 작성된 표와 차트에서 유익한 정보를 이해하고, 대책과 개선 방법을 세우고, 성과를 데이터로 남기는 것까지가 데이터 분석입니다. 표와 차트에 표시된 시점에서 완성이라고 생각한다면 모처럼 애써서 분석해도 탁상공론으로 끝나버리기 쉽습니다. 중요한 것은 표와 차트를 작성하는 것보다 오히려 거기서부터 결과를 간파하고 그것을 행동으로 옮기는 것입니다.

데이터를 분석하고 그 결과를 상대방에게 보여 주거나 설득시키는 경우에는 엑셀의 차트 기능을 활용합니다. 열심히 계산한 수치만 있는 3분기 손익계산보다 5년치 추이를 알 수 있는 당기손익만을 꺾은선형 차트로 표시한 쪽이 훨씬 이해하기가 쉽습니다. 홈페이지 상에 발표하는 상장기업의 결산도 차트를 사용하고 있습니다.

차트는 크기와 순위, 변화와 경향을 시각화하여 알릴 수 있습니다. 동시에 문제점과 과제를 강조시킬 수도 있습니다. 제공하는 쪽에서는 설득력 있는 분석 자료를 작성할 수 있고, 받는 쪽에서는 읽기 쉽고 납득할 수 있는 분석 자료로 변하는 것입니다. 차트는 관계자 모두에 대해 대책과 개선을 구축하기 위한 명확한 재료를 제공합니다.

엑셀에서 차트를 작성하려면 시트 상에서 간단하게 원하는 차트 모양을 선택하여 작성할 수 있습니다. 차트를 작성한 다음에는 차트 모양을 여러 가지 형태로 편집할 수 있으며, 축의 값도 자유롭게 변경하여 원하는 결과물을 손쉽게 만들 수 있습니다.

■ 차트 특징 이해하기

차트 종류		형식의 종류	내용	분석 시점
	세로 막대형	묶은 세로 막대형 3차원 묶은 세로 막대형 누적 세로 막대형 3차원 누적 세로 막대형 100% 기준 누적 세로 막대형 3차원 100% 기준 누적 세로 막대형 3차원 세로 막대형	항목으로 값을 비교하여 크기를 표현합니다.	크기 순위 비교
	가로 막대형	묶은 가로 막대형 3차원 묶은 가로 막대형 누적 가로 막대형 3차원 누적 가로 막대형 100% 기준 누적 가로 막대형 3차원 100% 기준 누적 가로 막대형	항목으로 값의 상대관계를 표시합니다.	크기 순위 비교
	꺾은선형	꺾은선형 표식이 있는 꺾은선형 누적 꺾은선형 표식이 있는 누적 꺾은선형 100% 기준 누적 꺾은선형 표식이 있는 100% 기준 누적 꺾은선형 3차원 꺾은선형	시계열의 변화와 항목의 경향, 추이를 표시합니다.	비교 추이 경향
	원형	원형 3차원 원형 원형 대 원형 원형 대 가로 막대형	전체에 대한 각 항목 값의 관계와 비율을 표시합니다.	크기 순위 내역

	도넛형	도넛형	복수 데이터 계열을 비율로 표시합니다.	크기 순위 내역
	영역형	영역형 3차원 영역형 누적 영역형 3차원 누적 영역형 100% 기준 누적 영역형 3차원 100% 기준 누적 영역형	시계열의 변화와 항목의 경향을 표시합니다.	추이 비교
	분산형	분산형 곡선 및 표식이 있는 분산형 곡선이 있는 분산형 직선 및 표식이 있는 분산형 직선이 있는 분산형	두 항목의 상호 관계를 비교하여 표시합니다.	분포 관계
	주식형	고가-저가-종가 시가-고가-저가-종가 거래량-고가-저가-종가 거래량-시가-고가-저가-종가	주가의 시가, 종가, 고가를 사용하여 차트로 표시합니다.	추이 비교
	표면형	3차원 표면형 3차원 표면형(골격형) 표면형(조감도) 표면형(골격형 조감도)	연속된 곡선으로 2차원에 해당하는 경향을 표시합니다.	경향 비교
	방사형	방사형 표식이 있는 방사형 채워진 방사형	중심점에서부터 비교로 항목의 밸런스를 표시합니다.	크기 비교
	거품형	거품형 3차원 거품형	3가지 값의 비율을 비교하여 표시합니다.	분포 크기 비교
	콤보	묶은 세로 막대형 – 꺾은선형 묶은 세로 막대형 – 꺾은선형, 보조 축 누적 영역형 – 묶은 세로 막대형 사용자 지정 조합	세로 막대형과 꺾은선형 차트를 혼합하여 사용합니다.	크기 비교

어떠한 데이터를 모으고 어떠한 단면으로 분석해야 좋을지 모르고, 결국 포기해 버리는 경험은 없었습니까? 여기서는 데이터 분석에 따른 5가지 시점으로 분석의 기본적인 방법에 대해 알아봅니다.

■ 조건을 지정하여 분석하기

피벗 테이블로 하는 분석은 거대한 데이터베이스에서 필요한 데이터를 효율적으로 유출하는 것이 포인트입니다. 여기서는 조건을 지정하여 분석하는 시점에 대해 알아봅니다. 데이터 양이 많은 데이터베이스는 처음부터 원하는 분석에 따라 데이터만을 뽑아내는 것만이 아니라 분석의 목적에 따라 데이터를 솜씨 좋게 추출하고 정리해야 합니다. 불필요한 데이터가 섞이면 분석하기 어려워지기 때문입니다.

01. 다음은 피벗 테이블을 작성하기 전의 원본 데이터입니다.

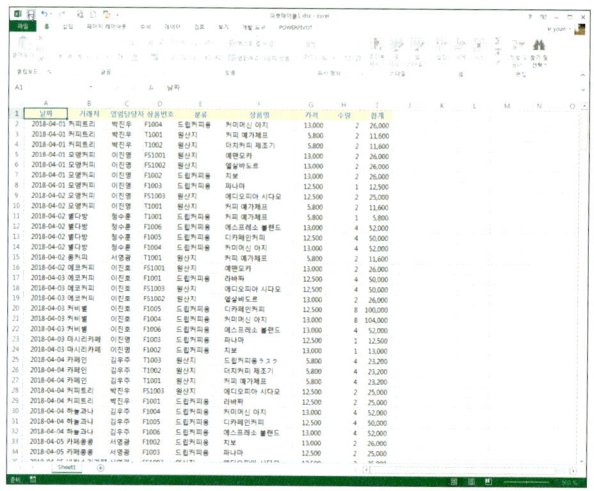

02. 다음은 피벗 테이블을 만든 모습입니다.

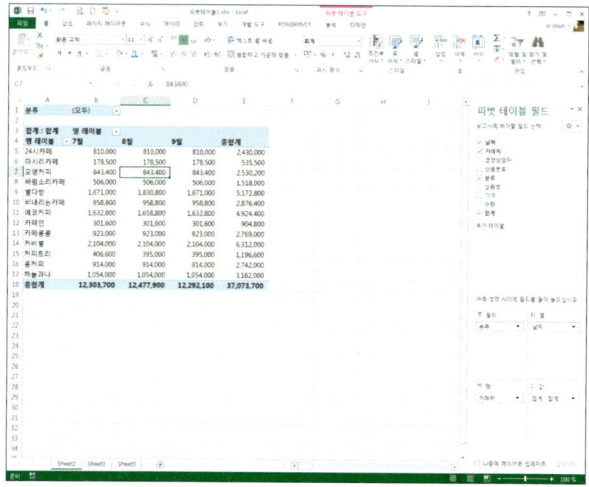

TIP : 피벗 테이블의 사용 방법은 250P의 내용을 참고하세요.

03. 다음은 필터를 [분류] 항목으로 지정했는데 [원산지]와 [드립커피] 항목 중 [원산지] 항목만을 표시하도록 조건을 지정하여 표시한 결과입니다.

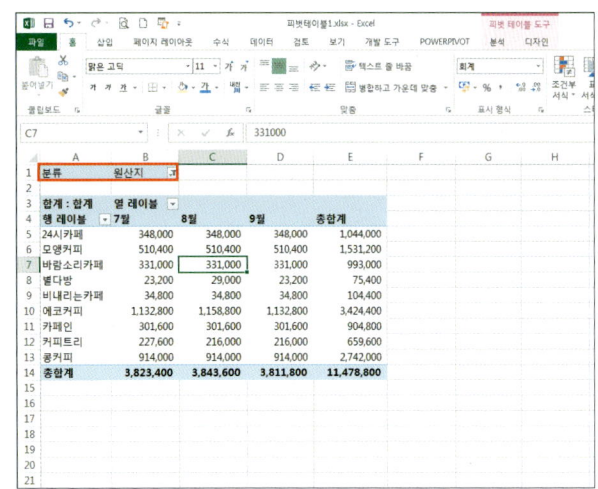

TIP : 조건을 설정하는 방법

조건을 설정하는 방법은 분석의 목적이 무엇인가를 명확히 하는 것입니다. 분석의 목적이 명확하면 자연스럽게 필요한 데이터를 볼 수 있습니다. 그렇기 때문에 막연하기만 한 목적을 생각뿐만 아니라 확실한 단어로 적어놓고, 그 단어에서 필요한 데이터를 확인해야 합니다. 엑셀의 피벗 테이블을 이용하면 필요한 데이터를 간단하게 유출할 수 있습니다.

■ 시점을 바꾸어 분석하기

항상 보는 데이터도 각도를 바꾸거나 단면을 바꾸는 것만으로 언제나와는 다른 의미를 가진 데이터로
바꿀 수 있습니다. 데이터를 보는 시점을 바꾸는 것만으로 같은 데이터에서 여러 가지 정보를 얻을 수
있습니다.

보는 단면을 바꾸어 분석하기

항상 보고 있는 상품별/기별 매출집계표를 담당자별/상품별/기별 매출집계표와 같이 단면을 바꾸면 보
통의 매출집계 외에 담당자의 매출을 알 수 있고, 담당자의 장점과 약점을 발견할 수 있게 됩니다.

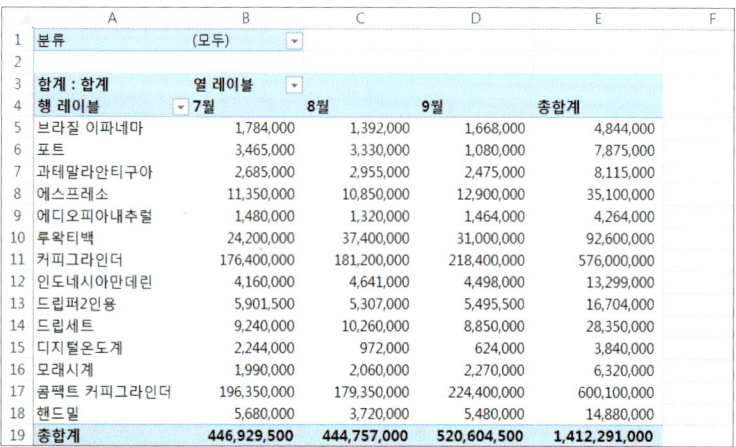

행 레이블	7월	8월	9월	총합계
분류	(모두)			
합계 : 합계	열 레이블			
브라질 이파네마	1,784,000	1,392,000	1,668,000	4,844,000
포트	3,465,000	3,330,000	1,080,000	7,875,000
과테말라안티구아	2,685,000	2,955,000	2,475,000	8,115,000
에스프레소	11,350,000	10,850,000	12,900,000	35,100,000
에디오피아내추럴	1,480,000	1,320,000	1,464,000	4,264,000
루왁티백	24,200,000	37,400,000	31,000,000	92,600,000
커피그라인더	176,400,000	181,200,000	218,400,000	576,000,000
인도네시아만데린	4,160,000	4,641,000	4,498,000	13,299,000
드립퍼2인용	5,901,500	5,307,000	5,495,500	16,704,000
드립세트	9,240,000	10,260,000	8,850,000	28,350,000
디지털온도계	2,244,000	972,000	624,000	3,840,000
모래시계	1,990,000	2,060,000	2,270,000	6,320,000
콤팩트 커피그라인더	196,350,000	179,350,000	224,400,000	600,100,000
핸드밀	5,680,000	3,720,000	5,480,000	14,880,000
총합계	446,929,500	444,757,000	520,604,500	1,412,291,000

▲ 상품별 매출현황표

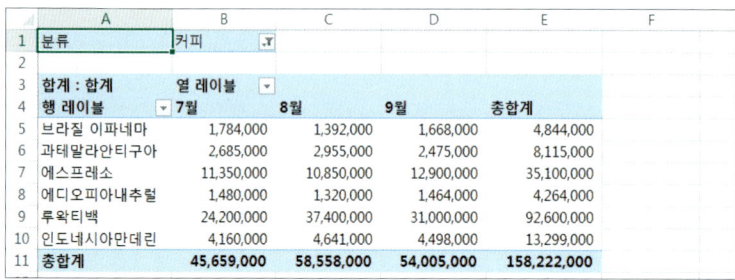

행 레이블	7월	8월	9월	총합계
분류	커피			
합계 : 합계	열 레이블			
브라질 이파네마	1,784,000	1,392,000	1,668,000	4,844,000
과테말라안티구아	2,685,000	2,955,000	2,475,000	8,115,000
에스프레소	11,350,000	10,850,000	12,900,000	35,100,000
에디오피아내추럴	1,480,000	1,320,000	1,464,000	4,264,000
루왁티백	24,200,000	37,400,000	31,000,000	92,600,000
인도네시아만데린	4,160,000	4,641,000	4,498,000	13,299,000
총합계	45,659,000	58,558,000	54,005,000	158,222,000

▲ 분류에서 커피를 선택한 집계표

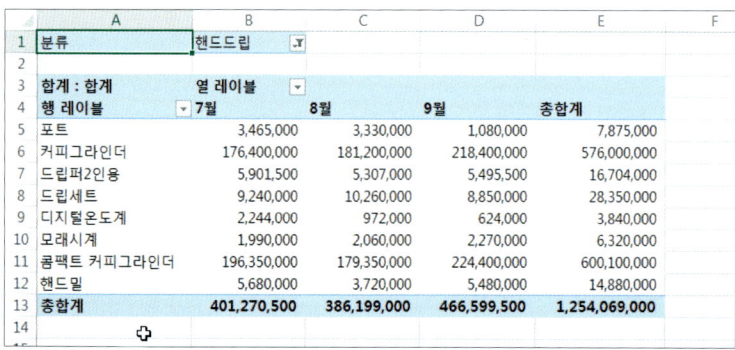

행 레이블	7월	8월	9월	총합계
분류	핸드드립			
합계 : 합계	열 레이블			
포트	3,465,000	3,330,000	1,080,000	7,875,000
커피그라인더	176,400,000	181,200,000	218,400,000	576,000,000
드립퍼2인용	5,901,500	5,307,000	5,495,500	16,704,000
드립세트	9,240,000	10,260,000	8,850,000	28,350,000
디지털온도계	2,244,000	972,000	624,000	3,840,000
모래시계	1,990,000	2,060,000	2,270,000	6,320,000
콤팩트 커피그라인더	196,350,000	179,350,000	224,400,000	600,100,000
핸드밀	5,680,000	3,720,000	5,480,000	14,880,000
총합계	401,270,500	386,199,000	466,599,500	1,254,069,000

▲ 분류에서 핸드드립을 선택한 집계표

각도를 달리하여 분석하기

앞에서 열거한 상품별 매출현황을 다른 각도에서 보면 담당자별 상품별 판매집계표 등을 분석할 수 있습니다. 이렇게 하면 같은 데이터라도 담당자별이나 상품별로 따로 집계하는 것이 가능합니다. 즉 거래처와 상품명의 관계와 거래처와 담당자와의 관계까지도 알 수 있습니다.

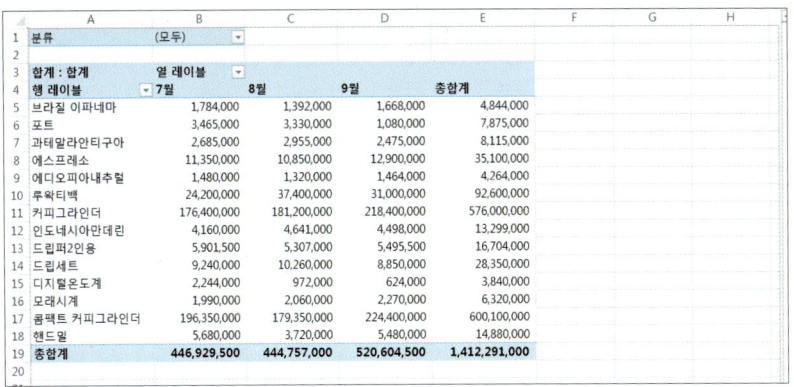

▲ 상품별 매출현황표

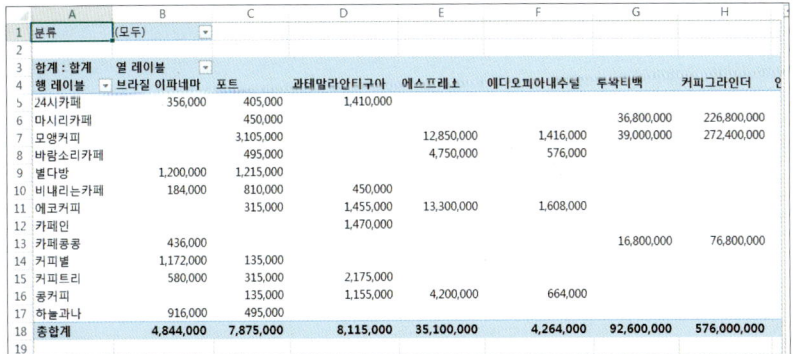

▲ 거래처별 상품별 판매집계표

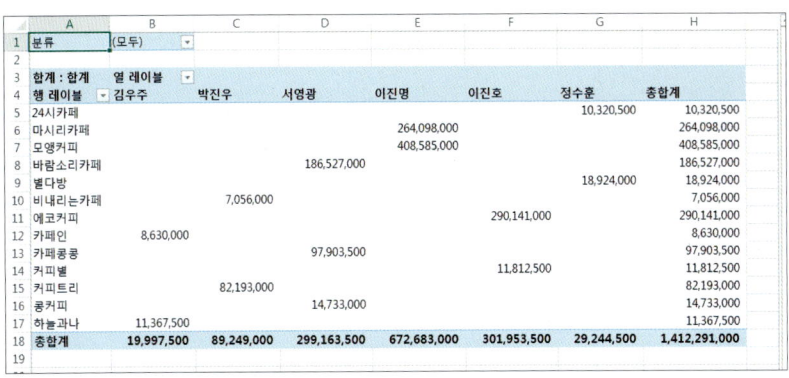

▲ 거래처별 담당자별 판매집계표

■ 비율을 구하여 분석하기

모처럼 모은 데이터라도 아무런 가공을 하지 않은 단순히 숫자만 있는 것이라면 데이터를 활용할 수 없습니다. '데이터는 가공하여 사용해야만 합니다.'라고 해도 과언이 아닙니다. 여기서는 효과적인 데이터 가공의 한 가지 방법으로 비율을 구하여 분석하는 시점에 대해 알아봅니다.

비율을 구하면 실제로 얻을 수 있는 것보다 많습니다. 다음과 같이 매출실적표를 원래의 데이터에서 보고, 작성한 보고서를 생각해 보겠습니다. 그다지 '유용하지 않다'라는 생각이 듭니다. 숫자를 아무리 들어도 번뜩하고 떠오르는 것이 아무것도 없습니다.

행 레이블	7월	8월	총합계
24시카페	3,619,500	3,068,500	6,688,000
마시리카페	86,498,000	71,600,000	158,098,000
모앵커피	126,926,000	142,753,000	269,679,000
바람소리카페	56,706,000	58,509,000	115,215,000
별다방	5,147,500	6,816,000	11,963,500
비내리는카페	2,247,500	2,264,000	4,511,500
에코커피	98,675,000	96,170,000	194,845,000
카페인	3,023,000	2,764,000	5,787,000
카페콩콩	14,994,500	32,125,500	47,120,000
커피별	4,468,000	3,986,500	8,454,500
커피트리	35,368,000	17,202,000	52,570,000
콩커피	5,158,000	4,250,000	9,408,000
하늘과나	4,098,500	3,248,500	7,347,000
총합계	446,929,500	444,757,000	891,686,500

▲ 매출현황표

사용 예 : 보고서

[모앵커피] 거래처의 매출은 269,679,000원으로 7월은 126,926,000원이고, 8월은 142,753,000원으로 모든 상품 중에서 가장 매출이 높습니다.

이러한 데이터를 가지고 7월, 8월, 총합계 데이터를 사용하여 구성비와 매출신장률을 계산하고, 매출을 비율로 표시하여 보고서를 만들어 보겠습니다.

행 레이블	7월	8월	총합계	구성비율	매출신장률
24시카페	3,619,500	3,068,500	6,688,000	1%	-15%
마시리카페	86,498,000	71,600,000	158,098,000	18%	-17%
모앵커피	126,926,000	142,753,000	269,679,000	30%	12%
바람소리카페	56,706,000	58,509,000	115,215,000	13%	3%
별다방	5,147,500	6,816,000	11,963,500	1%	32%
비내리는카페	2,247,500	2,264,000	4,511,500	1%	1%
에코커피	98,675,000	96,170,000	194,845,000	22%	-3%
카페인	3,023,000	2,764,000	5,787,000	1%	-9%
카페콩콩	14,994,500	32,125,500	47,120,000	5%	114%
커피별	4,468,000	3,986,500	8,454,500	1%	-11%
커피트리	35,368,000	17,202,000	52,570,000	6%	-51%
콩커피	5,158,000	4,250,000	9,408,000	1%	-18%
하늘과나	4,098,500	3,248,500	7,347,000	1%	-21%
총합계	446,929,500	444,757,000	891,686,500	100%	100%

사용 예 : 비율을 사용한 보고서

[모앵커피] 거래처의 매출은 7월에 비해 12% 신장했습니다. [모앵커피] 거래처의 매출 점유율은 30%로 전체 매출의 약 1/3을 차지합니다.

이와 같은 보고서라면 [모앵커피] 거래처의 매출 신장률에 대해 파악할 수 있는 것뿐만 아니라 [모앵커피] 거래처가 주력 거래처로 떠오르는 동시에 의존도가 높다는 것을 알 수 있습니다.

■ 조합하여 분석하기

데이터는 조합하는 방법에 따라 결과가 다르게 나타납니다. 여기서는 데이터의 조합에 대해 알아봅니다.

일반적인 데이터 조합

모처럼 고생하여 준비한 데이터라도 어떻게 조합하는지에 따라 나쁘거나 평범한 결과만을 얻을 수도 있습니다. 다음 예는 영업실적표입니다. 이 표를 사용하여 업적 평가를 하고, 영업부의 지도 방침을 세웁니다. 영업 실적에서 이해할 수 있는 것은 다음과 같은 분석을 생각해 볼 수 있습니다. 먼저 차트를 이용하면 비주얼하게 살펴볼 수 있습니다.

> **사용 예 : 분석 1(전분기와의 비교)**
>
> 전월과의 실적 비교를 전기대비율의 퍼센트와 차트에서 읽습니다. 데이터의 조합은 3분기와 4분기의 매출금액과 전기대비율입니다.

	4분기 목표금액	3분기 매출금액	4분기 매출금액	목표달성율	전기대비율
김우주	100	95	102	102%	107%
박진우	80	80	65	81%	81%
서영광	69	60	65	94%	108%
이진명	75	50	70	93%	140%
이진호	80	70	83	104%	119%
정수훈	90	95	85	94%	89%
총합계	**494**	**450**	**470**	**95%**	**107%**

▲ 영업실적표

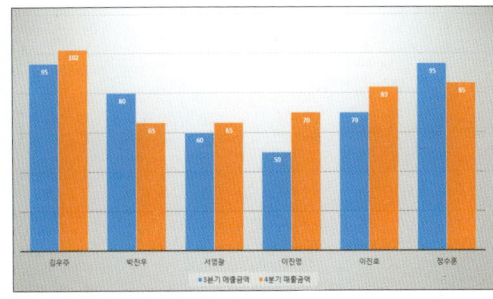

이해할 수 있는 예

- 실적표를 보면 전체적인 실적은 3분기보다 향상되었습니다.
- 실적표와 차트를 보면 [이진명] 담당자의 매출이 가장 많이 성장하였습니다.
- 실적표와 차트를 보면 [박진우] 담당자의 매출이 가장 많이 떨어졌습니다.

사용 예 : 분석 2(목표액과의 비교)

4분기 목표액과 실적 비교를 목표달성률로 표시하고 차트로 볼 수 있습니다. 데이터의 조합은 [목표금액]과 [4분기 매출금액]입니다. [박진우] 담당자의 목표달성률이 가장 떨어지는 것을 간파할 수 있습니다.

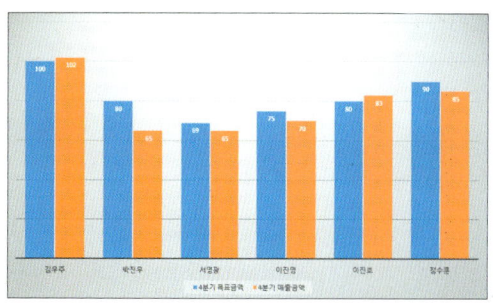

이상의 결과를 이용하면 목표달성률과 매출액별로 개인의 전체 실적 평가를 할 수 있습니다. 그러나 이 내용을 보면 약간의 모순이 있습니다. [서영광] 담당자를 보면 목표달성률은 떨어지지만 3분기에 비해 4분기에서는 매출이 많이 올랐습니다. 이러한 데이터 조합에서는 [전기대비율]별, [목표달성률]별이라는 시점을 바꾸어 영업 평가를 할 수 있어도 지도 방침은 볼 수 없습니다.

분석의 목적에 맞춘 데이터 조합

담당자의 지도 방침을 찾기 위해서는 데이터의 조합을 바꾸어 봅니다. 여기서는 전기대비율, 목표달성률과 4분기 매출실적을 조합하여 거품형 차트를 작성하면 담당자의 지도 방침을 찾아볼 수 있습니다.

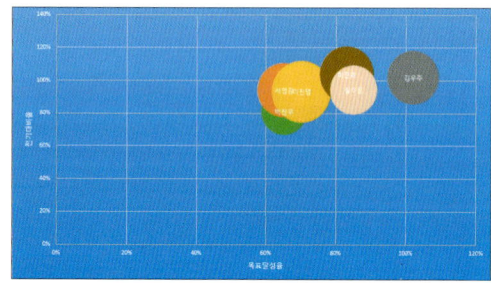

이해할 수 있는 예

• [박진우] 담당자는 전기보다 실적도 떨어지고 목표금액도 달성하지 못했습니다. 영업에 대한 재교육이 필요합니다.
• [이진명] 담당자는 전기에 비해 매출 실적은 많이 늘었지만 목표금액에는 도달하지 못했습니다. 목표금액을 너무 높게 잡았는지 판단하고, 차분하게 목표금액을 잡을 수 있도록 합니다.

■ 차트를 사용하여 분석하기

데이터를 분석하려면 분석 용도에 맞도록 여러 가지 방법을 사용합니다. 그 많은 분석 방법에 맞게 꼭 필요한 것이 바로 차트입니다. 여기서는 데이터 분석에 이용할 수 있는 방법에 대해 알아봅니다. 데이터 분석의 기본은 우선 표를 작성하는 것이지만 완성한 표의 숫자를 그대로 보면 충분하지 않습니다. 표를 차트화하여 숫자를 모양으로 만들어 직감적으로 특징을 알 수 있도록 할 수 있습니다.

다음 표는 7월의 매출을 100%로 한 월별/상품별 매출표입니다. 이 표에서 7월에 비해 각 상품의 매출이 어떻게 되었는지를 숫자의 상하로 알 수 있지만 차트화하여 보면 보는 것만으로 매출의 차이를 확인할 수 있습니다. 뿐만 아니라 한눈에 알 수 없는 숫자의 나열에서 데이터 경향까지 알 수 있습니다.

	브라질 이파네마	인도네시아만데린	과테말라안티구아	에스프레소
7월	100%	100%	100%	100%
8월	60%	85%	105%	126%
9월	59%	86%	75%	59%
10월	80%	85%	100%	115%
11월	99%	87%	88%	75%
12월	105%	150%	85%	95%

◀ 월별 상품별 매출표

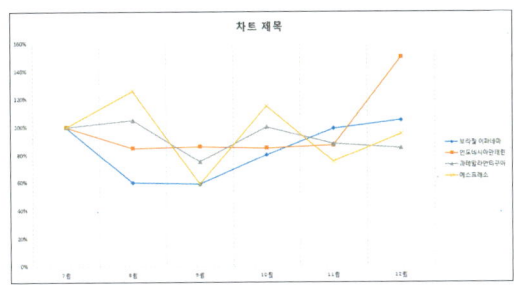

◀ 월별 상품별 매출표의 차트

시간대별 방문자 수 방사형 차트

다음 예는 어느 점포의 시간대별 방문자 수입니다. 표의 숫자만 보는 것보다 방사형 차트로 작성해 보면 어느 시간대에 손님이 많은지 한눈에 알 수 있습니다.

시간	방문객수
11시	50
12시	60
13시	70
14시	80
15시	94
16시	100
17시	95
18시	90
19시	85
20시	80
21시	50
22시	30

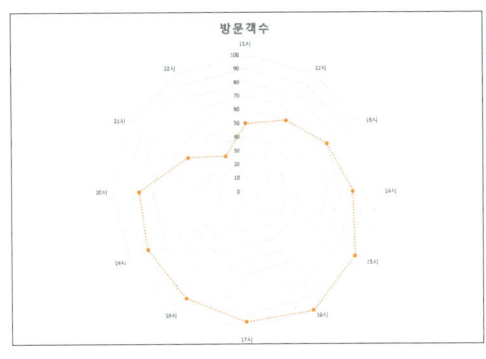

CHAPTER 02 기본 통계량

데이터의 기본적인 특성을 나타내는 것이 바로 기본 통계량입니다. 기본 통계량은 평균, 중앙값, 최빈값, 분산, 표준편차 등을 말합니다. 기본 통계량은 데이터 분석 도구를 이용하여 구하거나 각각의 함수를 이용하여 구합니다.

STEP 01 • 기본 통계량 구하기

■ 지나치기 쉬운 데이터의 특성

어느 회사의 상품 기획 담당자가 새로운 상품을 검토하기 위해서 고객의 평균 연령을 구했습니다. 평균 연령이 27세여서 27세 전후를 타깃으로 상품을 준비하여 판매에 들어갔지만 매출은 감소했습니다. 왜냐하면 실제 고객은 19세×4명, 18세×1명, 35세×4명으로 정작 27세 전후의 타깃은 1명도 없었기 때문이었습니다. 확실히 평균 연령은 27세지만 목표였던 27세 전후는 없습니다.

평균은 데이터를 나타낼 때 일반적으로 사용하지만 이와 같은 경우를 보면 함정에 빠지기가 쉽습니다. 과거 6개월 매출을 평균으로 볼 때 특정 월에만 매출이 몰려 있는 경우에도 같은 문제가 발생합니다. 이런 문제를 피하려면 실제 데이터를 확인하고 여러 가지 방법으로 데이터를 분석할 필요가 있습니다.

데이터 분석의 예

- 지난달 매출이 어느 정도인지 궁금하다.
- 현재의 고객 연령층이 어느 정도인지 궁금하다.
- 스텝에 의한 특정 상품의 판매 수에 차이는 있는지 궁금하다.

간단한 데이터 분석으로 할 수 있는 일

- 매출 데이터에서 평균 구하기
- 고객의 연령 데이터에서 최빈값 구하기
- 판매 수량에서 표준편차와 분산 구하기

■ 기본 통계량

평균

산술 평균이나 조화 평균 등이 있습니다. 평균은 [데이터의 합계÷데이터의 수]로 구합니다. 평균을 구하는 함수는 AVERAGE입니다.

```
AVERAGE(number1, [number2], ...)
```
인수의 평균(산술 평균)을 구합니다. 예를 들어 범위 A1:A20에 숫자가 포함되어 있는 경우 수식 '=AVERAGE(A1:A20)'은 해당 숫자의 평균을 구합니다.

- **number1** : 필수 요소로 평균을 구하려는 첫째 숫자, 셀 참조 또는 범위입니다.
- **number2, ...** : 선택 요소로 평균을 구하려는 추가 숫자, 셀 참조 또는 범위로서 255개까지 지정할 수 있습니다.

중앙값

데이터의 개수를 최대치에서 세어서 딱 절반 부분이 중앙값입니다. 데이터의 개수가 홀수면 딱 절반이며, 짝수면 전후의 수를 더해 2로 나눈 값입니다. 중앙값을 구하는 함수는 MEDIAN입니다.

```
MEDIAN(number1, [number2], ...)
```
주어진 수 집합에서 중앙값을 구합니다. 중앙값은 수 집합의 중간에 있는 값입니다.

- **number1, number2, ...** : number1은 필수 요소이고, 이후의 number는 선택 요소입니다. 인수는 1~255개까지 지정할 수 있습니다.

분산

통계에서 중요한 것 중의 하나가 분산입니다. 분산은 [(각 데이터 값−평균)2의 합계/데이터 개수]로 구하며, 분산의 뜻을 알면 상관이나 회귀 분석도 이해할 수 있습니다. 이 값이 클수록 평균에서 각 데이터가 흩어진 상태가 됩니다. 분산을 구하는 함수는 VAR입니다.

```
VAR.P(number1,[number2],...)
```
모집단의 논리값과 텍스트를 무시하고 모집단 전체의 분산을 계산합니다.

- **number1** : 필수 요소로 모집단에 해당하는 첫 번째 숫자 인수입니다.
- **number2, ...** : 선택 요소로 모집단에 해당하는 숫자 인수로 2~254개까지 지정할 수 있습니다.

최소값

데이터 중 가장 작은 값입니다. 최소값을 구하는 함수는 MIN입니다.

```
MIN(number1, [number2], ...)
```
값 집합에서 가장 작은 숫자를 구합니다.

- **number1, number2, ...** : number1은 필수 요소이고, 이후의 number는 선택 요소입니다. 최소값을 구할 숫자로 1~255개까지 지정할 수 있습니다.

최대값

데이터 중 가장 큰 값입니다. 최대값을 구하는 함수는 MAX입니다.

함수 구문

MAX(number1, [number2], ...)
값 집합에서 가장 큰 값을 구합니다.

- number1, number2, ... : number1은 필수 요소이고, 이후의 number는 선택 요소입니다. 최대값을 구할 숫자로 1~255개까지 지정할 수 있습니다.

최빈값

가장 도수가 많은 값입니다. 도수는 개수를 말하는 것으로 가장 많이 볼 수 있는 값입니다. 모두 독특한 데이터인 경우에는 최빈값을 구할 수 없으며, 같은 수의 도수가 존재하는 경우 최빈값이 복수로 존재하므로 유일하지 않습니다. 최빈값을 구하는 함수는 MODE.SNGL과 MODE.MULT입니다.

함수 구문

MODE.SNGL(number1,[number2],...) / MODE.MULT((number1,[number2],...)
MODE.SNGL은 배열이나 데이터 범위에서 빈도수가 가장 높은 값을 구하고, MODE.MULT는 배열이나 데이터 범위에서 빈도수가 가장 높은 값의 세로 배열을 구합니다. 가로 배열의 경우에는 'TRANSPOSE(MODE.MULT(number1,number2,...))'를 사용합니다.

- number1 : 필수 요소로 최빈값을 계산할 첫 번째 인수입니다.
- number2, ... : 선택 요소로 최빈값을 계산할 인수입니다. 2~254개까지 지정할 수 있습니다. 쉼표로 구분된 인수 대신 단일 배열이나 배열에 대한 참조를 사용할 수도 있습니다.

표준편차

데이터가 중심 근처에 흩어져 있으면 격차가 적고, 데이터의 중심에서 멀리 떨어진 곳까지 흩어져 있으면 격차가 크다고 합니다. 산포도는 일반적으로 데이터의 평균적인 차이도에 문제가 있습니다. 이 차이도의 척도로서 가장 많이 이용하는 것이 표준편차입니다. 표준편차란 각 데이터의 중심에서부터 떨어져 있는 거리의 평균이며, 평균적 편차치라고 할 수 있습니다. 표준편차를 구하는 함수는 STDEV입니다.

함수 구문

STDEV.P(number1,[number2],...) / STDEV.S(number1,[number2],...)
논리값과 텍스트를 무시하고 인수로 주어진 모집단 전체의 표준편차를 계산합니다. STDEV.S는 표본의 표준편차를 예측합니다. 표준편차를 통해 값이 평균 값에서 벗어나 있는 정도를 알 수 있습니다.

- number1 : 필수 요소로 모집단에 해당하는 첫 번째 숫자 인수입니다.
- number2, ... : 선택 요소로 모집단에 해당하는 숫자 인수입니다. 2~254개까지 지정할 수 있습니다. 쉼표로 구분된 인수 대신 단일 배열이나 배열에 대한 참조를 사용할 수도 있습니다.

합계

데이터의 값을 더합니다. 합계를 구하는 함수는 SUM입니다.

SUM(number1,[number2],...)
인수로 지정한 모든 숫자를 더합니다. 각 인수는 범위, 셀 참조, 배열, 상수, 수식 또는 다른 함수의 결과일 수 있습니다. 예를 들어 SUM(A1:A5)은 셀 A1에서 A5 사이에 포함된 모든 숫자를 더하고, 'SUM(A1, A3, A5)'은 셀 A1, A3 및 A5에 포함된 숫자를 더합니다.

- number1 : 필수 요소로 추가할 첫 번째 숫자 인수입니다.
- number2,,... : 선택 요소로 추가할 숫자 인수입니다. 2~255개까지 지정할 수 있습니다.

표본 수

데이터의 개수를 구합니다. 개수를 구하는 함수는 COUNT입니다.

COUNT(value1, [value2], ...)
COUNT 숫자가 포함된 셀의 개수를 세고 인수 목록 내에 포함된 숫자의 개수를 셉니다. COUNT 함수를 사용하면 숫자 범위 또는 배열에 포함되어 있는 숫자 필드에서 항목의 수를 구할 수 있습니다.

- value1 : 필수 요소로 개수를 세려는 첫째 항목, 셀 참조 또는 범위입니다.
- value2, ... : 선택 요소로 개수를 세려는 항목입니다. 셀 참조 또는 범위를 최대 255개까지 추가할 수 있습니다.

첨도

첨도는 분포의 형상이 날카로운지 퍼져 있는지를 구합니다. 첨도를 구하는 함수는 KURT입니다.

- 첨도 > 0 : 첨도가 플러스인 경우 정규 분포보다 뾰족한 모양이 됩니다.
- 첨도 = 0 : 정규 분포의 경우 첨도가 0이 됩니다.
- 첨도 < 0 : 첨도가 마이너스인 경우 정규 분포보다 퍼진 모양이 됩니다.

KURT(number1, [number2], ...)
데이터 집합의 첨도를 구합니다. 첨도란 분포의 뾰족한 정도를 정규 분포와 비교하여 나타내는 것으로, 양의 첨도는 상대적으로 더 뾰족하고 음의 첨도는 덜 뾰족합니다.

- number1, number2, ... : number1은 필수 요소이고, 이후의 number는 선택 요소입니다. 첨도를 계산할 인수로 1~255개까지 지정할 수 있습니다. 쉼표로 구분된 인수 대신 단일 배열이나 배열에 대한 참조를 사용할 수도 있습니다.

왜도

정규 분포에 비해 오른쪽 또는 왼쪽으로 치우쳐 있는지의 비대칭성을 판단합니다. 왜도를 구하는 함수는 SKEW입니다.

- 왜도 〉0 : 분포의 산이 왼쪽으로 치우쳐 있습니다.
- 왜도 = 0 : 분포의 산이 좌우 대칭입니다.
- 왜도 〈 0 : 분포의 산이 오른쪽으로 치우쳐 있습니다.

함수 구문

SKEW(number1, [number2], ...)

분포의 왜곡도를 구합니다. 왜곡도란 평균에 대한 분포의 비대칭 정도를 나타냅니다. 왜곡도가 양수이면 분포의 비대칭 꼬리가 양의 값 쪽으로 치우치며, 왜곡도가 음수이면 음의 값 쪽으로 치우칩니다.

- number1, number2, ... : number1은 필수 요소이고, 이후의 number는 선택 요소입니다. 왜곡도를 계산할 인수로 1~255개까지 사용할 수 있습니다. 쉼표로 구분된 인수 대신 단일 배열이나 배열에 대한 참조를 사용할 수도 있습니다.

표준오차

데이터가 표본인 경우 원래의 집단(모집단)의 평균과 비교하여 생기는 오차를 말합니다. 현재 샘플 수가 있다면 평균값이 이 정도 오차가 나온다는 의미입니다. 표본 수가 늘어날수록 오차는 작아지고 표준오차는 작아집니다. 표준오차를 구하는 식은 [STDEV(데이터의 범위)/SQRT(COUNT(데이터의 범위))]입니다.

신뢰구간(95%)

데이터가 표본인 경우 95%의 확률로 본래의 집단(모집단)의 평균이 샘플의 평균±신뢰구간 폭 사이에 있는 것을 추정하고 있습니다. 표본 수가 늘어날수록 정도가 향상하고 값이 작아집니다.

히스토그램

막대 그래프로 설정한 구간에 대한 데이터 집단을 확인합니다.

STEP 02 · 기초 통계량 구하기

다음 예제는 어느 온라인 판매 회사에서 물건을 배송한 영업일(총 25일)에 접수된 택배 불만건수의 기록입니다. 이 기록을 이용하여 평균값과 중앙값, 최빈도 등 기초 통계에 대해 알아봅니다.

예제 파일 | CD₩Part 01₩기본통계.xlsx [통계] 시트

01. [B15] 셀인 영업일을 보면 [불만접속건수]가 현저하게 많다는 것을 알 수 있습니다. 이것은 교통 사정에 따른 상품 배송의 지연이 발생해 평소보다 훨씬 건수가 증가했기 때문입니다.

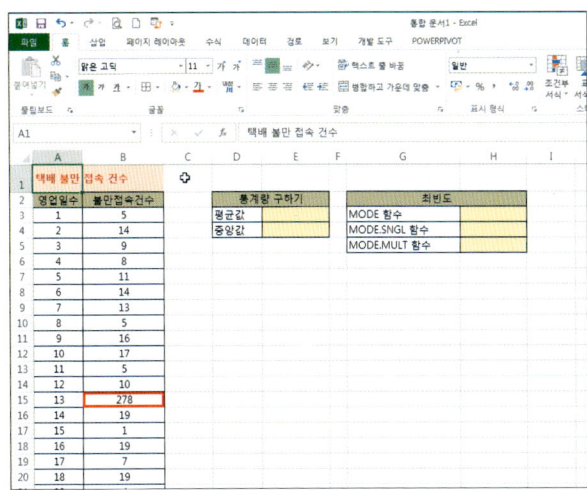

02. 먼저 불만접속건수의 평균을 구해 보겠습니다. 평균을 구하기 위해 [E3] 셀을 클릭하고 [수식] 탭–[함수 라이브러리] 그룹–[자동 합계]–[평균]을 클릭합니다.

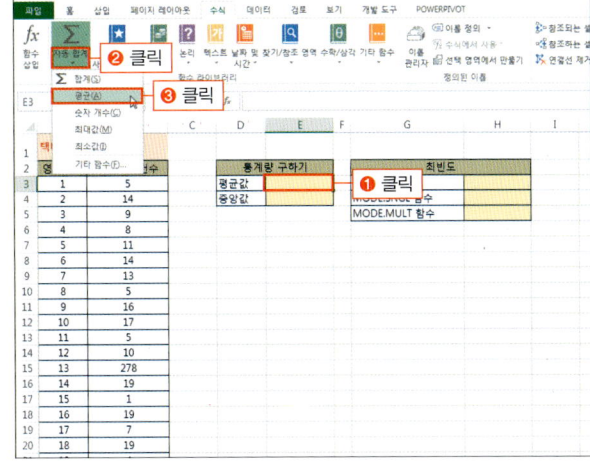

TIP : [자동 합계] 아이콘

합계나 최대값, 최소값 등의 기본 통계량을 구할 때는 일일이 함수명을 입력하지 않고 메뉴에서 선택하여 이용할 수 있습니다.

03. 자동으로 함수가 입력되면 평균을 구할 범위인 [B3:B27] 셀 범위를 입력합니다.

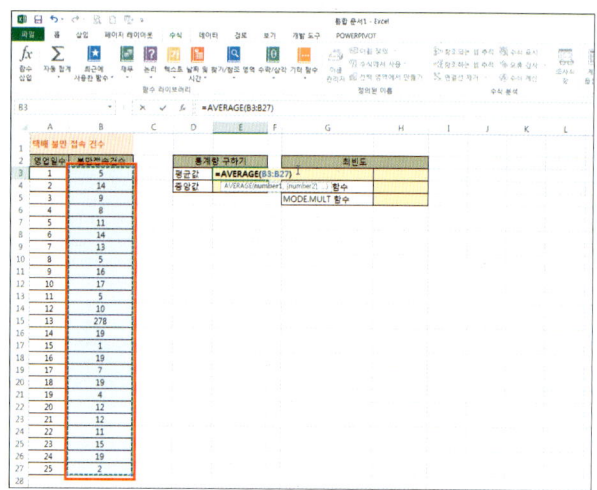

04. 평균을 구했습니다. 하지만 데이터의 특징을 나타내는 값으로서는 현재의 실정에 맞지 않습니다. 13일에 불만접속건수가 폭주하여 평균이 일정하지 않기 때문입니다.

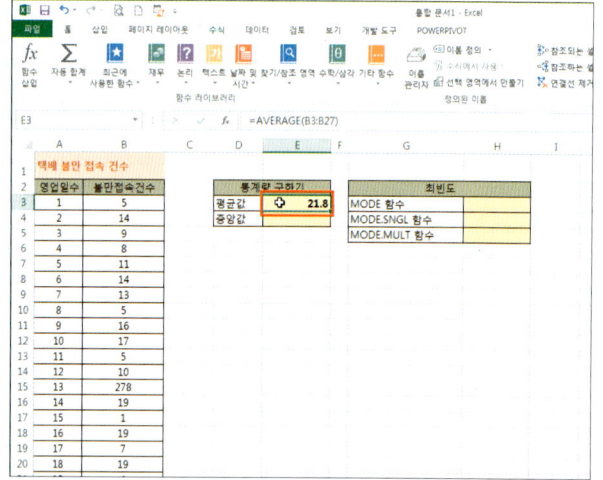

TIP : TRIMMEAN 함수

일반적인 경우에는 평균을 구하는 AVERAGE 함수가 아닌 TRIMMEAN 함수를 이용하는 것이 좋습니다. 이 함수는 데이터 집합의 양 끝값을 제외하고 평균을 구합니다.

함수 구문

TRIMMEAN(array, percent)

데이터 집합의 양 끝값을 제외하고 평균을 구합니다. TRIMMEAN 함수는 데이터 집합의 위, 아래 끝에 있는 데이터 요소의 일정 비율만큼을 제외하고 평균을 계산합니다. 분석을 할 때 중심에서 멀리 벗어난 자료를 제외시키려면 이 함수를 사용합니다.

- **array** : 필수 요소로 양 끝에 있는 데이터는 제외하고 평균을 구하려는 데이터 배열 또는 범위입니다.
- **percent** : 필수 요소로 계산에서 제외할 데이터 요소 부분입니다. 예를 들어 percent = 0.2면 10개의 요소로 된 데이터 집합 중 양 끝에서 두 개씩 4개의 요소를 제외합니다(10 x 0.2).

앞의 예제와 같이 평균이 빗나가는 경우에는 중앙값이나 최빈도를 대표값으로 구하는 것이 더 바람직하다고 할 수 있습니다. 이런 것은 대표값을 구할 때 가지고 있는 데이터에 따라 정하면 됩니다. 이번에는 MEDIAN 함수를 이용하여 중앙값을 구하는 방법에 대해 알아봅니다.

예제 파일 | 앞의 예제 파일 이어서 사용

01. [E4] 셀을 클릭하고 [수식] 탭–함수 라이브러리] 그룹–[기타 함수]–[통계]–[MEDIAN]을 클릭합니다.

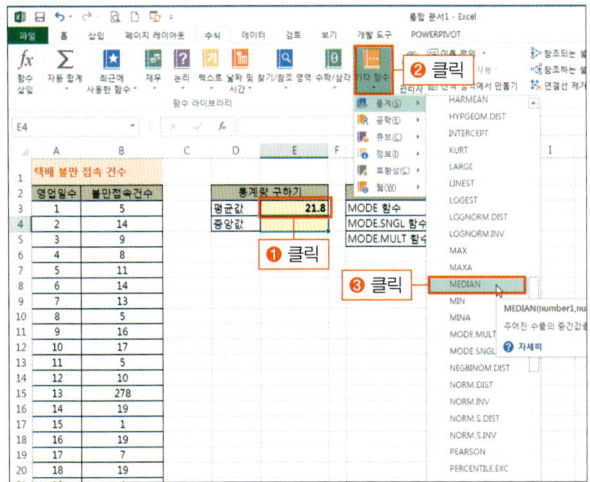

02. [함수 인수] 대화상자가 나타나면 [B3:B27] 셀 범위를 드래그하여 범위를 지정하고 [확인] 단추를 클릭합니다.

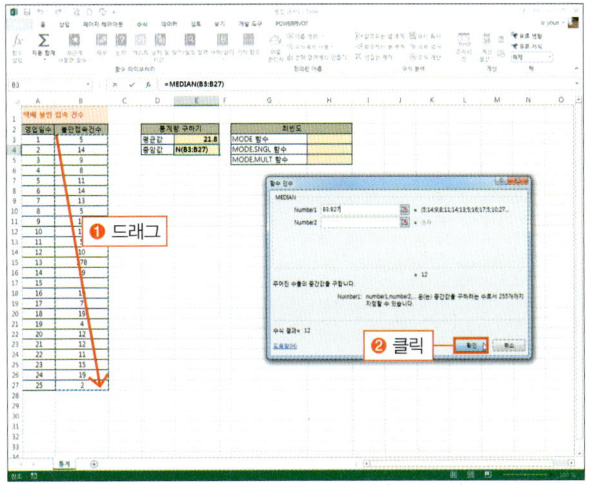

03. 중앙값을 구합니다. 평균과는 다소 다르다는 것을 알 수 있습니다.

> **TIP :** 중앙값은 불만건수를 오름차순이나 내림차순으로 정렬하면 딱 중간에 오는 값입니다.

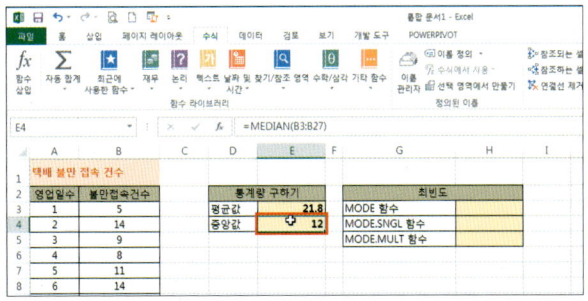

배열이나 데이터 범위에서 빈도수가 가장 높은 값, 즉 가장 많이 나타나는 수를 구합니다.

예제 파일 I 앞의 예제 파일 이어서 사용

최빈도는 [H3:H5] 셀 범위에 구합니다. 여기서는 세 함수를 이용하여 각각 최빈도를 구했습니다. 엑셀에서는 버전에 따라 사용 함수가 다릅니다. 버전 2007에서는 MODE 함수를, 버전 2010 이후에서는 MODE. SNGL 함수를 사용합니다.

[H3] 셀 =MODE(B2:B26)

[H4] 셀 =MODE.SNGL(B2:B26)

[H5] 셀 =MODE.MULT(B2:B26)

TIP : 최빈도가 2개 이상인 경우

만일 2개 이상의 최빈도가 예상되는 경우에는 MODE.MULT 함수를 사용합니다.

TIP : #N/A 오류가 나는 경우

MODE 함수 사용시 범위에서 같은 값이 하나도 없으면 #N/A 오류가 발생합니다.

STEP 05 • 데이터에서 규칙성을 찾기 위해 분산과 표준편차 구하기

데이터가 흩어져 있는 상태를 이해하기 위한 지표로 분산과 표준편차를 구합니다.

예제 파일 | CD₩Part 01₩분산.xlsx

01. 다음은 5월의 날짜별 매출액이 입력되어 있는 데이터입니다. 매출액은 만원 단위입니다. 일 매출의 평균은 553입니다. 가장 매출이 많은 날은 762, 가장 적은날은 359로, 적은 날과는 403의 간격이 있습니다.

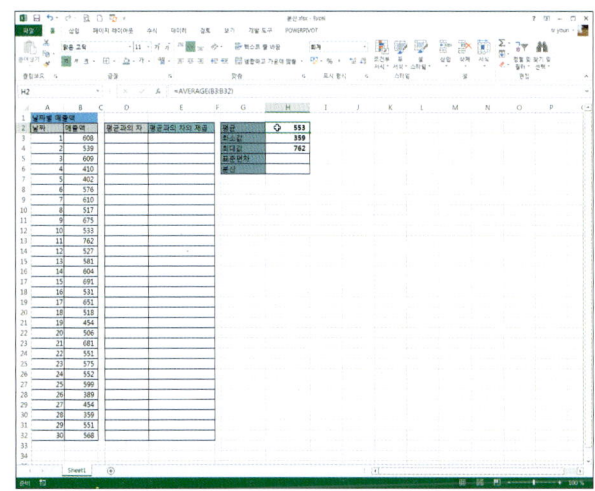

02. 이 데이터를 차트로 만들어 보면 그림과 같습니다. 빨간색 눈금선이 평균 금액입니다. 평균과 매일의 매출액을 보면 오늘 매출이 어느 정도인지는 판단할 수 있습니다. 그러나 더 깊게 매출 변동에 어떤 규칙성(카드 결제일 즈음에는 매출이 떨어지는 등)은 없는지 등의 정보를 알고 싶다면 데이터 전체의 경향을 알아야 합니다.

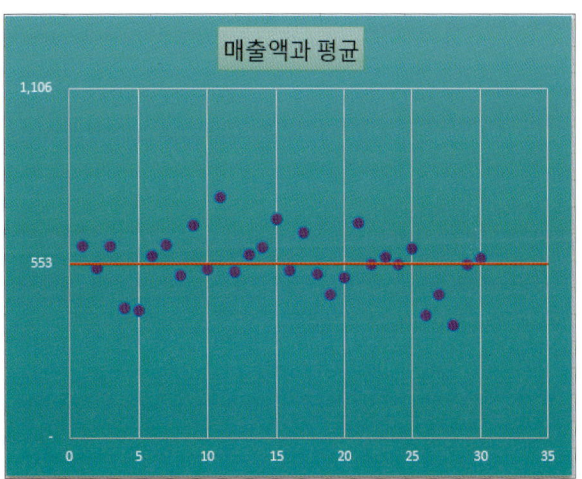

03. 각각의 데이터에서 평균을 뺀 편차를 사용하면 그 경향을 알 수 있습니다. 하지만 편차값을 단순히 더하면 원래 평균에서 얼마나 불균형이 있는지를 구한 것이므로 양수와 음수가 상쇄되어 0이 됩니다. 따라서 먼저 평균과의 차를 구하기 위해 [D3] 셀에 수식 [=B3–$H$2]를 입력합니다.

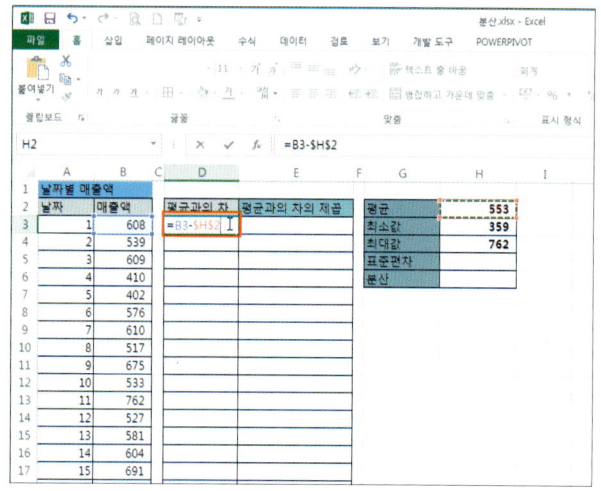

04. 평균과의 차를 구했으면 [D32] 셀까지 자동 채우기를 하여 모두 구합니다.

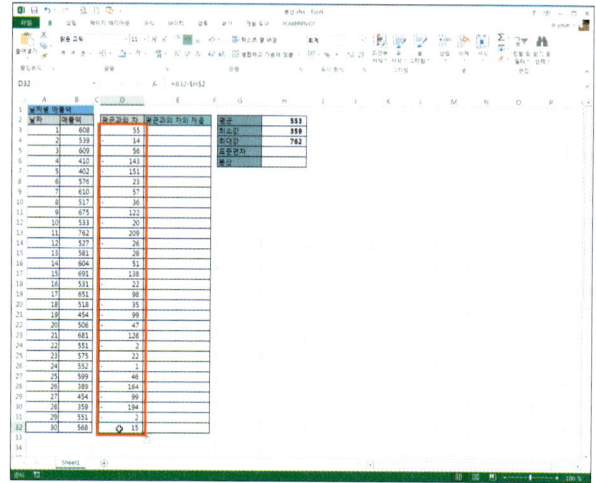

05. [D33] 셀에 평균과의 차를 모두 더합니다. 결과값이 0이 되는 것을 알 수 있습니다.

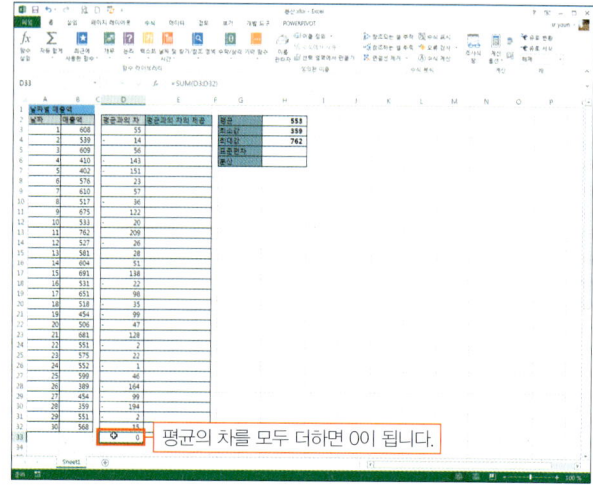

평균의 차를 모두 더하면 0이 됩니다.

06. 편차는 평균과의 차이므로 평균보다 크면 양수, 작으면 음수가 됩니다. 당연히 편차를 계산하면 0이 됩니다. 이는 불균형을 비교할 수 없으므로 양수의 영향과 음수의 영향이 나오지 않도록 제곱하여 구합니다. [E3] 셀을 클릭하여 수식 [=D3^2]을 입력합니다.

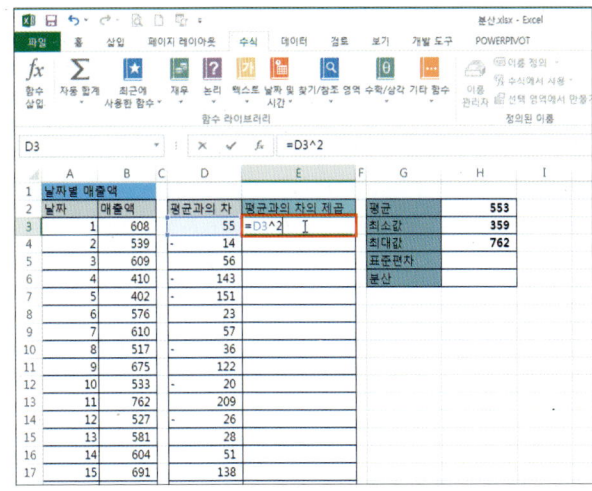

07. 나머지 셀은 자동 채우기를 하여 수식을 모두 복사합니다.

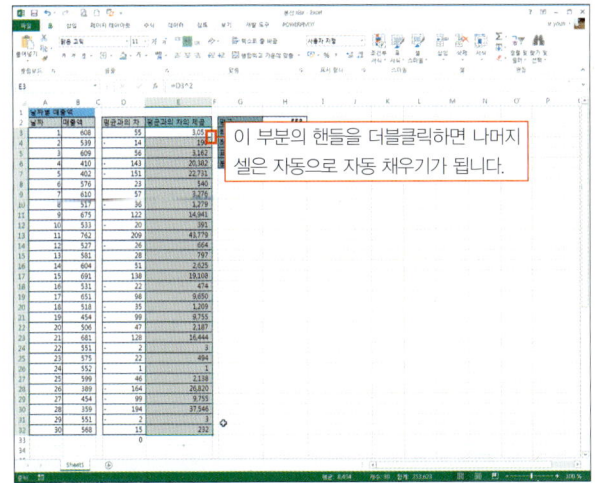

이 부분의 핸들을 더블클릭하면 나머지 셀은 자동으로 자동 채우기가 됩니다.

08. [E33] 셀에 SUM 함수로 편차 제곱의 합인 253,623을 구합니다.

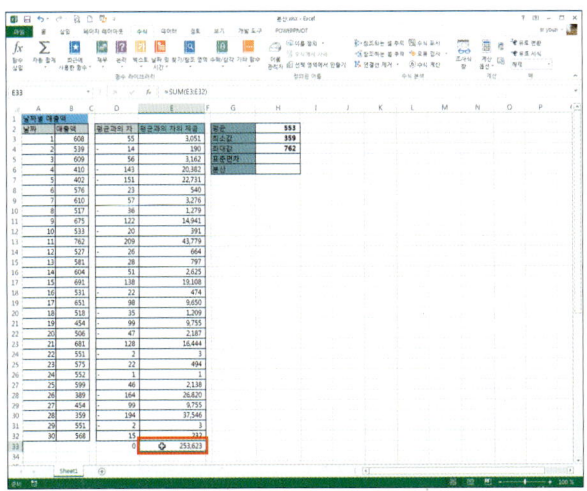

09. 하지만 이 값은 그대로 사용할 수 없습니다. 이 합계를 데이터의 개수로 나누면 이 값이 분산입니다. [H6] 셀에 분산을 구하기 위해 수식 [=E33/30]을 입력합니다. 분산은 평균을 중심으로 데이터가 얼마나 떨어져 있는지를 보는 지표지만 하루 매출 평균인 553과 분산인 8,454로는 전혀 감을 잡을 수 없습니다.

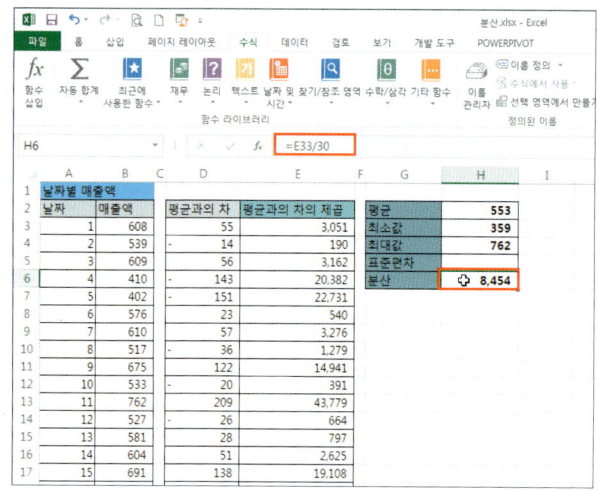

10. 이 값을 이용하여 표준편차를 구해 보겠습니다. 표준편차는 [√분산]으로 구합니다. [H5] 셀에 수식 [=SQRT(8454)]를 입력하여 표준편차 92를 구했습니다.

TIP : 표준편차 구하기

표준편차 = √분산
= √8454
= 8454^0.5
= SQRT(8454)

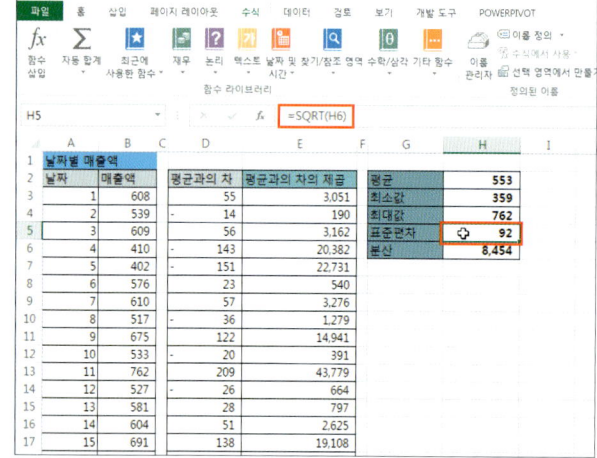

11. 이제까지 구한 분산과 표준편차를 함수로 이용하면 다음과 같습니다. 결과값이 같은 것을 알 수 있습니다.
[K5] 셀 표준편차 =STDEV.P(B3:B32)
[K6] 셀 분산 =VAR.P(B3:B32)

TIP : 이 상품의 하루 판매액의 평균은 553원이고, 표준편차는 ±92원입니다.

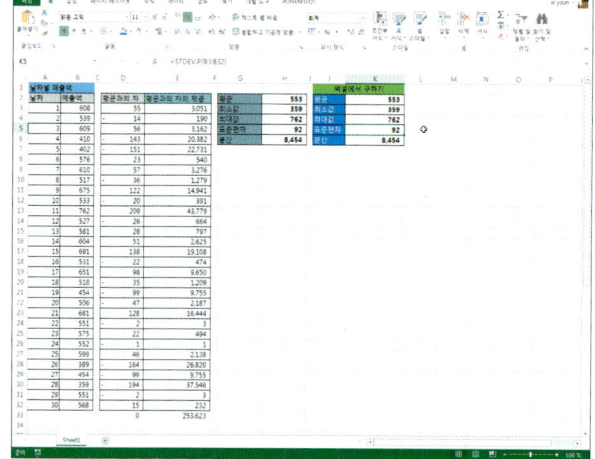

분산형 차트를 작성하여 매출 금액과 이익률로 전체의 경향을 파악하고, 그룹화하여 상품 그룹별 대응을 생각해 보겠습니다. 매출 데이터를 사용하여 향후 판매 전략이나 상품 검토 시 도움을 받을 수 있습니다.

예제 파일 | CD₩Part 01₩분산형 차트.xlsx

01. 아무 셀이나 클릭한 다음 [삽입] 탭-[표] 그룹-[피벗 테이블]을 선택하여 [피벗 테이블 만들기] 대화상자가 나타나면 범위를 확인하고 [확인] 단추를 클릭합니다.

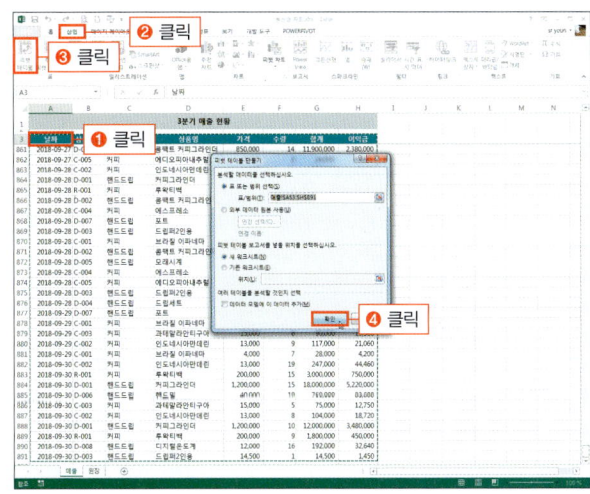

02. 피벗 테이블이 새로운 시트에 삽입되면 다음과 같이 레이아웃합니다. [상품명]별로 합계와 이익금 매출 내용을 볼 수 있습니다.

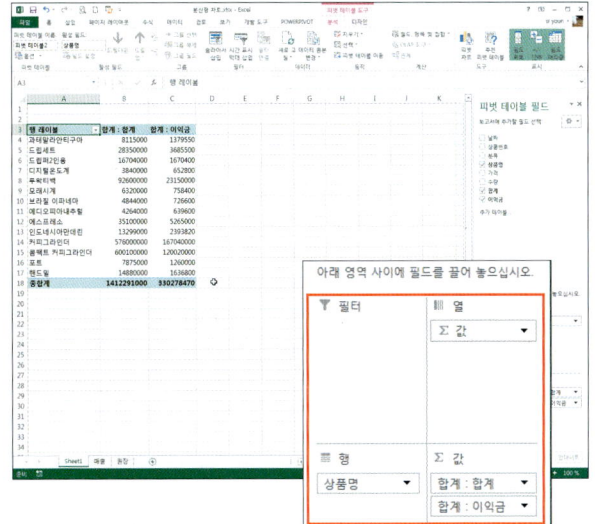

03. 이익률을 구하기 위해 [이익금] 필드에서 셀을 클릭하고 [피벗 테이블 도구]-[분석] 탭-[계산] 그룹-[필드 항목 및 집합]-[계산 필드]를 클릭합니다.

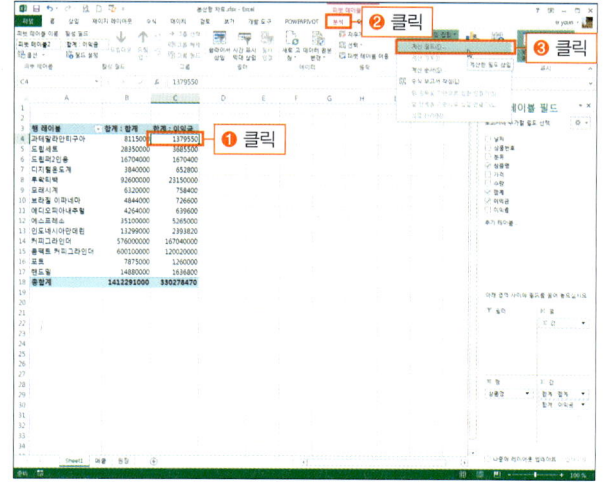

04. [계산 필드 삽입] 대화상자가 나타나면 이름에 [이익률]이라고 입력한 다음 필드에서 [이익금]을 선택하고 [필드 삽입]을 클릭합니다.

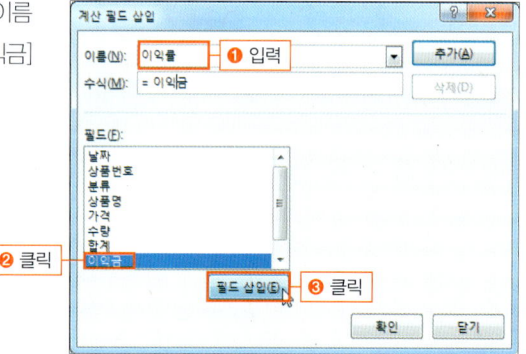

05. [/]를 입력한 후 [합계] 필드를 선택하고 [필드 삽입]을 클릭하여 수식을 만든 다음 [확인] 단추를 클릭합니다.

TIP : 이익금을 합계로 나누어 이익률을 구하는 것입니다.

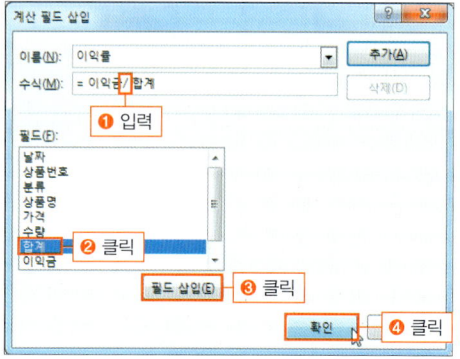

06. 이익률 0을 구합니다.

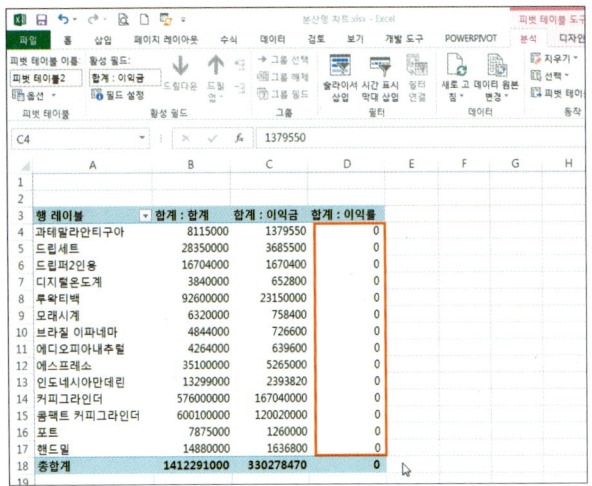

07. 이익률 범위를 선택하고 [홈] 탭–[표시 형식] 그룹–[백분율 스타일]을 클릭합니다. 이익률이 백분율로 표시됩니다.

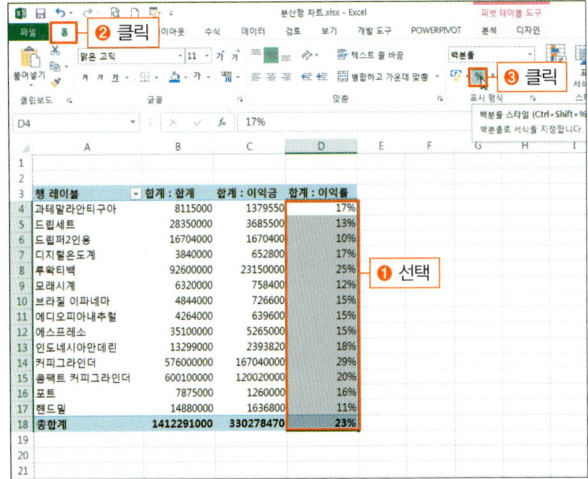

08. 차트를 작성할 [A4:D17] 셀 범위를 선택한 다음 [홈] 탭–[클립보드] 그룹–[복사]를 클릭합니다.

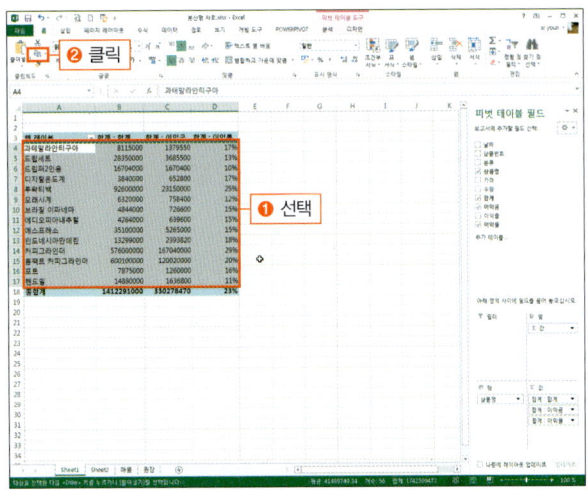

09. 새 시트에서 [붙여넣기]를 클릭하여 내용을 복사합니다. 차트를 작성하기 위해 [B3:B16], [D3:D16] 셀 범위를 선택하고 [삽입] 탭─[차트] 그룹─[분산형(x, y) 또는 거품형 차트 삽입]─[분산형]을 클릭합니다.

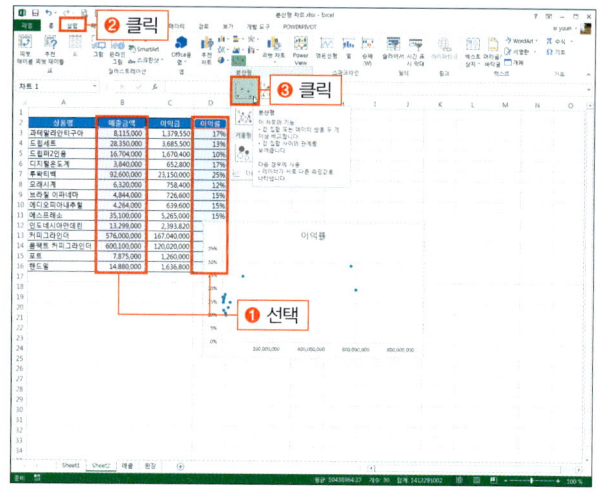

10. 분산형 차트가 삽입되었습니다.

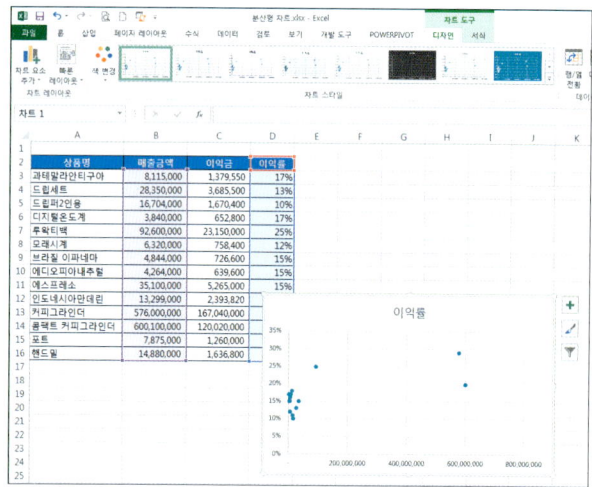

11. 차트 크기와 위치를 조정한 다음 [18] 행에 평균값을 구합니다.

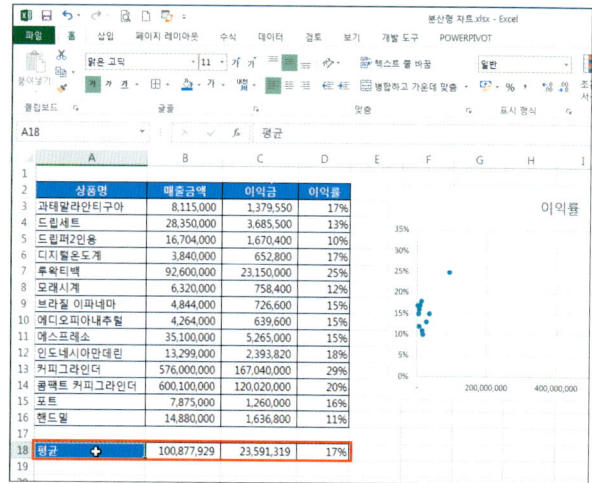

12. 차트 서식을 수정한 다음 평균값과 평균이
익률에 빨간선을 삽입하여 완성합니다. 계열에 레
이블을 삽입하면 각 상품을 바로바로 확인할 수
있습니다. 차트를 다음과 같이 4영역으로 구분하
였습니다.

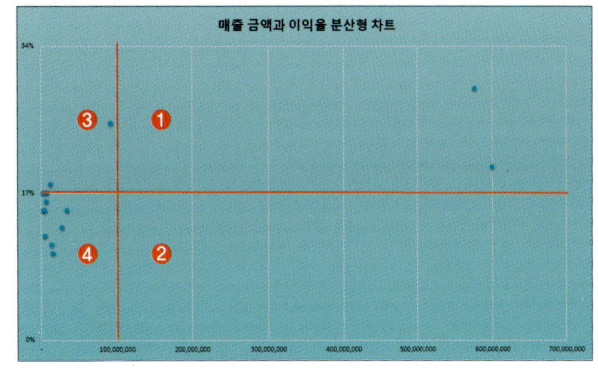

> **Plus** 매출의 불균형을 생각하고 그 불균형에서 특
> 징 있는 군으로 나누어 보면 다음에 해야 할 일이 보
> 입니다. 이것이 데이터 분석의 본질입니다. 단순 집
> 계표를 만들고 그것을 차트화하는 것 뿐만 아니라 뭘
> 알고 싶은지, 무엇을 검증할 지 생각하여 데이터를 분
> 석합니다.

해석

❶ **오른쪽 위 / 오늘 상품** : 매출 금액과 이익률이 높아 기업의 간판 상품이라고 할 수 있습니다. 이것을 유치시키는 것이 중요합
니다.

❷ **오른쪽 아래 / 어제의 상품** : 매출은 평균보다 높지만 이익률은 낮은 제품입니다. 단순한 박리다매인지, 조금씩 유통기한 끝에
할인 상품이 된 것인지, 발매 시기나 거래처 특징 등 더욱 분석이 필요합니다.

❸ **왼쪽 위 / 내일 상품** : 매출은 적지만 이익률은 높은 상품입니다. 여기에서 오른쪽 위의 오늘 상품으로 넘어가는 것이 나올지와
옮겨가려면 무엇을 해야 하는지 검토가 필요합니다. 상품마다 분석하여 판매 전략을 짜는 것이 중요합니다.

❹ **왼쪽 아래 / 상품** : 이곳에 위치한 상품은 각각 의미가 달라 일괄적으로 취급할 수는 없지만 폐지할 것인가? 향후 취급할 것인
가? 등을 검토해야 합니다. 또 재고 일수가 길거나 이외에 불량 재고화된 것이 없는지 상품 재고 데이터에도 주목하고, 상품
전략의 열쇠가 될 상품군입니다.

데이터 분석 도구를 이용하면 한번에 평균이나 중앙값, 최빈값 등을 구할 수 있습니다. 만일 엑셀의 [데이터] 탭에 [분석] 그룹이 없으면 추가로 설치해서 사용합니다. 추가 설치 방법은 아래 팁을 참조하세요.

예제 파일 | CD\Part 01\기술통계량.xlsx

01. 다음과 같이 남학생과 여학생의 키 데이터를 이용하여 여러 가지 통계를 한번에 구하기 위해 [데이터] 탭-[분석] 그룹-[데이터 분석]을 클릭합니다. [통계 데이터 분석] 대화상자가 나타나면 [기술 통계량]을 선택하고 [확인] 단추를 클릭합니다.

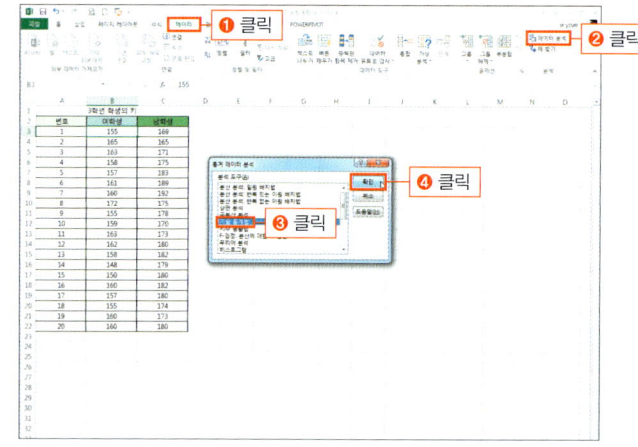

02. [기술 통계법] 대화상자가 나타나면 다음과 같이 설정하고 [확인] 단추를 클릭합니다.

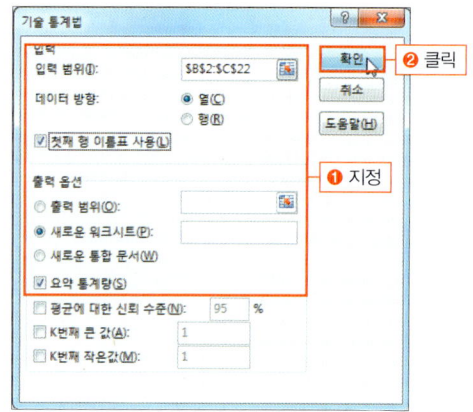

03. 새로운 시트에 다음과 같이 여러 가지 통계 결과가 표시됩니다.

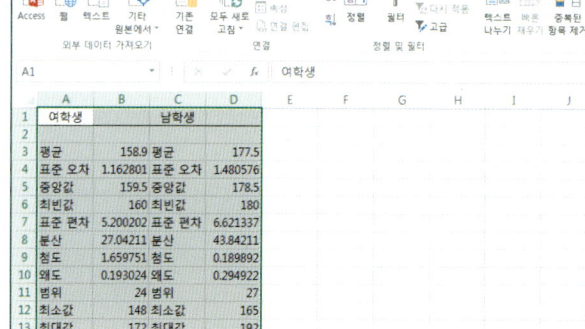

TIP : [분석 도구] 설치하기

[파일] 탭-[옵션]-[추가 기능] 화면에서 [이동] 단추를 클릭하면 나타나는 [추가 기능] 대화상자에서 [분석 도구] 항목을 클릭하여 선택한 다음 [확인] 단추를 클릭하면 됩니다.

04. 데이터를 편집하여 완성합니다.

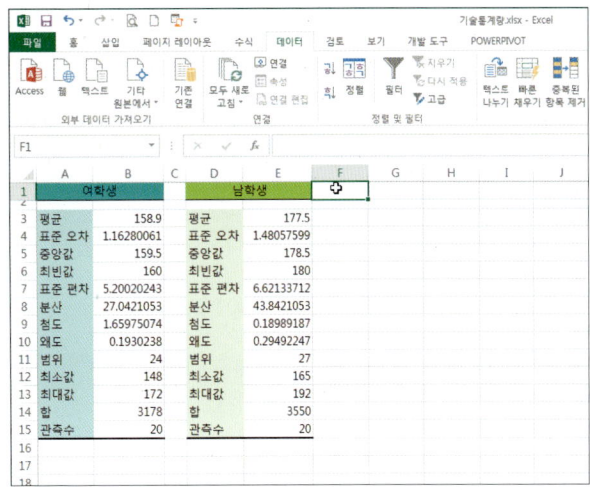

05. 통계 결과값을 함수로 구하려면 다음과 같이 입력하여 구합니다.

통계	결과값	함수식
평균	158.9	=AVERAGE(B3:B22)
표준 오차	1.16280061195284	=STDEV(B3:B22)/SQRT(F15)
중앙값	159.5	=MEDIAN(B3:B22)
최빈값	160	=MODE.SNGL(B3:B22)
표준 편차	5.2002024252098	=STDEV.S(B3:B22)
분산	27.0421052631579	=VAR.S(B3:B22)
첨두	1.65975074480630	=KURT(B3:B22)
왜도	0.193023796181665	=SKEW(B3:B22)
범위	24	=MAX(B3:B22)-MIN(B3:B22)
최소값	148	=SMALL(B3:B22,1)
최대값	172	=MAX(B3:B22,1)
합	3178	=SUM(B3:B22)
관측수	20	=COUNT(B3:B22)
가장 큰 값(1)	172	=LARGE(B3:B22,1)
가장 작은 값(1)	148	=SMALL(B3:B22,1)
신뢰 수준(95.0%)	2.43376965129799	=CONFIDENCE.T(0.05,F7,F15)

TIP : [기술 통계법] 대화상자에서 모든 것을 체크한 경우

[기술 통계법] 대화상자에서 모든 것을 체크한 결과는 다음과 같습니다.

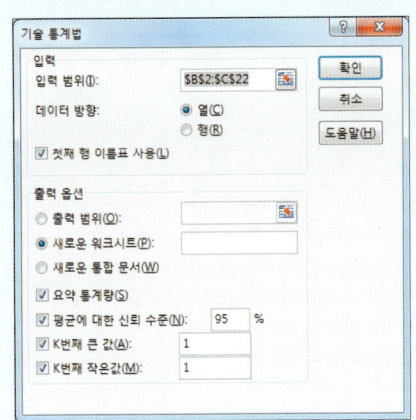

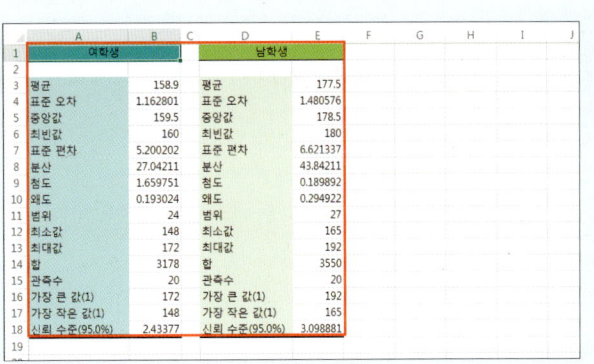

CHAPTER 03
데이터 분석을 위한 데이터 입력 작성 방법

데이터 분석을 하기 위해 가장 필요한 것은 데이터를 리스트 형식으로 입력하는 것입니다. 각 항목은 항목명 아래 필드로 입력하며, 각 행은 하나의 건을 입력합니다. 리스트 형태로 입력하지 않으면 데이터 분석을 하기가 어렵습니다. 이번 챕터에서는 리스트 형식의 데이터 작성에 대해 알아봅니다.

STEP 01 • 데이터 분석의 기초는 리스트 형식의 데이터로 만들기

데이터를 분석하는 방법에는 여러 가지가 있습니다. 중요한 것은 '데이터에서 무엇을 분석하면 좋은가?'를 명확하게 하는 것입니다. 다음은 데이터 분석을 위한 중요한 방법들이며, 이러한 데이터 분석을 위해서는 모든 데이터는 리스트 형태로 만들어야 합니다. 리스트 형태로 만들어 두어야만 자신이 원하는 데이터로 분석할 수 있습니다.

목적	
데이터 정리	: 표, 필터, 피벗 테이블 등 ← 축적된 데이터를 분석을 위한 데이터로 정리합니다.
상품력 분석	: 평균, 표준편차, Z 차트, 팬 차트 등
상품 구성 분석	: ABC 분석, 거품형 차트, 히스토그램 등
순위, 비교 분석	: 막대형 차트, 3차원 차트, 순위 등
예측 분석	: 추세선, 목표값 찾기, 손익분기점 등

■ 리스트 형식의 데이터

많은 데이터가 입력되어 있는 자료에서 원하는 순서대로 정렬하거나 또는 필요한 내용만 유출하는 등의 작업을 할 수 있는 기능이 데이터베이스 기능입니다. 이러한 데이터베이스 기능을 이용하기 위해서는 데이터베이스 형식에 맞춰 데이터를 입력해야 합니다. 보통 데이터베이스를 구성하는 항목은 [열 레이블], [필드], [레코드]입니다. 데이터베이스 형식의 자료를 입력할 때는 열과 행에 공백을 두지 말고, 열 레이블은 데이터의 가장 위쪽 행에 입력하되, 일반 자료와 구분하기 쉽도록 글꼴이나 색 등을 강조하여 지정하는 것이 좋습니다. 그리고 같은 필드에는 같은 종류의 데이터만을 입력합니다.

> **TIP : 공백 셀이 있는지 체크하기**
>
> 행 단위나 열 단위로 공백이 발생하는 경우 정확한 데이터 분석을 원한다면 공백은 없는 것이 좋습니다. 표에서 공백 셀이 어디에 있는지 빠르게 찾으려면 [홈] 탭-[편집] 그룹-[찾기 및 선택]-[이동 옵션]을 선택하여 [이동 옵션] 대화상자가 나타나면 [빈 셀]을 선택하면 됩니다.

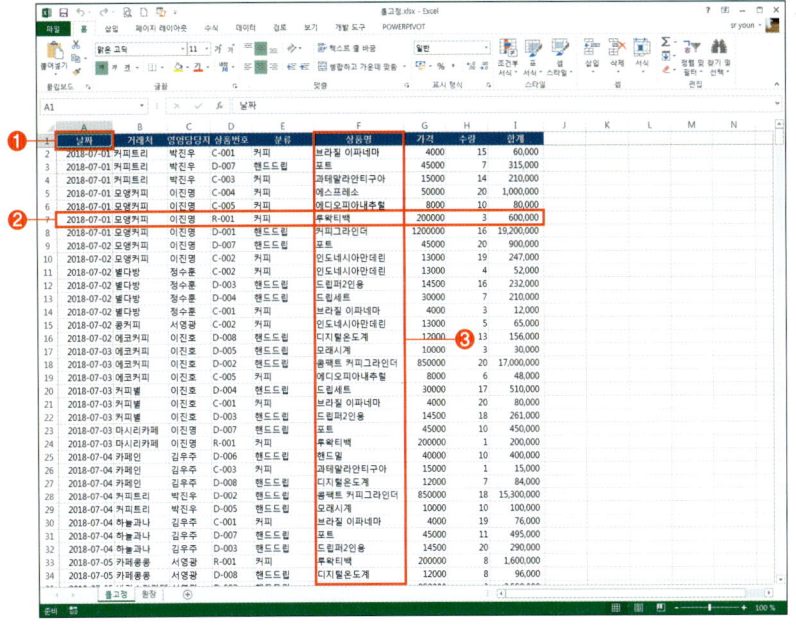

❶ 항목명 : 시트 첫 번째 행에 항목명을 입력합니다.

❷ 레코드 : 1행에 1건씩 데이터를 입력합니다.

❸ 필드 : 같은 항목명에 대한 데이터입니다.

■ 리스트 형식으로 데이터를 입력할 때의 규칙

리스트 형식으로 데이터를 작성하기 위해서는 다음과 같은 규칙을 체크합니다.

- 필드에는 같은 내용의 데이터를 입력합니다. 예를 들어 [상품명]이라는 필드에는 상품명만 입력해야 합니다. [상품명] 필드에 [가격]이나 [수량] 등의 다른 데이터 항목을 입력하면 안 됩니다.
- 필드에 입력하는 데이터의 속성(데이터 표시 형식 등)은 통일시켜서 입력합니다.
- 각 레코드 사이에 공백을 넣지 않습니다. 레코드 사이에 공백이 있으면 2개의 리스트로 인식하기 때문에 올바른 결과를 얻을 수 없습니다.

> **TIP : 수치와 문자열 서로 바꾸는 함수**
>
> 데이터를 통일하기 위해 서식을 변경해야 할 때 함수를 사용하면 편리합니다. 수치는 문자열로, 문자열은 수치로 바꾸는 함수는 TEXT와 VALUE입니다.
>
> **• TEXT 함수**
>
> TEXT(value, format_text)
> value : 필수 요소로 숫자 값. 숫자 값으로 계산되는 수식 또는 숫자 값이 포함된 셀에 대한 참조입니다.
> format_text : 필수 요소로 따옴표로 묶인 텍스트 문자열의 숫자 형식(예: "m/d/yyyy" 또는 "#,##0.00")입니다.
>
> **• VALUE 함수**
>
> VALUE(text)
> text : 필수 요소로 변환할 텍스트가 있는 셀 참조 또는 따옴표로 묶은 텍스트를 지정합니다.

엑셀의 워크시트는 256열×65,536행의 크기입니다. 하지만 모니터 크기는 이 내용을 한번에 표시할 수는 없습니다. 실제 매출 데이터가 화면에 모두 보이지는 않으므로 보이지 않는 데이터를 보려면 [틀고정] 기능을 이용하여 제목은 항상 나타나도록 하고 내용만 스크롤하여 볼 수 있도록 하는 것이 좋습니다.

예제 파일 | CD₩Part 01₩틀고정.xlsx

01. 다음 표에서는 제목줄이 첫 행에 있으므로 첫 행만 고정시키도록 하겠습니다. [A1] 셀을 클릭하고 [보기] 탭–[창] 그룹–[틀 고정]–[첫 행 고정]을 클릭합니다.

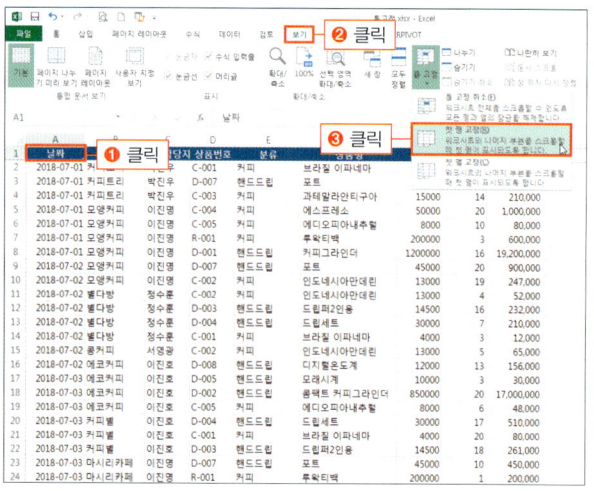

02. 첫 행이 고정되었으므로 스크롤하면 첫 행은 고정되어 움직이지 않고 2행부터 움직입니다.

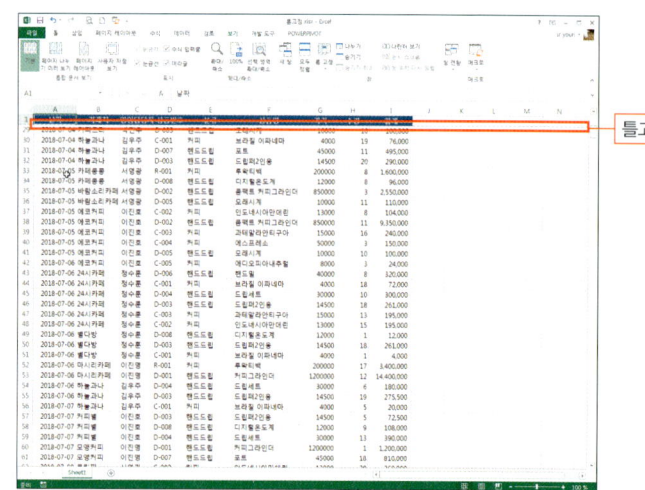

STEP 03 • 정렬은 데이터 분석의 첫 걸음

리스트 형식의 데이터에서 가장 많이 사용하는 기능이 바로 정렬입니다. 데이터를 정렬하는 목적은 단순히 보기 쉽도록 하기 위한 것만이 아닙니다. 데이터를 차트화하거나 집계하고자 할 때 미리 정렬을 하는 것만으로 어느 정도 경향을 볼 수 있는 경우도 많습니다. 그러나 주의해야 할 것은 정렬 후에 저장을 해버리면 처음 상태로 되돌릴 수 없다는 것입니다.

예제 파일 | CD₩Part 01₩정렬.xlsx

01. [수량] 항목이 있는 [H4] 셀을 선택하고 [데이터] 탭-[정렬 및 필터] 그룹-[내림차순 정렬]을 클릭합니다.

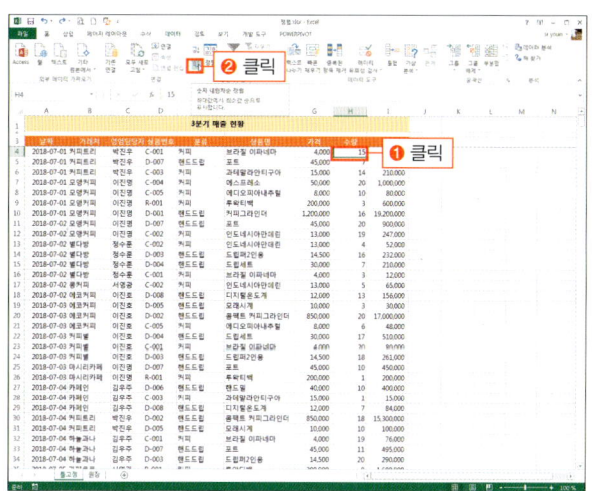

TIP : 정렬 기능을 이용하여 분석할 때는 [매출금액] 순으로 하면 단가가 높은 상품이 상위를 독점하게 되므로 판매수량으로 정렬하는 것이 좋습니다.

02. 데이터가 수량을 기준으로 내림차순 정렬이 되었습니다.

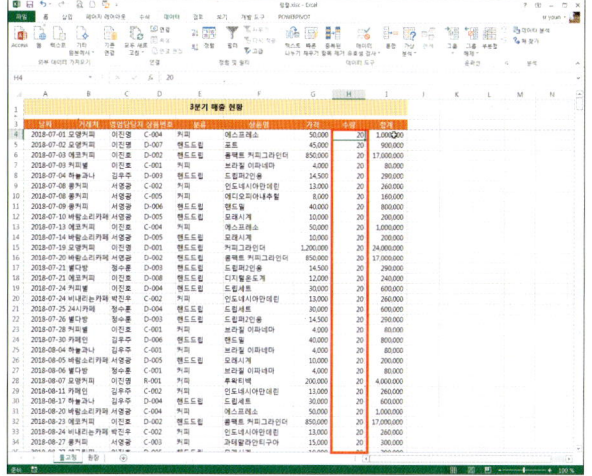

03. 만일 여러 개의 조건을 지정하여 정렬하고자 한다면 [정렬]을 클릭합니다.

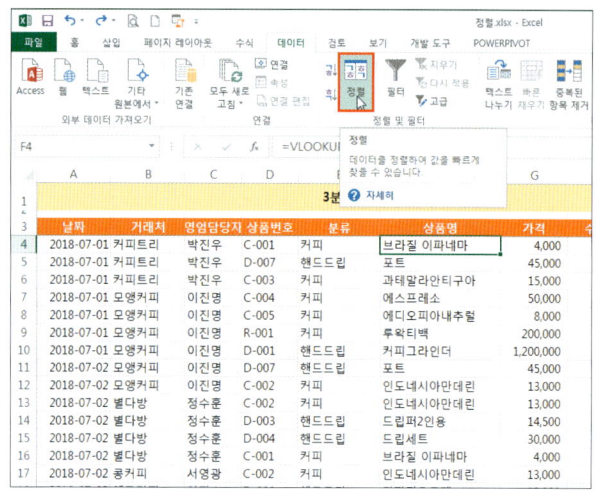

04. [정렬] 대화상자가 나타나면 [정렬 기준]에서 첫 번째 조건을 지정합니다. 여기서는 [상품명]을 선택합니다.

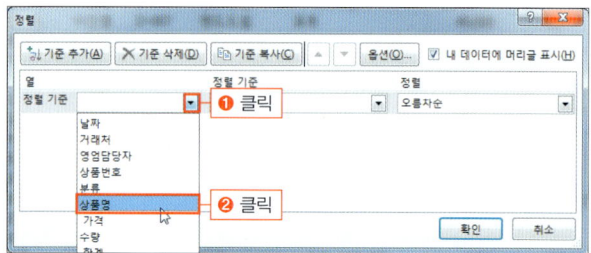

05. 이어 정렬 방법을 선택하고, [기준 추가] 단추를 클릭하여 다음 기준을 그림과 같이 설정합니다. 즉 첫 번째 기준은 상품명을 오름차순으로 정렬하고, 두 번째 기준은 수량을 내림차순으로 정렬하는 것입니다. 정렬 조건을 모두 지정한 다음 [확인] 단추를 클릭합니다.

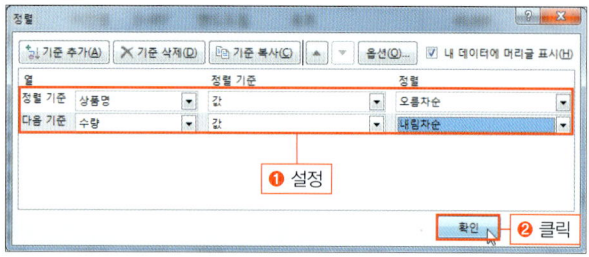

06. 다음과 같이 상품명을 기준으로 먼저 정렬한 다음, 수량을 기준으로 다시 한 번 내림차순으로 정렬합니다.

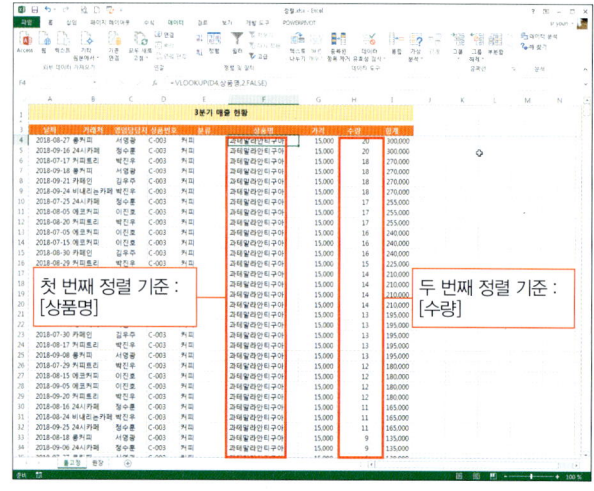

STEP 04 • 자동 필터로 매출 Top 10 보기

데이터 분석의 기본은 정렬과 추출 그리고 집계라고 할 수 있습니다. 여기서는 정렬에 이어 추출 기능에 대해 알아봅니다. 대량의 데이터에서 원하는 데이터를 추출하는 방법은 여러 가지 있지만 데이터를 추출할 때까지 많은 시간이 걸린다면 의미가 없습니다. 필요한 날짜의 데이터만 본다거나 원하는 담당자만의 데이터만을 보고 싶다면, 그것도 간단하게 해결하고자 한다면 자동 필터를 사용하는 것이 편리합니다. 여기서는 자동 필터를 사용하여 매출 Top 10을 추출하는 방법에 대해 알아보겠습니다.

예제 파일 | CD\Part 01\자동필터.xlsx [자동필터] 시트

01. 데이터가 있는 아무 셀이나 클릭한 다음 [데이터] 탭–[정렬 및 필터] 그룹–[필터]를 클릭합니다.

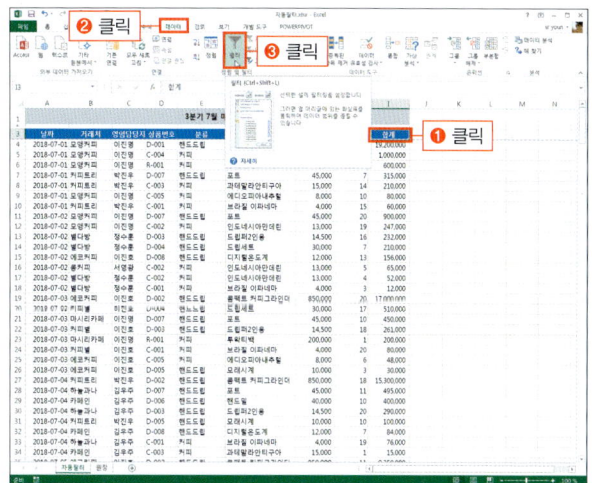

02. 행 제목 부분에 필터 아이콘이 표시됩니다. [합계]에서 필터 아이콘을 클릭한 다음 [숫자 필터]–[상위 10]을 클릭합니다.

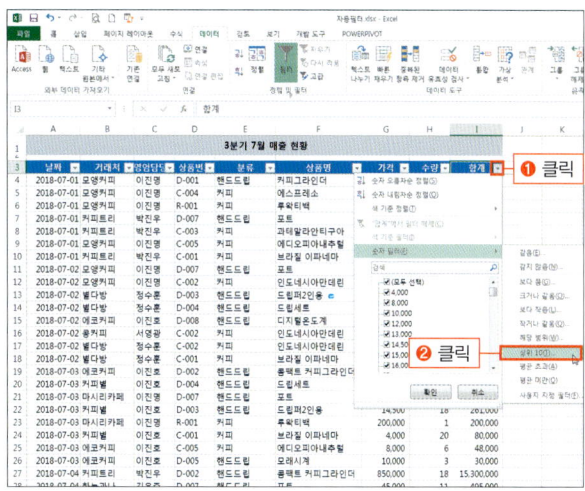

03. [상위 10 자동 필터] 대화상자가 나타나면 [확인] 단추를 클릭합니다.

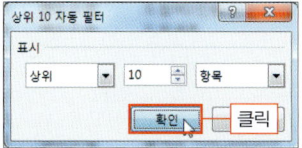

04. 다음과 같이 매출이 큰 순서로 10위까지만 표시됩니다.

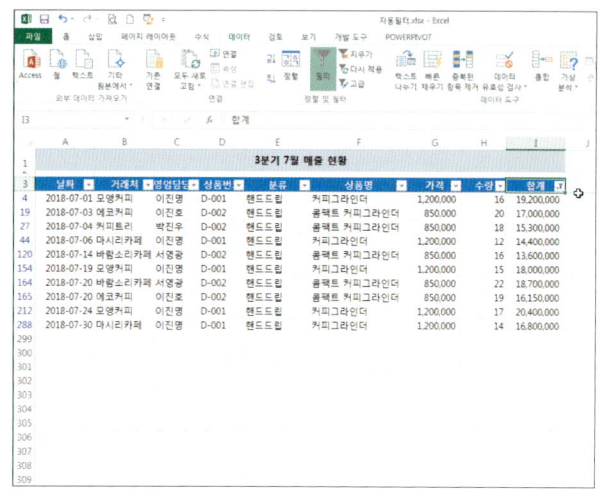

05. 이 상태에서 [숫자 내림차순]을 클릭하면 합계를 기준으로 1~10위까지 한눈에 살펴볼 수 있습니다.

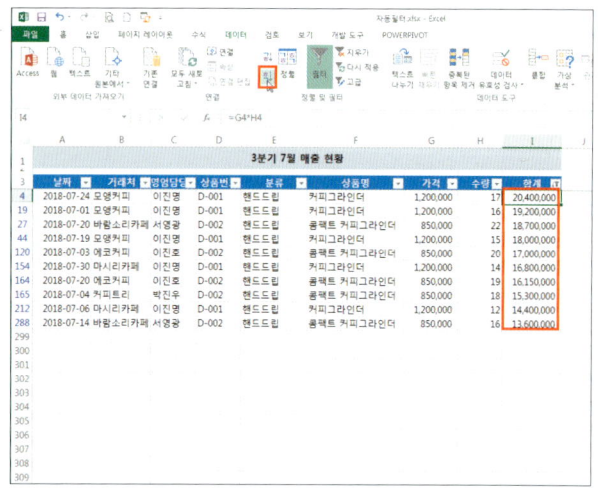

STEP 05 • 어림잡아 숫자 파악하기

실제 데이터의 일부를 조건으로 지정하여 추출하는 방법이 있습니다. 이것은 자동 필터의 옵션을 이용합니다. 옵션은 [끝 문자], [시작 문자], [포함]과 같이 약간은 애매한 검색을 실행하기 위한 조건이 미리 등록되어 있습니다. 이러한 검색은 텍스트 필터에서 이용하며, 조건을 정확하게 입력할 수 없을 때 사용합니다.

예제 파일 | CD₩Part 01₩필터설정.xlsx

01. 자동 필터를 적용한 표의 [상품명] 필터 아이콘을 클릭하여 메뉴가 나타나면 [텍스트 필터]-[시작 문자]를 클릭합니다.

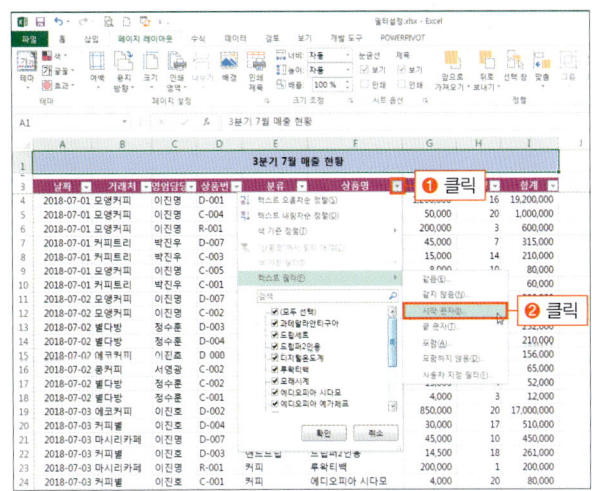

02. [사용자 지정 자동 필터] 대화상자가 나타나면 시작 문자에서 [에디오피아]를 입력하고 [확인] 단추를 클릭합니다.

TIP : [그리고]와 [또는]

[그리고]는 AND 검색으로 설정한 2개의 조건을 모두 만족하는 것을 추출하고, [또는]은 OR 검색으로 2가지 조건 중 1가지만 만족하면 추출합니다.

03. 다음과 같이 [에디오피아]로 시작하는 상품명만 나타납니다.

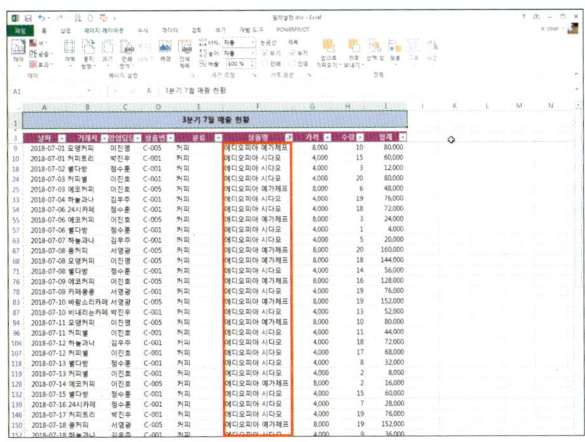

보통 합계를 구할 때는 SUM 함수를 이용하고, 조건을 주어 합계를 구할 때는 SUMIFS 함수 등을 이용하는데 여기서는 함수를 이용하지 않고, 표와 빠른 분석 기능을 이용하여 조건에 맞는 항목에 대해서만 합계를 구하는 방법에 대해 알아봅니다.

예제 파일 | CD₩Part 01₩표.xlsx

01. [삽입] 탭–[표] 그룹–[표]를 클릭합니다.

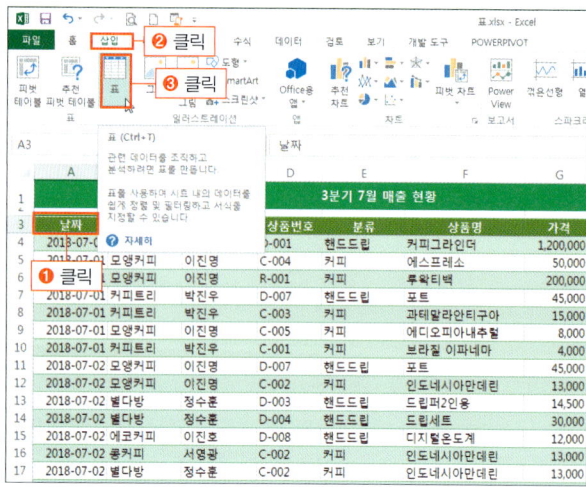

02. [표 만들기] 대화상자가 나타나면 범위가 자동으로 지정되므로 [확인] 단추를 클릭합니다.

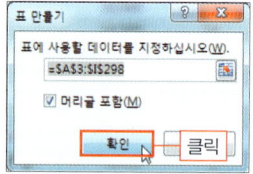

03. 셀 범위가 표로 변경되었습니다.

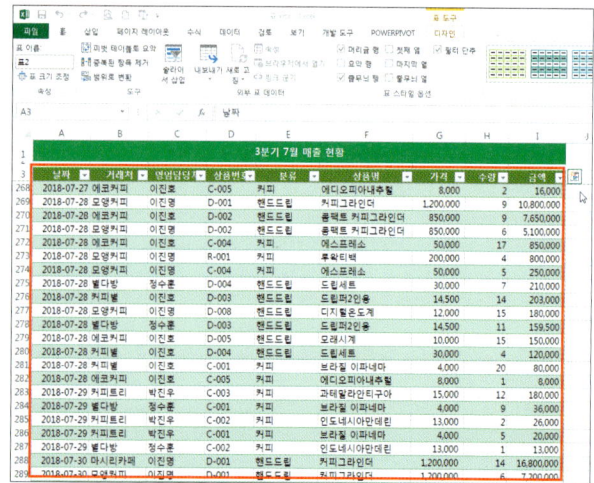

04. [거래처] 필터 아이콘을 클릭하여 [24시카페] 거래처만 선택한 다음 [확인] 단추를 클릭합니다.

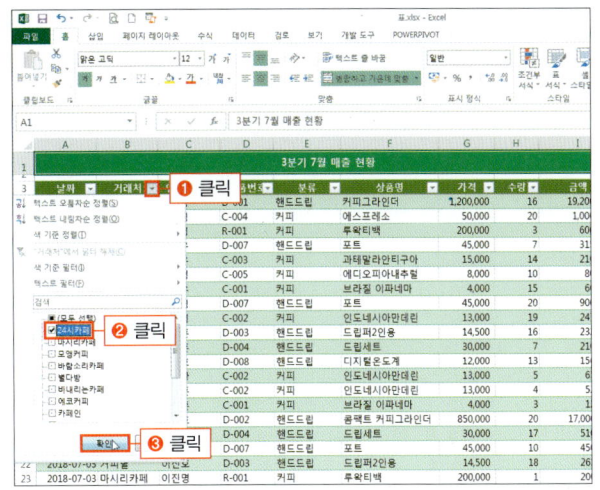

05. [24시카페] 거래처에 대한 매출 내용만 표시됩니다. 이제 합계를 표시하기 위해 [표 도구]-[디자인] 탭-[표 스타일 옵션] 그룹-[요약 행]을 클릭합니다.

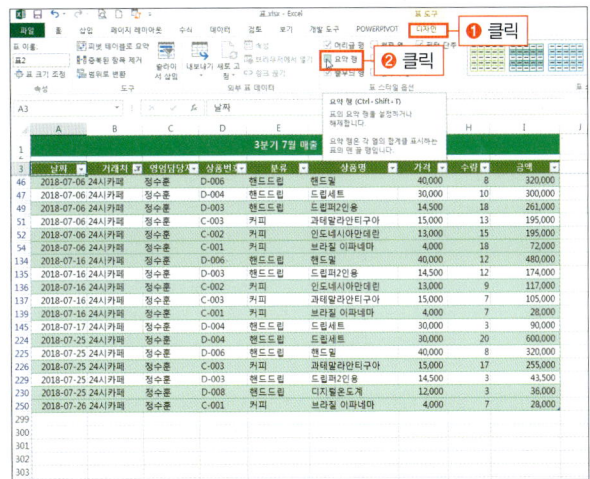

06. 표의 마지막 줄에 합계가 표시됩니다.

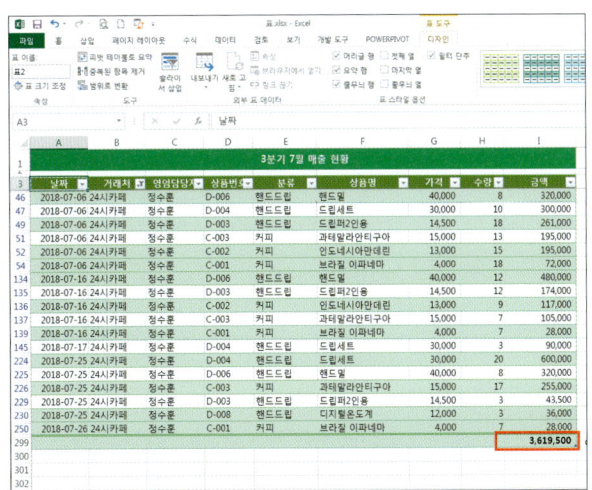

도수분포표를 작성하면 데이터의 분포 상황을 간단하게 파악할 수 있습니다. 여기서는 시험의 총득점표를 이용하여 10점 단위로 집계한 도수분포표를 작성하는 방법과 도수분포표를 이용하여 히스토그램을 작성하는 방법에 대해 알아봅니다. 도수분포표와 히스토그램은 FREQUENCY 함수나 피벗 테이블을 이용하여 작성하는 방법도 있지만 데이터 분석 도구를 이용하여 한번에 작성하는 방법으로 설명합니다.

예제 파일 | CD₩Part 01₩도수분포표.xlsx

01. 데이터 분석 도구로 도수분포표를 작성하려면 각각의 값(여기서는 총점)과 계급(여기서는 구분) 데이터 범위를 미리 작성해 두어야 합니다. 예제에서는 이미 만들어 두었습니다. [데이터] 탭-[분석] 그룹-[데이터 분석]을 클릭합니다. [통계 데이터 분석] 대화상자가 나타나면 [히스토그램]을 선택하고 [확인] 단추를 클릭합니다.

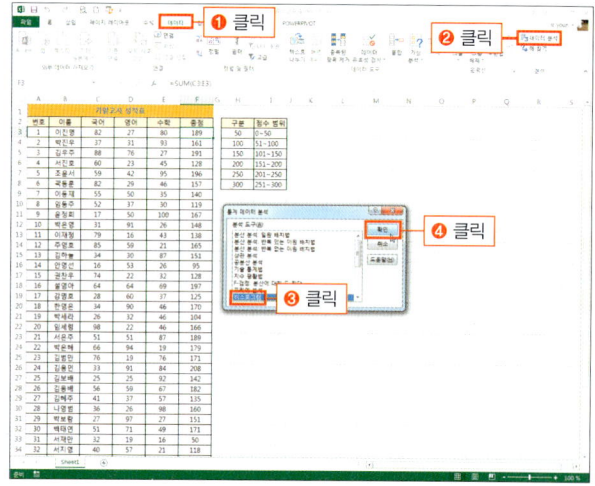

02. [히스토그램] 대화상자가 나타나면 입력 범위와 계급 구간을 다음과 같이 지정합니다. 계급 구간 범위에서 지정할 구간을 미리 만들어야 하는 것입니다. 출력 옵션을 지정한 다음 [확인] 단추를 클릭합니다.

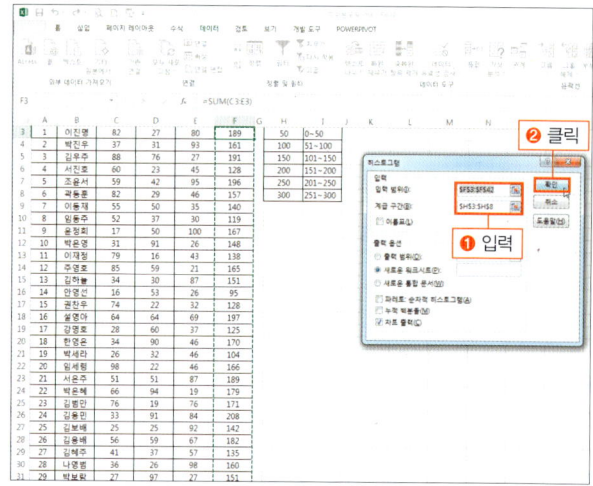

03. 새로운 시트에 도수분포표와 히스토그램이 작성되었습니다. 151~200 사이의 점수가 가장 많은 것을 알 수 있습니다.

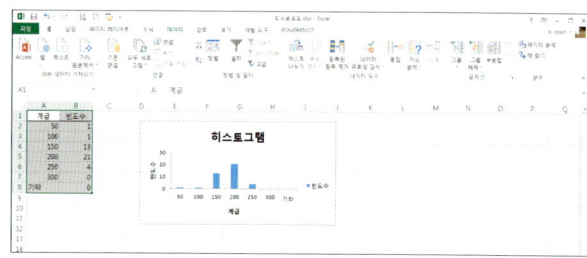

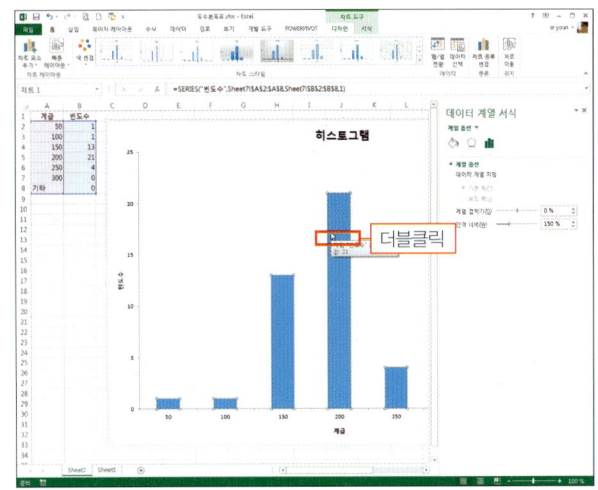

04. 차트 크기와 위치를 변경한 다음 계열에서 더블클릭하면 [데이터 계열 서식] 창이 나타납니다.

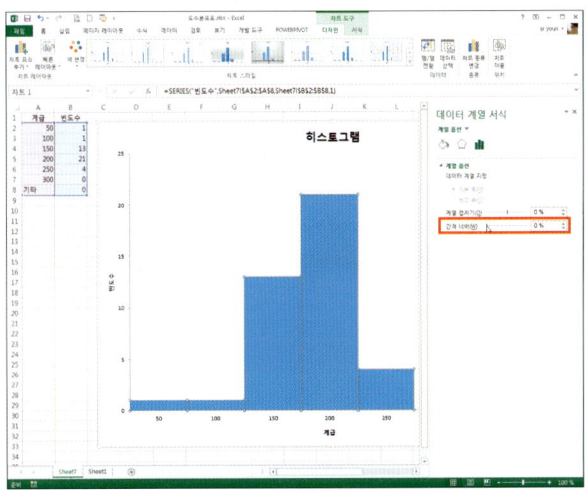

05. [계열 옵션]의 간격 너비를 0%로 지정하여 계열 사이의 간격을 없앱니다.

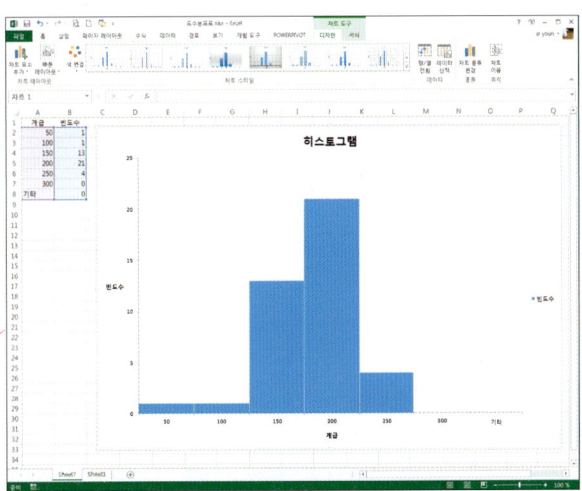

06. 다음과 같이 도수분포표와 히스토그램이 완성되었습니다.

TIP : 구간폭과 최빈도의 관계

도수분포표, 히스토그램에 대해 계급 구간의 폭을 바꾸면 계급의 도수가 바뀌고 결과적으로 최빈도와 최빈도에 따른 도수도 변합니다. 다음은 계급의 단위를 10, 30, 50으로 각각 변경한 후의 도수분포표와 히스토그램의 모습입니다. 계급의 폭을 변경하면 히스토그램의 변화까지 확인할 수 있습니다.

구간폭	계급수	최빈도	최빈도도수
10	15	149, 169, 199	5
30	6	179	12
50	4	199	20

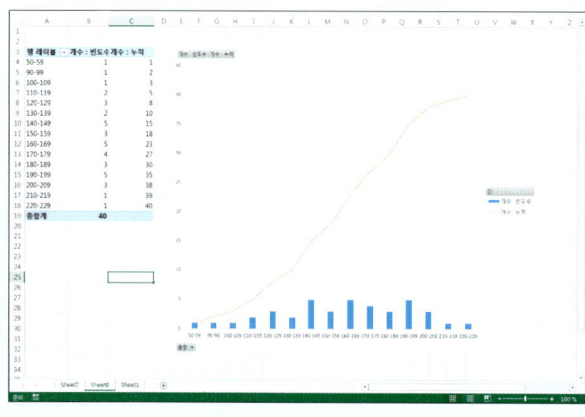

◀ 구간폭이 10일 때

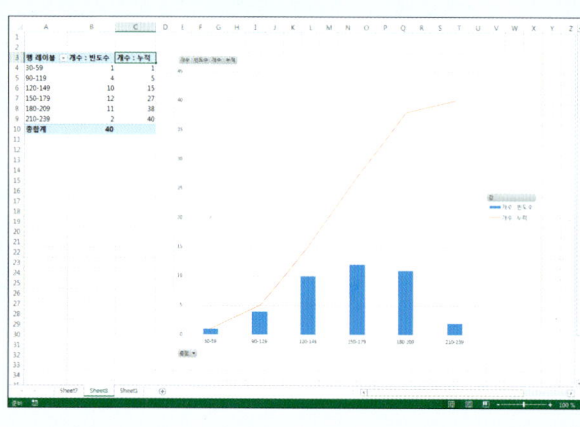

◀ 구간폭이 30일 때

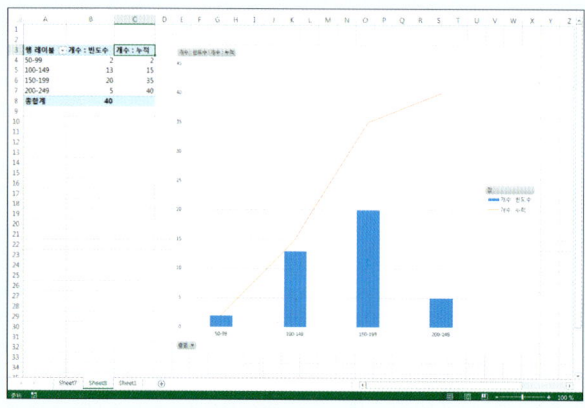

◀ 구간폭이 50일 때

04 손익분기점과 성공 여부 구하기

이번 챕터에서는 손익분기점과 성공도를 구하는 방법에 대해 알아봅니다. 손익분기점은 어느 정도의 상품을 팔아야 이익이 나는지를 구하는 것이므로 그에 대한 계산하는 방법을 알아보고, 차트를 작성해 보겠습니다. 또한 손익분기점을 이용하여 성공 여부를 구하는 방법에 대해 알아봅니다.

STEP 01 • 손익분기점을 사용하여 이익과 손실의 경계 포인트 보기

■ 어느 정도 상품을 팔면 이익이 날까?

손익분기점을 사용한 분석은 판매예측과 새로운 사업 계획 등을 할 때 이용하는 기본적인 분석 방법입니다. 손익분기점을 구하려면 먼저 비용을 변동비와 고정비로 나누고, 2개를 더한 총비용을 구합니다. [매출액−총비용]이 양수라면 이익이 나는 것이고, 음수라면 손실이 나는 것입니다. 이때 이익도 손실도 발생하지 않는 지점이 바로 손익분기점입니다. 손익분기점에 따른 매출액을 손익분기점 매출액이라고 합니다. 따라서 손익분기점은 낮으면 낮을수록 좋습니다. 매출이 적더라도 이익을 내려면 먼저 고정비를 삭감해야 할 필요가 있습니다.

손익분기점은 이익과 손실의 갈림길이므로 이 지점을 사용하여 여러 가지 분석을 할 수 있습니다. 예를 들어 '몇 개의상품을 팔아야 이익이 날까?', '상품 가격을 얼마로 설정해야 채산이 맞을까?', '목표이익을 달성하려면 어느 정도 판매수량이 필요할까?'와 같은 다채로운 시점에서 데이터 분석을 할 수 있습니다.

- 손익분기점 = 총비용 → 수지가 맞는다
- 손익분기점 〉 총비용 → 이익이 난다
- 손익분기점 〈 총비용 → 손실이 난다

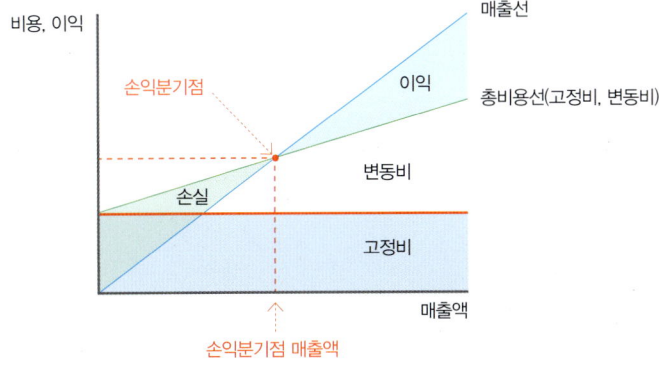

■ 손익분기점에 의한 분석

손익분기점에 의한 분석은 판매 시뮬레이션에서만 이용하는 것이 아닙니다. 회사의 결산서를 분석하거나 사업부와 프로젝트 단위로 손익을 체크하는 경우에도 적용할 수 있습니다. '얼마나 판매를 올리면 각 사업부의 채산이 맞을 것인가?', '신규 사업에 언제까지 투자해야 하는가?' 등 대략적인 채산을 분석할 때도 손익분기점은 최적입니다.

손익분기점 분석에 따라 생각해 볼 수 있는 것이 변동비율입니다. 변동비율은 '매출액에 비례하여 변동하는 변동비가 매출액에 어느 정도 차지하는가?'를 표시하는 것입니다. 변동비율을 알면 계산식을 변형하여 손익분기점 매출액을 구할 수 있습니다.

변동비율(%) = 변동비/매출액
손익분기점 매출액 = 고정비/(1−변동비율)

■ 한계이익

실제 기업 경영에서는 손익분기점 매출액을 목표로 하는 것이 아니라 목표가 되는 이익을 확보할 수 있는 매출액을 목표로 하는 것이 일반적입니다. 손익계산은 원가와 비용을 변동비와 고정비에 비용분해하는 것으로 한계이익을 구할 수 있습니다. '매출액에 대해 한계이익을 비율로 표시한 것'을 한계이익률이라 하고, 이것을 기준으로 목표로 하는 이익을 확보할 수 있는 매출액(목표매출액)을 산출할 수 있습니다.

한계이익률(%) = (한계이익/매출액) × 100
목표매출액 = (고정비+목표이익)/한계이익률

TIP : 비용분해

원가와 비용을 변동비와 고정비로 구분하는 것을 비용분해라고 합니다. 비용분해는 손익계산서상의 계정과목명의 성격에서 비용분해를 하는 계정과목법이 일반적입니다. 일반적으로 비용은 손익계산서에 [판매비 및 일반관리]로 기록되지만, 제조업에서는 제조원가증명서에 제조원가로 하여 원재료, 외주가공비 등에도 포함합니다. 이때 원재료와 외주가공을 변동비, 임금과 제조경비를 고정비로 나눕니다.

STEP 02 · 손익분기점을 차트로 표시하기

손익분기점을 구한 다음 차트로 만드는 방법에 대해 알아봅니다.

예제 파일 | CD₩Part 01₩손익분기점.xlsx

01. 예제 파일을 불러온 다음 매출액을 구하기 위해 [B8] 셀에 수식 [=$B$1*B7]을 입력합니다. 상품가격에 판매수량을 곱하여 매출액을 구합니다.

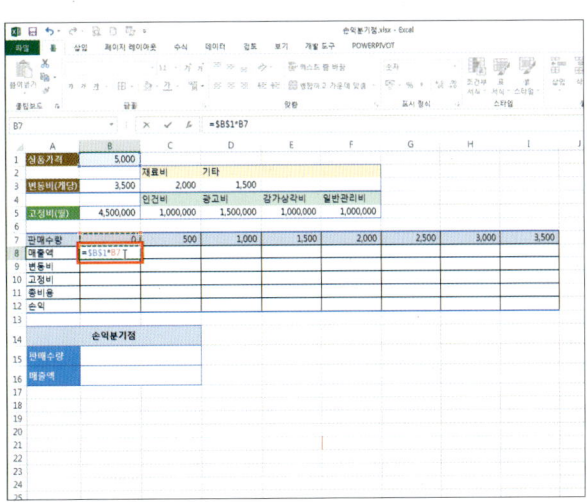

> **TIP : 변동비와 고정비**
>
> 변동비는 매출의 증가와 함께 증가하는 비용입니다. 고정비는 매출의 증가와 상관없이 일정하게 발생하는 비용입니다. 변동비는 재료비나 상품구입비, 외주가공비, 배송비, 잔업수당 등이 있습니다. 고정비는 인건비, 감가상각비, 임대료 등이 있습니다.

02. 변동비를 구하기 위해 [B9] 셀에 수식 [=$B$3*B7]을 입력합니다.

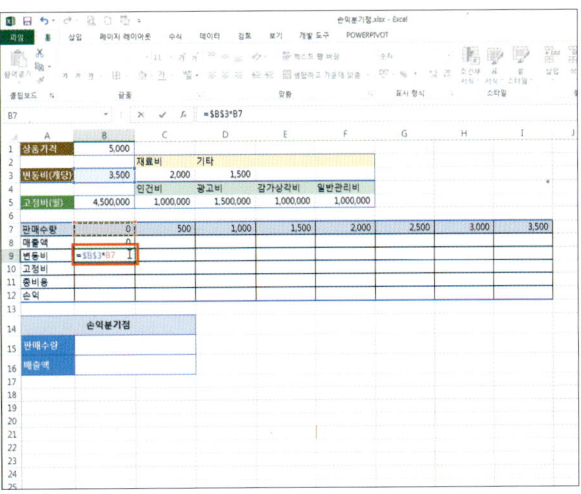

03. 고정비를 구하기 위해 [B10] 셀에 수식 [=$B$5]를 입력합니다.

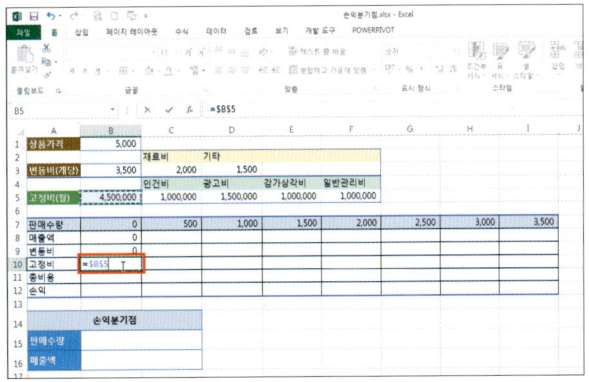

04. 총비용을 구하기 위해 [B11] 셀에 변동비와 고정비의 합계를 구하는 수식인 [=B9+B10]을 입력합니다.

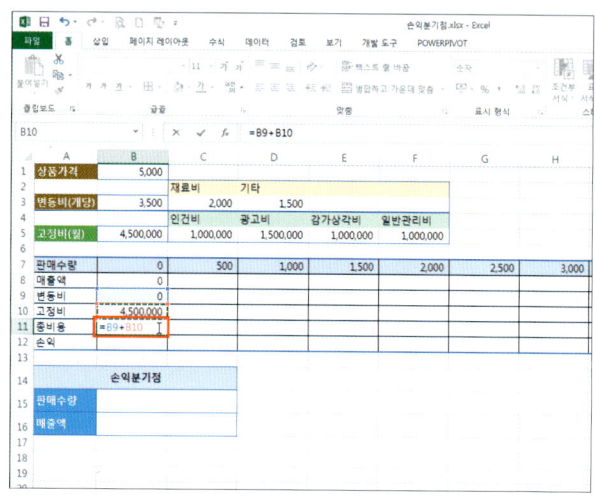

05. 이제 손익을 구하기 위해 [B12] 셀에 수식 [=B8-B11]을 입력합니다. 손익은 매출액에서 총비용을 빼서 구합니다.

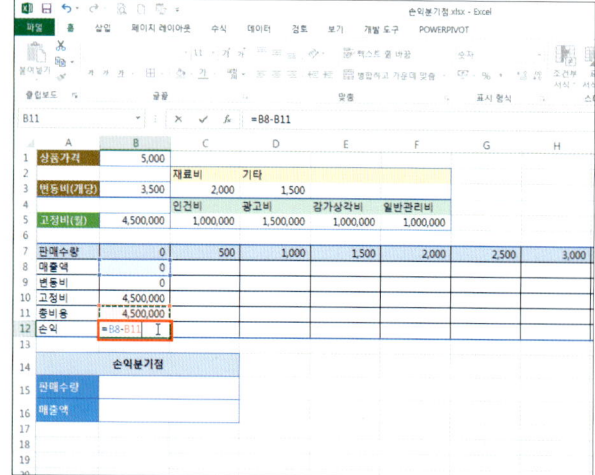

TIP : 손익 구하기

손익 = 매출액 - 총비용

06. [B8:B12] 셀 범위를 선택한 다음 [I] 열까지 드래그하여 수식을 모두 복사합니다. 각 판매수량에 대한 값을 구하는 것입니다.

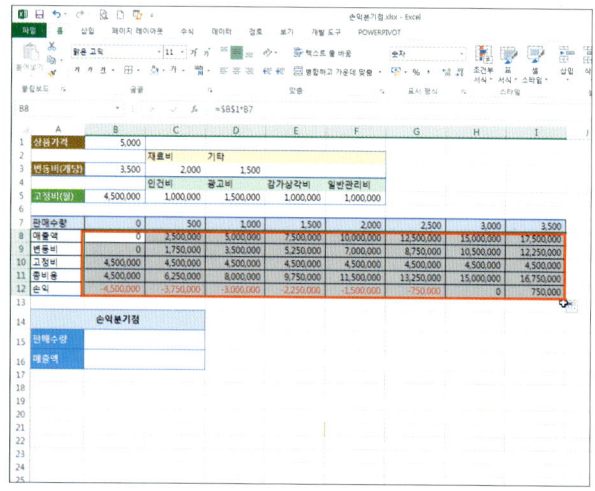

07. 손익분기점이 되는 판매수량을 구하기 위해 [B15] 셀에 수식 [=B5/(B1−B3)]을 입력합니다.

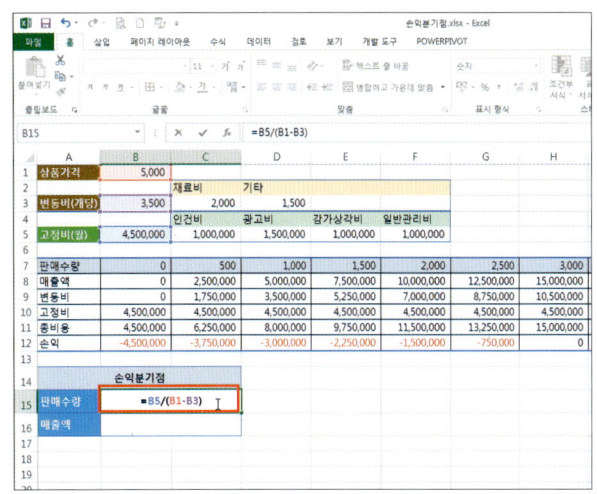

08. 손익분기점이 되는 매출액을 구하기 위해 [B16] 셀에 수식 [=B1*B15]를 입력합니다.

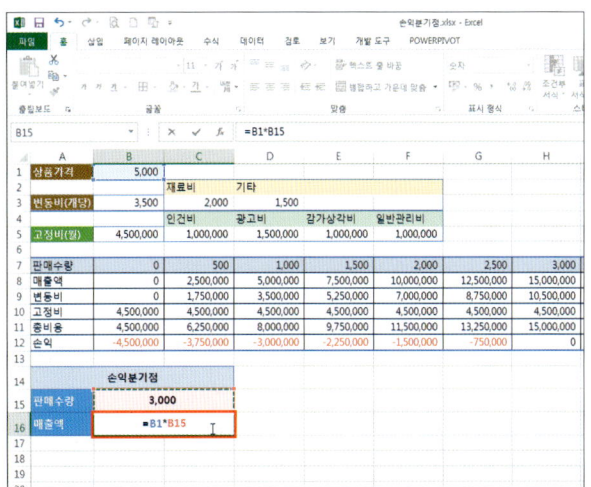

09. 해당 예제에서 손익분기점이 되는 판매수량은 3,000개, 매출액은 15,000,000원이라는 결과를 얻었습니다. 매월 3,000개 이상을 팔아야만 이익을 낼 수 있다는 뜻입니다.

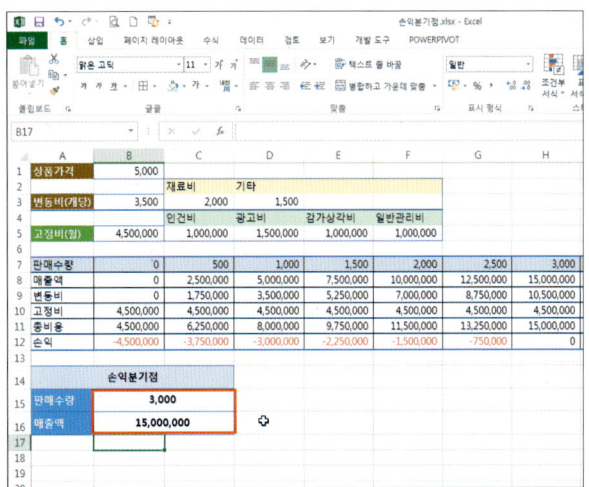

10. 이렇게 작성한 손익분기점을 차트로 작성해 보겠습니다. [A8:I8], [A10:I11] 셀 범위를 선택한 다음 [삽입] 탭-[차트] 그룹-[꺾은선형 차트 삽입]-[표식이 있는 꺾은선형]을 클릭합니다.

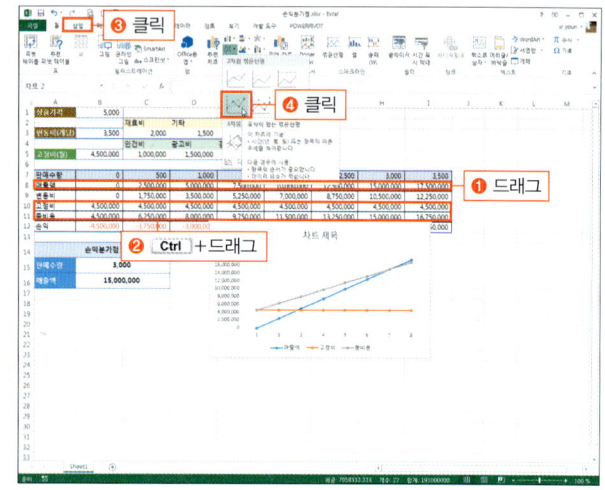

11. 차트가 삽입되었습니다. 매출액과 총비용이 만나는 지점이 바로 손익분기점입니다.

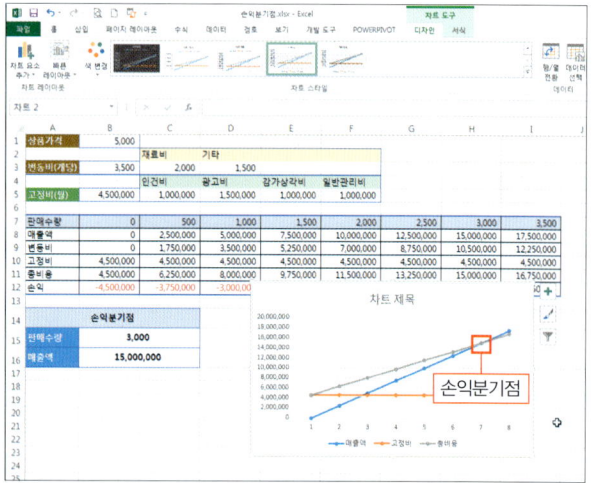

12. 차트 크기와 위치를 먼저 편집합니다. 작성한 차트의 가로 항목 축 값이 현재 1에서 8까지의 값이 나타나므로 매출액으로 변경해야 합니다. 차트를 선택한 다음 [차트 도구]-[디자인] 탭-[데이터] 그룹-[데이터 선택]을 클릭합니다. [데이터 원본 선택] 대화상자가 나타나면 [가로(항목) 축 레이블]의 [편집] 단추를 클릭합니다.

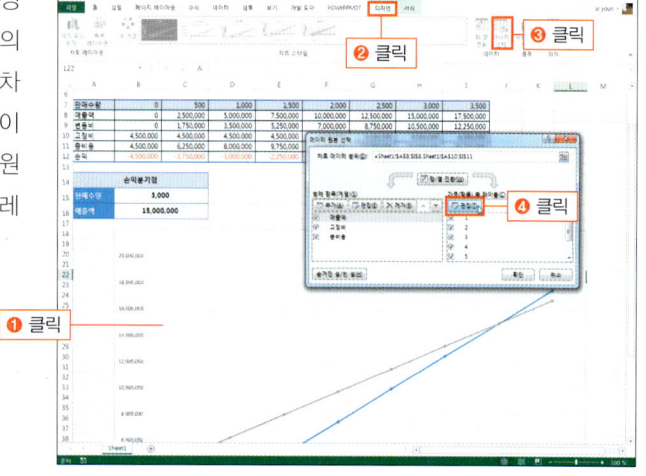

13. [축 레이블] 대화상자가 나타나면 [B7:I7] 셀 범위를 선택한 다음 [확인] 단추를 클릭합니다.

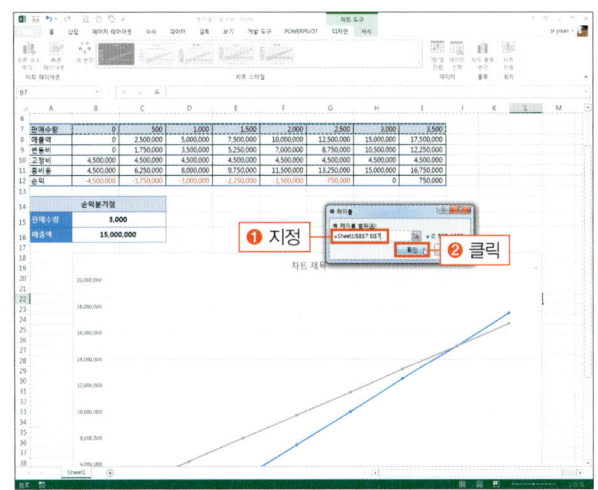

14. [데이터 원본 선택] 대화상자가 다시 나타나면 가로(항목) 축 레이블 값이 변경된 것을 확인할 수 있습니다. [확인] 단추를 클릭합니다.

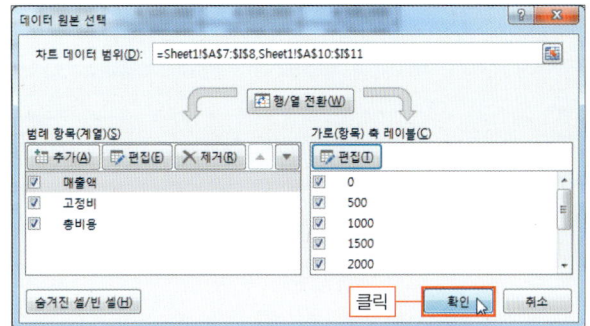

15. 차트 편집이 마무리되었습니다.

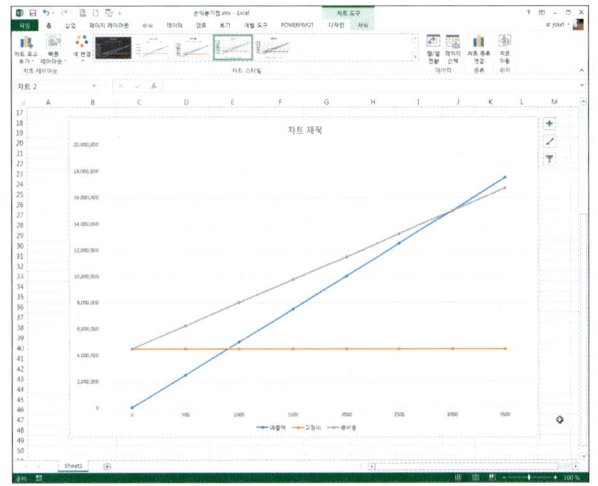

16. 작성해야 할 보고서에 맞도록 차트 서식을 편집하여 완성합니다. 손익분기점 차트에는 매출액선, 고정비선, 총비용의 3가지 분석선으로 표현합니다. 매출액선과 총비용선이 만나는 곳이 손익분기점입니다.

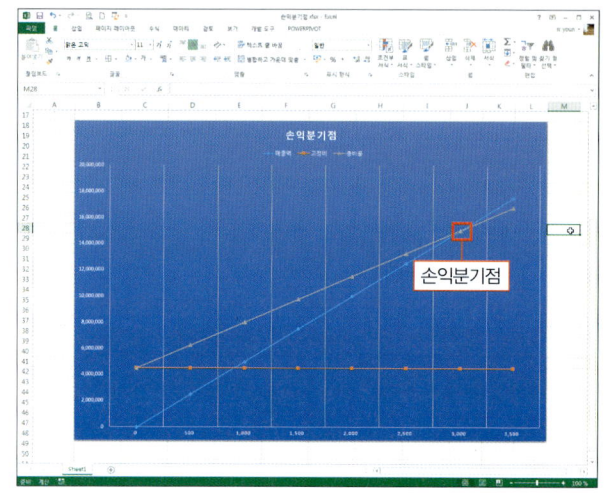

TIP :

• **매출액이 손익분기점보다 위쪽으로 이동하면 이익은 높아짐**

  매출 차트가 손익분기점보다 위쪽으로 갈수록 이익이 올라간다는 것을 알 수 있습니다.

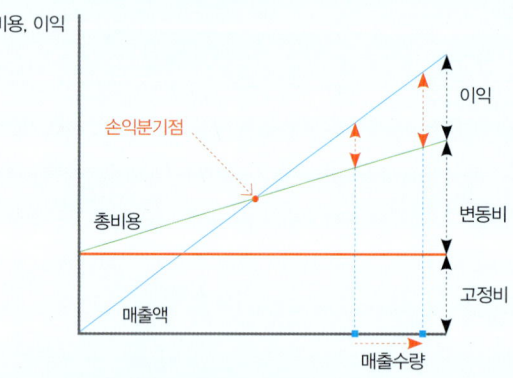

• **매출액이 손익분기점보다 아래쪽으로 이동할 때 이익이 올라가는 시점**

  손익분기점이 아래로 이동되어도 매출 차트에서 이익이 올라갈 때의 시점은 다음과 같습니다.

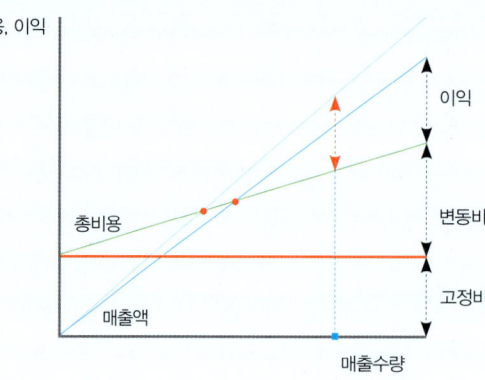

손익분기점으로 사업의 채산성을 체크하는 것은 중요합니다. 특히 시작한 지 1년째는 초기 투자가 들어가므로 2년째 이후의 손익에 대해서는 충분하게 시뮬레이션을 해야 합니다. 손익의 경향을 파악하는 것은 매우 중요한 것입니다. 연도 추이의 전체적인 형태는 2축을 바꾼 꺾은선형 차트 등으로 표현할 수 있습니다.

여기서 배우는 스텝으로 알 수 있는 내용은 다음과 같습니다.

• 목표가 되는 이익을 확보할 필요가 있는 매출액을 구할 수 있습니다.
• 매입원가와 외상비율, 인건비의 변화에 따른 채산점의 변화를 볼 수 있습니다.
• 동종업계의 타사와 업계 지수를 비교하면 경쟁력과 개선점을 찾을 수 있습니다.
• 다음 연도의 예산 편성에도 적용할 수 있습니다.

예제 파일 ㅣ CD₩Part 01₩성공도.xlsx

01. 손익분기점을 구하기 위해 [B15] 셀을 클릭하고 수식 [=B8/(1-(B5/B2))]를 입력합니다.

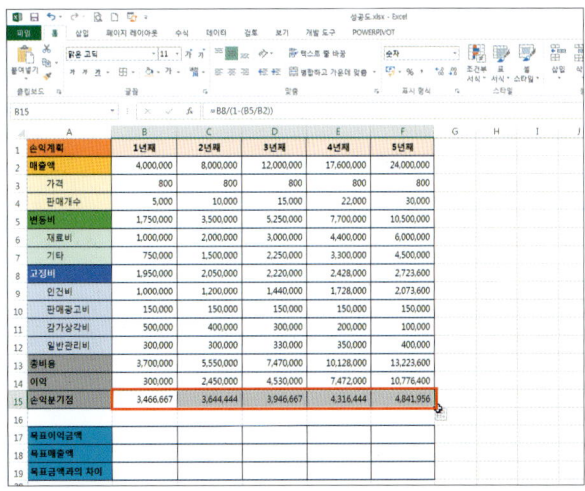

02. 손익분기점을 구했으면 [F] 열까지 자동 채우기로 복사합니다.

03. 목표이익을 달성하기 위해 목표이익금액을 입력합니다. 이것은 회사의 사정에 따라 입력하면 됩니다.

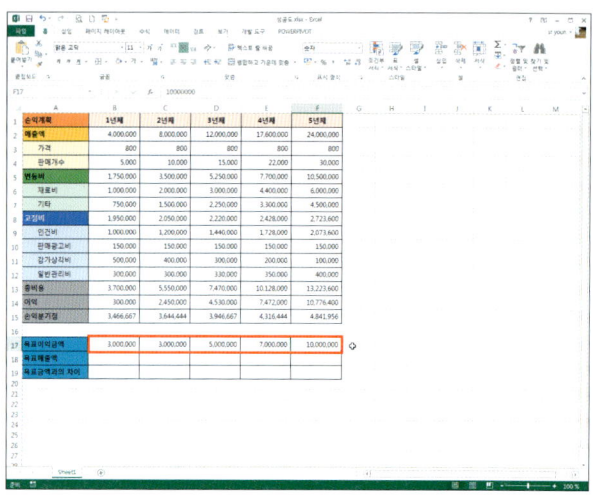

04. 목표매출액을 구하기 위해 [B18] 셀에 수식 [=(B8+B17)/((B2−B5)/B2)]를 입력합니다. 목표매출액은 [(고정비+목표이율)/한계이익률]로 구합니다. 결과에 따라 목표이익금액인 [3,000,000]을 확보하기 위해서는 목표매출액이 [8,800,000]이 되어야 합니다.

TIP : 목표매출액 구하기

목표매출액 = (고정비+목표이율)/한계이익률

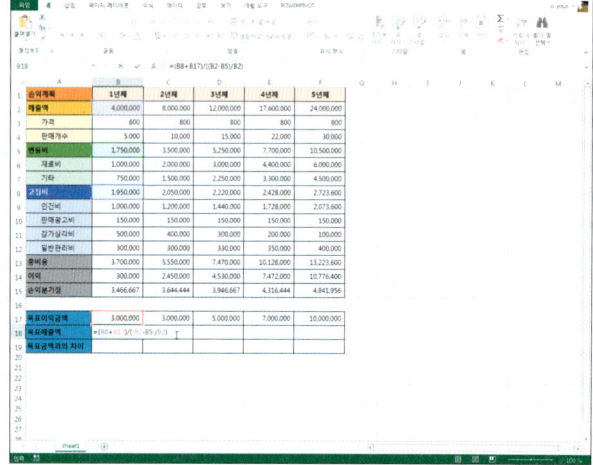

05. 마지막으로 [B19] 셀에 목표금액과의 차액을 구하는 식 [=B2−B18]을 입력합니다. 목표로 한 이익을 달성하기 위한 목표금액이 손익계획의 매출액에 대해 어느 정도 차액이 나는가를 확인하는 것입니다. 첫 번째 목표이익인 [3,000,000]을 확보하기 위해서는 매출액이 [4,800,000]이 부족하다는 것을 알 수 있습니다.

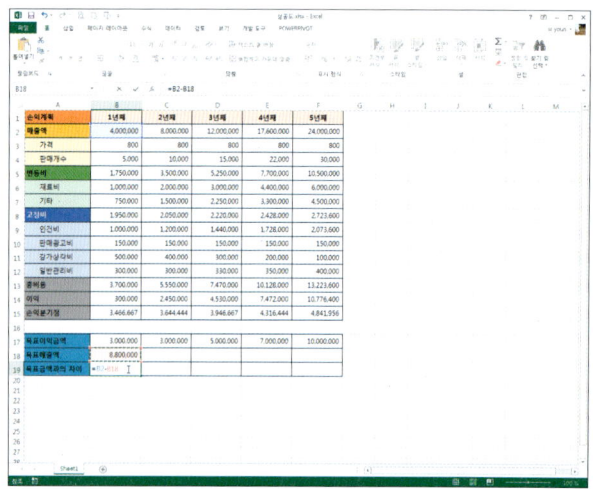

06. 결과를 구한 다음 [F] 열까지 자동 채우기하여 복사합니다. 이 결과의 크기에 따라 손익계획의 타당성을 다시 생각합니다. 사업계획은 꼭 해도 성공 여부는 알 수 없으므로 이익을 예측하여 리스크를 미리 파악하는 것입니다. 그래서 제조원가를 줄이고, 영업력을 강화하여 상품가격을 재고하는 등의 대책을 강구할 수 있습니다.

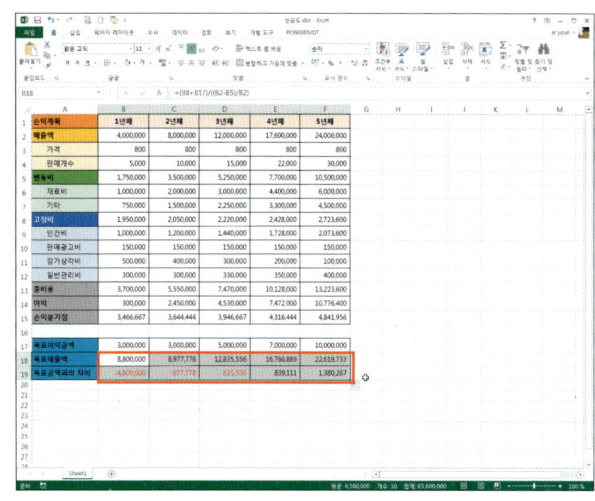

05 한계이익 차트 만들기

한계이익 차트는 한계이익(매출액−변동비), 고정비, 손익과의 관계를 표시하는 차트로 제품별, 고객별, 업종별 데이터를 한계이익 차트로 만들면 그 구성비를 검증하기 쉽습니다. 복잡한 숫자로 되어 있는 것을 차트로 만들어서 보기 쉽게 할 수 있습니다.

STEP 01 • 한계이익 차트

한계이익 차트는 한계이익선, 고정비선, 손익분기점선 등과 같이 선으로 이루어지는 부분과 직각삼각형이 계단 형식으로 된 부분이 있습니다. 직선은 분산형 차트를 이용하며, 직각삼각형 부분은 영역형 차트를 이용하여 만듭니다. 직각삼각형은 제품 하나가 계단 하나를 표시하는 형태로 크기가 클수록 이익이 많다는 것을 표시합니다.

한계이익률

매출액	변동비	
	한계이익	고정비
		이익

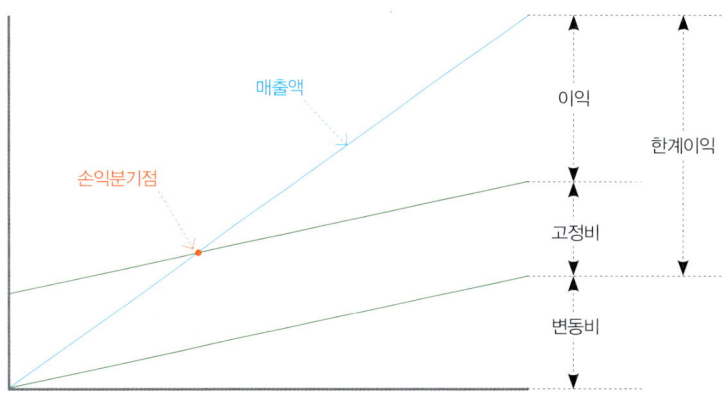

STEP 02 • 한계이익 차트를 만들기 위한 데이터 작성하기

차트를 만들기 위해 필요한 데이터를 작성하는 방법부터 알아봅니다.

01. 예제 파일을 열면 다음과 같은 데이터가 있습니다. 한계이익과 한계이익률 등은 수식으로 구한 것입니다. 데이터를 확인합니다.

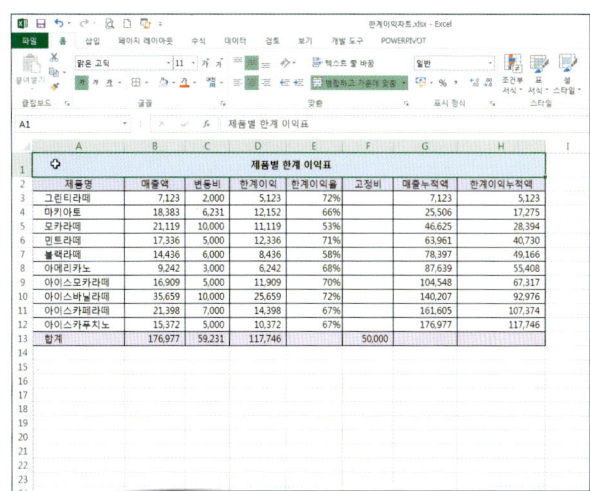

TIP : 각 셀의 입력 식

[D3] 셀 =B3–C3
[E3] 셀 =D3/B3
[G3] 셀 =SUM($B$3:B3)
[H3] 셀 =SUM($D$3:D3)

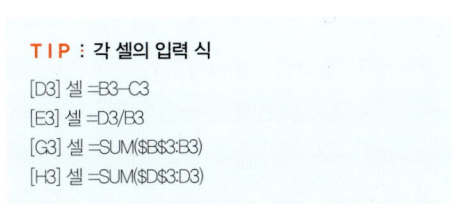

02. 다음과 같이 되도록 데이터를 수정합니다. 이것은 차트 작성을 위한 가공의 데이터입니다. 수식은 다음 페이지를 참조해 주세요.

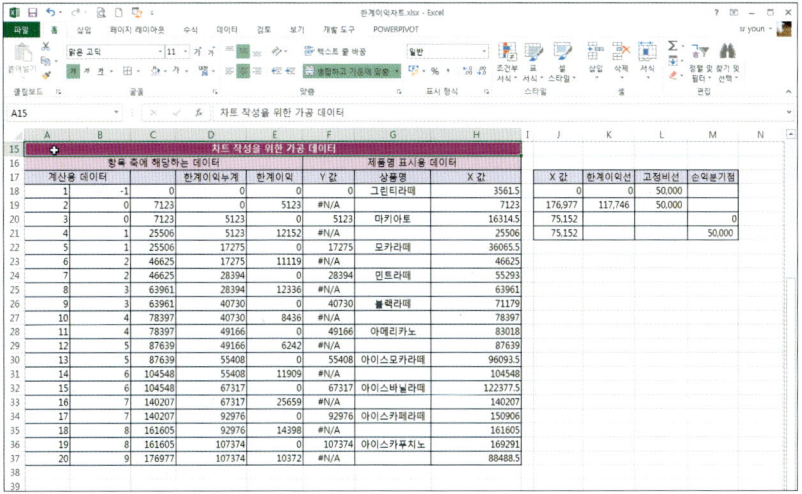

03. [A18:A37] 셀에는 데이터 수의 2배 숫자까지 입력합니다. 상품수가 10개이므로 20까지 입력합니다. 나머지 셀은 다음을 참조하여 입력합니다.

[B18] 셀 =INT(A18/2)-1

[C18] 셀 =IF(B18>=0,OFFSET($G$3,B18,0,1,1),0)

[D18] 셀 =IF(INT(A18/2-1.5)>=0,OFFSET($H$3,INT(A18/2-1.5),0,1,1),0)

[E18] 셀 =IF(AND(B18>=0,MOD(A18,2)=0),OFFSET($D$3,B18,0,1,1),0)

04. 분산형 차트를 사용하여 상품명을 표시하기 위한 데이터를 작성합니다.

[F18] 셀 =IF(AND(B18>=-1,MOD(A18,2)=1),D18,NA())

[G18] 셀 =IF(ISNUMBER(F18),OFFSET($A$3,B18+1,0,1,1),"")

[H18] 셀 =(C18+C19)/2

TIP : 각각의 계산식 참조

한계이익 : =매출액-변동비
한계이익율 : =한계이익/매출액
매출 누적액 : 각 제품 매출액의 합계를 구합니다.
한계이익 누적액 : 한계이익의 합계를 구합니다.

05. 직선을 그릴 데이터를 구합니다.

[J18] 셀 **0**을 직접 입력합니다.

[J19] 셀 **=B13**

[J20] 셀 **=F13/(K19/J19)**

[J21] 셀 **=J20**

[K18] 셀 **0**을 직접 입력합니다.

[K19] 셀 **=D13**

06. 고정비선과 손익분기점선에는 고정비 합계를 구합니다.

X 값	한계이익선	고정비선	손익분기점
0	0	=F13	
=B13	=D13	=F13	
=F13/(K19/J19)			0
=J20			=F13

STEP 03 • 기본 차트인 누적 영역형 차트 작성하기

한계이익형 차트를 작성하기 위한 준비 작업으로 기본 차트인 누적 영역형 차트를 작성해야 합니다. 누적 영역형 차트는 가공 데이터를 이용하여 작성합니다.

01. 차트를 작성하기 위해 [C17:F37], [K17:M21] 셀 범위를 선택한 다음 [삽입] 탭의 [차트] 그룹에서 [영역형]-[누적 영역형]을 클릭합니다.

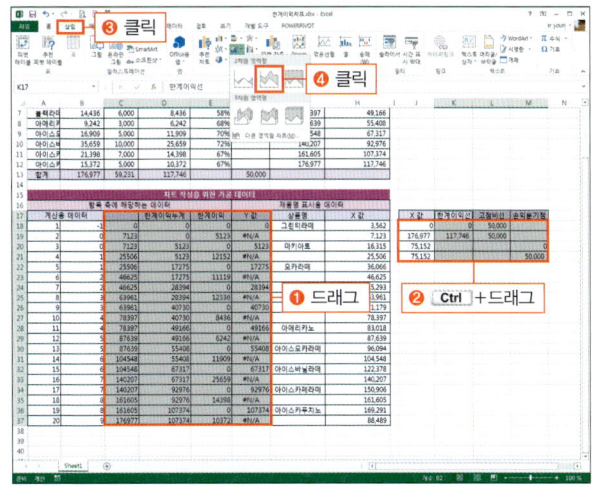

02. 누적 영역형 차트가 삽입되었습니다.

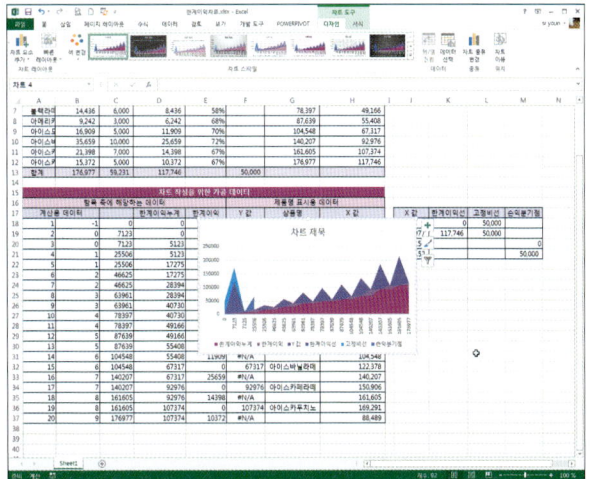

이제부터 이익한계선을 표시하는 차트를 만들어 보겠습니다.

01. 먼저 차트 크기와 위치를 이동합니다. 차트를 클릭하고 [차트 도구]–[서식] 탭–[현재 선택 영역] 그룹–[계열 "한계이익선"]을 선택합니다.

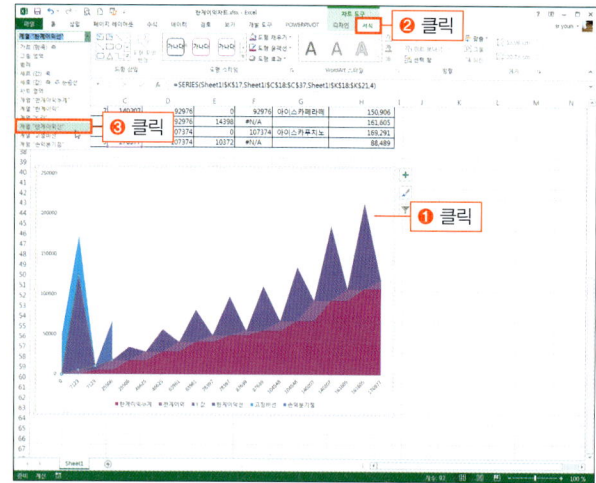

02. [디자인] 탭–[종류] 그룹–[차트 종류 변경]을 클릭합니다.

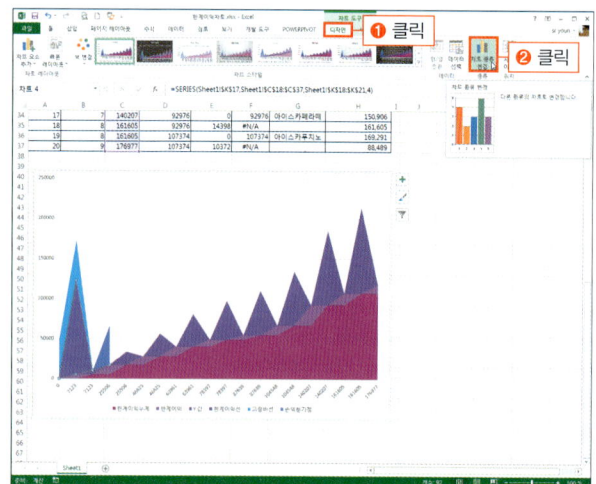

03. [차트 종류 변경] 대화상자가 나타나면 [계열 이름]에서 [이익한계선]을 선택하고, 차트 선택 아이콘을 눌러 [직선 및 표식이 있는 분산형] 아이콘을 클릭합니다.

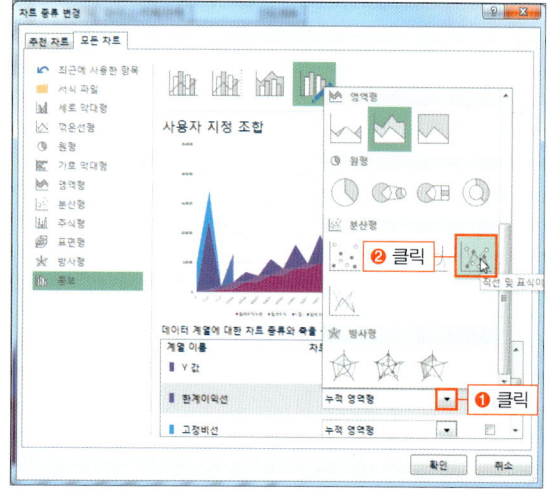

04. 한계이익선 계열의 차트 모양이 분산형으로 변경됩니다.

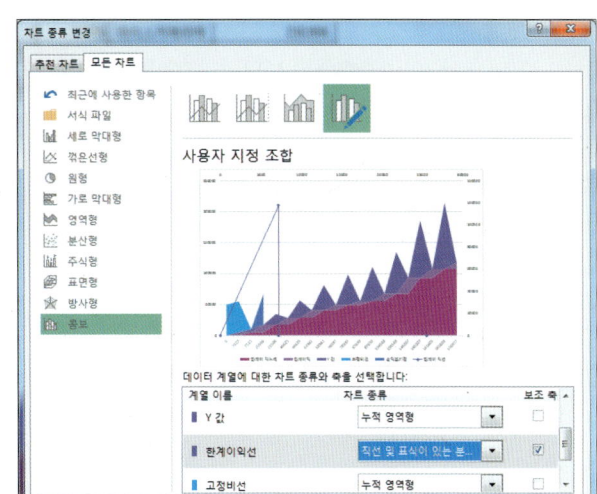

05. [고정비선]과 [손익분기점], [Y 값] 계열도 같은 방법으로 분산형 차트로 변경합니다.

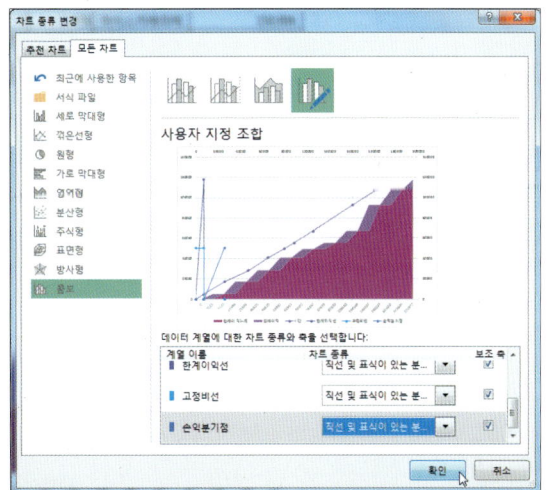

06. 다음과 같은 모양의 차트가 됩니다.

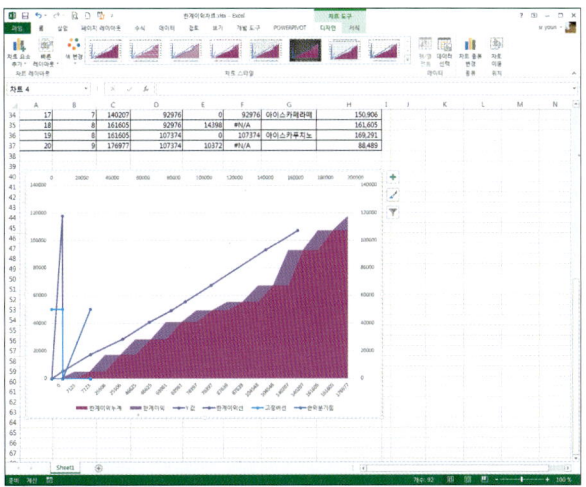

07. 계열의 가로 축과 세로 축의 값 범위를 수정하기 위해 차트를 클릭하고 [차트 도구]-[디자인] 탭-[데이터] 그룹-[데이터 선택]을 클릭합니다.

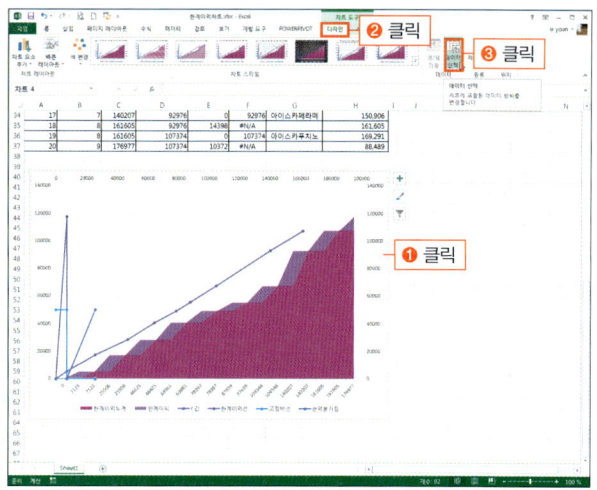

08. [데이터 원본 선택] 대화상자가 나타나면 [한계이익선] 계열을 선택하고 [편집] 단추를 클릭합니다.

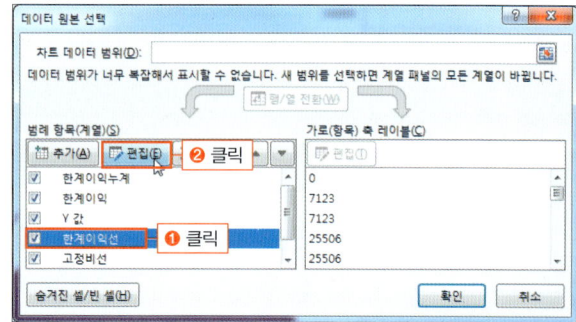

09. [계열 편집] 대화상자가 나타나면 [계열 X 값]의 범위를 수정하기 위해 [범위 선택] 아이콘을 클릭합니다.

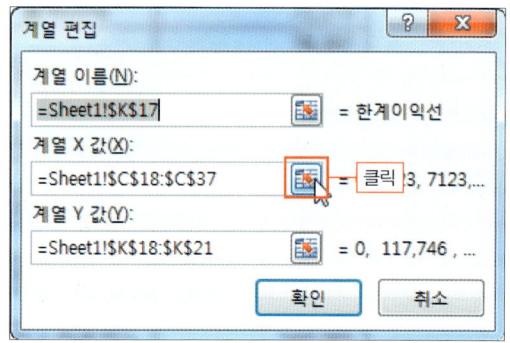

10. [J18:J21] 셀 범위를 드래그하여 지정한 다음 [범위 선택] 아이콘을 클릭합니다.

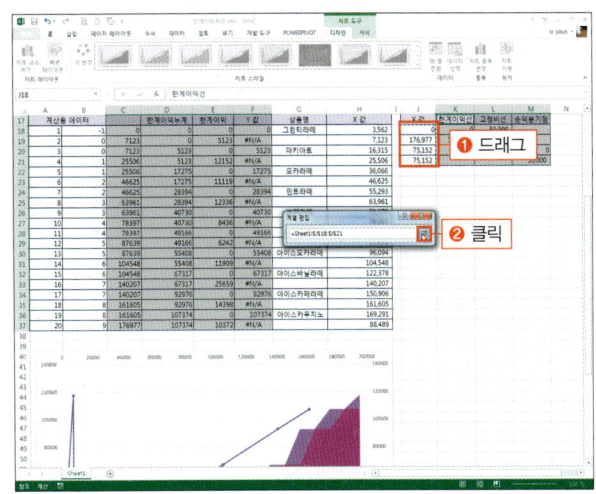

11. 범위가 지정되었으면 [확인] 단추를 클릭합니다.

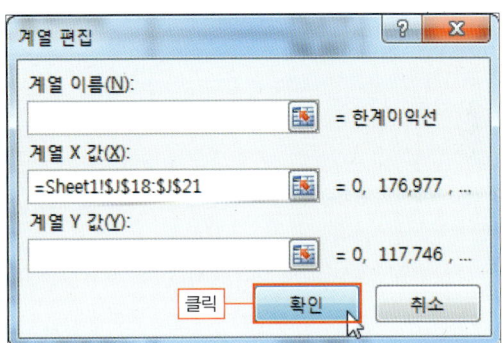

12. 다시 [데이터 원본 선택] 대화상자가 나타나면 [고정비선] 계열을 선택하고 [편집] 단추를 클릭합니다.

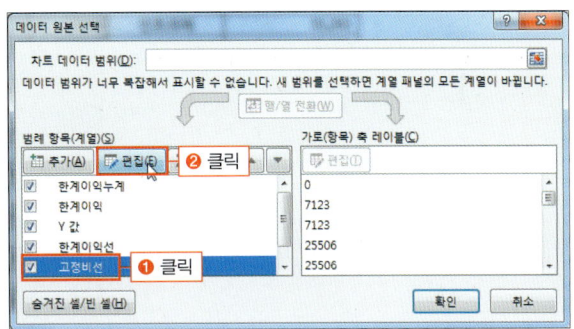

13. [계열 편집] 대화상자가 나타나면 [계열 X 값]의 범위를 [J18:J21]로 선택하고 [확인] 단추를 클릭합니다.

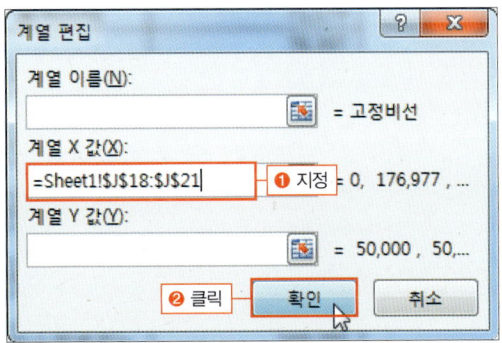

14. 다시 [데이터 원본 선택] 대화상자가 나타나면 이번에는 [손익분기점] 계열을 선택하고 [편집] 단추를 클릭합니다.

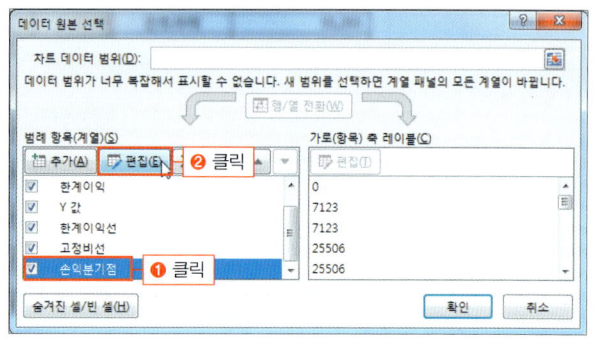

15. [계열 편집] 대화상자가 나타나면 계열 X 값의 범위를 [J18:J21]로 선택하고 [확인] 단추를 클릭합니다.

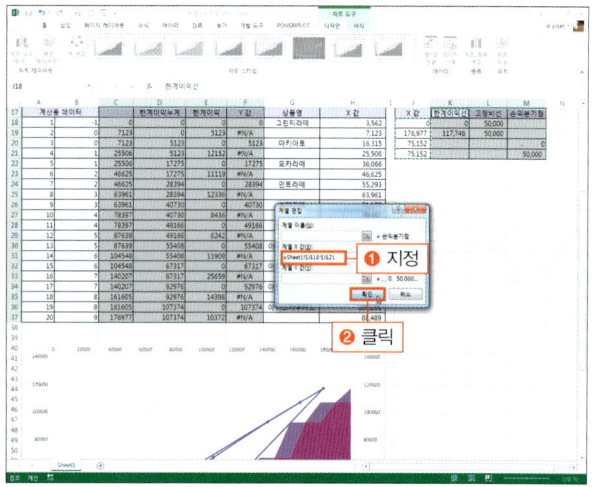

16. 이번에는 [Y 값] 계열을 선택하고 [편집] 단추를 클릭합니다.

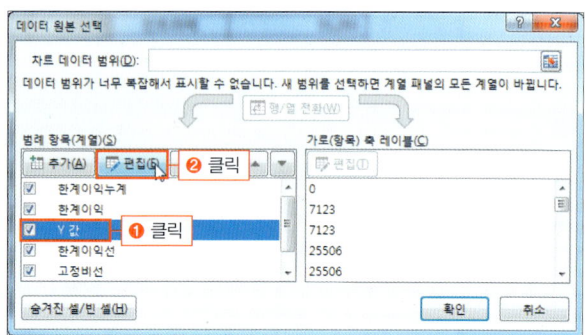

17. [계열 편집] 대화상자가 나타나면 계열 X 값의 범위를 [H18:H37]로 선택하고 [확인] 단추를 클릭합니다.

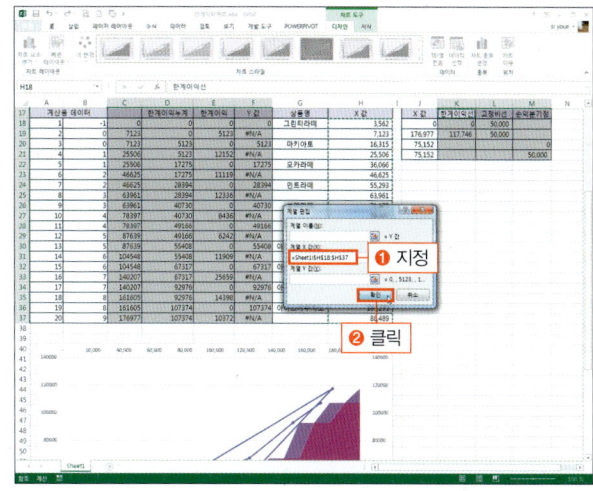

18. 이제 필요한 계열의 계열 X 값의 범위를 수정했으므로 [데이터 원본 선택] 대화상자가 나타나면 [확인] 단추를 클릭합니다.

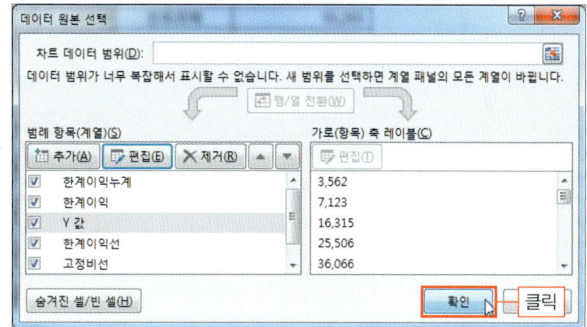

19. 차트 모양이 다음과 같이 변경되었습니다.

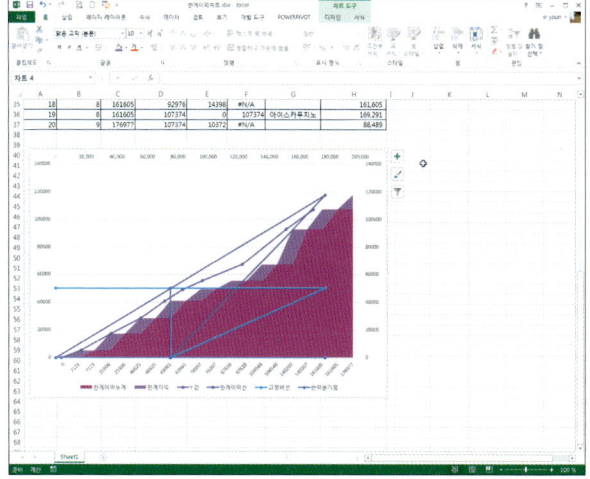

20. 이제 가로 항목 축을 선택하고 [차트 요소]–[축]–[기타 옵션]을 클릭합니다.

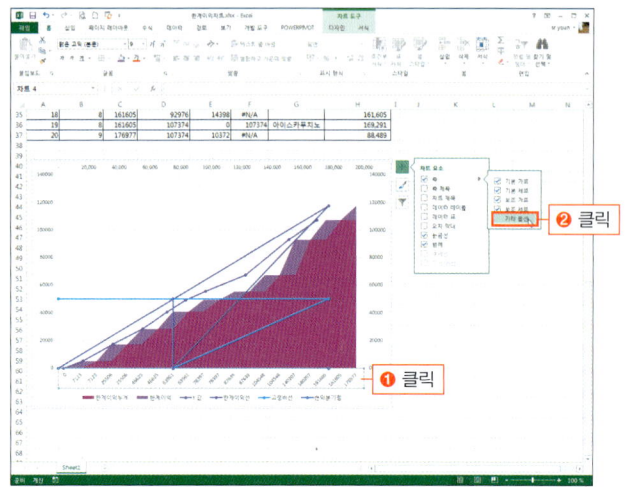

21. [축 서식] 창이 나타나면 다음과 같이 지정합니다. 축 종류를 [날짜 축]으로 선택한 다음 단위에서 주는 [100000], 보조에는 [5000]을 입력합니다.

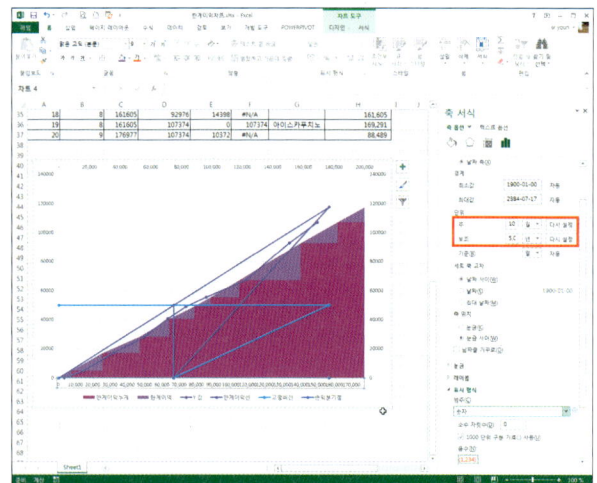

22. 이번에는 [보조 세로(값) 축]을 클릭한 후 Del 을 눌러 축 서식을 삭제합니다.

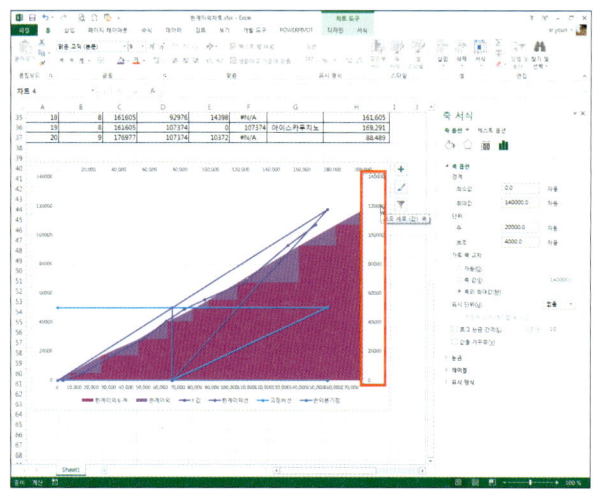

23. 축 서식이 삭제되었습니다.

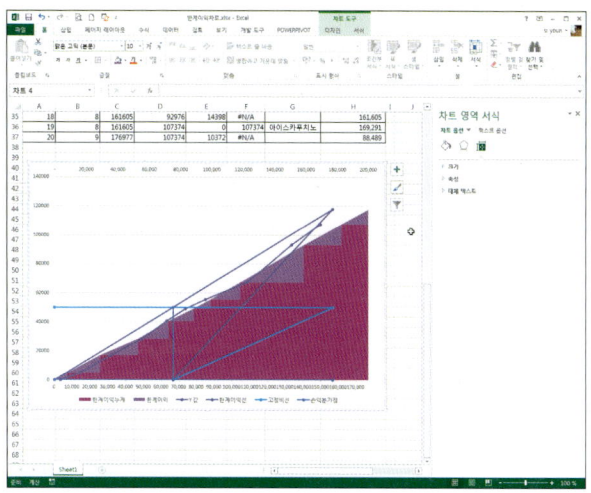

이제까지 작성한 계열의 서식을 설정하여 이익한계선 차트를 완성하도록 하겠습니다.

01. 데이터 계열의 서식을 설정하기 위해 [Y 값] 계열을 선택한 다음 [차트 요소]-[축]-[기타 옵션]을 선택합니다.

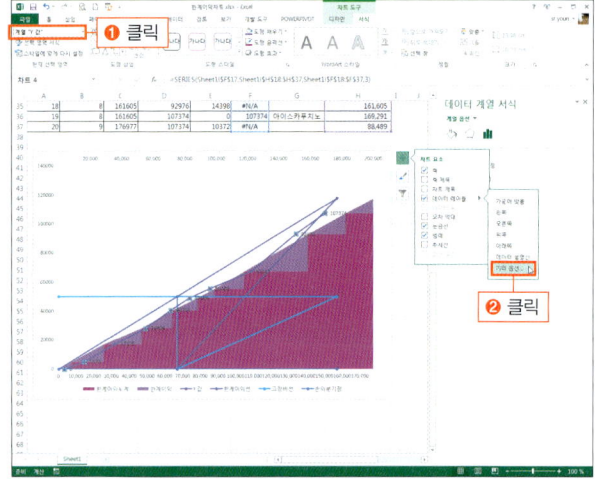

02. [데이터 레이블 서식] 창이 나타나면 [셀 값]을 선택합니다. [데이터 레이블 범위] 대화상자가 나타나면 상품명이 입력되어 있는 범위를 지정하고 [확인] 단추를 클릭합니다.

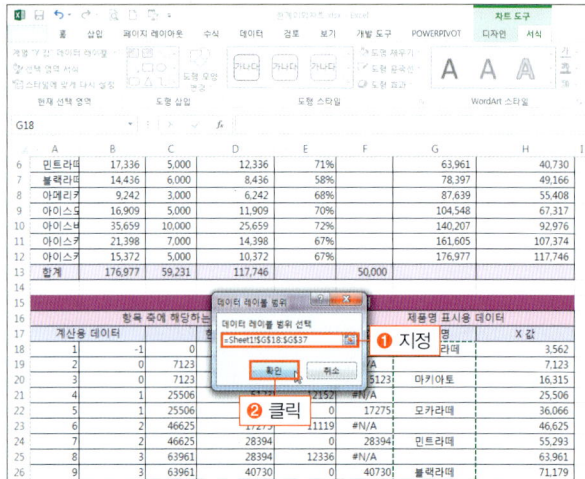

03. 계열에 상품명이 모두 표시됩니다.

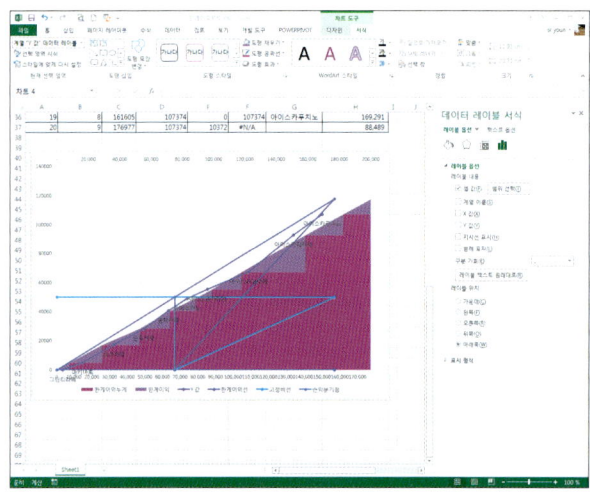

04. [Y 값] 계열은 레이블을 사용하기 위한 것이므로 차트에서 계열은 보이지 않도록 해야 합니다. [Y 값] 계열을 더블클릭하여 [데이터 계열 서식] 대화상자가 나타나면 [표식 옵션] 탭에서 [없음]을 선택합니다.

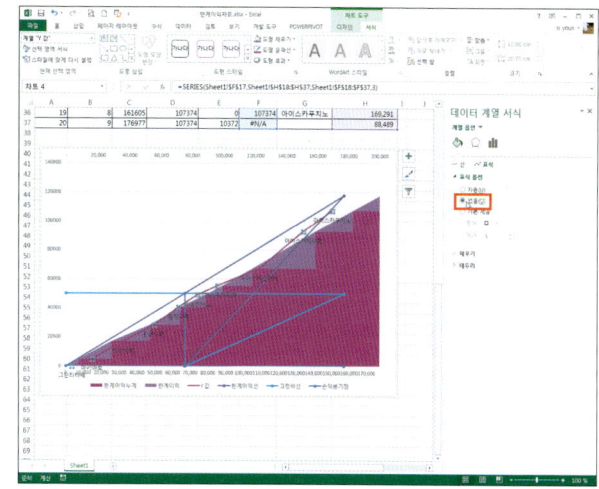

05. [선]–[선 없음] 항목을 선택합니다.

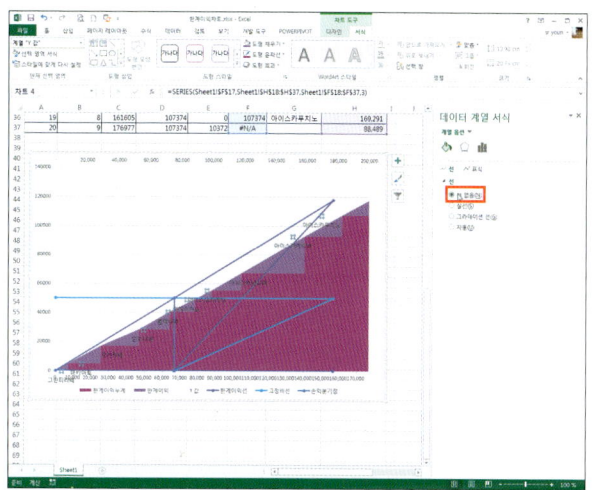

06. [Y 값] 계열이 삭제되고 상품명만 남습니다.

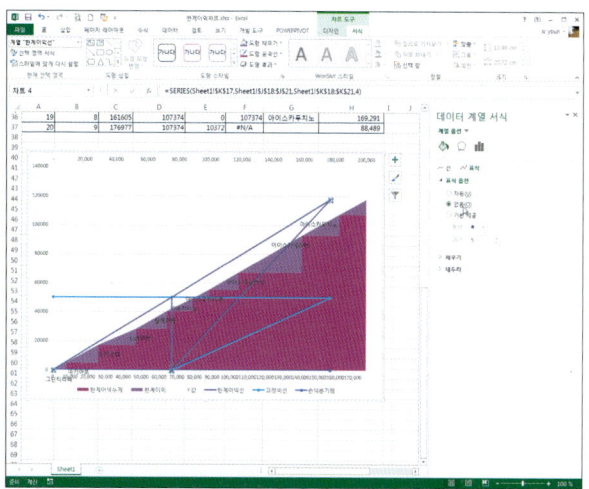

07. [한계이익선] 계열의 선 모양을 점선으로 표시하기 위해 [한계이익선] 계열을 선택한 다음 [데이터 계열 서식] 창에서 다음과 같이 설정합니다.

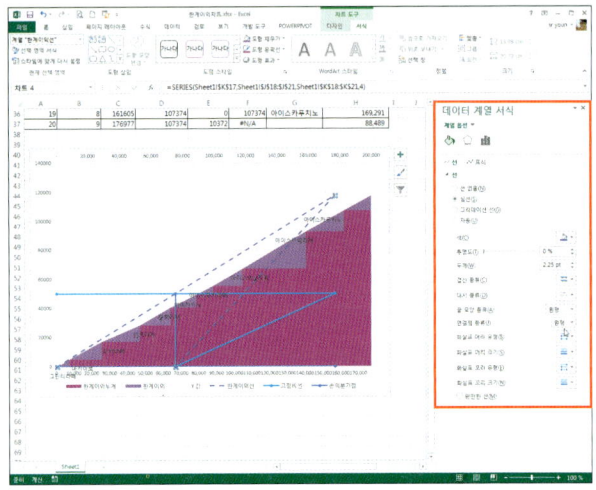

08. 그림과 같이 [한계이익선] 계열선의 모습이 점선으로 변경되었으면 [한계이익선]에서 아래쪽에 있는 선을 보이지 않도록 하기 위해 요소를 두 번 클릭하여 선택한 다음 [선]–[선 없음]을 클릭합니다.

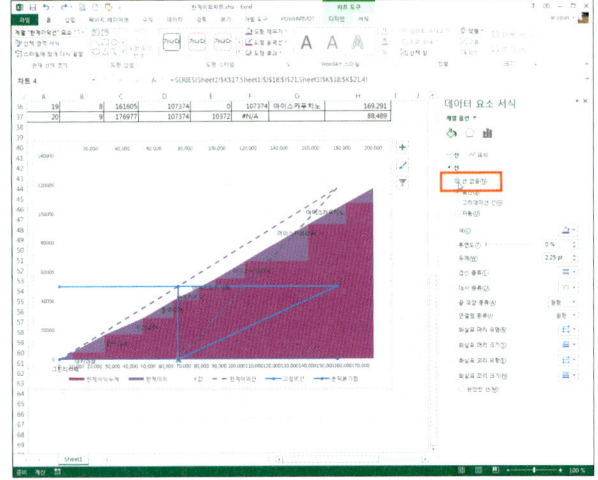

09. 계열의 선이 사라졌습니다.

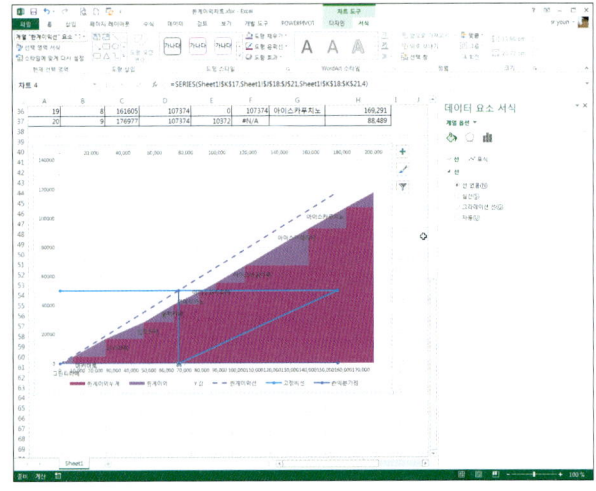

10. 이제 [한계이익누계] 계열의 색을 투명하게 하기 위해 계열을 선택하고 [채우기 없음]을 클릭합니다.

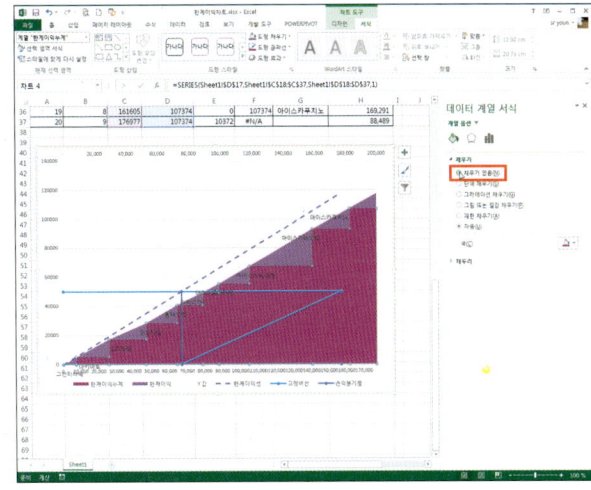

11. 계열이 사라졌습니다.

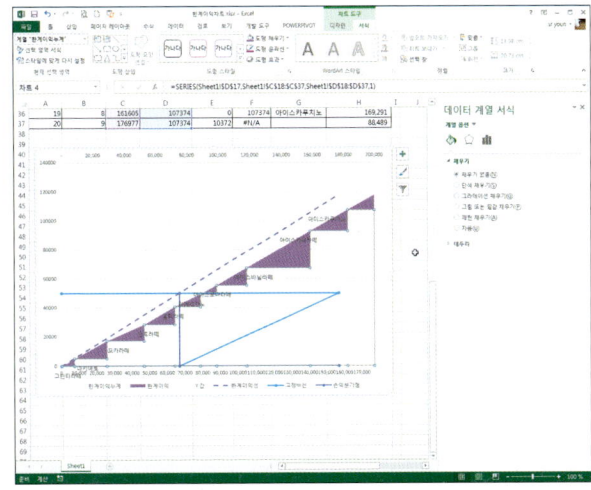

12. 이제 [고정비선] 계열의 선을 정리하기 위해 오른쪽에 있는 선을 두 번 클릭하여 선택한 다음 [표식 옵션]–[없음]을 선택합니다.

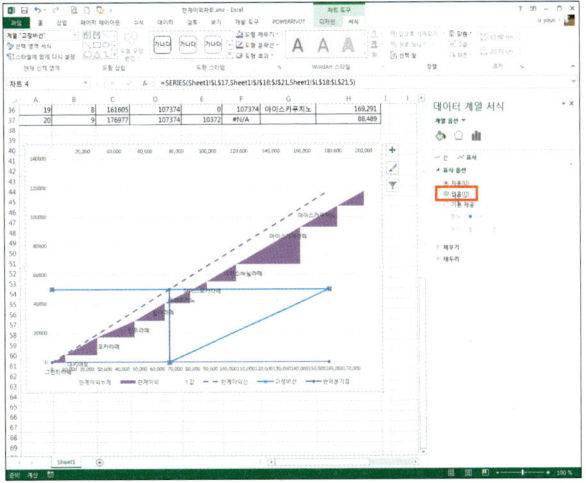

13. 표식이 표시되지 않습니다. 이어서 오른쪽에 표시되는 [고정비선] 계열을 두 번 클릭하여 선택한 다음 [선]-[선 없음]을 클릭합니다.

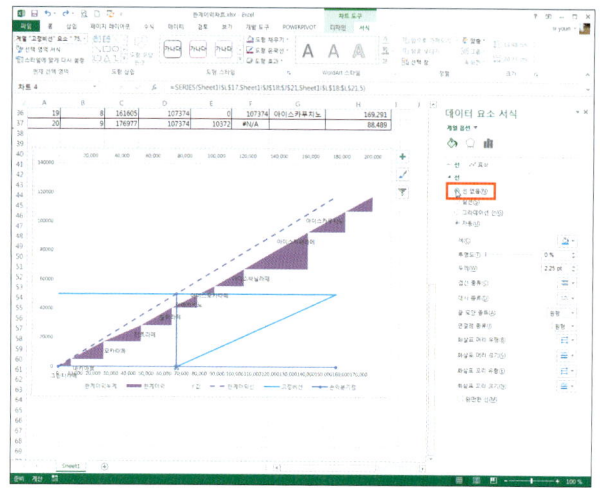

14. 이번에는 [고정비선]을 두 번 클릭하여 선택한 다음 색을 [빨강]으로 지정합니다.

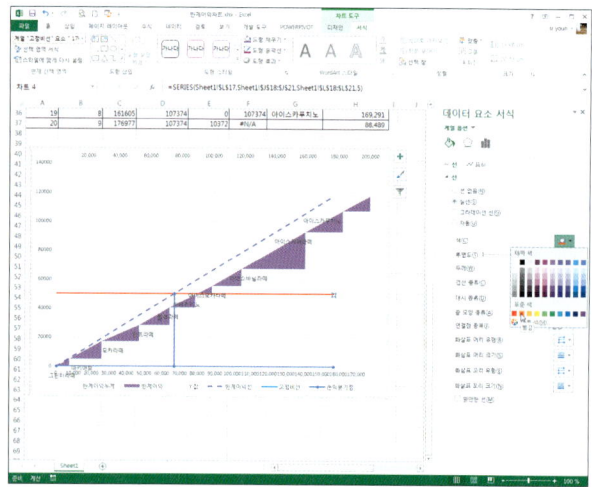

15. [고정비선]이 빨간색으로 표시됩니다.

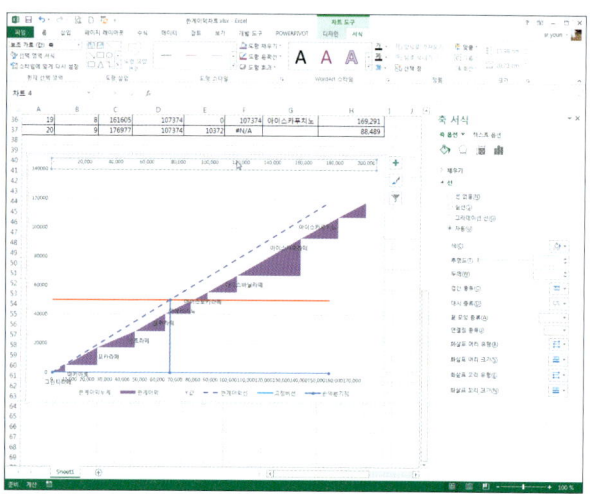

16. 이제 보조 가로 축을 삭제하기 위해 보조 가로 축을 선택한 다음 **Del** 을 눌러 삭제합니다.

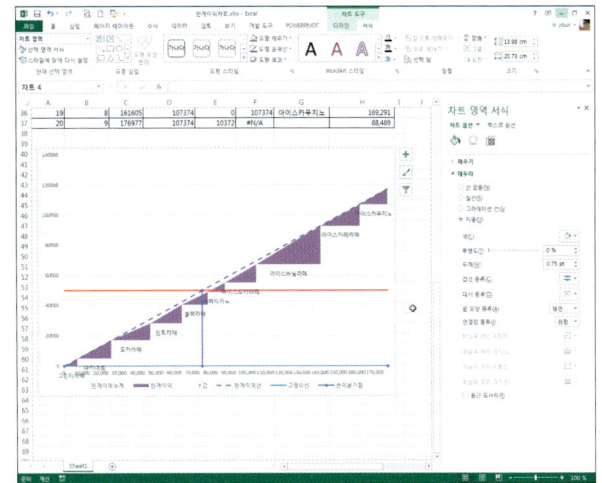

17. 보조 가로 축이 삭제되었습니다. 상품명이 정확하게 계단 안에 들어가지 않으므로 레이블을 선택한 다음 [차트 요소]-[데이터 레이블]-[위쪽]을 클릭하여 데이터 레이블이 잘 보이도록 설정합니다.

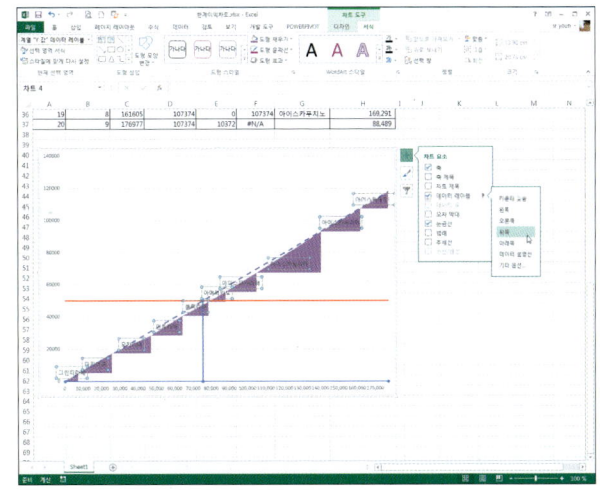

18. 차트 서식을 수정하여 완성합니다. 그리고 각 선에는 각각 이름을 입력하여 한눈에 알아볼 수 있도록 만들어서 완성합니다.

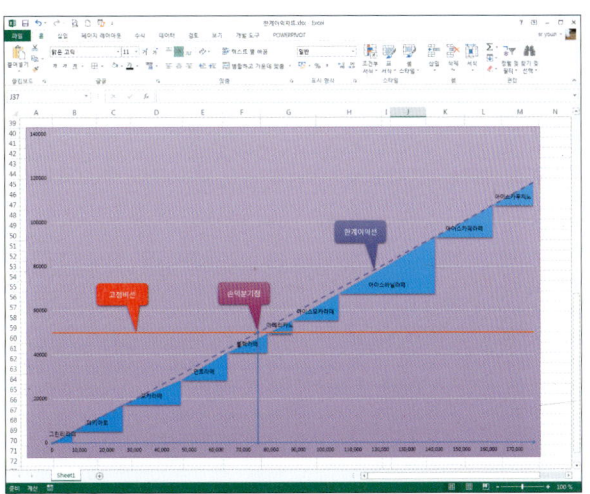

간단한 표 기능으로 영업 담당자들의 영업 성적을 이용하여 여러 가지 조건으로 상을 받을 수 있는 사람을 구하는 방법과 재고회전율을 구하는 방법에 대해 알아봅니다.

STEP 01 • 간단하지만 강력한 분석 기능 정렬과 표

■ 정렬 기능

데이터베이스 형태의 자료가 있을 때 특정 필드를 기준으로 레코드를 정렬하는 기능입니다. 이 정렬 기능은 오름차순과 내림차순을 기준으로 하여 할 수 있으며, 여러 개의 조건을 주어 정렬하는 것도 가능합니다. 행방향 뿐만 아니라 열방향으로도 가능하며, 오름차순과 내림차순, 조건부 정렬 등이 있습니다.

오름차순 정렬은 [0~9, 한글, A~Z] 순이며, 내림차순은 그 반대입니다.
다음은 오름차순으로 정렬하는 방법입니다. 정렬할 데이터를 선택한 다음 [데이터] 탭–[정렬 및 필터] 그룹–[숫자 오름차순 정렬]을 클릭하면 숫자를 오름차순으로 정렬합니다.

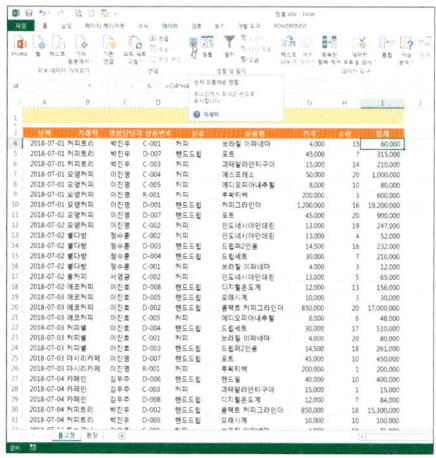
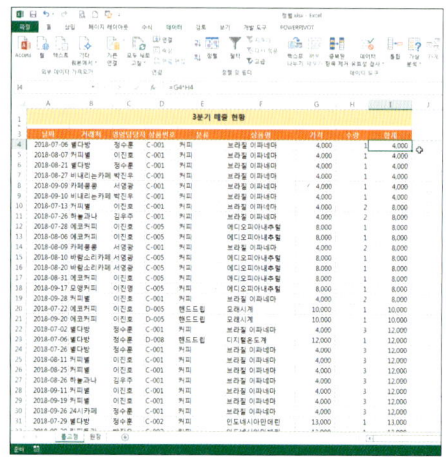

■ 필터 기능

데이터의 양이 많은 자료에서 필요한 자료만을 쉽게 유출하기 위해 사용하는 기능이 필터 기능입니다. 자동 필터 기능을 이용하면 자동적으로 데이터 전체에 필터 기능을 적용시키며, 중간에 빈 행이 있으면 빈 행이 있는 곳까지만 필터 기능을 이용할 수 있습니다. [데이터] 탭-[정렬 및 필터] 그룹-[필터]를 클릭하면 필터 아이콘이 삽입되며 필터 기능을 이용할 수 있습니다.

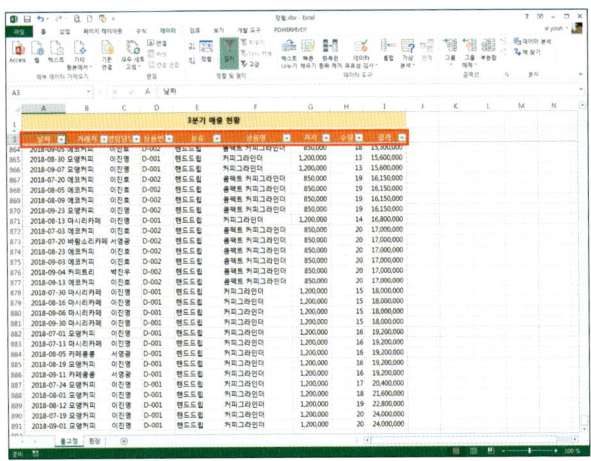

먼저 다음과 같은 3가지 조건을 지정합니다.
1. 매출 실적 전국 상위 10%
2. 목표달성률 전국 상위 10명
3. 지위별 목표달성률 1위

예제 파일 | CD₩Part 01₩표--우수사원.xlsx

01. 예제 파일은 표 형식으로 되어 있는 상태입니다. 먼저 [매출금액] 필드 부분을 선택한 다음 [데이터] 탭-[정렬 및 필터] 그룹-[정렬]을 클릭합니다.

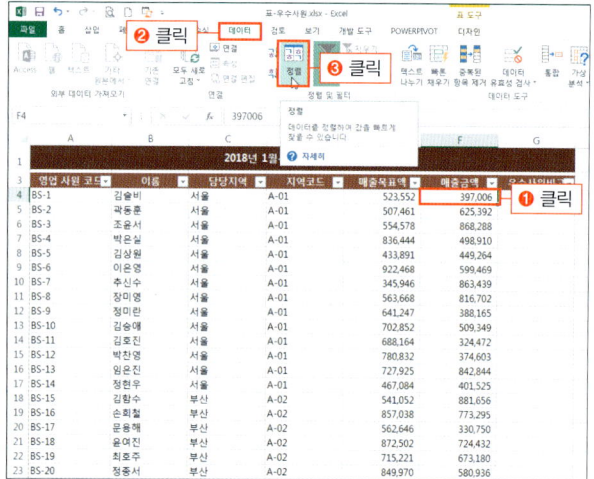

02. [정렬] 대화상자가 나타나면 다음과 같이 설정하고 [확인] 단추를 클릭합니다.

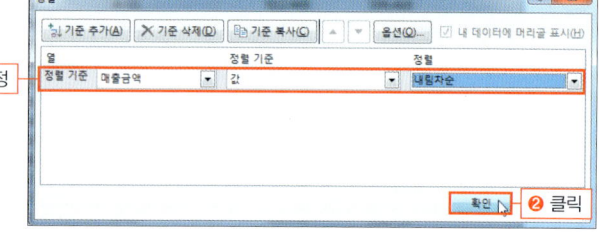

03. 매출 금액을 기준으로 내림차순 정렬이 되었습니다. 이제 상위 10%를 추출하기 위해 [홈] 탭-[스타일] 그룹-[조건부 서식]-[상위/하위 규칙]-[상위 10%]를 클릭합니다.

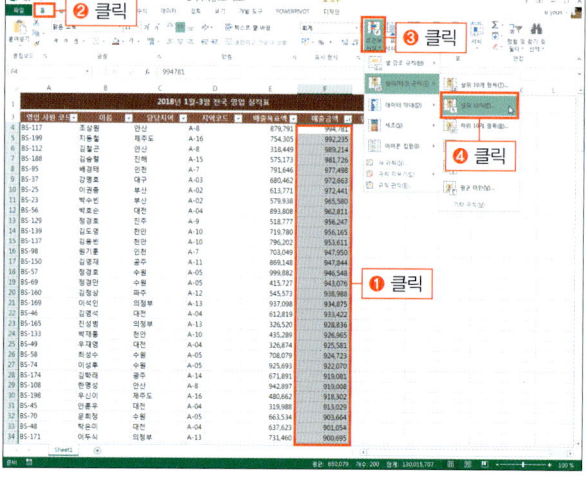

04. [상위 10%] 대화상자가 나타나며 적용할 서식까지 자동으로 나타납니다. 내용을 확인하고 [확인] 단추를 클릭합니다.

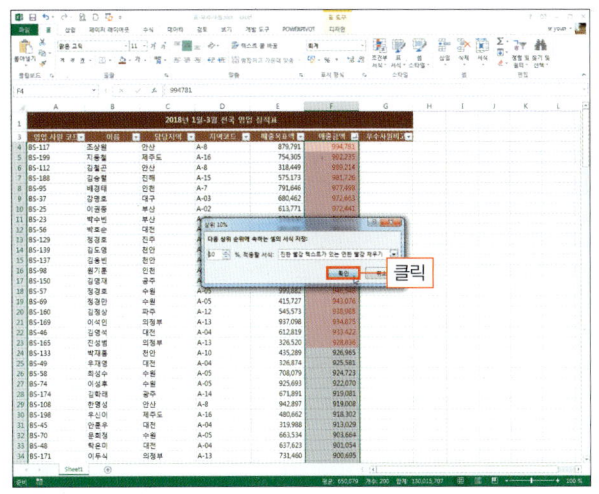

05. 매출금액에서 상위 10%에 해당하는 셀에만 서식이 적용되었습니다. [G] 열에 [매출상위]라고 입력합니다.

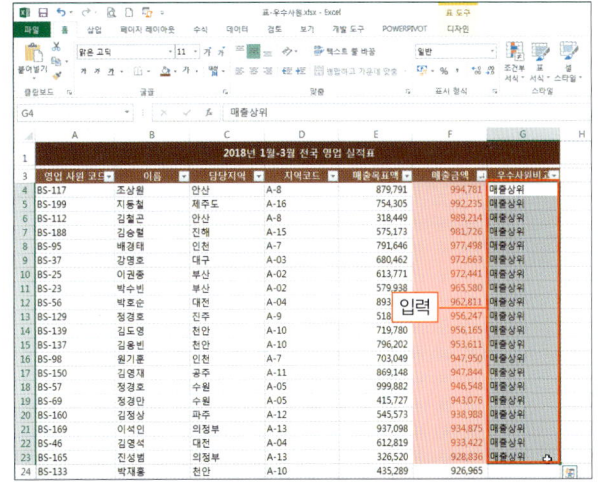

06. 새로운 규칙을 지정하기 위해 [홈] 탭-[스타일] 그룹-[조건부 서식]-[규칙 지우기]-[시트 전체에서 규칙 지우기]를 클릭합니다.

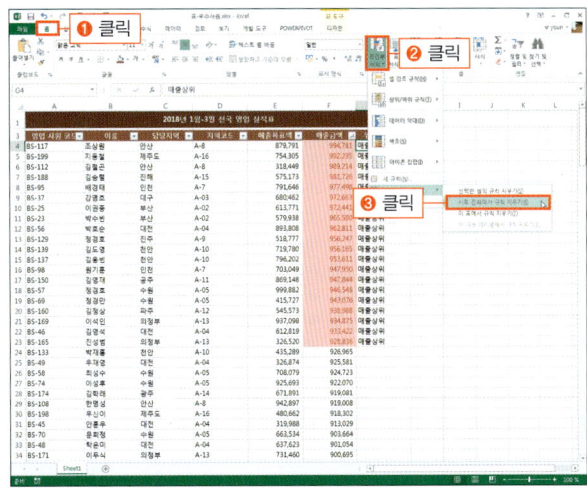

07. [G] 열 번호에서 마우스 오른쪽 단추를 클릭하여 [삽입]을 클릭합니다.

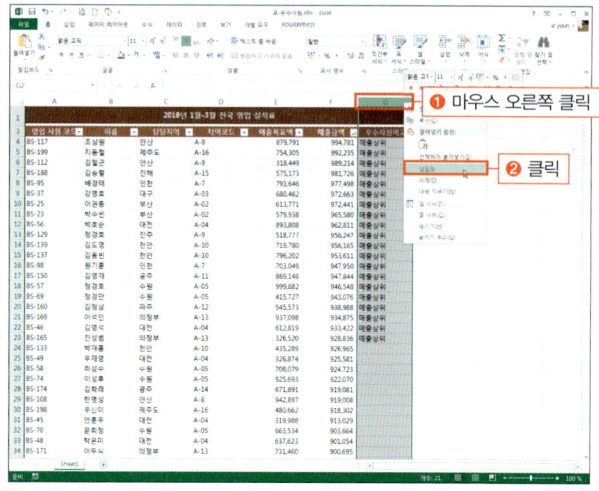

08. 한 열이 삽입되었습니다.

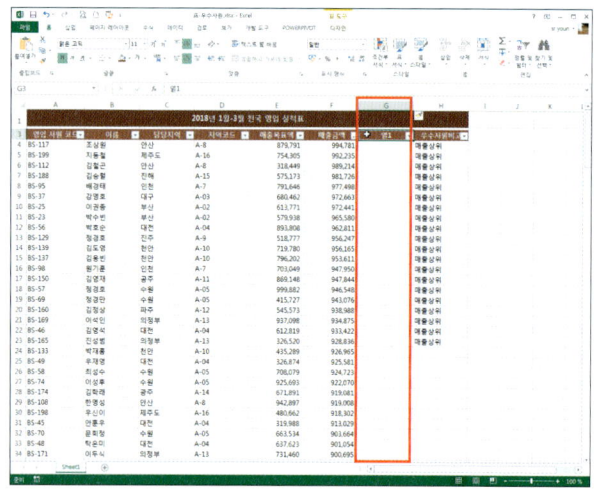

09. [G3] 셀에 [목표달성률]을 입력하고, [G4] 셀에 목표달성률을 구하기 위한 수식 [=F4/E4]을 입력합니다.

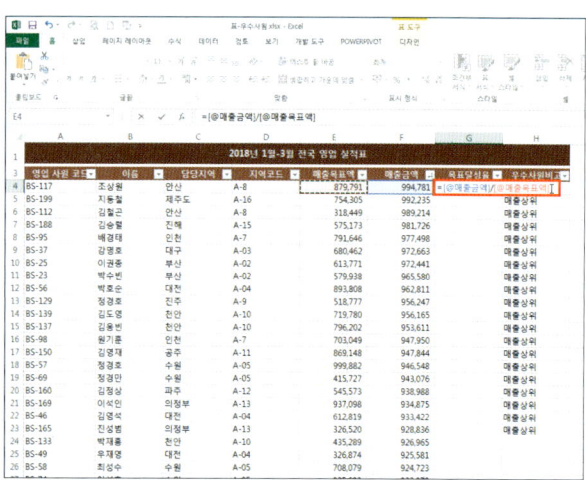

TIP : =[@목표달성률]/[@매출목표액]

현재 사용하는 셀이 표의 일부분이기 때문에 나타나는 현상으로, [F4] 셀을 클릭하면 [@목표달성률]과 같이 나타나고 [E4] 셀을 클릭하면 [@매출목표액]으로 표시됩니다. 이것은 열 제목을 나타내는 것으로 수식의 결과는 [=F4/E4]와 같습니다.

10. 목표달성률을 구했습니다.

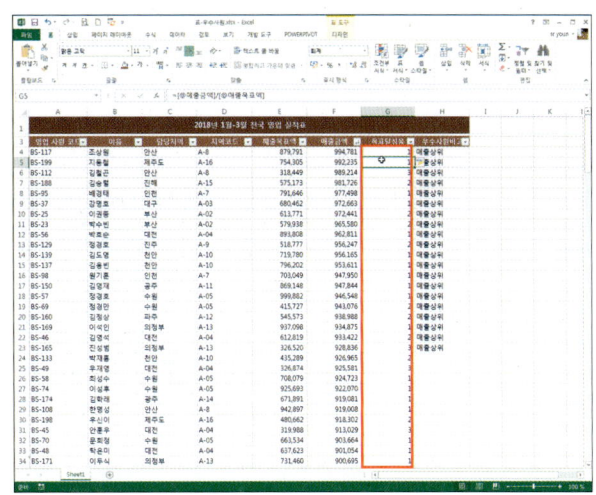

11. [G4:G203] 셀 범위를 선택한 다음 [홈] 탭
–[표시 형식] 그룹–[백분율 스타일]을 클릭하여
퍼센트로 표시합니다.

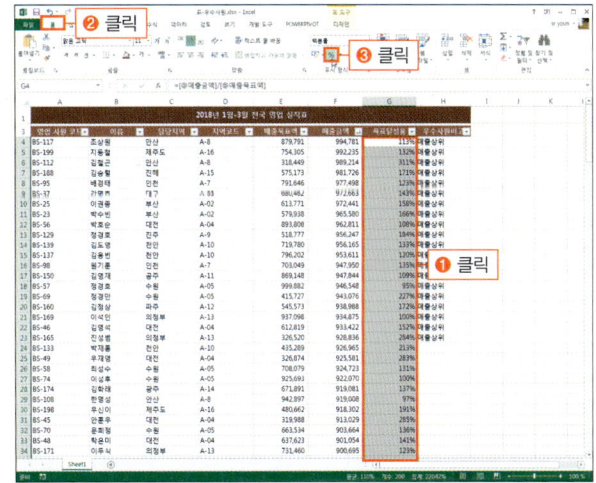

12. 이어 선택 범위를 해제하지 않고 [홈]
탭–[스타일] 그룹–[조건부 서식]–[상위/하위 규
칙]–[상위 10개 항목]을 클릭합니다.

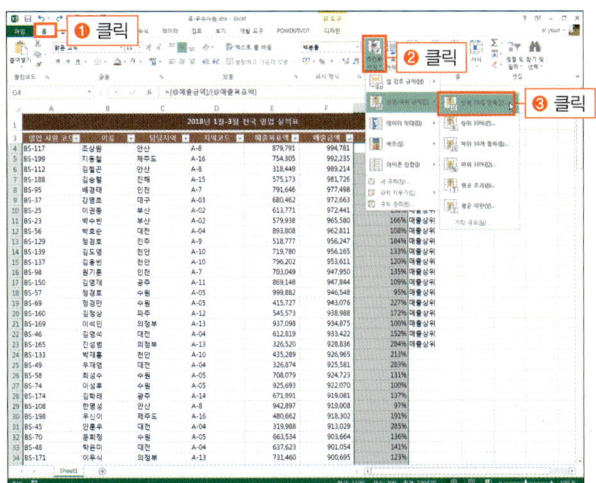

13. [상위 10개 항목] 대화상자가 나타나면 내용과 서식을 확인하고 [확인] 단추를 클릭합니다.

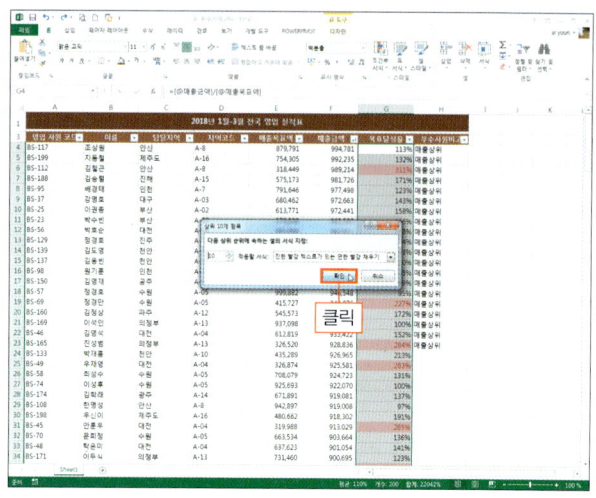

14. [목표달성률] 필드 부분을 선택한 다음 [데이터]-[정렬 및 필터]-[정렬]을 클릭합니다. [정렬] 대화상자가 나타나면 다음과 같이 지정하고 [확인] 단추를 클릭합니다.

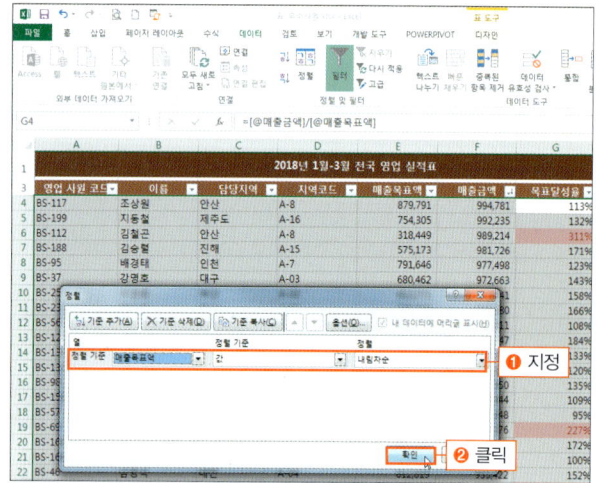

15. 목표달성률을 기준으로 내림차순 정렬되었습니다.

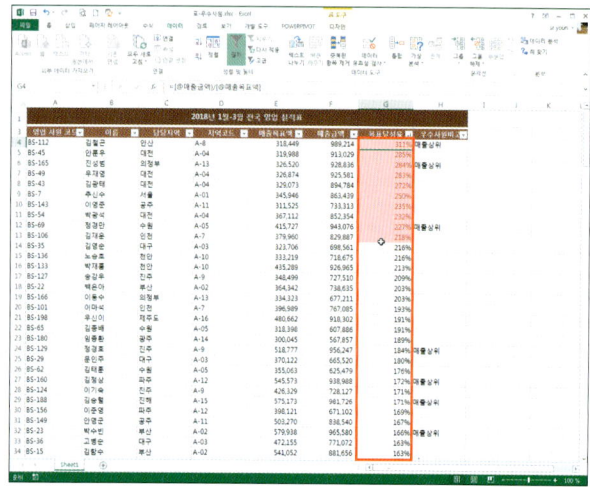

16. [H] 열에 다음과 같이 비고 내용을 입력합니다. [매출상위]라고 입력되어 있는 셀이 있는 경우에는 이어서 입력합니다.

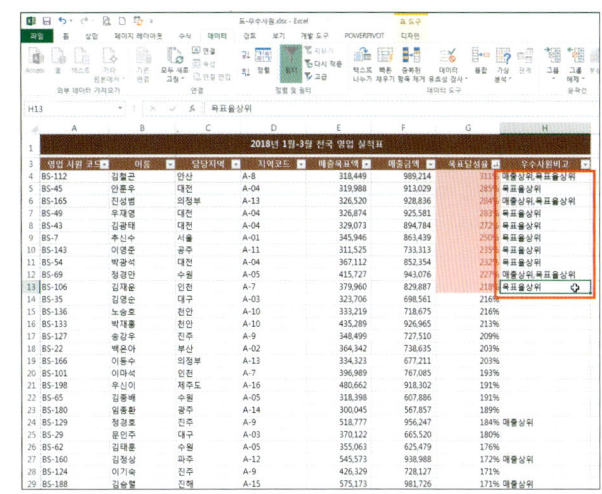

17. 조건부 서식을 지우기 위해 [홈] 탭–[스타일] 그룹–[조건부 서식]–[규칙 지우기]–[시트 전체에서 규칙 지우기]를 클릭합니다.

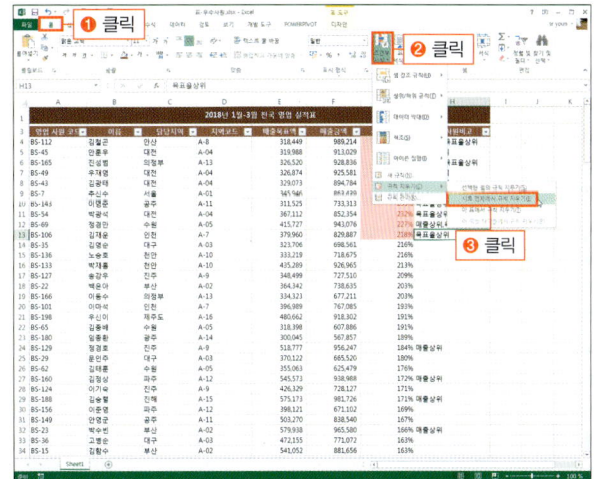

18. [데이터]–[정렬 및 필터]–[정렬]을 클릭하여 [정렬] 대화상자가 나타나면 다음과 같이 지정하고 [확인] 단추를 클릭합니다.

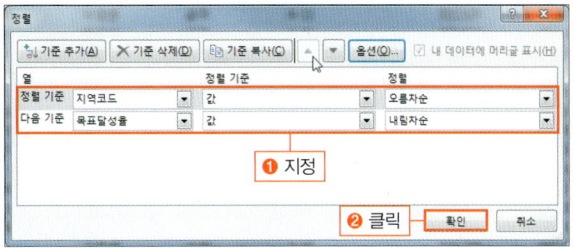

19. 다음과 같이 정렬되었습니다.

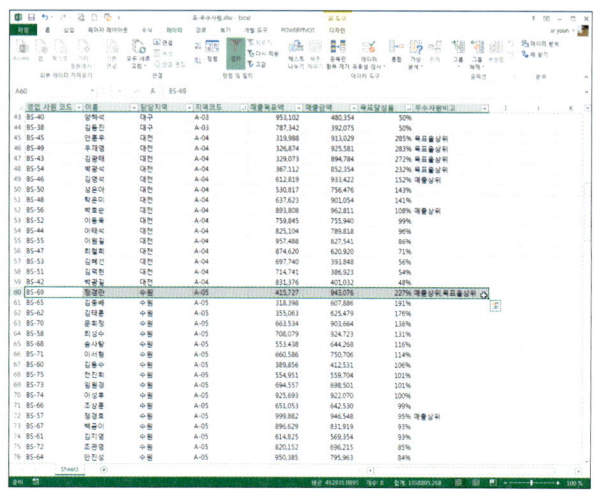

20. 정렬 조건을 변경하는 것만으로 데이터가 [지역 코드 순] → [목표달성률]로 정렬되었습니다. 데이터가 정렬되었으면 [우수사원비고] 필터 아이콘을 클릭하여 [필드 값 없음]의 선택을 해제한 다음 [확인] 단추를 클릭합니다.

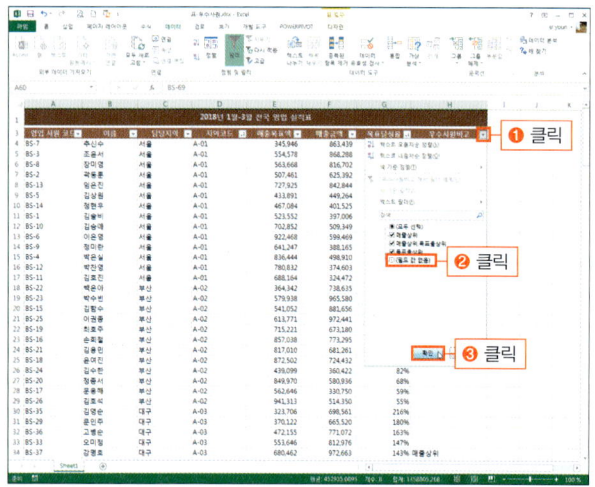

21. 이제 [매출상위]와 [목표율상위]로 추출된 데이터만 표시됩니다. 이렇게 추려진 데이터에서 포상할 영업사원을 정리하면 됩니다. 표 기능을 이용하여 랭킹을 분석하여 영업담당 우수사원을 추출했습니다.

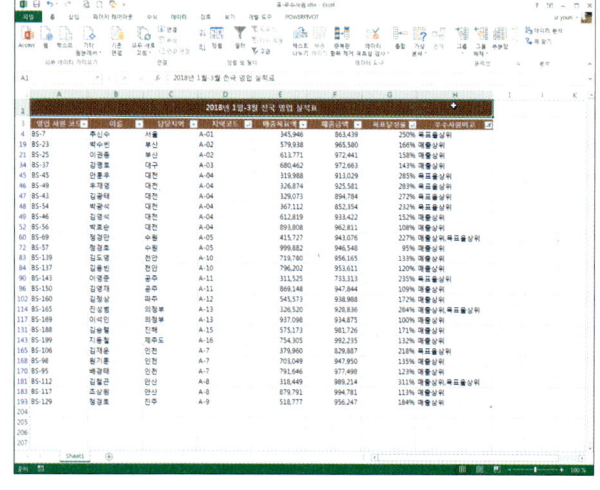

STEP 03 • 지점별 예산 달성 상황 파악하기

사전의 계획과 실제 매출을 비교하여 계획은 어느 정도 달성되었는지 알아보는 지표가 바로 달성률입니다. 달성률을 구한 다음 차트화하는 방법에 대해 알아봅니다.

예제 파일ㅣ CD₩Part 01₩달성률.xlsx

01. 다음과 같은 예에서 달성률을 구하기 위해 [D3] 셀에 수식 [=C3/B3]을 입력합니다.

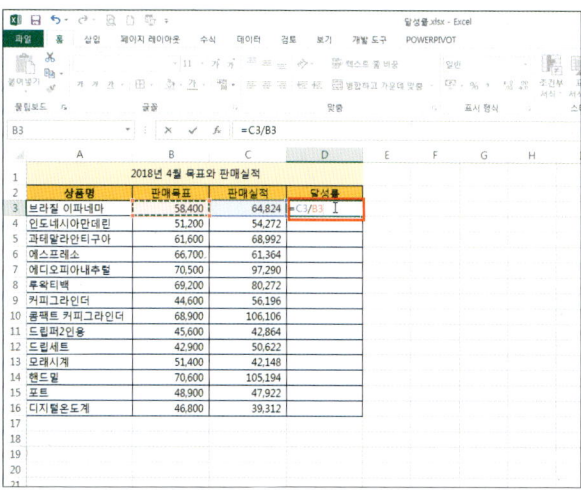

02. 달성률을 구했으면 [백분율 스타일]을 클릭하여 퍼센트 표시가 나타나도록 합니다.

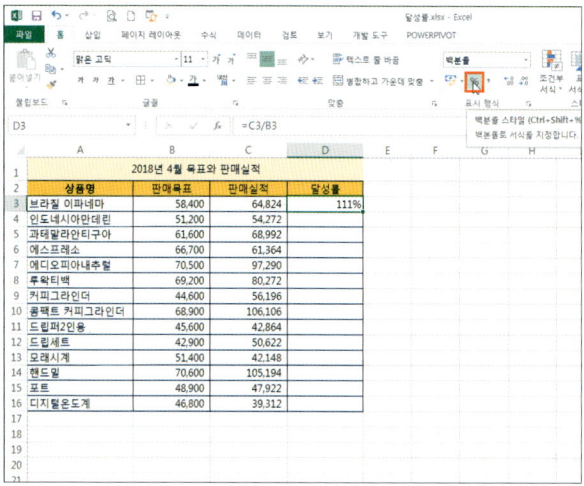

03. [D16] 셀까지 자동 채우기를 하여 수식을 복사합니다.

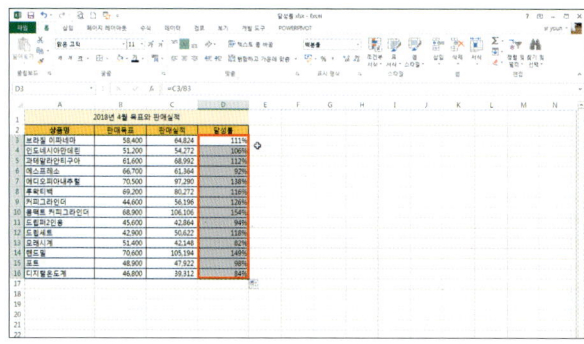

04. 범위를 모두 선택한 다음 [삽입] 탭–[차트] 그룹–[혼합형]–[묶은 세로 막대형 – 꺾은선형, 보조 축]을 선택합니다.

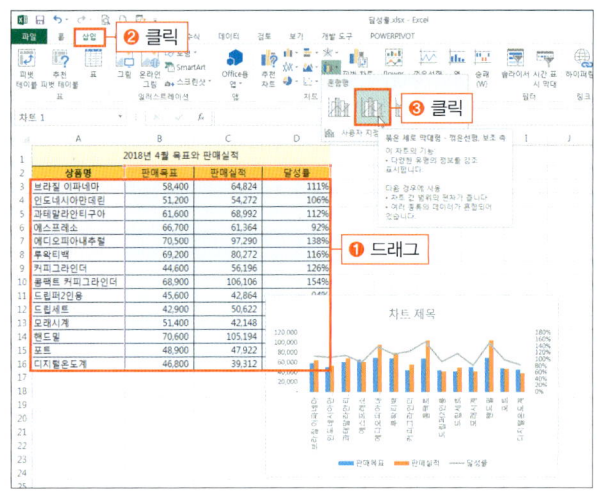

05. 차트가 삽입됩니다. 단위가 다른 달성률은 꺾은선형으로 자동으로 표시된 것을 알 수 있습니다.

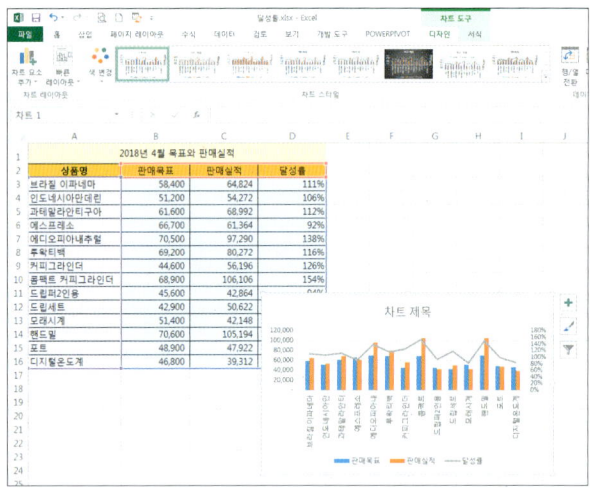

06. 차트 크기와 서식을 수정하여 완성합니다. 이와 같은 차트에서는 목표값을 100%로 할 것인지 정하여 선을 삽입하는 것이 좋습니다. 만일 다음과 같이 100%로 지정했다면 대부분의 상품이 목표율을 달성한 것을 알 수 있습니다.

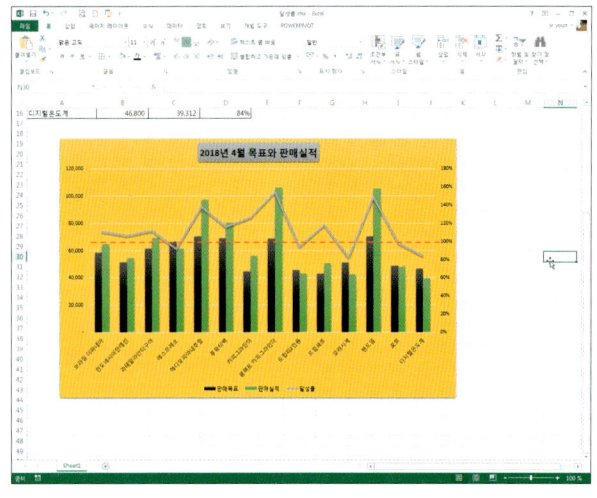

목표 달성한 사원수 구하기

표에서 조건을 만족하는 데이터가 몇 개인지 알아보는 함수 사용법에 대해 알아봅니다. 여기서 사용한 함수는 COUNTIFS이며, 함수 하나로 원하는 결과를 얻을 수 있습니다. 여기서는 목표인 100%를 달성한 사원이 총 몇 명인지 구하는 방법에 대해 설명합니다.

예제 파일 | CD₩Part 01₩목표달성률.xlsx

01. 목표달성률을 구할 예제 파일의 모습입니다. [G2] 셀에는 목표달성률이 입력되어 있습니다.

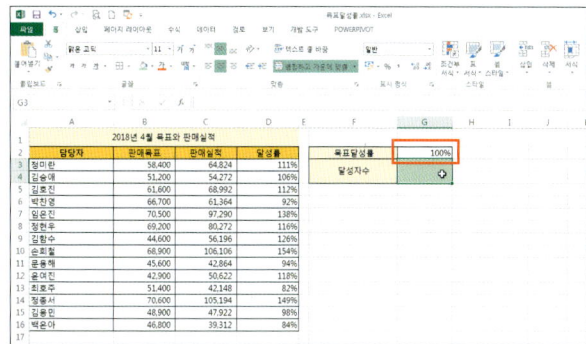

02. [G3] 셀을 클릭하고 달성자 수를 구할 수식 [=COUNTIF(D3:D16,">="&G2)]를 입력합니다.

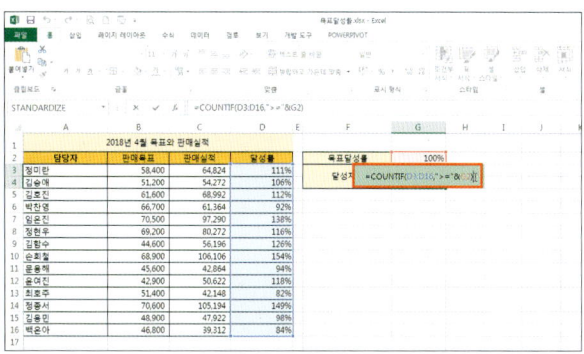

TIP : COUNTIF 함수

COUNTIF(range, criteria)
COUNTIF 함수는 범위 내에서 지정된 단일 기준에 맞는 셀 개수를 계산합니다.

03. 달성자 수를 구했습니다.

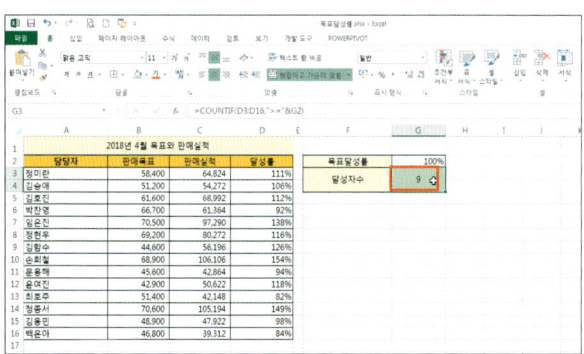

자동 필터로 입력 오류 체크하기

상품명이나 고객명 등을 입력한 필드에서 입력 오류가 있는 경우 자동 필터를 이용하면 입력 오류를 쉽게 찾을 수 있습니다. 어떻게 이용하는지 알아봅니다.

예제 파일 | CD₩Part 01₩자동필터오류.xlsx

01. 예제 파일에서 [F9] 셀을 보면 [영업제2부]라고 입력되어 있는 것을 알 수 있습니다. 이 내용은 잘못 입력된 데이터로 원래는 [영업2부]라고 입력해야 합니다. 여기서는 데이터가 얼마 없지만 내용이 많은 경우 쉽게 찾는 방법에 대해 알아봅니다. 데이터가 있는 곳을 선택한 다음 [데이터] 탭-[정렬 및 필터] 그룹-[필터]를 클릭합니다.

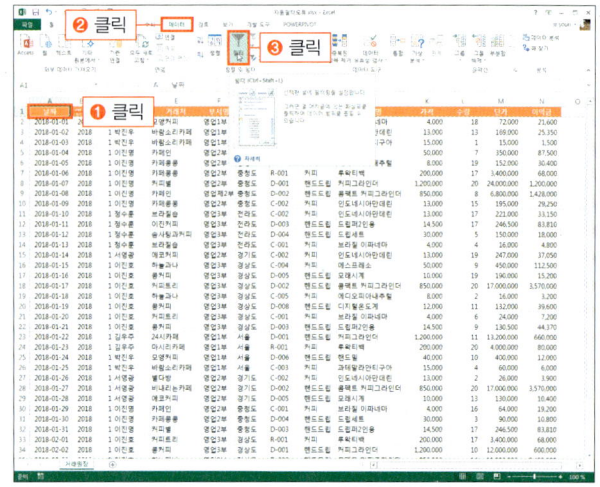

02. [필터]가 적용되어 필터 아이콘이 표시됩니다. [부서명] 필터 아이콘을 클릭합니다.

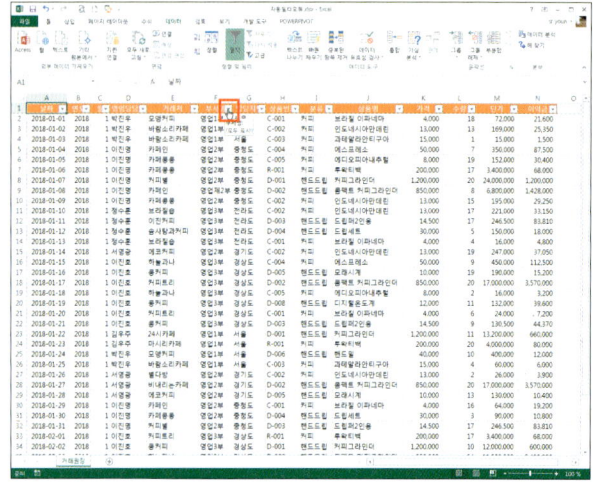

03. [부서명]은 원래 3개의 항목인데 4개가 표시되는 것을 확인할 수 있습니다. 잘못 입력된 항목만을 선택한 다음 [확인] 단추를 클릭합니다.

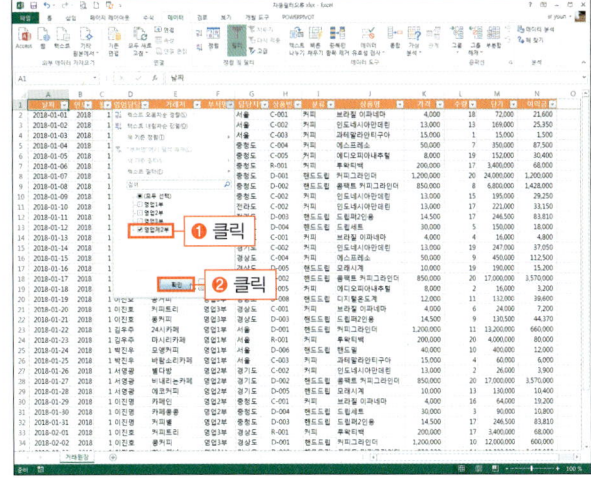

04. 잘못 입력된 데이터가 표시됩니다. 내용을 수정합니다.

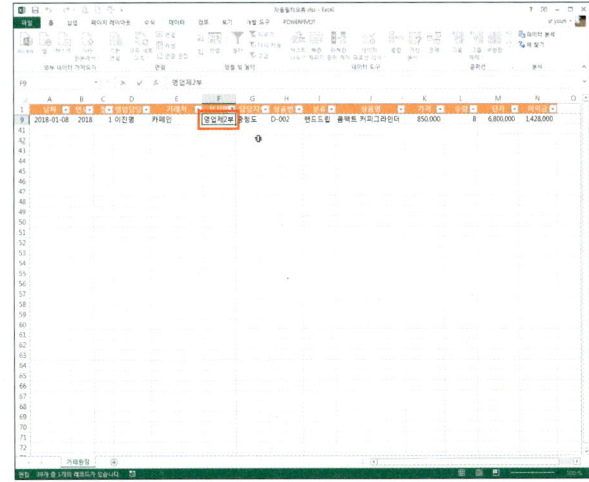

05. 다시 [부서명] 필터를 클릭하면 잘못 입력된 항목이 표시되지 않습니다.

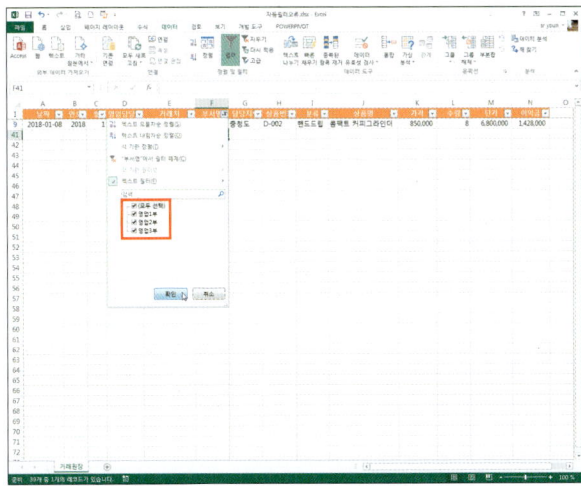

■ 평균 35P

산술 평균이나 조화 평균 등이 있습니다. 평균은 [데이터의 합계÷데이터의 수]로 구합니다. 평균을 구하는 함수는 AVERAGE입니다.

■ 중앙값 37P

데이터의 개수를 최대치에서 세어서 딱 절반 부분이 중앙값입니다. 데이터의 개수가 홀수개면 딱 절반의 곳이며, 짝수이면 전후의 수를 더해 2로 나눈 값입니다. 중앙값을 구하는 함수는 MEDIAN입니다.

■ 최빈값 38P

가장 도수가 많은 값입니다. 도수는 개수이며, 가장 많이 볼 수 있는 값입니다. 최빈값은 모두 독특한 데이터인 경우에는 최빈값을 구할 수 없으며, 동수의 도수가 존재하는 경우 최빈값이 복수로 존재하므로 유일하지 않습니다. 최빈값을 구하는 함수는 MODE.SNGL과 MODE.MULT입니다.

■ 분산(산포도) 39P

통계에서 중요한 것 중의 하나가 분산입니다. 분산은 [(각 데이터 값-평균)2의 합계/데이터 개수]로 구합니다. 이 값이 큰 편이 평균에서 각 데이터가 흩어지고 있는 것입니다. 분산을 구하는 함수는 VAR입니다.

■ 표준편차(산포도) 39P

데이터가 중심 근처에 흩어져 있으면 격차가 적고, 데이터의 중심에서 멀리 떨어진 곳까지 흩어져 있으면 격차가 크다고 합니다. 여기서 산포도는 일반적으로 데이터의 평균적인 차이도를 문제로 있습니다. 이 차이도의 척도로서 가장 이용되는 것이 표준편차입니다. 표준편차란 각 데이터의 중심에서부터 떨어져 있는 거리의 평균이며, 평균적 편차치라고 할 수 있습니다. 표준편차를 구하는 함수는 STDEV입니다.

■ 최소값 31P

데이터 중 가장 작은 값입니다. 최소값을 구하는 함수는 MIN입니다.

■ 최대값 32P

데이터 중 가장 큰 값입니다. 최대값을 구하는 함수는 MAX입니다.

■ 합계 33P

데이터의 값을 더합니다. 합계를 구하는 함수는 SUM입니다.

■ 표본 수 33P

데이터의 개수를 구합니다. 개수를 구하는 함수는 COUNT입니다.

■ **첨도** <mark>33P</mark>

첨도는 분포의 형상이 날카로운지 퍼져 있는지를 구합니다. 첨도를 구하는 함수는 KURT입니다.

■ **왜도** <mark>34P</mark>

정규 분포에 비해 오른쪽 또는 왼쪽으로 치우쳐 있는지의 비대칭성을 판단합니다. 왜도를 구하는 함수는 SKEW입니다.

■ **표준오차** <mark>34P</mark>

데이터가 표본인 경우 원래의 집단(모집단) 평균과 비교하여 생기는 오차를 말합니다. 현재 샘플 수가 있다면 평균 값이 이 정도 오차가 나온다는 의미입니다. 표본 수가 늘어날수록 표준오차는 줄어듭니다. 표준오차를 구하는 식은 STDEV(데이터의 범위)/SQRT(COUNT(데이터의 범위)입니다.

■ **신뢰구간(95%)** <mark>34P</mark>

데이터가 표본인 경우 95%의 확률로 원래 집단(모집단)의 평균이 샘플의 평균±신뢰구간 폭 사이에 있는 것을 추정하고 있습니다. 표본 수가 늘어날수록 정도가 향상하고 값이 작아집니다.

■ **히스토그램** <mark>60P</mark>

막대 그래프에 의해 시각적으로 데이터의 불확실성을 확인합니다.

■ **리스트 형식의 데이터** <mark>51P</mark>

❶ **항목명** : 시트 첫 번째 행에 항목명을 입력합니다.

❷ **레코드** : 1행에 1건씩 데이터를 입력합니다.

❸ **필드** : 같은 항목명에 대한 데이터입니다.

■ 손익분기점 <mark>63P</mark>

손익분기점은 매출과 비용이 같아 이익이 나지 않는 상태를 말합니다.

- **손익분기점** = 고정비 ÷ 한계이익률

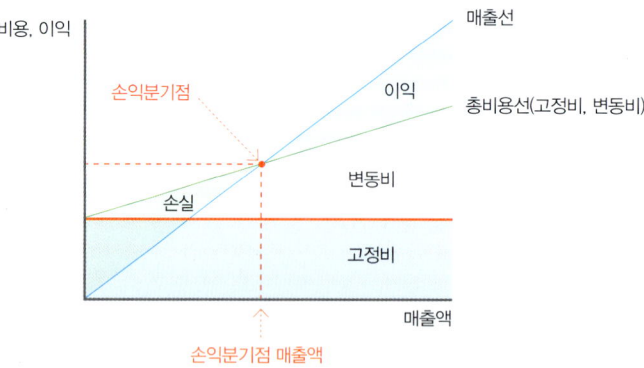

■ 한계이익률 <mark>74P</mark>

매출액에 대한 한계이익을 비율을 한계이익률이라고 하고, 이것을 기준으로 목표로 하는 이익을 확보할 수 있는 매출액(목표매출액)을 산출합니다.

- **한계이익** =매출액−변동비
- **한계이익율** =한계이익/매출액
- **한계이익률(%)** = (한계이익 / 매출액) × 100
- **목표매출액** = (고정비+목표이익) / 한계이익률
- **매출 누적액** : 각 제품 매출액의 합계를 구합니다.
- **한계이익누적액** : 한계이익의 합계를 구합니다.

매출액	변동비	
	한계이익	고정비
		이익

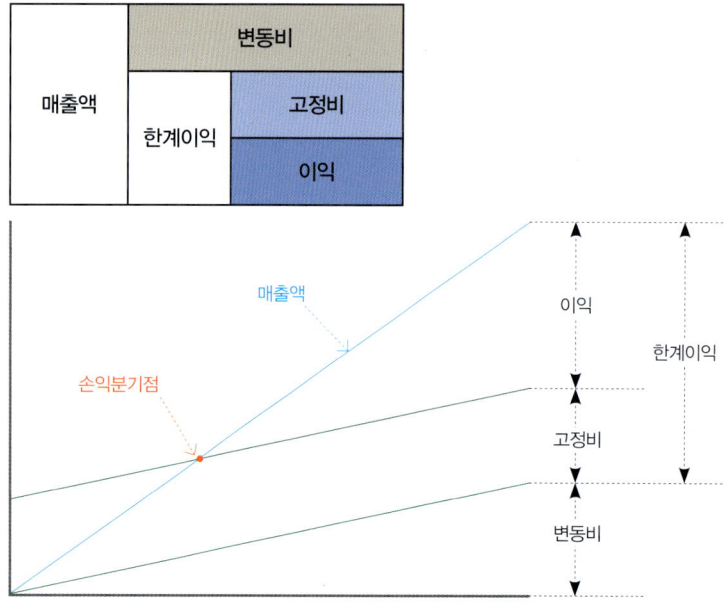

01 다음 연습문제 파일에서 손익분기점이 되는 판매수량과 매출액을 각각 구합니다.

예제 파일 : CD\Part 01\연습문제1-1.xlsx
완성 파일 : CD\Part 01\연습문제1-1_완성.xlsx

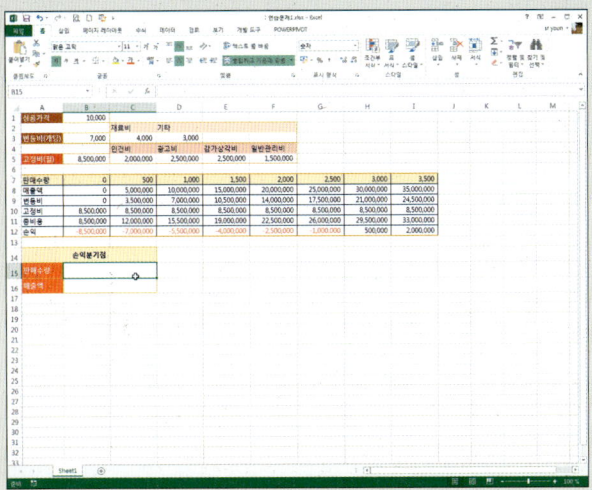

HINT 손익분기점은 매출과 비용이 같아 이익이 나지 않는 상태로 손익분기점을 구하는 공식은 다음과 같습니다.
=고정비÷한계이익률

02 상품명 중에서 [에스프레소]만의 판매 금액을 표시합니다.

예제 파일 : CD\Part 01\연습문제1-2.xlsx
완성 파일 : CD\Part 01\연습문제1-2_완성.xlsx

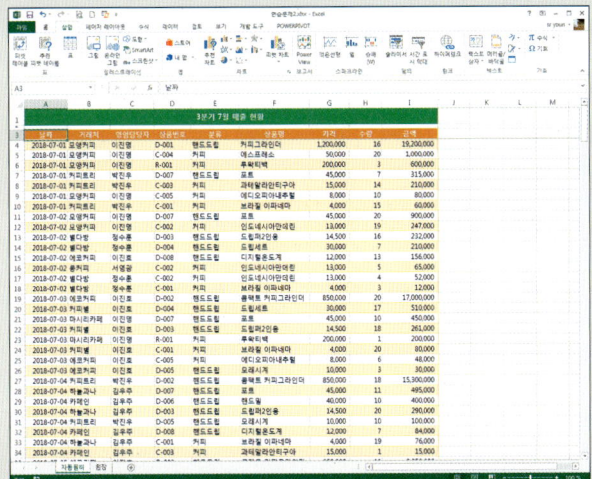

HINT 필터 기능을 이용하여 필터 아이콘을 표시한 다음 [에스프레소]만 나타나도록 표시합니다.

트렌드와 예측 데이터 분석하기

데이터를 이용하여 앞으로의 매출 예측이나 경향 등을 파악할 수 있습니다. 예측이나 경향은 약간 복잡한 과정을 거치긴 하지만 매출 예측이 가능하다면 재고 관리 부문에 있어서도 경비를 아낄 수 있으며, 홍보나 매출 계획에서 다양한 시도를 해볼 수 있다는 장점이 있습니다.

Chapter 01 · 예측

Chapter 02 · 함수로 매출 예측하기

Chapter 03 · 트렌드 분석하기

01 예측

이번 챕터에서는 추세선을 이용한 매출 예측과 계절변동비를 제거하고 매출을 예측하는 방법에 대해 알아봅니다. 특히 추세선은 여러 가지 방법이 있으므로 데이터에 따라 적당한 방법을 선택해야 합니다.

STEP 01 • 예측 데이터 분석하기

■ 매출 예측 종류

매출을 예측하는 방법은 여러 가지입니다. 각각에 대한 적절한 모델을 구축해야 합니다. 어떠한 방법들이 있는지 알아봅니다.

같은 가게에서 같은 종류의 상품 판매 예측하기

과거 데이터를 이용하여 미래의 판매를 예측하는 방법입니다. 월이나 날짜 등 시계열 변수에 따라 매출 예측을 할 수 있습니다.

다른 가게에서 또는 서로 다른 종류의 상품 판매 예측하기

과거의 데이터를 이용하여 매출 예측을 할 수 없는 경우가 있는데 이런 경우에는 이제까지의 매출을 실현한 환경조건, 즉 상품의 지역성, 고객층 등의 데이터 매출의 연관성을 조절하고 이 연관성을 다른 점포나 다른 상품에 적용하는 예측으로 복수 변수로 매출을 예측합니다.

계절변동이 있는 경우 예측하기

상품의 매출에 계절변동 등의 주기적인 변동이 있는 경우에는 이것을 제외한 값을 이용하여 주변동(트렌드)만을 반영하여 매출을 예측합니다.

■ 추세선의 추가와 계산

미래를 예측하는 방법 중 가장 간단한 방법으로 추세선 추가가 있습니다. 추세선 추가는 차트를 작성한 다음 차트 계열을 선택하여 계열에 추세선을 추가하면 되는 정도로 매우 간단합니다. 이때 계열별로 각각 추세선을 추가할 수 있습니다. 따라서 계열이 많지 않은 경우에는 추세선을 추가하는 것이 편리하지만 계열이 많은 경우에는 함수로 추세선을 계산하는 방법이 편합니다. 결과값은 함수나 추세선 삽입이나 같습니다. 추가할 수 있는 추세선의 종류는 다음과 같습니다.

로그

로그는 값이 증가함에 따라 그 증가율이 크게 되는 데이터 또는 감소함에 따라 그 감소율이 작아지는 데이터에 적합합니다. 데이터에 0이나 음수가 있는 경우 작성할 수 없습니다.

로그는 다음 식을 기초로 복수 포인트에 대한 거듭제곱에 맞는 계산을 합니다.
$y = c \ln x + b$ (c와 b는 정수, ln은 자연로그함수입니다)

다음의 지수 근사 곡선은 물질에 포함되는 탄소 14의 양이 연수의 경과와 함께 감소하는 모습을 나타낸 것입니다.

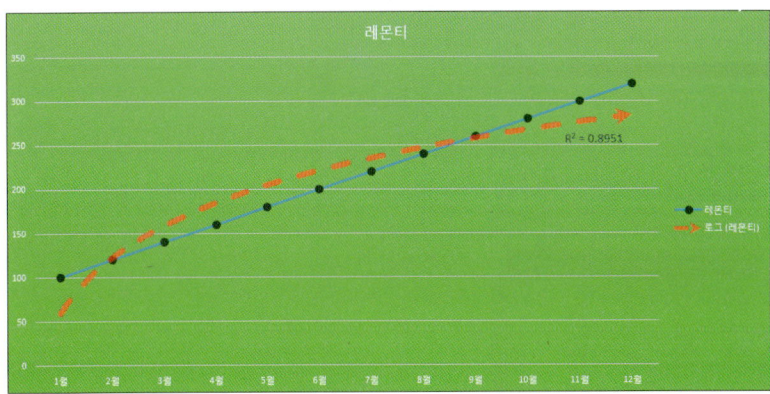

선형

선형은 선형성이 있는 단순한 데이터 집합에 가장 적합한 직선을 작성하는 경우 사용합니다. 데이터 요소가 직선적인 패턴을 나타내면 그 데이터는 선형이라고 생각할 수 있습니다. 보통 선형은 일정한 비율로 증가하거나 줄어드는 것을 나타냅니다.

선형은 다음 식에 따라 직선에 대한 거듭제곱에 적합한 계산을 합니다.
$y = mx + b$ (m : 기울기 , b : 절편)

다음 선형은 아메리카노의 1년 동안의 매출이 감소하고 있다는 것을 표시합니다. R^2 값(추세선의 추정치가 실제 데이터에 어느 정도 가까운지를 나타내는 0부터 1까지 값)이 0.1365이므로 데이터에 대한 곡선의 신뢰성이 낮다는 것을 알 수 있습니다.

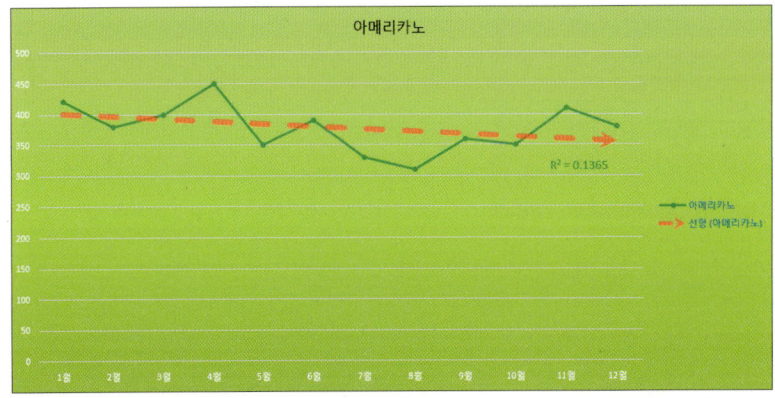

지수

지수는 변화율이 급격히 증가 또는 감소한 후 거의 일정한 추세를 보이는 데이터에 적합하며, 다음 식에 근거하여 복수 포인트에 대한 거듭제곱에 적합하게 계산합니다.

$y = c\ln x + b$ (c와 b는 정수, ln은 자연로그함수입니다.)

다음은 유기농 사료가 손님들의 인식 변화로 인해 증가추세에 있다는 것을 알 수 있습니다. R^2 값(추세선의 추정치가 실제 데이터에 어느 정도 가까운지를 나타내는 0부터 1까지 값)이 0.9177로 데이터에 대한 곡선의 신뢰성이 높다는 것을 알 수 있습니다.

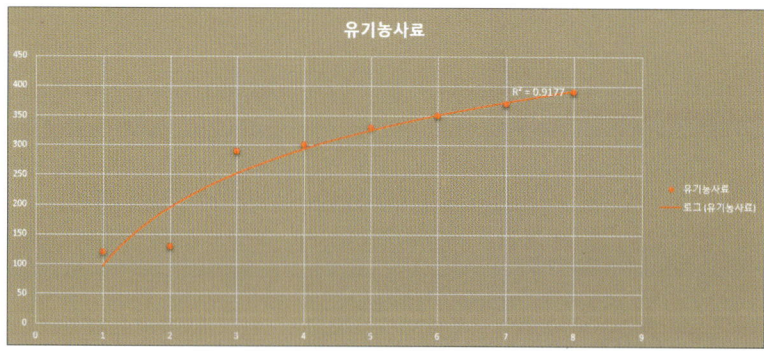

다항식

이 추세선은 변동이 큰 데이터에 적합합니다(방대한 데이터에서 손익분석을 실시하는 경우 등). 다항식의 차수는 데이터 변화의 수, 즉 곡선 속에 굴곡(산과 계곡)이 몇 개 나타나는가에 따라 결정됩니다. 일반적으로 차수가 2인 다항식 근사 곡선에는 산 또는 골이 단지 1개 존재합니다. 또 차수가 3이면 산 또는 골이 1개 또는 2개, 차수가 4이면 산 또는 골이 최대 3개 존재합니다.

다항식 근사 곡선에서는 다음의 식에 기초해 복수의 포인트에 대한 최소 제곱 적합의 계산이 이루어집니다.

$y = b + c1x + c2x2 + c3x3 + \ldots + c6x6$ (b와 c1...c6 은 정수입니다.)

다음은 차수를 6으로 지정한 다항식 예측입니다. R^2가 0.6878로 적합도는 그렇게 높지 않습니다.

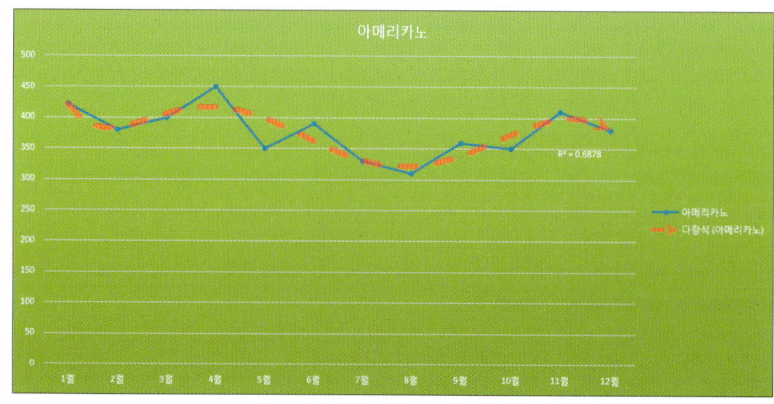

114

거듭제곱

거듭제곱은 레이싱카가 가속하는 모습을 1초 간격으로 측정하는 경우와 같이 측정값이 특정 비율로 증가하는 데이터에 적합합니다. 데이터에 0이나 음수가 있으면 작성할 수 없습니다.

거듭제곱 추세선은 다음 식을 기준으로 복수의 포인트에 대한 거듭제곱에 맞추어 계산합니다.
$y=cebx$ (c와 b는 정수, e는 자연로그의 밑수입니다.)

다음의 서리측정 차트는 1초 간격으로 측정한 거리를 미터 단위로 나타낸 것입니다. 가속도가 증가하는 모습이, 거듭제곱 근사 곡선에 의해 뚜렷이 나타나 있습니다.

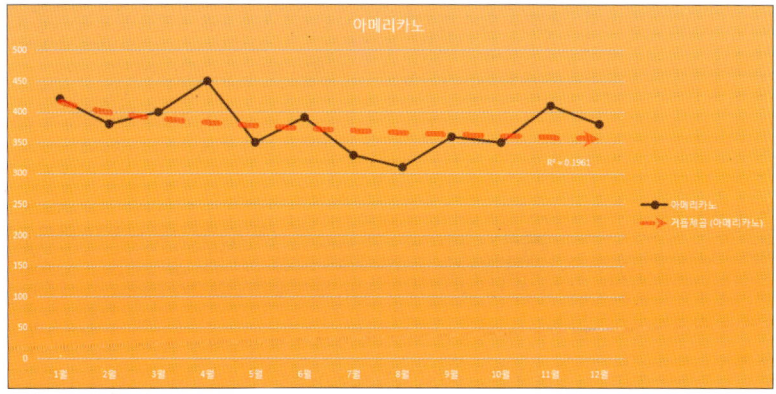

이동평균

이동평균은 데이터 변동의 패턴 및 경향을 보다 명확히 나타내기 위해 사용합니다. 이동평균은 특정 구간을 설정하여 해당 구간의 평균을 표시합니다. 예를 들어 구간을 4로 설정한 경우 최초 4개의 데이터 요소의 평균이 이동평균 추세선의 1번째 포인트가 되는 것입니다. 마찬가지로 2번째와 3번째 데이터 요소의 평균이 추세선의 2번째 포인트가 되는 것입니다. 이동평균의 근사 곡선상의 포인트 수는 구간으로 지정된 요소 수를 데이터 계열 전체의 요소 수를 뺀 값과 동일합니다. 분포도의 경우 이 근사 곡선은 차트 내 x 값의 순서에 따라 작성됩니다.

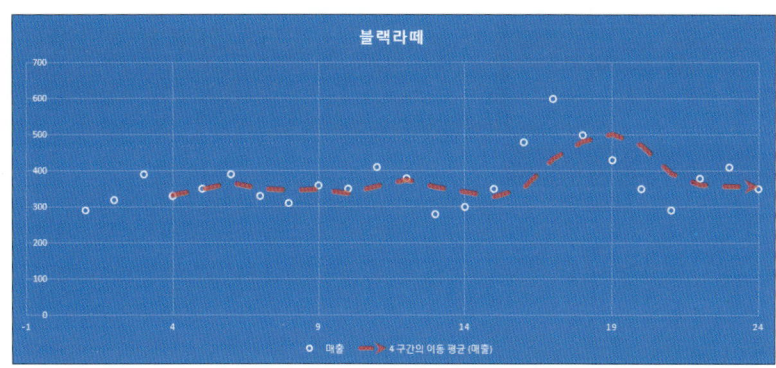

추세선을 삽입하는 방법에 대해 알아봅니다.

예제 파일 | CD₩Part 02₩예측.xlsx [추세선] 시트

01. 예제를 불러오면 차트가 이미 삽입되어 있습니다. 이 차트 계열에 추세선을 삽입해 보겠습니다. 추세선을 추가할 계열에서 마우스 오른쪽 단추를 클릭한 다음 [추세선 추가]를 클릭합니다.

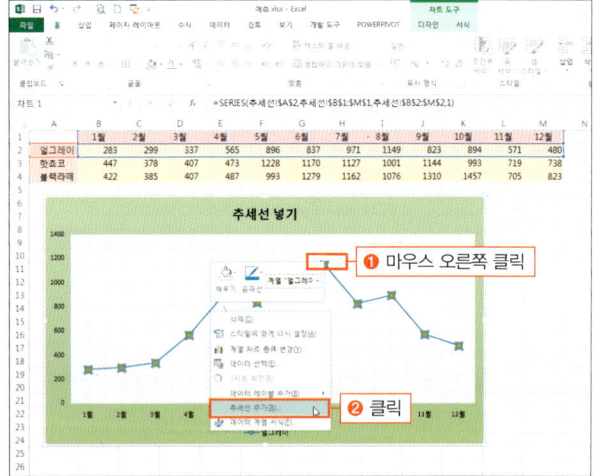

❶ 마우스 오른쪽 클릭

❷ 클릭

02. [추세선 서식] 창이 표시되면 추세선 옵션에서 예측할 방법을 선택합니다. 여기서는 [선형]을 선택합니다. [수식을 차트에 표시]와 [R–제곱 값을 차트에 표시]를 선택하여 체크하면 차트에 수식이 함께 표시됩니다.

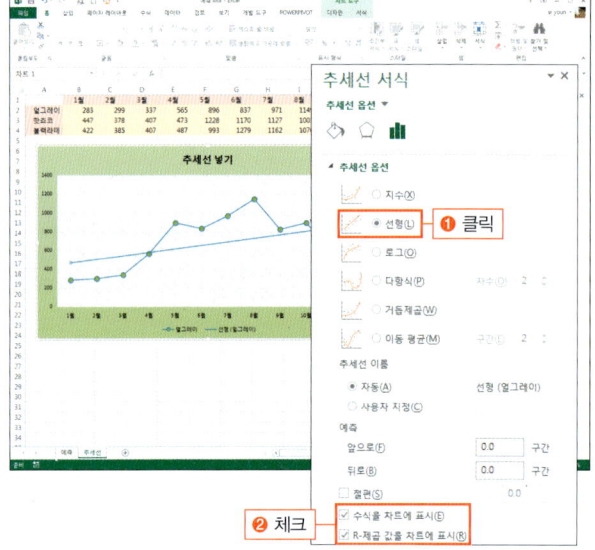

❶ 클릭

❷ 체크

116

03. 차트에 나타난 수식과 차트 모양을 보기 좋게 정리하여 완성합니다.

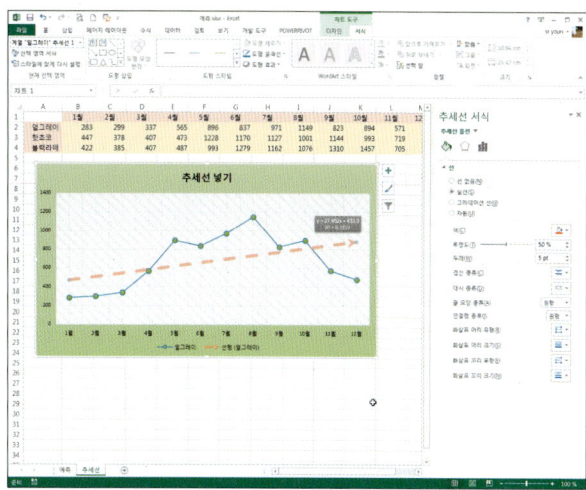

04. [예측] 항목의 [앞으로] 값을 구간 단위로 입력하여 매출에 대한 예측을 해 보겠습니다. 여기서는 6개월 후까지 매출을 예측하기 위해 6을 입력합니다. 차트 모양이 변경되며 6개월 후까지의 매출을 예측할 수 있습니다. 예측을 보면 점점 증가 추세에 있다는 것을 알 수 있습니다.

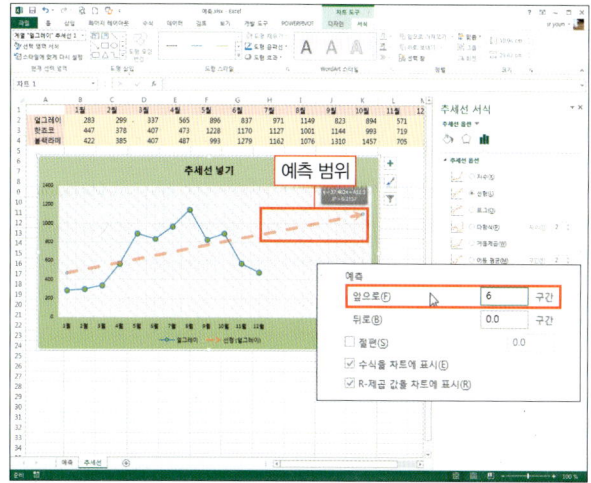

현재 데이터를 이용하여 앞으로 6개월 분의 데이터를 예측하는 방법에 대해 알아봅니다.

예제 파일 | CD₩Part 02₩예측.xlsx [추세선2] 시트

01. [추세선2] 시트를 클릭합니다. 앞에서 작성한 데이터가 복사되어 있습니다. 여기서 예측값을 계산하는 방법에 대해 알아봅니다. [N3] 셀을 클릭하고 수식 [=37.402*N1+432.3]을 입력합니다.

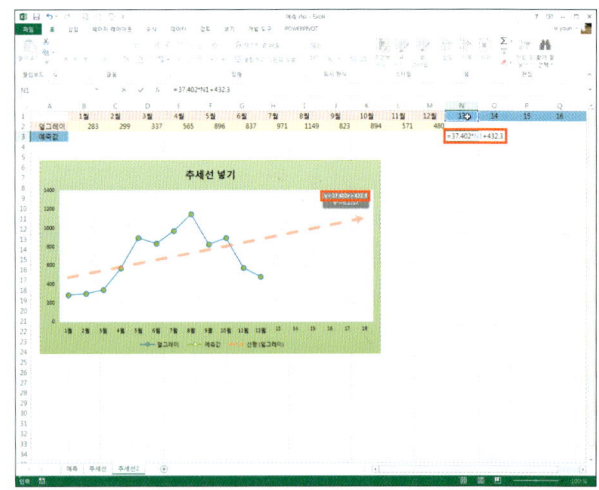

> **Plus** 이 수식은 추세선 삽입 시 차트에 표시된 수식을 이용하는 것입니다. 이 수식을 위해 [N1] 셀 값이 13(13개월 째라는 것을 나타내는 것임)이라는 숫자로 되어 있는 것입니다. 사용자 서식을 이용하여 [13월]이라고 표시하는 것은 상관 없지만 숫자가 아니면 계산할 수가 없습니다.

02. 결과를 구했으면 [S3] 셀까지 자동 채우기로 복사합니다.

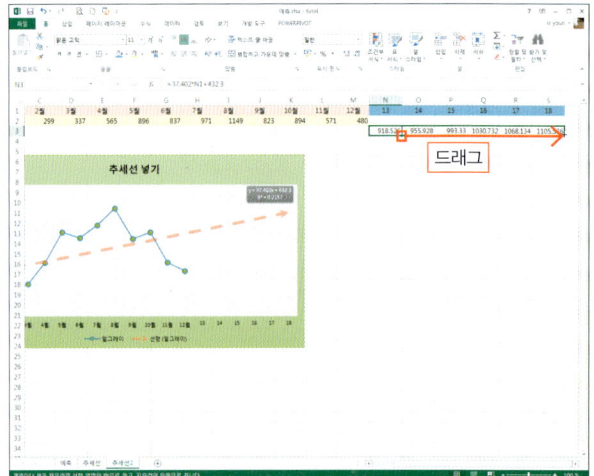

03. 데이터가 복사되었으면 차트 범위를 [S3] 셀까지 포함하도록 변경합니다. 예측값에 대한 계열이 표시될 것입니다. 추세선과 정확히 일치하는 것을 알 수 있습니다.

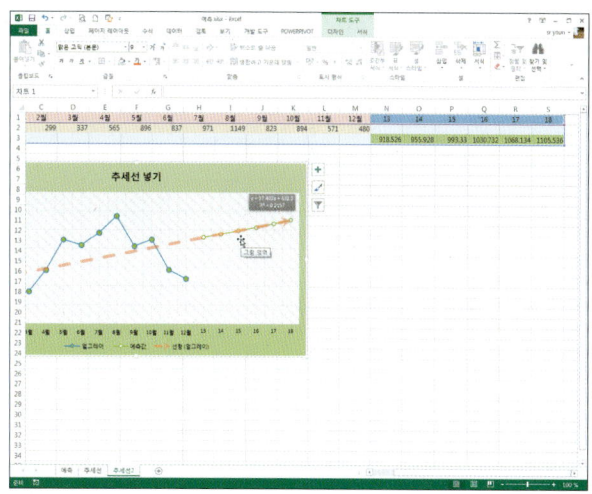

04. 다음은 보기 좋게 계열선을 수정한 것입니다. 이렇게 수식을 이용하여 예측값을 숫자로 표시할 수 있습니다.

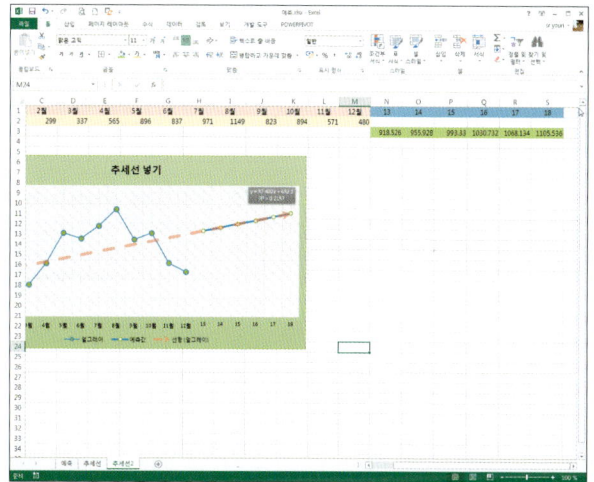

추세선을 삽입하는 경우에는 데이터에 맞는 방법으로 추세선 형식을 선택한 것인지 확인하는 것이 좋습니다. 데이터에 따라 맞는 방법을 선택하는 것이 좋기 때문입니다. 이렇게 검증할 때 사용하기 좋은 것이 영역형 차트입니다. 영역형 차트를 사용하면 상품의 점유도와 매출 합계 등을 체크할 수 있습니다.

예제 파일 | CD₩Part 02₩예측.xlsx [예측검정] 시트

01. [예측검정] 시트를 보면 다음과 같이 차트가 작성되어 있을 것입니다.

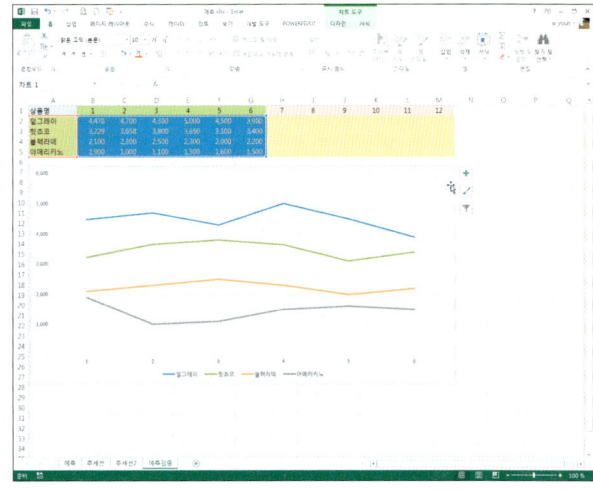

02. 앞의 스텝과 같은 방법으로 추세선을 삽입합니다. 예측 데이터를 만들 것이므로 다음과 같이 추세선을 삽입합니다. 예제와 같이 계열이 여러 개인 경우에는 각 계열마다 추세선을 따로따로 삽입해야 합니다.

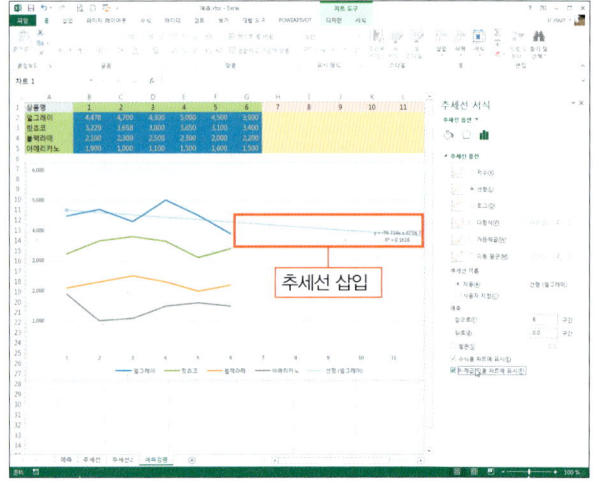

120

03. 추세선을 모두 삽입했으면 수식을 이용하여 각 예측값을 셀에 입력합니다.

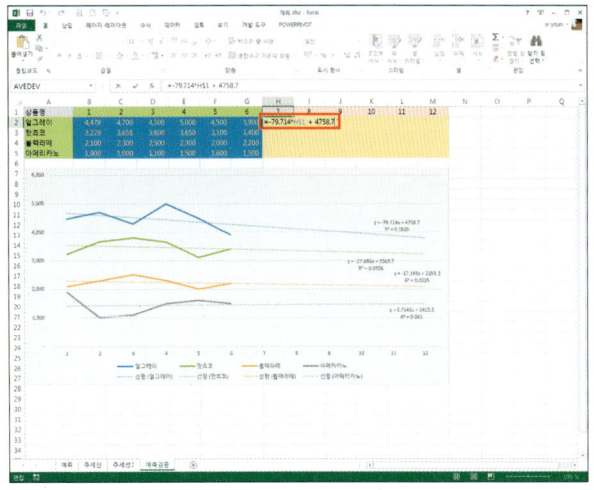

04. 다음과 같이 예측값을 모두 입력합니다.

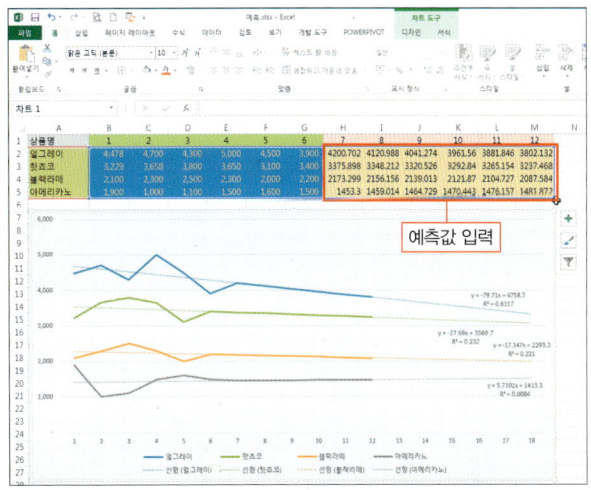

05. 추세선의 구간을 모두 0으로 설정하여 다음과 같이 12월 이상의 추세선은 표시되지 않도록 하고, 대신 차트 범위를 [M5] 셀까지 변경하여 다음과 같은 모양이 되도록 수정합니다.

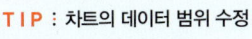

TIP : 차트의 데이터 범위 수정

차트의 데이터 범위를 수정하려면 [차트 도구]-[디자인] 탭-[데이터] 그룹-[데이터 선택]에서 수정하면 됩니다.

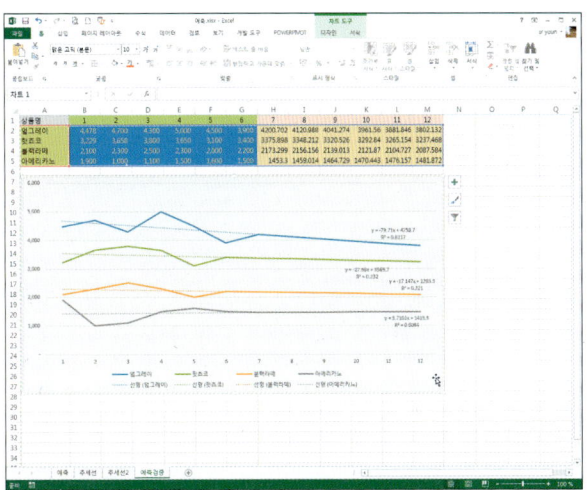

06. 차트를 복사한 다음 [차트 도구]–[디자인] 탭–[종류] 그룹–[차트 종류 변경]을 클릭합니다. [차트 종류 변경] 대화상자가 나타나면 영역형을 선택하고 [확인] 단추를 클릭합니다.

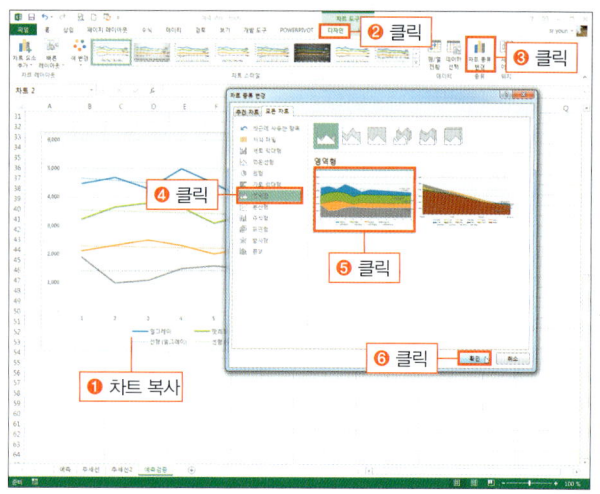

07. 다음과 같이 영역형 차트가 작성되었습니다. 이렇게 영역형으로 만들면 각 상품의 하나 또는 전체적인 흐름을 파악할 수 있습니다.

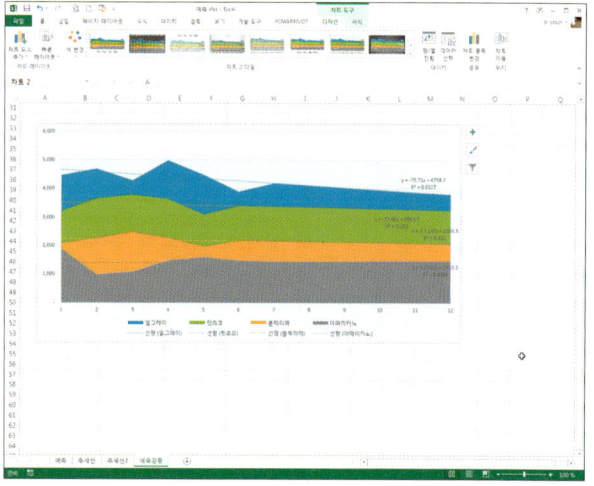

분산형 차트에 [선형] 추세선을 삽입하면 가장 오차가 적은 직선으로 미래 데이터를 예측할 수 있습니다. 여기서는 월별매출액을 이용하여 3개월 후까지의 매출을 예측해 보겠습니다.

예제 파일 | CD₩Part 02₩오차없이 매출 예측.xlsx

01. [A4:A15], [C4:C15] 셀 범위를 선택한 다음 [삽입] 탭–[차트] 그룹–[분산형]을 클릭합니다.

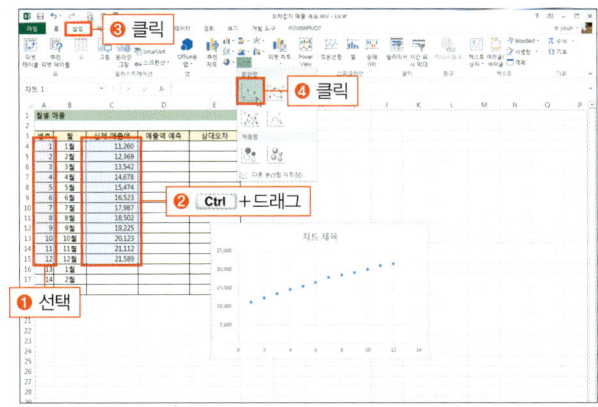

02. 차트가 삽입되면 계열에서 마우스 오른쪽 단추를 클릭하여 [추세선 추가] 메뉴를 선택합니다.

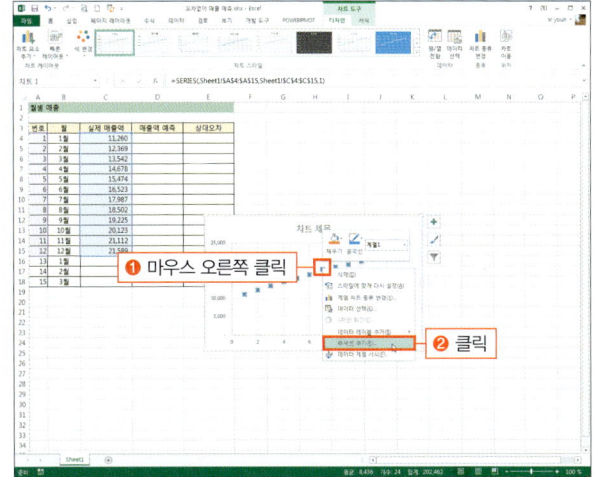

03. [추세선 서식] 창이 나타나면 [선형] 항목을 선택하고 예측을 구하기 위한 항목을 지정합니다.

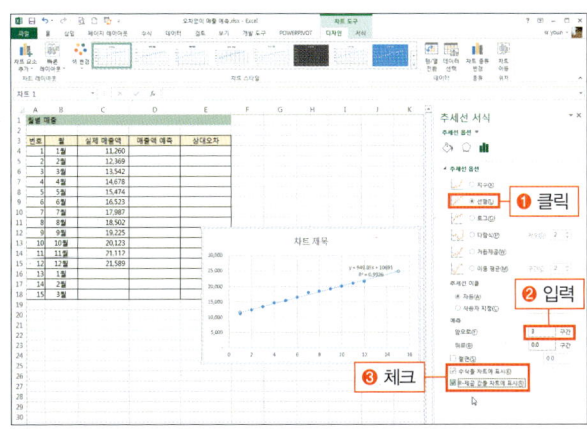

PART 02 · 트렌드와 예측 데이터 분석하기

04. 추세선이 삽입되었습니다. 예측을 하기 위해 [D15:D18] 셀 범위를 선택한 다음 수식 [=949.85*A15+10691]을 입력합니다.

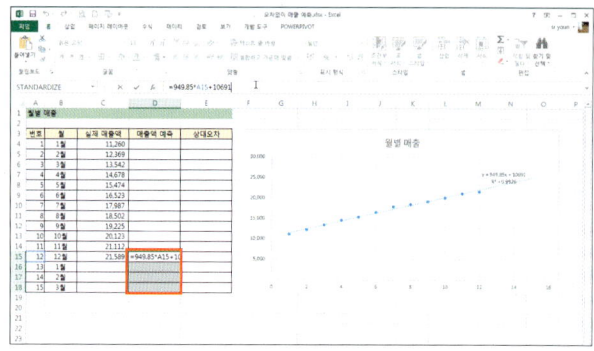

05. 수식을 입력한 다음에는 Ctrl + Enter 를 눌러 한번에 값을 구합니다.

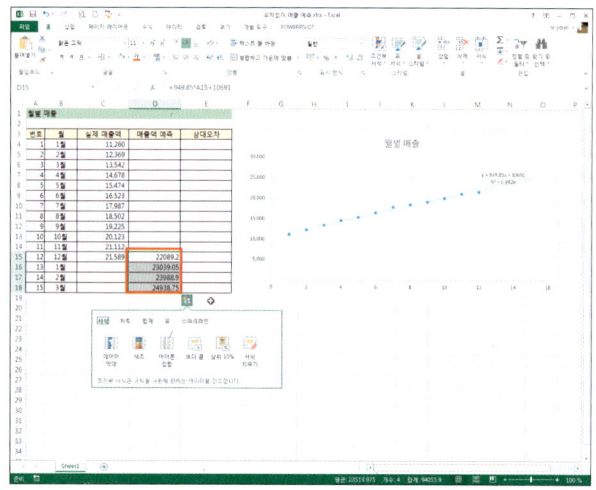

06. 매출액의 예측값을 구했습니다. [E15] 셀에 상대 오차를 구하기 위한 수식 [=(C15-D15)/C15]을 입력합니다.

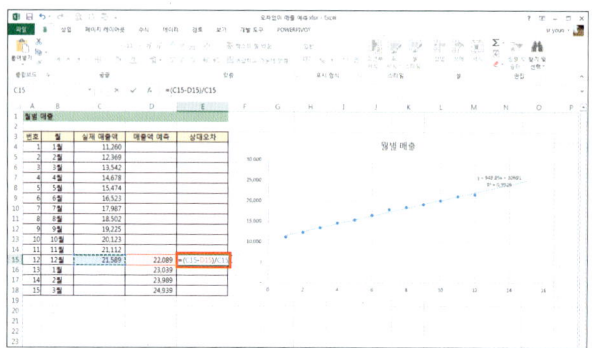

07. 상대오차를 구했습니다. 결과는 [-2%]로 오차가 그리 크지 않다는 것을 알 수 있습니다.

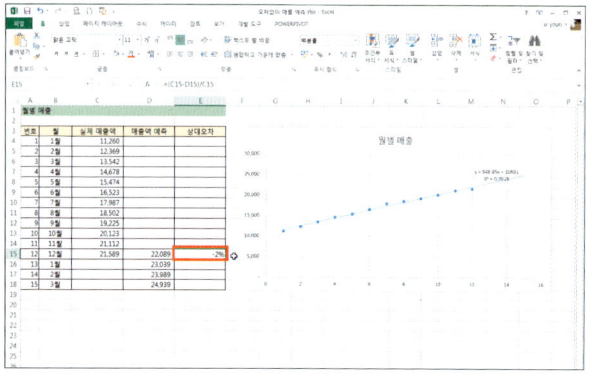

단기적인 예측에 유용한 방법으로 다항식 추세선이 있습니다. 급격하게 증가하는 데이터는 곡선의 특징에서 다항식근사(2차)와 지수근사를 사용하면 예측 정밀도가 높아집니다. 급격한 증가는 언젠가 한계가 오므로 이 곡선에 의한 예측은 단기간의 데이터로만 사용하는 것이 좋습니다.

예제 파일 | CD₩Part 02₩예측2.xlsx

01. [A4:A17], [C4:C17] 셀 범위를 선택한 다음 [삽입] 탭-[차트] 그룹-[분산형(x, y) 또는 거품형 차트 삽입]-[분산형]을 클릭합니다.

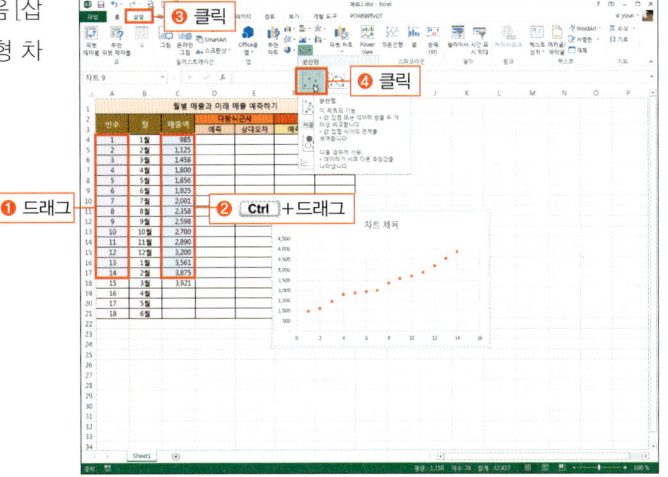

02. 분산형 차트가 삽입되었습니다.

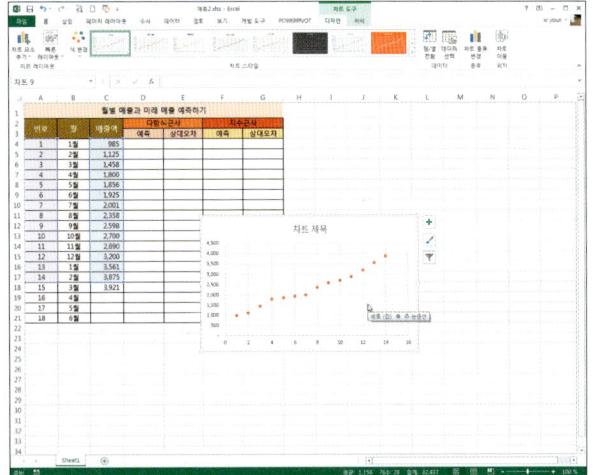

03. 차트 크기와 위치를 변경한 다음 계열에서 마우스 오른쪽 단추를 클릭하여 [추세선 추가]를 클릭합니다.

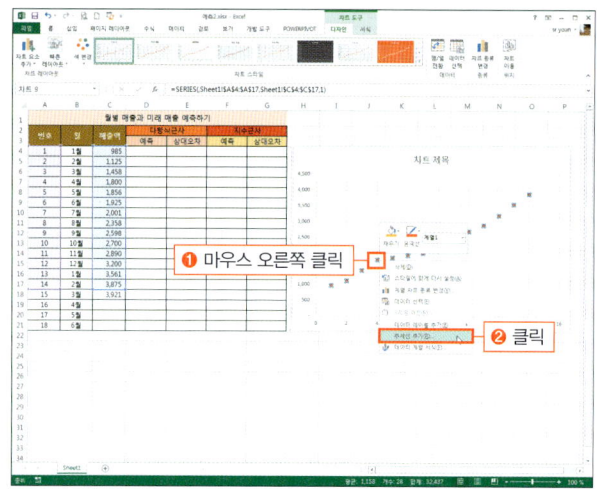

04. [추세선 서식] 창이 나타나면 [다항식]을 선택하고, [예측]의 [앞으로] 항목에 [3]을 입력합니다. 이어 [수식을 차트에 표시], [R–제곱 값을 차트에 표시] 항목을 클릭하여 체크하면 과거 데이터를 이용하여 3개월 간의 매출을 예측할 수 있습니다.

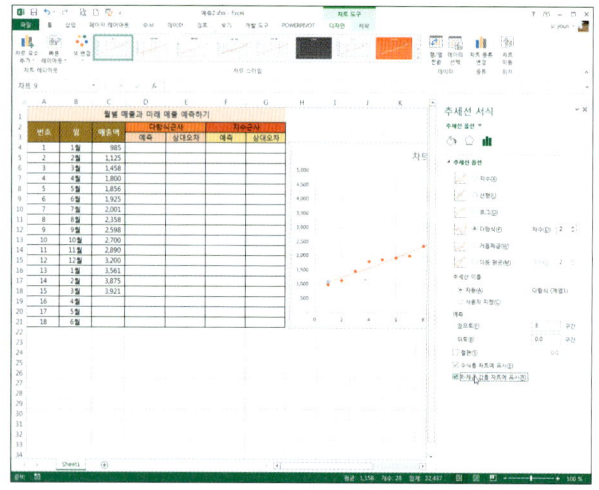

05. 화면에서와 같이 급격하게 매출이 증가하는 것을 볼 수 있습니다. 이 예제에서는 3개월 분의 매출을 예상했지만 매출이 한없이 올라가지는 않을 것이므로 이 부분은 참고하는 것이 좋습니다. 추세선 옵션의 [선] 항목에서 추세선의 색과 화살표 꼬리 모양을 수정합니다.

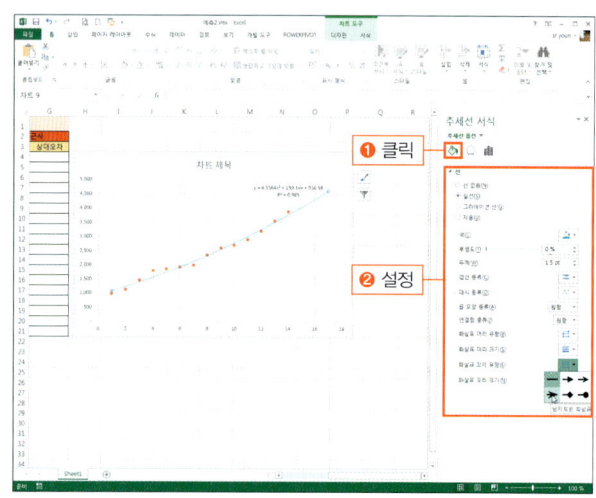

06. 계열에서 마우스 오른쪽 단추를 클릭하여 [추세선 추가]를 다시 한 번 클릭합니다.

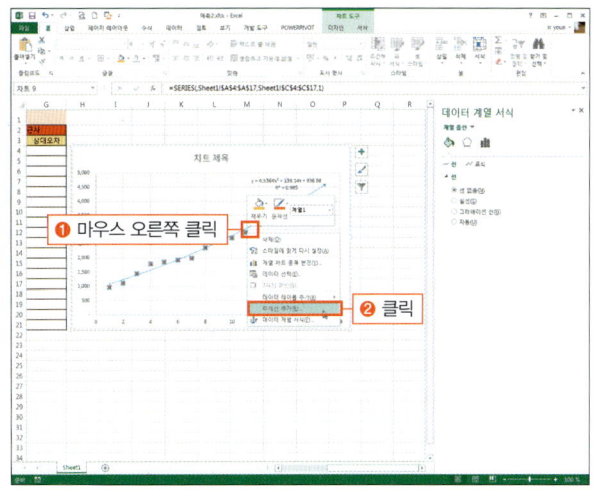

07. [추세선 옵션]을 [선형]으로 선택하고 [예측]의 앞으로에 [3]을 입력합니다. [수식을 차트에 표시], [R–제곱 값을 차트에 표시] 항목을 클릭하여 체크합니다.

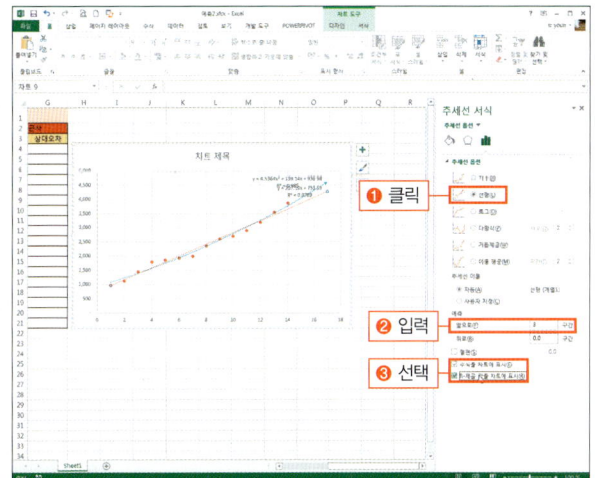

08. 선형 추세선의 색과 화살표 꼬리표 모양을 수정합니다.

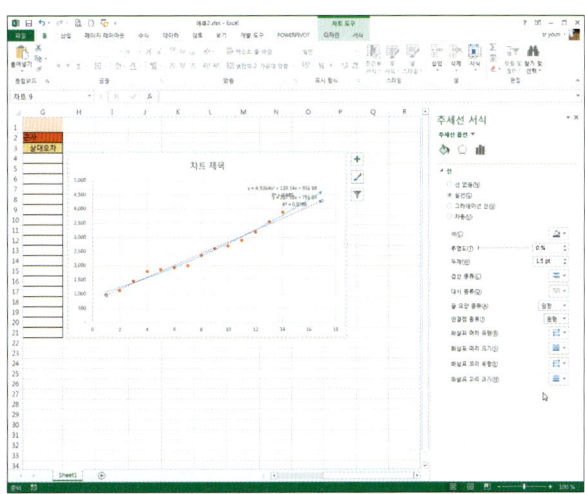

09. 차트의 서식을 편집합니다.

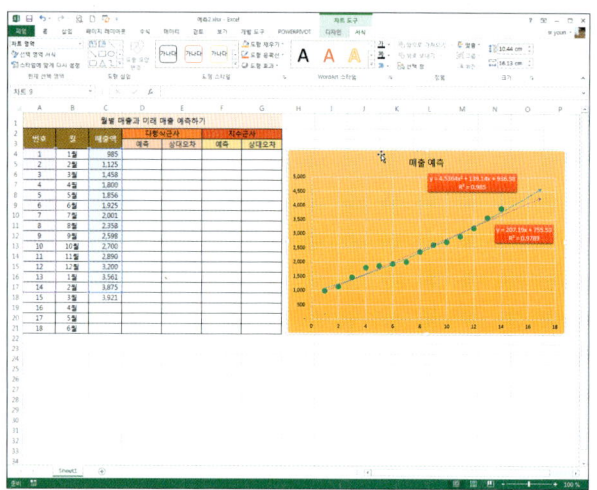

10. 다항식근사값을 구하기 위해 먼저 차트의 수식 부분을 선택한 다음 [홈] 탭-[클립보드] 그룹-[복사]를 클릭합니다.

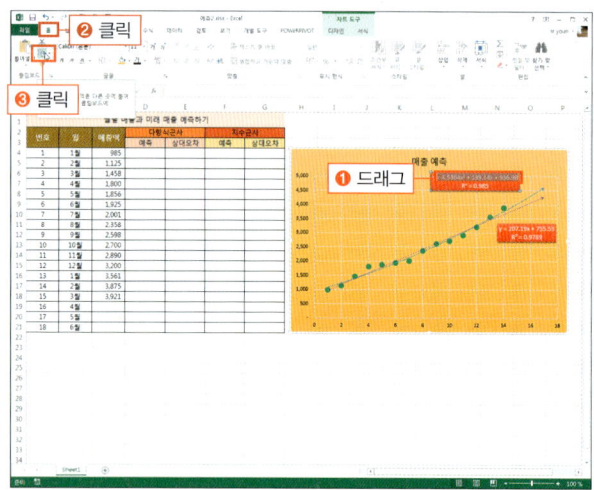

11. [D21:D27] 셀 범위를 선택한 후 수식 입력줄을 클릭합니다. [붙여넣기]를 클릭하여 수식을 복사합니다.

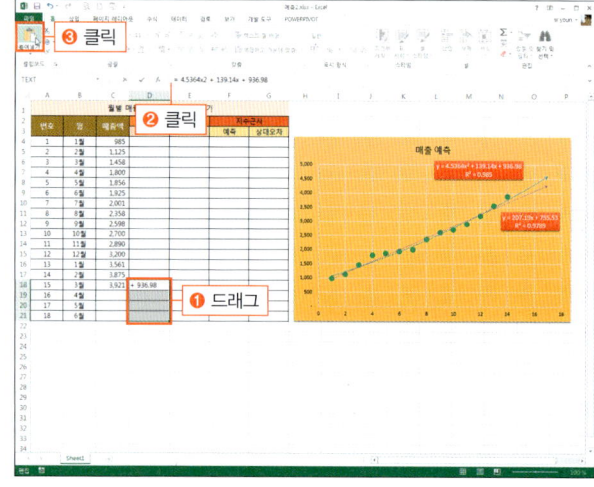

12. [x] 값이 들어가는 곳에 [A21] 셀 값을 대입합니다. 다음과 같은 수식 [= 4.5364*A18^2 + 139.14*A18 + 936.98]이 되도록 수정한 다음 **Ctrl** + **Enter** 를 누릅니다.

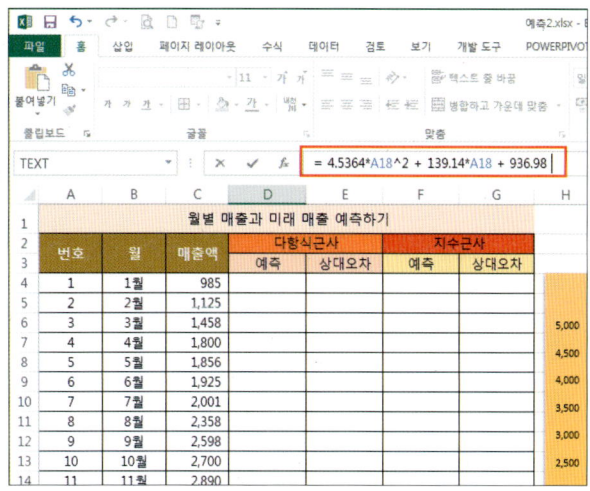

13. 3개월 분의 매출액을 예측했습니다.

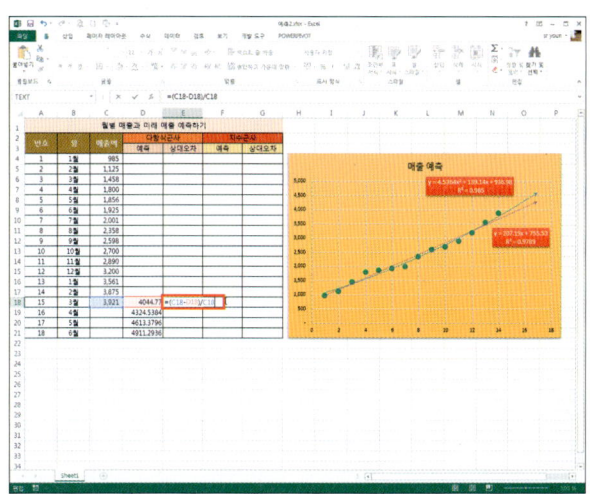

14. 이번에는 얼마나 맞았는지 검증하기 위해 [E18] 셀에 수식 [=(C18–D18)/C18]을 입력합니다. 상대오차를 구하는 식입니다.

15. 상대오차의 값을 구했습니다. 오차값을 일단 확인합니다.

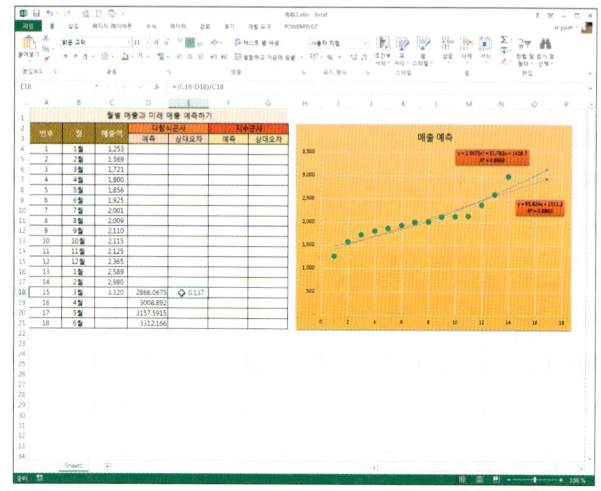

16. 이번에는 지수근사를 구하기 위해 앞에서와 같은 방법을 사용하여 수식을 입력합니다.

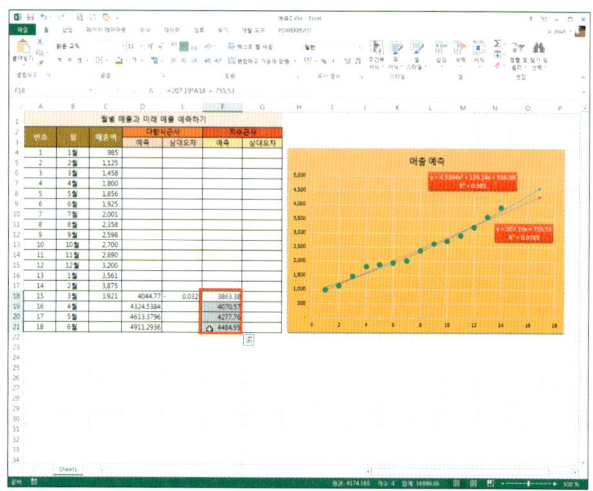

17. [G21] 셀에도 수식을 입력하여 상대오차값을 구합니다. 다음 결과를 보면 상대오차가 −0.032와 −0.065로 매우 낮아 다항식근사와 지수근사 사이의 값이 될 확률이 높아집니다. 실제 3월 매출액이 3,921이므로 두 값 사이에 있다는 것을 알 수 있습니다.

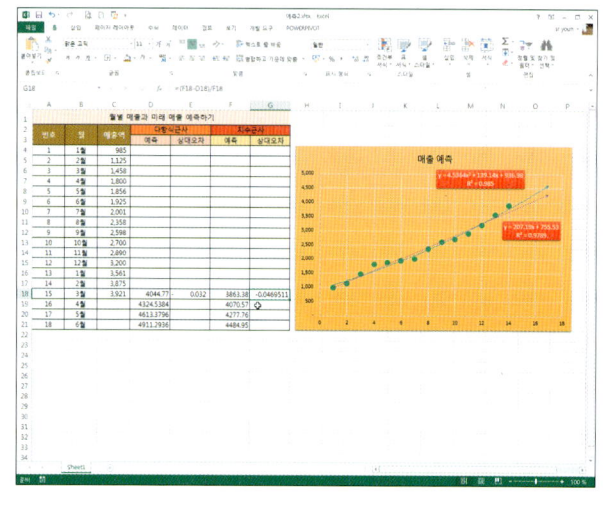

02 함수로 매출 예측하기

함수 중에는 예측값을 구하는 함수가 있습니다. 이 함수들은 추세선을 삽입하여 구하는 값과 같은 결과값을 구합니다. 여기서는 추세선이 아닌 함수를 이용하여 예측값을 구하는 방법에 대해 알아봅니다.

STEP 01 • 예측 함수

추세선을 삽입한 다음 셀에 예측값을 일일이 계산하기는 약간 복잡한 감이 있습니다. 항목수가 많은 경우에는 함수를 사용하여 손쉽게 예측하는 방법에 대해 알아봅니다. 엑셀에서 매출 예측 시 사용할 수 있는 함수는 모두 8가지입니다.

	선형 추세선		지수곡선 추세선
	1개의 변수	여러 개의 변수	
기울기	SLOPE		
절편	INTERCEPT		
표준오차	STEYX	LINEST	LOGEST
결정계수			
F검정값, 자유도			
회귀방정식, 잔차방정식			
예측값	FORECAST	TREND	GROWTH

함수 설명

- LOGEST 함수 : 지수 추세의 매개 변수를 배열로 구합니다.
- LINEST 함수 : 선형 추세의 매개 변수를 구합니다.
- SLOPE 함수 : 선형 회귀선의 기울기를 구합니다.
- INTERCEPT 함수 : 선형 회귀선의 절편을 구합니다.
- FORECAST 함수 : 선형 추세에 따라 값을 구합니다.
- STEYX : 회귀분석에서 각각의 x에 대하여 예측한 y 값의 표준오차를 구합니다.
- TREND : 선형 추세에 따라 값을 구합니다.
- GROWTH : 지수 추세를 따라 값을 구합니다.

LOGEST 함수는 회귀분석에서 데이터에 맞는 지수 곡선을 계산하여 그 곡선을 설명하는 값의 배열을 구합니다. 이 함수는 값을 배열로 구하므로 배열 수식으로 입력해야 합니다.

곡선에 대한 방정식 : $y = b*m\hat{}x$ 또는 $y = (b*(m1\hat{}x1)*(m2\hat{}x2)*\_)$

x 값이 여러 개일 때 종속 y 값은 독립 x 값의 함수입니다. m 값은 각 지수 x 값에 해당하는 밑수이고, b는 상수값입니다. x, y, m은 벡터가 될 수 있습니다. LOGEST로 구하는 배열은 mn,mn-1,...,m1,b입니다.

함수 구문

```
LOGEST(known_y's, [known_x's], [const], [stats])
```

- **known_y's** : 필수 요소로 'y = b*m\hat{}x' 관계에서 이미 알고 있는 y 값의 집합입니다. 배열 [known_y's]가 한 개의 열에 있으면 known_x's의 각 열은 별도의 변수로 해석됩니다. 배열 [known_y's]가 한 개의 행에 있으면 [known_x's]의 각 행은 별도의 변수로 해석됩니다.
- **known_x's** : 생략 가능하며 'y = b*m\hat{}x' 관계에서 이미 알고 있는 x 값의 집합입니다. 배열 [known_x's]에는 하나 이상의 변수 집합이 포함될 수 있습니다. 변수가 하나만 사용될 경우 [known_y's] 및 [known_x's]의 차원이 같으면 모든 형태의 범위를 사용할 수 있습니다. 변수가 여러 개 사용되면 [known_y's]는 한 행 높이 또는 한 열 너비로 된 범위(벡터)여야 합니다. [known_x's]를 생략하면 [known_y's]와 같은 크기의 배열 1, 2, 3,...으로 간주됩니다.
- **const** : 생략 가능하며, 상수 b를 1로 할지의 여부를 지정하는 논리값입니다. const가 TRUE이거나 이를 생략하면 b는 정상적으로 계산됩니다. const가 FALSE이면 b는 1로 설정되고, m 값은 y = m\hat{}x에 맞춰집니다.
- **stats** : 생략 가능하며 추가적인 회귀 통계 항목을 구할지의 여부를 지정하는 논리값입니다. [stats]가 TRUE이면 LOGEST는 추가 회귀 통계량을 구하므로 표시되는 배열은 mn,mn-1,...,m1,b;sen,sen-1,...,se1,seb;r 2,sey;F,df;ssreg,ssresid입니다. [stats]가 FALSE이거나 이를 생략하면 LOGEST는 계수 m과 상수 b만 구합니다.

이 예제에서는 수식을 Excel 프로그램의 배열 수식으로 입력해야 합니다. [D2:E2] 셀 범위를 선택하고 **F2**를 누른 다음 수식 [=LOGEST(B2:B7,A2:A7, TRUE, FALSE)]를 입력하고 **Ctrl**+**Shift**+**Enter**를 누릅니다. 수식을 배열 수식으로 입력하지 않으면 단일 결과는 1.4633이 됩니다.

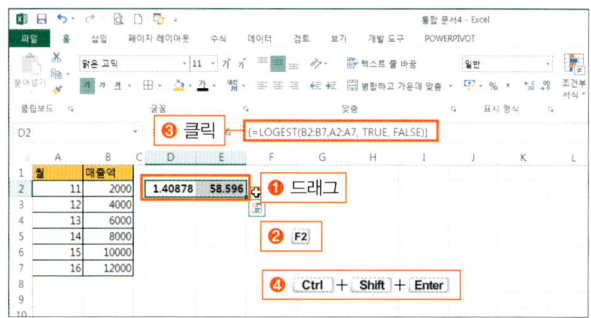

TIP : LOGEST 함수

LOGEST(known_y's, [known_x's], [const], [stats])
회귀분석에서 데이터에 맞는 지수 곡선을 계산하여 그 곡선을 설명하는 값의 배열을 반환합니다. 이 함수는 값을 배열로 반환하므로 배열 수식으로 입력해야 합니다.

LINEST 함수는 데이터에 가장 적합한 직선을 구하는 "최소 자승법"을 사용하여 선의 통계를 계산하고 선에 대한 배열을 구합니다. LINEST를 다른 함수와 결합하여 다항식, 로그, 지수, 멱급수 등 알 수 없는 매개 변수에서 다른 유형의 선형 모델에 대한 통계를 구할 수도 있습니다. 이 함수는 값을 배열로 구하므로 배열 수식으로 입력해야 합니다.

선의 방정식은 다음과 같습니다.

$y = mx + b$ 또는는 $y = m1x1 + m2x2 + … + b$

x 값의 범위가 여러 개일 때 종속 변수 y는 독립 변수 x의 함수입니다. m 값은 각각의 x 값에 해당하는 계수이고 b는 상수값입니다. x, y, m은 벡터가 될 수 있습니다. LINEST 함수는 $mn, mn-1, …, m1, b$ 배열을 구하며 회귀 통계를 추가로 구할 수도 있습니다.

함수 구문

```
LINEST(known_y's, [known_x's], [const], [stats])
```

- **known_y's** : 필수 요소로 'y = mx + b' 식에서 이미 알고 있는 y 값의 집합입니다. [known_y's] 범위가 한 개의 열에 있으면 [known_x's]의 각 열은 별도의 변수로 해석됩니다. [known_y's] 범위가 한 개의 행에 있으면 [known_x's]의 각 행은 별도의 변수로 해석됩니다.
- **known_x's** : 선택 가능하며, 'y = mx + b' 식에서 이미 알고 있는 x 값의 집합입니다. [known_x's] 범위에는 하나 이상의 변수 집합이 포함될 수 있습니다. 변수가 하나만 사용될 경우 [known_y's] 및 [known_x's]의 차원이 같으면 모든 형태의 범위를 사용할 수 있습니다. 둘 이상의 변수를 사용할 때 [known_y's]는 벡터(한 행의 높이 또는 한 열의 너비를 가진 범위)여야 합니다. [known_x's]를 생략하면 [known_y's]와 같은 크기의 배열 1, 2, 3…으로 간주됩니다.
- **const** : 선택 가능하며, 상수 b를 0으로 할지의 여부를 지정하는 논리값입니다. [const]가 TRUE이거나 이를 생략하면 b는 정상적으로 계산됩니다. [const]가 FALSE이면 b는 0으로 설정되고 m 값은 y = mx에 맞게 조정됩니다.
- **stats** : 선택 가능하며, 추가적인 회귀 통계 항목을 구할지의 여부를 지정하는 논리값입니다. [stats]가 TRUE이면 LINEST 함수는 추가적인 회귀 통계 항목을 구하므로 표시되는 배열은 $mn, mn-1, …, m1, b; sen, sen-1, …, se1, seb; r2, sey; F, df; ssreg, ssresid$가 됩니다. [stats]가 FALSE이거나 생략되면 LINEST 함수는 m 계수와 상수 b만 구합니다.

함수 입력 방법은 앞의 스텝과 같습니다.
=LINEST(A2:A5,B2:B5,,FALSE)

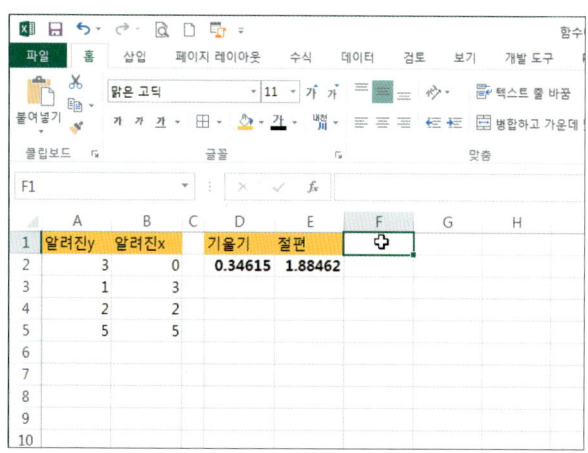

SLOPE 함수는 known_y's와 known_x's 사이의 데이터 요소에 대한 선형 회귀선의 기울기를 구합니다. 기울기는 선의 두 점 사이의 수직 거리를 수평 거리로 나눈 회귀선의 변화율입니다.

함수 구문

SLOPE(known_y's, known_x's)

- **known_y's** : 필수 요소로 종속 데이터 요소의 셀 배열 또는 범위입니다.
- **known_x's** : 필수 요소로 독립 데이터 요소의 집합입니다.

[D2] 셀의 함수식은 다음과 같습니다.

=SLOPE(A2:A9,B2:B9)

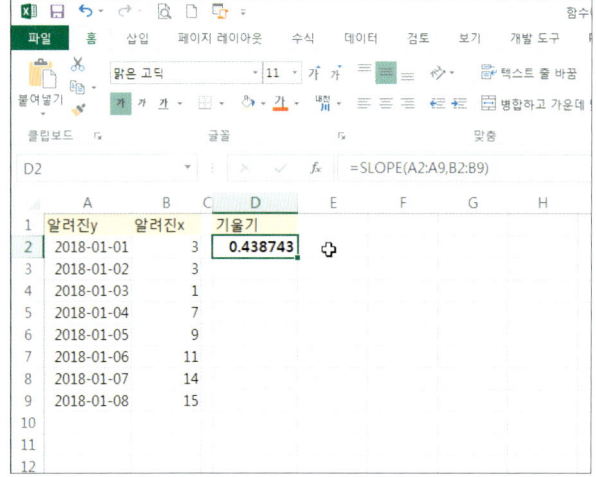

STEP 05 • INTERCEPT 함수 : 선형 회귀선의 절편 구하기

기존 x 값과 y 값을 사용하여 한 개의 선이 y 축과 교차하는 지점을 계산합니다. 절편은 [known_x's]와 [known_y's]의 값으로 이루어진 가장 적합한 회귀선을 기반으로 합니다. 독립 변수가 0일 때 종속 변수의 값을 확인하려면 INTERCEPT 함수를 사용합니다. 예를 들면 데이터가 상온이나 그 이상의 온도에서 측정된 경우 INTERCEPT 함수를 사용하여 0°C에서의 금속의 전기 저항을 예측할 수 있습니다.

함수 구문

```
INTERCEPT(known_y's, known_x's)
```

- known_y's : 필수 요소로 관측값이나 데이터의 종속 변수 집합입니다.
- known_x's : 필수 요소로 관측값이나 데이터의 독립 변수 집합입니다.

위의 x 값과 y 값을 사용할 때 선이 y축과 교차하는 지점을 구합니다. [D2] 셀의 함수 식은 다음과 같습니다.

=INTERCEPT(A2:A6, B2:B6)

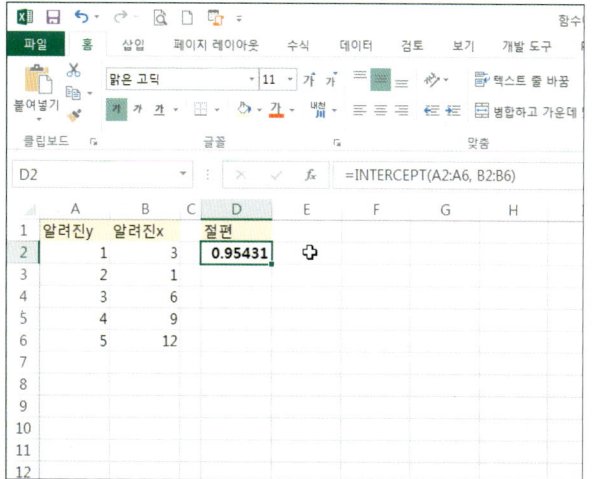

135

FORECAST 함수를 이용하는 방법에 대해 알아봅니다.

■ 선형 추세에 따라 값 구하기

FORECAST 함수는 기존 데이터로 미래값을 계산하거나 예측합니다. 예측값은 주어진 x 값에 대한 y 값입니다. 알려진 값은 기존의 x 값과 y 값이며, 선형 회귀를 사용하여 새로운 값을 예측할 수 있습니다. 이 함수를 사용하면 판매량, 재고 필요량 또는 소비자 추세 등을 예측할 수 있습니다.

함수 구문

```
FORECAST(x, known_y's, known_x's)
```

- x : 필수 요소로 값을 예측하려고 하는 데이터 요소입니다.
- known_y's : 필수 요소로 데이터의 종속 배열 또는 범위입니다.
- known_x's : 필수 요소로 데이터의 독립 배열 또는 범위입니다.

x 값이 120으로 주어질 때 y 값을 예측합니다. [D2] 셀의 함수식은 다음과 같습니다.
=FORECAST(120,A2:A6,B2:B6)

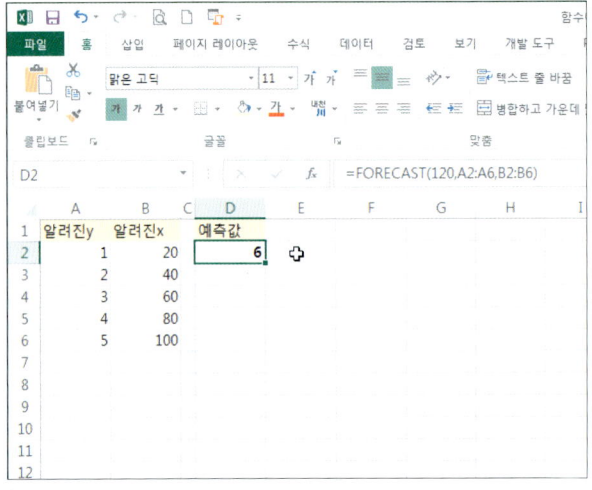

■ 값 예측하기

FORECAST 함수로 값을 예측하는 방법에 대해 알아봅니다.

예제 파일 | CD\Part 02\예측.xlsx [함수] 시트

01. SLOPE 함수로 기울기를 구합니다. 추세선
의 값과 함께 확인합니다. [O2] 셀의 함수식은 다
음과 같습니다.

=SLOPE(B2:G2,$B$1:$G$1)

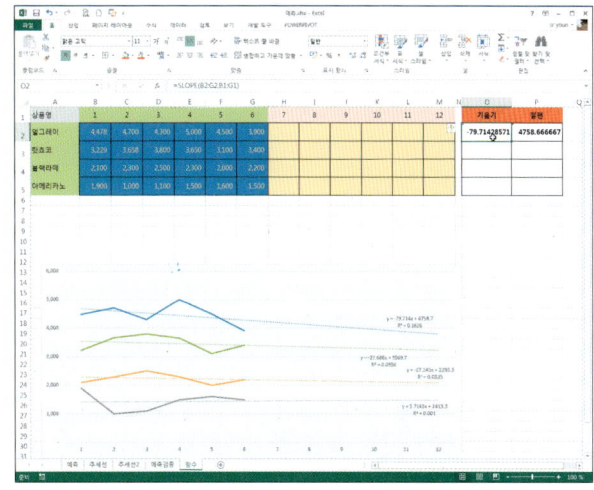

02. INTERCEPT 함수로 절편을 구합니다. 추세
선의 값과 함께 확인합니다. [P2] 셀의 함수식은
다음과 같습니다.

=SLOPE(B2:G2,$B$1:$G$1)

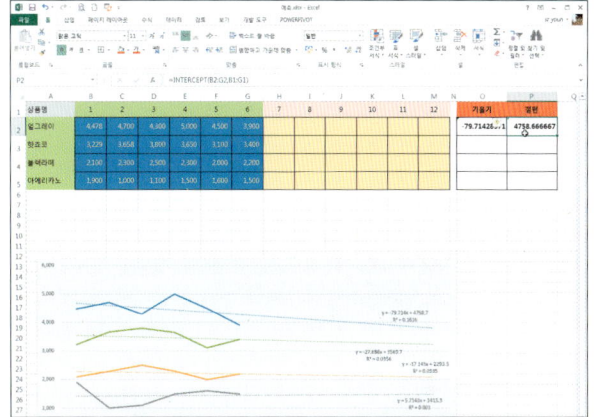

03. FORECAST 함수로 예측값을 구합니다. 추
세선과 함께 확인합니다. [H2] 셀의 함수식은 다
음과 같습니다.

=FORECAST(H$1,$B2:$G2,$B$1:$G$1)

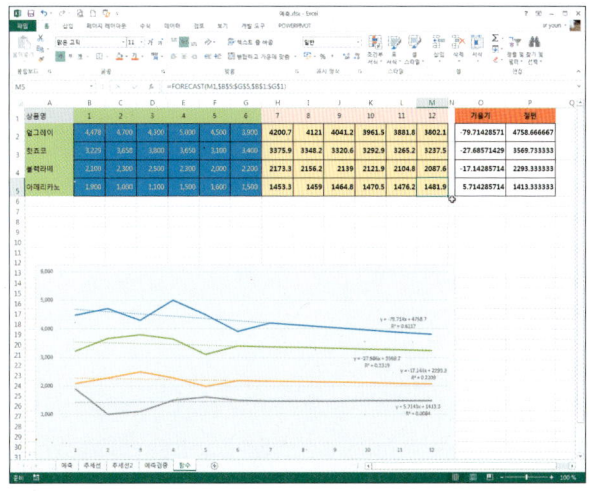

03 트렌드 분석하기

트렌드를 분석하면 시계열 데이터를 이용하여 데이터의 전체적인 경향을 알 수 있습니다. 따라서 월별에 따라 매출이 들쭉날쭉하더라도 전체적인 경향을 파악할 수 있으므로 그에 대한 대처를 할 수 있습니다. 트렌드 분석을 하는 여러 가지 방법에 대해 알아봅니다.

STEP 01 • 트렌드 분석 기능

■ 트렌드 분석에 따른 계절변동 제거

트렌드 분석이란 연, 월, 일 등 시계열에 따른 데이터의 분석을 하는 것을 말합니다. 매출실적에서 매출을 예측하면 그 응용 분야는 굉장히 넓습니다. 시계열 데이터에는 계절변동, 장기변동, 오차변동 등의 시계열 데이터의 특유한 변동요소가 포함되어 있습니다. 이것을 넣거나 뺄 수 있다면 이것으로 영향을 받지 않는 주변동이 남지만 이것을 트렌드하고 시계열 데이터에서 트렌드를 구하는 분석을 트렌드 분석이라고 합니다.

• **계절변동** : 주기가 1년 일부에서 있는 변동(12개월, 6개월)
• **장기변동** : 주기가 1년 이상인 순환하지 않는 변동
• **오차변동** : 불규칙한 변동

오차변동은 없앨 수 없는 것이 많지만 계절변동은 없애거나 남긴 데이터를 분석 대상으로 하므로 결정계수가 1에 가까운 것이 분석과 예측의 정밀도가 크게 올라갑니다.

논리적인 트렌드 분석은 변동되는 성분을 알 수 있는 경우의 계절변동 의미를 표시합니다. 이 경우 계절변동을 완전히 제거할 수 있기 때문에 추세선은 변하지 않지만 추세 정밀도를 표시하는 결정계수는 꽤 개선됩니다.

실제 경우에서는 계절변동을 완전하게 제거할 수는 없고, 제거할 수 있는 것은 실제의 데이터에서 유출한 일부 계절변동만이지만 그 결과를 분석하는 것에 따라 다음과 같은 장점이 있습니다.

• 계절변동을 제외한 결과가 데이터의 변화를 읽기 쉽습니다.
• 일반적으로는 계절변동을 제외한 결과가 데이터 분석의 정밀도가 높습니다.
• 계절변동을 분리하면 계절변동이 반영된 예측을 할 수 있습니다.

■ 시계열 차트와 계절변동

어떤 사업이든 계절에 따라 매출 변화가 발생하기 마련입니다. 흔히 2월과 8월은 한가한 시기로 알려져 있지만 판매하는 상품이나 고객층, 입지 조건에 따라 성수기와 비수기의 경향은 가게마다 다릅니다. 경기가 좋을 때는 전월 대비 몇 %의 매출 증가라는 수치 정도는 파악하지만 경영 상태가 정말로 향상되는 것인지는 계절변동을 고려하지 않으면 판단할 수 없습니다. 계절지수 즉, 계절변동비를 이용하면 목표 매출을 설정할 때도 유리하며, 구입 리스크를 줄이거나 종업원 확보가 근무에도 도움이 됩니다. 다음달은 어떻게 할 것인지를 알려 주는 계절변동 분석은 소매업자에게 중요한 지표라고 할 수 있습니다.

과거의 데이터에서 계절변동비를 구하고, 계절변동을 제외한 결과를 이용하여 전체적인 매출 흐름을 명확하게 분석할 수 있습니다.

• **준비** : 계절변동에 대한 분석을 하기 위해서는 최소한 3년 동안의 데이터가 필요합니다. 2년 동안의 데이터로는 오차변동을 구별할 수 없기 때문입니다. 3년간의 데이터가 있다면 3년간 차트와 월별 비교 차트도 작성할 수 있습니다.

3년간 차트

열제목을 2단으로 하고, 연도와 월 모두가 보이도록 표시할 필요가 있습니다.

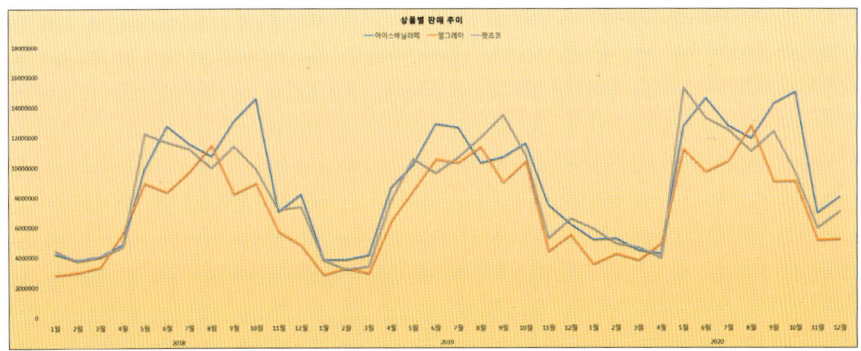

월별 비교 차트

상품명과 연도를 조합하여 계열을 작성할 필요가 있습니다. 다음은 피벗 차트를 이용하여 간단하게 만든 것입니다.

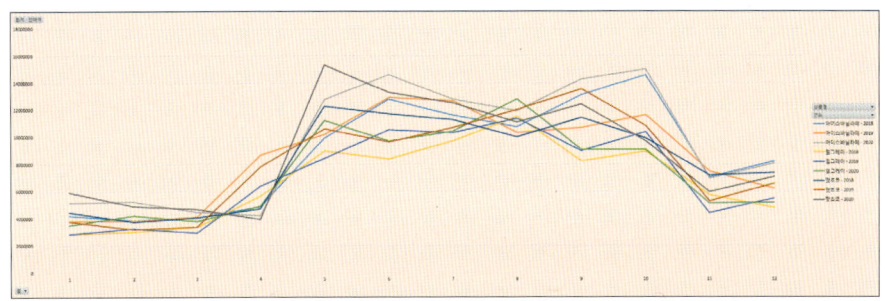

5~10월의 매출 성적은 좋지만 나머지 11~4월의 매출은 현저히 떨어진다는 것을 알 수 있습니다. 계절에 따라 매출 차이가 현저하다는 것을 알 수 있습니다. 이러한 경향은 각 상품에 대해 골고루 나타납니다. 재고 관리나 종업원 등의 관리에 필히 신경을 써야 한다는 것을 알 수 있습니다.

■ 이동평균법

시계열 데이터를 관찰할 때 데이터의 변화가 심해 기본적인 변화의 추세를 파악하기 어려운 것이 있습니다. 예를 들어 매출이 상승 경향에 있는지, 아니면 실제로는 정체되고 있는지 판단하기 힘든 경우입니다. 이것을 해결하는 하나의 수단으로 이동평균법이 있습니다. 이동평균이란 개수 분의 데이터의 평균값을 연속적으로 구하고, 그 데이터 전체의 변화 추세를 해석하는 것입니다. 이동평균은 주가 분석 시 많이 사용합니다.

■ 지수평활법

지수평활법은 단기적인 예측에서 자주 이용하는 시계열 분석법 중 하나입니다. 최근 데이터에 높은 비중을 두고 이동평균을 구하는 방법을 사용합니다. 같은 시계열 분석법인 이동평균법과는 약간의 차이가 있습니다. 이동평균법은 일정한 기간 동안 동일하게 데이터를 분석하지만 지수평활법은 최근 데이터일수록 더욱 무게를 주어 분석합니다. 따라서 이동평균법과 비교하여 데이터 수가 적어도 예측이 가능합니다. 과거의 데이터보다 최근 데이터에 보다 많은 영향을 받는다고 생각될 때 사용하는 예측법입니다.

■ 단순회귀분석

회귀분석은 데이터 분석으로 예측하는 기초적인 기법입니다. 회귀분석 중 단순회귀분석은 1개의 목적 변수를 1개의 설명 변수로 예측하는 것으로, 2변량 사이의 관계성을 [Y=aX+b]이라는 1차 방정식의 형태로 구합니다. 예를 들어 a(경사)와 b(Y절편)를 알면 x(키)에서 y(체중)를 예측할 수 있습니다.

여기서는 3년 동안의 [원장] 파일에서 피벗 테이블을 이용하여 데이터를 정리한 다음 계절변동비를 구하는 방법에 대해 알아봅니다. 원래 데이터를 정리하는 것은 큰일이지만 피벗 테이블을 이용하면 손쉽게 할 수 있다는 점 꼭 알아 두세요.

예제 파일 | CD₩Part 02₩시계열차트-2.xlsx [2018-2020년] 시트

01. 다음은 계절변동비를 구할 3년 동안의 데이터입니다.

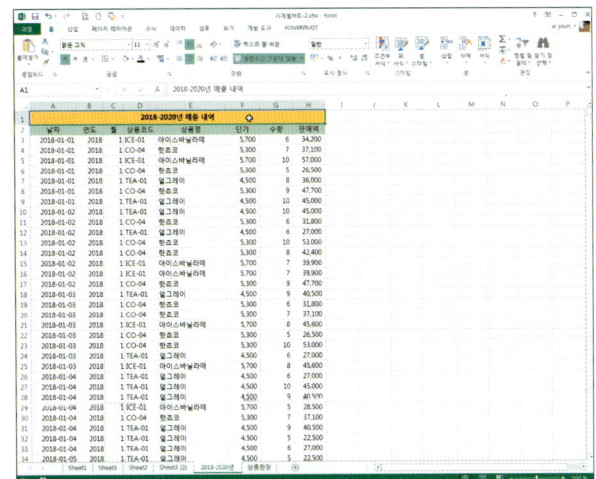

02. [삽입] 탭-[피벗 테이블] 그룹-[피벗 테이블]을 클릭하여 피벗 테이블을 삽입한 후, 다음 그림과 같이 필드를 배치합니다. 필드를 제대로 배치했다면 [피벗 테이블 도구]-[분석] 탭-[도구] 그룹-[피벗 차트]를 클릭합니다.

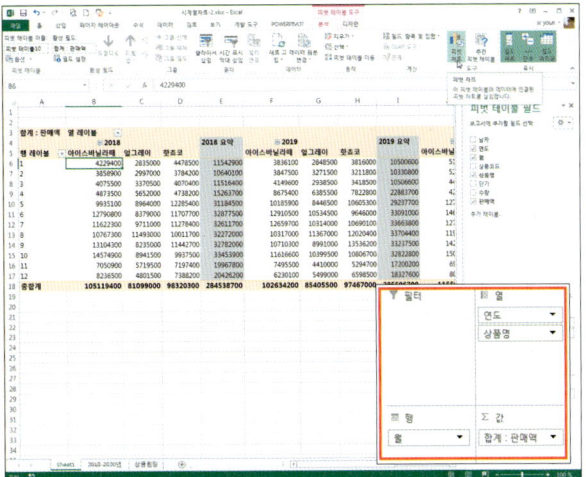

03. [차트 삽입] 대화상자가 나타나면 [꺾은선형]-[꺾은선형]을 선택한 후 [확인] 단추를 클릭합니다.

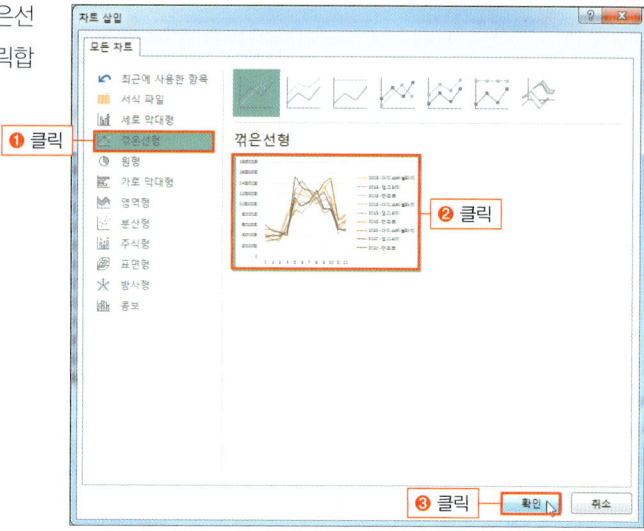

04. 월별 매출을 비교할 수 있는 차트를 작성했습니다. 피벗 테이블을 이용하면 간단하므로 일일이 데이터를 계산하지 말고 피벗 테이블을 이용하는 것이 좋습니다.

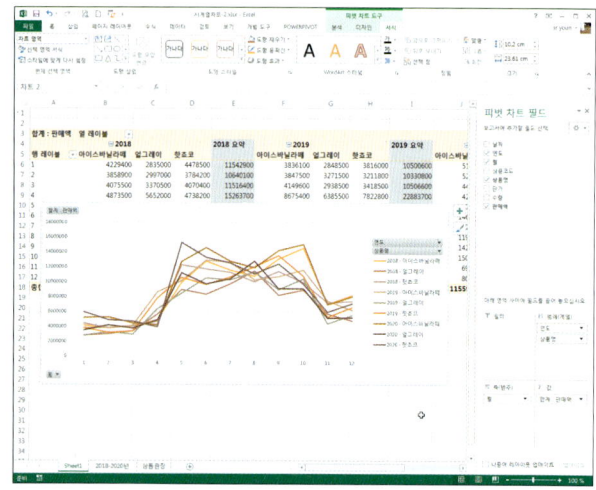

계절변동비를 구하려면 여러 가지 복잡한 계산을 해야 하지만 여기서는 피벗 테이블 데이터를 이용하여 간단하게 구하는 방법에 대해 알아봅니다. 피벗 테이블을 이용하여 웬만한 데이터를 만든 다음, 필요한 데이터만 새로운 시트에 복사하여 사용합니다.

예제 파일 | 앞의 예제 파일 이어서 사용

01. 필드 항목을 다음과 같이 배치하여 레이아웃합니다. [A4:M16] 셀 범위를 선택한 다음 [홈] 탭-[클립보드] 그룹-[복사]를 클릭합니다.

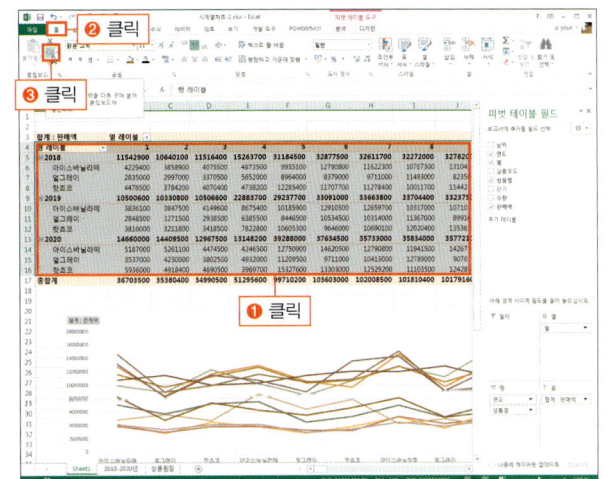

02. [새 시트] 아이콘을 클릭하여 새로운 시트를 삽입한 다음 [홈] 탭-[클립보드] 그룹-[붙여넣기]-[값]을 클릭하여 데이터를 복사합니다.

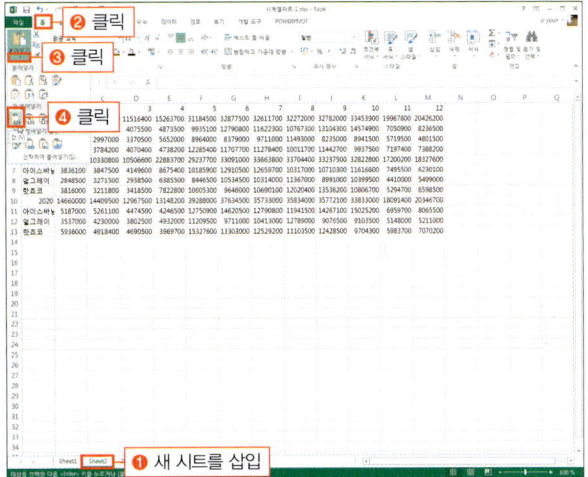

03. 자신이 작업하기 편하도록 데이터를 재배치합니다. 여기서 작성한 데이터를 이용하여 차트까지 만들어야 하므로 먼저 [B3] 셀을 클릭한 다음 연도와 상품명이 범례에 나타날 수 있도록 수식 [=$A$2&"/"&A3]을 입력합니다.

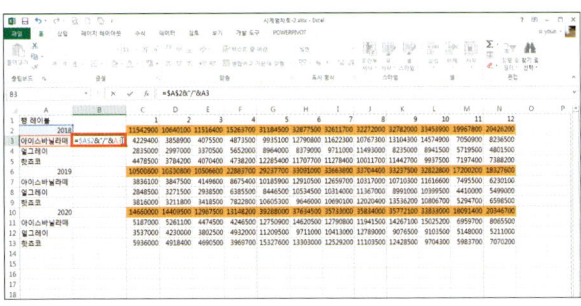

04. 나머지 셀은 복사하여 다음과 같이 완성합니다. 셀에 색을 지정한 것은 구분하기 쉽게 하기 위한 것입니다. 다음과 같이 데이터를 정리한 다음 [C14] 셀에 연도별, 월별 평균 시장 규모를 구하기 위한 수식 [=SUM(C2,C6,C10)/3]을 입력합니다.

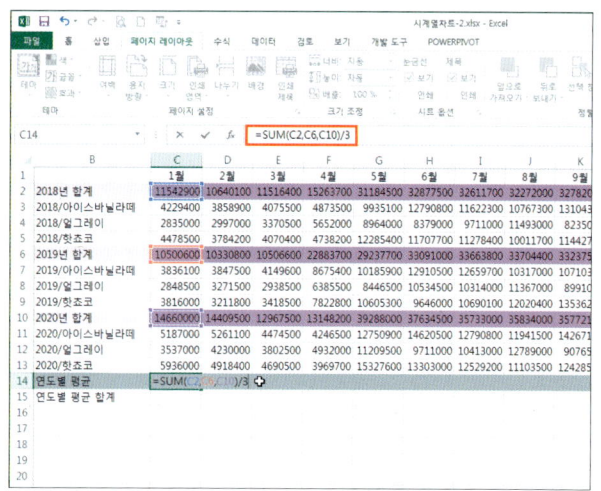

05. 12월까지 복사합니다.

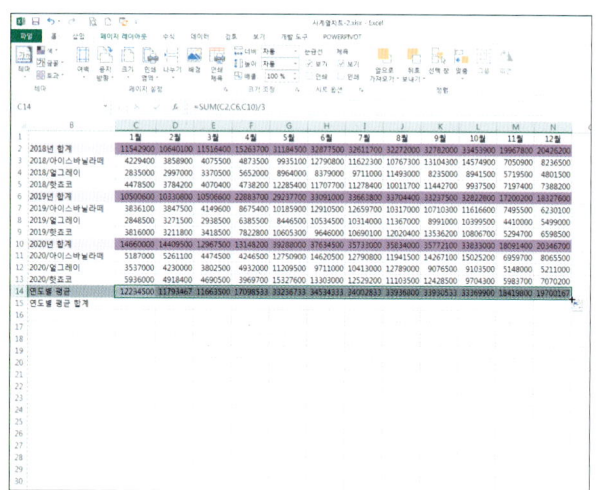

06. [C15] 셀을 클릭하고 바로 전에 구한 평균의 합계를 구하기 위한 함수식 [=SUM(C14:N14)]을 입력합니다.

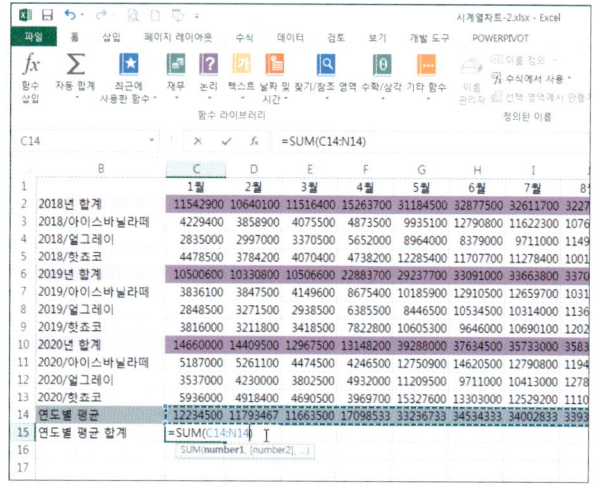

07. [B16] 셀에 [계절변동비]라고 입력하고 [C16] 셀에 계절변동비를 구하기 위한 수식 [=C14/C15*12]를 입력합니다.

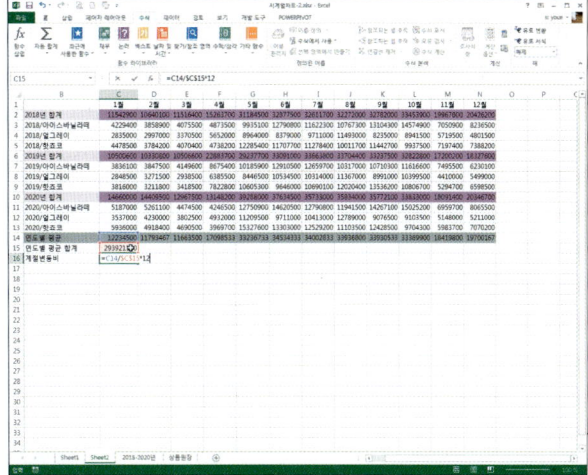

TIP : 계절변동비

평균에서 평균 합계를 나눈 다음, 총 12개월이므로 *12를 입력하여 구합니다.

08. 12월까지 복사하여 계절변동비를 모두 구합니다. 숫자가 1이 넘는 월이 매출에 공헌하고 있는 월입니다.

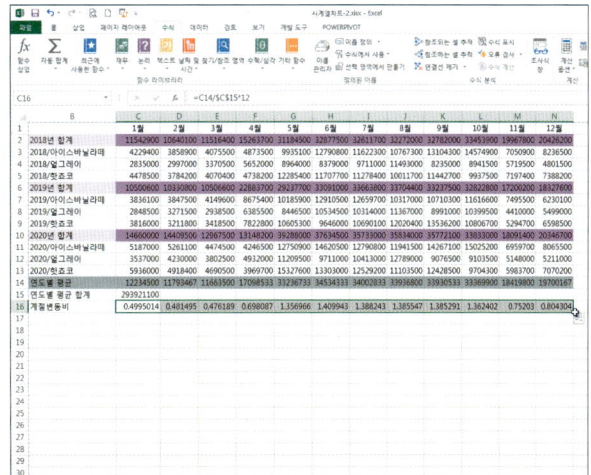

TIP : 계절변동비 검증하기

계절변동비를 구한 값을 모두 더한 값이 12가 나와야 제대로 구한 것입니다.

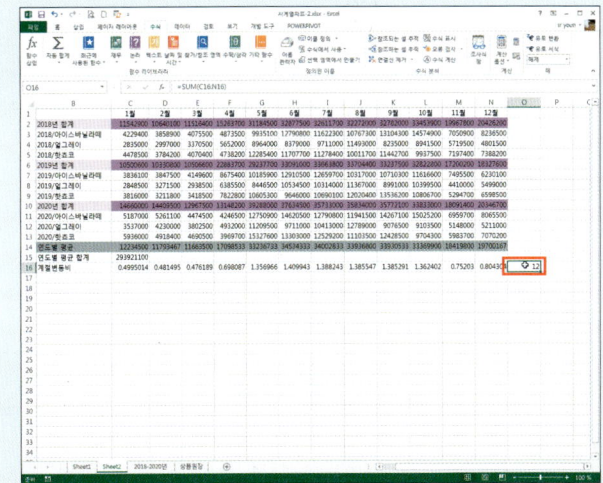

09. 이제 다음과 같이 계절변동비를 조정한 후 매출액을 구하기 위한 데이터를 준비합니다. 데이터는 위 데이터에서 복사하면 됩니다. 이제 [C21] 셀에 계절변동비를 적용하기 위한 수식 [=C18/C$16]을 입력합니다. 각 월의 매출액을 계절변동비로 나누어 구합니다.

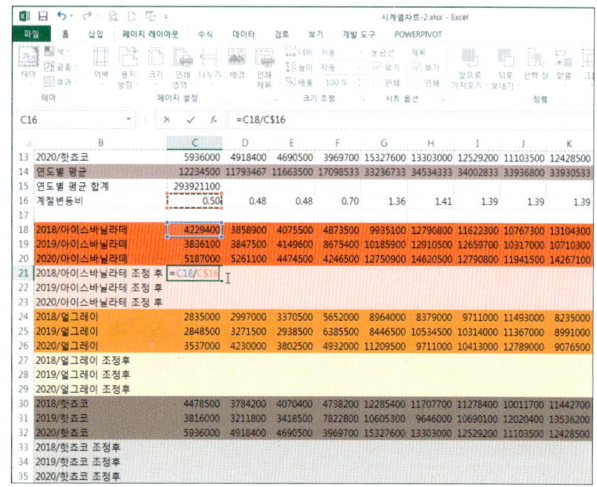

10. 수식을 12월까지 복사하여 구합니다.

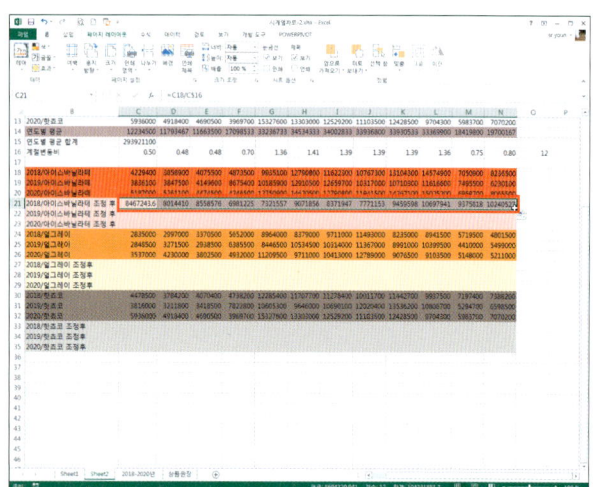

11. 나머지 상품도 각각 계절변동비를 적용한 금액을 구합니다.

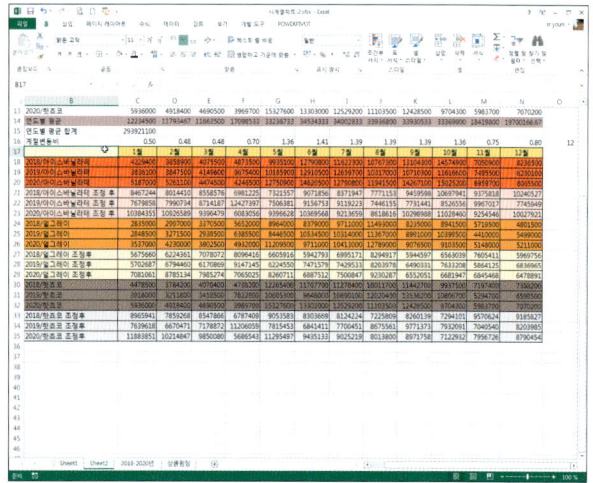

12. [B17:N35] 셀 범위를 선택한 다음 [삽입] 탭-[차트] 그룹-[꺾은선형]-[꺾은선형]을 클릭합니다.

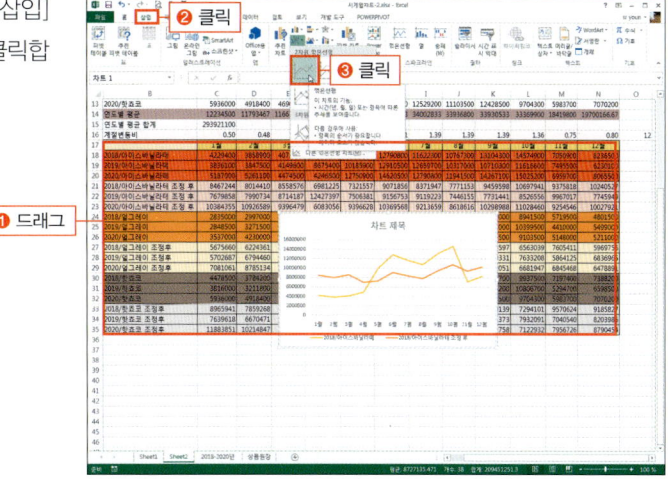

13. 차트가 삽입되면 보기 쉽게 차트 서식을 수정하여 완성합니다.

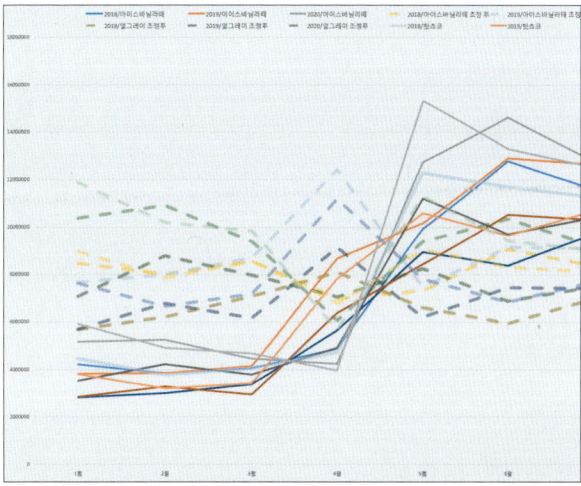

앞에서는 시계열 데이터를 이용하여 경향을 분석한 후 계절변동비를 분리했는데 여기서는 계절변동비를 제외한 결과에 대해 추세선을 추가하여 매출 데이터를 예측하는 방법에 대해 알아봅니다. 여기서 중요한 것은 예측을 위해 사용하는 데이터가 어느 것인가 하는 것입니다.

계절변동을 일단 제외한 데이터로 예측하고 그 후에 계절변동을 반영시키면 계절변동을 생각한 매출 예측을 할 수 있습니다. 계절변동을 분리하지 않으면 어림짐작한 예측으로 넘어가 예측 데이터에 계절변동을 반영시킬 수 없습니다. 이것이 계절변동을 분리하는 이유입니다. 계절변동하는 순서는 다음과 같습니다.

- 계절변동 제외하기
- 계절변동을 제외한 데이터로 예측하기
- 계절변동 이용하기

계절변동을 반영하여 값을 예측하면 일직선이 아닌 마치 매출 데이터와 같은 선을 구할 수 있습니다. 보다 활용도가 높은 예측 데이터값을 얻을 수 있습니다.

예제 파일 | CD₩Part 02₩계절변동 반영-1.xlsx [계절변동 미디어] 시트

01. 다음은 이번에 사용할 데이터 예제입니다. 이 데이터를 정리하면서 계절변동을 이용한 매출 예측 방법에 대해 알아봅니다.

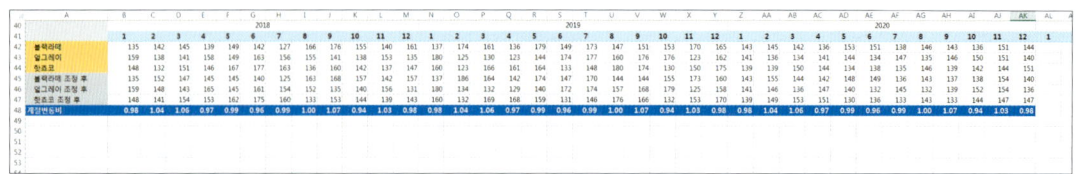

02. 다음은 이 데이터를 이용하여 원래의 매출액과 계절변동비를 적용한 매출액의 차트입니다. 이 예제에서 [R-제곱값]을 보면 그리 많은 차이가 없음을 알 수 있습니다.

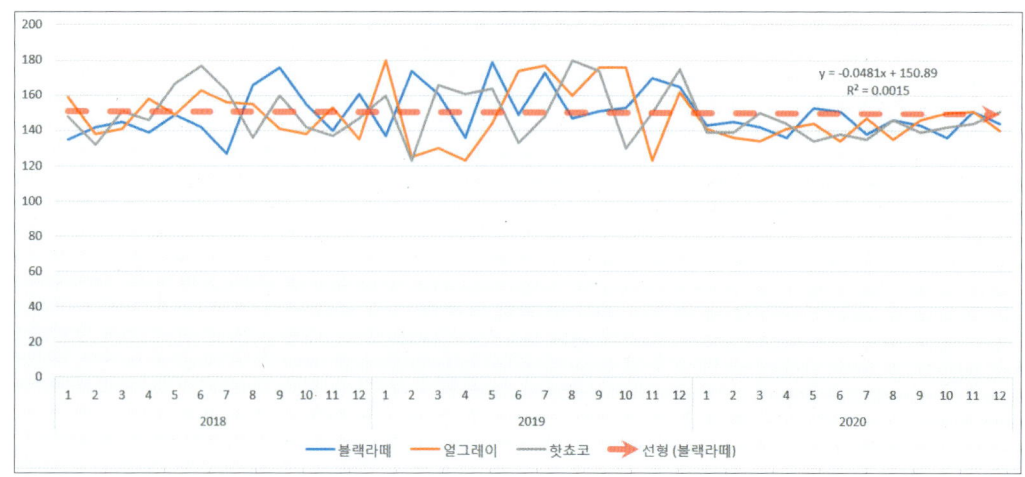

y = -0.0481x + 150.89
R² = 0.0015

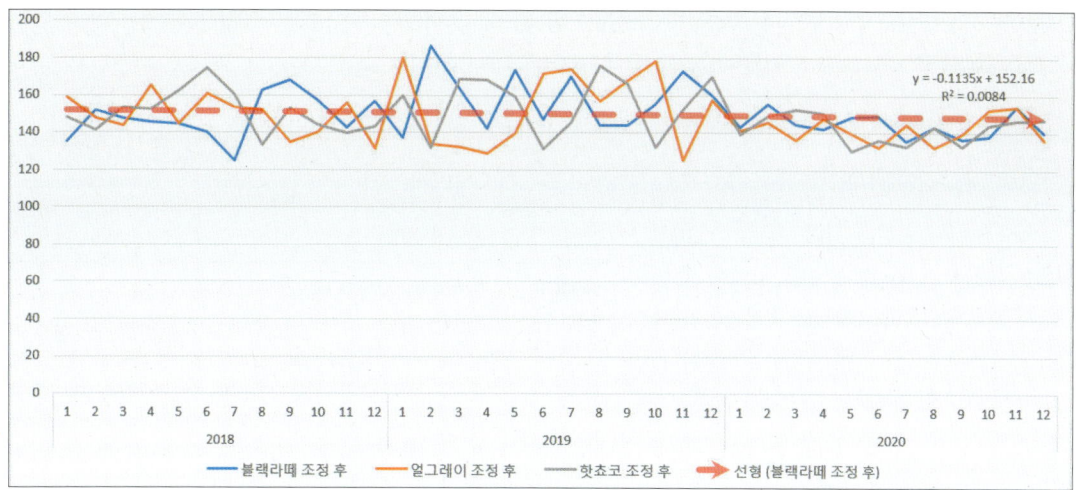

03. 다음은 그림과 같이 데이터를 수정한 후 차트를 작성한 모습입니다. 범례 항목을 보면 [블랙라떼 조정 후], [예측용데이터], [선형(예측용데이터)], [선형(블랙라떼 조정 후)] 4가지입니다. [블랙라떼 조정 후]와 [예측용데이터] 범위만을 차트로 작성한 것입니다. [AW] 행까지 범위를 지정하여 데이터값이 현재 없는 부분까지 범위로 지정하여 차트를 작성합니다. 차트를 작성한 후 선형 추세선을 삽입합니다. 여기서의 [R-제곱값]을 보면 0.3435까지 올라가며 매출액이 현저히 떨어지는 것을 알 수 있습니다. 이것은 시간이 지날수록 매출이 하락되었다는 것을 알 수 있습니다.

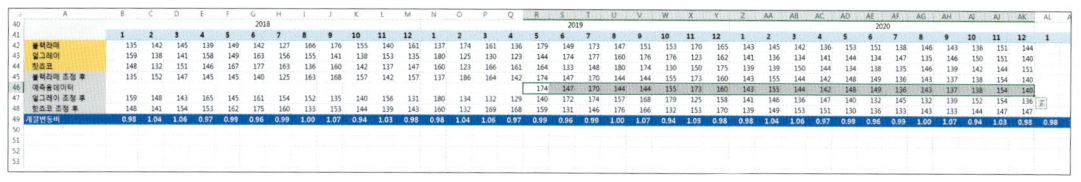

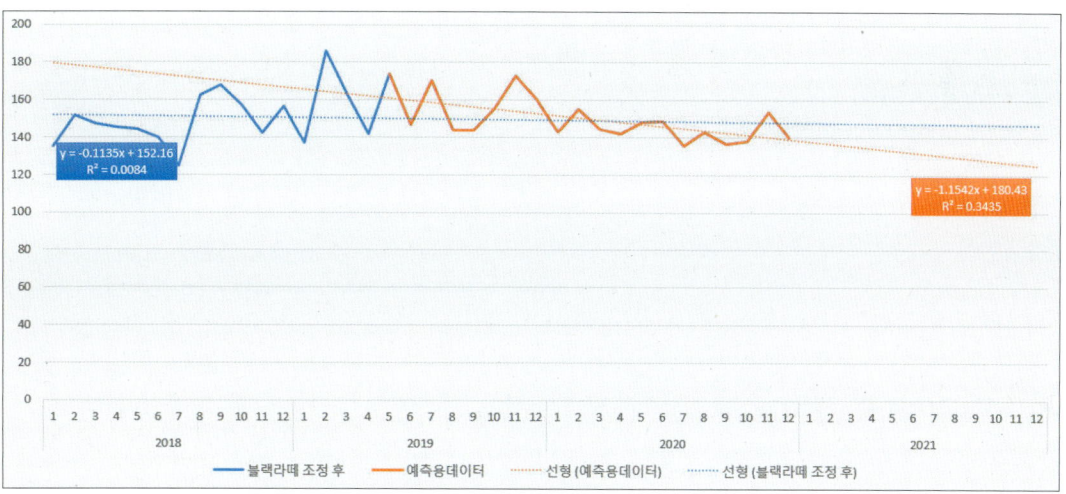

149

04. 이번에는 다음과 같이 [조정후 예측값]과 [계절변동비] 항목을 입력하기 위한 셀을 삽입합니다.

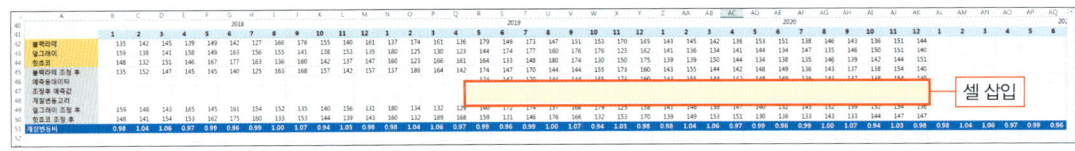

셀 삽입

05. 삽입한 셀에 데이터를 입력하기 위해 [AL47] 셀을 클릭하고 예측값을 구하기 위한 수식인 [= −1.1542*AL39 + 180.43]을 입력합니다. 여기서 사용한 수식은 예측용 데이터의 선형 수식입니다.

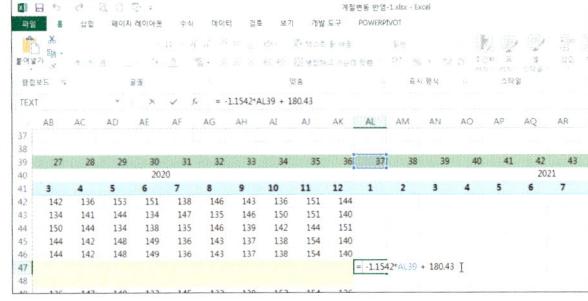

06. 수식을 나머지 셀이 모두 복사한 다음 [AI48] 셀을 클릭하고 계절변동비와 예측값을 곱하는 수식 [=AL47*AL51]을 입력합니다.

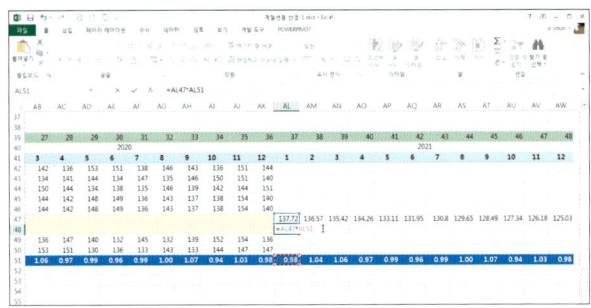

07. 나머지 셀에는 복사하여 계절변동비를 적용시킨 예측값을 구합니다. 나머지 셀에는 복사하여 계절변동비를 적용시킨 예측값을 구합니다.

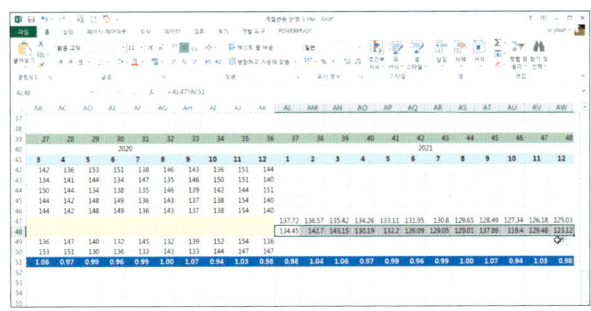

08. 차트는 다음과 같이 계절변동비를 적용하여 수정됩니다.

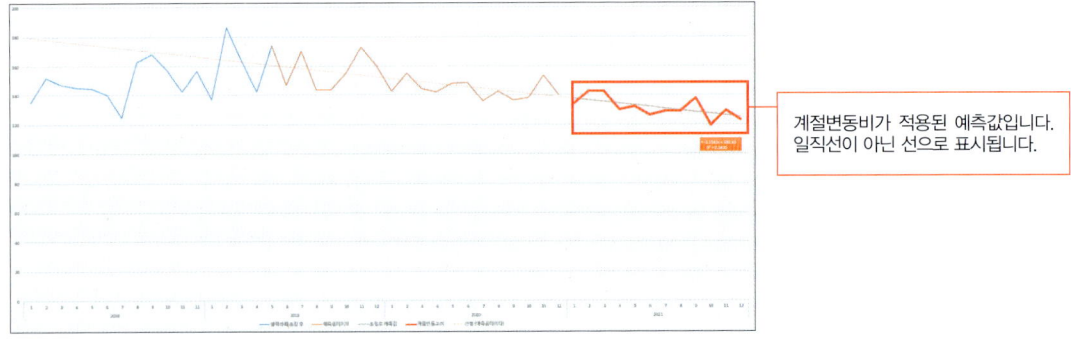

계절변동비가 적용된 예측값입니다. 일직선이 아닌 선으로 표시됩니다.

규칙적인 변동요소(계절변동)나 불규칙한 변동요소(무작위 변화)의 영향을 제외하고 가까운 장래의 예측 시 유용하게 쓰기 위한 기법입니다.

이동평균법의 특징

- 과거 수치의 평균에서 미래의 수치를 예측하는 것으로 꽤 보수적인 방법입니다.
- 보통은 분기의 예측을 구합니다.
- 매출의 변동이 뒤늦게 나타나는 경향이 있습니다.
- 예측의 기초가 되는 것은 과거 3~5분기 정도입니다.
- 매출 성장기의 예측에는 적당하지 않습니다.

예제 파일 ∣ CD₩Part 02₩이동평균예측.xlsx

01. 예제 파일은 피벗 테이블이 삽입되어 있습니다. 다음과 같이 설정되어 있는 [A4:B42] 셀 범위를 선택하고, [홈] 탭–[클립보드] 그룹–[복사하기]를 클릭합니다.

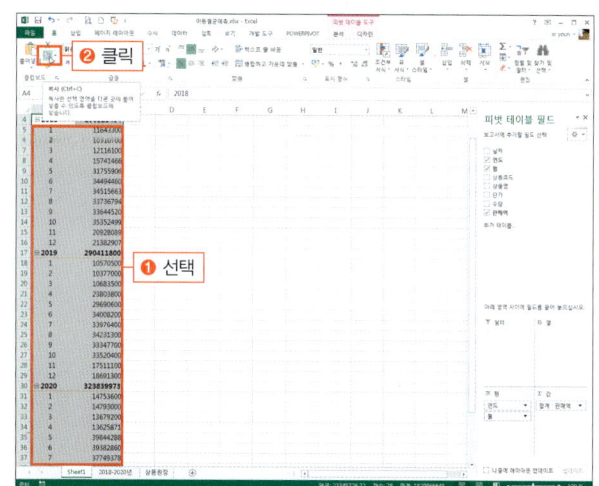

02. 새로운 시트를 삽입한 다음 [홈] 탭–[클립보드] 그룹–[붙여넣기]–[값]을 선택하여 값만 붙여넣습니다.

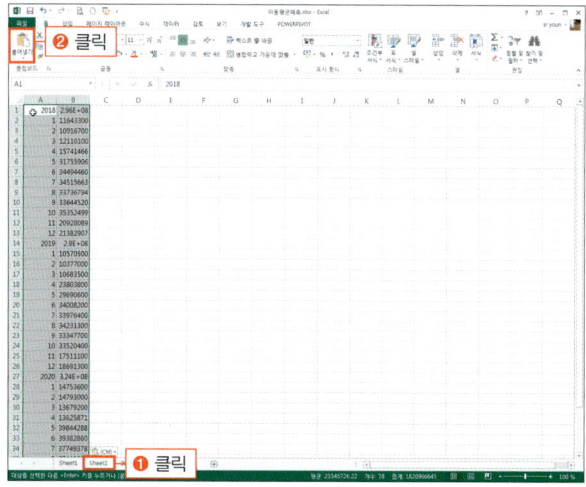

03. 데이터를 다음과 같이 수정합니다. 구간 수는 7로 지정했습니다. 7구간은 7개월 전까지의 자료가 필요하다는 뜻입니다.

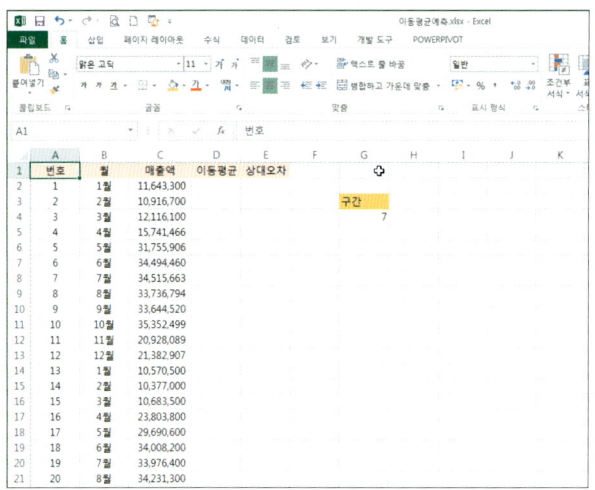

04. [D2] 셀에 수식 [=IF(ROW()>$G$4+1, AVERAGE(OFFSET(C2,−1,0,$G$4*−1,1)), NA())]을 입력합니다.

> **Plus** 결과값이 [G4] 셀에 입력되어 있는 값에 1을 더한 값이 [G4] 셀의 행 번호보다 크면 평균([C2] 셀에서 1행을 뺀 값의 위치를 시작 위치로 하고, [G4] 셀 값에 −1을 곱한 값만큼 이동한 위치를 끝 위치로 설정하여 해당 범위만큼에서 평균을 구합니다)를 구하고, 크지 않으면 오류값(#NA)을 표시합니다.

05. [D2] 셀에는 오류값을 구했습니다. OFFSET 함수로 구한 범위인 [C1] 셀부터 위쪽으로는 데이터가 없으므로 오류값을 구한 것입니다.

TIP : OFFSET 함수

OFFSET(reference, rows, cols, [height], [width])
셀 또는 셀 범위에서 지정된 수의 행과 열로 구성되는 범위에 대한 참조를 반환합니다. 반환되는 참조는 단일 셀 또는 셀 범위일 수 있습니다. 반환할 행 및 열 수를 지정할 수 있습니다.

06. 수식을 [D38] 셀까지 자동 채우기로 복사합니다. [D9] 셀부터 정상적으로 평균이 구해지는 것을 알 수 있습니다. [D9] 셀의 평균을 구한 범위는 [C2:C8] 셀 범위가 됩니다. 이제 상대오차값을 구하기 위해 [E2] 셀에 수식 [=ABS((C2−D3)/C2)]를 입력합니다.

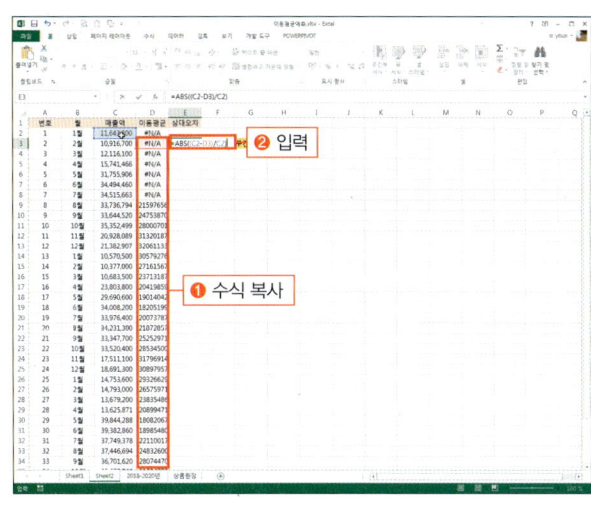

Plus [절대오차/실제매출값]으로 상대적인 오차를 구하는 것입니다. 이것은 이동평균을 구하는 것과는 직접적인 상관은 없지만 어느 정도 오차가 생기는지를 확인하기 위해 작성하는 것입니다.

07. [E37] 셀까지 자동 채우기로 수식을 복사합니다.

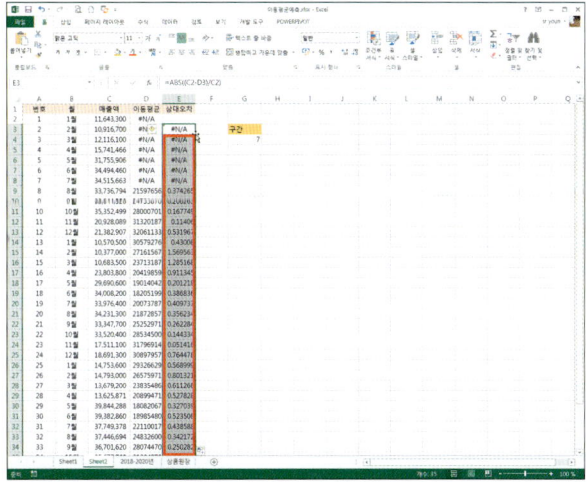

08. 상대오차값의 표시 형식을 백분율로 변경하여 보기 좋게 합니다.

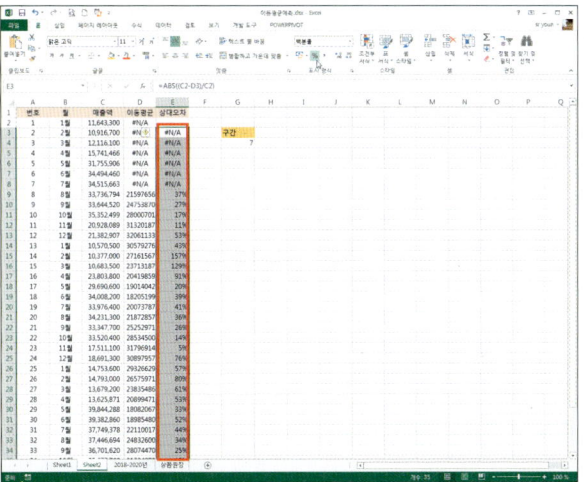

09. 이동평균값도 숫자를 읽기 쉽게 [쉼표 스타일]을 설정합니다.

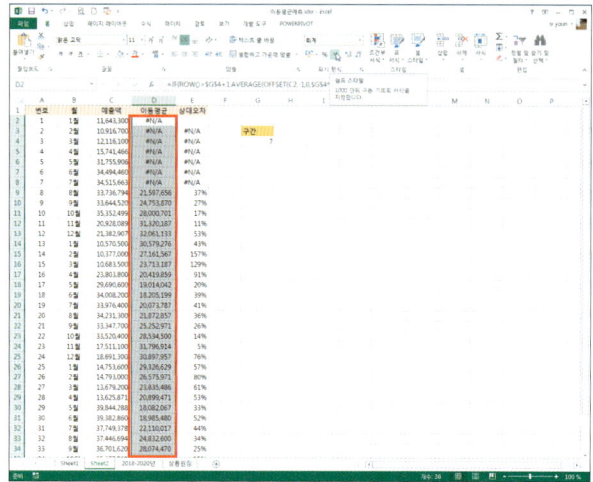

10. [B2:D38] 셀 범위를 선택한 다음 [삽입]탭-[차트] 그룹-[꺾은선형]-[꺾은선형]을 선택합니다.

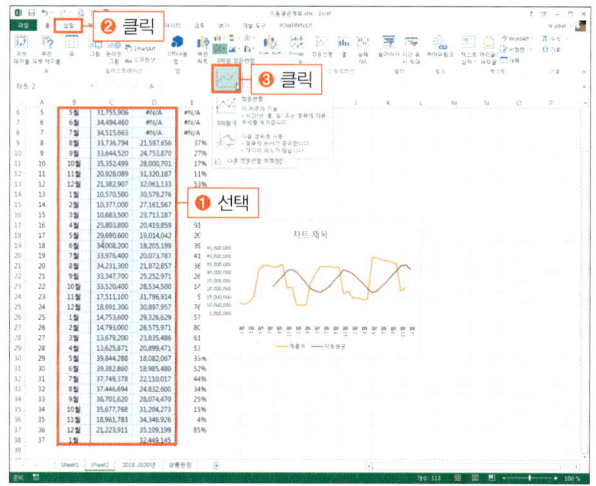

11. 차트가 삽입되었습니다.

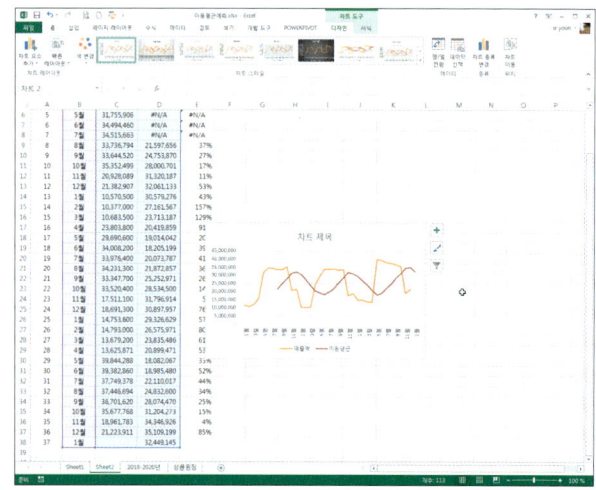

12. 차트 모양을 보기 좋게 수정하여 완성합니다. 실제의 매출값을 기준으로 하여 새로운 값이 예측값을 구하여 차트를 만들었습니다.

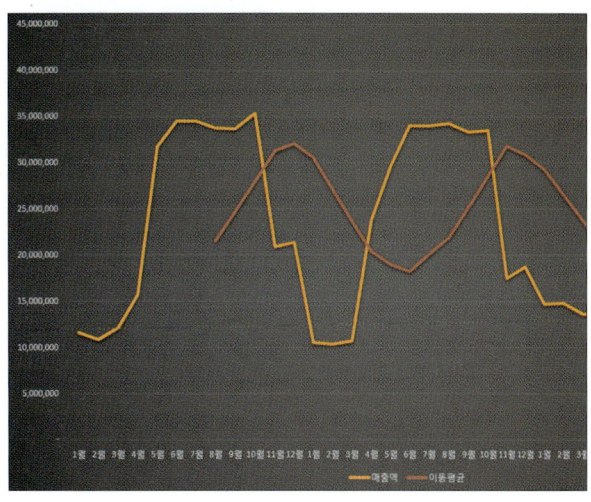

13. [G4] 셀에 입력되어 있는 구간 값을 변경해보세요. 달라지는 이동평균값을 확인할 수 있습니다. 다음은 구간을 3으로 설정한 모습입니다.

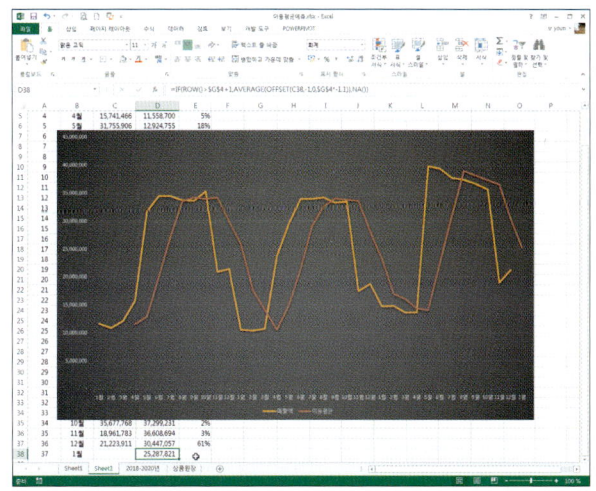

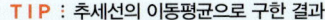

T I P : 추세선의 이동평균으로 구한 결과

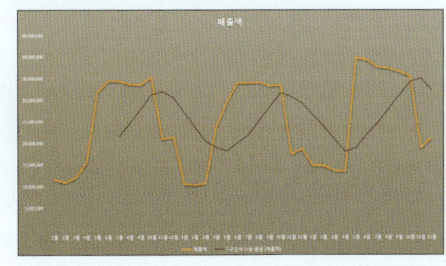

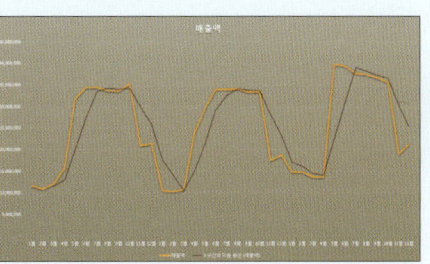

이동평균은 새로운 월이나 혹은 날짜 데이터가 추가될 때마다 과거 x기의 균형을 잡아 구간을 하나씩 옮겨 차트로 평균선을 구하는 것이라면 지수 평활법은 일반적으로 단순한 변화 패턴을 반복하는 데이터 예측에 적합하여, 전기분의 예측값과 예측값을 α 값의 비율로 내분한 평균값으로 예측값을 구하는 것입니다. 단기적인 예측에 자주 이용되는 시계열 분석 법의 하나로 최근의 데이터에 높은 비중을 두고 이동평균을 구하는 방법이라고 할 수 있습니다.

α 값은 지수라고 하며 지수 α는 0<α<1의 범위를 사용하며 일반적으로 0.3 전후로 시작하는 것이 일반적입니다. 여기 예에서는 1부터 시작합니다.

예제 파일 I CD\Part 02\지수평활.xlsx

01. 다음 예에서는 α 값을 0.1, 0.2, 0.3, 0.4, 0.5의 5가지를 제시하여 예측값을 구해 봅니다. [D3] 셀을 클릭하여 수식 [=$C$3]을 입력합니다. 이것은 실제값을 그대로 복사하기 위한 것입니다.

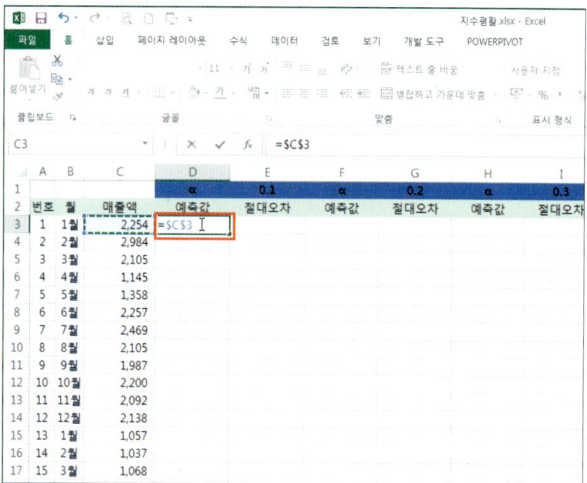

02. [D4] 셀에 수식 [=($C3−D3)*E$1+D3]을 입력합니다. 바로 전의 실제 데이터에서 바로 전의 예측값을 뺀 다음, 지수값을 곱하고, 다시 바로 전의 예측값을 더하여 계산하는 방법입니다.

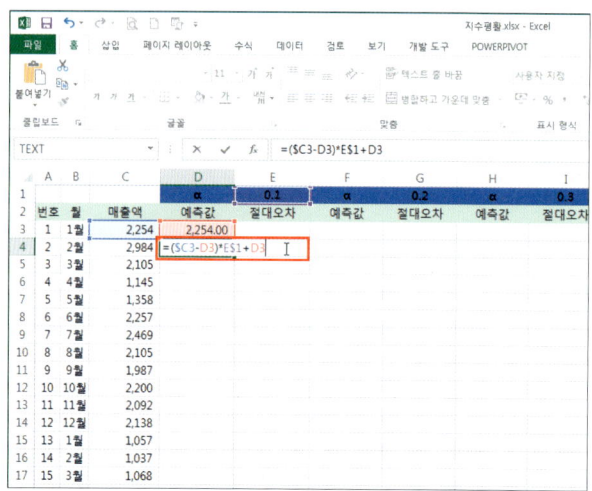

03. 예측값을 구했으면 [D21] 셀까지 자동 채우기하여 복사합니다.

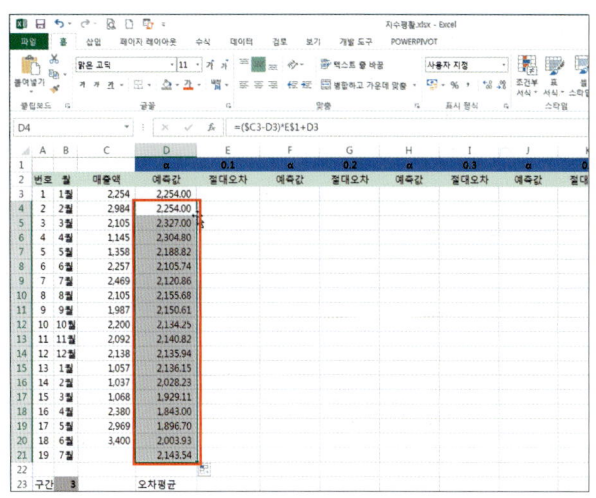

04. 이번에는 [E3] 셀을 클릭하여 절대오차값을 구하기 위한 수식 [=ABS($C3−D3)]을 입력합니다.

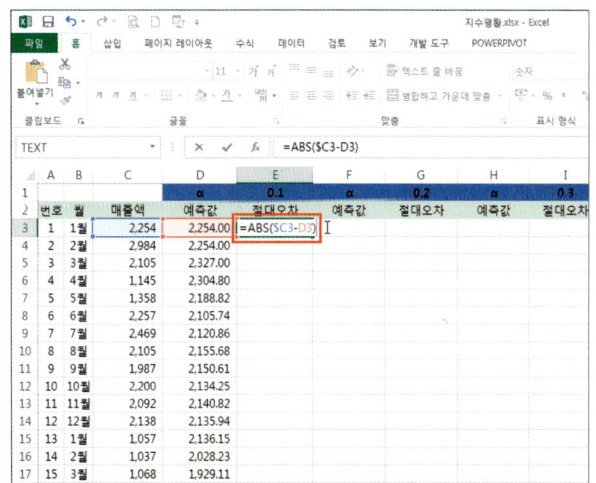

05. [E20] 셀까지 수식을 복사합니다.

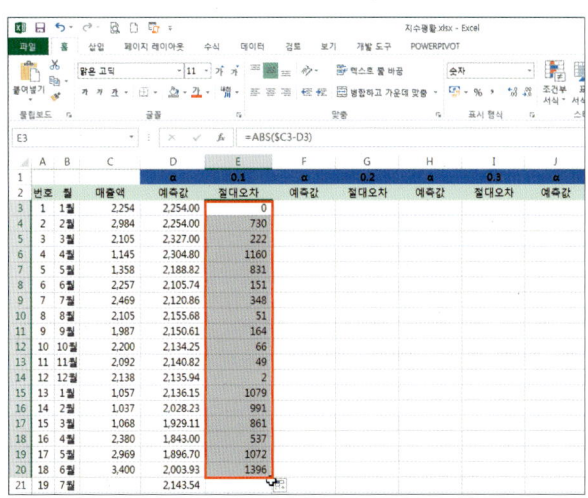

06. 나머지 셀에는 예측값과 절대오차값을 자동 채우기하여 복사합니다. 이렇게 수식을 복사하기 위해 절대참조와 상대참조를 사용하는 것입니다.

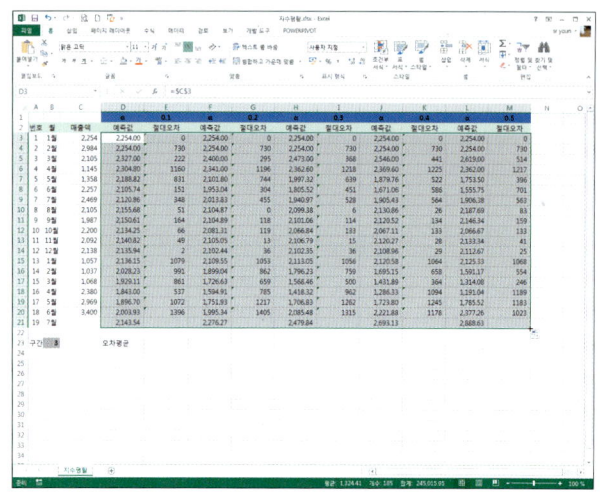

07. [E23] 셀에 오차평균을 구하기 위한 수식인 [=AVERAGE(OFFSET(E20,0,0,$B$23*−1,1))]을 입력합니다. [C23] 셀에 입력하는 구간값으로 오차 평균값을 수정하기 위한 것입니다.

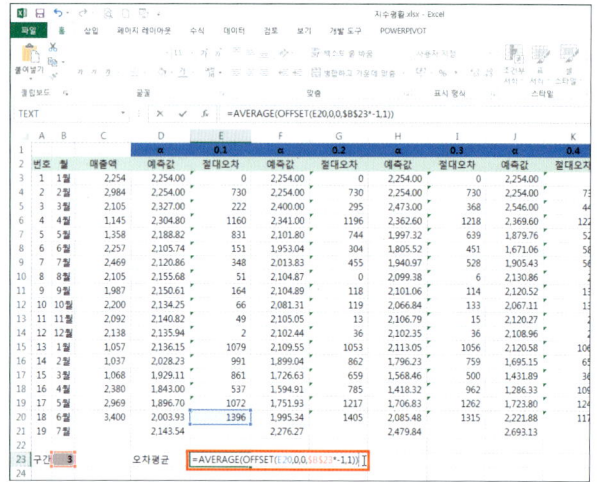

08. 총 데이터가 19개이므로 구간은 20까지만 유효합니다.

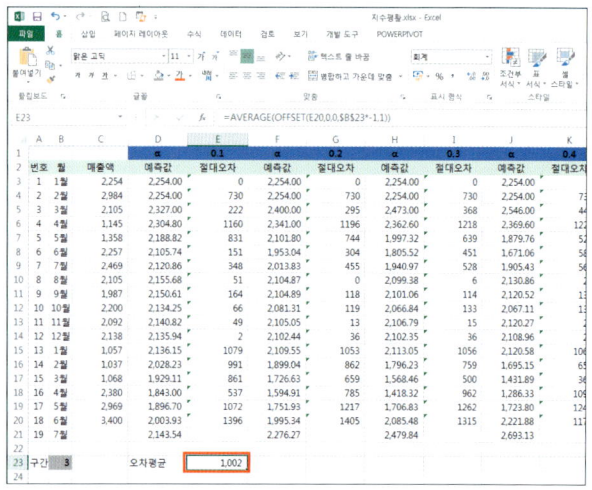

09. 평균오차값을 복사합니다.

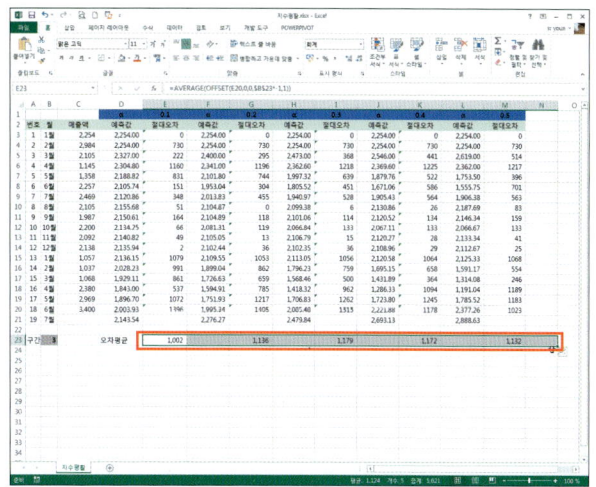

10. [B23] 셀 값을 [10]으로 변경해 보세요. 평균오차값이 자동으로 수정되는 것을 알 수 있습니다. [10]이면 [E11:E20] 셀 범위의 오차값에 대한 평균을 구합니다. 구간이 커지면 커질수록 오차값은 적어지는 것을 확인할 수 있습니다. 다음 그림과 같이 구간이 [10]일 때는 지수가 0.5일 때가 오차값이 가장 적은 것을 알 수 있습니다.

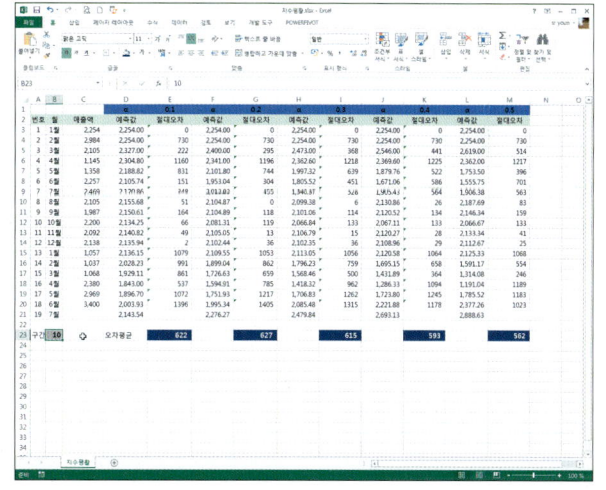

> **Plus** 7월의 매출 예측값은 2,888이 됩니다. 구간이 [3]일 때는 0.1일 때의 값이 가장 적었습니다. 각각의 지수에 따라 값을 변경해보고 적당한 값을 구합니다.

11. 다음은 구간이 [10]일 때의 매출액과 예측값을 이용하여 차트를 만든 모습입니다.

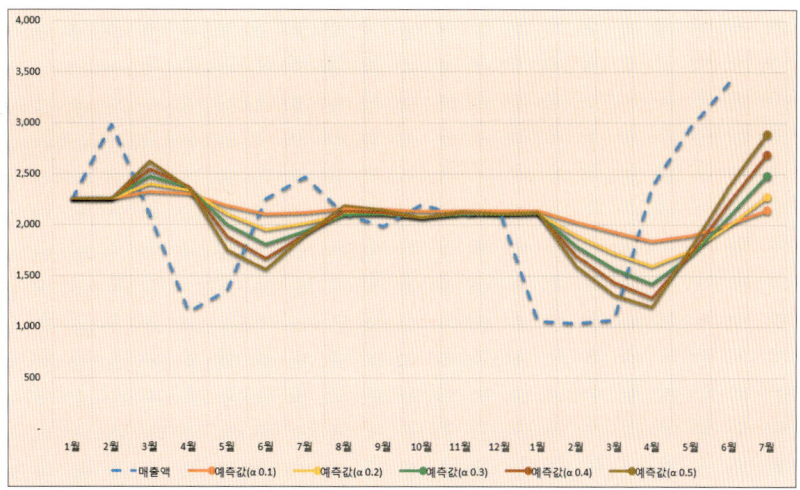

단순 회귀분석을 시작하기 전에 인과 관계와 상관 관계를 체크해 보겠습니다. 최고 기온과 아이스아메리카노 판매량을 보면 최고 기온이 올라가면 그에 따라 판매량도 올라가는 것을 알 수 있습니다. 즉, 더워질수록 아이스아메리카노가 잘 팔린다는 관계를 알 수 있습니다. 즉 기온과 아이스아메리카노 판매량에는 서로 플러스 상관 관계가 있는 것을 알 수 있습니다. 이러한 관계를 이용하여 최고 기온이 31℃ 일 때 아이스아메리카노의 판매량을 예측하는 방법에 대해 알아보겠습니다.

• 두 변수의 데이터 관계에서 어느 쪽이 원인인가를 먼저 파악합니다. 예에서는 기온이 됩니다.
• 두 변수의 데이터 관계를 분포도 상관 계수로 확인해 단회귀식을 구하여 타당성을 체크합니다.
• 단회귀식(y=ax+b)을 구합니다.
• 단회귀식의 정밀도를 확인합니다.
• 단회귀식에 값을 대입하여 예측합니다.

이러한 분석을 할 때 두 변수 사이에는 꼭 상관 관계가 있어야 하며, 아무리 데이터를 예측하고 싶어도 단순회귀분석을 할 타당성이 없는 것 같은 데이터는 해도 의미가 없습니다. 단순회귀분석은 두 데이터 사이에 "원인과 결과"의 관계가 있고, 게다가 "상관"이 인정되는 경우에 유효한 분석 방법입니다.

• 우선 두 변수 데이터를 분포도(분산형 차트)로 만들어 극단적으로 떨어지는 데이터가 없는지 체크합니다.
• 데이터 표를 작성할 때는 원인이 되는 데이터는 왼쪽, 결과가 되는 데이터는 오른쪽에 입력하는 것이 좋습니다. 분포도의 가로축에는 원인 데이터가 표시되고, 세로축에는 결과 데이터가 표시되고, 단회귀식을 구할 때도 유효합니다.

예제 파일 | CD₩Part 02₩온도와 판매량.xlsx

01. [A2:B32] 셀 범위를 선택한 다음 [삽입] 탭-[차트] 그룹-[분산형]-[분산형]을 선택합니다.

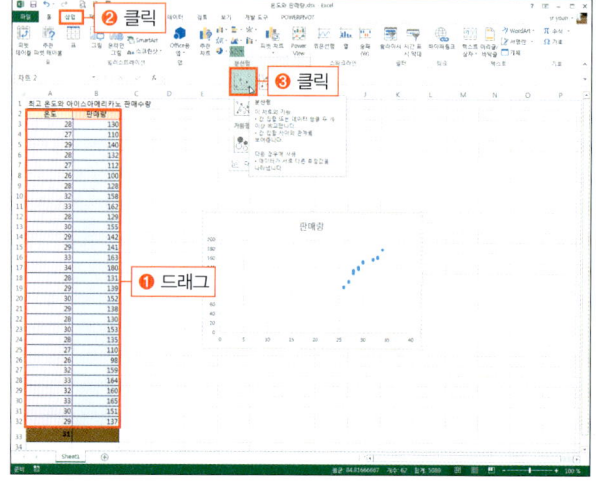

02. 분산형 차트가 삽입되었습니다. 판매량 데이터를 보면 분포도를 많이 빗나가는 이상 데이터가 없다는 것을 확인할 수 있습니다.

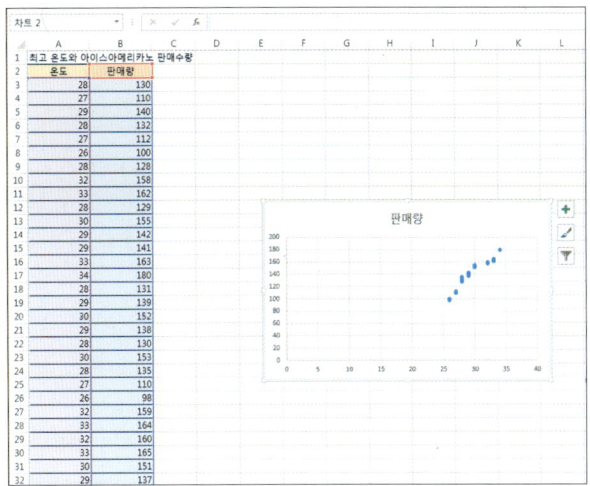

03. 우선 차트를 분석하기 편하도록 약간의 수정이 필요합니다. [가로 항목 축]에서 마우스 오른쪽 단추를 클릭하여 [축 서식]을 클릭합니다.

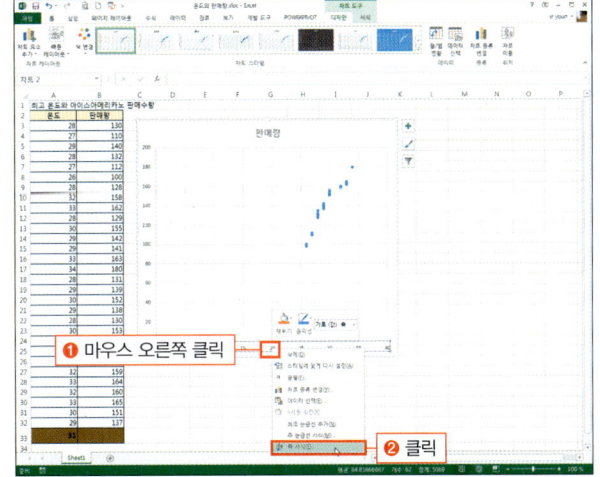

04. [축 서식] 창이 나타나면 [최소값]을 25로 지정하여 차트에 불필요한 공백이 나타나지 않도록 합니다.

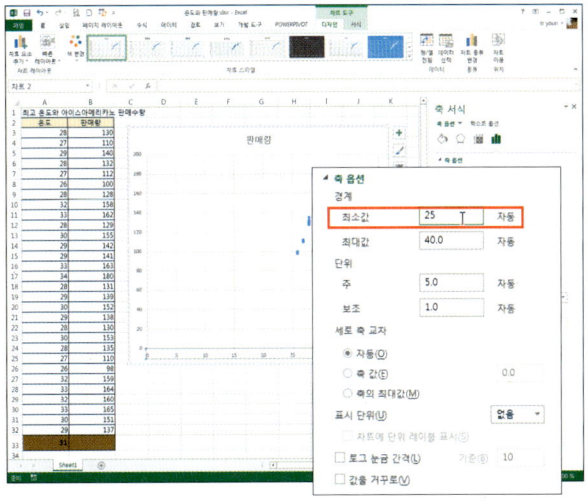

05. 차트를 클릭한 다음 [차트 요소] 아이콘을 클릭하여 [축 제목]을 체크합니다.

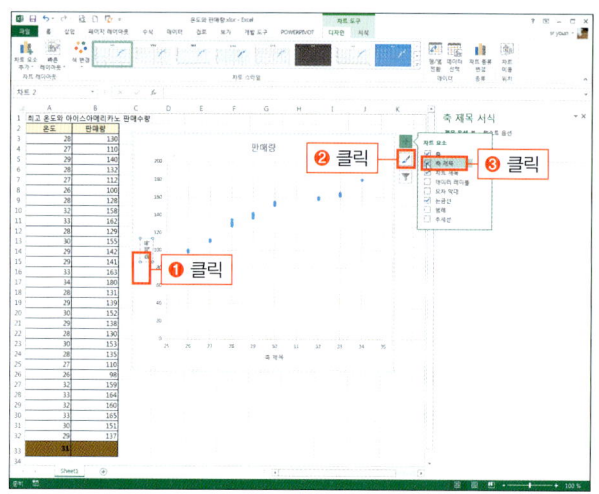

06. [세로 값(축) 제목] 항목을 클릭한 다음 [축 제목 서식]-[크기 및 속성] 아이콘을 클릭한 다음 [텍스트 방향]을 가로로 지정하여 축 제목이 그림과 같이 가로로 보이도록 합니다.

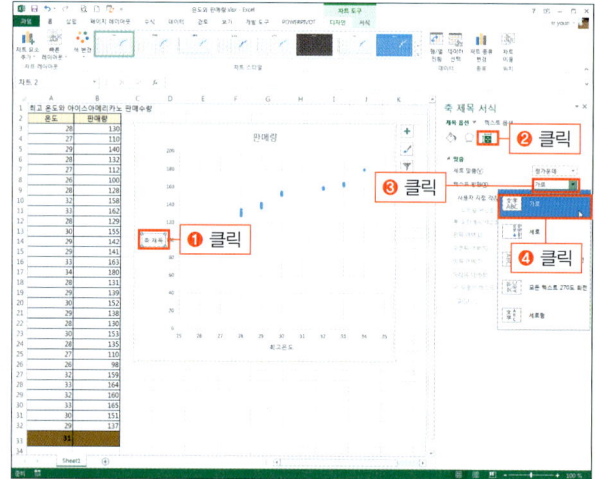

07. 제목을 직접 입력합니다.

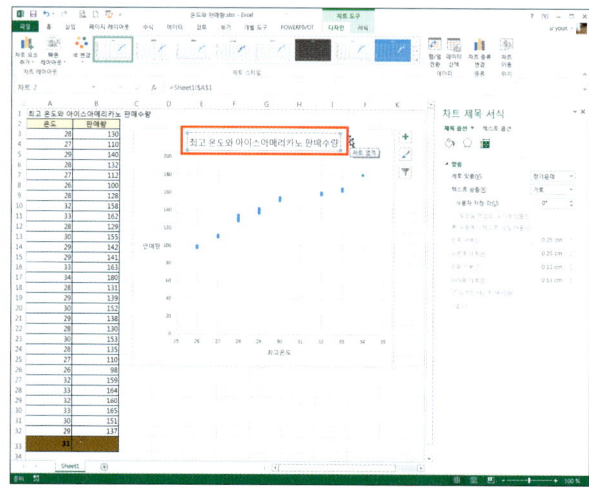

TIP : 차트 제목 입력하기

제목 항목을 클릭한 다음 수식 입력줄을 클릭한 후 [A1] 셀을 클릭하면 [A1] 셀에 입력되어 있는 텍스트가 바로 차트 제목으로 표시됩니다.

08. 차트에 추세선을 추가하기 위해 계열에서 마우스 오른쪽 단추를 클릭하여 [추세선 추가]를 클릭합니다.

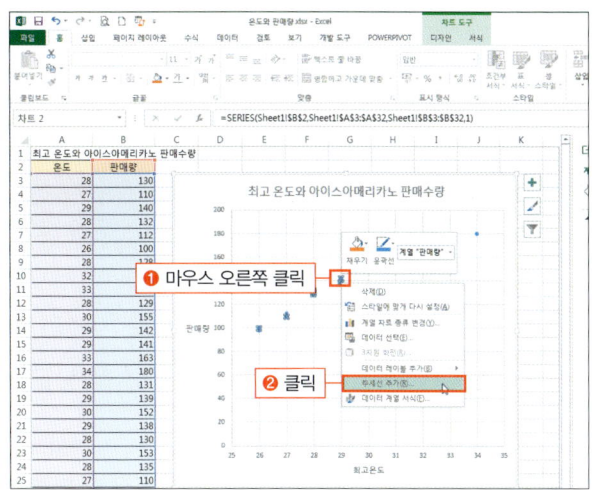

09. [추세선 서식] 창이 나타나면 [수식을 차트에 표시] 항목을 클릭하여 추세선과 수식을 삽입합니다.

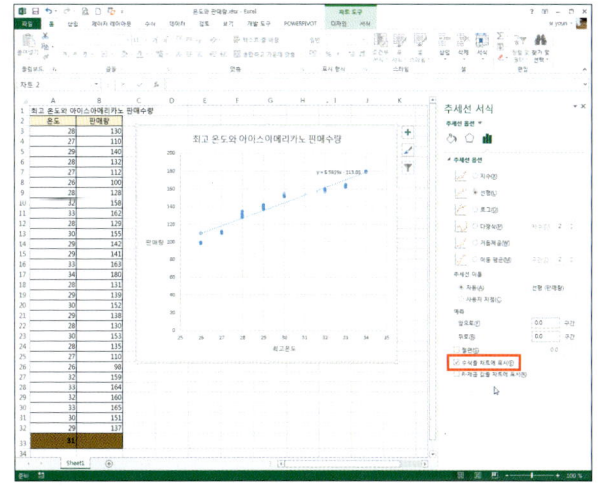

10. 이제 상관 계수를 구하기 위해 [B33] 셀에 수식 [=CORREL(A3:A32,B3:B32)]을 입력합니다.

TIP : CORREL 함수

CORREL(array1, array2)
array1과 array2 셀 범위의 상관 계수를 반환합니다. 상관 계수를 사용하면 두 속성 사이의 관계를 확인할 수 있습니다.

- Array1 : 필수 요소로 첫 번째 셀 범위입니다.
- Array2 : 필수 요소로 두 번째 셀 범위입니다.

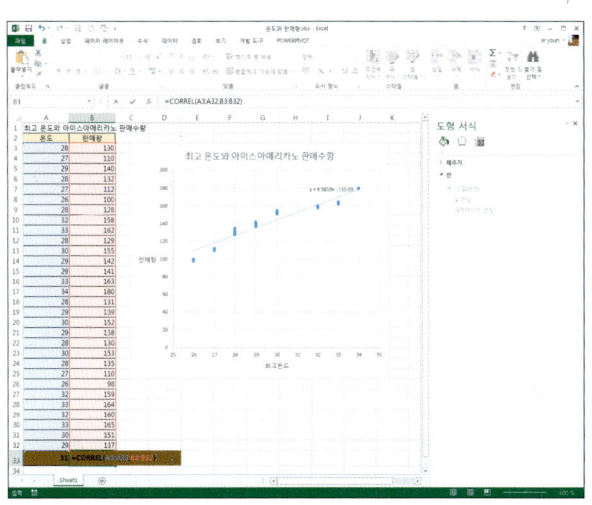

11. 차트에 삽입된 1개의 직선 즉 추세선은 두 군의 데이터 관계를 가장 잘 나타내는 회귀직선이며, 그 직선은 [= 8.5819x − 113.03]이라는 단순 회귀식으로 표기됩니다. y는 아이스아메리카노의 판매량, x는 최고 기온, Y 절편의 계수(직선의 기울기)는 −113.03입니다.

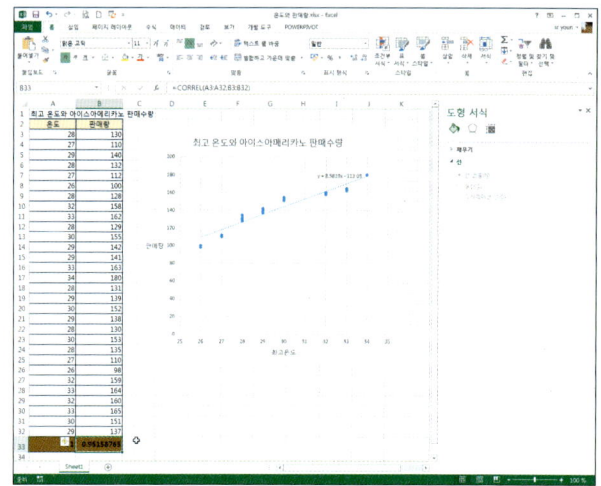

Plus 최고 기온 상승에 수반하여 아이스아메리카노 판매량도 증가한다는 관계가 성립하고 있습니다. 최고 기온과 판매량 사이에는 매우 강한 상관 관계가 있으므로 이들 데이터를 바탕으로 단순회귀분석을 실시하는 의미는 있을 것입니다.

TIP : 단순회귀분석

분석할 데이터 사이에 다음과 같은 세 가지 내용에 대해 사전에 확인해야 합니다. 이 확인은 단순회귀분석을 전제로 할 때는 꼭 필요한 과정입니다. 이 3가지를 체크하지 않고 단순회귀분석을 하면 분석을 제대로 할 수 없습니다.

1. 원인과 결과의 관계가 있는가?
2. 상관이 인정되는가?
3. 동떨어지는 이상 데이터가 존재하는가?

분석 도구를 사용하여 회귀분석을 할 수 있습니다. 분석 도구를 사용하면 분산형 차트에서와 같이 수식은 출력되지 않지만 단회귀식 : y=ax+b의 a(회귀 계수)와 b(절편) 값을 각각 구할 수 있습니다. 출력 결과는 같은데 아이스아메리카노 판매량 수(y)의 변동을 최고 기온(x)에서 어느 정도 설명할 수 있는가를 회귀식의 정밀도를 알 수 있습니다.

예제 파일 ┃ 앞의 예제 파일 이어서 사용

01. [데이터] 탭-[분석] 그룹-[데이터 분석]을 선택합니다.

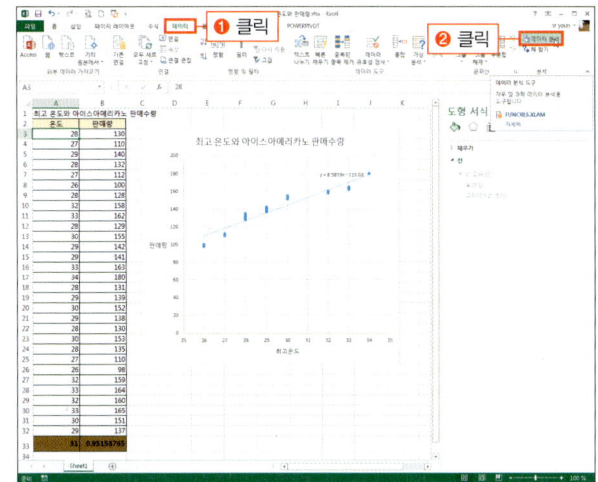

02. [통계 데이터 분석] 대화상자가 나타나면 [회귀분석]을 선택하고 [확인] 단추를 클릭합니다.

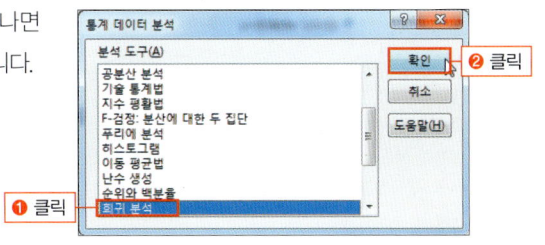

03. [회귀분석] 대화상자가 나타나면 [Y축 입력 범위]에는 "결과 계열 데이터"인 아이스아메리카노 판매량 데이터를 지정합니다. [X축 입력 범위]에는 "원인 관련 데이터"인 기온 데이터가 있는 범위를 지정합니다. 이때 X와 Y(원인과 결과)는 서로 틀리지 않도록 주의합니다. [이름표] 항목을 클릭한 후 [확인] 단추를 클릭합니다.

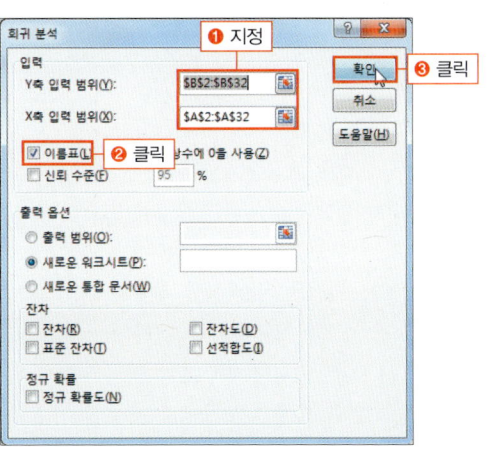

04. 새로운 시트에 출력 결과가 표시됩니다.

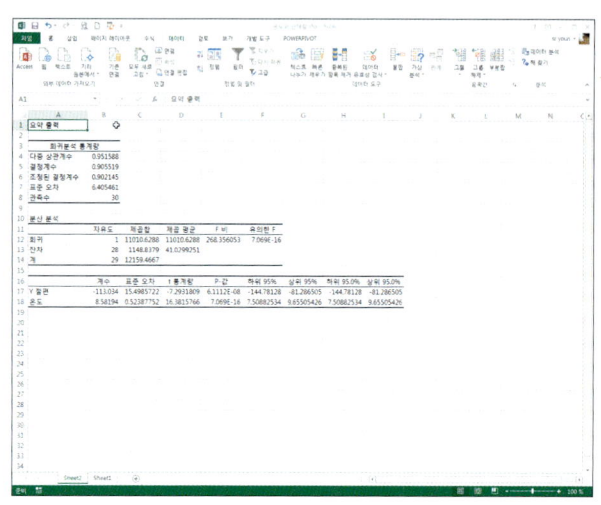

TIP : 회귀 통계 용어

- **다중상관 계수** : 다중상관 계수입니다.
- **결정계수** : 다중상관 계수를 2제곱한 값입니다. 다중결정계수라는 통계량입니다. 데이터 전체의 몇 %를 회귀식에 의해 표현할 수 있느냐는 기여율을 나타냅니다.
- **조정된 결정계수** : 자유도 조정 후 결정계수(자유도 조정이 끝난 기여율)로 불리는 통계량입니다.
- **표준오차** : 회귀식에서 구한 예측값의 불균형을 나타내는 값입니다. 데이터에서 회귀식으로 표현할 수 있는 부분을 제외한 "잔차"의 표준 편차이므로 이 값이 작은 쪽이 좋습니다. 잔차는 관측된 목적 변수 값으로 회귀 직선에 의해서 구하는 예측값과 오차를 의미합니다.
- **관측수** : 데이터 수를 나타냅니다.

05. 분산형 차트와 분석 도구에서 단회귀식을 출력했습니다. 그러나 그 식을 그대로 받아들이는 것은 위험합니다. 그 식이 두 변수 사이의 관계를 어느 정도 나타내는지 확인할 필요가 있습니다. 추세선 정밀도가 좋다(y의 변화를 설명 변수 x에서 어느 정도 설명 가능한가)는 것을 판단하는 기준으로 일반적으로 쓰는 방법은 단순 상관 계수를 2 제곱한 값입니다. 이 값은 결정계수라고 하며, 차트 추세선에서는 R2로 표시합니다. R2는 0부터 1의 값을 가지며(0≦ R2≦ 1) R2가 1에 가까우면 가까울수록 회귀식의 정밀도가 높다(x와 y의 관계가 강한)라는 것을 의미합니다.

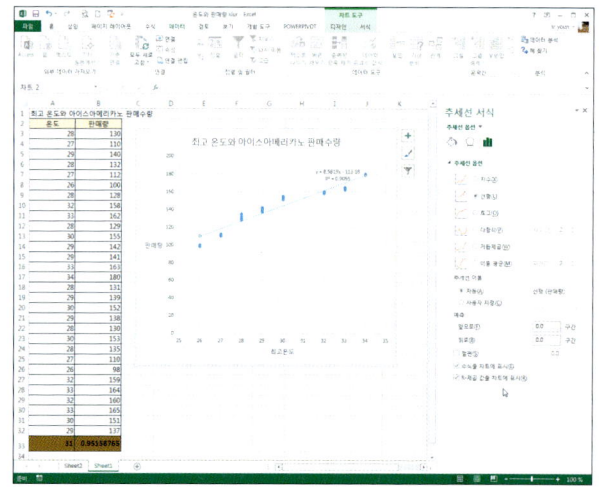

단순회귀분석을 통해 최고 기온 31℃일 때 아이스아메리카노 판매량을 예측하는 방법에 대해 알아봅니다. 구하는 방법은 다음과 같이 3가지가 있습니다.

■ 추세선의 수식으로 구한 식 이용하기

y = 8.5819x − 113.03

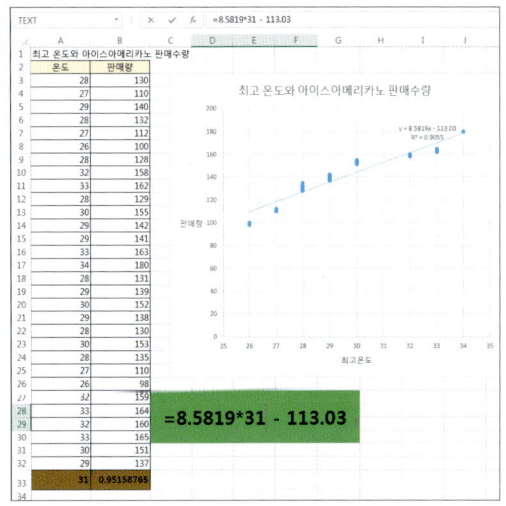
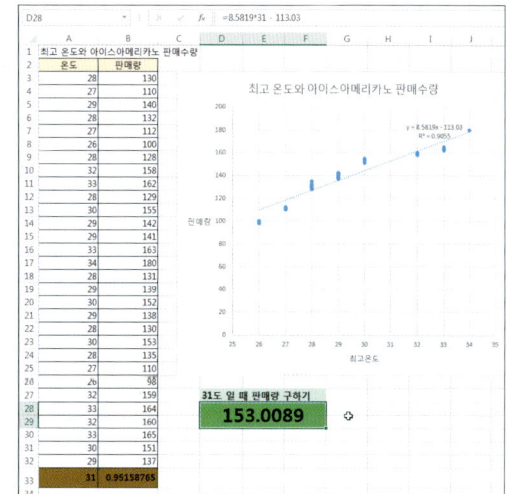

■ 분석 도구의 출력 결과 참조하기

회귀식 y=ax+b의 a와 b가 분석 도구의 출력 결과에 표시되므로 그 값들을 참조하여 예측합니다.
회귀식 y=ax+b의 a는 분석 툴의 출력 결과의 [B18] 셀에, b는 [B17] 셀에 표시되므로 이 셀들을 참조하여 계산합니다. 판매량을 구할 셀에서 [=B18*31+B17]을 입력합니다. 소수점 이하 2자리의 차이는 단수 처리에 의한 오차로 특히 신경 쓸 필요는 없습니다.

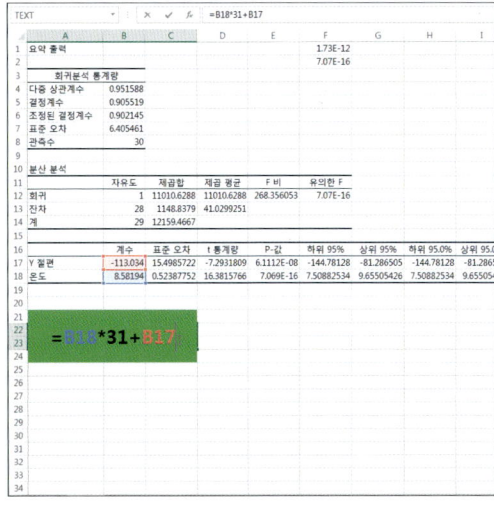
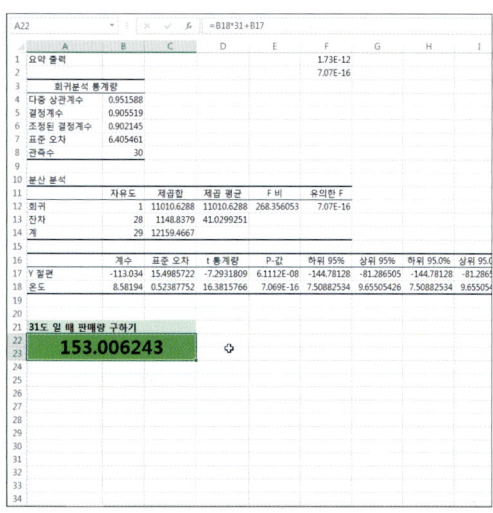

■ FORECAST 함수로 구하기

함수로 입력하면 오류가 없어 편리합니다. 하지만 함수를 이용하는 것은 계산의 편의성을 위해 이용하는 것입니다. 회귀식이 성립되는 정도가 어느 정도인지 분석 도구를 이용하여 검증할 필요가 있습니다.

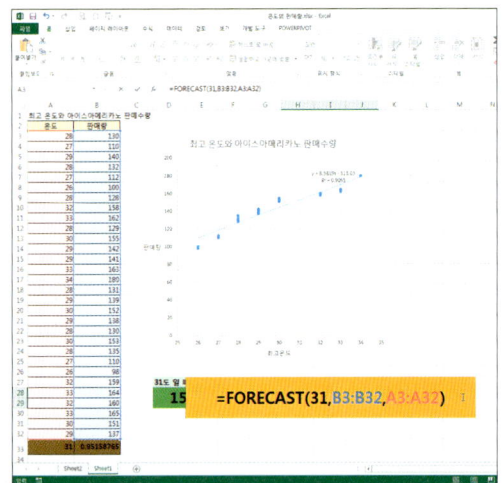

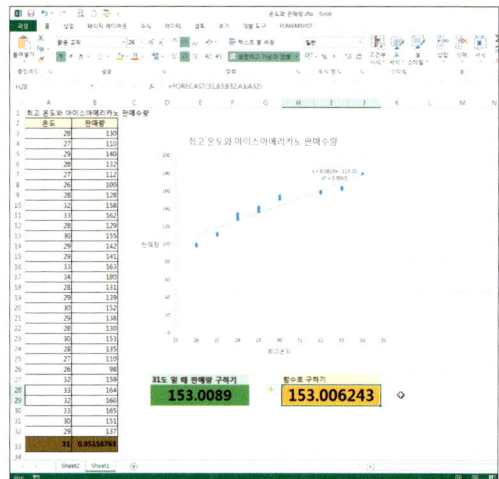

TIP : 만일 최고 기온이 40℃라면?

기존 데이터의 범위 내인지를 먼저 체크해야 합니다. 최고 기온이 40℃일 때 아이스아메리카노 판매량을 구하기 위해 지금까지의 흐름으로 보면 [y = 8.5819x − 113.03]의 [x]에 40을 대입하면 구할 수 있을 것 같지만 그렇게 간단하지는 않습니다. 왜냐하면 표를 확인해 보면 [최고 기온]의 최소값은 26℃이고 최대값은 34℃이기 때문에 그 범위 내에 들지 않는 40℃를 예측하는 것은 정밀도가 떨어지기 때문입니다.

TIP : 최소 제곱법이란?

엑셀에서는 단일회귀식 [y=ax+b]의 회귀계수 a와 절편 b를 구할 때 최소 제곱법이라는 계산 방법을 사용합니다. 수식을 사용하지 않고 이미지만 소개하면 그림과 같습니다. 그림에서와 같이 마을에 사각형으로 둘러싸인 각각의 집을 만들었다고 가정해 보겠습니다. 만일 이 마을에 지하철이 지나간다고 했을 때 어느 집도 불편 요구가 들어오지 않도록 골고루 5개의 집에서 최단 거리에 있도록 배려하여 레일을 만든다고 가정할 때, 레일 이미지는 [y=ax+b+오차]가 됩니다. 여기서 오차는 각 집에서 직선으로 향해 세로축과 평행인 직선과 닿는 거리를 말하는 것입니다. 이 오차를 단순히 계산하면 양수와 음수가 상쇄되므로 제곱합니다.

오차를 제곱하는 것은 정사각형의 면적을 구하는 것으로, 최소 제곱법에서는 이 5개 정사각형의 면적(오차의 제곱 합)이 최소가 되도록 기우는 기울기 a, 절편 b를 구하는 것입니다.

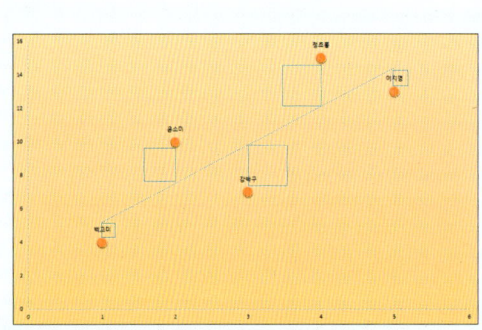

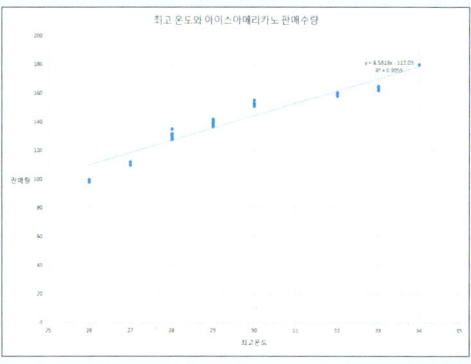

회귀분석 방법을 이용하면 값을 기초로 종속 변수의 값을 추정 또는 예측할 수 있습니다. 단 회귀분석 방법이 독립 변수와 종속 변수가 각각 하나씩인 것과 달리 다중회귀분석은 종속 변수(y)에 영향을 미치는 독립 변수가 여러 개 있는 경우 분석하는 방법을 말합니다.

■ 원인 분석하기

• 사례 : 별카페라는 커피숍 매출에 영향을 미치는 요인을 조사해 새 점포의 매출 예측하기

서울 시내 별카페 지점 20곳의 지점장들이 매출 침체 원인에 대해 조사하는 사례를 예로 들어 어느 종목이 매출에 영향을 미치는지 알아보겠습니다. 판매와 관련이 있을 것 같은 요인으로 다음의 4가지를 정했습니다.

　　1. 서비스
　　2. 메뉴
　　3. 면적
　　4. 입지

이 중에서 서비스와 메뉴에 대한 조사를 하여 20곳에 대해 각각 다음과 같은 5단계로 평가했습니다. 손님이나 메뉴에 대한 점수는 조사 기간의 각 점포의 평균값이며, 입지는 지하철역과의 거리입니다.

　　1. 매우 불만(1점)
　　2. 약간 불만(2점)
　　3. 그저그렇다(3점)
　　4. 조금 만족(4점)
　　5. 매우 만족(5점)

예제 파일 | CD\Part 02\매출부진요인찾기.xlsx

01. 다음은 예제 파일 모습으로 매장 20곳을 조사한 결과표입니다. 이 표를 이용하여 다중회귀분석을 하는 방법에 대해 알아봅니다.

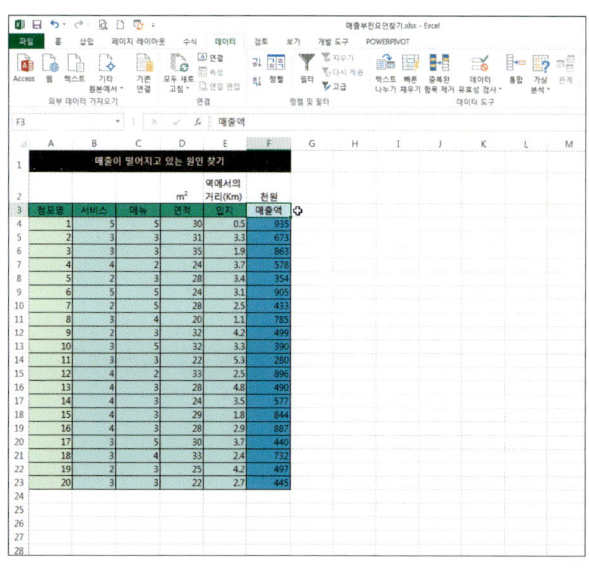

02. 다중회귀분석을 하기 위해 [데이터] 탭-[분석] 그룹-[데이터 분석 도구]를 클릭합니다.

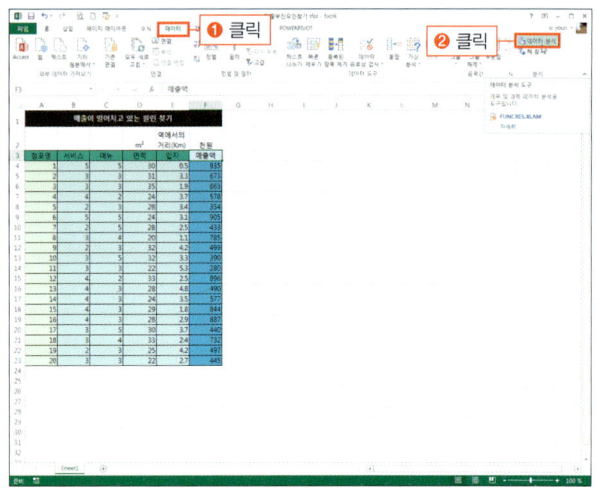

03. [통계 데이터 분석] 대화상자가 나타나면 [회귀분석]을 선택하고 [확인] 단추를 클릭합니다.

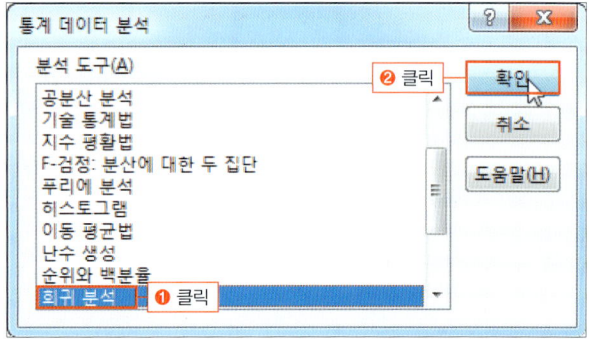

04. [회귀분석] 대화상자가 나타나면 [Y 축 입력 범위]에 매출액 범위인 [F3:F23]을 지정하고, [X 입력 범위]에는 서비스에서 입지까지의 데이터 범위인 [B3:E23]를 지정합니다. [이름표] 항목을 선택하고 [확인] 단추를 클릭합니다.

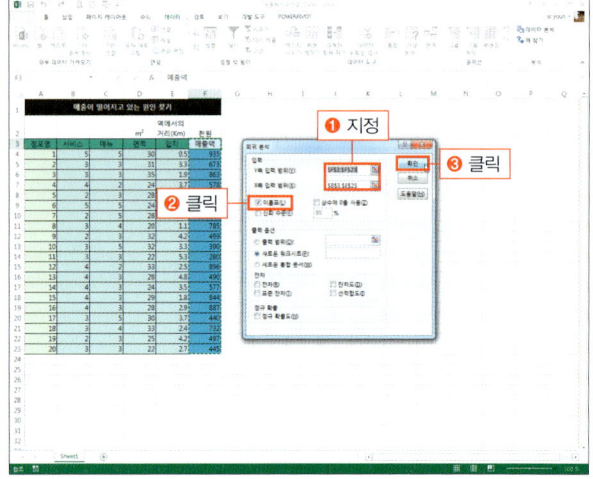

05. 새 시트에 요약 출력이 표시됩니다.

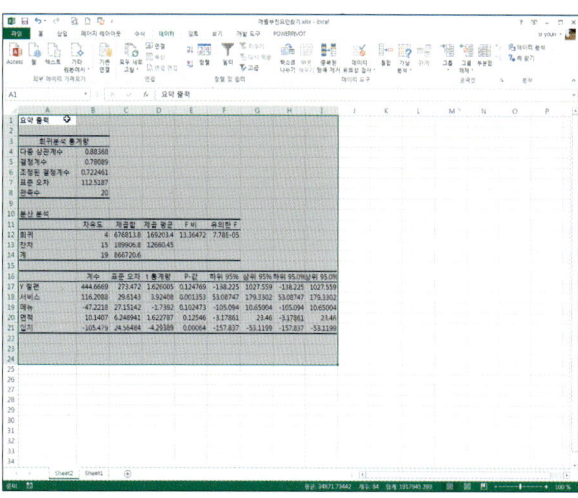

06. 많은 지표가 있지만 여기서는 다음 4가지 내용에 대해 알아봅니다.

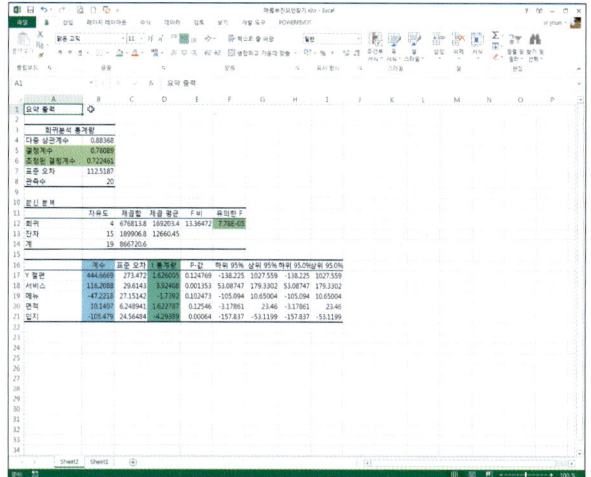

해석

❶ **유의한 F(회귀 관계의 유의성) 회귀분석이 성립하는가?** : 회귀에 따른 측정값의 불규칙 분포와 잔차의 불규칙 분포를 통계적으로 비교하여 회귀식의 의미가 얼마나 있는지를 검정한 결과입니다. 유의성이란 정보로서 유용한 의미가 있는가 하는 것입니다. 유의한 F는 회귀 분산의 크기를 통계적으로 판단한 결과를 나타내는 수치로 확률 분포(F 분포)상에서의 확률값을 나타내며, 이 수치가 작을수록 회귀의 분산이 잔차 분산에 대해 크게, 즉 회귀에서 구한 회귀식의 의미가 큰 것을 나타냅니다. 보통 0.05(=5%) 이하면 회귀의 분산이 충분히 크다고 판단하면 됩니다. 이 케이스에서는, 7.78E−05이므로, 0.05보다 작아서 회귀식을 구하는 의의는 충분하다고 하겠습니다.

❷ **계수(회귀 계수와 회귀식)** : 계수에서 회귀식을 구합니다. 매출액을 구하는 다중 회귀식은 단회귀식 때와 같이 계수의 수치를 사용합니다. 매출액 = 444.67+(116.2×서비스)+(−47.2218×메뉴)−(10.14×면적)−(105.48×입지)

❸ **t 통계량(회귀 계수의 유의성)** : [계수]를 [표준오차]로 나눈 것으로 종속 변수의 영향도를 의미합니다. t 계수를 그 표준오차로 나눈 수치로 각 계수에 따른 변수가 통계적으로 얼마나 종속 변수 y에 영향을 주고 있는지를 나타내는 수치입니다. t 값은 이론적으로 −∞에서 +∞의 값을 가집니다. t 값의 절대값이 클수록 중회귀식에 도입하면 좋다는 뜻입니다. 실무적으로 t의 절대값이 1.4 이상이면 효과가 있는 변수로 변수값이 0에 가까워질수록 효과가 없는 변수로 판단합니다.

TIP : 영향도

종속 변수에 대한 영향도는 t의 절대값을 봅니다. t의 절대값의 값이 클수록 종속 변수에 대한 영향도가 커집니다. 계수도 영향도의 지표로서 사용하지만 단위의 영향을 받는 것은 영향도로서는 사용할 수 없습니다.

❹ **결정계수와 조정된 결정계수(기여율) : 매출변동이 독립 변수에서 어느 정도 독립적인가?**

결정계수 : 다중상관 계수를 제곱한 값으로 다중결정계수(또는 기여율)라고 합니다. 회귀식에 따라 모든 데이터의 몇 %를 독립 변수로 표현할 수 있는지를 나타냅니다. 다중상관 계수와 마찬가지로 회귀식에 포함되는 변수가 많을수록 값이 커진다는 경향을 가집니다.

조정된 결정계수 : 다중상관 계수와 다중결정계수가 가진 변수가 많을수록 값이 커지는 경향을 수정한 수치로, 자유도 조정이 끝난 기여율이라고 합니다. 다중결정계수에서 다음 식으로 구합니다(여기서의 데이터 수는 독립 변수의 수입니다).

$$\text{조정된 결정계수} = 1-(1-R^2)\frac{n-1}{n-k-1}$$

여기서는 조정된 결정계수가 0.7220이므로 매출액 변동 가운데 72.2%(자유도 조정이 끝난 기여율)는 "서비스", "메뉴", "면적", "입지"의 변수로 설명할 수 있다는 것을 나타냅니다.

TIP : 다중상관 계수, 결정계수, 조정된 결정계수

- 다중상관 계수(multiple correlation coefficient) : 여러 개의 독립 변수가 모여 종속 변수와 얼마나 강한 선형관계에 있는지를 측정한 수치입니다.
- 결정계수(coefficient of determination) : 회귀식의 적합도를 평가할 수 있는 수치입니다.
  $0 \leq \text{결정계수} \leq 1$
- 조정된 결정계수(adjusted coefficient of determination) : 결정계수는 독립 변수의 수가 증가하면 그 값이 계속 증가하는 성질이 있습니다.

07. 이제 드디어 새로운 매장에 대한 매출액을 구해 보겠습니다. 종속 변수 y(예에서는 매출액)에 영향을 주는 독립 변수를 찾아 분석하는 방법으로 개선할 사항의 우선 순위를 결정하는 판단 근거가 되며, 다중회귀식을 사용해 매출액을 예측해 볼 수 있습니다. 새로운 매장을 여는 경우 식의 독립 변수에 수치를 대입하여 대략의 매출을 예측할 수 있습니다. 매출액을 구하기 위해 [A23:G24] 셀 범위에 다음과 같이 내용을 입력합니다.

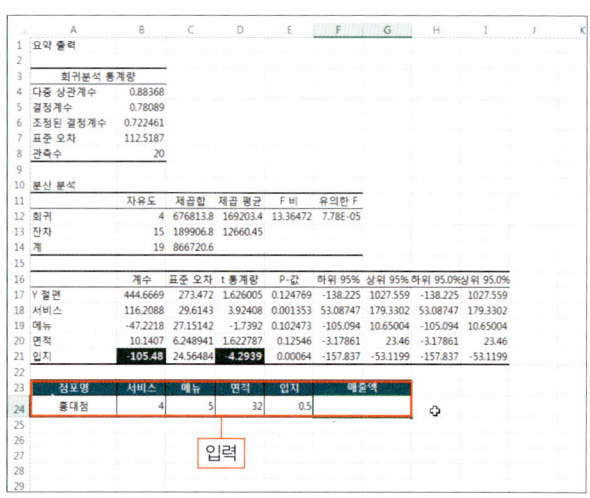

TIP : 다중회귀분석

단순회귀분석은 y=ax+b(a=회귀 계수, b=절편)로 회귀식을 표시했는데 다중회귀분석에서는 독립 변수가 여러 개이므로 다음과 같이 작성합니다.

$y=a_1x_1+b_2x_2+c_3x_3...+b$

08. [F24] 셀에 다음과 같이 수식 [=B17+(B18*B24)+(B19*C24)+(B20*D24)+(B21*E24)]를 입력합니다.

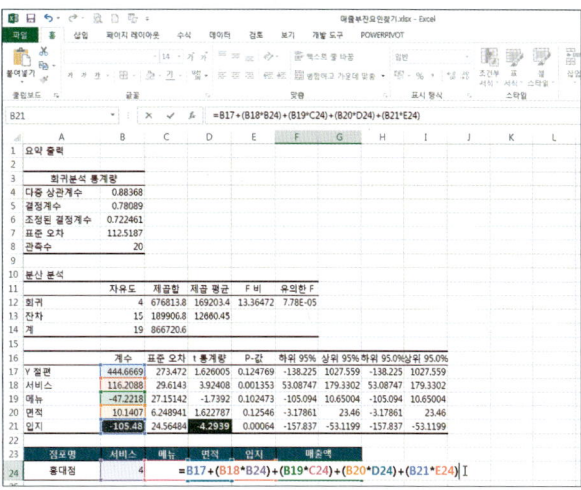

09. 예상 매출액을 구했습니다. 이 정도 예상이라면 새로운 매장을 열어도 좋을 것 같습니다.

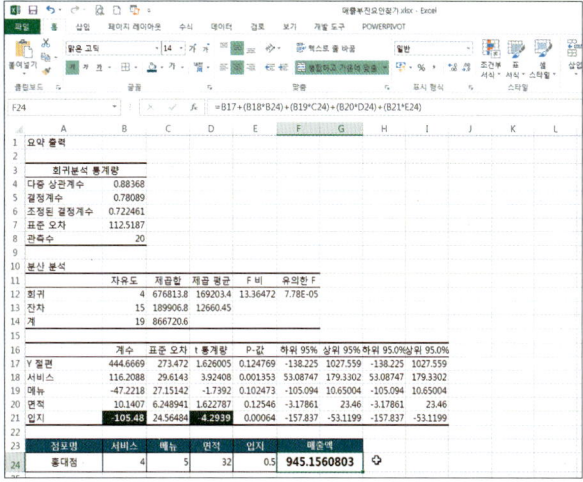

매출액에 효과가 있는 요인은 무엇일까요? t 값을 차트로 만들어 시각적으로 파악해 보겠습니다.

01. [서비스]에서부터 [입지]까지 t 통계량에 대응하는 데이터 범위를 이용하여 차트를 만들어 보겠습니다. 이 차트는 확인할 것이므로 매출액을 구한 시트에 작성해도 되고, 새로운 시트를 삽입한 다음 작성해도 됩니다. [A18:A21], [D18:D21] 셀 범위를 선택한 다음 [삽입] 탭-[차트] 그룹-[세로 막대형 차트 삽입]-[묶은 세로 막대형]을 선택합니다.

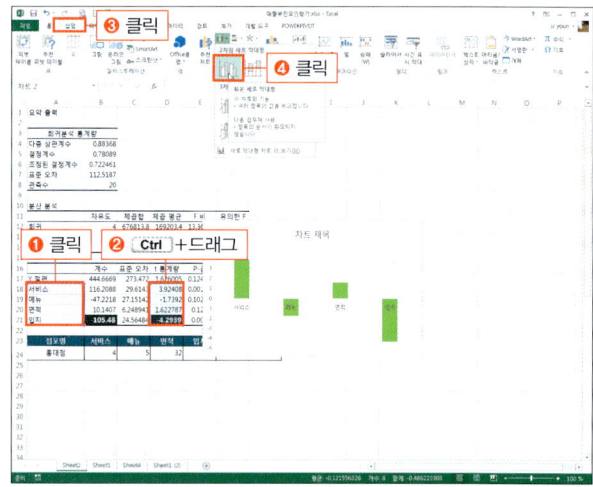

02. 차트가 작성되었습니다.

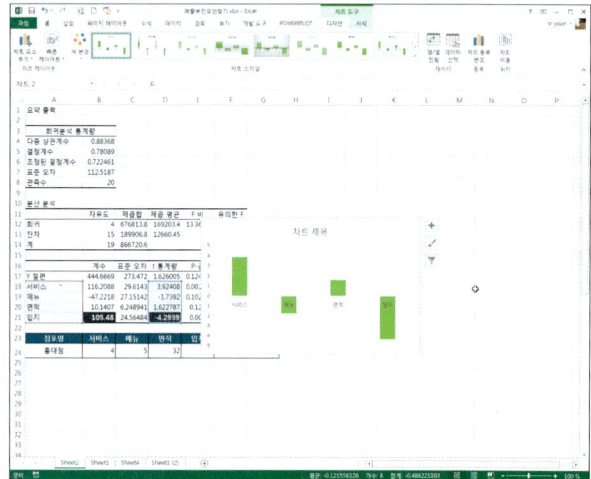

03. 차트 모양을 수정하여 완성합니다. 이제 차트의 출력 결과를 보고 판단을 해 보겠습니다. 영향도 크기는 t의 절대값으로 판단합니다. 이 경우 '입지 〉 서비스 〉 메뉴 〉 면적' 순으로 매출에 영향을 주는 것으로 나타났습니다. 시간과 비용은 유한입니다. 어떤 문제가 있을 때 한정된 자원을 개선 때문에 어디에 투입해야 할지, 우선 순위를 정할 때의 기준이 됩니다.

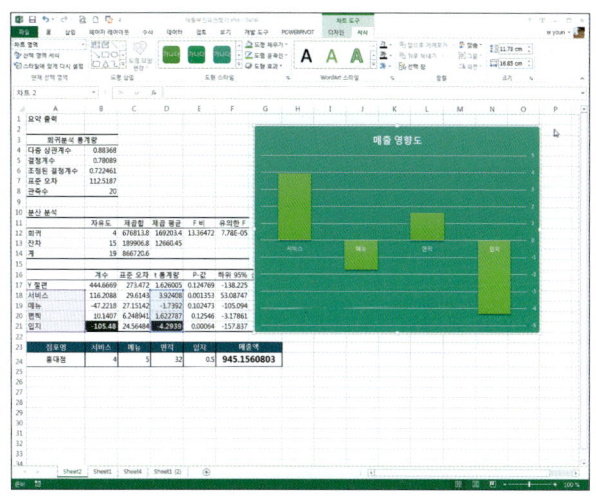

PART 02 · 트렌드와 예측 데이터 분석하기

TIP : 다중회귀분석을 실시할 때의 주의점

샘플 수는 독립 변수의 수보다 많아야 합니다. 예를 들어 표본 수를 n, 설명 변수의 수를 k라 했을 때, n−k−1 〉 0을 만족하지 않으면 다중 회귀식은 구할 수 없습니다. 되도록 n과 k의 차로 여유가 나오도록 표본 수를 많이 하는 편이 좋습니다.

Excel의 사양 제한 : 독립 변수는 16개까지 사용합니다. 분석 도구 모음의 [회귀분석]은 프로그램의 사양 상 설명 변수(x의 범위)가 16개로 제한되어 있습니다.

과거의 연도/월별 데이터를 이용하여 다음달 매출을 예측하는 방법에 대해 알아봅니다. 여기서는 연, 월, 매출의 실적 데이터에서 가장 최적의 요인을 선택하여 다음달의 매출을 예측하는 것입니다.

예제 파일 | CD\Part 02\매출예측.xlsx

01. 기본적인 데이터에서 필요한 데이터를 만들기 위한 방법으로 피벗 테이블을 사용합니다. 다음 데이터의 아무곳이나 클릭한 다음 [삽입] 탭-[표] 그룹-[피벗 테이블]을 선택합니다.

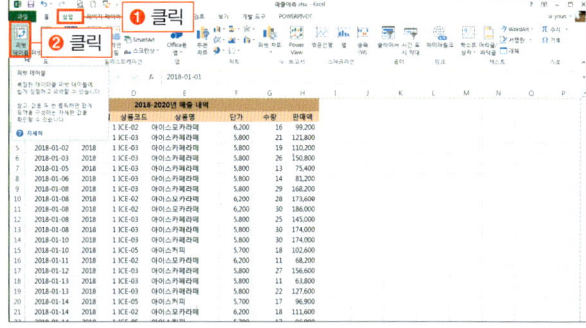

02. [피벗 테이블 만들기] 대화상자가 나타나면 범위를 확인하고 [확인] 단추를 클릭합니다.

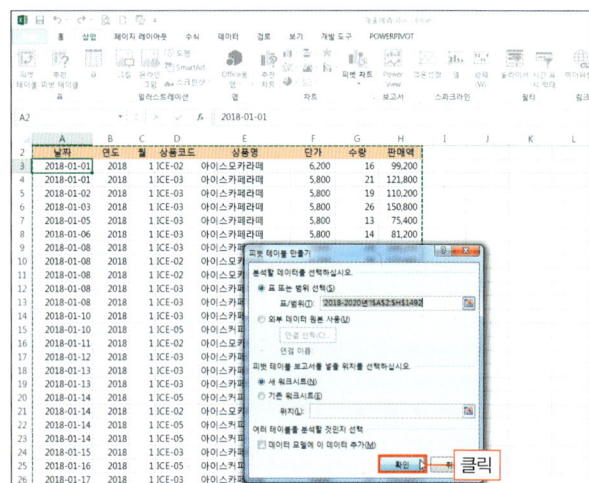

03. 새로운 시트에 피벗 테이블이 삽입되면 다음과 같이 배치합니다.

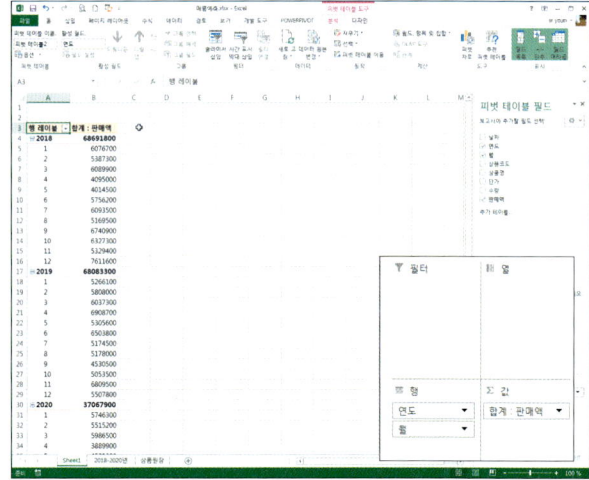

04. 피벗 테이블로 구한 결과물을 새 시트에 복사하여 매출을 예측하기 위한 기본 자료를 작성하기 위해 [A4:B37] 셀 범위를 선택한 다음 [홈] 탭-[클립보드] 그룹-[복사]를 클릭합니다.

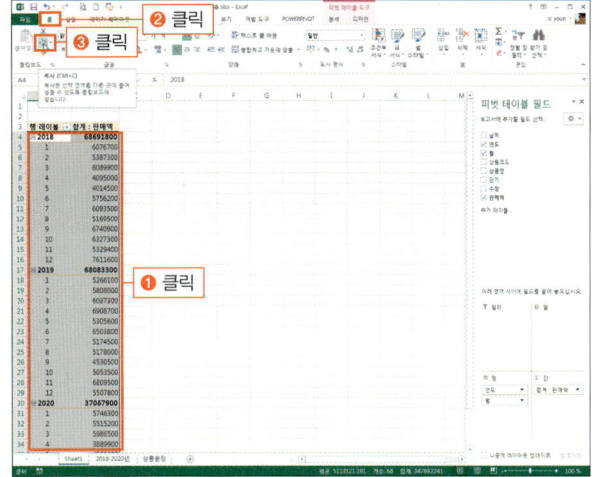

05. [새 시트] 아이콘을 클릭하여 새 시트가 삽입되면 [붙여넣기]를 클릭합니다.

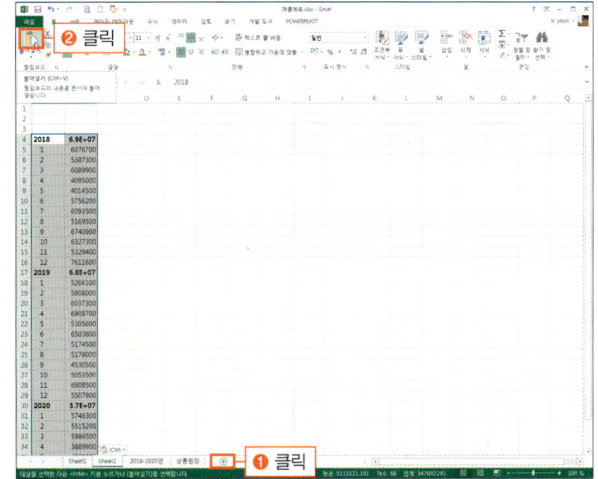

06. [A5] 셀을 클릭하고 [2018/1]을 입력한 다음 [표시 형식] 그룹에서 [표시 형식] 아이콘을 클릭합니다. [셀 서식] 대화상자가 나타나면 [사용자 지정] 탭의 [형식]에 [yyyy"년" mm"월"]을 입력하고 [확인] 단추를 클릭합니다.

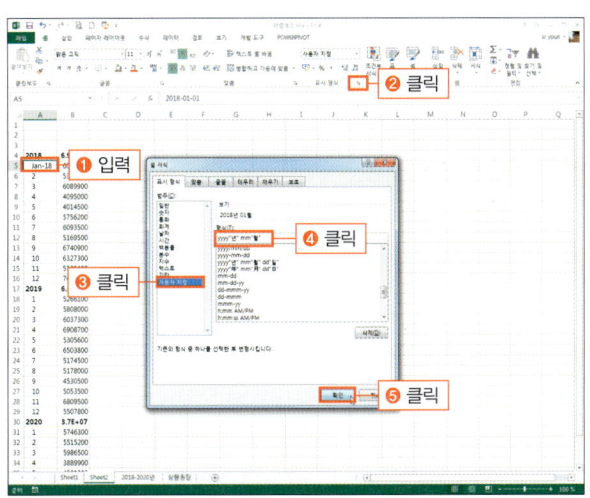

07. 연도와 월만 표시되면 [A16] 셀까지 드래그하여 자동 채우기를 합니다. [자동 채우기 옵션] 아이콘이 나타나면 클릭하여 [월 단위 채우기]를 클릭합니다.

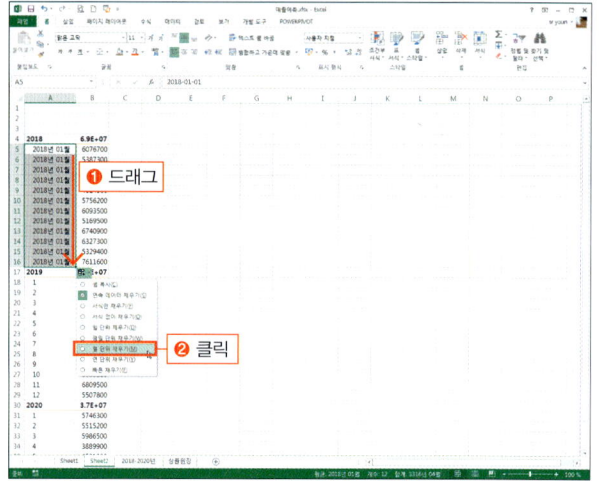

08. 연도별/월별로 표시됩니다.

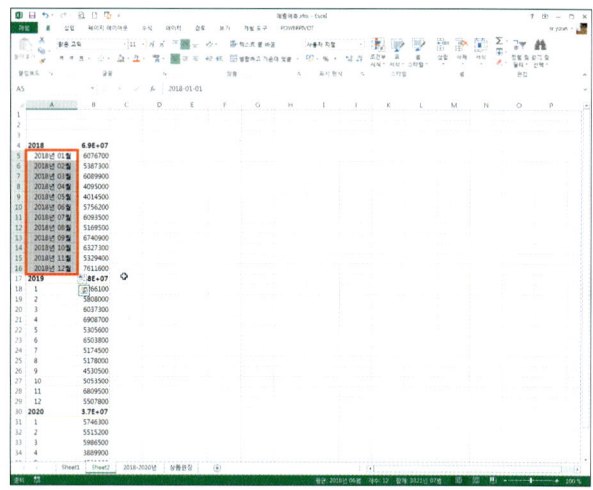

09. 2019년과 2020년에 해당하는 날짜도 다음과 같이 되도록 수정합니다.

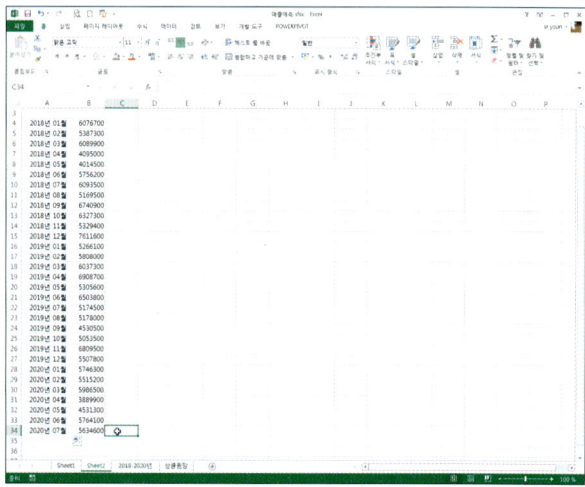

10. 이제 [0/1] 변수값을 작성하기 위해 다음과 같이 표를 만듭니다. 각 연도와 월에 대한 변수값을 작성하기 위한 것이므로 다음과 같이 작성하는 것입니다.

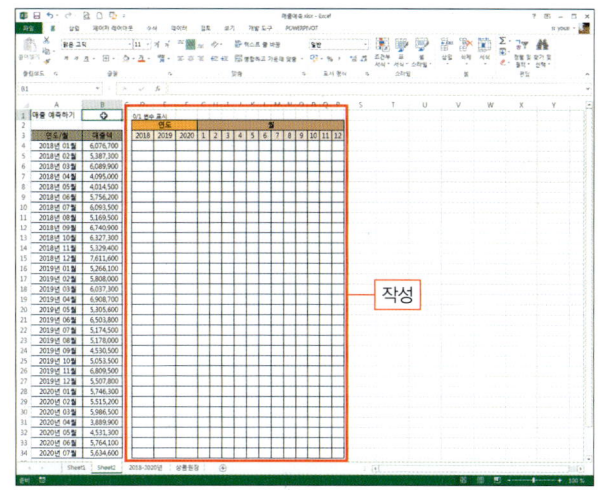

11. 변수값을 구하기 위해 [D4:F34] 셀 범위를 선택한 후 [=IF(YEAR($A4)=D$3,1,0)]을 입력하고 **Ctrl** + **Enter** 를 누릅니다.

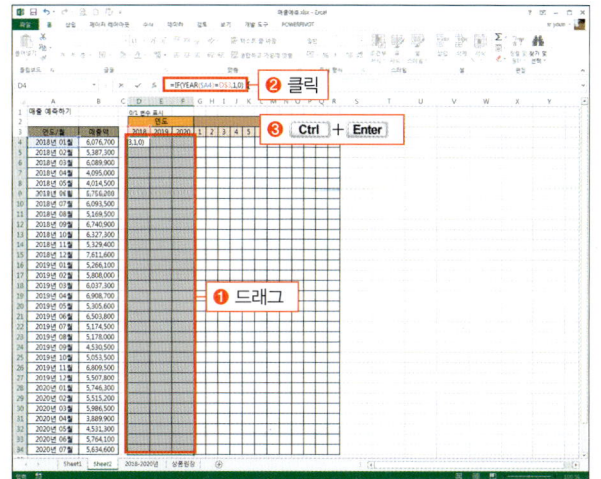

12. 선택된 모든 셀에 수식이 입력되어 변수를 구했습니다.

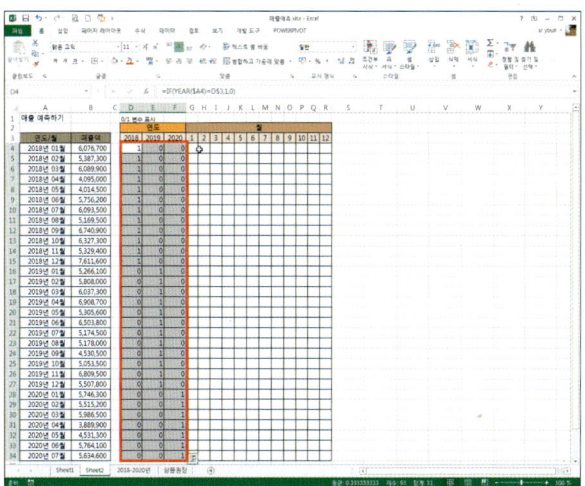

13. [G4:R34] 셀 범위를 선택한 다음 함수식 [=IF(MONTH($A4)=F$3,1,0)]을 입력하고 **Ctrl** + **Enter** 를 누릅니다.

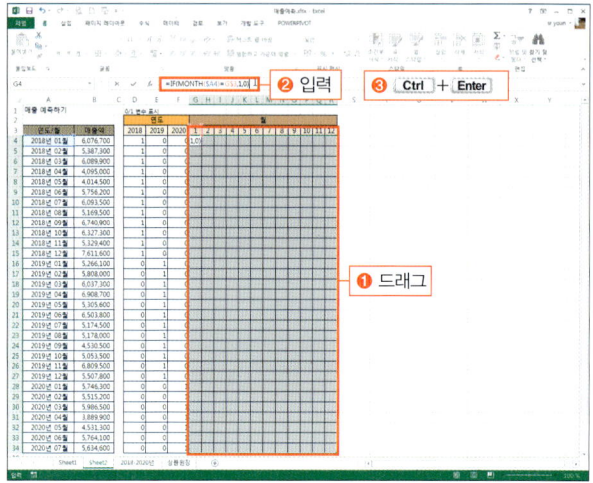

14. 선택된 모든 셀에 수식이 입력되어 변수를 구했습니다.

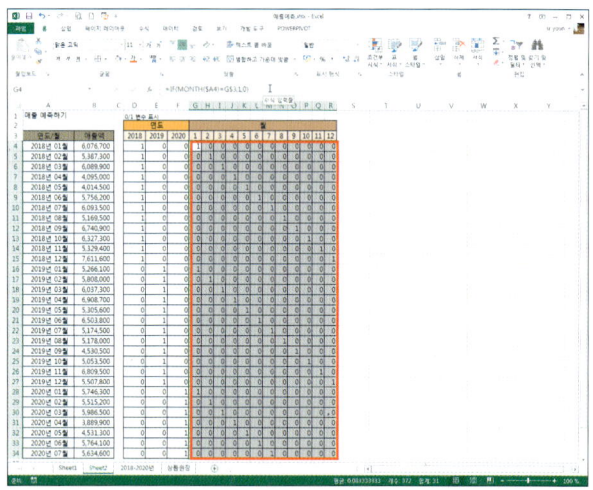

15. 하나의 요인에 여러 개의 복수 항목이 있으면 그 중 하나의 항목은 삭제해야 합니다. 하나의 항목을 삭제하지 않고 회귀분석을 하면 오류가 생길 수 있기 때문입니다. 여기서는 [연도] 요인 중에서는 [2020]과 [월] 요인 중에서는 [12] 요인을 삭제하겠습니다. [F]와 [R] 열 번호를 선택한 다음 [홈] 탭–[셀] 그룹–[삭제]–[시트 열 삭제]를 클릭합니다.

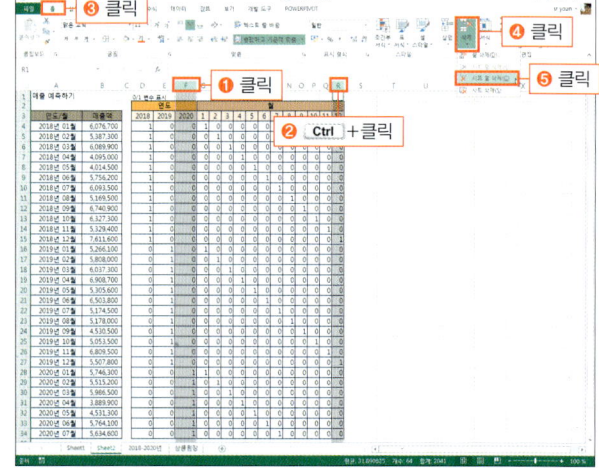

16. 선택한 열이 삭제되었습니다.

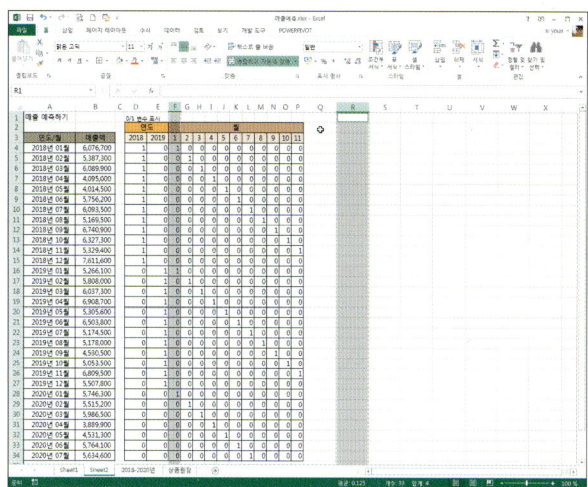

17. [데이터] 탭-[분석] 그룹-[데이터 분석]을 클릭하여 [통계 데이터 분석] 대화상자가 나타나면 [회귀분석]을 선택하고 [확인] 단추를 클릭합니다.

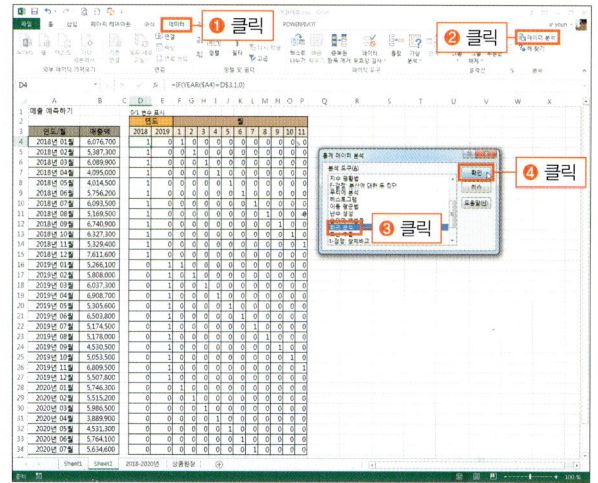

18. [회귀분석] 대화상자가 나타나면 [입력] 항목의 [Y축 입력 범위]에는 [B3:B34], [X축 입력 범위]에는 [D3:P34] 셀 범위를 지정하고, [이름표] 항목을 선택한 다음 [확인] 단추를 클릭합니다.

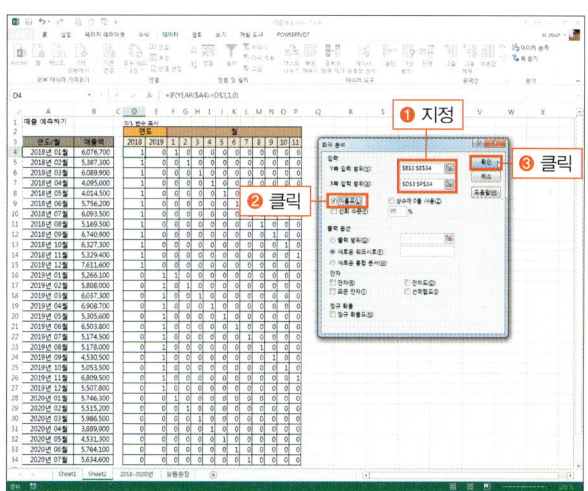

19. 새로운 시트에 요약 출력 보고서가 표시됩니다.

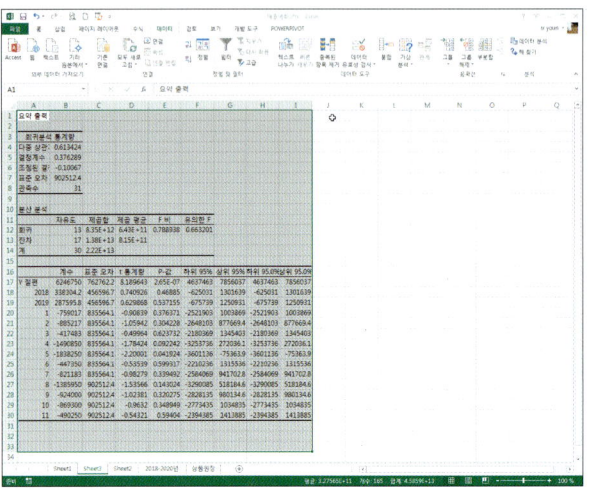

20. 독립 변수 선택기준값을 구하기 위해 [B9] 셀에 수식 [=1−(1−B4^2)*(B8+B12+1)/(B8−B12−1)]을 입력합니다.

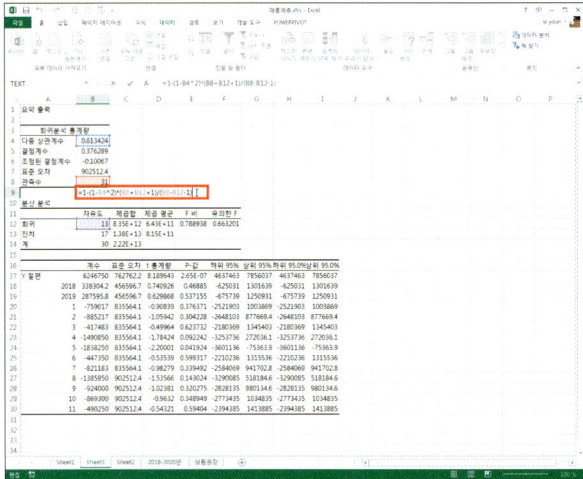

TIP : 독립 변수 선택기준값이 높으면 높을수록 최적의 독립 변수 조합이라는 의미입니다.

21. 독립 변수 선택기준값 [−0.651]을 구했습니다.

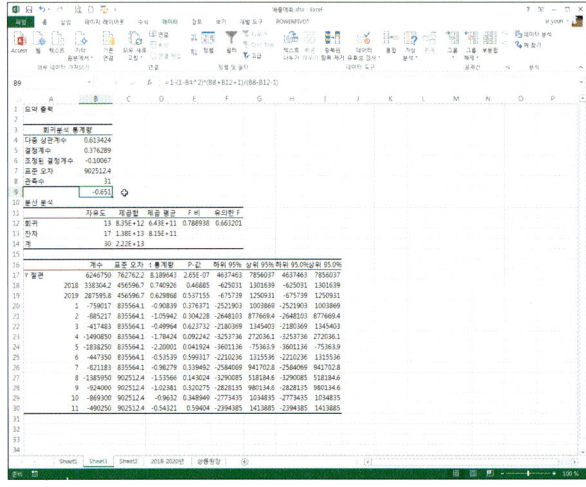

22. [A32:B34] 셀 범위에 다음과 같이 입력하고 [B33] 셀에 수식 [=MAX(B18:B19,0)–MIN(B18:B19,0)]을 입력합니다.

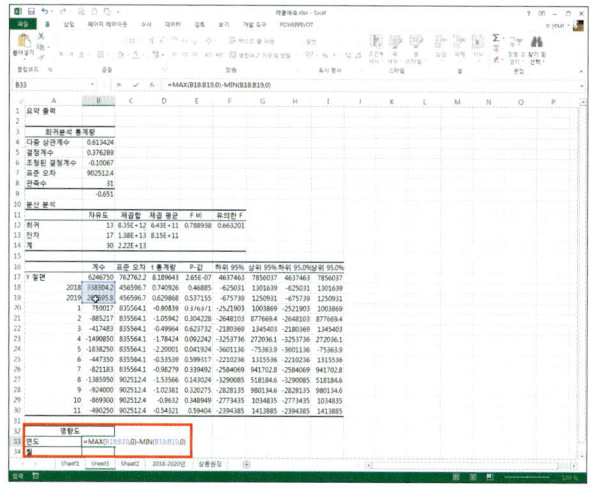

23. [B34] 셀에 함수식 [=MAX(B20:B30,0)–MIN(B20:B30,0)]을 입력합니다.

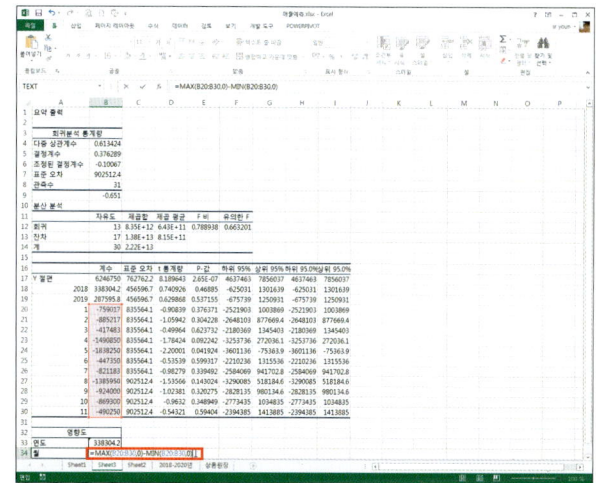

24. 연도와 월의 영향도를 구했습니다.

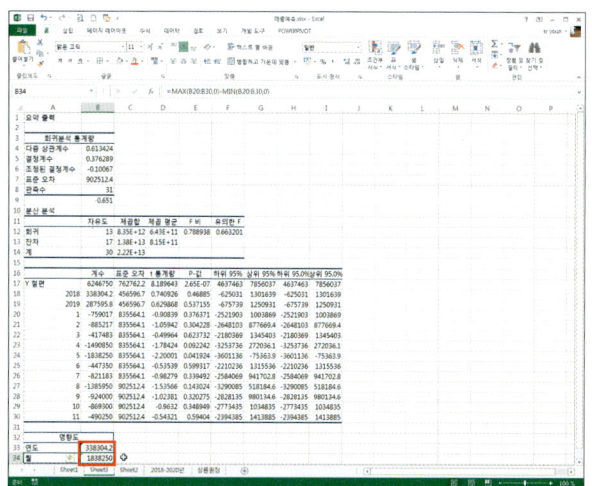

25. [Sheet2] 시트를 클릭한 후 [데이터] 탭–[분석] 그룹–[데이터 분석]을 클릭하여 [통계 데이터 분석] 대화상자가 나타나면 [회귀분석]을 선택하고 [확인] 단추를 클릭합니다.

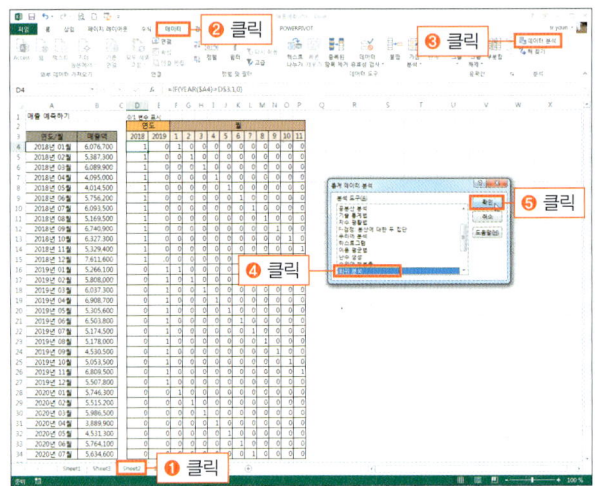

26. [회귀분석] 대화상자가 나타나면 모든 요인을 사용한 회귀분석에서 영향도가 더욱 낮은 연도를 제외하고 회귀분석을 구하기 위해 [입력] 항목의 [Y축 입력 범위]에는 [B3:B34], [X축 입력 범위]에는 [F3:P34] 셀 범위를 지정하고, [이름표] 항목을 선택한 다음 [확인] 단추를 클릭합니다.

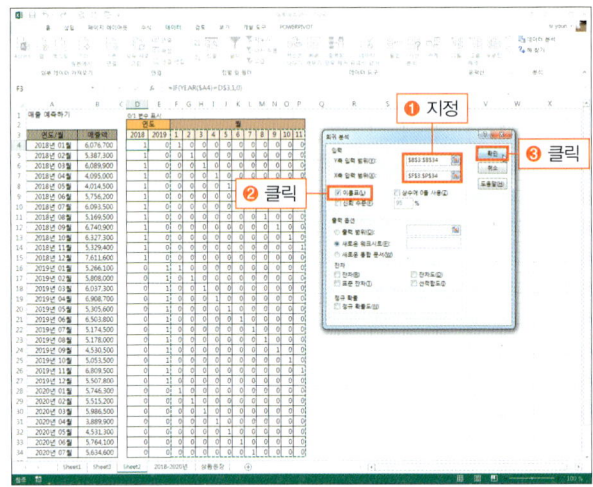

27. 새로운 시트에 요약 출력 보고서가 표시됩니다.

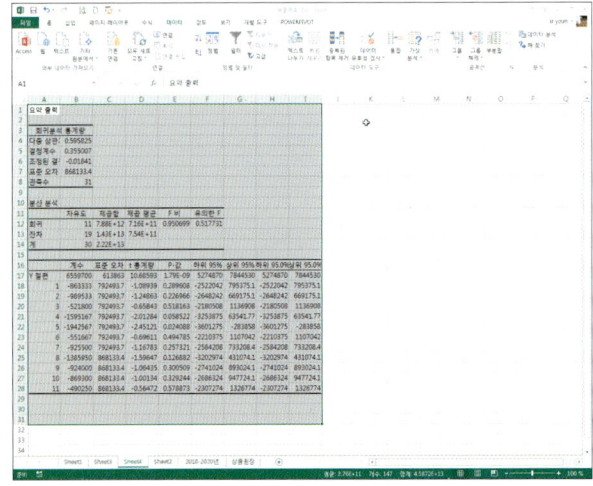

28. [B9] 셀에 수식 [=1-(1-B4^2)*(B8+B12+1)/ (B8-B12-1)]을 입력합니다. 이 수식은 앞에서와 같습니다.

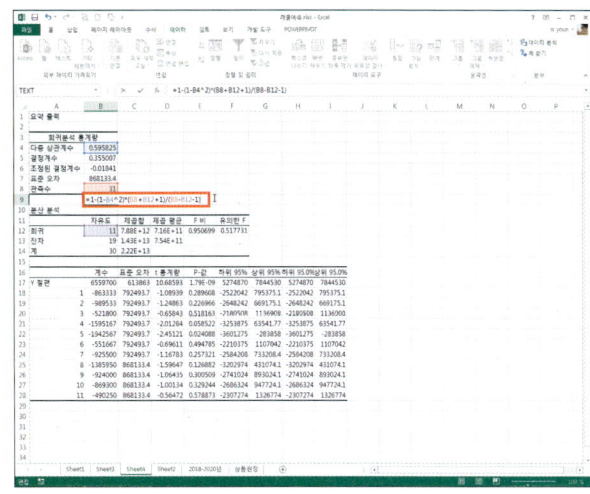

29. 이제 매출을 예상해 보겠습니다. [Sheet2] 시트를 클릭한 후 [R2:T3] 셀 범위에 다음과 같은 내용을 입력합니다.

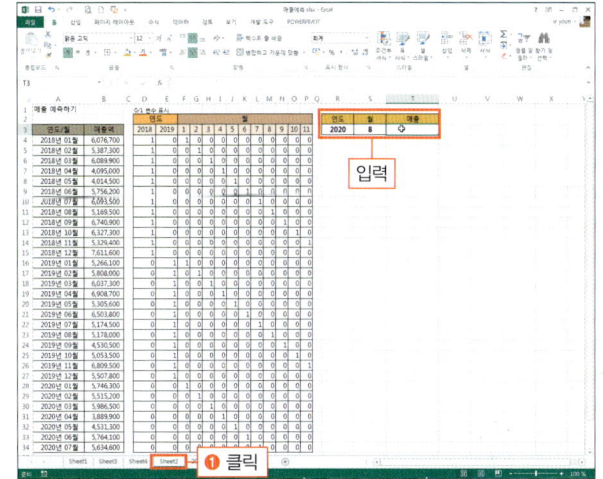

30. 설명변수 선택 기준값이 높게 나타난 [Sheet4] 시트를 클릭하고 [A16:B28] 셀 범위를 선택한 다음 [홈] 탭-[클립보드] 그룹-[복사]를 클릭합니다.

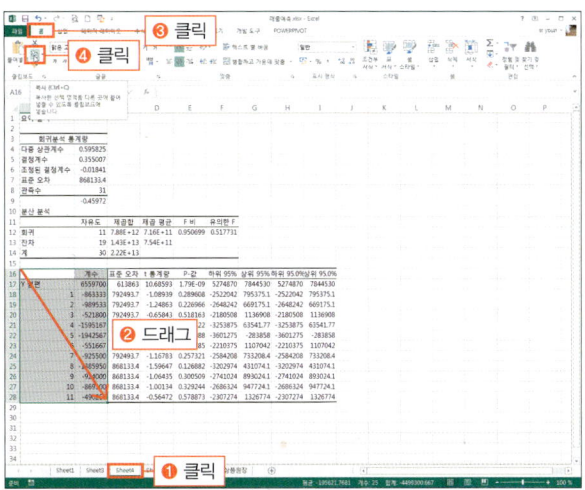

31. [Sheet2] 시트를 클릭하고 [R5] 셀을 클릭한 다음 [붙여넣기]를 클릭합니다.

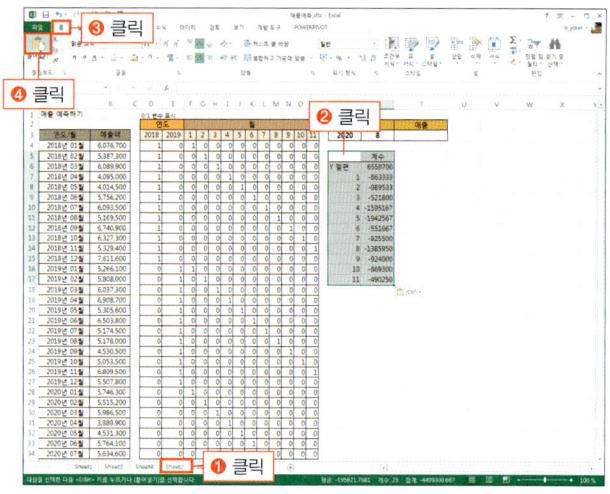

32. 예상 매출액을 구하기 위해 [T3] 셀에 함수식 [=S6+SUMIF(R7:R17,S3,S7:S17)]을 입력합니다.

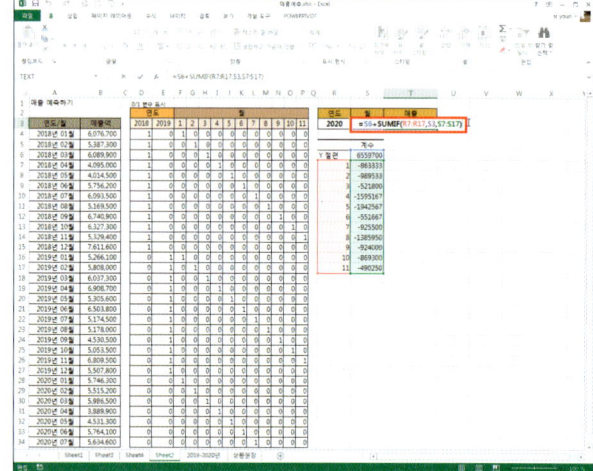

TIP : SUMIF 함수

SUMIF(range, criteria, [sum_range])
SUMIF 함수를 사용하여 지정한 조건에 맞는 범위의 값을 더할 수 있습니다. 예를 들어 숫자가 포함된 열에서 5보다 큰 값만 더할 수 있습니다. 이 경우 다음 수식을 사용합니다.

33. 예상 매출액을 구했습니다.

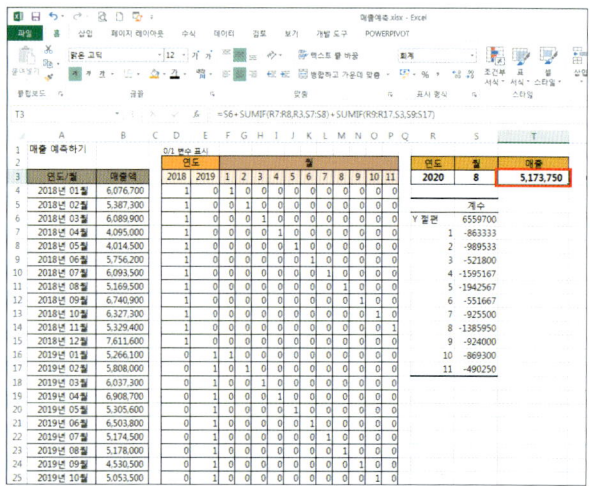

여기서는 요일이나 날씨, 광고지에서 최적의 요인을 선택하고 마트에 찾아오는 고객수를 예측하는 방법에 대해 알아보겠습니다.

■ [01] 변수로 변환하기

예제 파일 | CD₩Part 02₩날씨 요일 고객수.xlsx

01. 다음은 예제 파일의 내용입니다. [A4:F32] 셀 범위에 있는 데이터를 이용하여 예측에 필요한 변수 데이터를 먼저 만들어야 합니다.

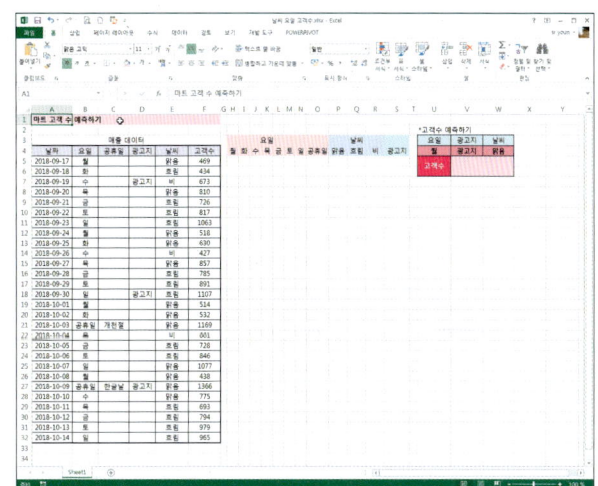

02. 요일에 대한 변수를 작성하기 위해 [H5] 셀에 수식 [=IF($B5=H$4,1,0)]을 입력합니다. [B5] 셀에 입력되어 있는 값과 [H5] 셀 값이 [월]이면 [1]을 입력하고 아니면 [0]을 입력합니다. 이때 셀 참조 시 상대참조를 정확하게 해 주세요. 이후 따라하기에서 복사하여 간단하게 나머지 요일에 대한 변수를 구하기 위해서입니다.

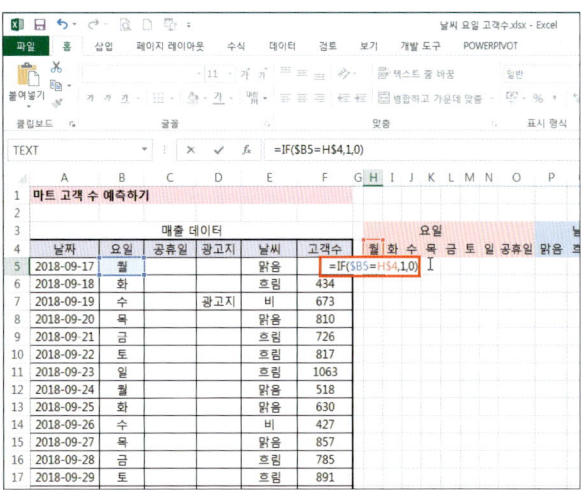

03. [B5] 셀의 데이터가 [월]이어서 [H5] 셀에 [1]이 입력되었습니다.

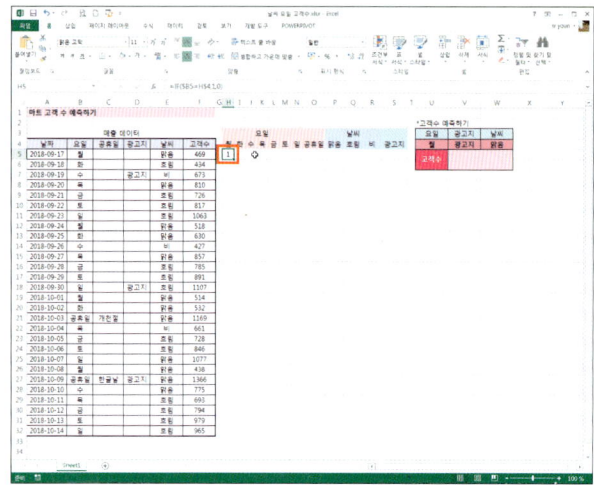

04. 나머지 요일은 [O32] 셀까지 자동 채우기로 복사하여 요일에 대한 변수를 입력합니다.

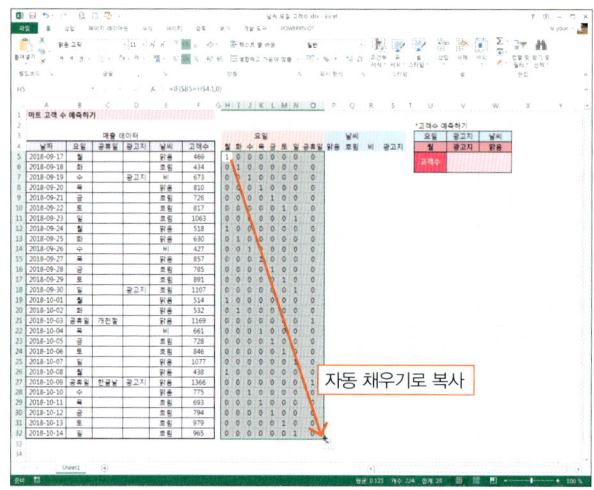

자동 채우기로 복사

05. 이번에는 날씨에 대한 변수를 입력하기 위해 [P5] 셀에 수식 [=IF($E5=P$4,1,0)]을 입력합니다.

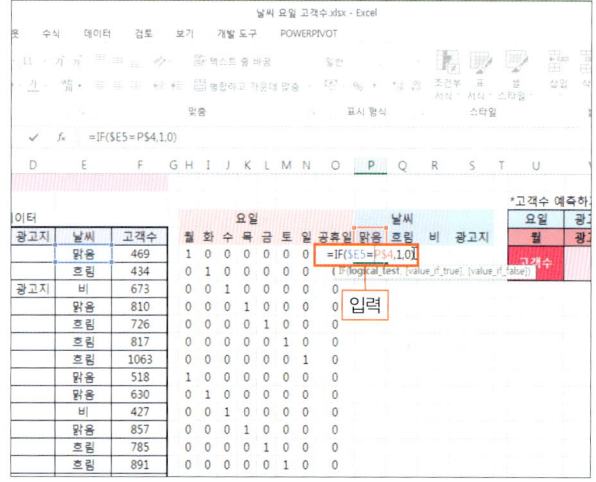

입력

06. [E5] 셀의 값이 [맑음]이므로 [P5] 셀의 값이 1이 되었습니다.

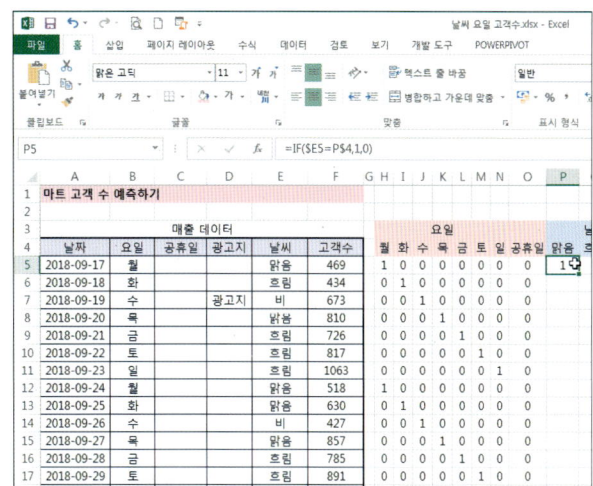

07. [R32] 셀까지 자동 채우기로 복사합니다. 이어 [S5] 셀을 클릭하고 광고지에 대한 변수를 입력하기 위해 수식 [=IF($D5=S$4,1,0)]을 입력합니다.

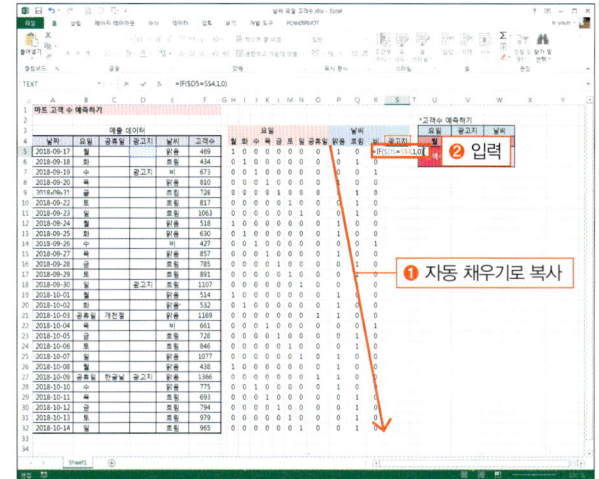

08. [S32] 셀 범위까지 수식을 자동 채우기로 복사합니다. 여기까지하면 기본 데이터에서 변수 작성은 끝입니다.

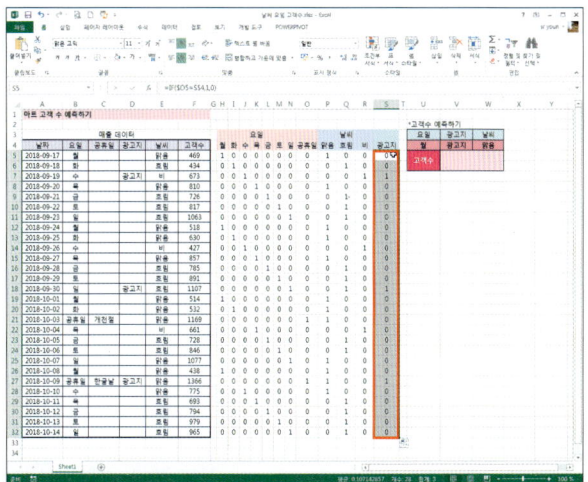

■ 회귀분석과 최적의 독립 변수 조합 찾기

하나의 요인에 여러 개의 복수 항목이 있으면 그 중 하나의 항목은 삭제해야 합니다. 하나의 항목을 삭제하지 않고 회귀분석을 하면 오류가 생길 수 있기 때문입니다. 여기서는 [요일] 요인 중에서 [공휴일], [날짜] 요인 중에서 [비]를 삭제하겠습니다.

01. [O]와 [R] 열 번호를 클릭한 다음 마우스 오른쪽 단추를 클릭하여 [삭제]를 클릭합니다.

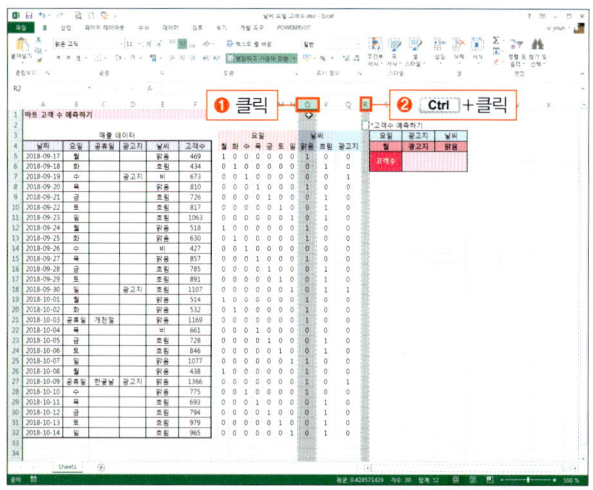

02. 두 열이 삭제되었습니다. [데이터] 탭-[분석] 그룹-[데이터 분석]을 클릭합니다.

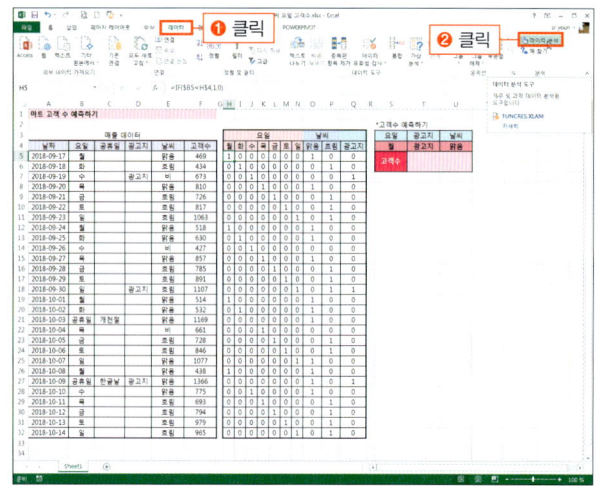

03. [통계 데이터 분석] 대화상자가 나타나면 [회귀분석]을 클릭하고 [확인] 단추를 클릭합니다.

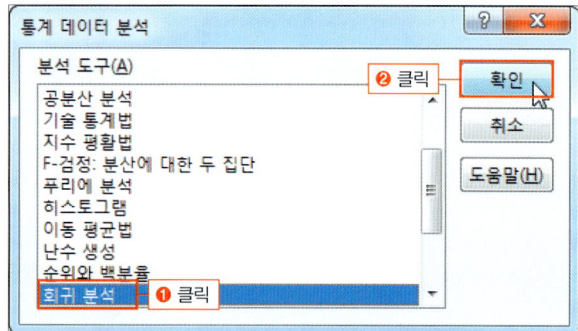

04. [회귀분석] 대화상자가 나타나면 [Y축 입력 범위]와 [X축 입력 범위]를 입력하고 [이름표] 항목을 클릭하여 선택한 다음 [확인] 단추를 클릭합니다.

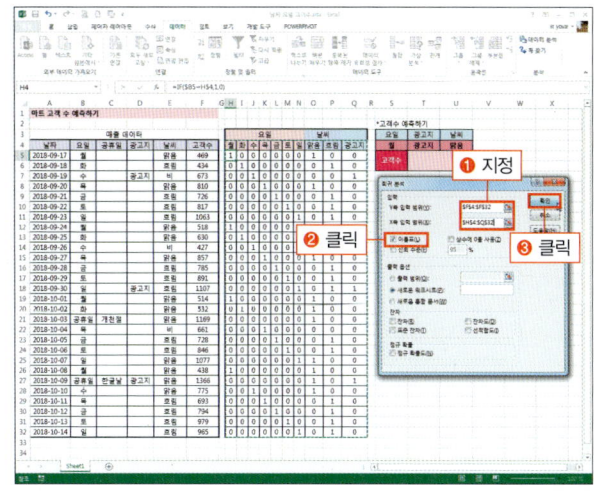

05. 새로운 시트에 요약 출력이 표시됩니다.

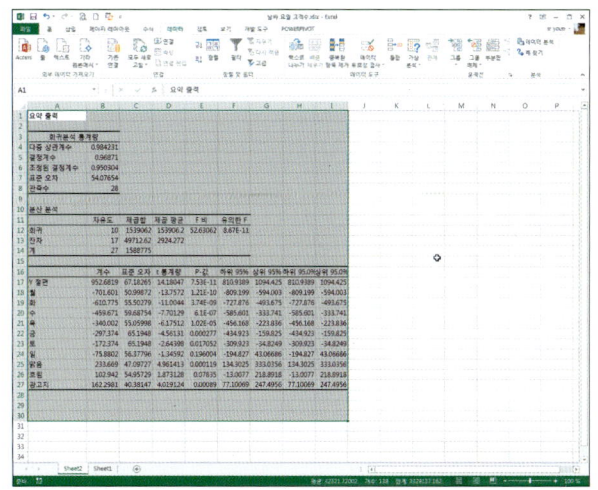

06. 독립 변수 선택 기준값을 구하기 위해 [H11:I11] 셀 범위에 다음과 같이 내용을 입력하고 [H12] 셀에 수식 [=1-(1-B4^2)*(B8+B12+1)/(B8-B12-1)]을 입력합니다.

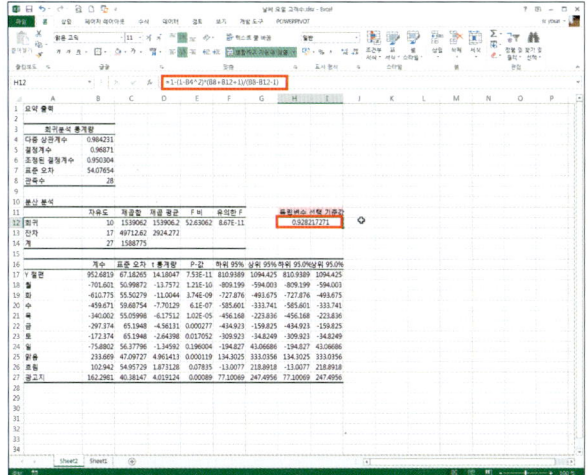

> **TIP : 독립 변수 선택 기준값의 의미**
>
> 독립 변수 선택 기준값이 높을수록 최적의 독립 변수의 조합이 되었다는 것을 의미합니다.

07. 독립 변수 선택 기준값 [0.928217271]을 구했습니다. 값이 거의 1에 가까우므로 최적의 조합이라는 것을 알 수 있습니다. [D3:E6] 셀 범위에 다음과 같이 영향도와 요인을 구하기 위한 데이터를 입력합니다.

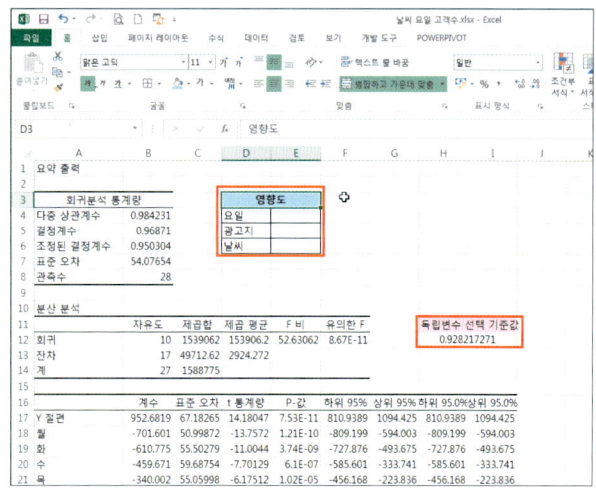

08. 요일, 광고지, 날씨 변수를 입력합니다. 영향도는 요인 내 계수의 최대값에서 계수의 최소값을 빼서 구하면 됩니다. 요일 영향도를 구하기 위해 [E4] 셀을 클릭하고 수식 [=MAX(B18:B24,0)-MIN(B18:B24,0)]을 입력합니다.

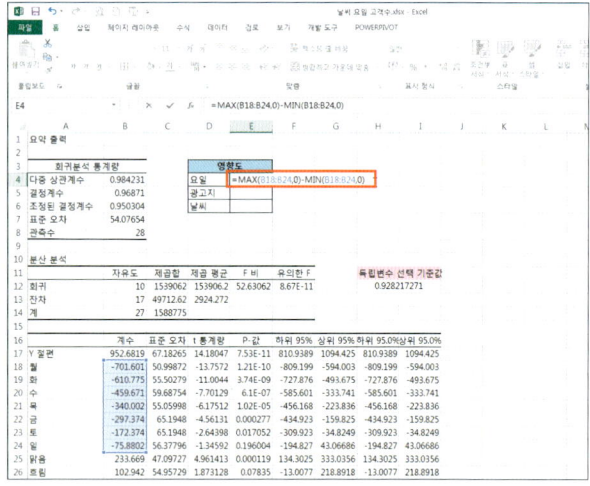

TIP : 영향도 구하기

영향도 = 요인 내의 계수의 최대값 – 계수의 최소값

09. 요일 영향도를 구한 다음 광고지 영향도를 구하기 위해 [E5] 셀에 수식 [=MAX(B27,0)-MIN(B27,0)]을 입력합니다.

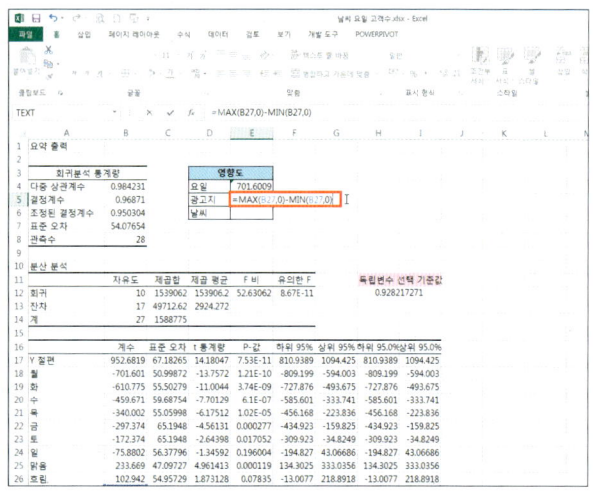

10. [E6] 셀에 날씨 요인의 영향도를 구하기 위해 [=MAX(B25:B26,0)–MIN(B25:B26,0)]을 입력합니다.

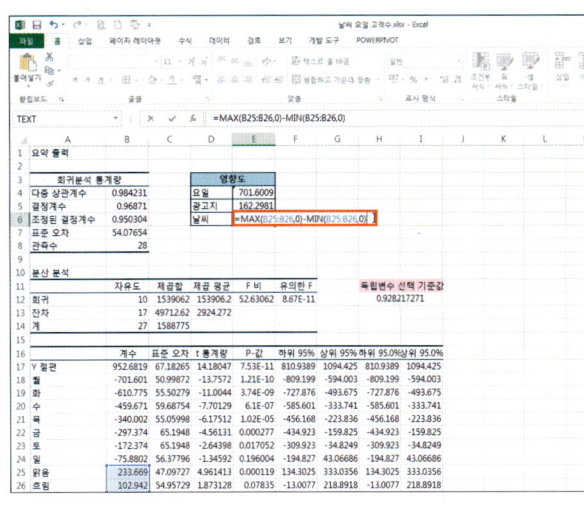

PART 02 · 트렌드와 예측 데이터 분석하기

TIP : 인수에 0을 입력한 이유

인수에 0을 입력한 것은 앞에서 삭제한 열인 요일(공휴일)과 날씨(비) 요인의 계수는 0이기 때문입니다.

11. 요일, 광고지, 날씨의 영향도를 모두 구했습니다. 세 요인 중 요일 영향도가 가장 높고 광고지 영향도가 가장 낮다는 것을 알 수 있습니다.

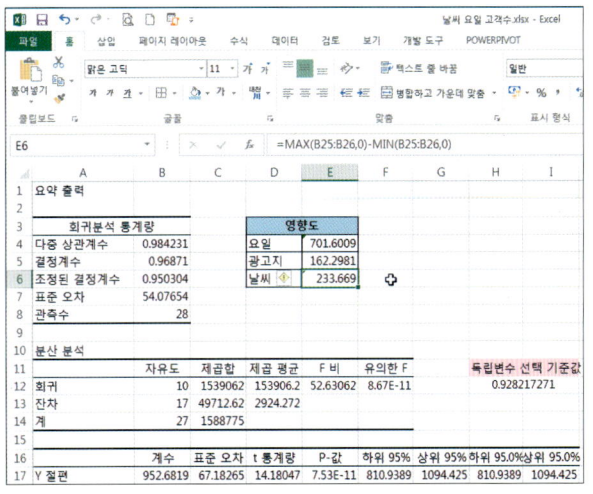

12. 이제 영향도가 가장 낮은 요인인 광고지 열을 삭제하기 위해 [Q] 열 번호를 선택한 다음 마우스 오른쪽 단추를 클릭하여 바로가기 메뉴가 나타나면 [삭제]를 클릭합니다.

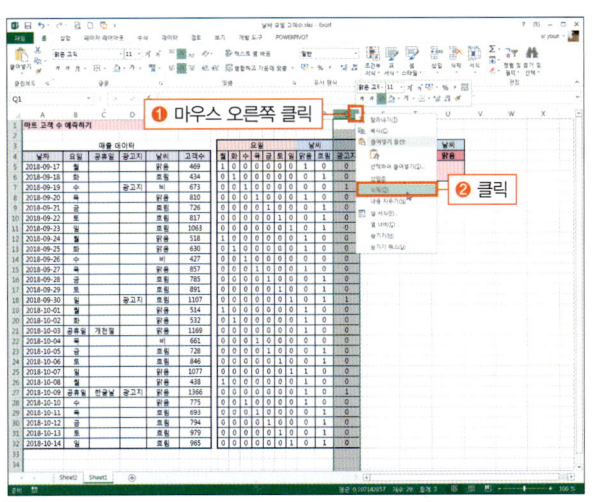

13. 다시 [데이터 분석]을 클릭하여 [통계 데이터 분석] 대화상자가 나타나면 [회귀분석]을 선택하고 [확인] 단추를 클릭합니다.

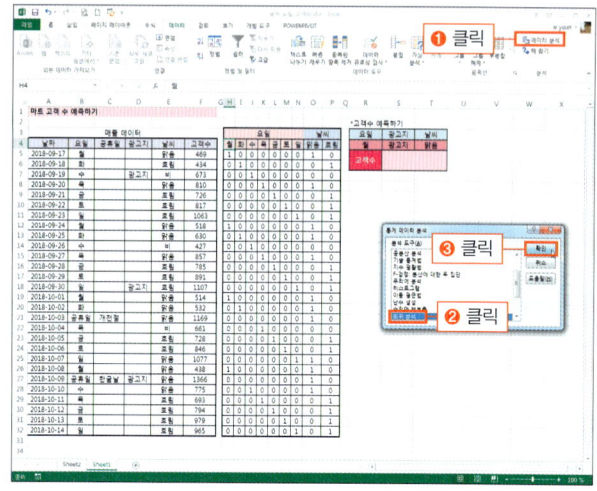

14. [회귀분석] 대화상자가 나타나면 다음과 같이 범위를 입력하고 [확인] 단추를 클릭합니다. [Y축 입력 범위]는 앞에서와 같고, [X축 입력 범위]는 광고지 요인이 있는 열을 삭제했기 때문에 [H4:P32]가 되는 것입니다.

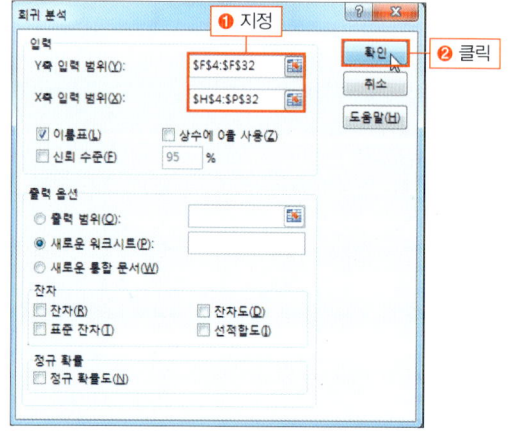

15. 새로운 시트에 요약 출력이 표시됩니다.

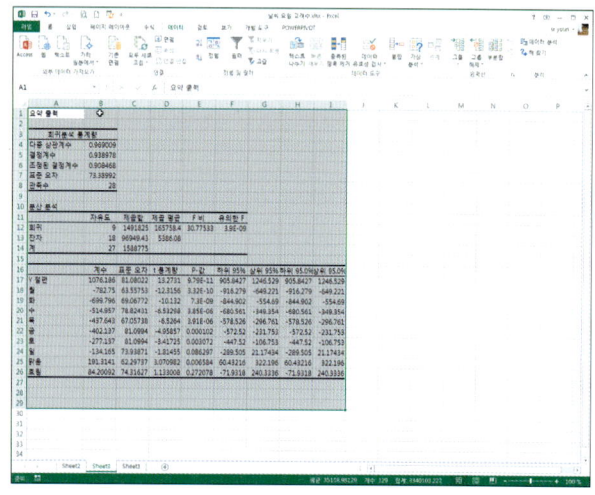

16. 독립 변수 선택 기준값을 구하기 위해 [H121] 셀에 수식 [=1−(1−B4^2)*(B8+B12+1)/(B8−B12−1)] 을 입력합니다.

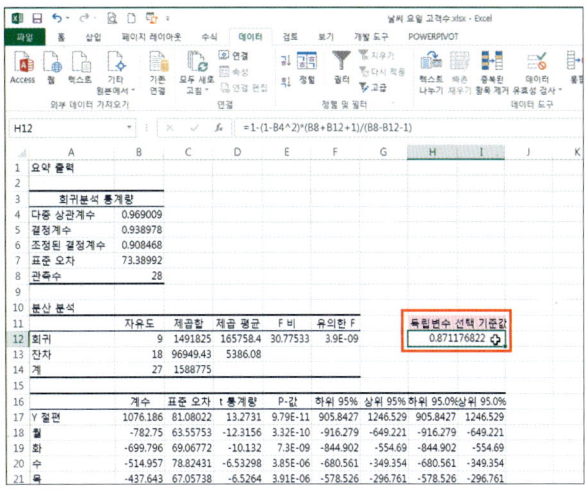

17. 독립 변수 선택 기준값이 앞에서 보다 낮아진 것을 알 수 있습니다. 최적의 조합값은 아니라는 것을 표시합니다. [D3:E5] 셀 범위에 각 요인의 영향도를 구하기 위한 데이터와 수식을 입력합니다. 두 요인 중에서 낮은 것은 [날씨]라는 것을 알 수 있습니다.

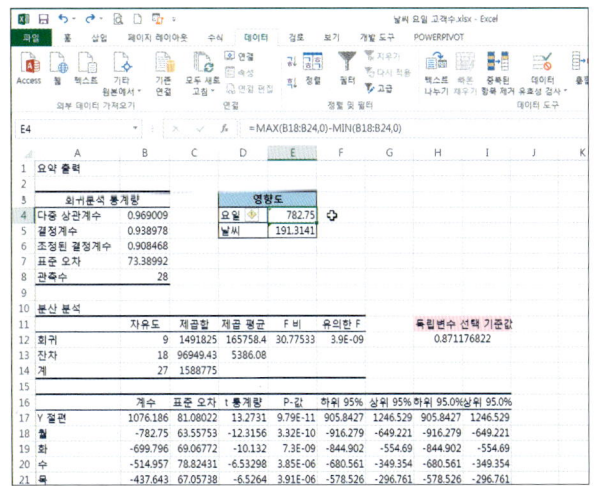

18. 다시 [Sheet1] 시트에서 [데이터 분석]을 클릭하여 [통계 데이터 분석] 대화상자가 나타나면 [회귀분석]을 선택하고 [확인] 단추를 클릭합니다. [회귀분석] 대화상자가 나타나면 다음과 같이 범위를 입력하고 [확인] 단추를 클릭합니다. [Y축 입력 범위]는 앞에서와 같고, [X축 입력 범위]는 요일 요인만 입력하면 되므로 [H4:N32]가 되는 것입니다.

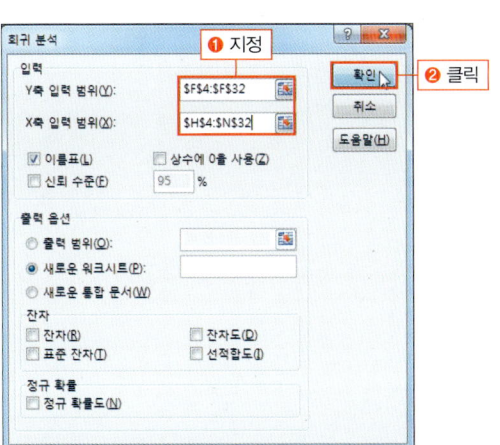

19. 새로운 시트에 요약 출력을 표시합니다. 독립 변수 선택 기준값과 영향도를 구합니다.

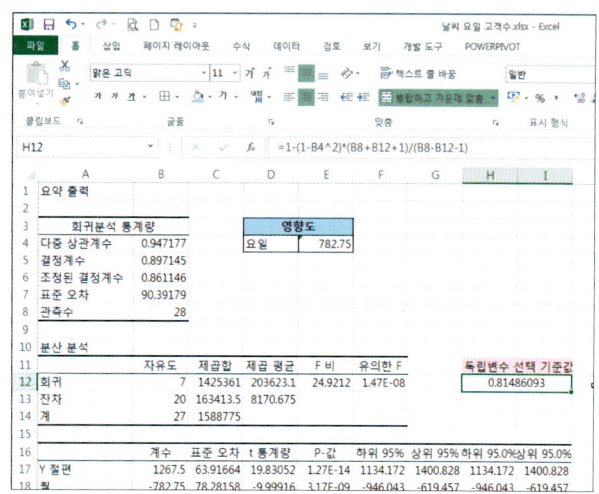

■ 예측값 구하기

회귀분석 보고서를 이용하여 예측값을 구하는 방법에 대해 알아봅니다.

01. 독립 변수 선택 기준값이 가장 높은 [Sheet2]의 시트에 있는 계수 범위인 [A16:B27] 셀 범위를 선택한 다음 [홈] 탭-[클립보드] 그룹-[복사]를 클릭합니다.

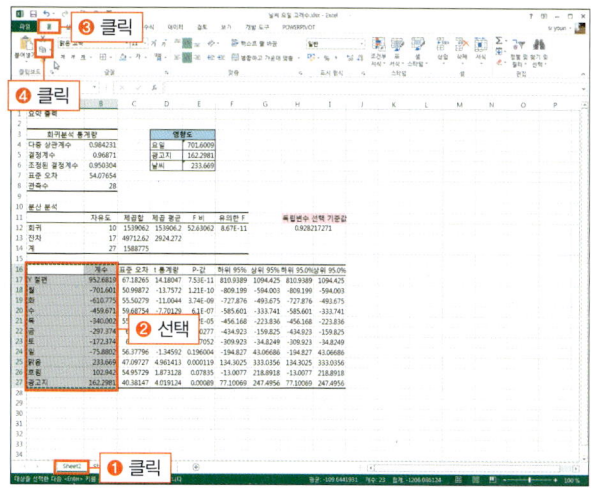

02. [Sheet1] 시트의 [R8] 셀에 복사합니다.

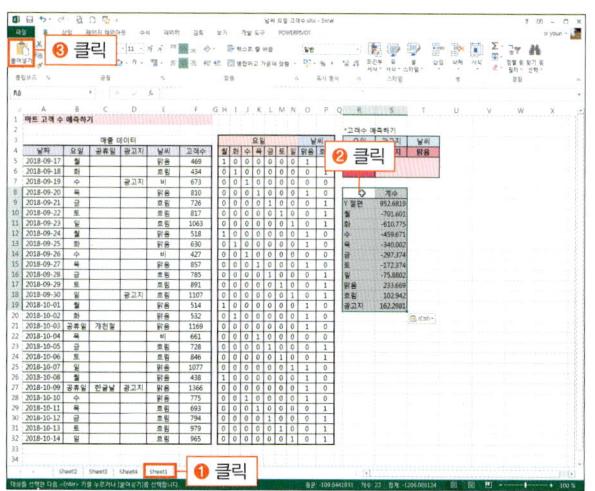

03. 10월 15일인 월요일에 광고지를 배포하고, 날씨가 맑다는 예보가 있는 경우 [S5] 셀에 예측값을 구하기 위한 수식 [=S9+SUMIF(R10:R16,R4, S10:S16)+SUMIF(R19,S4,S19)+SUMIF(R17:R18,T4, S17:S18)]을 입력합니다.

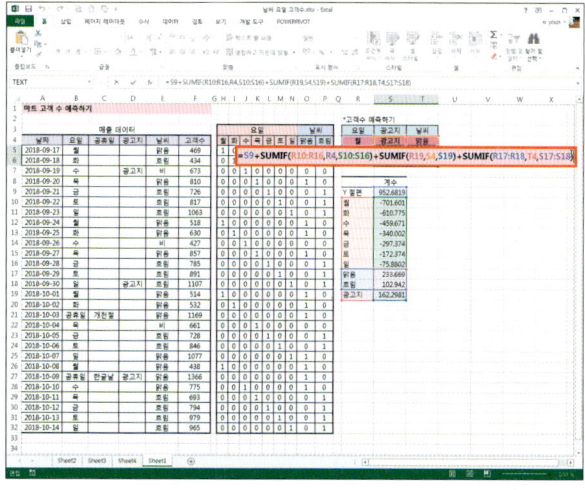

04. 예측값을 구했습니다. 647명이 내점할 것이라는 예측을 할 수 있습니다.

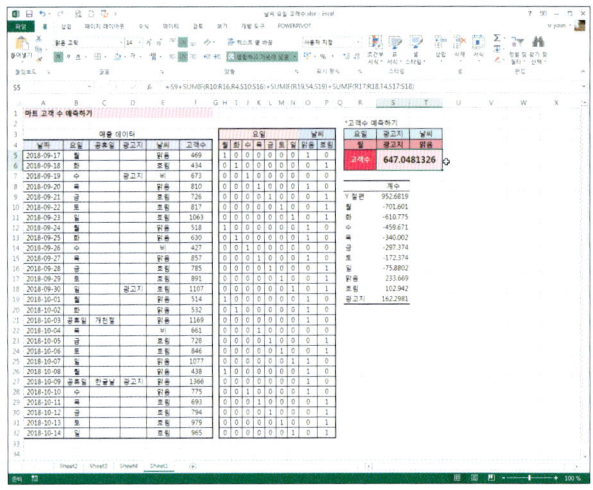

05. 소수점이 보이지 않도록 하여 수치를 정리하여 완성합니다.

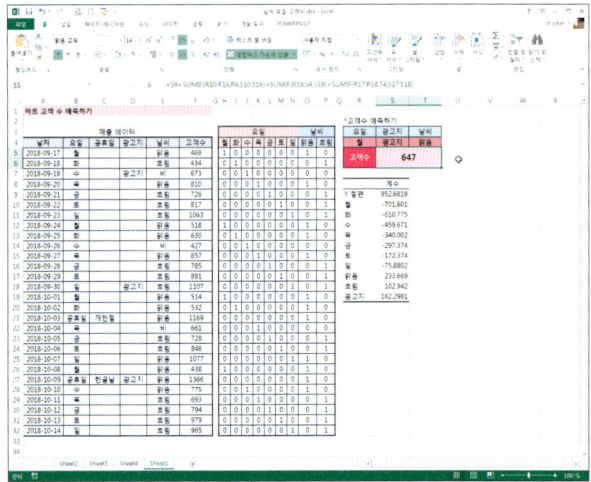

고객이 재방문할 가능성 예측하기

관광지에서 호텔을 경영하는 A씨는 홍보물을 만들고 배포하기 위해 대상을 좁히는 중입니다. 대상은 재방문할 확률이 높은 고객입니다. 고객 정보로는 [연령], [나이], [체류 인원] 등을 바탕으로 분석하여 재방문할 대상을 찾을 수 있는 방법에 대해 알아봅니다. 재방문을 0과 1로 판단한 다음 검증한 결과, 나이가 있고, 급여가 높은 고객일수록 재방문 횟수가 높았으며, 체류 인원은 적을수록 재방문에 영향을 준다는 사실을 알았습니다. 그래서 가족용이 아니라 고령자를 대상으로 광고를 하기로 했습니다.

이러한 경우 사용하는 분석 방법이 판별분석입니다. 판별분석은 수치 데이터를 2개의 그룹으로 나누는데 여기서는 나이, 성별, 체류 인원에서 최적의 요인을 선택하여 재방문 가능성을 예측하는 것입니다. 여기서는 판별적중률 80% 이상을 목표로 해 보겠습니다. 63세의 사람(남녀 구분하지 않았음)이 체류 인원 2명인 경우 재방문을 할 확률이 어느 정도 되는지 알아보겠습니다.

예제 파일 l CD₩Part 02₩판별분석.xlsx

01. 다음 예에서 [G4] 셀을 클릭하면 IF 함수식이 입력되어 있습니다. 이것은 재방문한 사람에 대한 변수 입력으로 재방문한 사람의 경우 숫자 1을 입력하도록 한 것입니다.

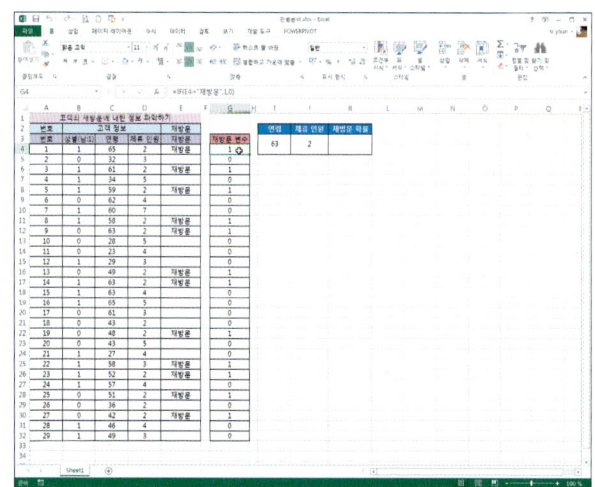

02. [데이터] 탭-[분석] 그룹-[데이터 분석]을 클릭하면 나타나는 [통계 데이터 분석] 대화상자에서 [회귀분석]을 선택하고 [확인] 단추를 클릭합니다.

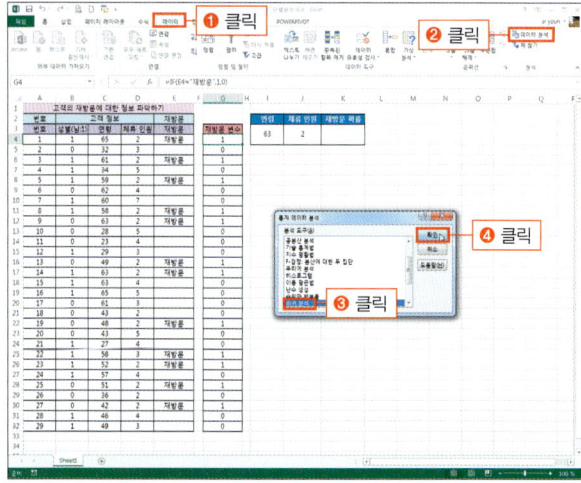

03. [회귀분석] 대화상자가 나타나면 [Y축 입력 범위]와 [X축 입력 범위]에 각각 다음과 같이 범위를 지정합니다. [이름표] 항목을 클릭하여 체크한 후 [확인] 단추를 클릭합니다.

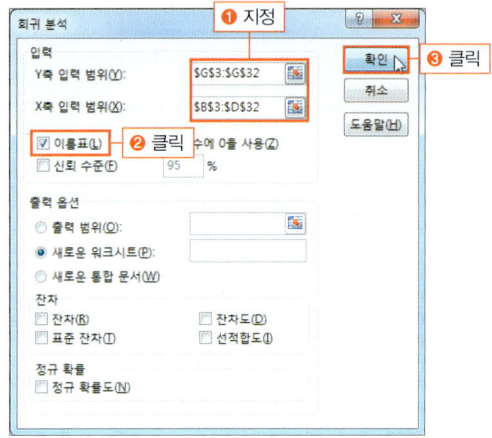

04. 새 시트에 회귀분석의 요약 출력이 표시됩니다.

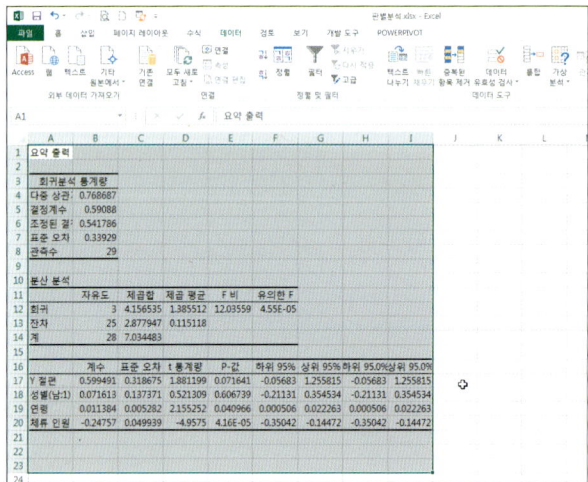

05. 독립 변수 선택기준값을 구하기 위해 [B9] 셀에 수식 [=1−(1−B4^2)*(B8+B12+1)/(B8−B12−1)]을 입력합니다.

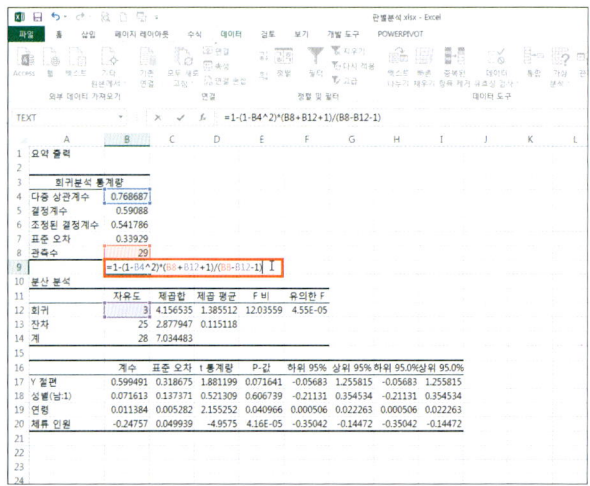

06. 0.46으로 그다지 높지 않습니다. 이 숫자가 높을수록 최적의 변수가 조합된 것이라고 할 수 있습니다.

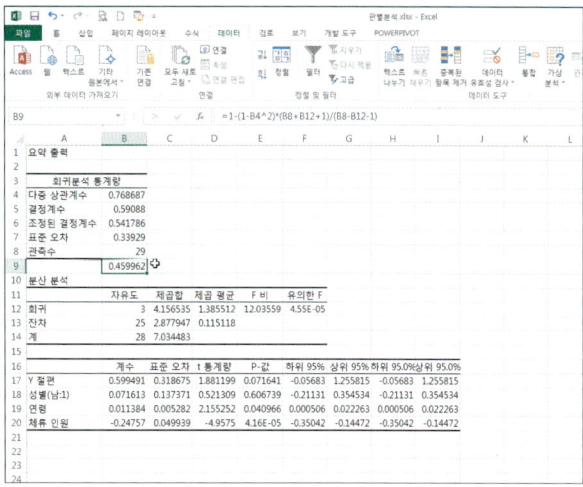

07. 이번에는 두 번째 조합을 위해 다시 한 번 [데이터] 탭-[분석] 그룹-[데이터 분석]을 클릭합니다. [통계 데이터 분석] 대화상자가 나타나면 [회귀분석]을 선택하고 [확인] 단추를 클릭합니다.

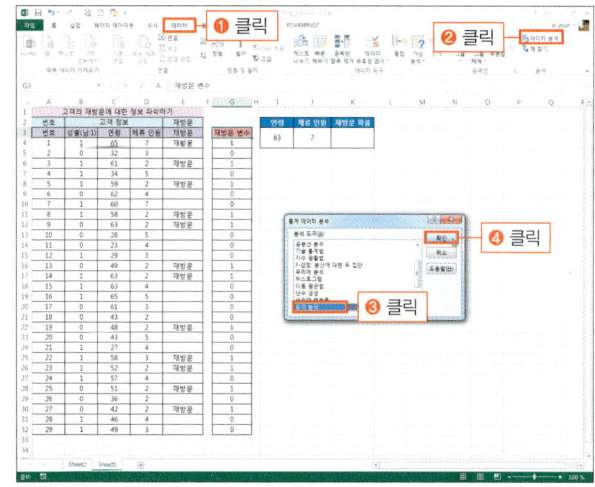

08. [회귀분석] 대화상자가 나타나면 [Y축 입력 범위]와 [X축 입력 범위]에 각각 다음과 같이 범위를 지정합니다. 이때 [X축 입력 범위]에는 앞에서 출력한 요약의 [P-값]에서 가장 높은 항목을 제외하고 회귀분석을 해야 하므로 [Sheet2] 시트의 [E17:E20] 셀 범위에서 가장 값이 큰 [성별(남:1)]을 제외하는 것입니다.

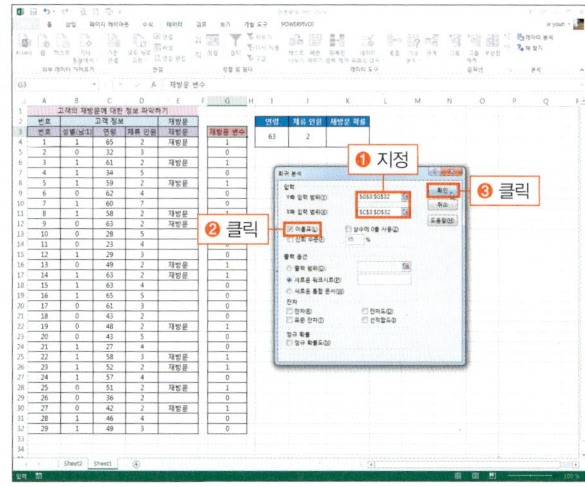

09. 새로운 시트에 요약 출력이 표시됩니다. 독립 변수 선택기준값을 구하기 위해 [B9] 셀에 수식 [=1−(1−B4^2)*(B8+B12+1)/(B8−B12−1)]을 입력합니다. 이 수식은 [Sheet2]의 수식을 복사해도 됩니다.

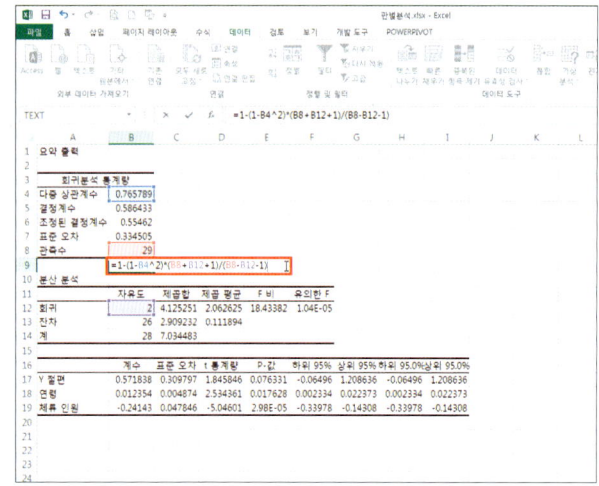

10. 독립 변수 선택 기준값을 구했습니다. [성별(남:1)]을 제외한 회귀분석에서 값이 높은 것을 알수 있습니다.

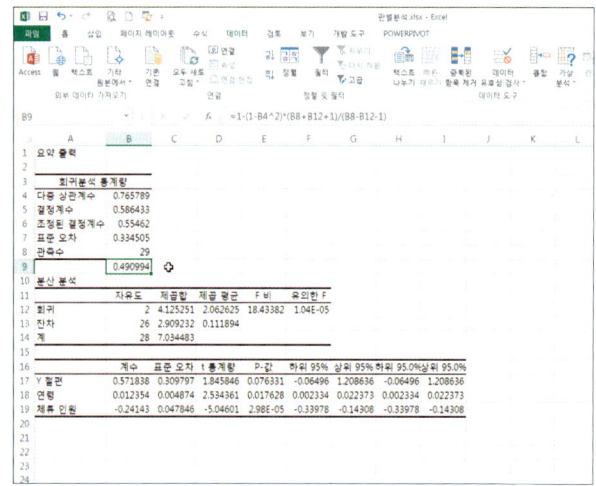

11. [Sheet3]의 [A16:B20] 셀 범위를 선택한 다음 [홈] 탭−[클립보드] 그룹−[복사]를 클릭합니다.

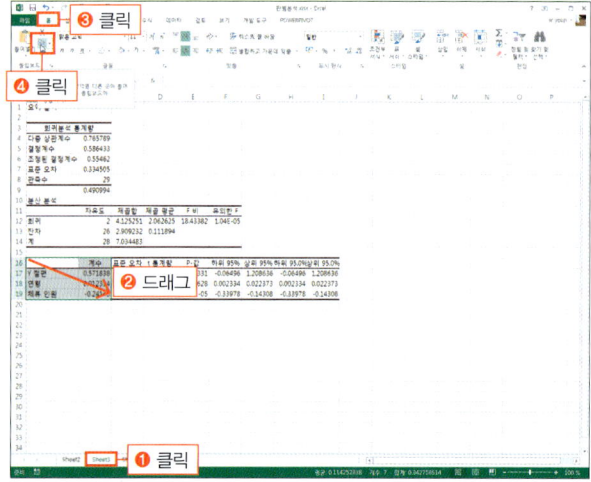

12. [Sheet1] 시트의 [I6] 셀을 클릭하고 [붙여넣기]를 클릭합니다.

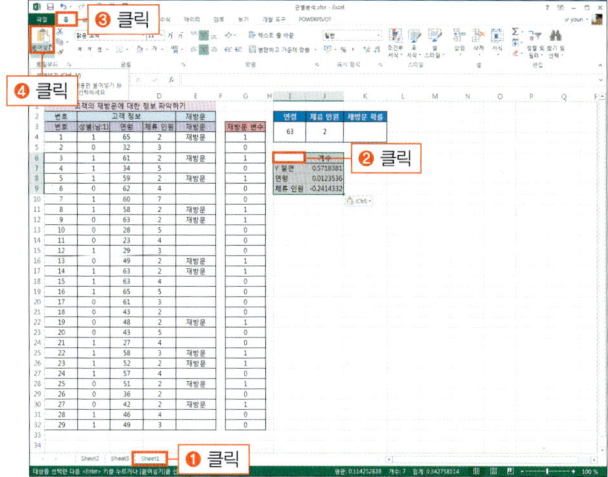

13. [K3] 셀에 재방문할 확률을 구하기 위한 수식 [=J7+J8*I3+J9*J3]을 입력합니다. 각 요인과 계수값을 각각 곱한 다음 더하면 됩니다.

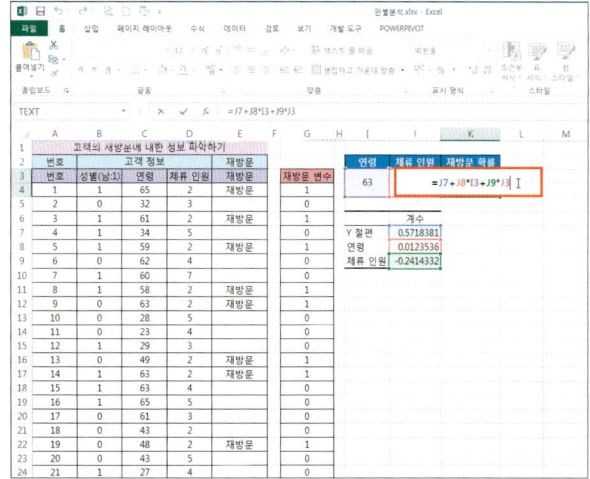

14. 확률을 구했습니다. 연령이 63, 체류 인원이 2명인 경우의 고객은 재방문할 확률이 87%로 구했습니다.

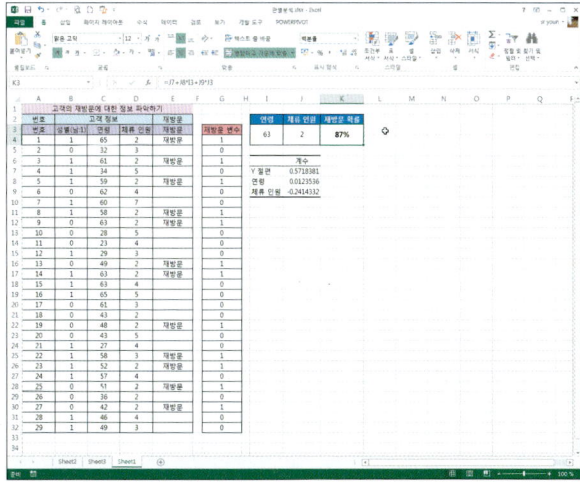

15. 다음은 연령과 체류 인원을 변경하여 구한 확률입니다. 어느 정도 예측을 할 수 있습니다.

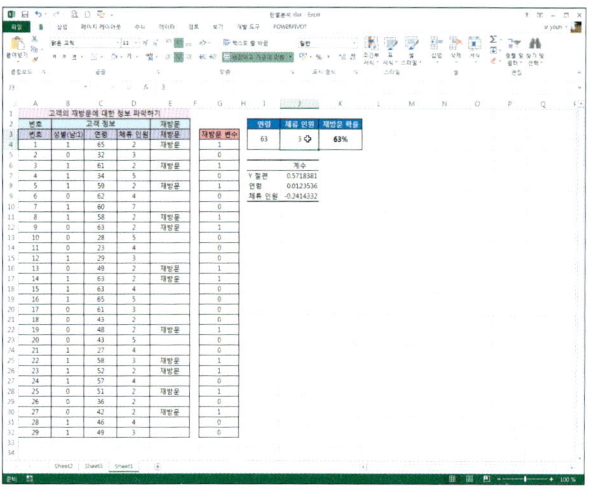

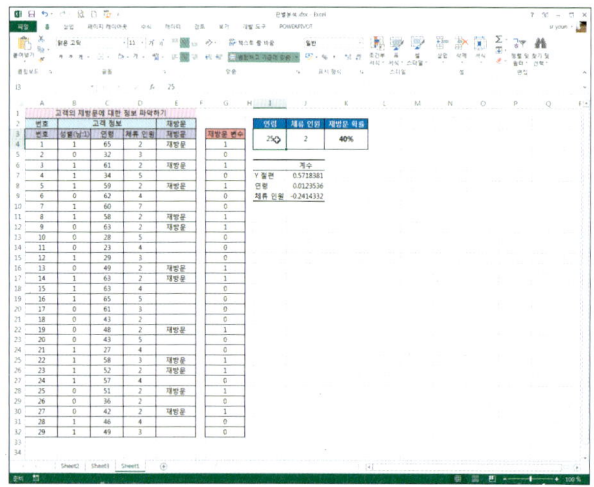

PART SUMMARY

■ 추세선의 종류

추세선은 미래를 예측하는 방법 중 가장 간단한 방법입니다. 추가할 수 있는 추세선의 종류는 다음과 같습니다.

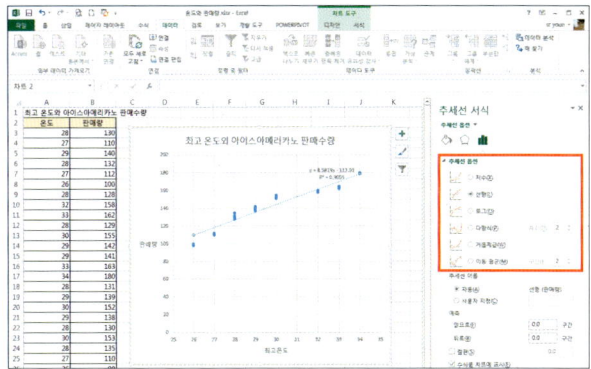

■ 선형 113P

선형은 선형성이 있는 단순한 데이터 집합에 가장 적합한 직선을 작성하는 경우 사용합니다. 데이터 요소가 직선적인 패턴을 나타내고 있으면, 그 데이터는 선형이라고 생각할 수 있습니다.

y=mx+b (m : 기울기, b : 절편)

■ 로그 113P

로그는 변화율이 급격히 증가 또는 감소한 후 거의 일정한 추세를 보이는 데이터에 적합합니다. 지수는 다음 식에 근거하여 복수의 포인트에 대한 거듭제곱에 적합하게 계산합니다.

y=clnx+b (c와 b는 정수, ln은 자연로그함수입니다)

■ 다항식 114P

다항식은 변동이 큰 데이터에 적합합니다(방대한 데이터에서 손익 분석을 실시하는 경우 등). 다항식의 차수는 데이터의 변화의 수, 즉 곡선 속에 굴곡(산과 계곡)이 몇 개 출현하는가에 따라 결정됩니다.

y=b+c1x+c2x2+c3x3+...+c6x6 (b와 c1...c6은 정수입니다)

■ 거듭제곱 115P

거듭제곱은 레이싱카가 가속하는 모습을 1초 간격으로 측정하는 경우와 같이 측정 값이 특정 비율로 증가하는 데이터에 적합합니다. 데이터에 0이나 음수가 있으면 작성할 수 없습니다.

y=cebx (c와 b는 정수, e는 자연로그의 밑수입니다)

■ 이동평균 115P

이동평균은 데이터 변동의 패턴 및 경향을 보다 명확히 나타내기 위해 사용합니다. 이동평균은 특정 구간을 설정하여 해당 구간의 평균을 표시합니다.

■ LOGEST 함수 `132P`

회귀분석에서 데이터에 맞는 지수 곡선을 계산하여 그 곡선을 설명하는 값의 배열을 구합니다. 이 함수는 값을 배열로 구하므로 배열 수식으로 입력해야 합니다.

■ LINEST 함수 `133P`

LINEST 함수는 데이터에 가장 적합한 직선을 구하는 "최소 자승법"을 사용하여 선의 통계를 계산하고 선에 대한 배열을 구합니다. LINEST를 다른 함수와 결합하여 다항식, 로그, 지수, 멱급수 등 알 수 없는 매개 변수에서 다른 유형의 선형 모델에 대한 통계를 구할 수도 있습니다. 이 함수는 값을 배열로 구하므로 배열 수식으로 입력해야 합니다.

■ SLOPE 함수 `134P`

known_y's와 known_x's 사이의 데이터 요소에 대한 선형 회귀선의 기울기를 구합니다. 기울기는 선의 두 점 사이의 수직 거리를 수평 거리로 나눈 회귀선의 변화율입니다.

■ INTERCEPT 함수 `135P`

기존 x 값과 y 값을 사용하여 한 개의 선이 y 축과 교차하는 지점을 계산합니다. 절편은 known_x's와 known_y's의 값으로 이루어진 가장 적합한 회귀선을 기반으로 합니다. 독립 변수가 0일 때 종속 변수의 값을 확인하려면 INTERCEPT 함수를 사용합니다.

■ FORECAST 함수 `136P`

기존 값으로 미래 값을 계산하거나 예측합니다. 예측값은 주어진 x 값에 대한 y 값입니다. 알려진 값은 기존의 x 값과 y 값이며 선형 회귀를 사용하여 새로운 값을 예측할 수 있습니다. 이 함수를 사용하면 판매량, 재고 필요량 또는 소비자 추세 등을 예측할 수 있습니다.

■ 예측의 종류/이동평균법 `151P`

이동평균이란 개수 분의 데이터의 평균치를 연속적으로 구하고, 그 데이터 전체의 변화 추세를 해석하는 것입니다. 이동평균은 주가 분석 시 많이 사용합니다.

■ 예측의 종류/지수평활법 `156P`

지수평활법은 단기적인 예측에서 자주 이용하는 시계열 분석 법 중 하나입니다. 최근 데이터에 높은 비중을 두고 이동평균을 구하는 방법을 사용합니다. 과거 데이터보다 최근 데이터에 보다 많은 영향을 받는다고 생각될 때 사용하는 예측법입니다.

■ 예측의 종류/단순회귀분석 `165P`

회귀분석은 데이터 분석으로 예측하는 기초적인 기법입니다. 회귀분석 중 단순회귀분석이라는 것은 1개의 목적 변수를 1개의 설명 변수로 예측하는 것으로 2변량의 사이의 관계성을 Y=aX+b이라는 1차 방정식의 형태로 구합니다. 예를 들어 a(경사)와 b(Y절편)를 알면 X(키)에서 Y(체중)를 예측할 수 있습니다.

01

다음 예제 파일에서 앞으로 3개월 후까지의 판매량 추세선(선형)을 그려보세요.

예제 파일 : CD\Part 02\연습문제2-1.xlsx
완성 파일 : CD\Part 02\연습문제2-1_완성.xlsx

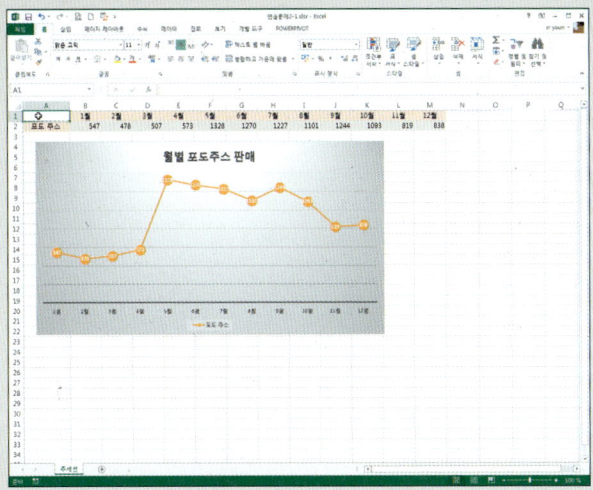

HINT 추세선을 그릴 때는 계열에서 마우스 오른쪽 단추를 클릭하여 [추세선 추가] 메뉴를 이용하고 선형의 선택은 [추세선 옵션]에서 선택하면 됩니다.

02

FORECAST 함수로 [H2:M5] 셀 범위에 예측값을 구하세요.

예제 파일 : CD\Part 02\연습문제2-2.xlsx
완성 파일 : CD\Part 02\연습문제2-2_완성.xlsx

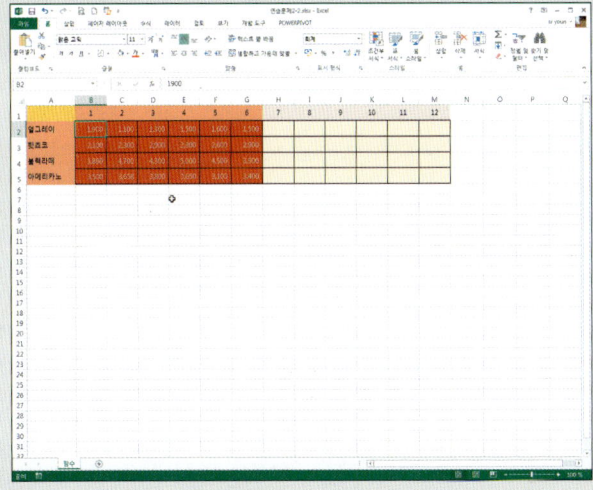

HINT FORECAST는 예전의 데이터를 이용하여 미래의 값을 예측하는 함수로 구문은 다음과 같습니다.
=FORECAST(x, known_y's, known_x's)

분석 도구로
데이터 분석하기

엑셀 기능으로 제공하는 분석 도구인 시나리오, 목표값 찾기, 해 찾기, 피벗 테이블 등을 이용하여 데이터를 분석하는 방법에 대해 알아봅니다. 엑셀이 제공하는 기능을 보다 심층적으로 사용할 수 있는 방법에 대해 소개합니다.

Chapter 01 · 해 찾기

Chapter 02 · 시나리오

Chapter 03 · 목표값 찾기

Chapter 04 · 데이터 분석의 천재 피벗 테이블

CHAPTER
01 해 찾기

해 찾기 기능을 사용하면 제약 조건이 여러 개인 경우 어느 때 이익이 최대가 되는지 해당 제조 원가나 판매 개수 등을 알 수 있습니다. 목표값 찾기 기능은 수식의 결과가 목표값이기 때문에 수식에 포함한 변수 값을 역산하는 기능이지만 수식에 포함된 변수가 복수인 경우 그것을 동시에 구할 수 있는 것이 해 찾기입니다.

STEP 01 • 해 찾기 기능

해 찾기 기능으로 할 수 있는 데이터 분석은 조건을 만족하는 최대값, 최소값을 구하는 것입니다. 수식에 대입하는 변수가 하나일 때 변수값을 변경하는 것이 목표값 찾기 기능이라면 수식에 대입하는 변수가 여러 개인 경우 사용하는 것이 해 찾기 기능입니다. 수식을 참조하는 복수의 셀 값을 제한 조건에 만족하도록 바꾸어 최대 또는 최소의 셀 값이 되는 목표 설정값을 찾습니다.

해 찾기 기능을 이용하면 '인건비 절감', '최대 이익이 나도록 하는 A 상품과 B 상품의 조합 수량' 등 여러 가지 상황에서 최적화를 찾기 위해 사용합니다.

해 찾기 기능을 사용하기 위해서는 먼저 어떠한 조건을 주어 값을 찾을 것인지를 설정하는 것이 중요합니다. 그 조건에 맞추어 최적의 값을 찾기 때문입니다.

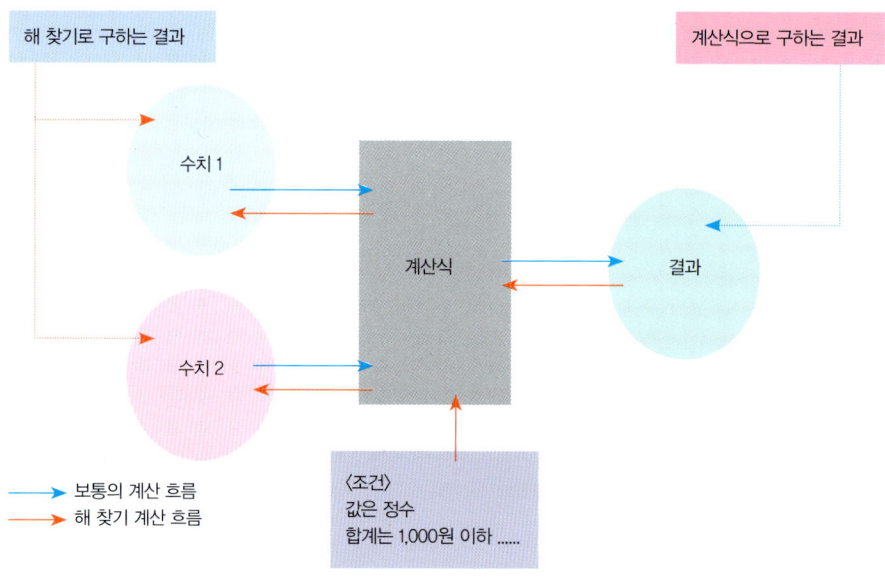

[데이터] 탭-[분석] 그룹에 [해 찾기] 메뉴가 표시되지 않으면 해 찾기 기능은 추가로 설치해야 사용 가능합니다.

01. [파일]-[옵션] 메뉴를 클릭합니다.

02. [Excel 옵션] 대화상자가 나타나면 [추가 기능] 탭에서 [해 찾기 추가 기능]을 선택하고 [이동] 단추를 클릭합니다.

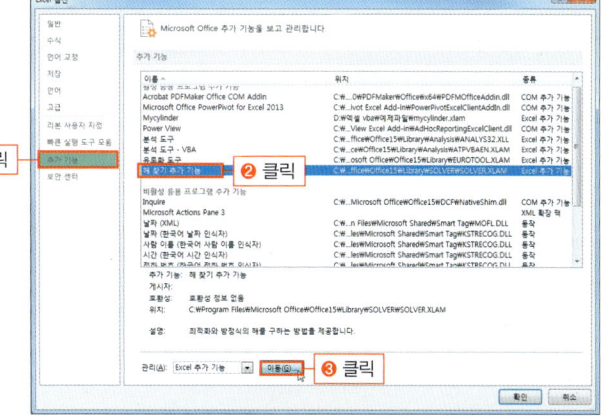

03. [추가 기능] 대화상자가 나타나면 [해 찾기 추가 기능]을 선택하고 [확인] 단추를 클릭하면 해 찾기 기능을 사용할 수 있습니다.

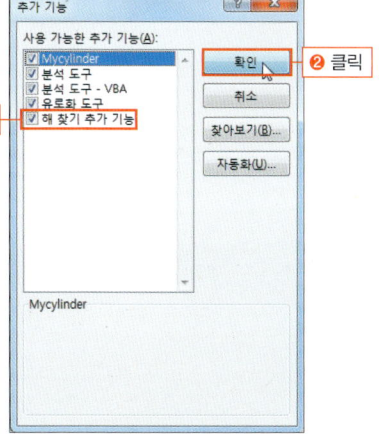

3가지 볼트 제품에 대한 생산 기본 정보에 따라 생산 조건을 만족하는 생산 계획을 세워 보겠습니다. [J7] 셀에 이익 금액 합계 최대가 되는 각 볼트의 생산 수를 구하는 방법에 대해 알아봅니다.

해 찾기로 알 수 있는 것들

• 조건을 만족하는 최적의 생산량과 필요 원가를 알 수 있습니다.
• 조건을 만족하는 최대의 이익금을 알 수 있습니다.

해 찾기에 사용할 조건

다음과 같이 4가지 조건을 만족하는 결과값을 구합니다.

조건 1_ [G5:I5] 셀 범위의 결과값 = 정수
조건 2_ 생산 수량 >= 각 최저 생산 수량(50)
조건 3_ 3제품의 필요 원가 <= 제조 예산 금액(5,000,000)
조건 4_ 3제품의 필요 공정수 <= 최대 공정수(10,000)

예제 파일 | CD\Part 03\최대의 이익금.xlsx

01. 변수를 설정하여 해 찾기 기능을 실행하면 현재 0으로 표시되어 있는 셀에 조건을 만족하는 값이 입력됩니다. 계산이 필요한 각 셀은 계산식이 입력되어 있어야 하므로 이 사항은 꼭 주의해 주세요. 먼저 예제 파일에 입력되어 있는 수식을 확인한 후 [데이터] 탭-[분석] 그룹-[해 찾기]를 클릭합니다.

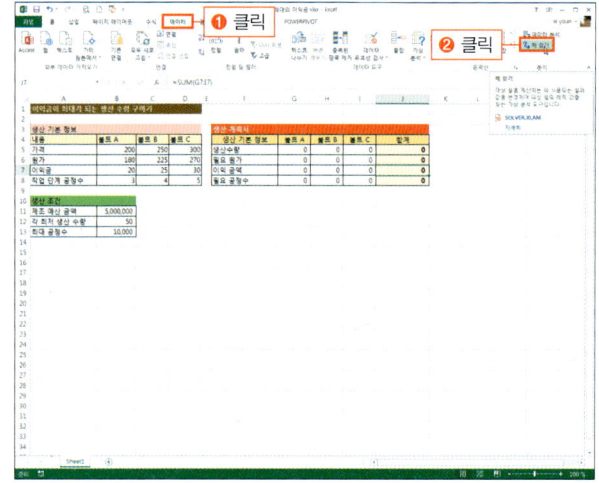

T I P : 각 셀에 입력되어 있는 수식

[G6] 셀 =G5*B6
[G7] 셀 =G5*B7
[G8] 셀 =G5*B8

02. [해 찾기 매개 변수] 대화상자가 나타나면 목표 설정에는 [J7] 셀, 대상 항목은 [최대값], 변수 셀 변경에는 [G5:I5] 셀 범위를 지정합니다. 이어 [제한 조건에 종속] 항목을 입력하기 위한 조건을 지정하기 위해 [추가] 단추를 클릭합니다.

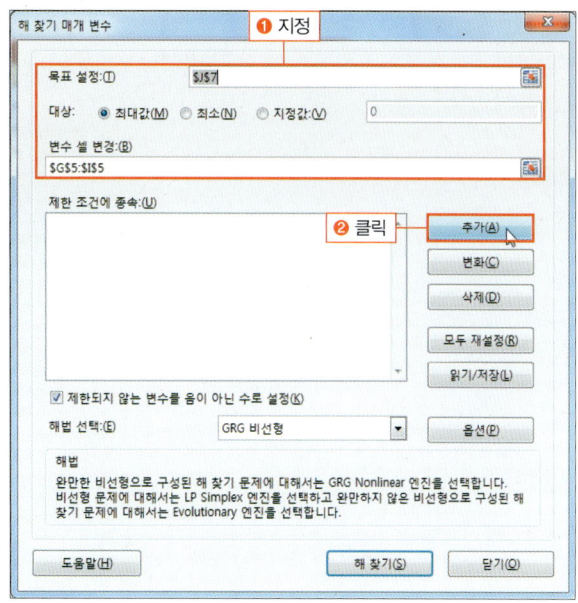

03. [제한 조건 추가] 대화상자가 나타나면 다음과 같이 조건을 지정하고 [추가] 단추를 클릭합니다. 가장 먼저 지정하는 조건은 [G5:I5] 셀 범위의 결과값을 정수로 구하는 것입니다. [추가] 단추를 클릭하는 것은 계속해서 조건을 지정하기 위해서입니다.

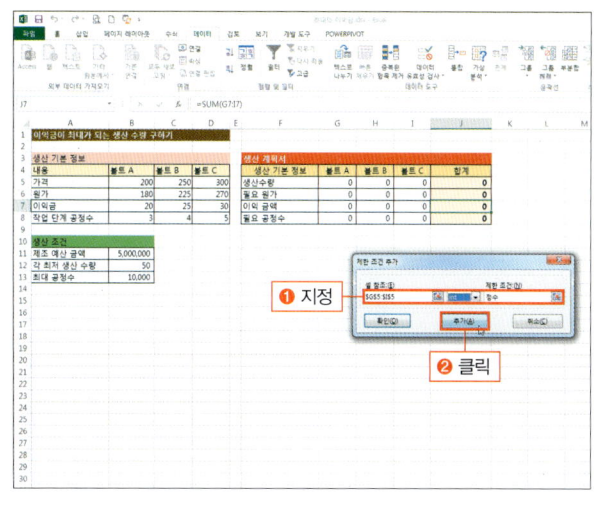

TIP : Int

셀 참조 값을 int로 설정하면 결과값을 정수로 구합니다.

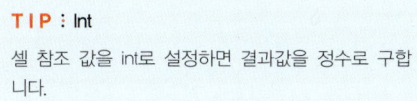

04. 두 번째 조건은 3제품의 최저 생산 수량인 50보다는 크도록 다음과 같이 설정합니다. 다른 조건을 입력하기 위해 [추가] 단추를 클릭합니다.

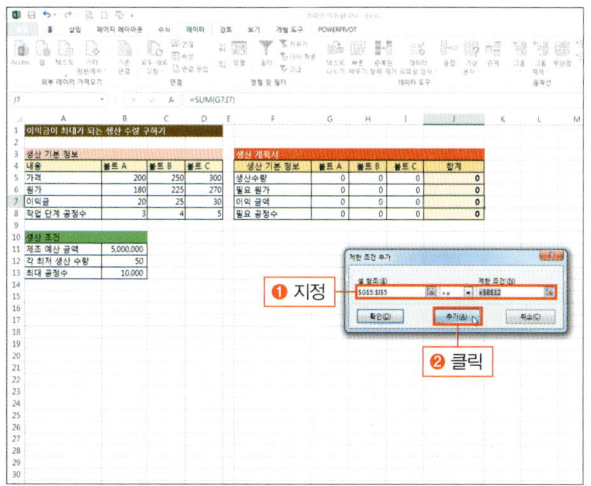

05. 필요 원가는 제조 예산 금액인 5,000,000원 보다는 적어야 한다는 조건을 다음과 같이 지정하고 [추가] 단추를 클릭합니다.

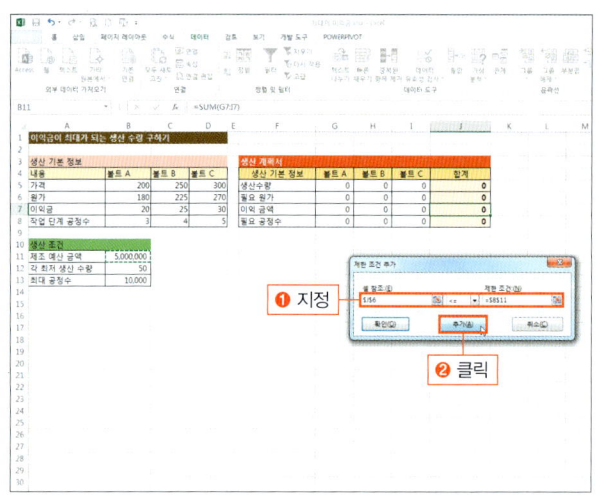

06. 필요 공정수는 최대 공정수인 10,000 보다는 적을 수 있도록 다음과 같이 조건을 지정합니다. 모든 조건 지정이 끝났으면 [확인] 단추를 클릭합니다.

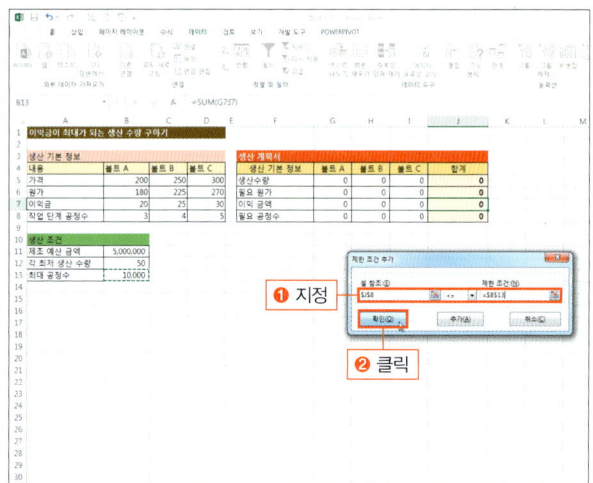

07. 다시 [해 찾기 매개 변수] 대화상자가 나타나며 [제한 조건에 종속] 항목에 4가지 조건이 입력되어 있는 것을 확인할 수 있습니다. 이제 결과 값을 구하기 위해 [해 찾기] 단추를 클릭합니다.

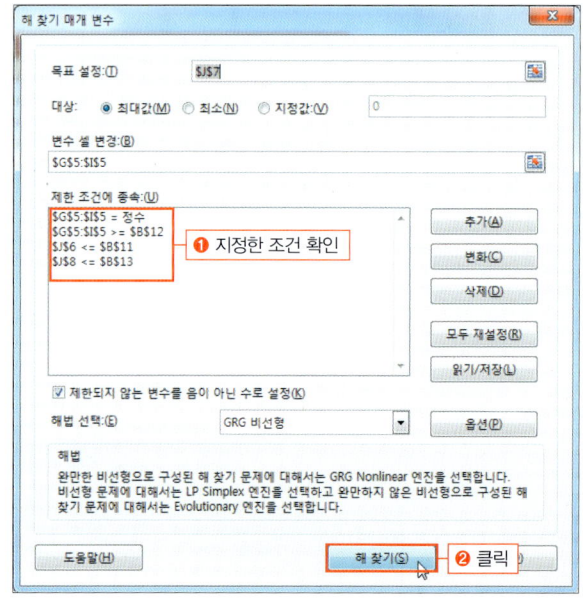

08. 이익 금액의 최대가 되는 각 제품의 생산 수량을 구하며 [해 찾기 결과] 대화상자가 나타납니다. [확인] 단추를 클릭합니다.

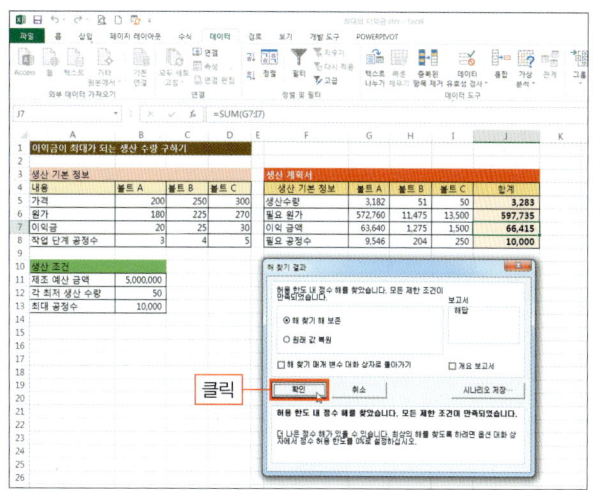

09. 다음과 같이 결과값이 구해졌으면 생산 조건을 변경해 다른 결과값도 구해 볼 수 있습니다. 이때는 [해 찾기] 메뉴만을 다시 한 번 실행하면 되므로 여러 가지 시뮬레이션을 해 볼 수 있습니다.

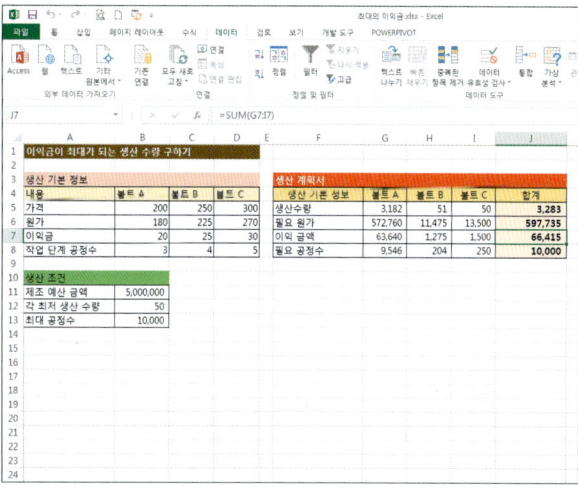

상품을 판매하는 매장의 진열대는 공간이 한정되어 있기 때문에 더 큰 매출과 이익을 보장하기 위해 한정된 공간의 활용 방법을 생각하는 것이 중요합니다. 이번 해 찾기를 이용하여 매장의 이익이 최대가 되는 제품 배치(진열대 비율)를 계획해 보겠습니다.

예제 파일 ㅣ CD₩Part 03₩상품진열2.xlsx

01. [데이터] 탭–[분석] 그룹–[해 찾기]를 클릭합니다.

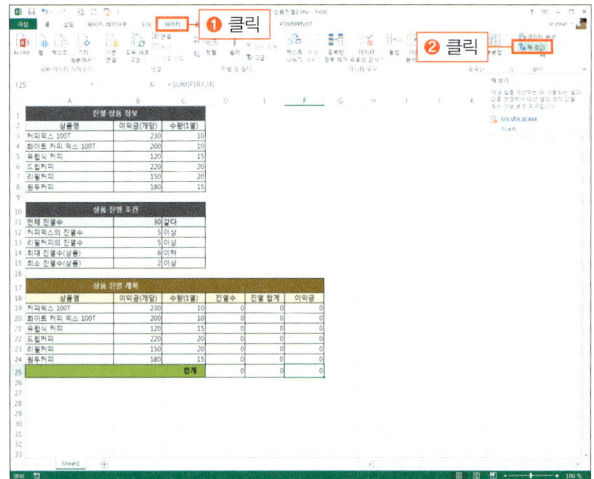

02. [해 찾기 매개 변수] 대화상자가 나타나면 목표 설정은 [F25] 셀, 대상은 [최대값], 변수 셀 변경은 [D19:D24]을 선택한 후 [추가] 단추를 클릭합니다.

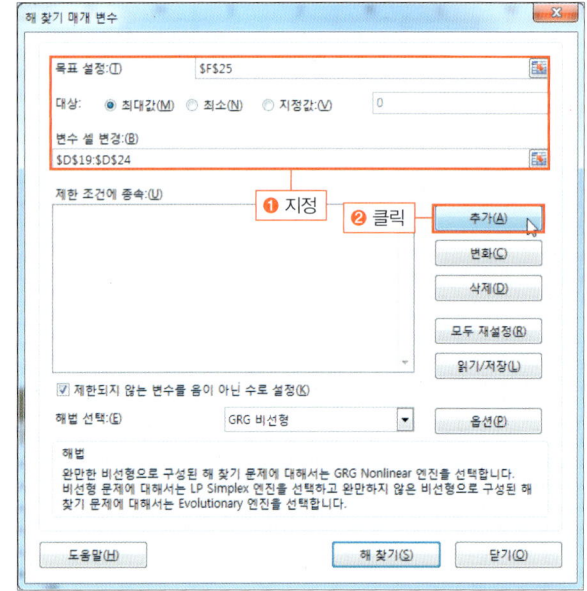

03. [제한 조건 추가] 대화상자가 나타나면 다음
과 같이 조건을 지정하고 [추가]를 클릭합니다.

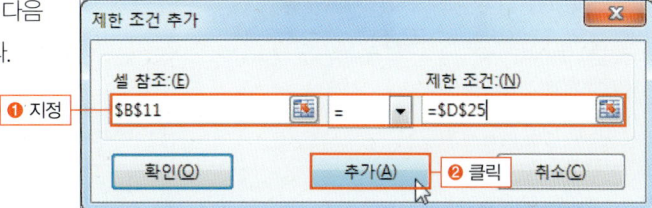

04. 다시 [제한 조건 추가] 대화상자가 나타나면
계속해서 조건을 지정합니다.

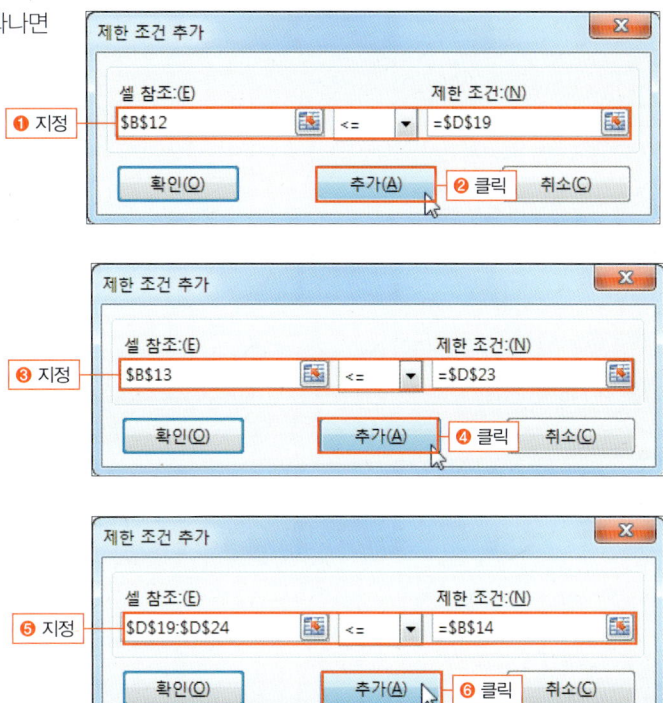

05. 조건을 모두 지정한 다음 [확인] 단추를 클
릭합니다.

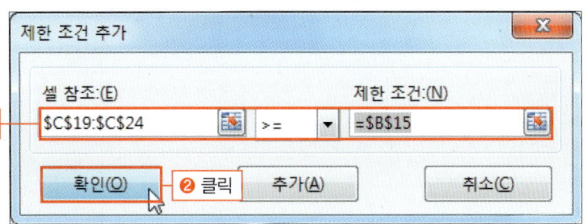

06. 다시 [해 찾기 매개 변수] 대화상자가 나타나며 조건이 표시됩니다. 조건을 확인한 다음 [해 찾기] 단추를 클릭합니다.

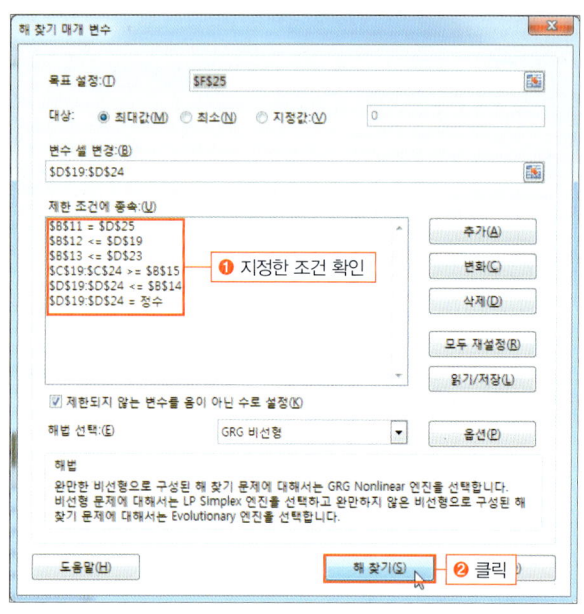

07. [해 찾기 결과] 대화상자가 나타나면 [확인] 단추를 클릭합니다.

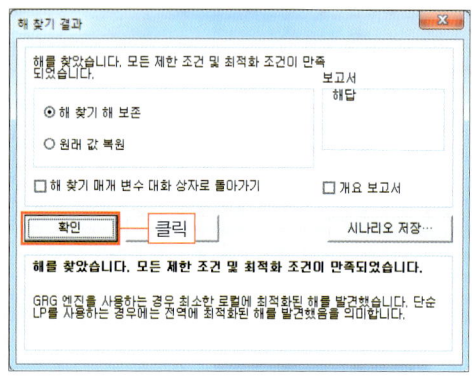

08. [D19:D24] 셀에 상품별 최적의 진열수가 표시됩니다.

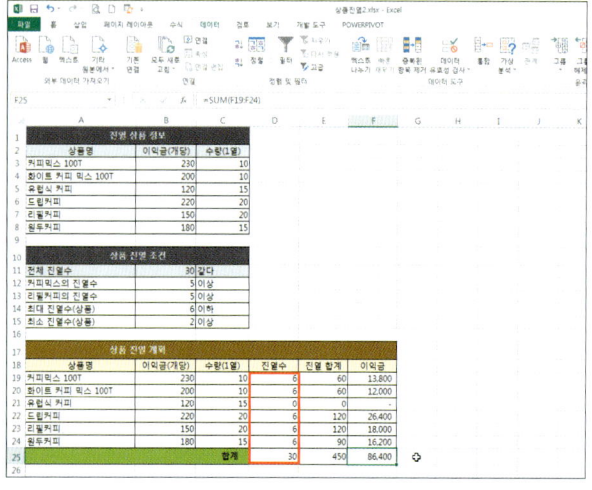

09. 이번에는 제약 조건을 변경하여 다시 한 번 해 찾기를 해 보겠습니다. 매장의 진열대가 변경되어 최대 진열수를 늘리고, 최소 진열수도 늘려 전체적으로 다시 검토하는 것입니다. 다음과 같이 [B14:B15] 셀 범위의 값을 각각 9와 3으로 변경합니다.

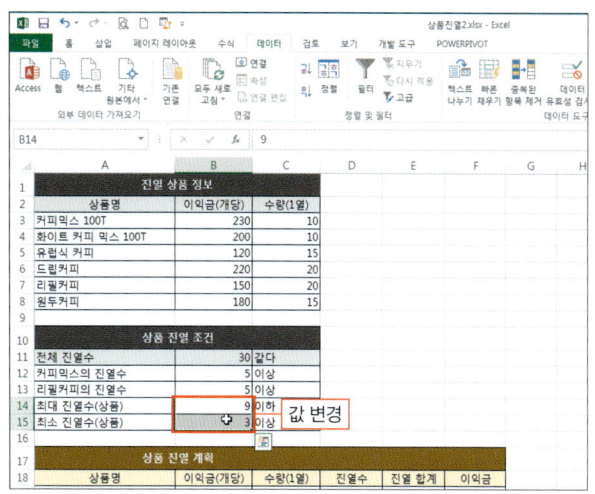

10. 변경된 제약 조건으로 다시 최적의 진열수를 구하기 위해 [데이터] 탭–[분석] 그룹–[해 찾기]를 클릭합니다. [해 찾기 매개 변수] 대화상자가 나타나면 조건은 그대로 둘 것이므로 [해 찾기] 단추를 클릭합니다.

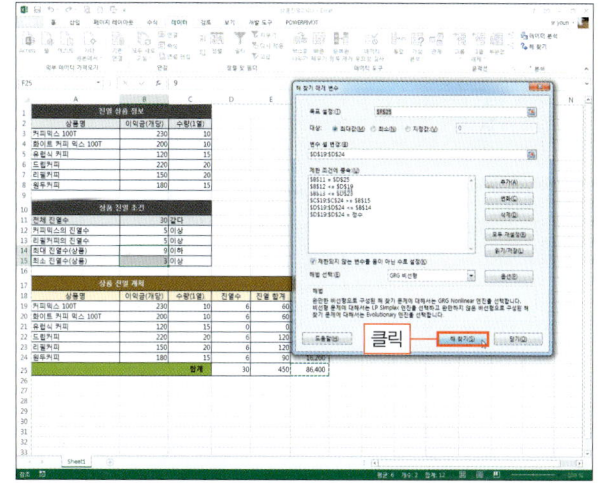

11. [해 찾기 결과] 대화 상자가 나타나면 보고서에서 [해답]을 선택한 다음 [확인] 단추를 클릭합니다.

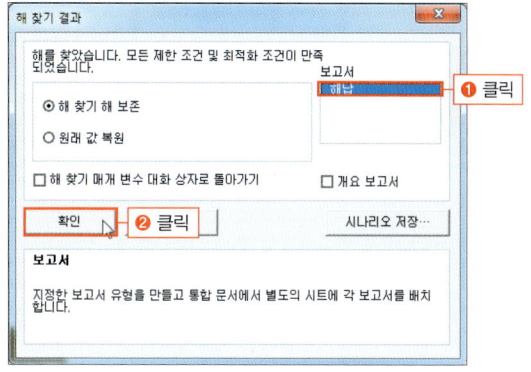

12. 변경된 제약 조건에 따른 최적의 진열수가 표시되었습니다. 그리고 새로운 시트가 생성된 것을 알 수 있습니다. 삽입된 [해답 보고서 1] 시트를 클릭합니다.

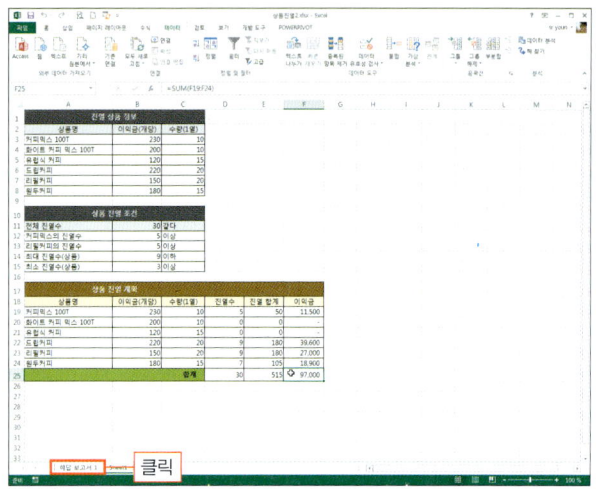

13. [해답 보고서 1] 시트에서 다음과 같이 결과를 한눈에 알 수 있습니다. [목표 셀 (최대 값)] 항목의 [계산 전의 값]과 [계산 값]이 표시됩니다. 이 결과로 계획 변경으로 인한 이익 규모가 증가될 것으로 예상할 수 있습니다.

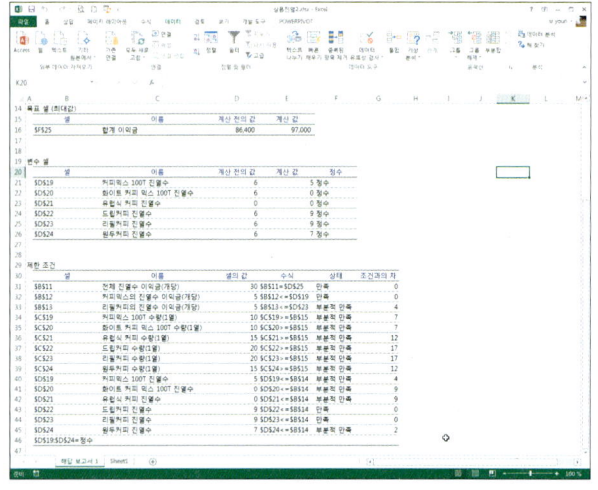

창고별로 제품 재고량을 어느 정도 두어야 좋은 지를 계획하기 위해 해 찾기를 이용하는 방법에 대해 알아봅니다. 창고는 3곳이며 각각 배송 지역은 6곳입니다. 그리고 배송 비용은 창고와 배송 지역에 따라 다릅니다. 지역별 수요 예측을 충족시키면서 재고 수량을 각 창고에 분산시키지만 창고의 재고 상한 선은 정해져 있습니다. 이러한 조건에서 운송 비용을 최소화하는 재고량을 구하는 방법에 대해 알아봅니다.

예제 파일 | CD₩Part 03₩재고수량.xlsx

01. [데이터] 탭-[분석] 그룹-[해 찾기]를 클릭합니다.

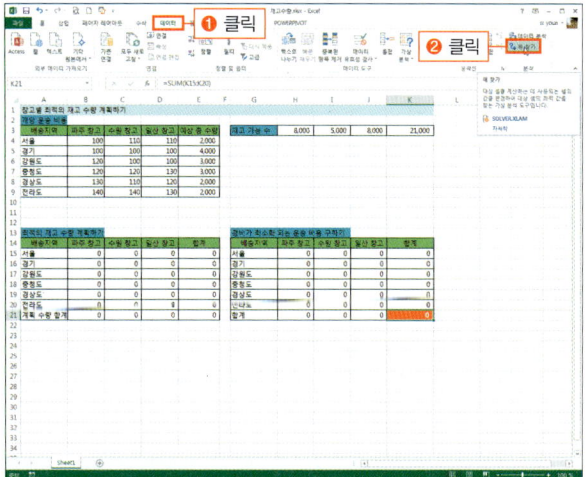

02. [해 찾기 매개 변수] 대화상자가 나타나면 목표 설정은 [K21] 셀, 대상은 [최대값], 변수 셀 변경은 [B15:D20]을 선택한 후 [추가] 단추를 클릭합니다.

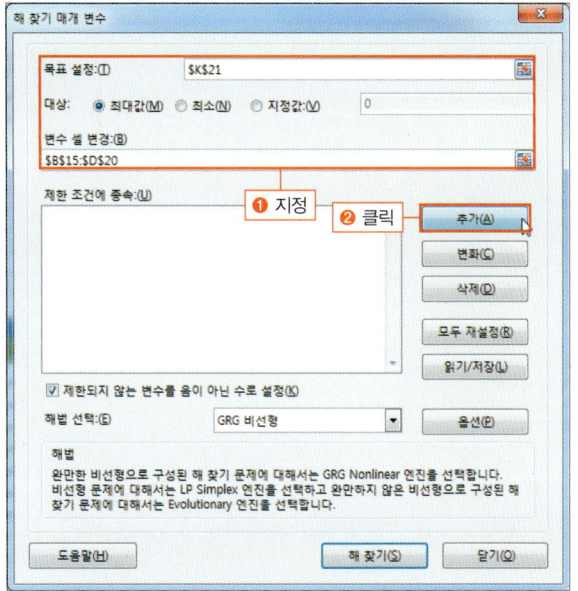

03. [제한 조건 추가] 대화상자가 나타나면 다음과 같이 조건을 지정하고 [추가] 단추를 클릭합니다.

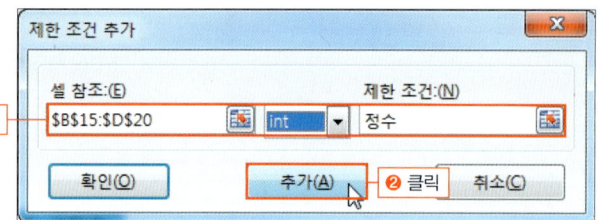

04. 다음과 같이 나머지 조건도 모두 작성합니다.

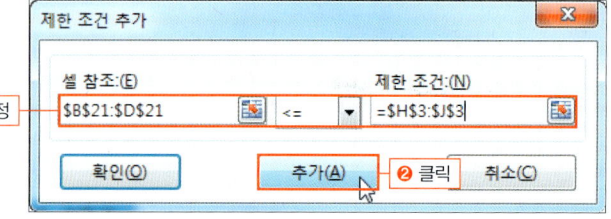

05. 조건을 모두 지정하면 [확인] 단추를 클릭합니다.

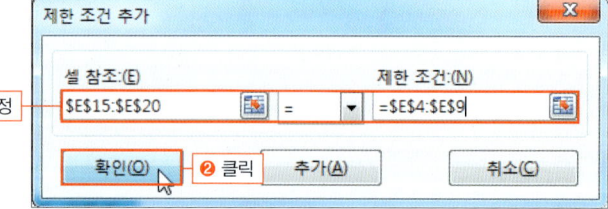

06. [해 찾기 매개 변수] 대화상자가 나타나면 지정한 조건을 확인하고 [해 찾기] 단추를 클릭합니다.

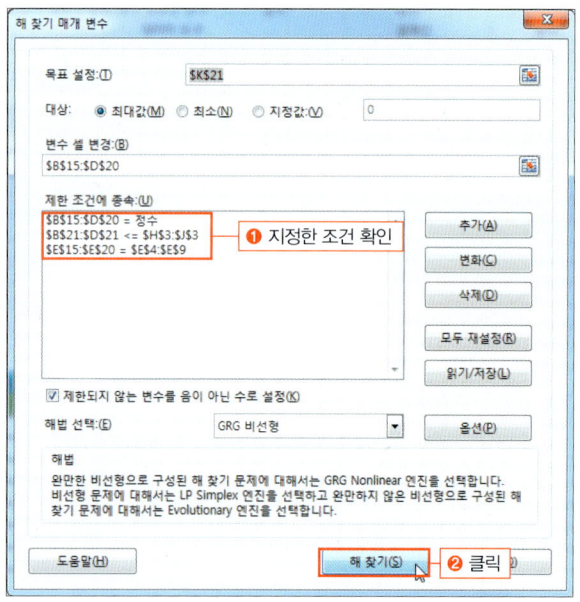

07. [해 찾기 결과] 대화상자가 나타나면 [확인] 단추를 클릭합니다.

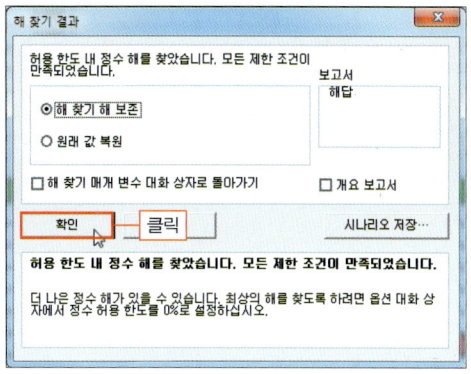

08. [B15:D20] 셀 범위에 창고별 최적의 재고 수량이 표시됩니다.

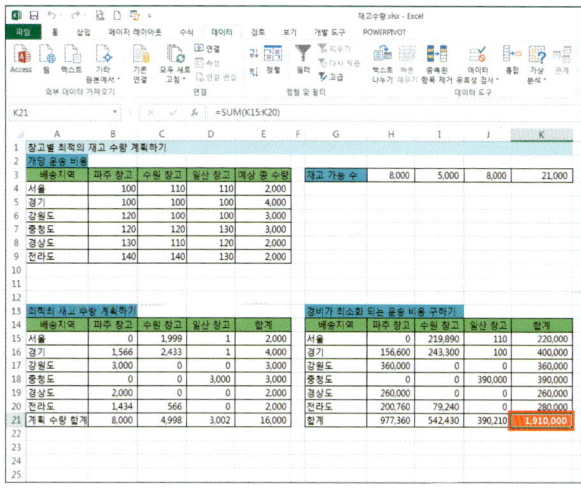

02 시나리오

어느 계산식에서 계산을 하는 값을 여러 가지로 바꾸어보면서 계산 결과를 다양하게 구할 때 사용하는 기능이 시나리오입니다. 여러 가지 결과값을 빠르게 경험할 수 있으므로 보고서 등을 작성할 때 편리하게 이용합니다.

STEP 01 • 시나리오 기능

판매계획과 사업계획, 수지예측 등 여러 가지 상황을 예상하여 많은 시점에서 시뮬레이션을 할 수 있습니다. 엑셀에서는 이러한 시뮬레이션은 시나리오 기능을 이용합니다. 변하는 값을 수식으로 입력한 다음 각각의 표를 작성하는 것도 가능하겠지만 그렇게 효율적이지는 않을 것입니다. 복수의 예측값을 준비한 다음 조합한 시뮬레이션을 할 수 있는 시나리오 기능에 대해 알아봅니다.

시나리오 기능은 그 명칭에서도 알 수 있듯이 연극에서의 대본과 같은 것이라고 할 수 있습니다. 여러 가지 상황을 시나리오로 등록하고 그 시나리오에 따르는 변화를 표시하는 기능입니다. 예를 들어 이번 분기에서는 흑자였던 손익계산이었지만 다음 분기의 시나리오에서 [매출이 10%로 내려간 경우], [종업원을 20명 감소한다면], [상품단가를 5% 올린다면] 등 영업환경과 판매상황을 바꾸어보면서 대응할 수 있도록 하는 것이 시나리오의 목적입니다. 단순하게 예측은 수식을 준비하고 집계표로도 가능하지만 경험을 적용한 예측과 변동원인을 생각한 예측, 복수의 조건과 그 조합에 따른 예측을 해야 할 때 복잡한 시뮬레이션을 하는 시나리오 기능이 매력을 발휘합니다.

시나리오 관리자 대화상자

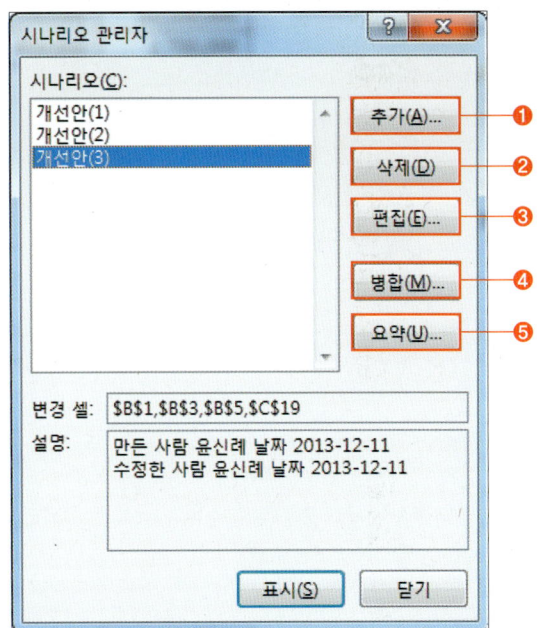

① **추가** : 새로운 시나리오를 추가할 수 있도록 [시나리오 추가] 대화상자가 나타납니다. 시나리오의 내용을 수정하지 못하도록 보호하려면 [변경 금지] 항목에 체크되어 있는 부분은 그대로 둡니다.

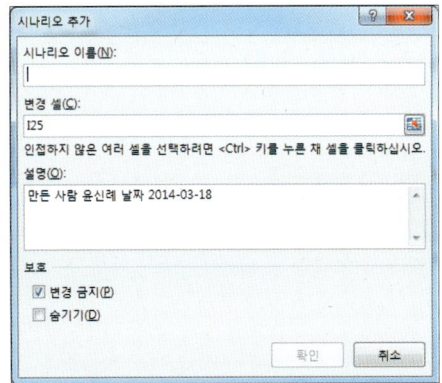

② **삭제** : 추가한 시나리오를 삭제합니다.

③ **편집** : 시나리오 내용을 수정합니다.

④ **병합** : 2개 이상의 시나리오를 병합합니다.

⑤ **요약** : 시나리오 보고서를 작성할 수 있도록 [시나리오 요약] 대화상자가 나타납니다.

꺾은선형 차트를 이용하여 현 상태의 이익도표를 작성하고, 손익분기점을 구합니다. 다만 이익도표를 작성하기 전에 차트 작성용 가공 데이터를 만들어야 하는데 왜냐하면 복수의 데이터가 없으면 차트의 변화를 표시할 수 없기 때문입니다.

예제 파일 | CD\Part 03\시나리오.xlsx

01. 가공 데이터는 판매수량 각각 500, 1,000, 1,500, 2,000개로 작성합니다. 여기까지는 샘플 파일을 열면 나타납니다.

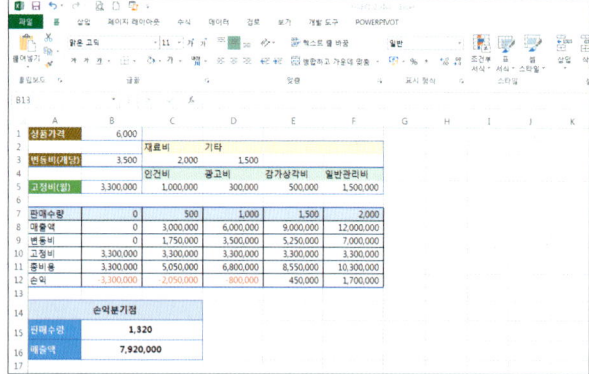

02. 가공 데이터를 이용하여 꺾은선형 차트를 작성해 보겠습니다. 매출액, 고정비, 총비용의 데이터가 입력되어 있는 셀 범위(B8:F8, B10:F11)를 선택한 다음 [삽입] 탭-[차트] 그룹-[꺾은선형 차트 삽입]-[꺾은선형 차트]를 클릭합니다.

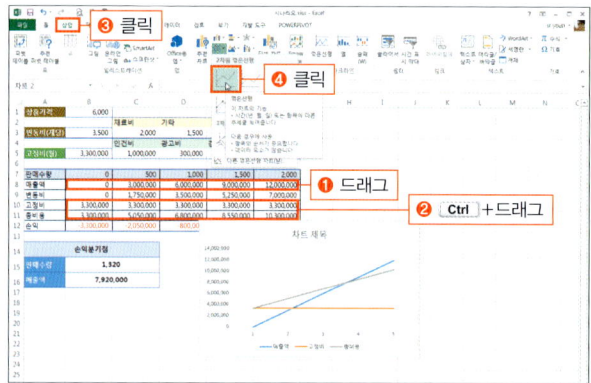

03. 꺾은선형 차트가 삽입되었습니다.

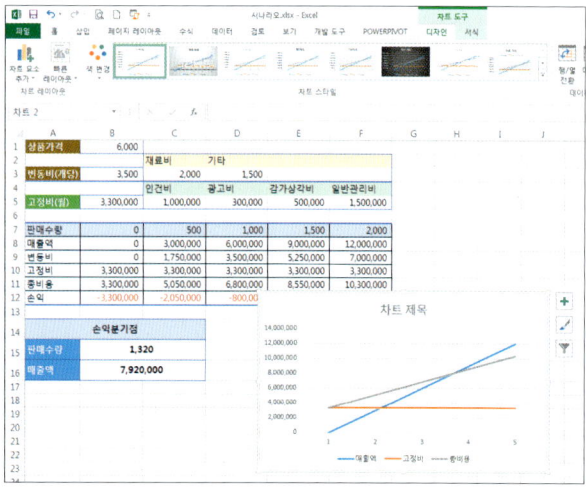

04. 차트의 가로 항목 축 값을 수정하기 위해 [차트 도구]–[디자인] 탭–[데이터] 그룹–[데이터 선택]을 선택하여 [데이터 원본 선택] 대화상자가 나타나면 [가로(항목) 축 레이블]에서 [편집] 단추를 클릭합니다. [축 레이블] 대화상자가 나타나면 [B7:F7] 셀 범위를 선택하여 가로 축 레이블 범위를 지정하고 [확인] 단추를 클릭합니다.

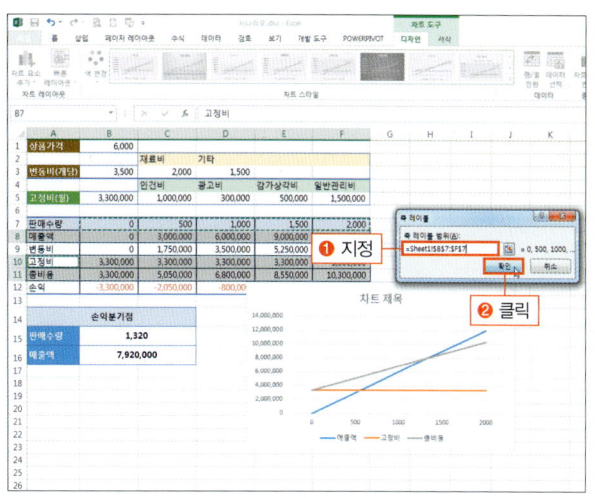

05. 다시 [데이터 원본 선택] 대화상자가 나타나면 축 레이블 내용을 확인하고 [확인] 단추를 클릭합니다.

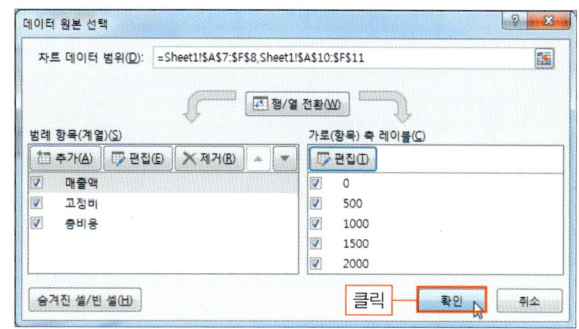

06. 가로 축 레이블이 변경되었습니다.

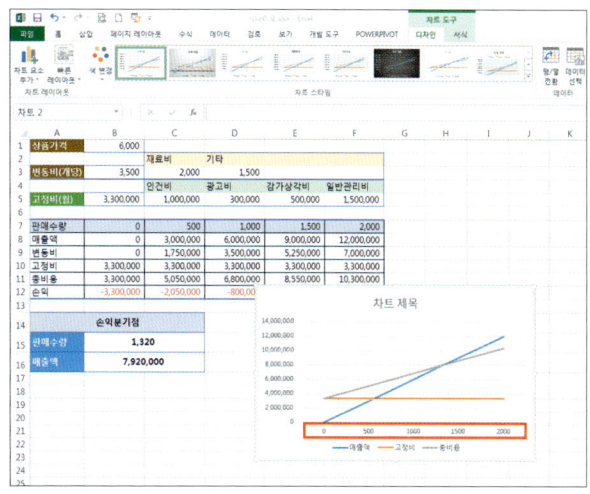

07. 이제 항목 축의 표시 위치를 변경하기 위해 [가로(항목) 축] 부분을 더블클릭합니다.

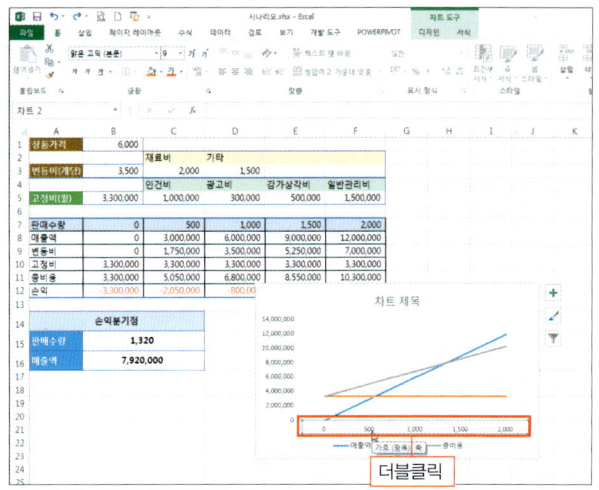

08. [축 서식] 창이 나타나면 [축 옵션]에서 [축 위치]를 [눈금]으로 선택합니다. 축의 위치가 변경되었습니다. 손익분기점을 차트로 표시했습니다.

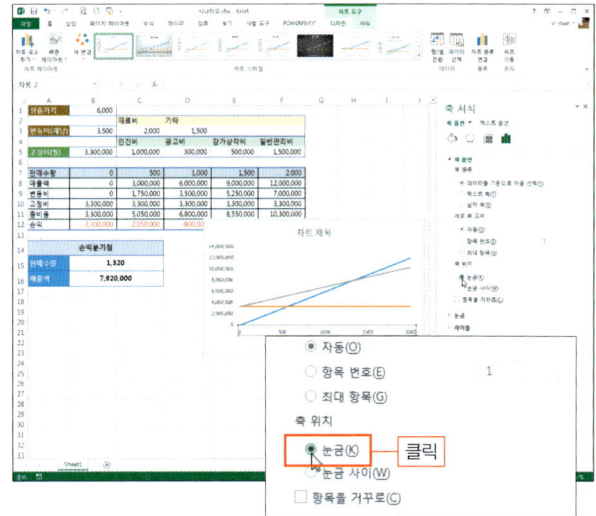

준비가 끝났으면 이제 시뮬레이션을 해보겠습니다. 3개의 시뮬레이션을 하기 위해 시나리오 기능을 사용해 보겠습니다. 시나리오 시트는 현재 시트를 복사하여 작성합니다. 다만 복사된 차트는 같은 워크시트상의 데이터를 참조합니다. [시나리오] 시트의 차트에 [현재상태] 시트의 데이터를 추가하여 각 개선안과 현재상태의 이익도표를 비교할 수 있습니다. 또한 개선책의 손익분기점은 손익분기점비율, 이익공헌액을 계산하는 계산표를 작성하고 개선안을 변경하기 위해 값을 바꿉니다.

여기서는 실적이 악화되고, 이익이 나지 않는 부분에 관해 이익을 올리기 위한 개선책을 마련하기 위한 시나리오를 만들어 보겠습니다. 일단 개선해야 할 부분은 다음과 같이 3가지입니다.

- 부문에서 이용할 수 있는 공간을 축소하여 일반관리비를 월 50만원 삭감합니다. 판매가격을 5% 정도 인하할 수 있으므로 10% 정도의 판매수량의 증가를 가져옵니다.
- 제조에 들어가는 외주비용을 1대 당 500원 인하합니다. 월별 고정비를 줄여 20% 판매수량의 증가를 가져옵니다.
- 현 상태 그대로 판매가격을 10% 인상합니다. 15%의 판매수량의 감소가 전망됩니다.

01. 작성한 시트명을 [현재상태]로 변경합니다. 앞으로 작성하게 될 시나리오 시트와 구분하기 위한 것입니다. 이름을 변경한 다음 시트 탭에서 마우스 오른쪽 단추를 클릭하여 [이동/복사]를 클릭합니다.

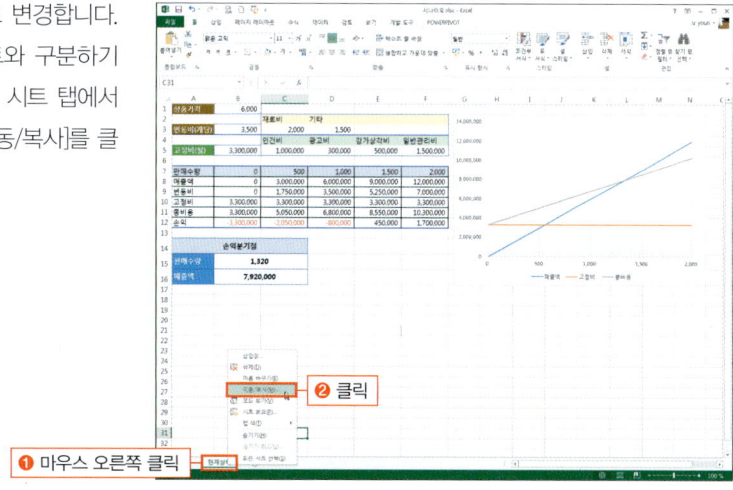

02. [이동/복사] 대화상자가 나타나면 [끝으로 이동]을 선택한 다음 [복사본 만들기]를 클릭하여 선택하고 [확인] 단추를 클릭합니다.

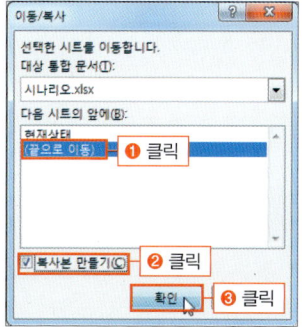

03. 시트가 복사되었습니다. 복사한 시트 탭의 이름을 [시나리오]로 변경하고, [A8], [A10], [A11] 셀의 내용을 다음과 같이 (개선안)을 넣어 변경합니다.

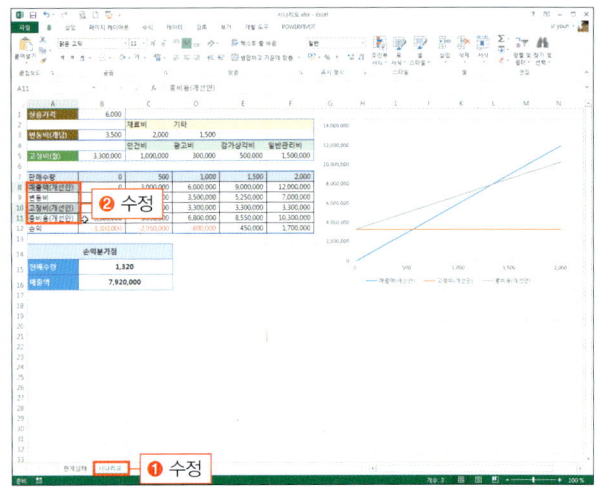

04. [현재상태] 시트를 클릭한 다음 [A8:F8] 셀 범위를 선택하고 [홈] 탭−[클립보드] 그룹−[복사]를 클릭합니다.

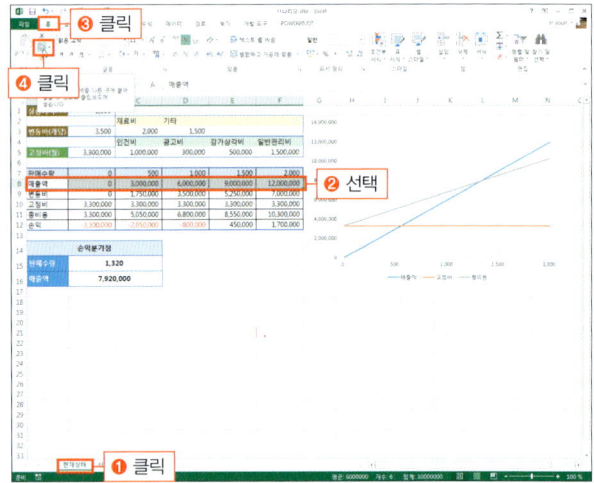

05. [시나리오] 탭을 클릭하여 작업 시트를 변경합니다. 차트를 클릭한 다음 [붙여넣기] 아이콘을 클릭합니다.

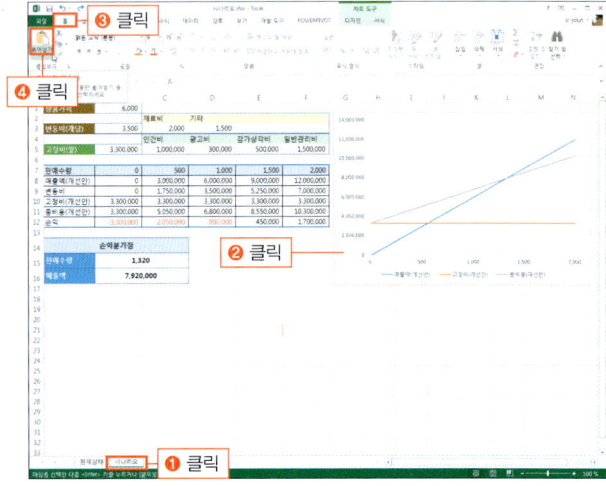

06. [매출액] 계열이 추가됩니다.

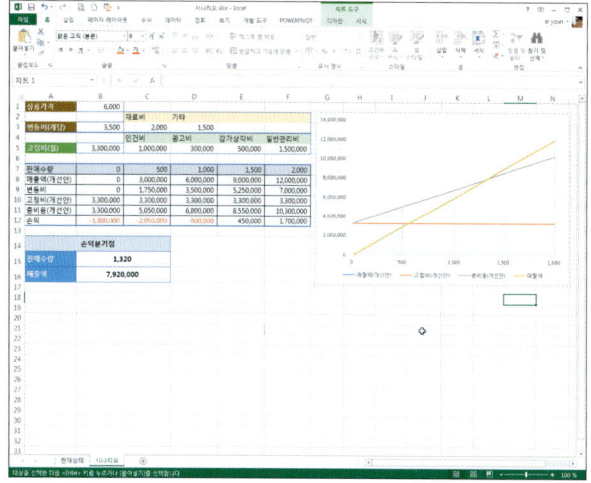

07. 다시 [현재상태] 시트에서 [A10:F11] 셀 범위를 선택한 다음 [복사] 아이콘을 클릭합니다.

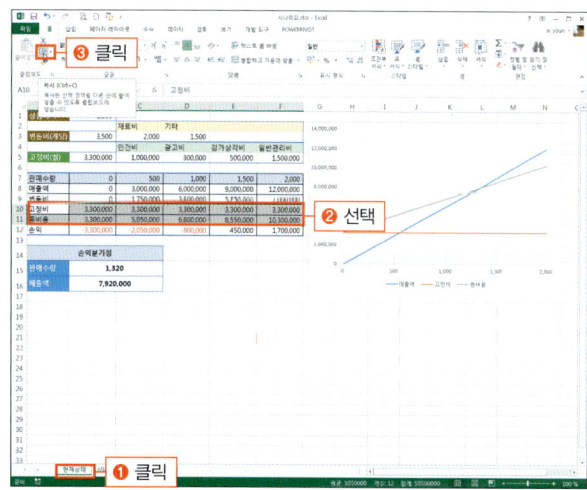

08. [시나리오] 탭에서 다시 한 번 차트를 클릭한 후 [붙여넣기]를 클릭합니다.

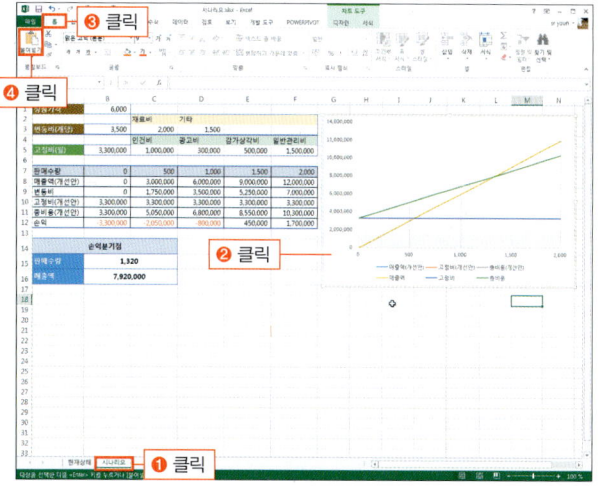

09. 두 차트 계열이 추가됩니다. 이제 차트의 계열 모양을 현재 상태와 개선안으로 구분하기 위한 작업을 하겠습니다. 계열이 겹쳐 있어 선택하기 어려우므로 [차트 도구]–[서식] 탭–[현재 선택 영역] 그룹–[계열 "매출(개선안)"]을 선택합니다.

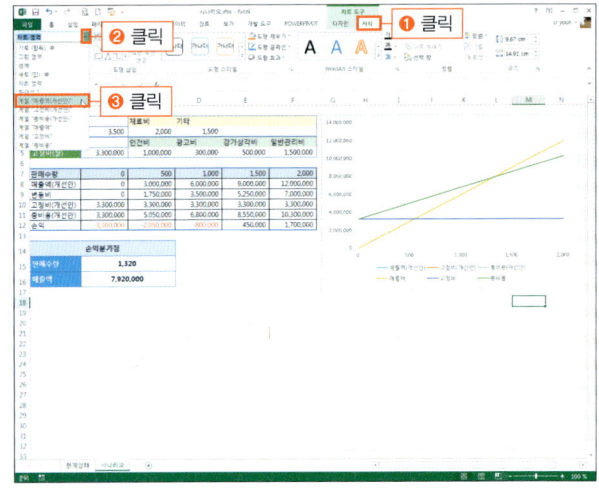

10. [선택 영역 서식]을 클릭하여 [데이터 계열 서식] 창이 나타나면 [선]에서 다음과 같이 색과 굵기 등의 모양을 변경합니다.

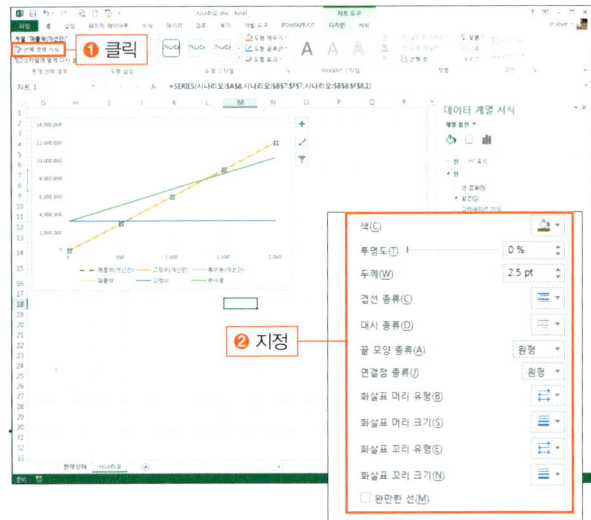

11. [차트 도구]–[서식] 탭–[데이터] 그룹–[데이터 선택]을 클릭하면 [데이터 원본 선택] 대화상자가 나타납니다.

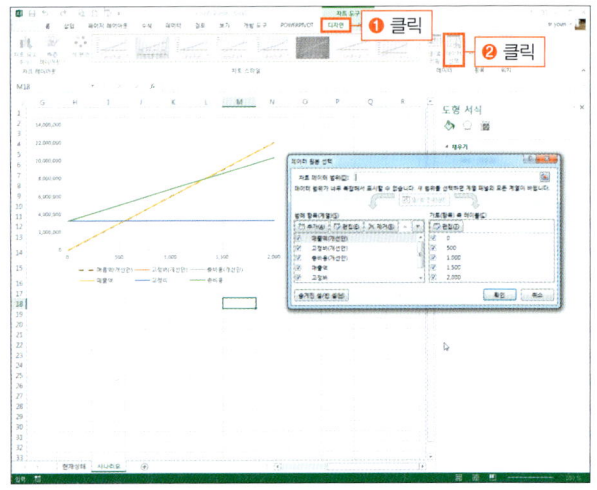

12. [범례 항목(계열)]에서 다음 그림과 같이 되도록 계열의 순서를 변경합니다. 계열의 순서는 [▲], [▼] 단추를 클릭하여 조정합니다.

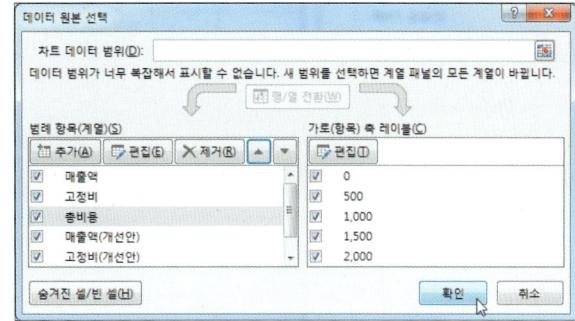

13. 계열 순서가 다음과 같이 변경되었습니다.

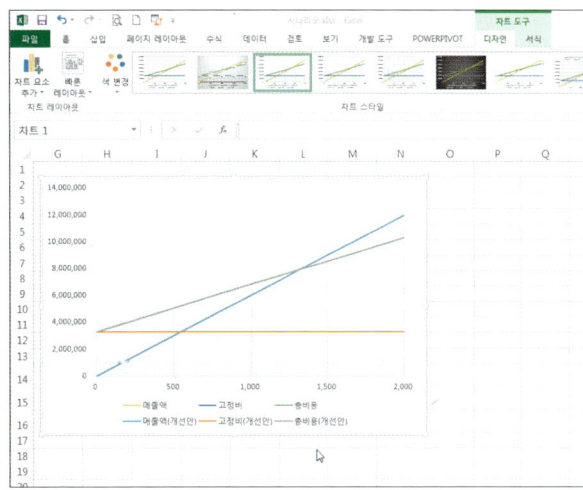

14. 나머지 개선안 계열의 모양도 다음과 같이 변경합니다.

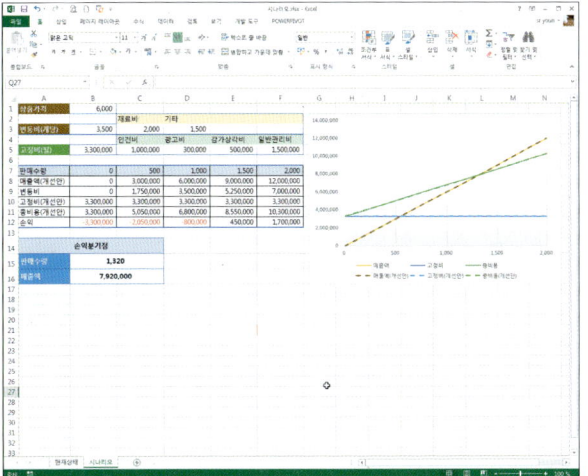

15. [A18:C24] 셀 범위에 다음과 같은 계산표 내용을 입력합니다. 이 내용은 [A7:C12] 셀 범위를 복사한 다음 약간만 수정하면 되며, [B19] 셀의 수식인 [=B5/(B1−B3)]만 변경되지 않도록 주의합니다.

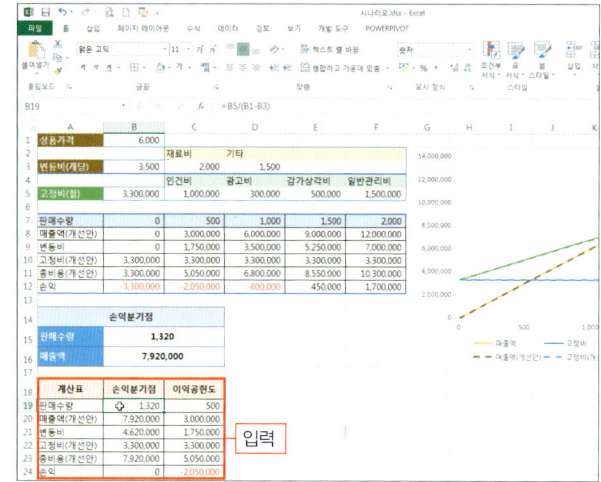

16. [A26:B26] 셀 범위에 [손익분기점비율]을 입력하고 [B26] 셀에 수식 [=B20/C20]을 입력합니다.

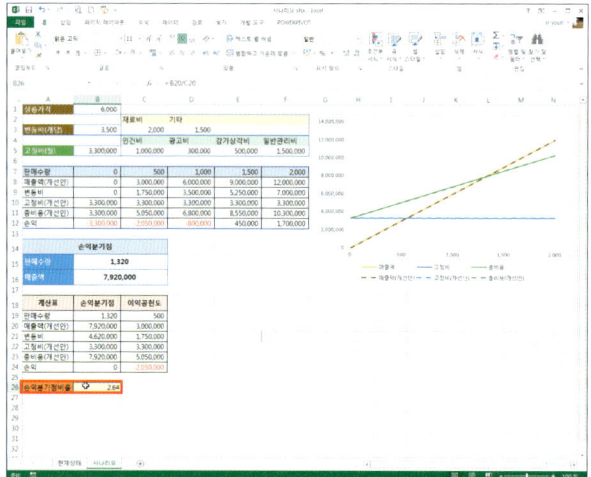

17. [B26] 셀을 클릭한 다음 [홈] 탭−[표시형식] 그룹−[백분율 스타일] 아이콘을 클릭하여 백분율로 표시합니다.

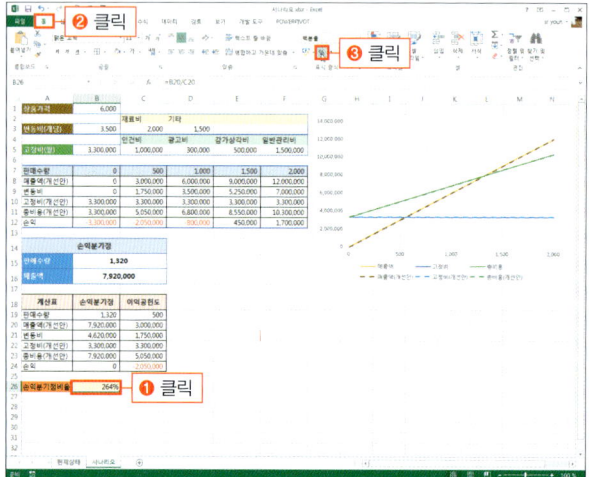

3개의 개선안은 앞에서 생각한 대로 다음과 같이 작성해보았습니다. 이 표에서 작성한 값대로 시나리오를 등록해 보겠습니다.

바꿀 항목	현재 상태	개선안(1)	개선안(2)	개선안(3)
판매가격	6,000	5,700	6,000	6,600
변동비/수량	3,500	3,500	3,000	3,500
고정비	3,300,000	2,800,000	3,700,000	3,300,000
판매수량(목표액)	1,320	1,450	1,584	1,056

▲ 개선안 시뮬레이션 작성표

01. [데이터] 탭–[데이터 도구] 그룹–[가상 분석]–[시나리오 관리자]를 클릭합니다.

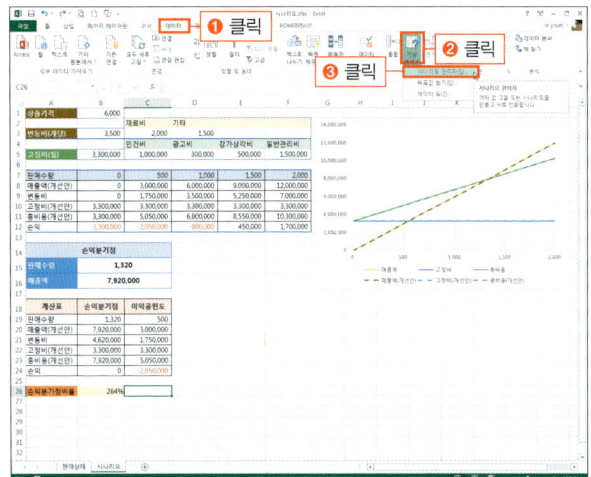

02. [시나리오 관리자] 대화상자가 나타나면 [추가] 단추를 클릭합니다.

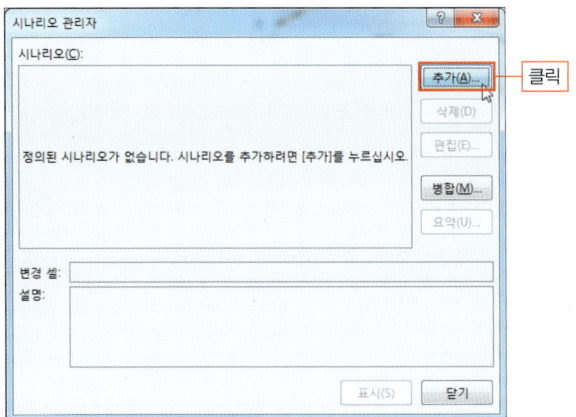

03. [시나리오 추가] 대화상자가 나타나면 시나리오 이름을 입력한 다음 [변경 셀] 입력 상자에 시나리오로 변경할 셀을 입력합니다. 여기서는 [B1], [B3], [B5], [C19] 셀을 입력합니다. 각각 상품가격, 변동비, 고정비, 이익공헌도의 판매수량입니다. [확인] 단추를 클릭합니다.

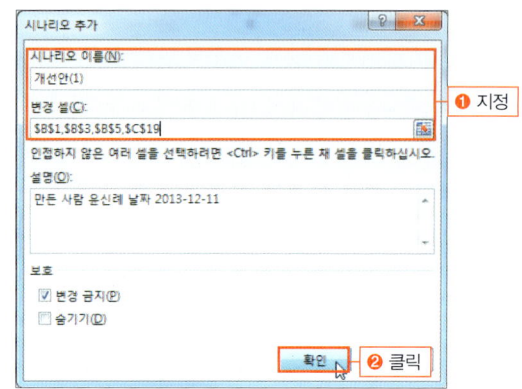

04. 다음과 같은 경고 메시지가 표시되면 [확인] 단추를 클릭합니다.

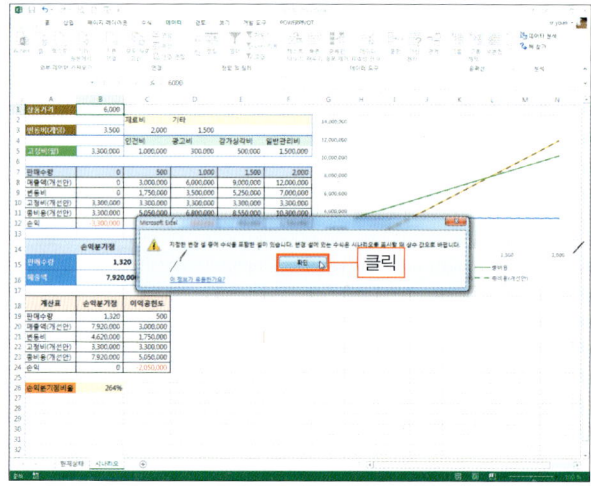

05. [시나리오 값] 대화상자가 나타나면 각 셀에 값을 입력하고 [확인] 단추를 클릭합니다.

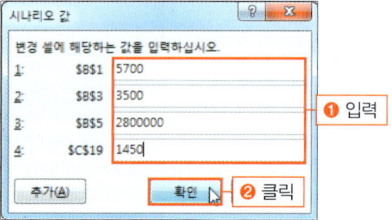

06. 하나의 시나리오가 등록되었습니다. 두 번째 시나리오를 등록하기 위해 [추가] 단추를 클릭합니다.

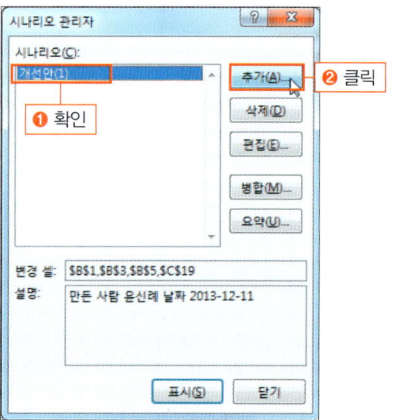

07. [시나리오 추가] 대화상자가 나타나면 두 번째 시나리오 이름을 입력하고, [변경 셀] 범위를 입력한 다음 [확인] 단추를 클릭합니다.

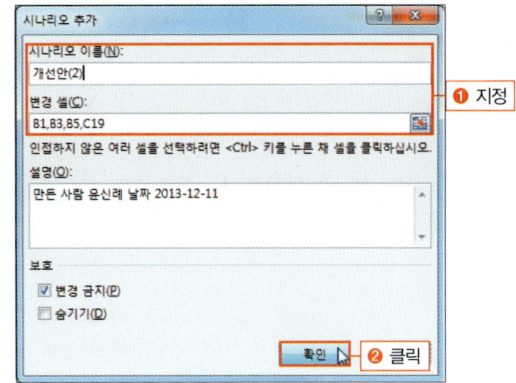

08. [시나리오 값] 대화상자가 나타나면 값을 입력하고 [확인] 단추를 클릭합니다.

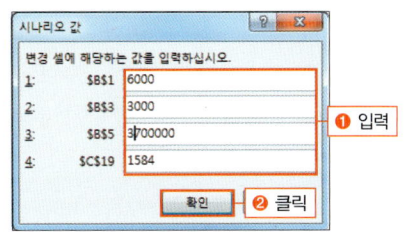

09. 같은 방법은 세 번째 시나리오를 작성한 다음 다음과 같이 값을 입력하고 [확인] 단추를 클릭합니다.

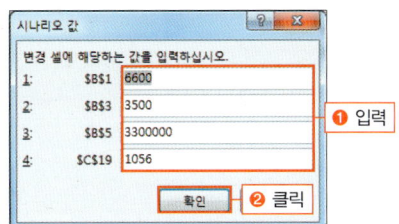

10. [시나리오 관리자] 대화상자가 나타나면 다음과 같이 3개의 시나리오가 등록된 것을 확인할 수 있습니다.

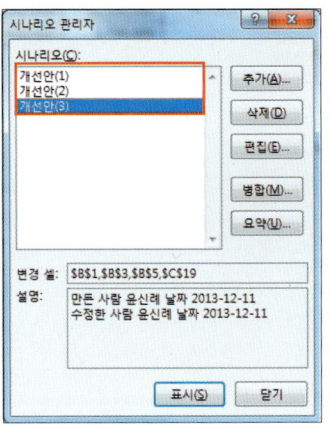

11. 시나리오를 표시하기 위해 첫 번째 시나리오를 선택하고 [표시] 단추를 클릭합니다. 변경 셀의 값이 변경되며, 차트까지 한번에 첫 번째 시나리오 형태로 변경되는 것을 확인할 수 있습니다. 손익분기점 비율도 88%로 변경되었습니다.

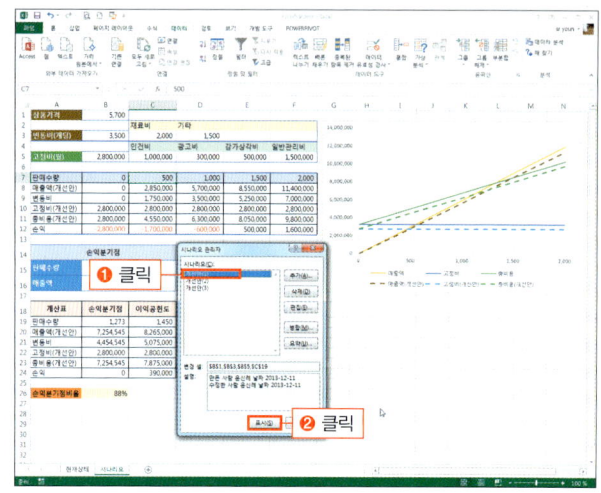

12. 다음은 두 번째 시나리오를 선택하고 [표시]를 클릭한 모습입니다.

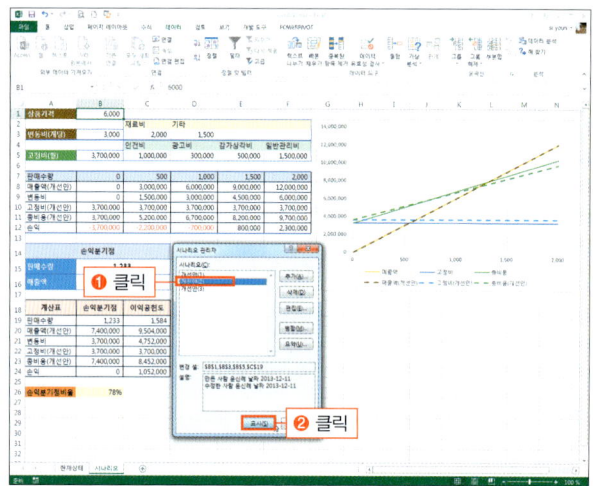

13. 다음은 세 번째 시나리오를 선택하고 [표시]를 클릭한 모습입니다.

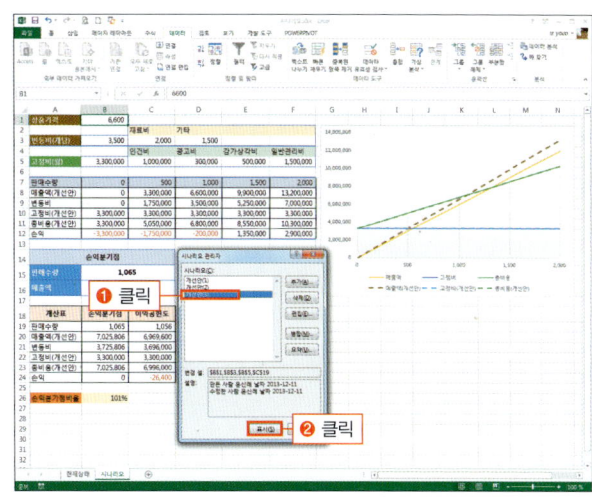

■ 개선안 선택하기

3개의 개선안의 손익분기점비율, 이익공헌액, 손익분기점은 다음과 같습니다. 이 결과에서 가격을 인상하여 판매금액이 떨어져도 그것을 보완할 수 있는 손익분기점비율을 확보할 수 있는 개선안(2)를 선택하는 것이 희망적이라 할 수 있습니다.

	개선안(1)	개선안(2)	개선안(3)
손익분기점	1,273(7,254,545원)	1,233(7,400,000원)	1,065(7,025,806)
손익분기점비율	88%	78%	101%
이익공헌도	390,000원	1,052,000원	−26,400원

CHAPTER 03 목표값 찾기

목표값 찾기 기능은 계산된 결과가 목표값이 되도록 역산하는 기능이 입니다. 목표값이 확실한 경우 그 목표 값이 되도록 계산하는 방법입니다. 예를 들어 한 달에 상환할 수 있는 금액이 이미 정해져 있는 경우, 연리와 기간을 구할 수 있습니다.

STEP 01 • 목표값 찾기 기능

보통의 계산은 계산식에 수치를 입력하여 계산 결과를 구하지만 목표값 찾기 기능은 그 반대입니다. 목 표값 찾기 기능은 먼저 계산 결과가 있고, 계산 결과를 얻기 위한 수치를 구하는 것입니다. 목표값 찾기 로 구할 수 있는 수치는 하나입니다.

보통의 계산식

단가가 3000원인 연필을 10개 구하기 위해 드는 비용을 구하려면 다음과 같은 식을 사용합니다.
$3,000 \times 10 = \boxed{}$
답은 30,000원입니다.

목표값 찾기에 의한 수치의 역산

$30,000 = 3,000 \times \boxed{}$
답은 10개입니다.

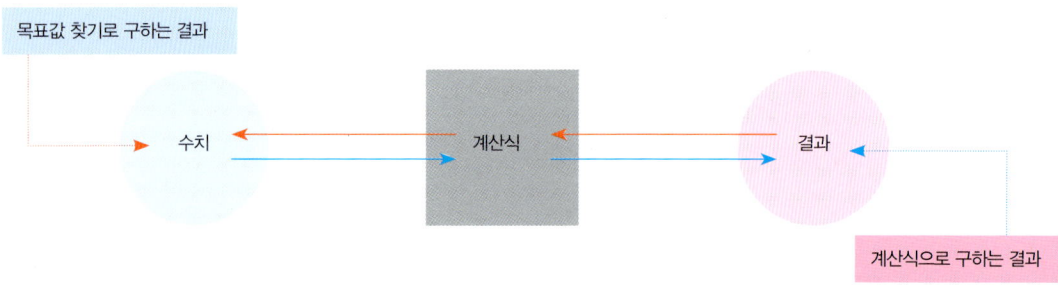

목표값 찾기로 구하는 결과 → 수치 ← 계산식 ← 결과 ← 계산식으로 구하는 결과

목표값 찾기 대화상자

목표값 찾기를 사용하려면 목표값 찾기 대화상자를 설정해야 합니다. 설정 내용은 다음과 같습니다.

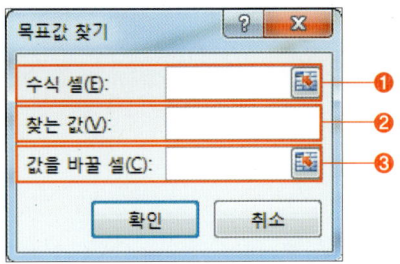

❶ **수식 셀** : 역산에 사용할 계산식을 입력할 셀을 지정합니다. 예를 들어 [단가]×[수량] 등의 수식이 입력되어 있는 [금액] 셀 등을 지정하면 됩니다.

❷ **찾는 값** : 역산할 목표값을 지정합니다. 역산의 목표값은 보통 계산의 결과값이 되는 수치를 지정합니다. 여기서 지정한 수치가 [수식 셀]에서 지정한 셀에 표시됩니다. 수치를 직접 입력하며 셀을 참조할 수는 없습니다.

❸ **값을 바꿀 셀** : 역산하고 싶은 값이 입력되어 있는 셀을 지정합니다. 계산식이 입력되어 있는 셀은 지정할 수 없습니다.

손익분기점 차트를 만드는 방법과 원하는 손익분기점을 만들기 위해 상품가격을 얼마로 하면 좋을지와 손익 [1,000,000]이 되려면 변동비를 줄이기 위해 재료비를 얼마만큼 줄여야 하는지를 구하는 방법에 대해 알아봅니다. 여기서 사용하는 기능은 목표값 찾기입니다. 목표값 찾기는 계산 결과가 지정한 목표 값이 되도록 역산하는 기능입니다. 함수를 사용한 복잡한 수식도 목표값 찾기를 사용하여 쉽게 역산할 수 있습니다.

예제 파일 | CD₩Part 03₩목표값찾기.xlsx

01. 손익분기점을 구하는 표가 있습니다. 이 표는 3개월 동안의 실적입니다. 원가율을 구하기 위해 [B20] 셀을 클릭한 후 수식 [=B4/B2]을 입력합니다. 원가율은 [변동비/상품가격]으로 구합니다.

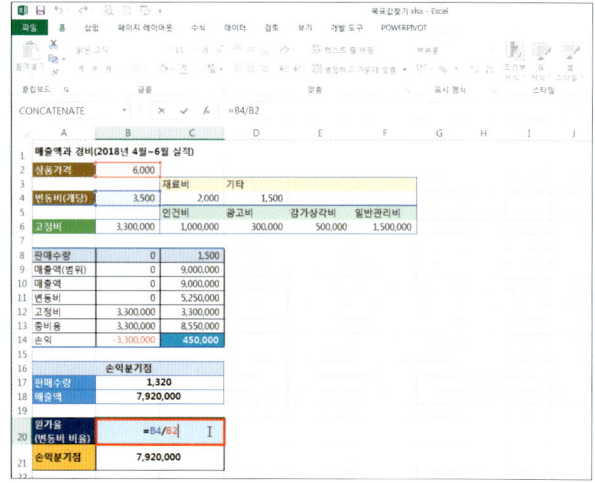

02. 원가율을 구한 다음 손익분기점 차트를 작성하겠습니다. 여기서는 분산형으로 작성하는 방법에 대해 알아봅니다. [A9:B10], [A12:B13] 셀 범위를 선택한 다음 [삽입] 탭-[차트] 그룹-[분산형(x, y) 또는 거품형 차트 삽입]-[직선이 있는 분산형]을 클릭합니다.

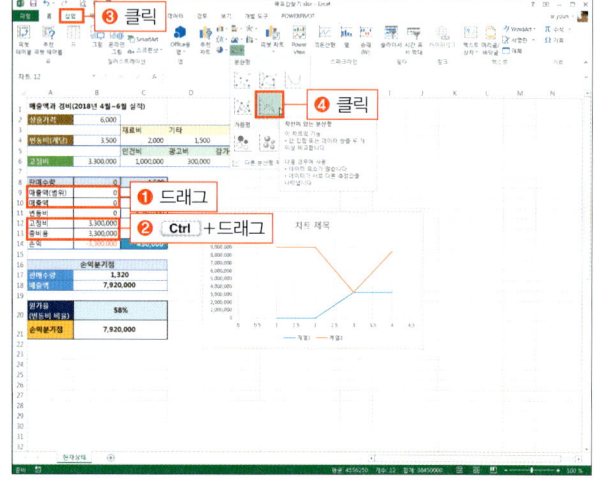

03. 차트가 삽입되었습니다.

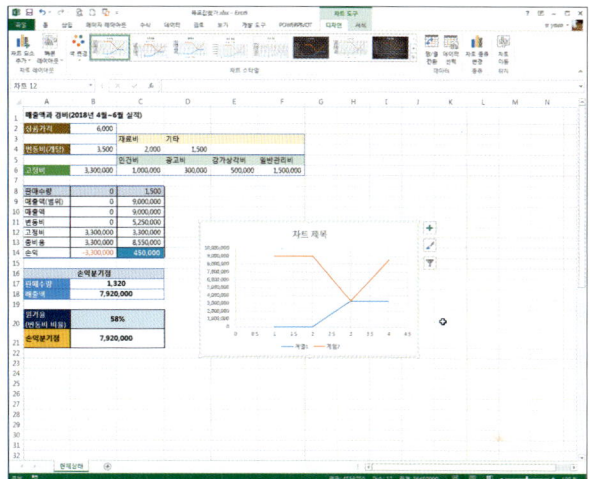

04. 차트 계열 모양을 제대로 표시하기 위해 [차트 도구]–[디자인] 탭–[데이터] 그룹–[행/열 변환]을 클릭합니다. 차트가 제대로 표시됩니다.

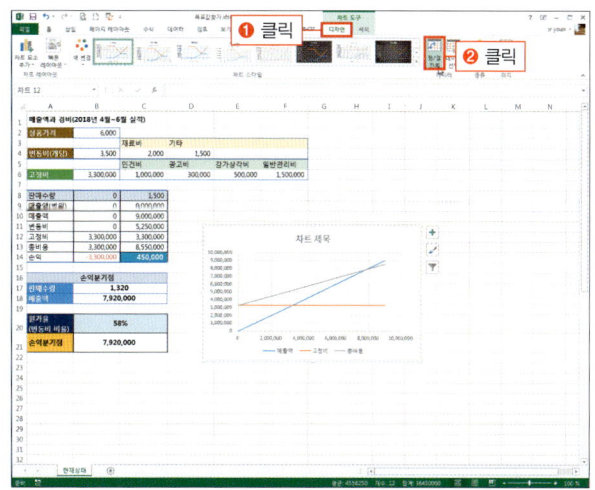

05. 여기서는 손익분기점 계열을 차트에 함께 표시해 보도록 하겠습니다. [A21:B21] 셀 범위를 선택한 다음 [홈] 탭–[클립보드] 그룹–[복사] 아이콘을 클릭합니다.

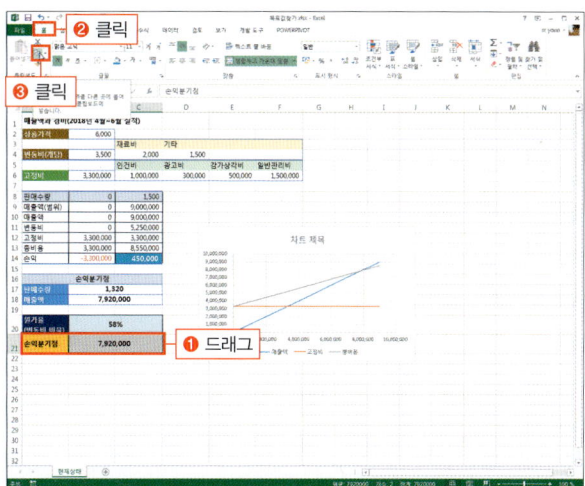

06. 차트를 클릭한 다음 [붙여넣기]를 클릭합니다.

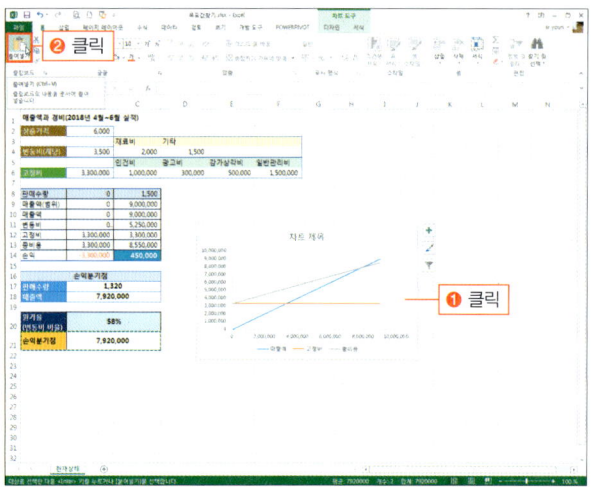

07. [손익분기점] 계열이 차트에 삽입되었습니다.

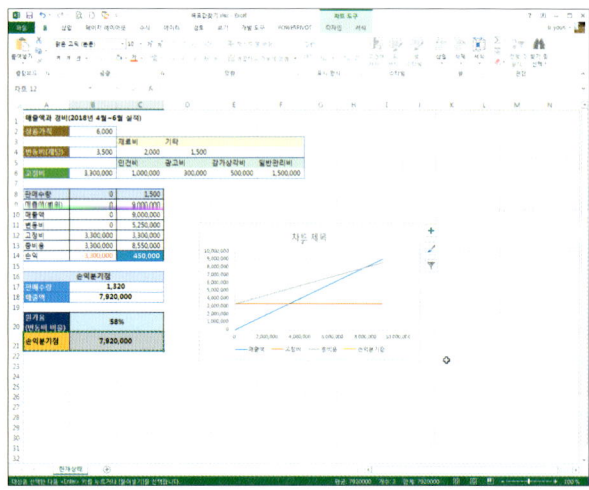

08. 계열의 모양을 변경하기 위해 [차트 도구]–[서식] 탭–[현재 선택 영역] 그룹–[차트 영역]–[계열 "손익분기점"]을 클릭합니다.

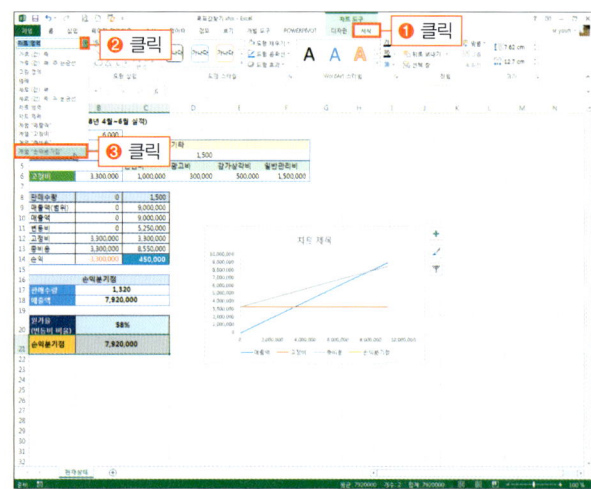

09. [선택 영역 서식]을 클릭하면 화면 오른쪽에 [데이터 계열 서식] 창이 나타납니다. [표식]에서 색과 형식, 크기 등을 그림과 같이 지정합니다. 차트 상에 [손익분기점] 계열이 빨간색으로 표시됩니다.

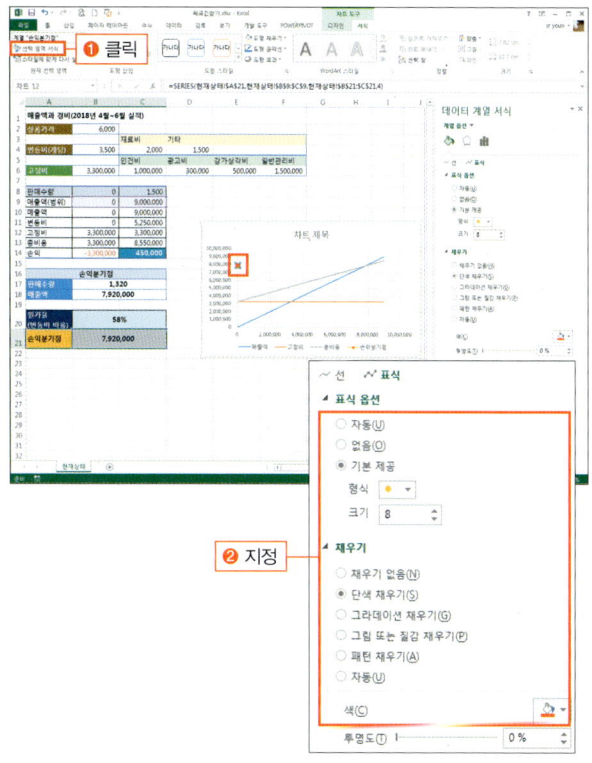

10. 삽입한 [손익분기점] 계열의 위치를 수정하기 위해 [차트 도구]-[디자인] 탭-[데이터]-[데이터 선택]을 클릭합니다.

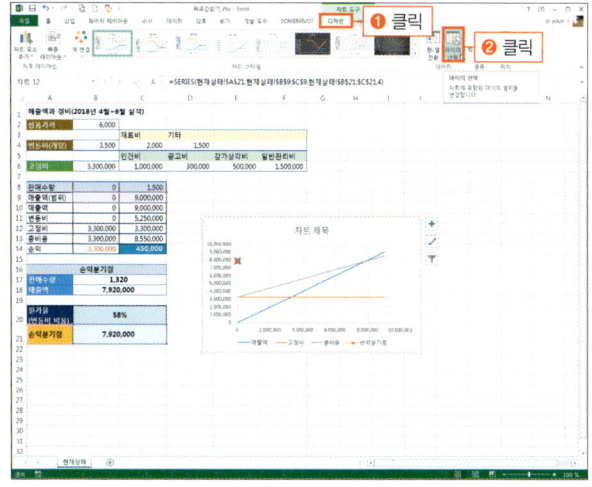

11. [데이터 원본 선택] 대화상자가 나타나면 [손익분기점] 계열을 선택한 다음 [편집] 단추를 클릭합니다.

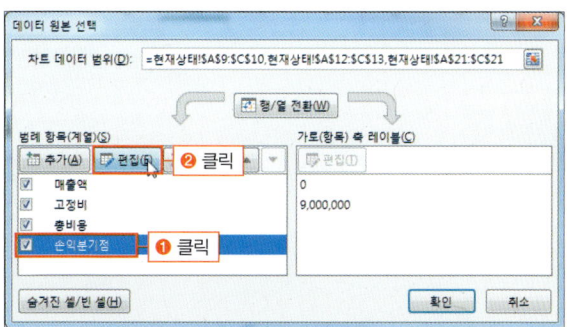

12. [계열 편집] 대화상자가 나타나면 다음과 같이 값을 지정하고 [확인] 단추를 클릭합니다. [계열 X 값]과 [계열 Y 값]은 같습니다.

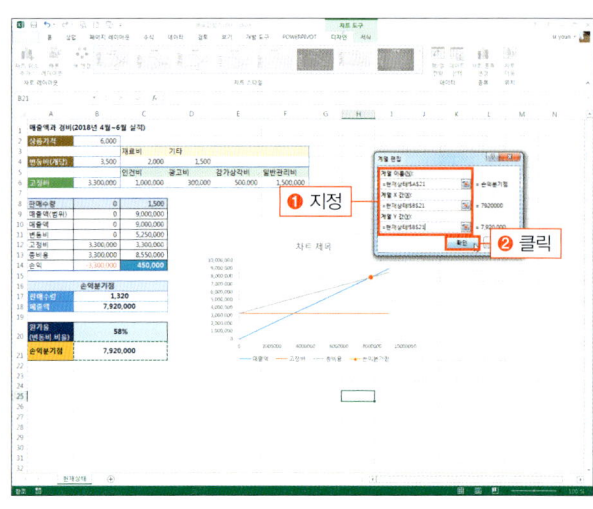

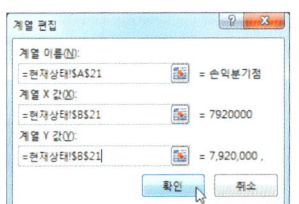

13. [데이터 원본 선택] 대화상자가 나타나면 레이블을 확인하고 [확인] 단추를 클릭합니다.

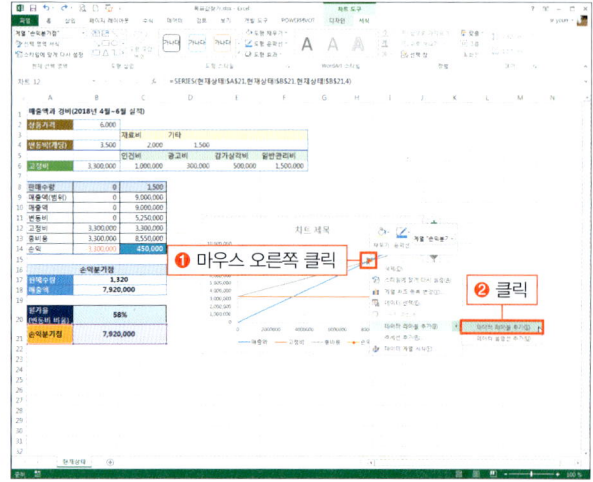

14. [손익분기점] 계열이 제대로 표시됩니다. 레이블 값을 표시하기 위해 [손익분기점] 계열에서 마우스 오른쪽 단추를 클릭하고 [데이터 레이블 추가]-[데이터 레이블 추가] 메뉴를 클릭합니다.

15. 그림과 같이 [손익분기점] 계열이 제대로 표시됩니다. 차트의 크기와 위치를 보게 좋게 정리합니다.

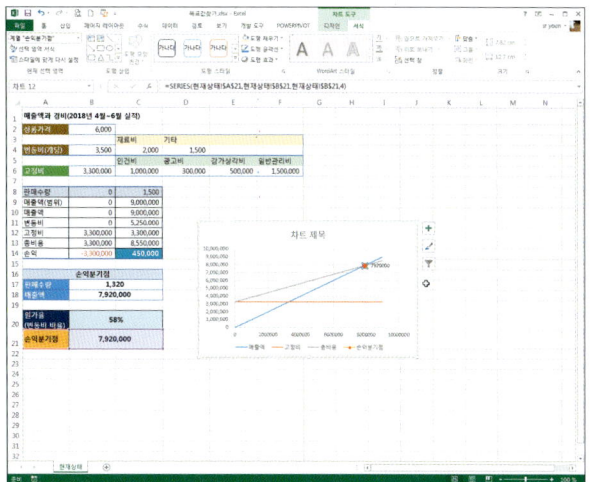

16. 이제 드디어 [목표값 찾기] 기능을 사용하기 위해 [데이터] 탭-[데이터 도구] 그룹-[가상 분석]-[목표값 찾기]를 선택합니다.

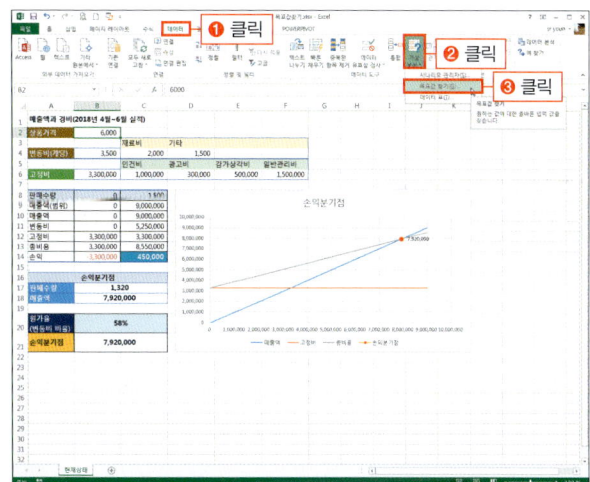

17. [목표값 찾기] 대화상자가 나타나면 다음과 같이 지정하고 [확인] 단추를 클릭합니다.

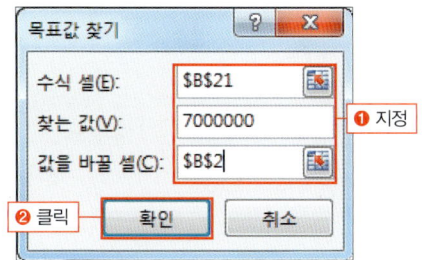

TIP : 목표값 찾기 값의 내용

[수식 셀]은 손익분기점이 입력되어 있는 [B21] 셀을 지정하고, [찾는 값]에는 원하는 손익분기점의 목표값인 [7000000]을 입력합니다. 마지막으로 [값을 바꿀 셀]에는 상품 가격이 입력되어 있는 [B2] 셀을 지정하는 것입니다. 손익분기점이 [7000000]이 되려면 상품 가격을 얼마로 해야 하는 지를 구하는 것입니다.

18. [목표값 찾기 상태] 대화상자가 나타나며 답을 찾았다는 메시지가 표시되면 [확인] 단추를 클릭합니다.

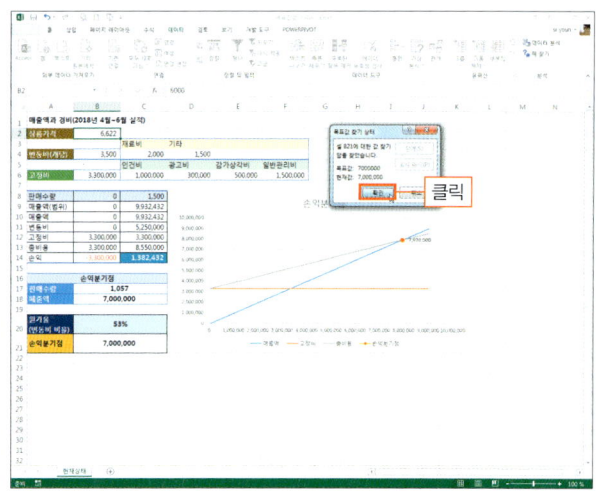

19. 손익분기점이 7000000이 되려면 상품가격을 [6,622]로 하면 된다는 결론을 얻었습니다.

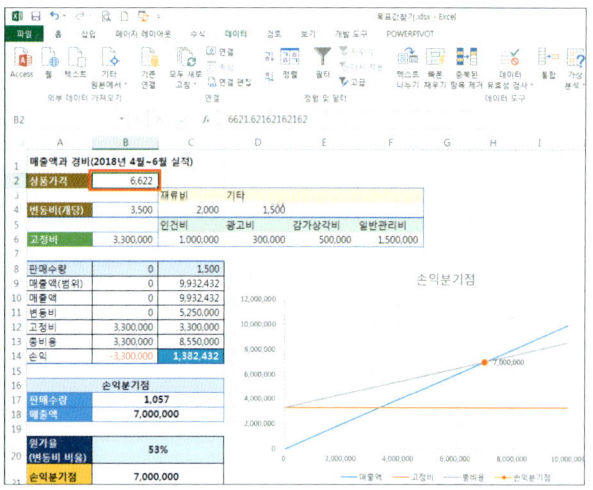

이익금이 1,000,000원이 되려면 재료비를 어느 정도 줄여야 하는지 목표값 찾기 기능으로 알아보겠습니다.

예제 파일 | 앞의 예제 파일 이어서 사용

01. 앞의 예제에서 다시 목표값 찾기를 하기 위해 **Ctrl** + **Z** 를 눌러 목표값 찾기를 실행하기 전으로 돌아가 다시 한 번 [데이터] 탭–[데이터 도구] 그룹–[가상 분석]–[목표값 찾기]를 선택합니다. [목표값 찾기] 대화상자가 나타나면 다음과 같이 지정하고 [확인] 단추를 클릭합니다.

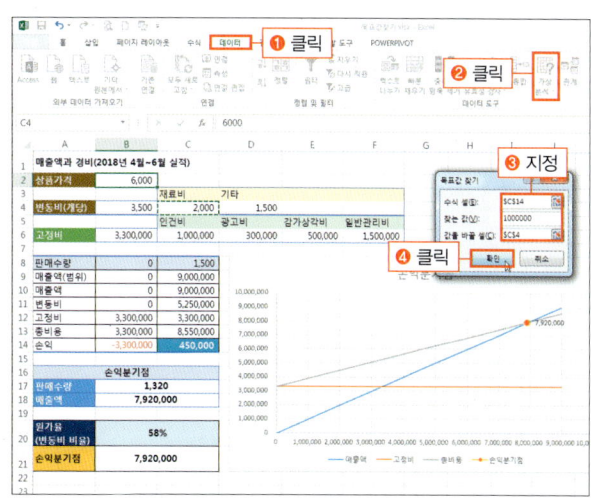

> **TIP : 목표값 찾기 입력 값**
>
> [수식 셀]은 1,500개를 판매했을 때 1,000,000원의 이익을 보기 위한 것이므로 손익이 입력되어 있는 [C14] 셀을 지정하고, [찾는 값]에는 원하는 손익분기점의 목표값인 [1000000]을 입력합니다. [값을 바꿀 셀]에는 재료비가 입력되어 있는 [C4] 셀을 지정하고 [확인] 단추를 클릭합니다.

02. [목표값 찾기 상태] 대화상자가 나타나며 답을 찾았다는 메시지가 표시되면 [확인] 단추를 클릭합니다.

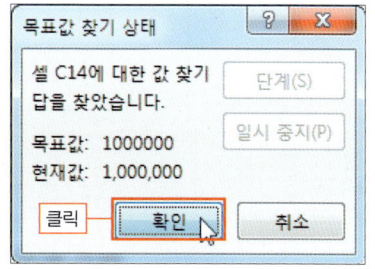

03. 이익금액이 1,000,000원이 되려면 재료비를 1,633원으로 해야 한다는 결론을 얻었습니다.

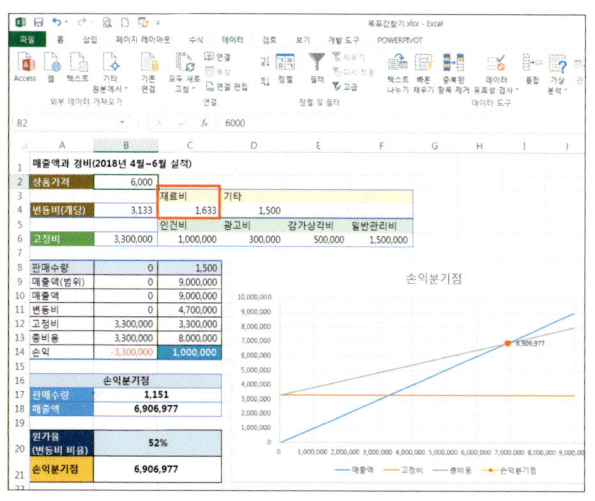

데이터 분석의 천재
피벗 테이블

피벗 테이블은 리스트 형식의 데이터를 이용하여 크로스 집계표를 만드는 것입니다. 피벗 테이블은 행 레이블, 열 레이블, 값, 보고서 필터 항목을 자유롭게 레이아웃하여 여러 가지 각도로 데이터를 분석할 수 있습니다.

STEP 01 • 피벗 테이블

■ 대량의 데이터를 손쉽게 집계하는 피벗 테이블

피벗 테이블은 다음과 같이 날짜별로 입력된 매출 데이터 등이 리스트 형식으로 된 것을 집계하는 것입니다. 이때 집계표의 항목과 수식 등을 사용자가 입력할 필요는 없습니다. 이 리스트에 있는 항목명인 날짜나 거래처, 상품명 등의 항목을 집계표 영역에 드래그하여 레이아웃 하기만 하면 됩니다. 다음은 리스트와 피벗테이블의 관계를 표시한 것입니다.

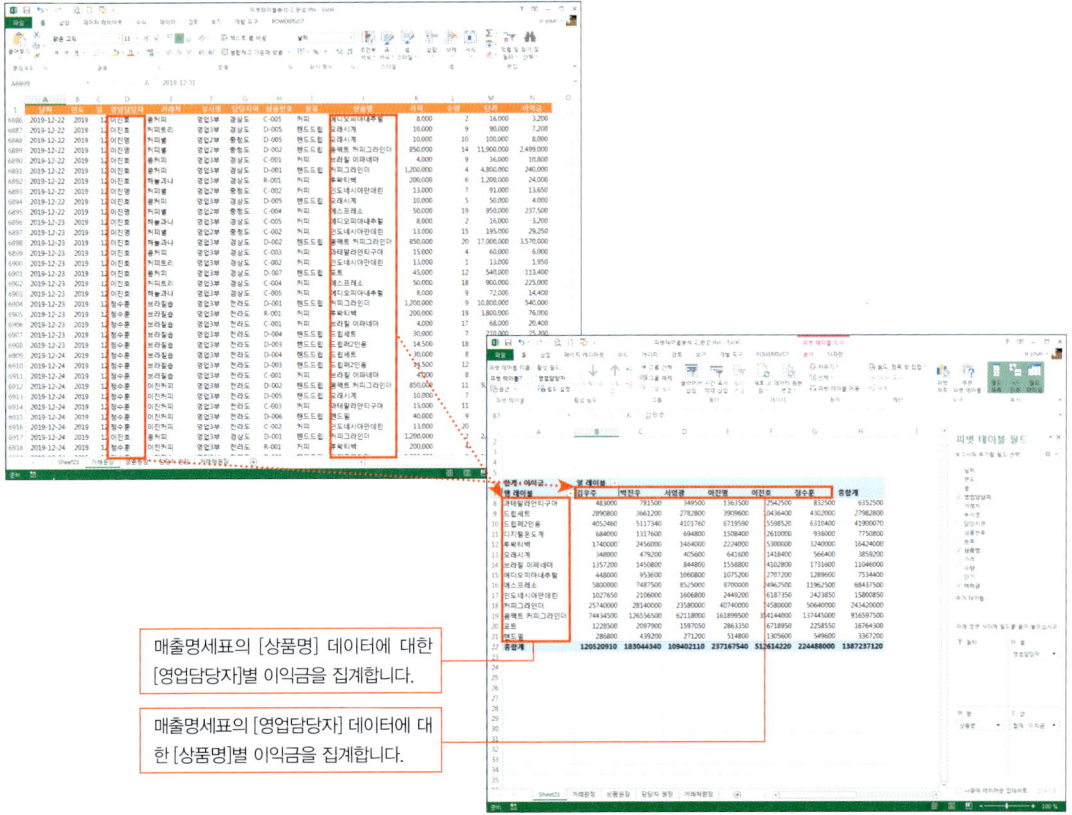

매출명세표의 [상품명] 데이터에 대한 [영업담당자]별 이익금을 집계합니다.

매출명세표의 [영업담당자] 데이터에 대한 [상품명]별 이익금을 집계합니다.

■ 피벗 테이블 각 부의 명칭

피벗 테이블은 행, 열, 값, 필터의 4영역이 있습니다. 엑셀에서 피벗 테이블로 집계를 할 때는 창 오른쪽 위에 표시되는 피벗 테이블 필드를 아래쪽으로 드래그하여 항목을 배치하면 됩니다. 먼저 각 부의 명칭에 대해 알아봅니다.

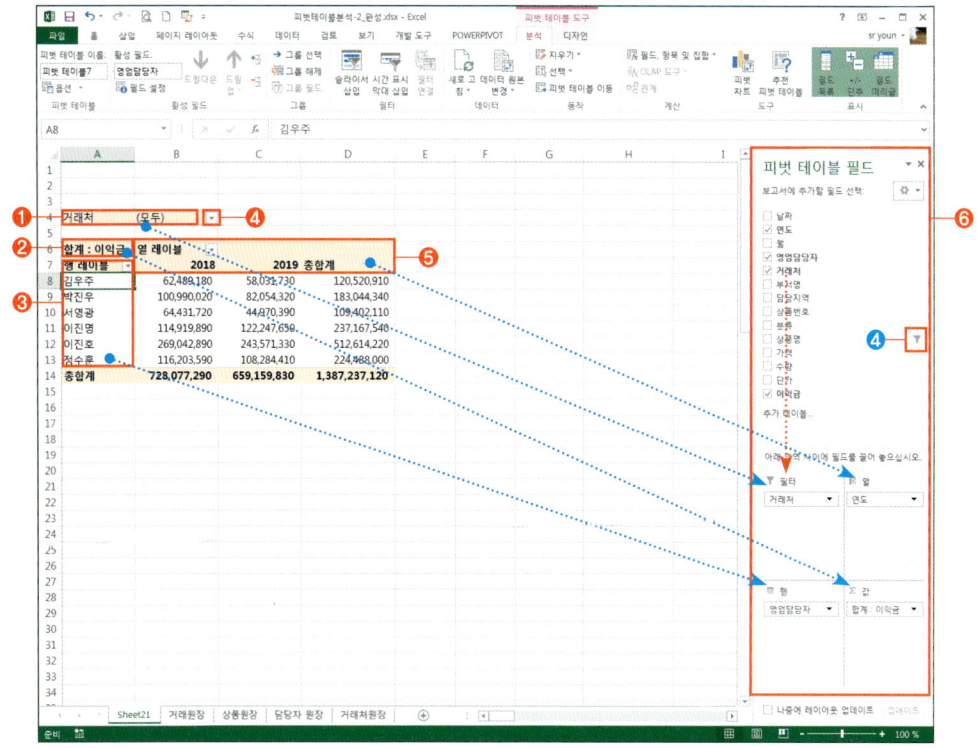

❶ 필터 : 피벗 테이블에 조건 항목을 배치하는 영역입니다.

❷ 값 : 집계 항목을 표시하는 영역입니다.

❸ 행 레이블 : 행 항목을 표시하는 영역입니다.

❹ 필터 아이콘 : 배치된 필드의 항목 중에서 원하는 필드만 표시합니다.

❺ 열 레이블 : 열 항목을 표시하는 영역입니다.

❻ 필드 목록 : 각 필드 목록을 표시합니다.

■ 리스트 범위 자동 인식

피벗 테이블을 포함한 일련의 데이터베이스 조작은 리스트 전체가 조작 대상입니다. 리스트 전체라는 대량의 데이터를 선택해야 하므로 오류가 발생할 수 있지만 피벗 테이블을 조작할 때는 전체 범위를 자동으로 지정해 줍니다. 하지만 리스트 중간에 공백 행이 있으면 하나의 데이터베이스로 인식하지 않으므로 주의합니다.

■ 피벗테이블의 집계 종류

피벗 테이블에서 이용할 수 있는 집계의 종류는 모두 11가지입니다. 목적에 따라 집계 방법을 선택할 수 있습니다. 피벗 테이블 영역을 클릭한 다음 [피벗 테이블 도구]-[분석] 탭-[활성 필드]-[필드 설정]을 클릭하면 나타나는 [값 필드 설정] 대화상자에서 선택합니다.

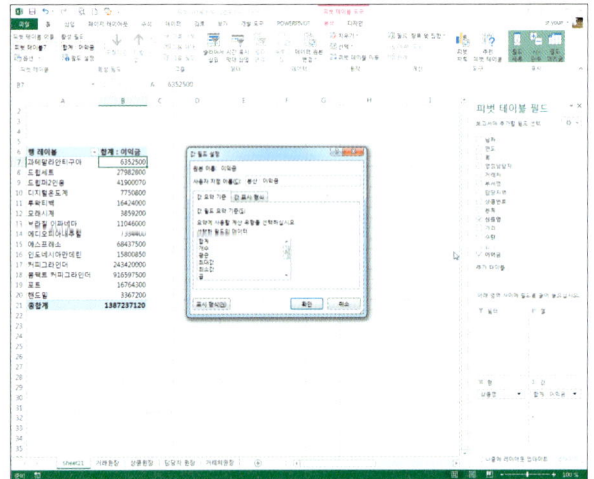 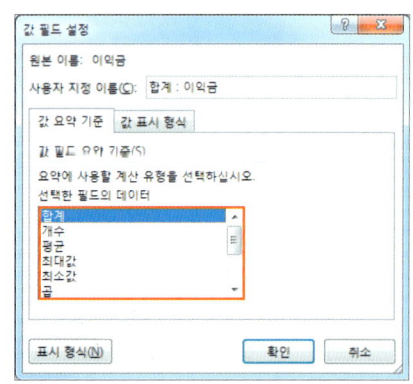

❶ **합계** : 행 항목과 열 항목 조건에 맞는 데이터의 합계를 표시합니다.

❷ **개수** : 행 항목과 열 항목 조건에 맞는 데이터의 개수를 표시합니다.

❸ **평균** : 행 항목과 열 항목 조건에 맞는 데이터의 평균을 표시합니다.

❹ **최대값** : 행 항목과 열 항목 조건에 맞는 데이터의 최대값을 표시합니다.

❺ **최소값** : 행 항목과 열 항목 조건에 맞는 데이터의 최소값을 표시합니다.

❻ **곱** : 행 항목과 열 항목 조건에 맞는 데이터의 곱을 표시합니다.

❼ **숫자 개수** : 행 항목과 열 항목 조건에 맞는 데이터의 숫자의 수를 표시합니다.

❽ **표본 표준 편차** : 행 항목과 열 항목 조건에 맞는 데이터의 표본 표준 편차를 표시합니다.

❾ **표준 편차** : 행 항목과 열 항목 조건에 맞는 데이터의 표준 편차를 표시합니다.

❿ **표본 분산** : 행 항목과 열 항목 조건에 맞는 데이터의 표본 분산을 표시합니다.

⓫ **분산** : 행 항목과 열 항목 조건에 맞는 데이터의 분산을 표시합니다.

■ 집계표와 연동되는 피벗 차트

피벗 차트는 보통의 차트와 달리 피벗 테이블을 데이터로 하여 차트를 작성합니다. 피벗 테이블의 레이아웃을 변경하면 피벗 차트의 레이아웃도 변경되며, 반대로 피벗 차트의 레이아웃을 변경하면 피벗 테이블의 레이아웃도 연동되어 변경됩니다.

피벗 테이블 데이터와 피벗 차트

작성한 피벗 테이블을 기준으로 피벗 차트를 작성합니다. 다음 그림과 같이 담당자별 상품 판매에 대한 이익금 집계를 이용하여 차트를 작성할 때는 피벗 테이블을 클릭한 다음 [피벗 테이블 도구]─[분석] 탭의 [도구] 그룹─[피벗 차트]를 클릭하면 됩니다.

▶ 피벗 테이블을 이용하여 작성한 피벗 차트

▶ 항목을 변경하여 표시한 피벗 차트

예를 들어 2015년 1월~3월까지의 수많은 매출 데이터를 사용하여 나에게 필요한 집계표를 작성하는 것은 엄청난 일입니다. 그러나 피벗 테이블을 사용하면 화면에 표시되는 화면에서 원하는 항목을 지정하여 집계표를 완성할 수 있습니다.

중요한 것은 매출 데이터 중에서 어느 부분에 주목할 것인가 하는 것으로 무엇을 분석할 것인지를 명확하게 하는 것입니다. 분석할 내용에 따라 각 영역에 필드를 드래그하는 것만으로 원하는 집계표를 작성할 수 있으므로 더할 나위 없이 간편합니다. 업무 자체는 복잡하지만 엑셀의 피벗 테이블이 모두 알아서 해 주므로 사용자는 드래그만 하면 됩니다. 피벗 테이블의 특징은 뭐니뭐니 해도 다양한 시각으로 분석하는 것입니다. 피벗 테이블과 피벗 차트를 이용하여 보다 시각적으로 데이터를 분석하여 경향이나 문제점을 찾아낼 수 있습니다.

예제 파일 I CD₩Part 03₩피벗테이블분석.xlsx

01. 예제는 2018년 1월1일부터 12월31일까지의 판매 데이터로 3500줄의 데이터가 있습니다. [거래원장] 시트에서 데이터가 있는 곳의 아무 곳이나 클릭한 후 [삽입] 탭–[표] 그룹–[피벗 테이블]을 클릭합니다.

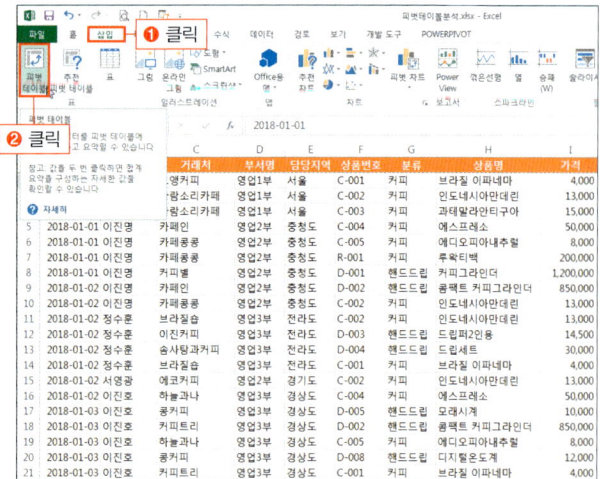

02. [피벗 테이블 만들기] 대화상자가 나타납니다. 범위는 자동으로 설정되므로 [확인] 단추를 클릭합니다.

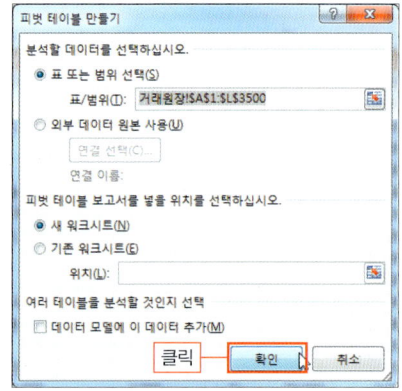

03. 새로운 시트가 삽입되며 피벗 테이블 레이아웃이 작성됩니다.

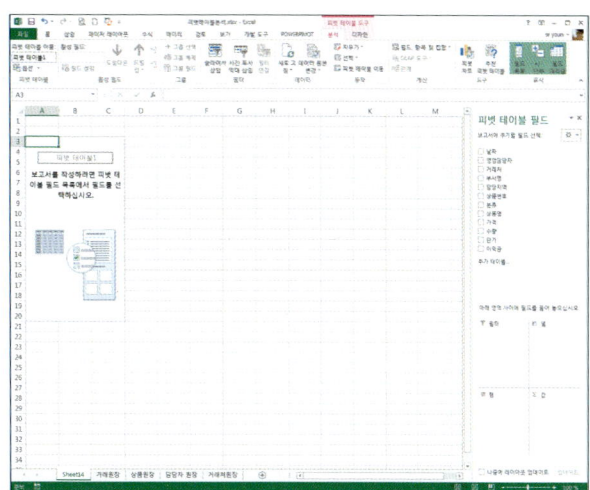

04. [행]과 [값] 영역에 각각 [부서명]과 [단가] 필드를 드래그하여 배치합니다. 부서별 매출액 표가 작성되었습니다.

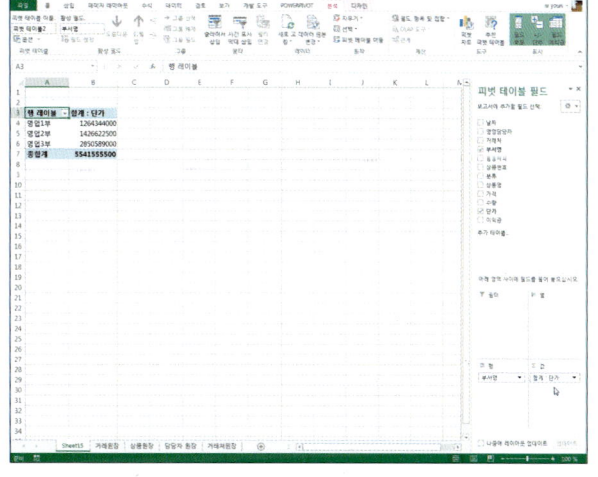

05. 부서별 데이터를 이용하여 하위 수준을 표시할 것이므로 [영업2부]가 입력되어 있는 [A5] 셀을 더블클릭합니다. [하위 수준 표시] 대화상자가 나타납니다. 부서에서 표시할 [영업담당자] 필드를 선택한 다음 [확인] 단추를 클릭합니다.

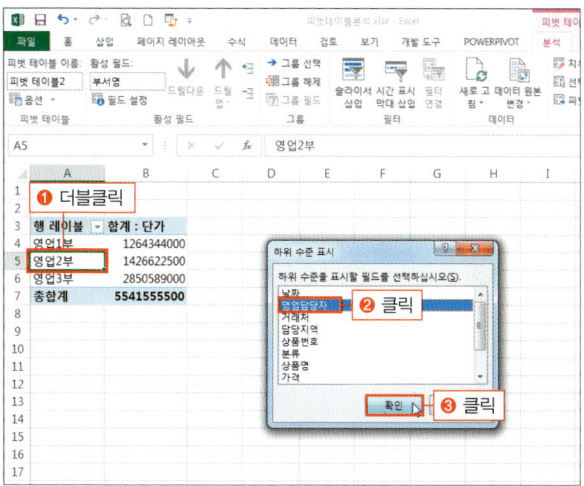

06. [영업2부]의 하위 수준이 표시되었습니다.

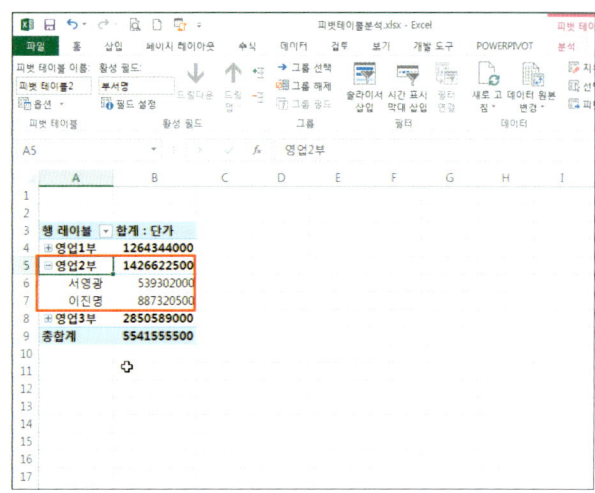

07. [서영광] 영업담당자의 하위 수준을 표시하기 위해 [A6] 셀을 더블클릭합니다. [하위 수준 표시] 대화상자가 나타나면 [분류] 필드를 클릭하고 [확인] 단추를 클릭합니다.

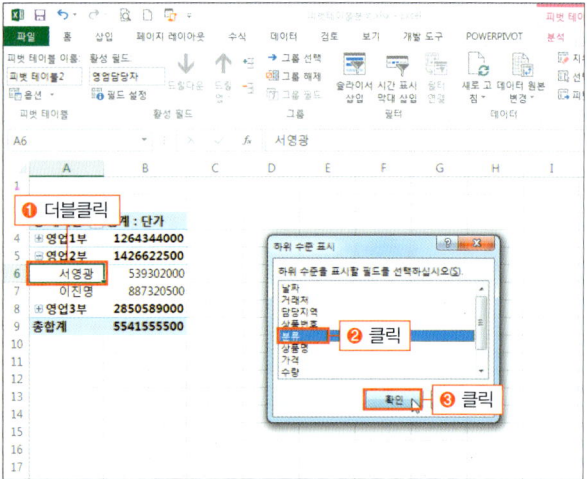

08. [분류] 필드가 표시되었습니다. 이번에는 [커피] 필드를 더블클릭하여 [하위 수준 표시] 대화상자가 나타나면 [거래처] 필드를 선택하고 [확인] 단추를 클릭합니다.

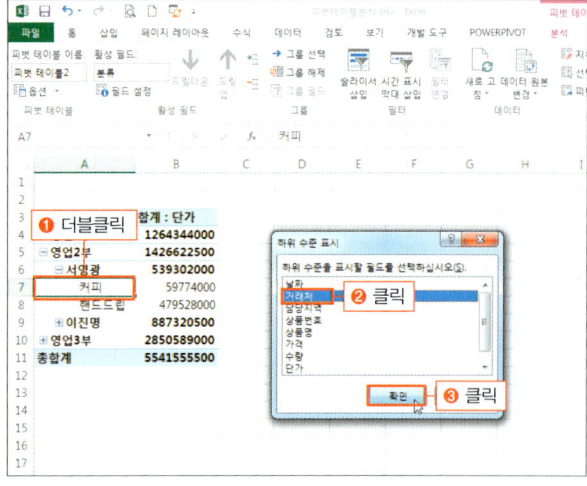

09. [영업2부]의 [서영광] 영업담당자의 커피 판매 거래처에 대한 매출 금액을 모두 표시했습니다. 이와같은 형태로 하위 수준을 얼마든지 변경하여 표시할 수 있습니다. 이렇게 작성한 내용을 이용하여 보고서를 작성하기 위해 [디자인] 탭-[레이아웃] 그룹-[보고서 레이아웃]-[테이블 형식으로 표시]를 클릭합니다.

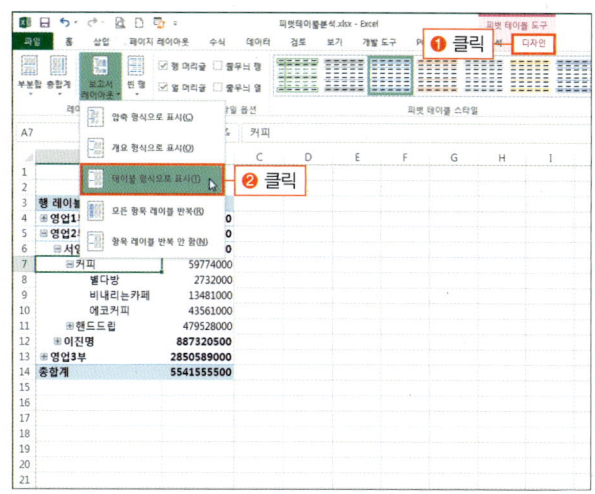

10. 다음과 같이 테이블 형식으로 표시되어 한 눈에 보기가 쉬워졌습니다. 각 필드에서 [-]를 클릭하면 하위 수준이 표시되지 않습니다. 하지만 기호는 남아 있으므로 언제든지 클릭하여 볼 수 있습니다. 따라서 [ㅇㅇ 별], [ㅇㅇ 별] 매출 데이터를 순식간에 작성할 수 있습니다.

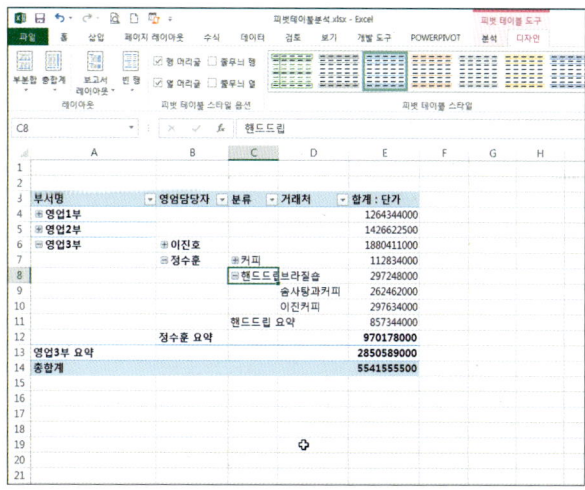

11. [분석] 탭-[필터] 그룹-[슬라이서 삽입] 아이콘을 클릭하여 원하는 항목을 표시하여 다음과 같이 슬라이서가 나타나면 슬라이서에서 필요한 데이터만 선택하여 표시할 수 있습니다.

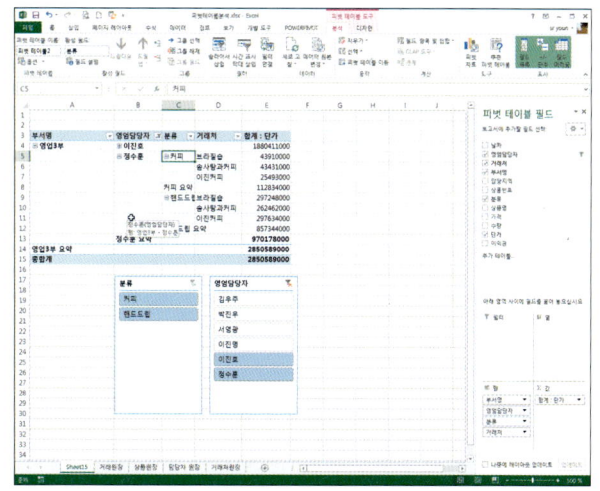

TIP : 데이터 갱신하기

원래 표에 데이터의 수정이 있는 경우에는 [분석] 탭-[데이터] 그룹-[새로 고침]을 클릭하여 새로운 데이터로 갱신할 수 있습니다.

여러 개의 조건을 지정하여 다각적인 분석을 할 수 있는 슬라이스 분석(다항목 조건 분석)으로 월별 추이 차트를 작성하는 방법에 대해 알아봅니다.

예제 파일 ㅣ CD₩Part 03₩피벗테이블분석-2.xlsx

01. 다음 예는 '2018-01-01 ~ 2019-12-31' 사이의 매출 데이터로 6999개의 레코드 데이터가 있습니다. [삽입] 탭-[차트] 그룹-[피벗 차트]-[피벗 차트]를 클릭합니다.

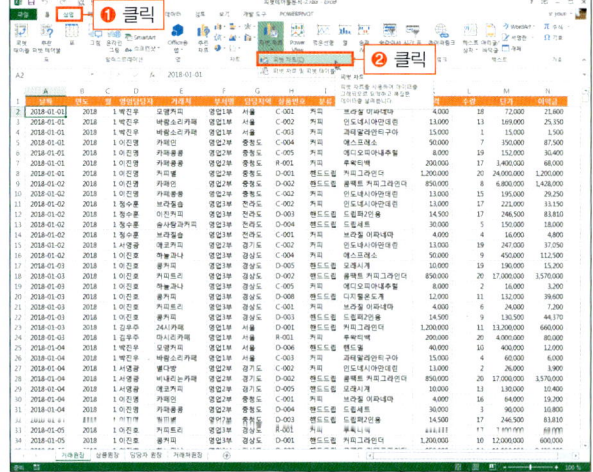

02. [피벗 차트 만들기] 대화상자가 나타납니다. 범위는 자동으로 지정되므로 그대로 [확인] 단추를 클릭합니다.

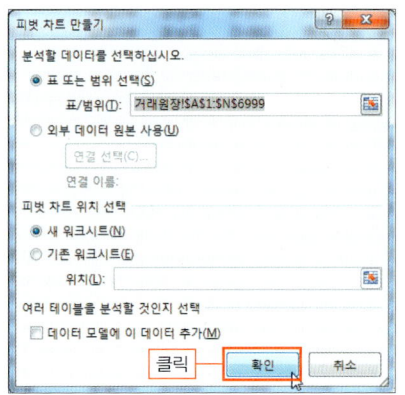

03. 피벗 테이블과 피벗 차트 레이아웃이 동시에 작성됩니다. 피벗 차트는 피벗 테이블과 같은 형태로 사용하면 됩니다.

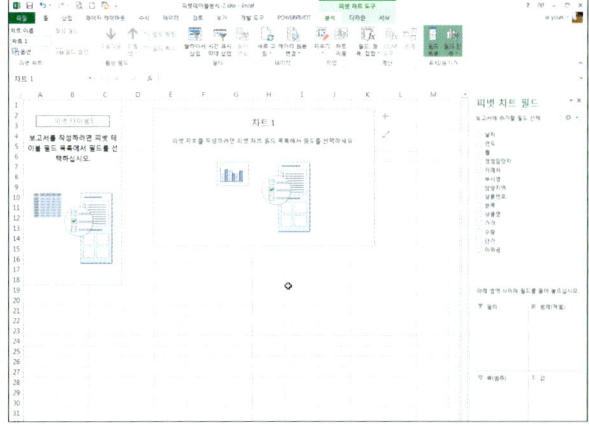

04. 여러 개의 필드를 [필터] 영역에 드래그하여 배치합니다. 여기서 말하는 여러 개의 필드가 즉 다항목이 되는 것입니다. [분류], [담당지역], [거래처], [부서명] 필드를 [필드] 영역에 배치합니다.

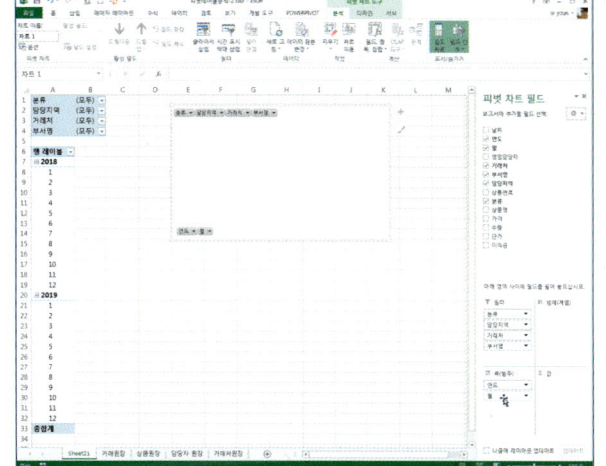

05. [축(범주)]에 [연도]와 [월] 필드를 드래그하여 배치합니다.

06. 이번에는 [상품명]을 [범례(계열)] 영역에 드래그하여 배치합니다.

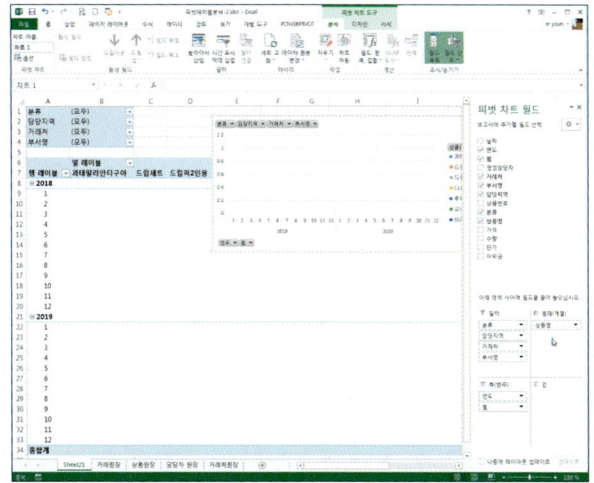

07. [값] 영역에 [단가] 필드를 드래그하여 배치하면 다음 그림과 같이 됩니다. [분류], [담당지역], [거래처], [부서명], [월별] 추이 차트가 작성되었습니다.

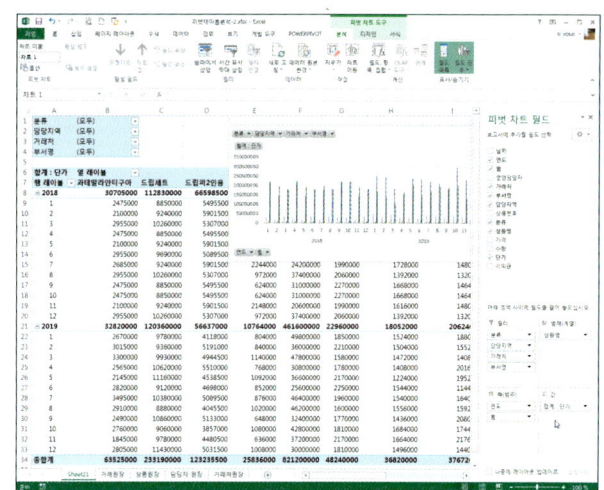

08. 추이는 꺾은선형 차트가 보기 편하므로 차트 모양을 변경해 보겠습니다. 차트를 클릭한 상태에서 [디자인] 탭-[종류] 그룹-[차트 종류 변경]을 클릭합니다.

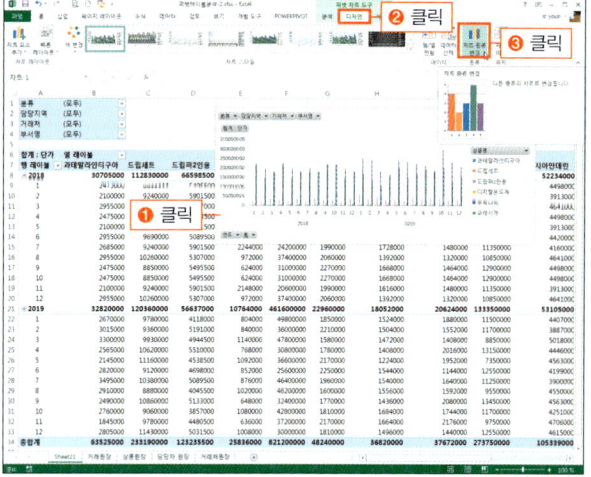

09. [차트 종류 변경] 대화상자가 나타나면 [꺾은선형]-[꺾은선형]을 선택하고 [확인] 단추를 클릭합니다.

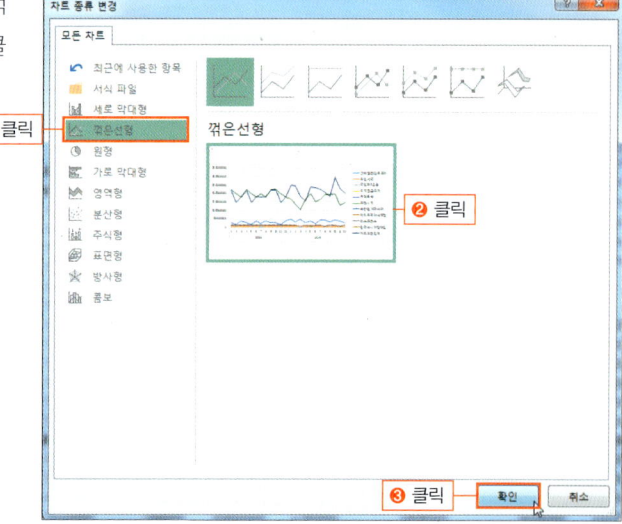

10. 차트 모양이 변경되었습니다. 이제 이 차트를 이용하여 여러 가지 각도에서 분석을 할 수 있습니다. 먼저 [분류] 항목을 클릭하여 [커피]만 선택한 다음 [확인] 단추를 클릭합니다.

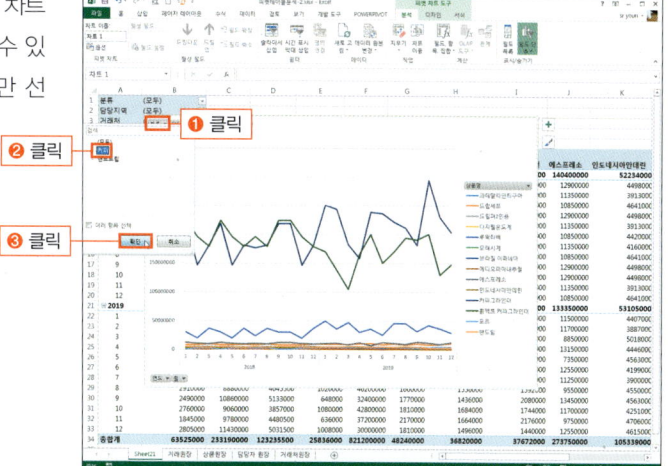

11. [핸드드립] 항목은 나타나지 않고 [커피] 항목만 나타납니다. 이렇게 항목을 잘라 원하는 항목에 대해서 보다 크게 볼 수 있도록 하는 것입니다.

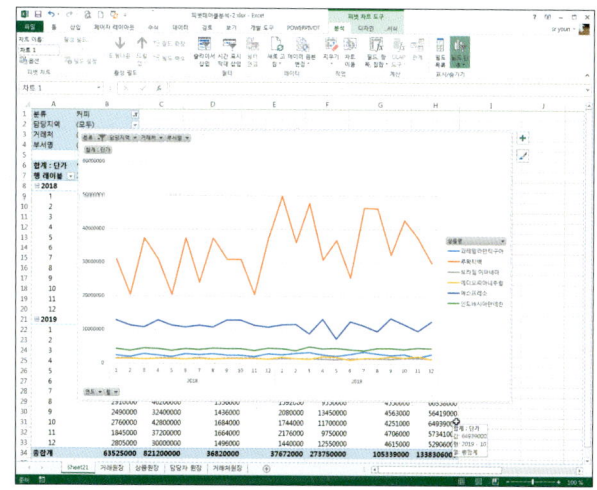

12. 이번에는 [담당지역]을 클릭하여 [서울] 항목만 선택한 다음 [확인] 단추를 클릭합니다.

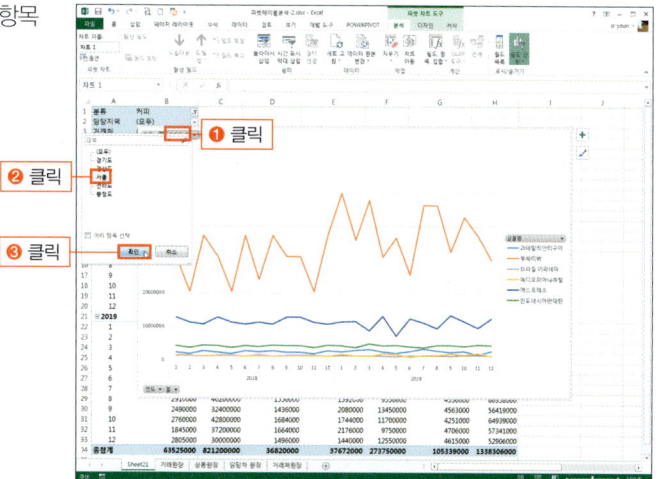

13. 다른 지역은 나타나지 않고 서울 지역에 대한 결과만 볼 수 있습니다.

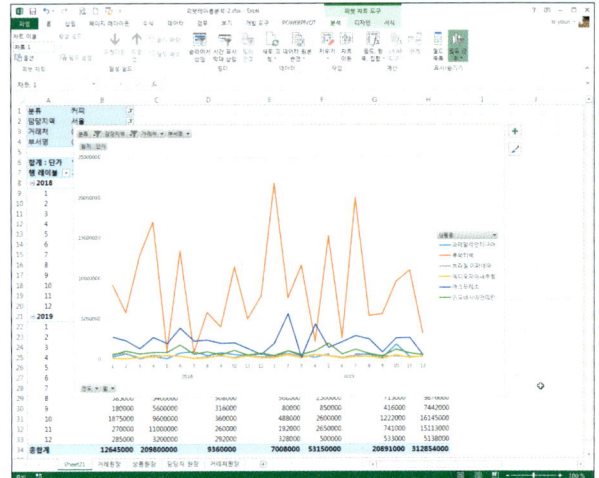

14. 이번에는 슬라이서를 삽입하여 보다 세세하게 데이터를 쪼개서 살펴보겠습니다. 슬라이서를 삽입하면 연도 간 월별 추이 등을 손쉽게 확인할 수 있습니다. [분석] 탭-[필터] 그룹-[슬라이서 삽입]을 클릭합니다.

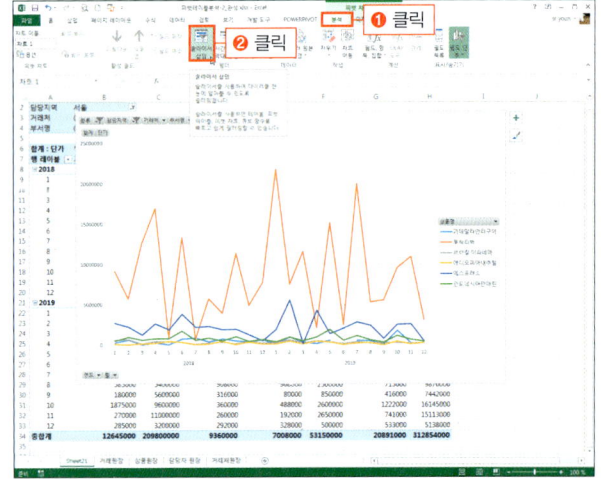

15. [슬라이서 삽입] 창이 나타나면 보고 싶은 항목을 선택한 다음 [확인] 단추를 클릭합니다.

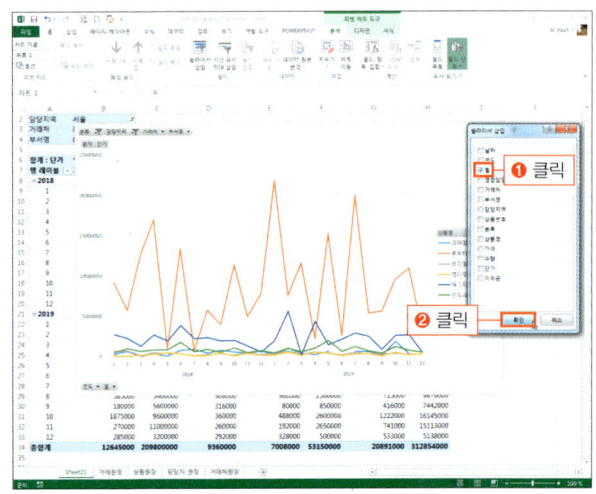

16. [월] 슬라이서가 표시됩니다.

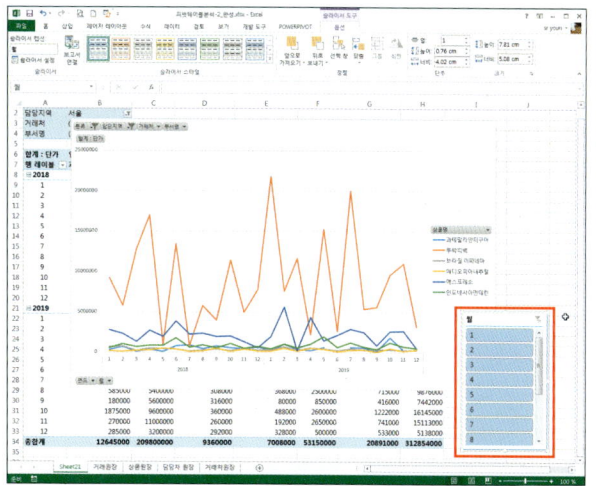

17. 보고 싶은 월을 클릭하여 파란색으로 표시되도록 하면 차트에서도 자동으로 표시됩니다. 다음은 1월에서 6월까지의 데이터만 표시됩니다. 원하는 데이터를 보다 세세하게 살펴볼 수 있습니다.

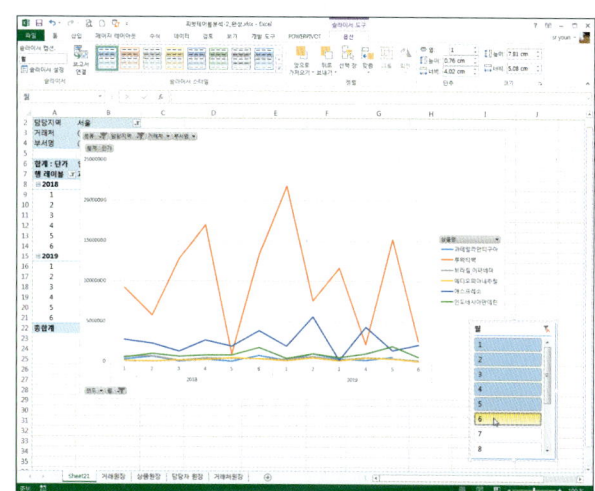

TIP : 피벗 차트와 일반 차트와의 차이점

피벗 차트와 일반 차트 기능은 다음과 같은 차이점이 있습니다.

항목	피벗 차트	일반 차트
필드 바꾸기	○ 필드 항목으로 자유로운 레이아웃이 가능하다.	△ 행과 열을 바꾸는 것이 가능하다.
조건을 주어 차트 작성	○ 페이지 필드로 차트에 조건을 지정할 수 있다.	× 조건을 지정할 수 없다.
항목 선택	○ 필드 내의 항목을 자유롭게 선택하여 차트에 표시할 수 있다.	× 항목을 선택할 수 없다.
데이터 추가	× 리스트 이외의 데이터는 추가할 수 없다.	○ 데이터를 추가할 수 있다.
통계 데이터 추가	× 통계 데이터를 추가할 수 있다.	○ 통계 데이터를 추가할 수 있다.

각 부서별 담당자별 데이터를 이용하여 조직간 데이터를 분석하는 방법에 대해 알아봅니다.

예제 파일 ㅣ CD₩Part 03₩피벗테이블분석-3.xlsx

01. 데이터가 있는 셀을 클릭한 다음 [삽입] 탭-[차트] 그룹-[피벗 차트]-[피벗 차트]를 클릭합니다. [피벗 차트 만들기] 대화상자가 나타나면 범위를 확인하고 [확인] 단추를 클릭합니다.

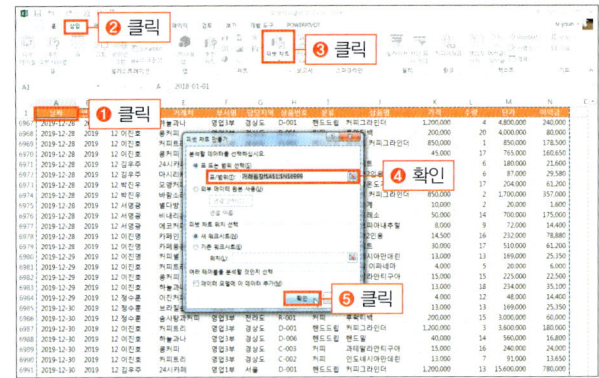

02. 피벗 테이블과 피벗 차트 레이아웃이 작성되었습니다.

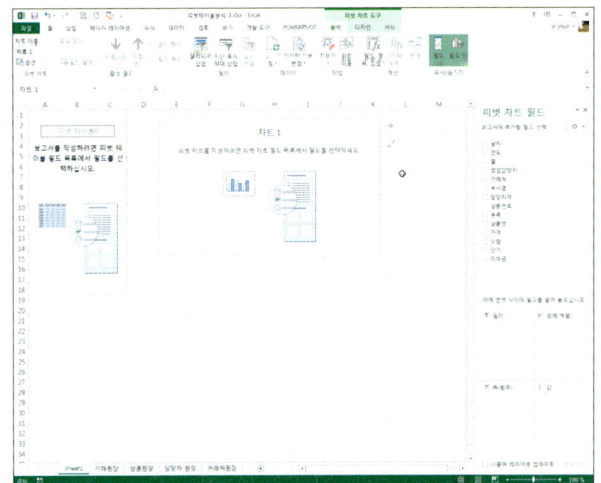

03. 다음과 같이 [범례(계열)] 영역에 [부서명], [축(범주)] 영역에는 [월], [값] 영역에는 [단가] 필드를 배치하면 다음과 같이 부서명을 계열로 하는 차트로 변경되어 표시됩니다.

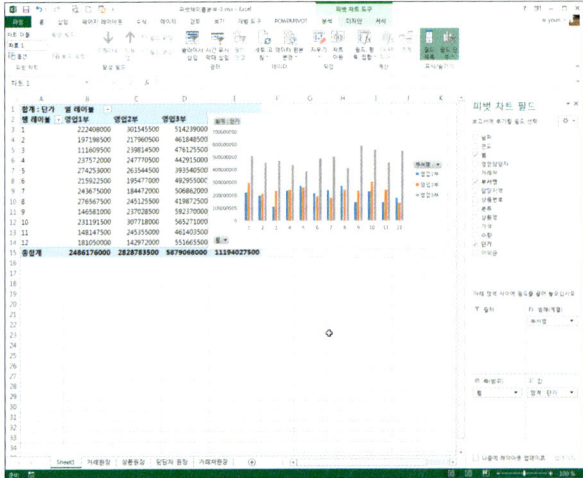

04. 부서별 추이를 볼 것이므로 차트 모양을 꺾은선형 차트로 변경하겠습니다. [디자인] 탭–[종류] 그룹–[차트 종류 변경]을 클릭하여 [차트 종류 변경] 대화상자가 나타나면 [꺾은선형]–[표식이 있는 꺾은선형]을 선택한 다음 [확인] 단추를 클릭합니다.

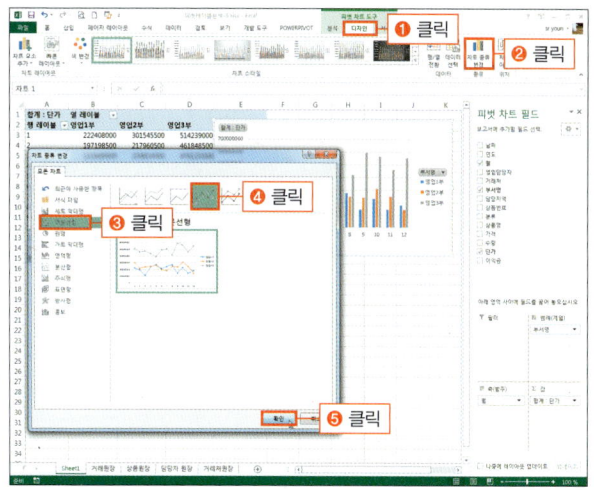

05. 차트 모양이 변경되었습니다. 이 차트를 보면 기본적인 부서별 추이 동향을 알 수 있습니다.

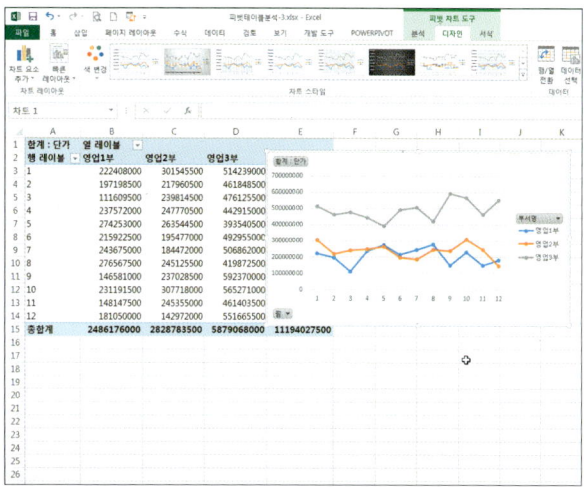

06. 이번에는 더 자세한 동향을 보기 위해 영역의 배치를 다음과 같이 변경해 보겠습니다. [축(범주)] 영역에 [부서명]과 [월] 필드를 배치하고, [범례(계열)] 영역에는 [거래처] 필드를 배치하였습니다. 부서별/월별 거래처 매출액을 한눈에 살펴볼 수 있습니다.

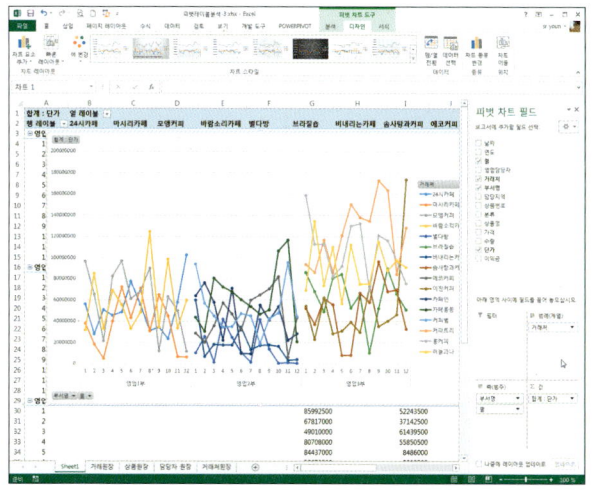

07. 영업3부 담당자의 거래처 추이에 대한 불균형이 있는지 살펴보도록 하겠습니다. [필터] 영역에 [부서명], [범례(계열)] 영역에는 [거래처], [축(범주)] 영역에는 [영업 담당자]와 [월] 필드를 배치합니다.

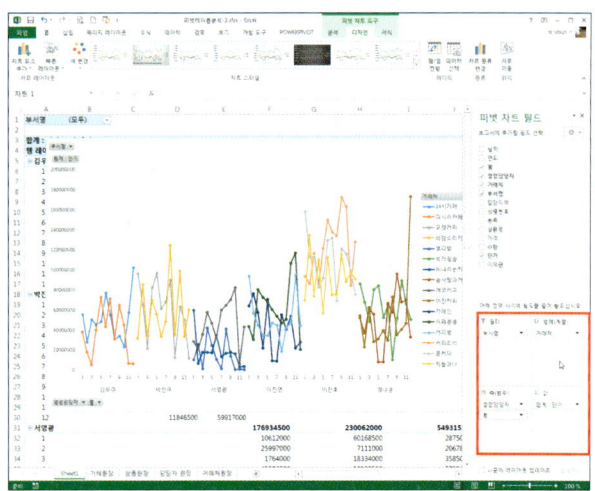

08. [부서명] 항목을 클릭하여 [영업3부]를 선택한 다음 [확인] 단추를 클릭합니다. 이것은 부서명 중 [영업3부]라는 조건을 지정하는 것입니다.

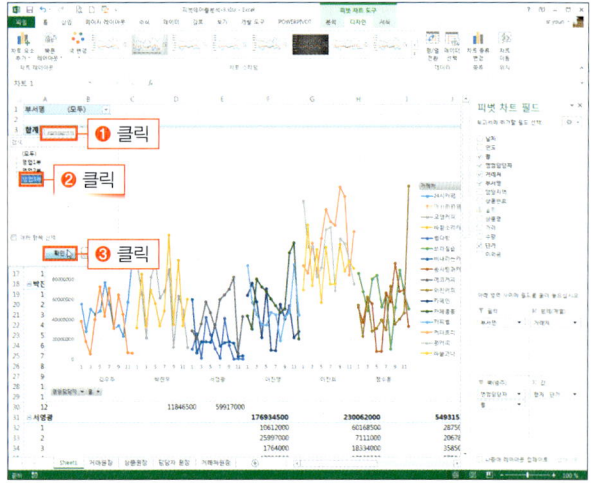

09. [영업3부]의 영업담당자만 표시가 되었습니다. 서로 다른 지역 담당이지만 매출에 있어 많은 차이가 있다는 것을 확인할 수 있습니다. 매출이 떨어지는 [정수훈] 영업 담당지역의 원인이 무엇인지를 확인해야 할 것입니다.

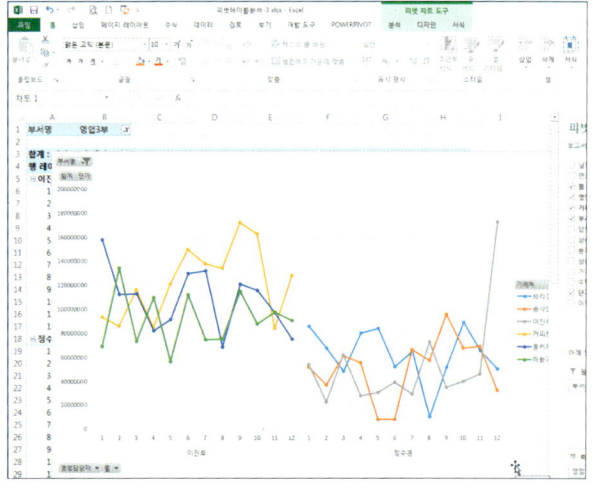

날짜 데이터를 그룹화하는 2가지 방법에 대해 알아봅니다. 날짜 데이터를 그룹화하여 연, 월, 일, 분기 등의 신규 항목을 작성하거나 추이 분석 시 유효한 추세선을 추가하는 방법과 전년 동월 대비 차트 작성 방법에 대해 알아봅니다.

예제 파일 | CD₩Part 03₩피벗테이블분석-4.xlsx

01. 먼저 [일], [월], [연], [분기] 필드를 삽입하는 방법에 대해 알아봅니다. [거래원장] 시트에서 데이터가 있는 곳의 아무 곳이나 클릭한 후 [삽입] 탭-[표] 그룹-[피벗 테이블]을 클릭합니다.

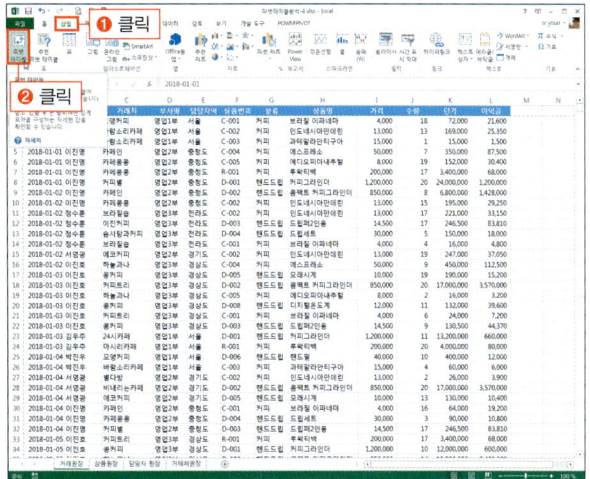

02. [피벗 테이블 만들기] 대화상자가 나타나면 범위를 확인하고 [확인] 단추를 클릭합니다.

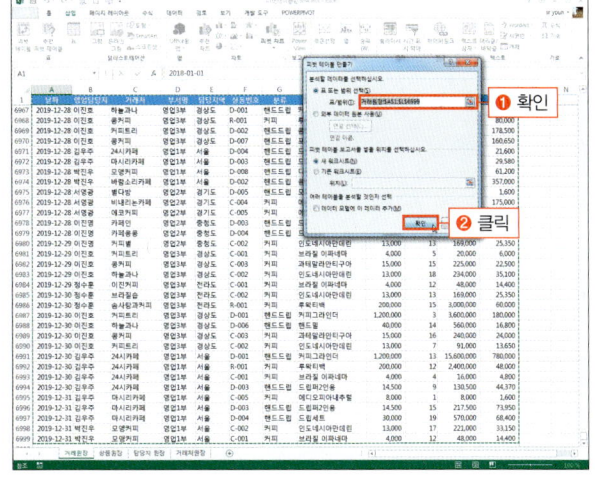

03. 피벗 테이블 레이아웃이 작성되었습니다.

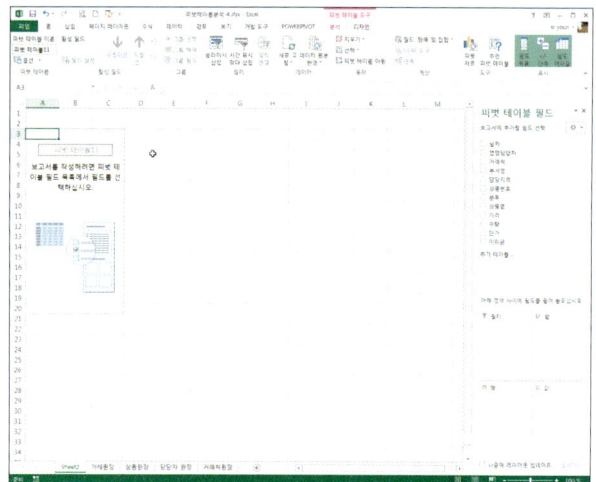

04. [행] 영역에 [날짜], [값] 영역에 [단가] 필드를 배치합니다.

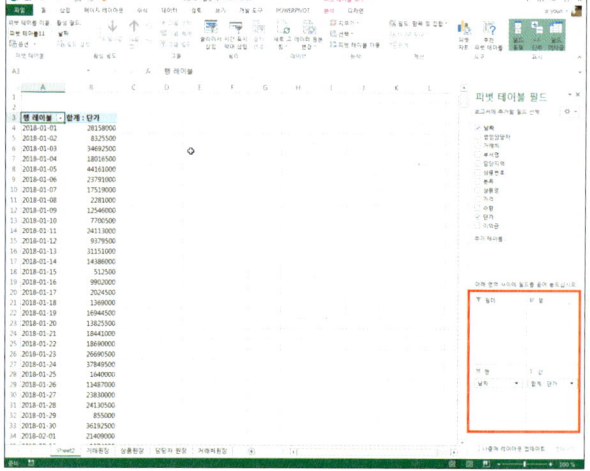

05. 레이아웃이 배치되었으면 [분석] 탭-[그룹] 그룹-[그룹 선택]을 클릭합니다.

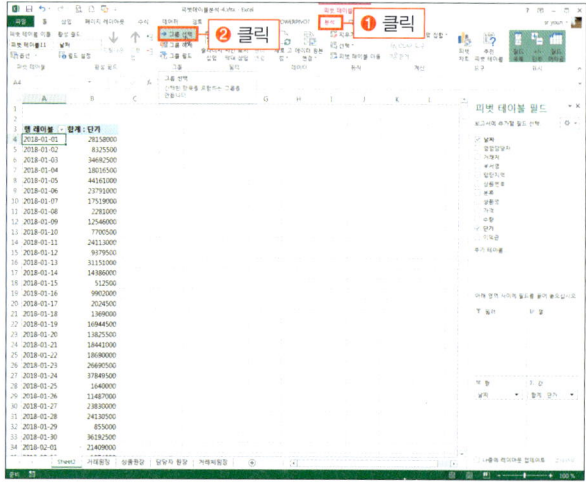

06. [그룹화] 대화상자가 나타납니다. 다음과 같이 일, 월, 분기, 연의 4 항목을 선택한 후 [확인] 단추를 클릭합니다.

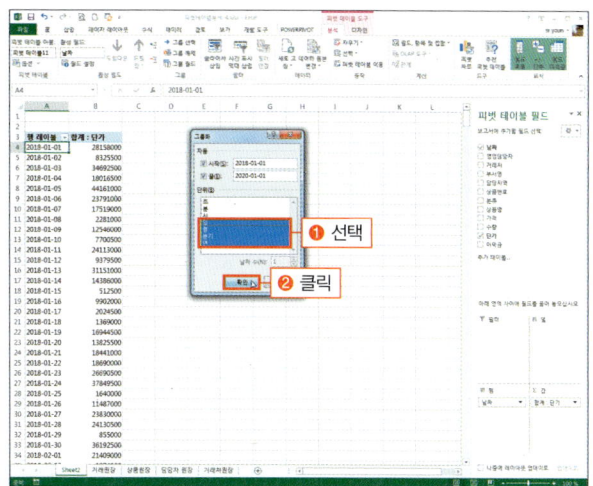

07. 그룹화하여 표시됩니다. [연], [분기], [월]이 그룹화되어 표시되고 [날짜]는 [일] 란에 표시됩니다. 또한 피벗 테이블 필드 목록에 [월], [분기], [연] 항목이 새로이 추가된 것을 알 수 있습니다.

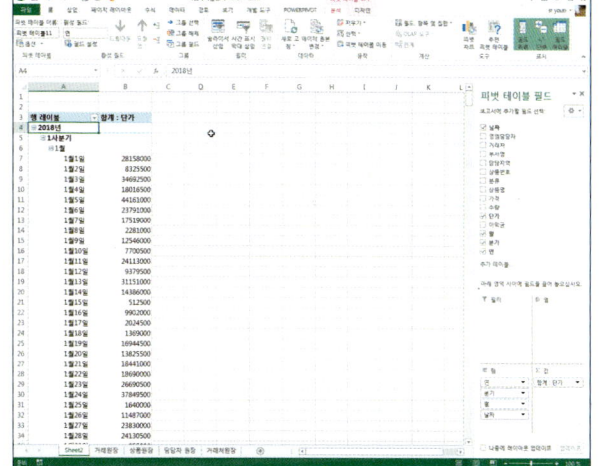

> **TIP :** 피벗 테이블 필드 목록에 추가되었다는 것은 이 항목을 이용하여 피벗 테이블과 피벗 차트에 적용할 수 있다는 뜻입니다.

08. [행] 영역에 [연]과 [월] 필드 항목만 남기면 다음과 같이 월별 데이터를 확인할 수 있습니다.

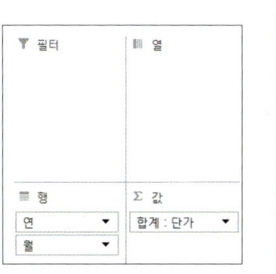

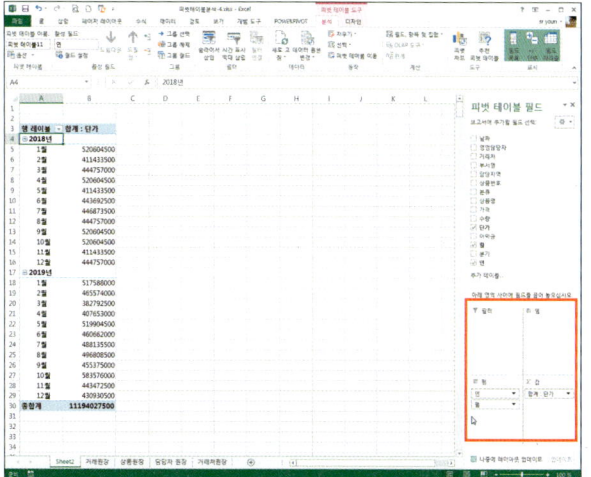

09. 피벗 차트를 삽입하기 위해 [분석] 탭-[도구] 그룹-[피벗 차트]를 클릭합니다. [차트 삽입] 대화 상자가 나타나면 추이를 확인할 것이므로 [꺾은선형]-[표식이 있는 꺾은선형]을 선택하고 [확인] 단추를 클릭합니다.

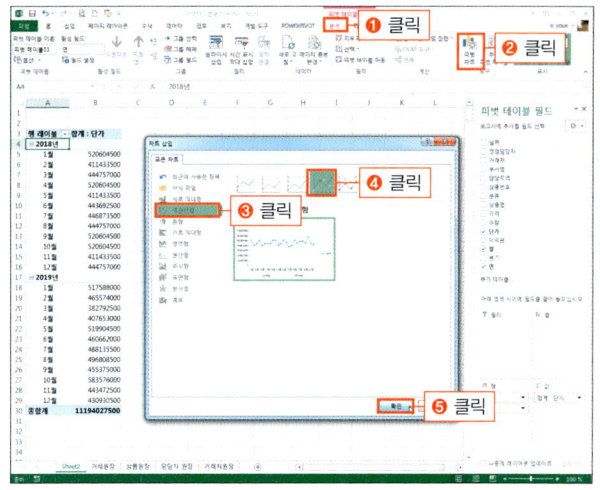

10. 피벗 차트가 삽입되었습니다. 2년 동안의 [월별 매출 추이]를 확인할 수 있습니다. 하지만 추이 동향을 분석하기는 약간 어렵습니다. 따라서 이번에는 추세선을 추가해 등락을 파악하고, 전년 동월 대비 차트를 만들어 동향을 분석하는 것이 좋겠습니다.

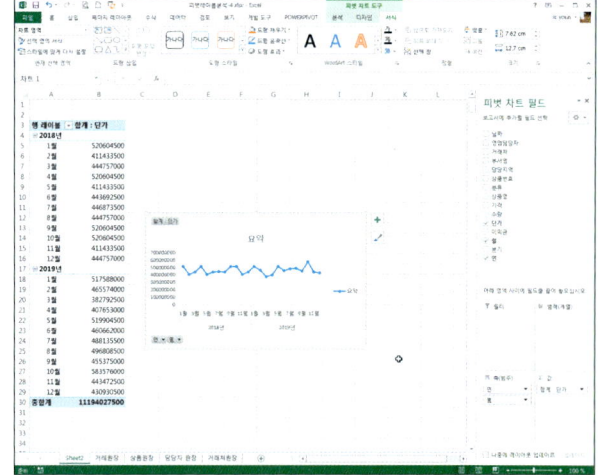

11. 계열에서 마우스 오른쪽 단추를 클릭하여 [추세선 추가]를 클릭합니다.

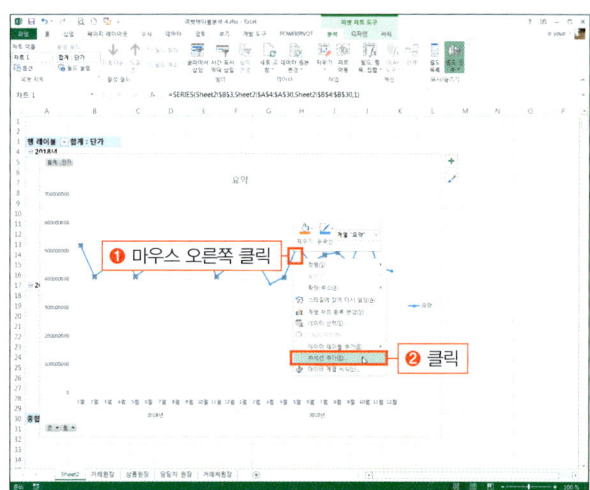

12. 추세선 서식 창이 나타나면 [선형]을 선택합니다. 매출이 조금씩 오르고 있다는 것을 파악할 수 있습니다.

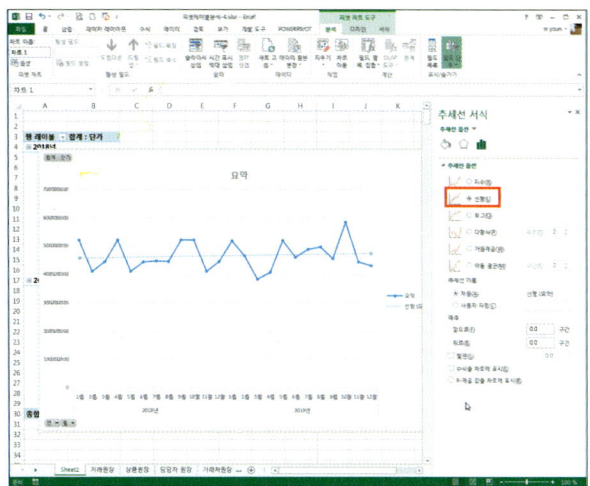

13. 이번에는 전년 동월 대비를 한눈에 알아볼 수 있도록 배치를 변경해 보겠습니다. [축(범주)]에 있는 [연] 필드 항목을 [범례(계열)]로 이동하기만 하면 됩니다.

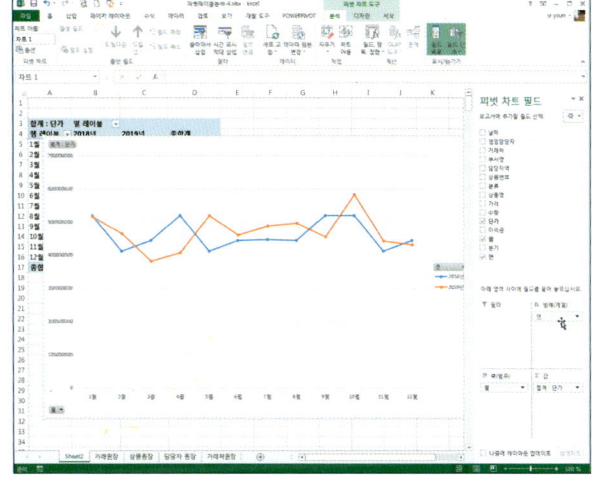

271

날짜를 7일 단위로 그룹화하여 주 단위로 보는 방법에 대해 알아봅니다.

예제 파일 | CD₩Part 03₩피벗테이블분석-4.xlsx

01. [거래원장] 시트에서 데이터가 있는 곳의 아무 곳이나 클릭한 후 [삽입] 탭–[표] 그룹–[피벗 테이블]을 클릭합니다. [피벗 테이블 만들기] 대화 상자가 나타나면 [확인] 단추를 클릭하여 새로운 시트에 새로운 피벗 테이블을 삽입합니다.

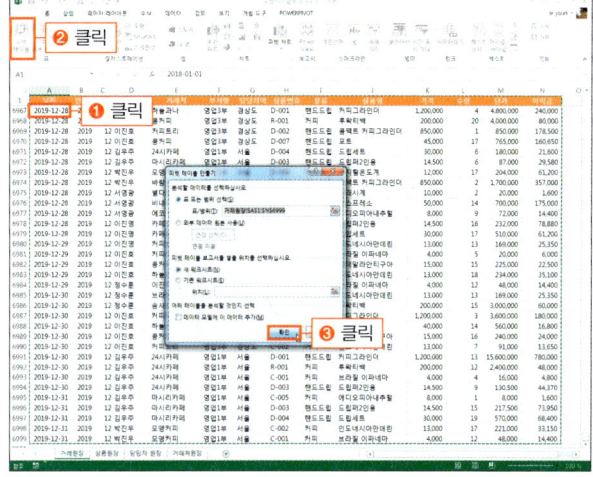

02. [행] 영역에 [날짜] 필드 항목을 배치합니다. 날짜별 매출 데이터를 확인할 수 있습니다.

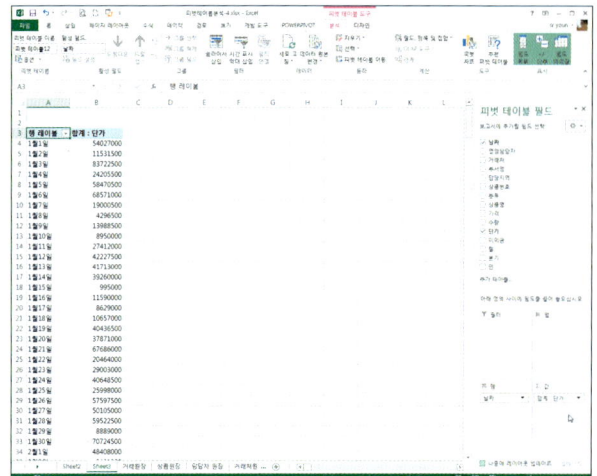

03. 날짜를 그룹화하기 위해 [분석] 탭–[그룹] 그룹–[그룹 선택]을 클릭합니다.

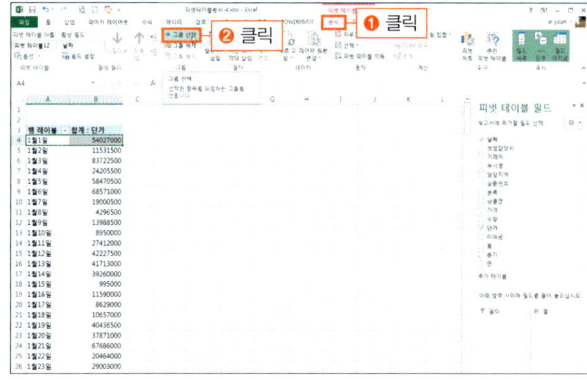

04. [그룹화] 대화상자가 나타나면 [일] 필드만 선택한 후 날짜 수를 [7]로 입력하고 [확인] 단추를 클릭합니다.

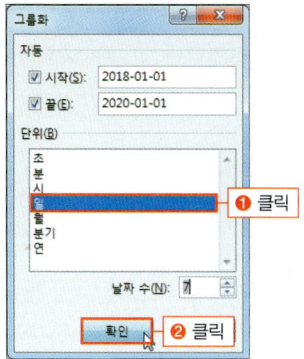

05. 다음과 같이 7일 단위의 매출 내용을 확인할 수 있습니다.

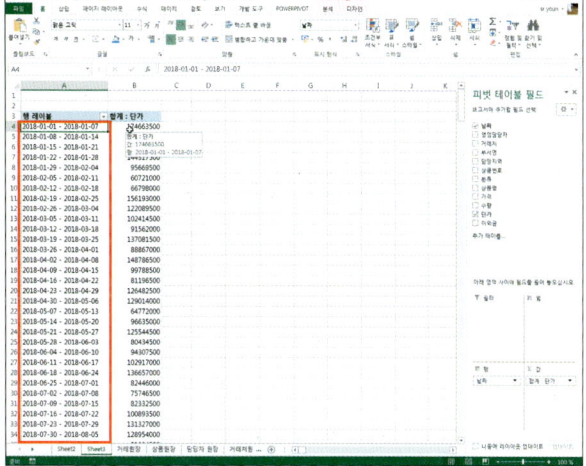

피벗 테이블로 집계표를 만들고 이 집계표에서 다시 원하는 데이터만을 뽑아 매출액이나 단골손님의 수 또는 판매일수 데이터를 이용하여 전체적인 경향을 파악하거나 또는 그룹화하여 상품 개개의 현재 위치를 확인하는 방법에 대해 알아봅니다. 이 방법은 피벗 테이블을 여러 번 작성해야 하는 등 약간 복잡하긴 하지만 세세한 분석을 할 수 있습니다.

단순한 집계 및 비율, 데이터 수와 같은 데이터 명세에서 특정 상품의 거래처 수나 몇 일 판매한 것인지 등 레코드 수를 구할 때 단순히 레코드 수를 세면 중복해서 카운트하게 됩니다. 예를 들어 상품 A는 한 거래처에만 팔았는데 그 거래처가 1개월에 5회 구입했을 경우 거래처가 5곳으로 계산된다면 곤란하겠죠. 또 1개월에 80일 판매하는 등의 모순된 계산 결과를 구하기도 합니다. 따라서 중복 없이 카운트하여 정확한 결과를 얻을 수 있는 필요합니다. 여기서는 포지셔닝 맵을 만드는 방법을 소개합니다. 단순한 ABC 분석보다 심층적인 분석을 할 수 있습니다.

■ ABC 분석표 작성하기

피벗 테이블을 이용하여 먼저 ABC 분석표를 작성하는 방법에 대해 알아봅니다.

예제 파일 ❙ CD₩Part 03₩교차표.xlsx

01. 다음 예제에서 데이터가 있는 곳을 클릭한 후 [삽입] 탭–[표] 그룹–[피벗 테이블]을 클릭합니다.

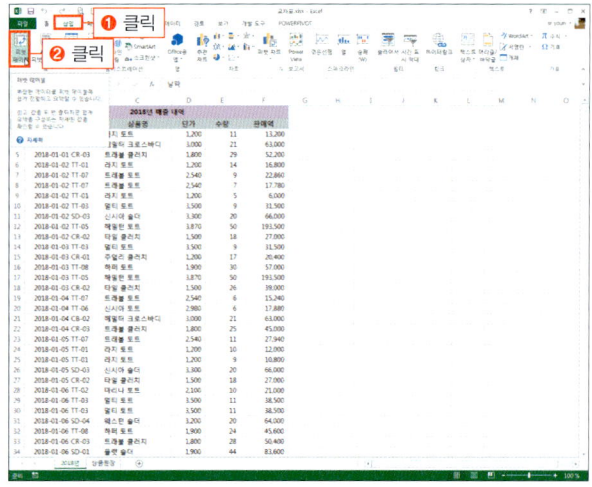

02. [피벗 테이블 만들기] 대화상자가 나타나면 범위를 확인하고 [확인] 단추를 클릭합니다.

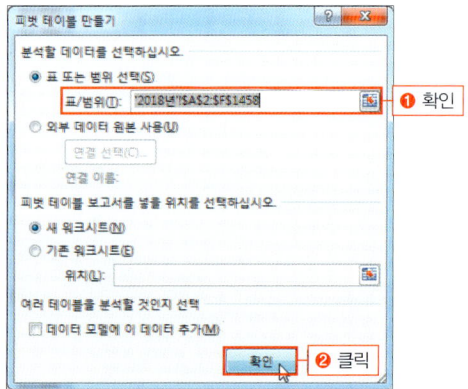

03. 피벗 테이블이 삽입되면 다음과 같이 필드를 배치합니다. 특히 값 영역에 [판매액] 필드를 두 번 배치합니다.

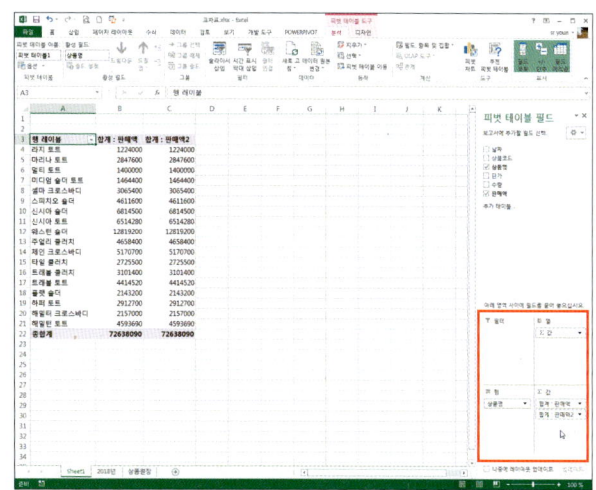

04. [판매액2] 필드를 누계액으로 만들기 위해 [판매액2] 필드를 클릭하여 메뉴가 표시되면 [값 필드 설정]을 클릭합니다.

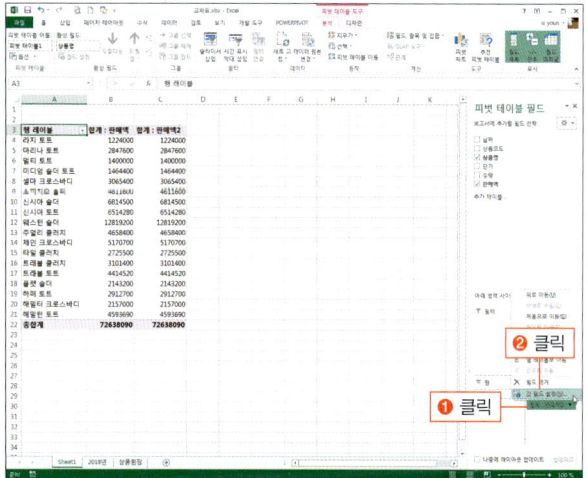

05. [값 필드 설정] 대화상자가 나타나면 [값 표시 형식] 탭에서 [누계 비율]을 선택하고 [확인] 단추를 클릭합니다.

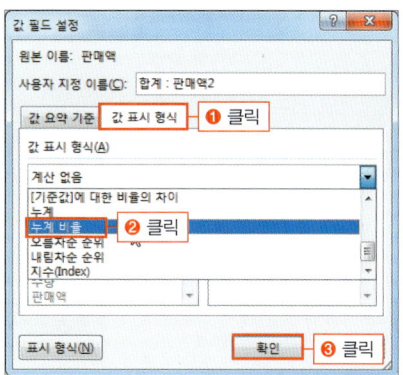

06. [판매액2]가 [누계액]으로 표시되었습니다.

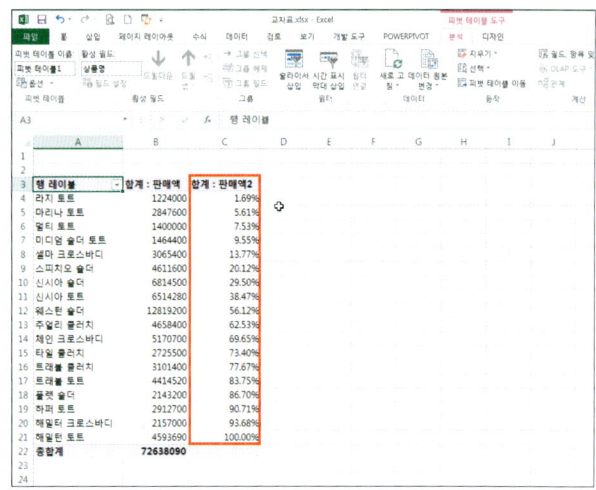

07. 상품 매출액 별로 데이터를 정렬하기 위해
[B4] 셀을 클릭하고 [데이터] 탭―[정렬 및 필터 그
룹]―[숫자 내림차순으로 정렬]을 클릭합니다.

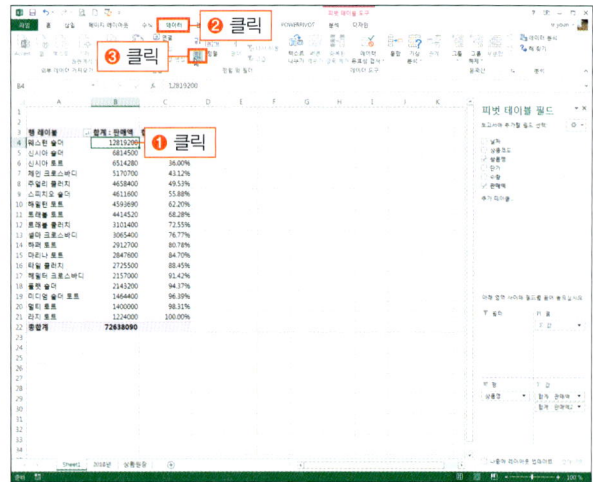

08. 이렇게 작성한 피벗 테이블 데이터를 선택
한 다음 [복사] 아이콘을 클릭합니다. 이 작업은
새로운 시트에 피벗 테이블로 만들어진 데이터를
복사하기 위해서입니다.

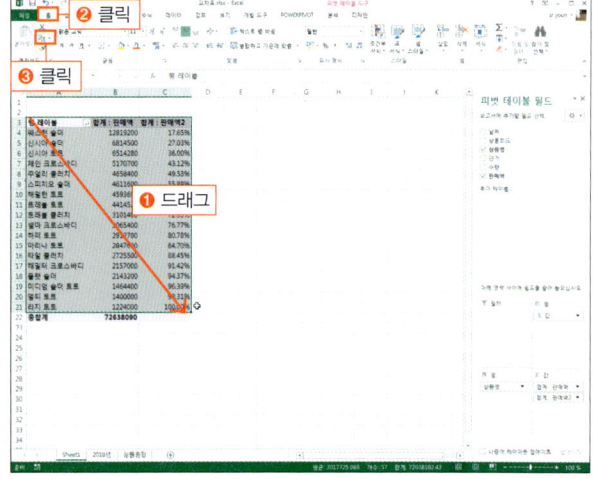

09. 새 시트를 삽입한 다음 [붙여넣기] 아이콘을 클릭하여 데이터를 복사합니다.

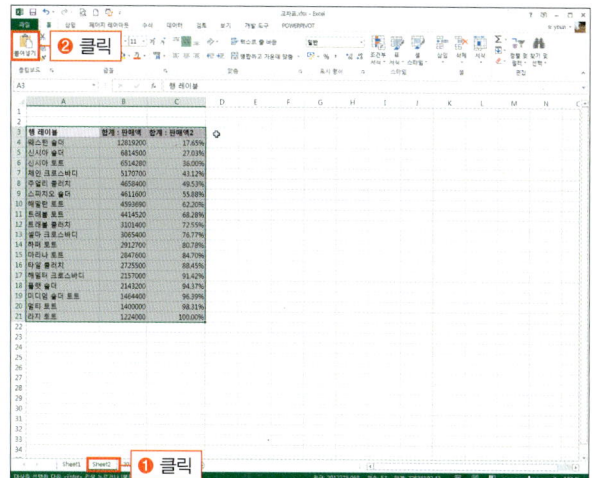

10. 복사한 데이터로 차트를 만들기 위해 데이터를 모두 선택한 다음 [삽입] 탭–[차트] 그룹–[혼합형]–[묶은 세로 막대형]을 클릭합니다.

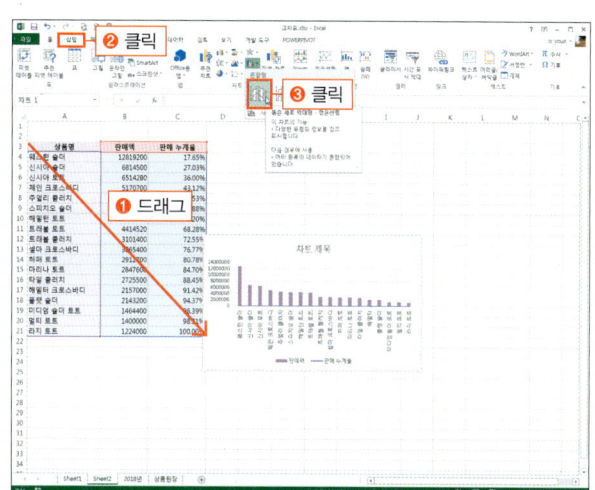

11. 혼합형 차트가 삽입되었습니다.

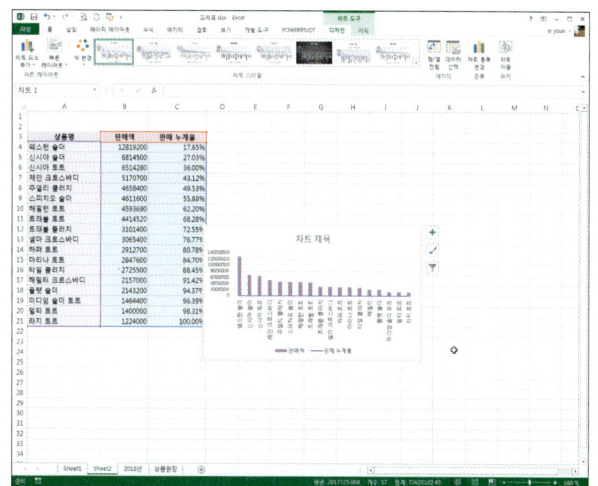

12. 먼저 차트 위치와 크기를 수정합니다. 꺾은 선형 차트 계열로 삽입된 [판매누계율] 계열이 잘 표시되도록 수정하겠습니다. [판매누계율] 계열을 더블클릭하여 [데이터 계열 서식] 창이 나타나면 [계열 옵션]-[데이터 계열 지정]에서 [보조 축]을 클릭합니다.

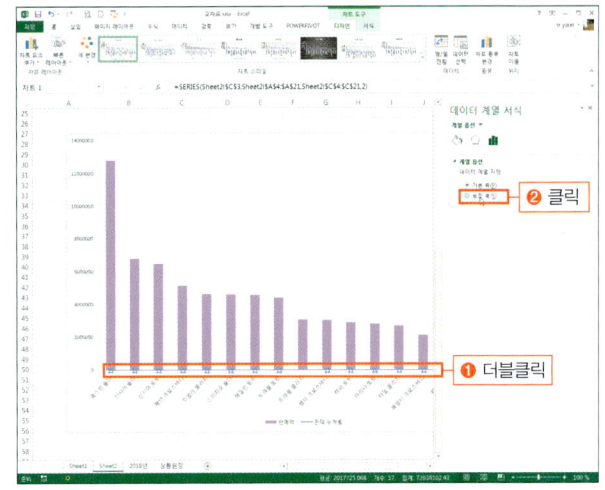

13. 혼합 차트가 작성되었습니다.

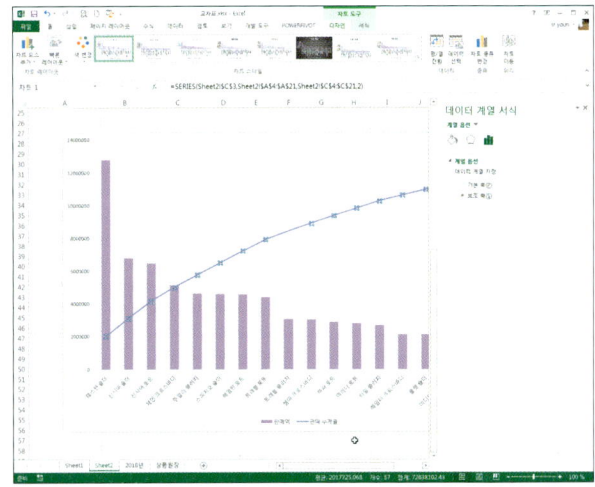

14. 차트 서식을 수정합니다. 차트를 작성한 후에는 매출액의 80%와 50%에 빨간색으로 선을 삽입하여 표시해 둡니다.

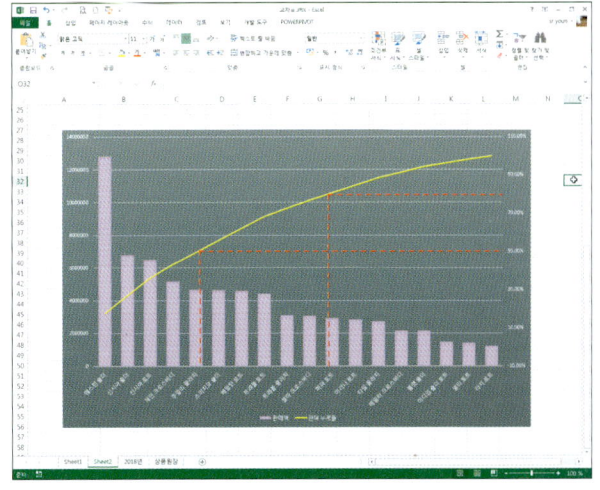

■ 교차표 만들기

앞에서 ABC 분석표를 만들었습니다. 이번에는 같은 데이터를 이용하여 교차표를 만드는 방법에 대해 알아봅니다.

01. 다시 피벗 테이블 시트로 돌아가 다음과 같이 필드를 배치합니다.

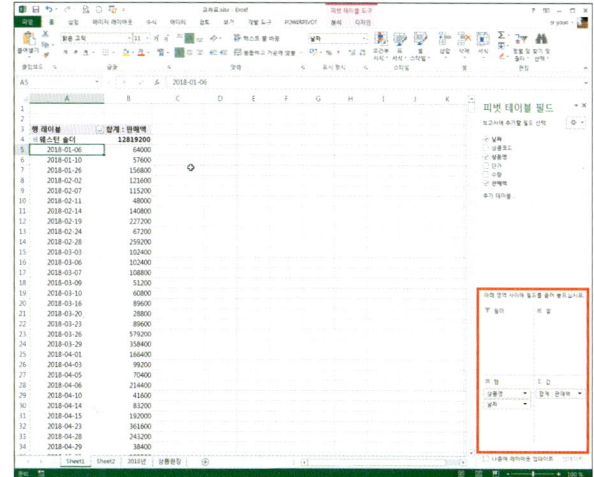

02. 행 레이블 [A5] 셀을 클릭한 후 [피벗 테이블 도구]-[디자인] 탭-[레이아웃] 그룹-[부분합]-[부분합 표시 안 함]을 클릭합니다.

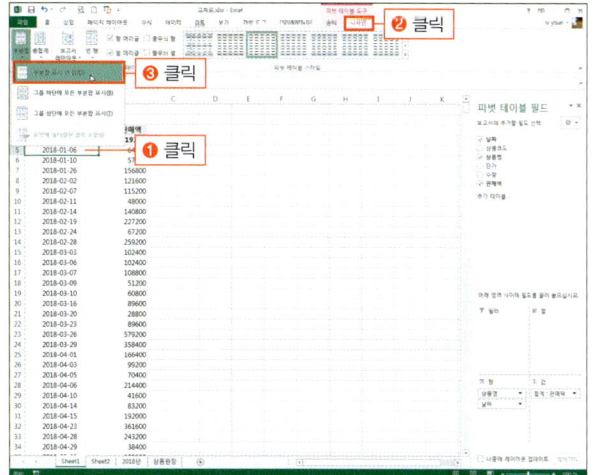

03. [보고서 레이아웃]-[테이블 형식으로 표시]를 클릭합니다.

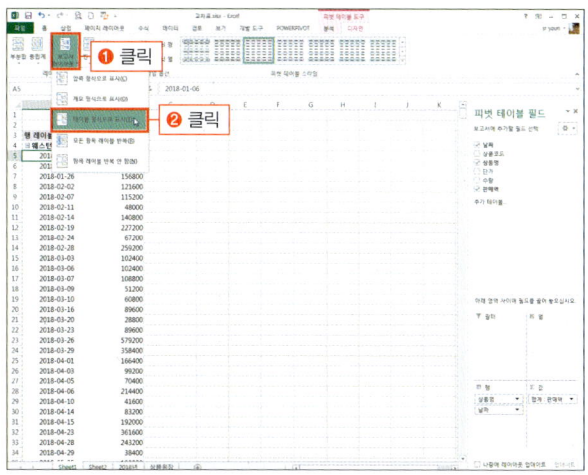

279

04. 다시 [모든 항목 레이블 반복]을 클릭합니다.

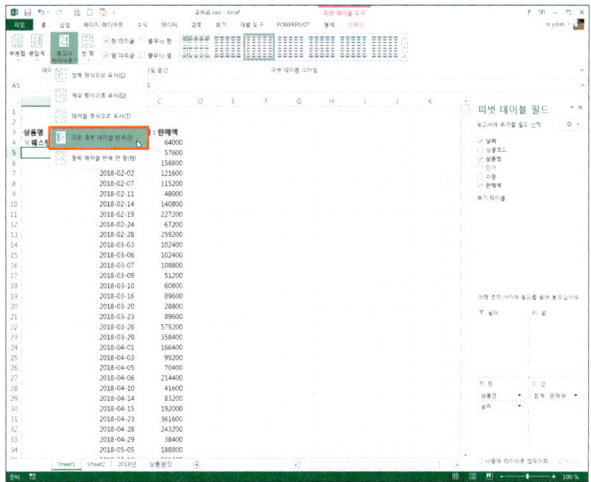

05. [상품명], [날짜], [판매액] 순으로 표가 만들어집니다.

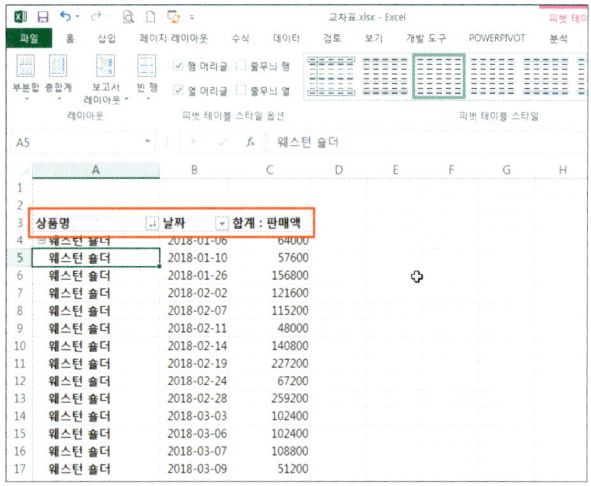

06. 지금까지 작업한 데이터를 선택한 다음 [홈] 탭–[클립보드] 그룹–[복사]를 선택합니다.

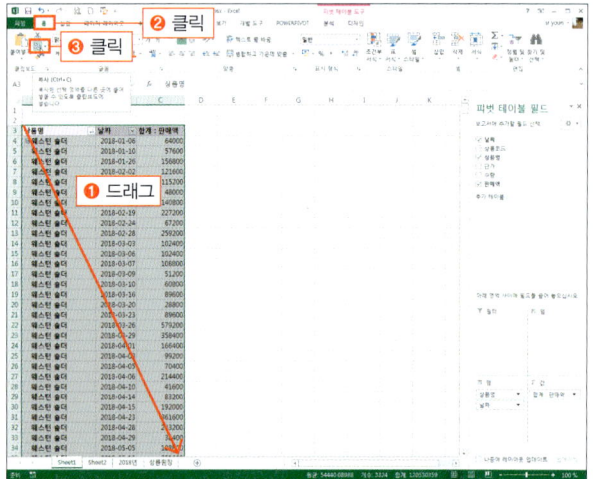

07. 새로운 시트를 삽입한 다음 [붙여넣기]를 클릭하여 데이터를 복사합니다.

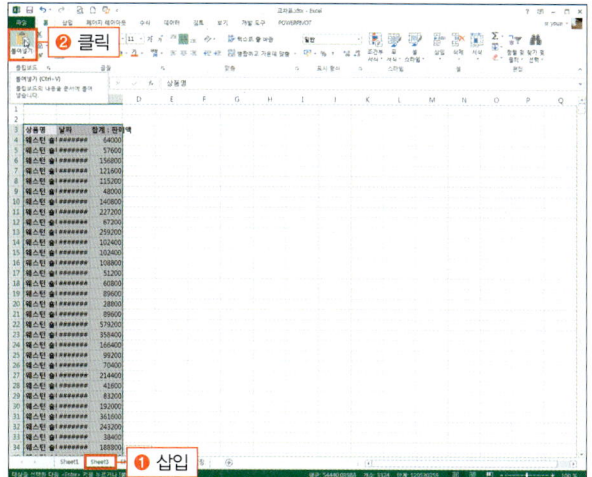

08. [C3] 셀의 제목을 [판매액]으로 수정한 다음 다시 [삽입] 탭–[표] 그룹–[피벗 테이블]을 클릭합니다.

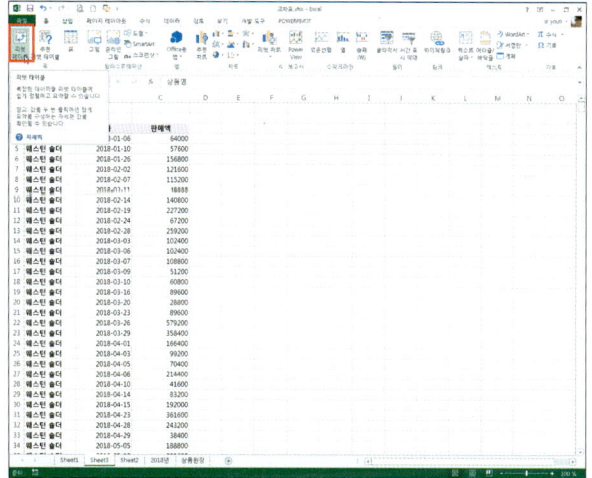

09. [피벗 테이블 만들기] 대화상자가 나타나면 범위를 확인하고 [확인] 단추를 클릭합니다.

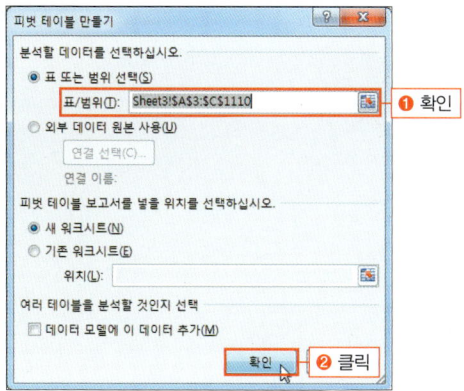

10. 피벗 테이블에 다음과 같이 필드를 배치합니다.

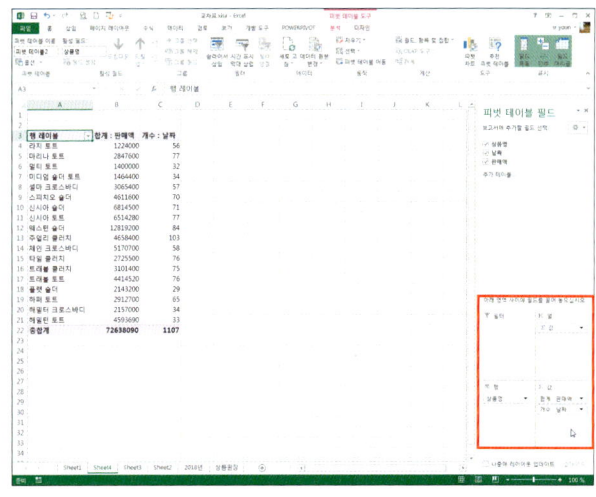

11. 데이터 범위를 선택한 다음 [홈] 탭–[클립보드] 그룹–[복사]를 클릭합니다.

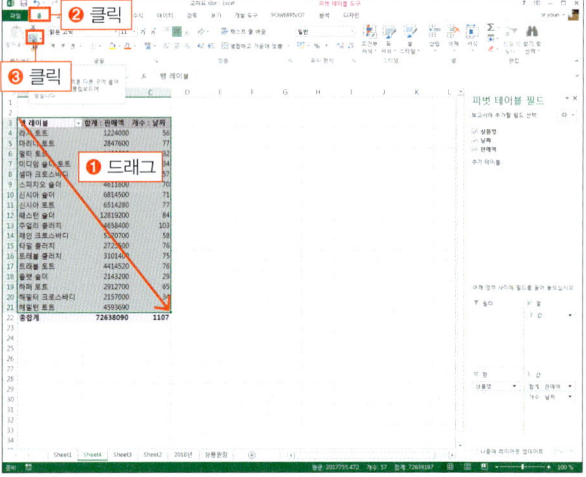

12. 새로운 시트를 삽입한 다음 [홈] 탭–[클립보드] 그룹–[붙여넣기]를 클릭하여 데이터를 붙여넣습니다.

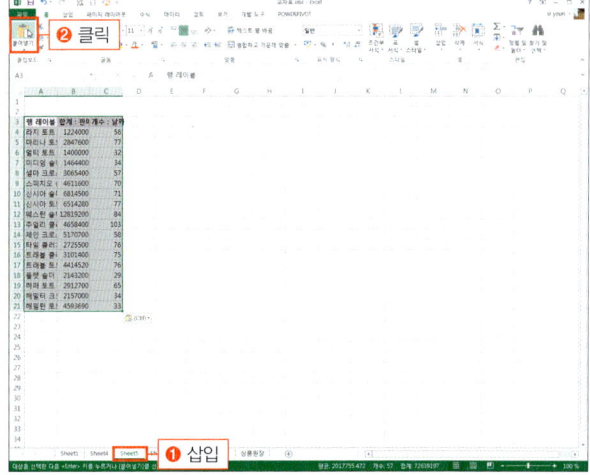

13. [D3] 셀에 제목을 입력한 다음 [D4] 셀에 수식 [=ROUND(C4/12,0)]을 입력합니다. ROUND 함수로 월평균 평균일수를 계산한 후 반올림을 하여 구합니다.

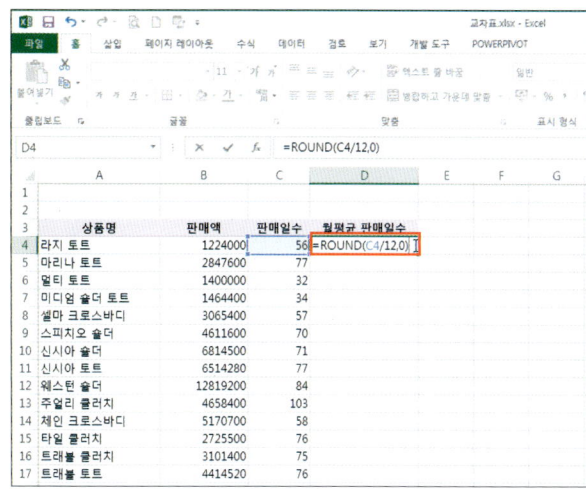

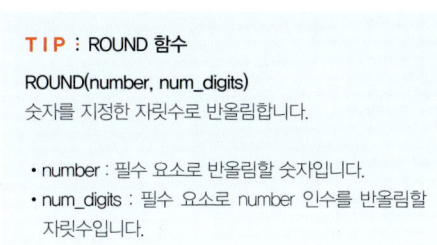

TIP : ROUND 함수

ROUND(number, num_digits)
숫자를 지정한 자릿수로 반올림합니다.

- number : 필수 요소로 반올림할 숫자입니다.
- num_digits : 필수 요소로 number 인수를 반올림할 자릿수입니다.

14. 아래 셀은 수식을 자동 채우기하여 복사합니다.

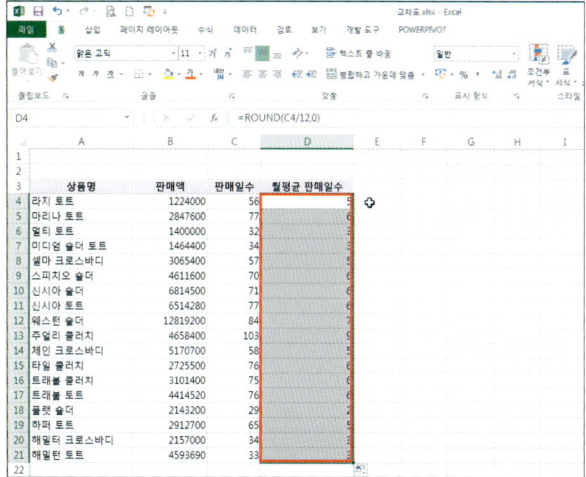

15. 월평균 판매일수가 산출되면 이 데이터로 다시 피벗 테이블을 작성합니다. [삽입] 탭–[표] 그룹–[피벗 테이블]을 클릭합니다.

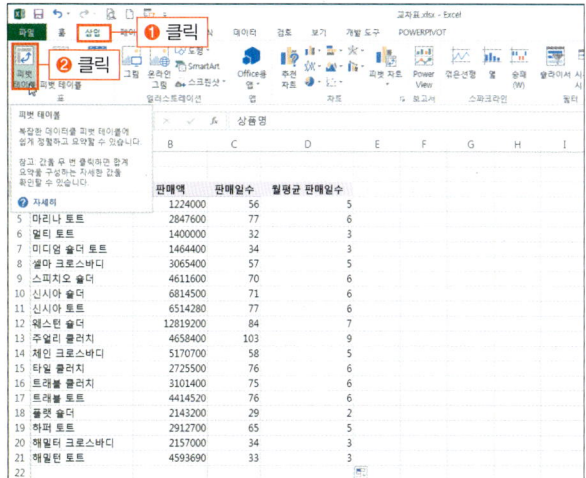

16. [피벗 테이블 만들기] 대화상자가 나타나면 범위를 확인하고 [확인] 단추를 클릭합니다.

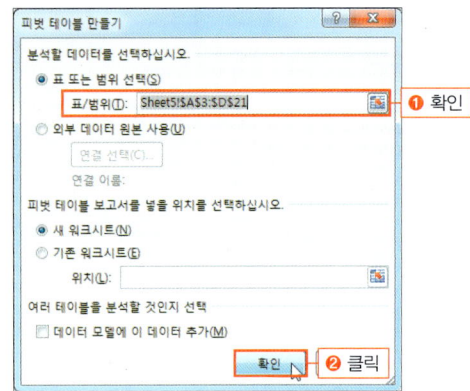

17. 피벗 테이블이 삽입되면 다음과 같이 필드를 배치합니다.

18. [H5] 셀을 클릭하고 [데이터] 탭–[정렬 및 필터] 그룹–[숫자 내림차순으로 정렬]을 클릭합니다.

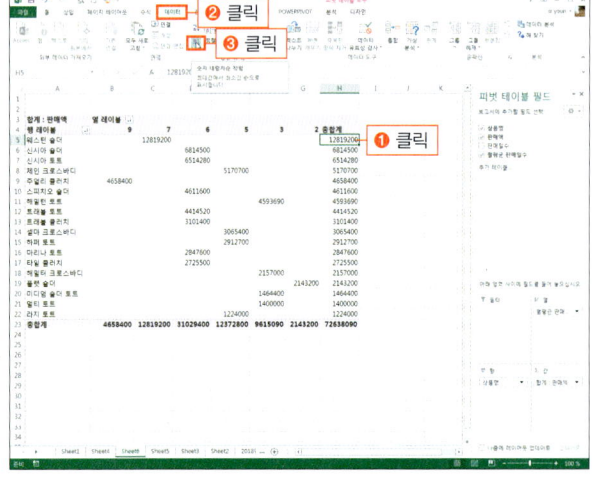

19. 다시 이 데이터를 선택한 다음 [홈] 탭─[클립보드] 그룹─[복사]를 클릭합니다.

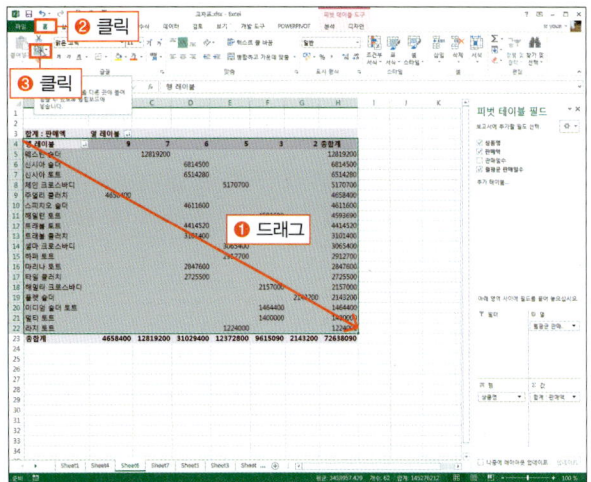

20. 새로운 시트에 [홈] 탭─[클립보드] 그룹─[붙여넣기]를 클릭하여 데이터를 복사합니다.

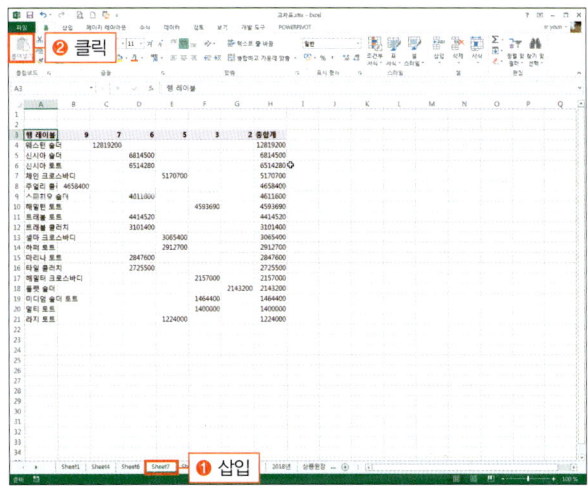

21. 평균매출이 없는 열은 삽입하여 번호를 추가하고 서식을 다음과 같이 되도록 수정합니다.

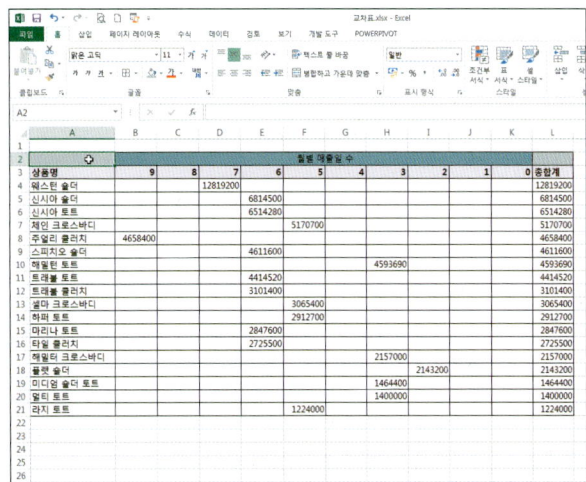

22. 다음과 같이 서식을 완성하여 표를 작성합니다. ABC 분석과 같은 매출에 빨간색 선을 넣어 표시하고, 평균 매출일수에도 선을 넣어 9개 그룹으로 만듭니다. 차트와 함께 포지셔닝 맵을 만들어 보았습니다.

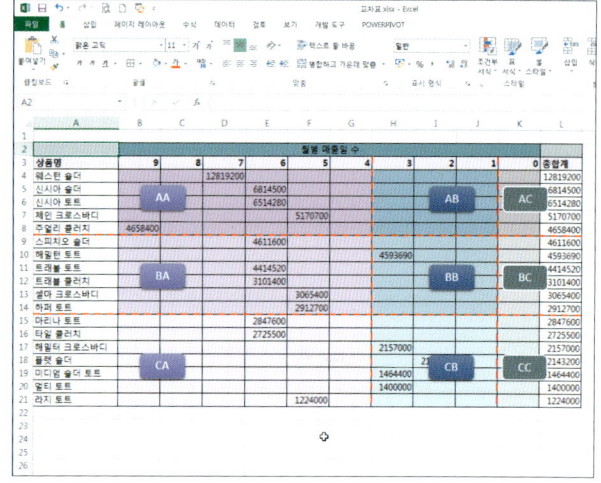

해석

행은 매출 금액 순, 열은 1개월 간의 판매 날짜입니다.

❶ A 제품은 매출의 절반, B상품은 80%, 나머지 C 제품으로 나누었습니다. 이렇게 데이터를 표시하여 매출 비중에서 ABC 분류 뿐만 아니라 매출 날짜에도 ABC로 나눈 것입니다.

❷ 한 달에 4일(주 1회 이상 팔리는 것) 이상 팔리는 것은 A, 한 달에 1회 이상은 B, 한 달에 하나도 팔리지 않는 것은 C로 구분합니다(샘플 데이터는 12개월 동안의 데이터이므로 매출일수 합계를 12로 나누어 나누어 1개월 간 평균 일수를 산출했습니다). 이렇게 구분한 것이 AA에서 CC까지 9개 그룹입니다.

❸ AB 상품이라도 AC, BC 그룹은 한 달에 한 번도 팔리지 않는 상품으로 재고가 있는지 검토했는가?

❹ C 제품이라도 CA 그룹은 주 1회 이상 팔리므로 재고가 없는지 주의해야 합니다. 단지 단가가 낮은 것은 아닌지, 1회 판매 시 수량이 적은 것인지, 매출은 낮지만 매출 빈도는 높은 상품으로 고객 요구가 높은 상품입니다.

❺ CC 제품은 취급 검토 상품으로 아이템 삭제 대상품으로 대체품을 제안하는 것이 좋을 것입니다.

T I P : 포지셔닝 맵 보는 방법

앞에서 작성한 포지셔닝 맵은 다음 표를 기준으로 보면서 상품의 진열이나 대체용품 등을 생각해 볼 수 있습니다.

판매기간 (시장 진입기간)

판매액·수량	진입기	성장기	유지기
많음 (A)	신데렐라 상품	주력 상품 (많이 팔리는 상품)	우량 상품? (안주는 금물)
중간 (B)	성장 상품	판매 상품 (조금 많이 팔리는 상품)	구색 상품
적음 (C)	내일의 상품	구색 상품	팔리지 않는 상품
	일일 판매량 수, 재고 수, 매장 내 남은 수량 체크합니다. **상품의 성격 잡기**	전월, 전주와 비교하여 판매경향, 추이를 체크합니다. **다운되는 것은 개선이 필요**합니다.	판매되고 있어 안심이 지만 **신제품 투입의 준비**가 필요하다.

히스토그램은 데이터 경향과 성격을 파악하는데 적합하여 키나 체중 등 신체 상황 평가나 학교 시험 점수의 불균형 상태에서 자주 이용합니다. 이것을 업무에서 이용하려면 경향을 파악하는 것만이 아니라 구체적으로 문제는 어느 것인지, 향후 어떻게 사업을 진행할 것인지, 어떻게 과제를 해결할 것인지까지 파악해야만 합니다. 이번에는 데이터의 분포를 나타내는 히스토그램을 지원하는 분산형 차트를 사용하여 그룹화하고, 문제가 있는 대상 항목의 개선점을 찾는 방법에 대해 알아봅니다.

예제 파일 | CD\Part 03\크로스 집계표2.xlsx

01. 데이터에서 아무 셀이나 클릭한 다음 [삽입] 탭-[표] 그룹-[피벗 테이블]을 클릭합니다. [피벗 테이블 만들기] 대화상자가 나타나면 범위를 확인하고 [확인] 단추를 클릭합니다.

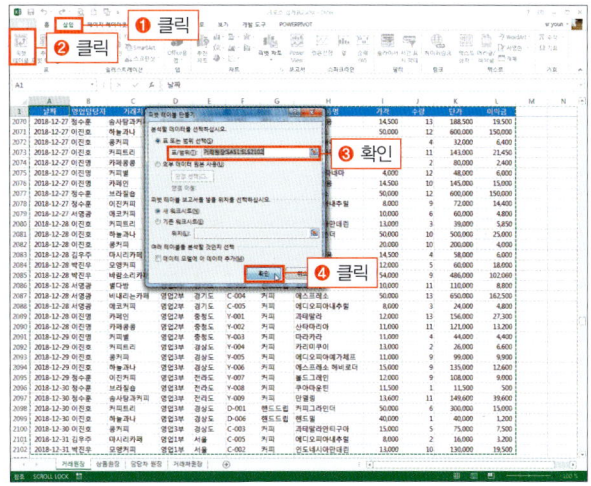

02. 피벗 테이블이 삽입되면 다음과 같이 필드를 레이아웃합니다.

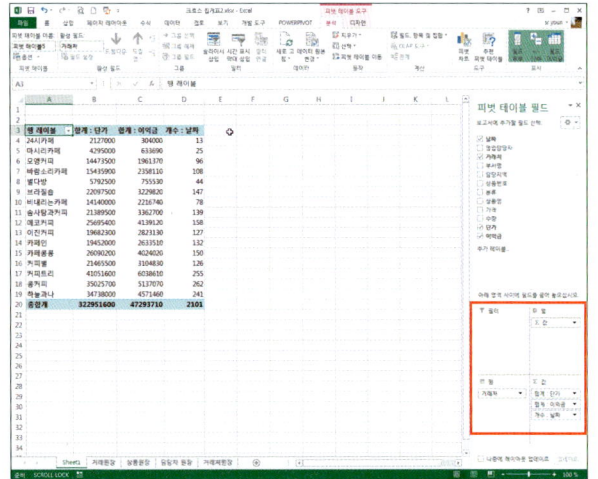

03. 데이터를 다시 정리해야 하므로 다음 데이터를 선택하고 [홈] 탭–[클립보드] 그룹–[복사]를 클릭합니다.

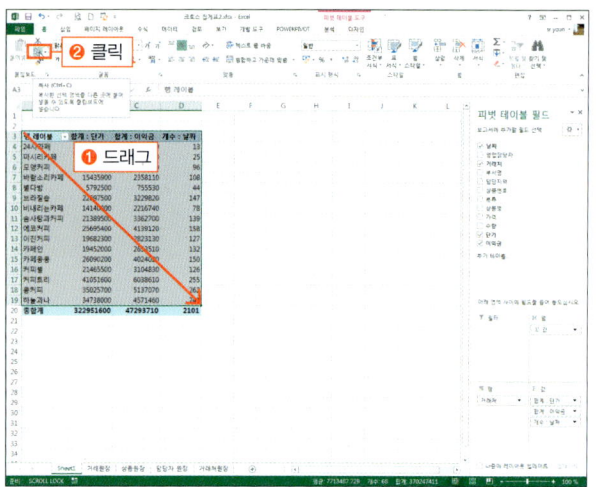

04. 새로운 시트를 삽입한 후 [홈] 탭–[클립보드] 그룹–[붙여넣기]를 클릭하여 데이터를 복사합니다.

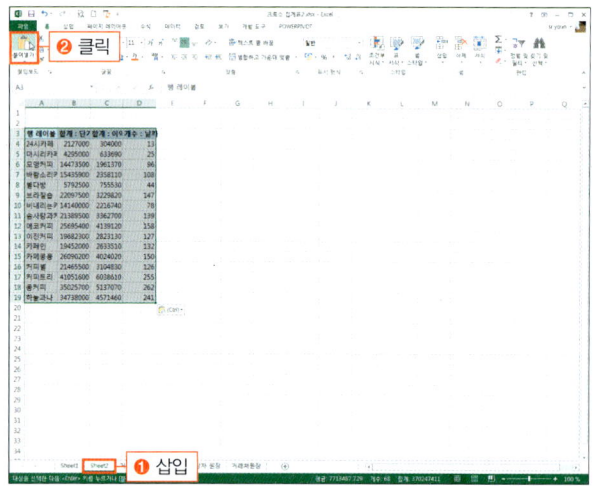

05. [E] 열을 삽입한 다음 제목을 입력하고, [F] 열에는 [월평균 판매일수] 제목을 입력합니다. [D4] 셀을 클릭한 후 이익률을 구하기 위한 수식 [=C4/B4]를 입력합니다.

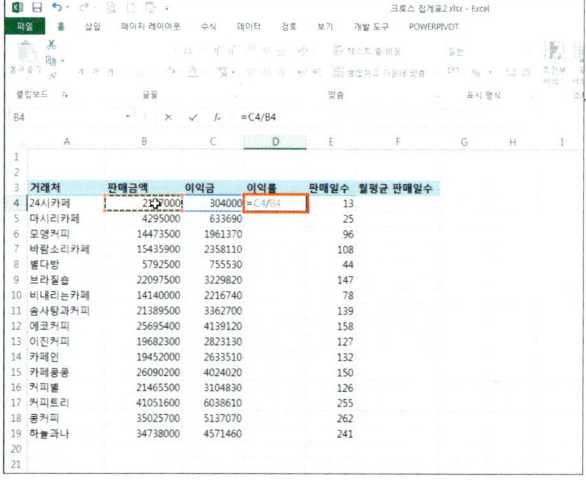

06. 이익률을 구한 다음에는 [D19] 셀까지 자동 채우기를 하여 복사합니다.

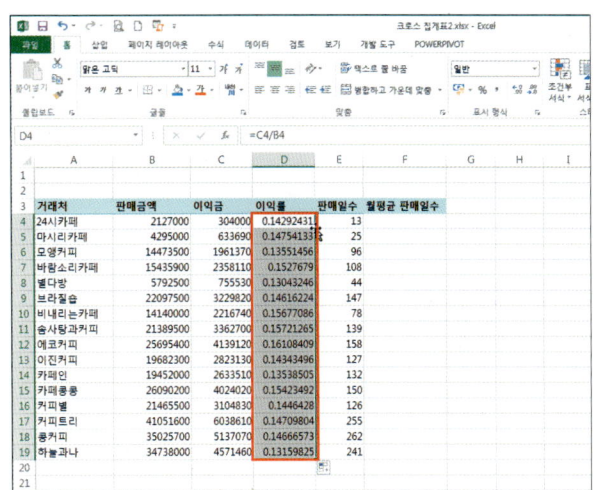

07. 백분율로 표시하기 위해 범위를 선택한 다음 [홈] 탭-[표시 형식] 그룹-[백분율 스타일]을 클릭합니다.

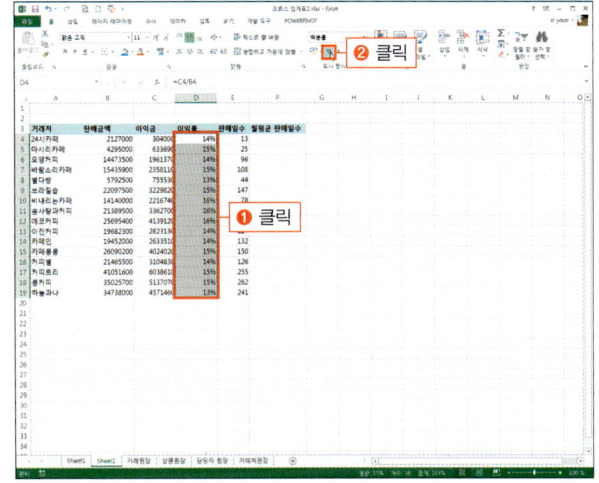

08. 월평균 판매일수를 구하기 위해 [F4] 셀에 수식 [=ROUND(E4/12,0)]을 입력합니다. [E4] 셀의 값을 12로 나누는 것은 현재 데이터가 12개월분이기 때문입니다.

> **TIP : ROUND 함수**
>
> ROUND(number, num_digits)
> 숫자를 지정한 자릿수로 반올림합니다.
>
> • number : 필수 요소로 반올림할 숫자입니다.
> • num_digits : 필수 요소로 number 인수를 반올림할 자릿수입니다.

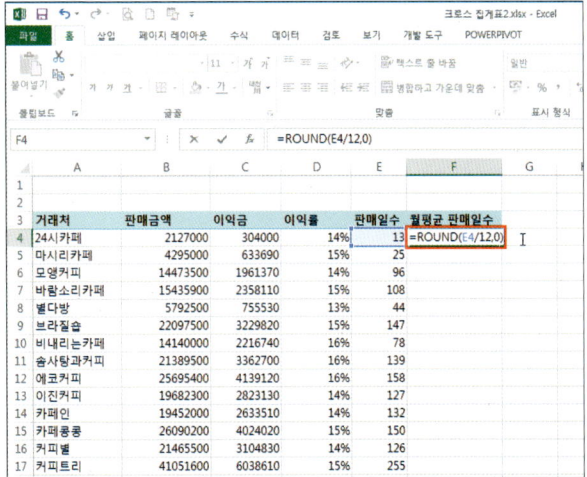

09. 나머지 셀은 자동 채우기를 하여 데이터를 복사합니다.

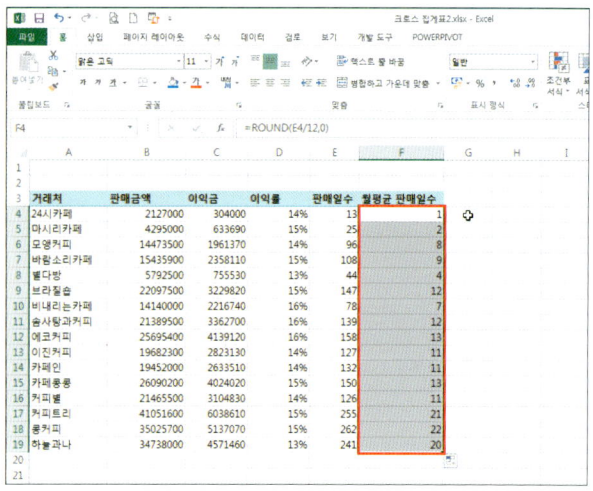

10. 지금까지 정리한 데이터를 이용하여 다시 피벗 테이블을 작성합니다. [삽입] 탭–[표] 그룹–[피벗 테이블]을 클릭하여 [피벗 테이블 만들기] 대화상자가 나타나면 범위를 확인하고 [확인] 단추를 클릭합니다.

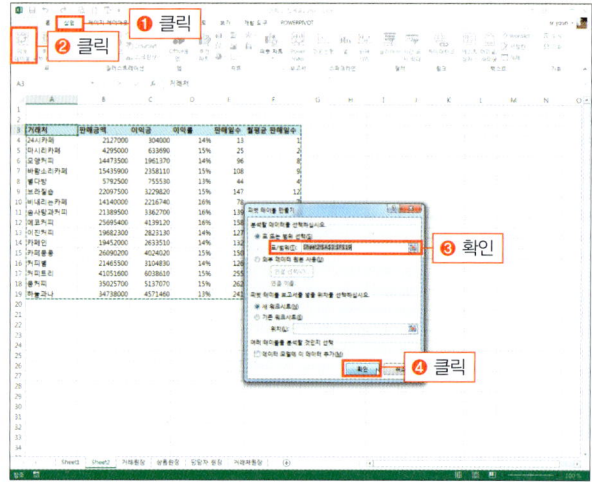

11. 피벗 테이블이 삽입되면 다음과 같이 필드를 배치합니다. 월평균 판매일수를 거래처별로 표시하는 것입니다.

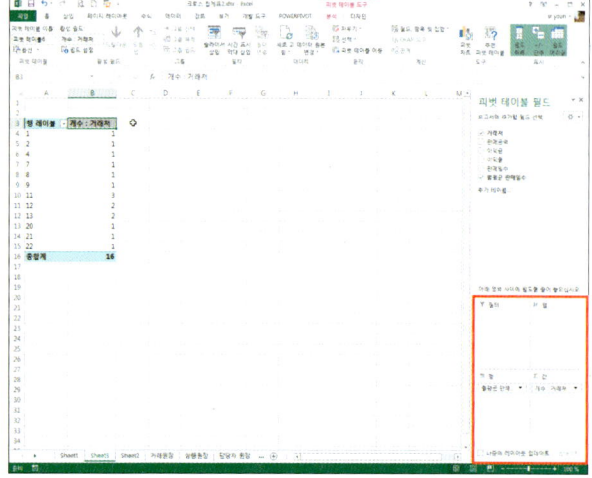

12. 월평균 판매일수를 3일씩 묶기 위해 [피벗 테이블 도구]-[분석] 탭-[그룹] 그룹-[그룹 선택]을 클릭합니다. [그룹화] 대화상자가 나타나면 다음과 같이 지정하고 [확인] 단추를 클릭합니다. 그룹 단위를 3으로 변경하여 도수 분포표를 만듭니다.

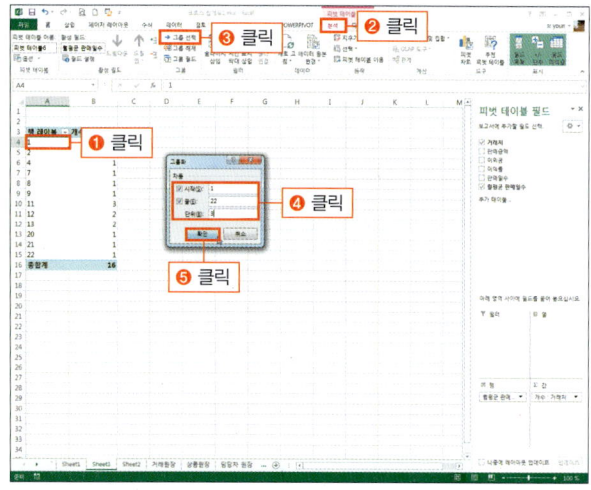

13. 3일 단위로 그룹이 작성되었습니다.

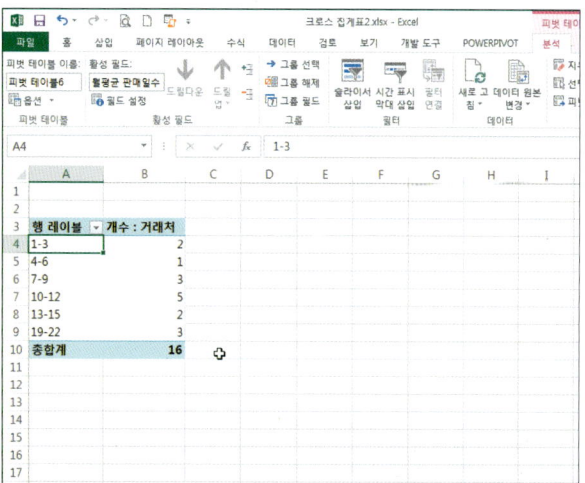

14. 피벗 테이블의 아무 곳이나 클릭한 다음 [삽입] 탭-[차트] 그룹-[2차원 세로 막대형]-[묶은 세로 막대형]을 클릭합니다.

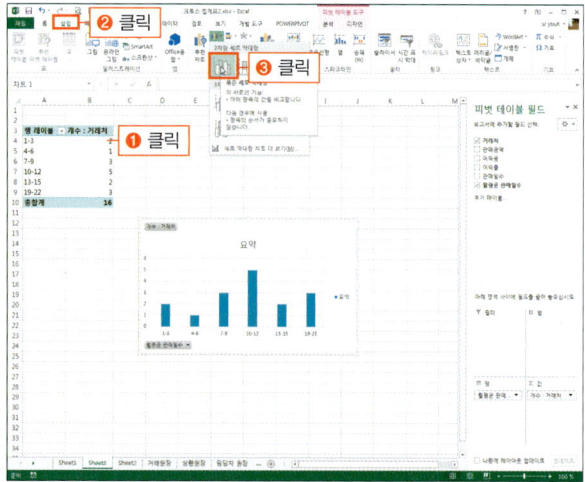

15. 차트가 삽입됩니다. 차트 서식을 수정하여 히스토그램으로 완성합니다. 거래처별 월평균 판매일수를 차트로 만들었습니다.

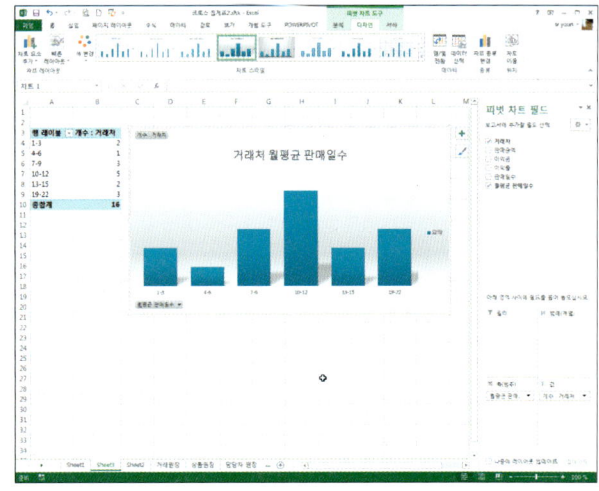

16. 다시 [Sheet2] 시트로 돌아가 판매금액과 [월평균 판매일수] 데이터 범위를 선택합니다.

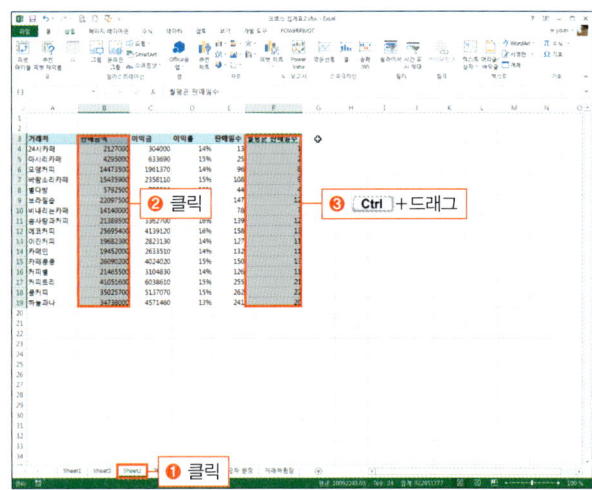

17. [삽입] 탭-[차트] 그룹-[분산형(X, Y) 또는 거품형 차트 삽입]-[분산형]을 클릭합니다.

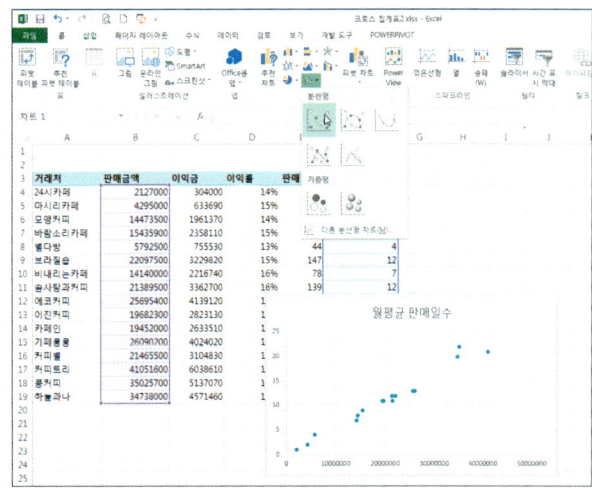

18. 분산형 차트가 삽입되었습니다.

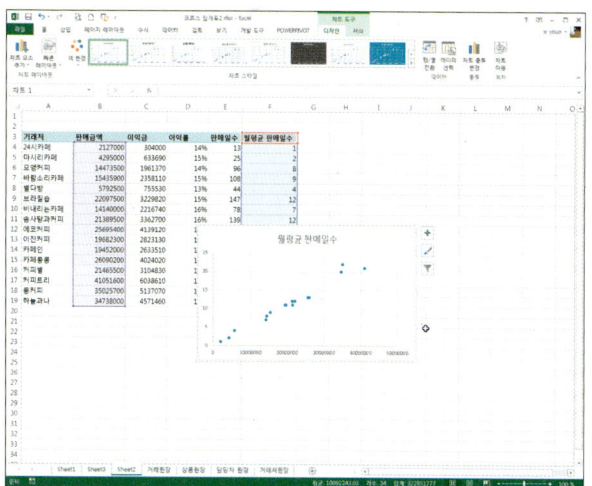

19. 차트 서식을 수정하여 완성합니다.

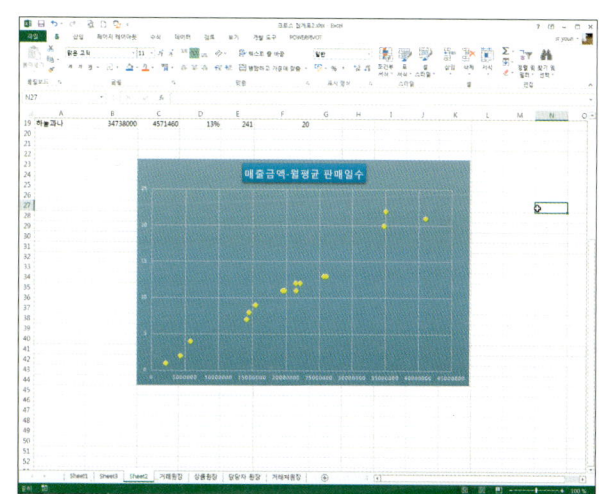

해석

- **매출액** : 월평균 매출일수의 히스토그램을 비교해 어떤 그룹에 주목하고, 향후 영업 전략을 수립해야 하는지 방법을 찾아볼 수 있을 것입니다. 히스토그램의 매출일수가 많은 거래처 그룹에 주목하여 분산형 차트를 보면 매출일수가 높은 고객도 매출에 차이가 있습니다. 빨간색 테두리는 월평균 매출일수가 10일 이상 되는 거래처이며, 그중 녹색 범위 안의 그룹 매출이 낮은 것을 알 수 있습니다.

매출일수가 높다 = 일손이 많이 든다 = 경비가 들며, 판매 효율이 낮다.

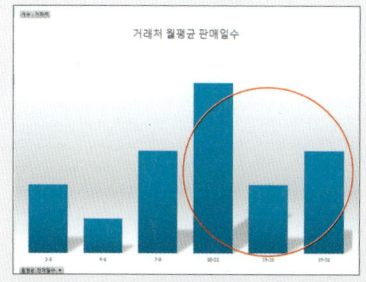

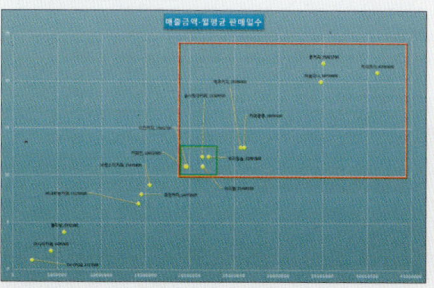

293

앞에서 작성한 차트에서 녹색 범위의 특징을 보기 위해 개별 거래처는 어떤 상품을 구매하는지? 매출액이 낮아도 매출일수가 많다는 것은 우리 회사에 필요한 것이므로 어떻게 하여 출하수량을 늘릴 수 있을 것인지, 단가가 높은 상품을 취급할 것인지 등 상품과 거래처에서 볼 수 있는 특징을 더욱 좁혀서 구체적인 홍보 방법을 검토합니다. 이번에는 판매일수만이 아니라 거래처마다 상품 점수와 매출의 분산형 차트를 만들어 거래처 그룹의 동향을 보도록 하겠습니다.

01. 피벗 테이블이 있는 시트로 이동하여 다음과 같이 배치합니다.

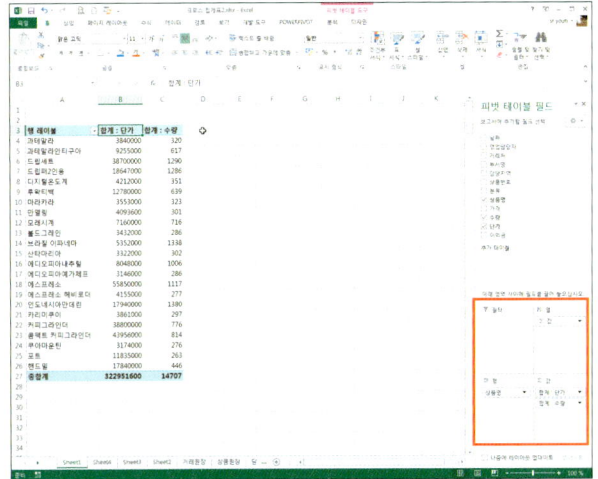

02. 새로운 시트에 데이터를 복사하기 위해 범위를 선택하고 [홈] 탭−[클립보드] 그룹−[복사]를 클릭합니다.

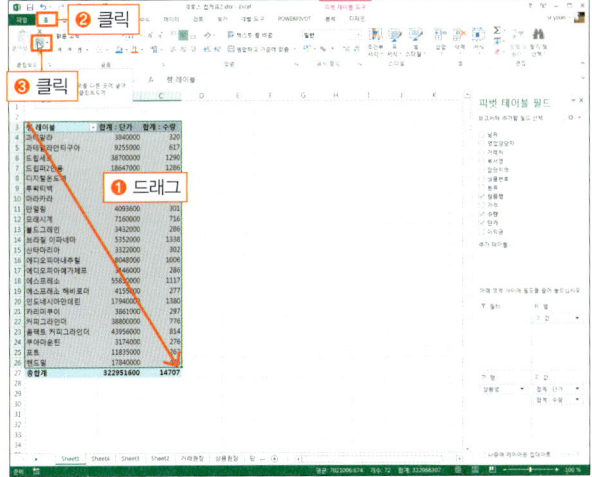

03. 새 시트를 삽입하고 [붙여넣기]를 클릭합
니다.

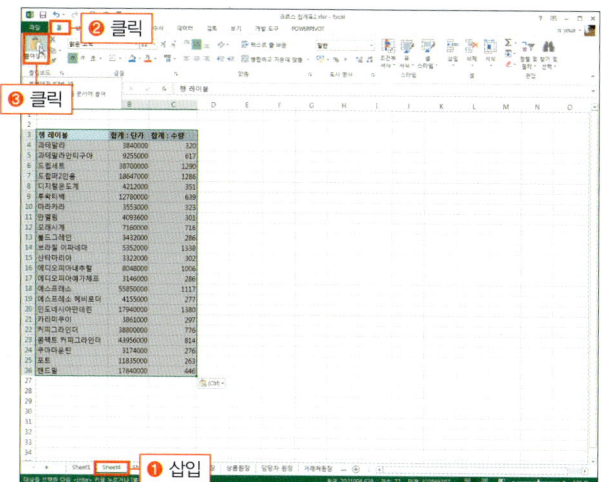

04. 데이터 제목을 수정한 다음 [B3:C26] 셀 범
위를 선택한 다음 [삽입] 탭-[차트] 그룹-[분산형
(X, Y) 또는 거품형 차트 삽입]-[분산형]을 클릭합
니다.

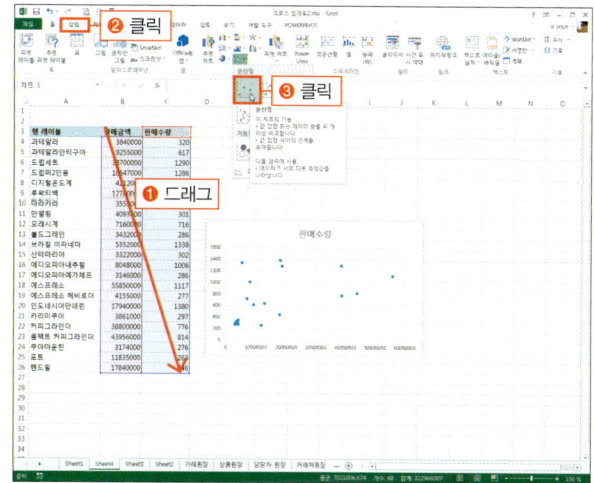

05. 차트가 삽입되었습니다.

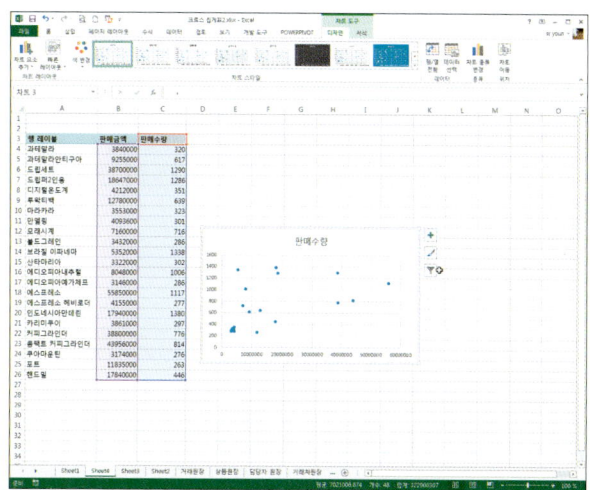

06. 차트 서식을 수정하여 완성합니다.

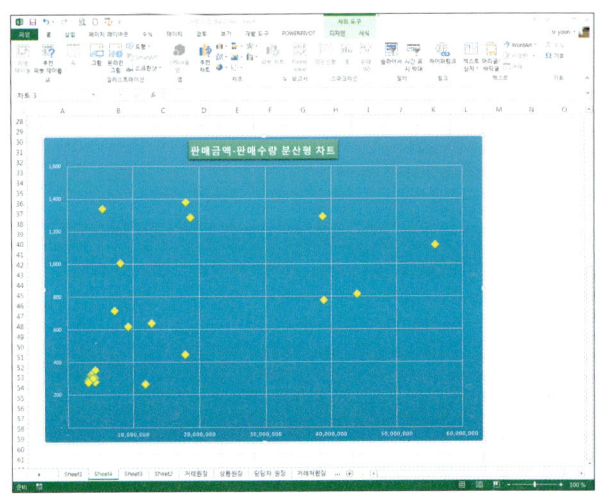

07. 차트를 다음과 같이 보기 좋게 수정하여 완성합니다.

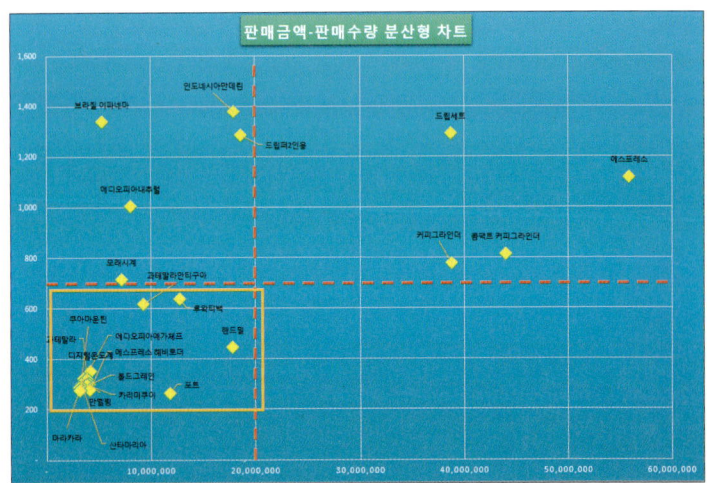

차트를 보면 판매금액이 2천만원 이상의 거래처는 취급하는 상품의 판매수량이 700 이상인 것을 알 수 있습니다. 판매금액 2천만원 이하, 월평균 매출일수 10일 이상, 판매수량 700 이하의 고객을 추려 이 그룹에 어떤 거래의 특징이 있는지를 더 검토하는 것이 좋습니다.

08. 어떤 분석이든지 한번에 할 수는 없으므로 계속해서 필요한 분석을 하여 원하는 결과를 얻을 수 있도록 해야 합니다. 다음은 각 조건별로 상품 목록을 나열한 것입니다.

루왁티백	12,780,000	639
과테말라안티구아	9,255,000	617
핸드밀	17,840,000	446
디지털온도계	4,212,000	351
마라카라	3,553,000	323
과테말라	3,840,000	320
산타마리아	3,322,000	302
만델링	4,093,600	301
카리미쿠이	3,861,000	297
볼드그레인	3,432,000	286
에디오피아예가체프	3,146,000	286
에스프레소 헤비로더	4,155,000	277
쿠아마운틴	3,174,000	276
포트	11,835,000	263

▲ 판매 수량 700 이하 상품

드립퍼2인용	18,647,000	1,286
인도네시아만데린	17,940,000	1,380
핸드밀	17,840,000	446
루왁티백	12,780,000	639
포트	11,835,000	263
과테말라안티구아	9,255,000	617
에디오피아내추럴	8,048,000	1,006
모래시계	7,160,000	716
브라질 이파네마	5,352,000	1,338
디지털온도계	4,212,000	351
에스프레소 헤비로더	4,155,000	277
만델링	4,093,600	301
카리미쿠이	3,861,000	297
과테말라	3,840,000	320
마라카라	3,553,000	323
볼드그레인	3,432,000	286
산타마리아	3,322,000	302
쿠아마운틴	3,174,000	276
에디오피아예가체프	3,146,000	286

▲ 매출 금액 2000천만원 이하인 상품

콩커피	35025700	5137070	15%	262	2
커피트리	41051600	6038610	15%	255	2
하늘과나	34738000	4571460	13%	241	20
에코커피	25695400	4139120	16%	158	1
카페콩콩	26090200	4024020	15%	150	1
브라질숍	22097500	3229820	15%	147	1
솜사탕과커피	21389500	3362700	16%	139	1
이진커피	19682300	2823130	14%	127	1
카페인	19452000	2633510	14%	132	1
커피별	21465500	3104830	14%	126	1

▲ 월평균 판매일수가 10일 이상인 상품

해석

차기 매출이 오를 가능성이 있을 것 같은 거래처의 제품을 구체적으로 특정하여 해당 부문의 영업 전략과 연계된 매출 목표를 만들기 위해서는 다음과 같은 기준을 정하여 찾을 수 있습니다.

❶ 증가율이 높은 상품 시장을 늘린다.
❷ 매출 구성비가 높은 상품 시장을 늘린다.
❸ 재고 효율적인 상품 시장을 늘린다.

우선은 자사의 자신 있고 신장율이 높은 상품의 시장을 늘리는 것이 목표이고, 이어 신상품, 새로운 시장에의 대처를 생각해야 합니다.

해 찾기로 계산하기

이번에는 30,000원을 가지고 카레 소스와 짜장 소스를 몇 개씩 사면 좋은지 구하는 방법에 대해 알아봅니다. 이러한 계산은 해 찾기 기능을 이용합니다.

예제 파일 | CD₩Part 03₩해찾기.xlsx

01. 합계를 구할 셀인 [D4] 셀을 클릭하고 [데이터] 탭-[분석] 그룹-[해 찾기]를 클릭합니다.

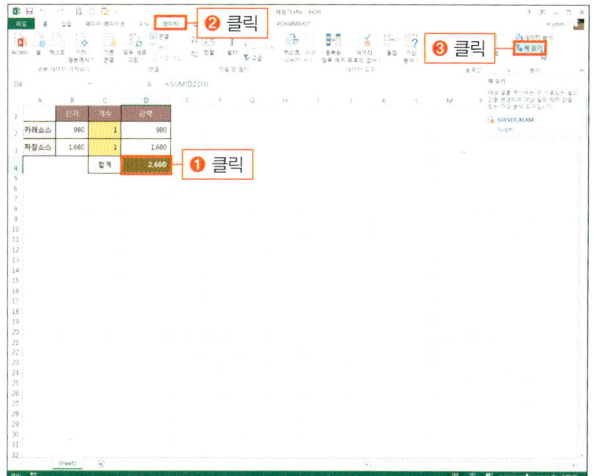

02. [해 찾기 매개 변수] 대화상자가 나타납니다. 목표 설정은 앞에서 선택한 [D4] 셀이 자동으로 지정됩니다. 변수 셀 변경에는 개수를 구할 범위를 지정하고 [추가] 단추를 클릭합니다.

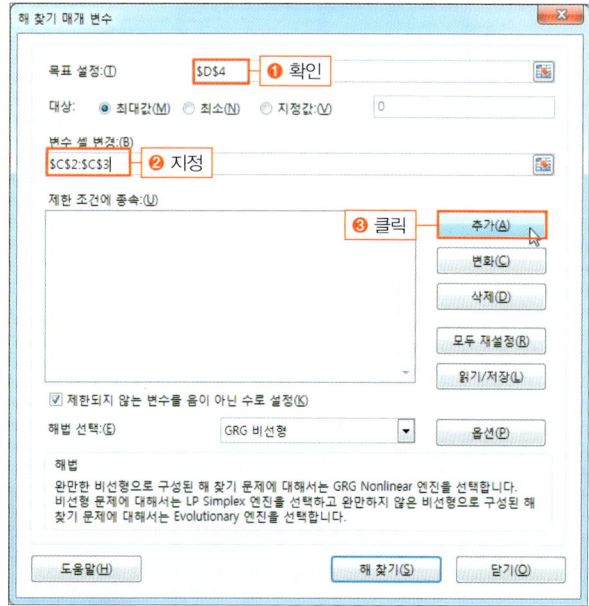

03. 해 찾기에서 사용할 조건은 다음과 같습니다.

- 카레 소스는 10개 이상
- 짜장 소스는 10개 이상
- 각각의 결과값은 정수
- 30,000원 이내에서 최대치가 되도록 계산

04. [제한 조건 추가] 대화상자가 나타나면 먼저 [C2:C3] 셀 범위를 정수로 지정하고 [추가]를 클릭합니다.

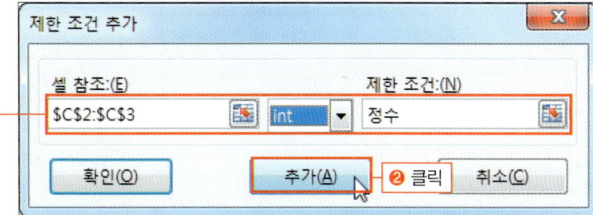

05. [D4] 셀은 제한 조건으로 30000 이상이 되지 않도록 지정하고 [추가]를 클릭합니다.

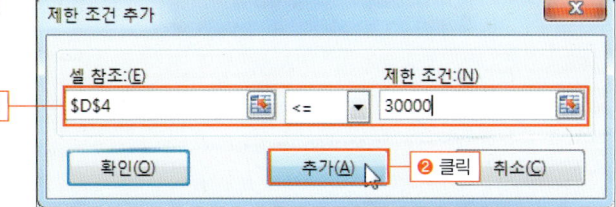

06. [C2] 셀은 개수가 10개 이상이 되도록 조건을 지정하고 [추가]를 클릭합니다.

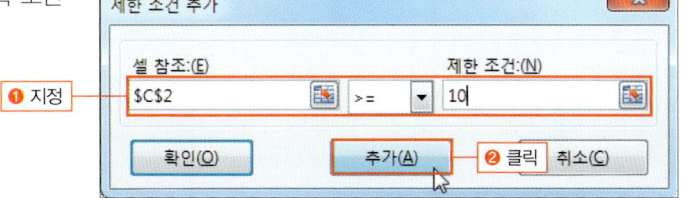

07. 마지막 조건으로 [C3] 셀은 개수가 10개 이상이 되도록 조건을 지정하고 [확인] 단추를 클릭합니다.

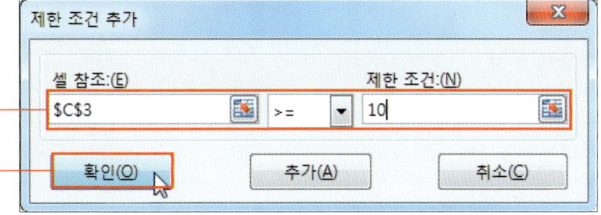

08. 조건이 모두 지정되었으면 [해 찾기] 단추를 클릭합니다.

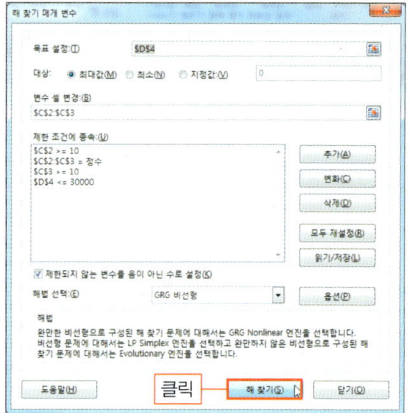

09. 해 찾기 기능을 이용하여 값을 구했습니다.

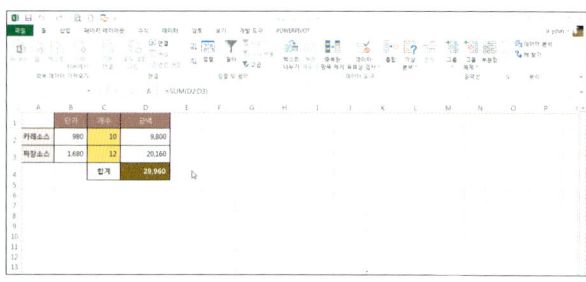

10. [해 찾기 결과] 대화상자에서 [해답]을 선택하고 [확인] 단추를 클릭하면 보고서를 작성할 수 있습니다.

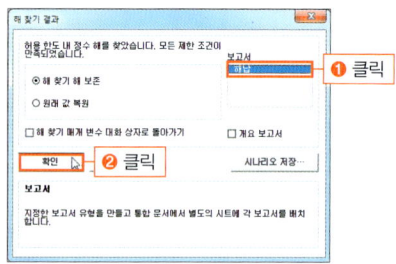

11. 새로운 시트에 해 찾기 보고서가 작성됩니다. 계산 전의 값과 조건 등을 한눈에 파악할 수 있습니다.

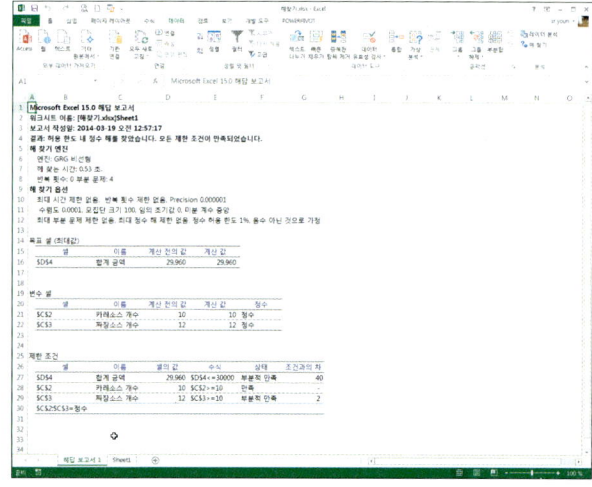

대출금의 개월수 구하기

대출금에 대해 연리와 상환액을 알고 있을 때 개월수를 구할 수 있습니다. 목표값 찾기를 이용하여 개월수를 구하는 방법에 대해 알아봅니다.

예제 파일 ┃ CD₩Part 03₩대출금계산.xlsx

01. 다음은 대출금을 계산하기 위한 표입니다. 현재 PMT 함수로 매월 상환액을 구했는데, 납입자가 매월 1,000,000원씩 상환해야 한다면 목표값 찾기를 이용합니다. [데이터] 탭─[데이터 도구] 그룹─[가상 분석]─[목표값 찾기]를 클릭합니다.

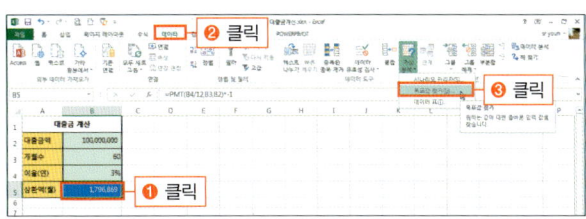

02. [목표값 찾기] 대화상자가 나타나면 다음과 같이 각각의 값을 입력하고 [확인] 단추를 클릭합니다.

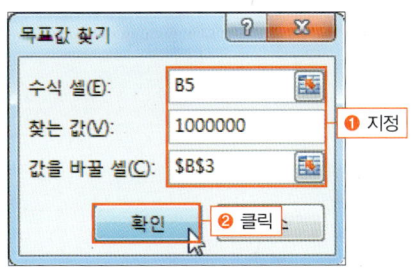

03. 상환액을 월 1,000,000원으로 설정하면 개월수가 115개월로 늘어나는 것을 확인할 수 있습니다.

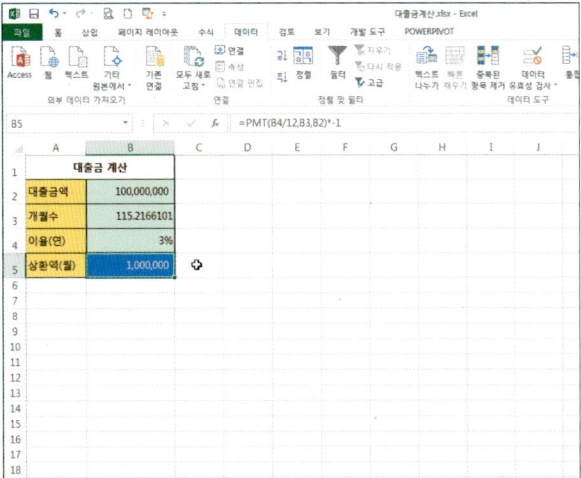

PART SUMMARY

■ **해 찾기** `210P`

해 찾기 기능으로 할 수 있는 데이터 분석은 조건을 만족하는 최대값, 최소값을 구하는 것입니다. 수식에 대입하는 변수가 하나일 때 변수값을 변경하는 것이 목표값 찾기 기능이라면 수식에 대입하는 변수가 여러 개인 경우 사용하는 것이 해 찾기 기능입니다. 수식을 참조하는 복수의 셀 값을 제한 조건에 만족하도록 바꾸어 최대 또는 최소의 셀 값이 되는 목표 설정 값을 찾습니다.

■ **시나리오** `224P`

판매계획과 사업계획, 수지예측 등은 여러 가지 상황을 상황을 예상하여 많은 시점에서 시뮬레이션을 할 수 있습니다. 엑셀에서는 시나리오 기능을 이용합니다. 변하는 값을 수식으로 입력한 다음 각각의 표를 작성하는 것도 가능하지만 그렇게 효율적이지는 않을 것입니다. 복수의 예측값을 준비한 다음 조합한 시뮬레이션을 할 수 있는 시나리오 기능에 대해 알아봅니다.

시나리오 기능은 그 명칭에서도 알 수 있듯이 연극에서의 대본과 같은 것이라고 할 수 있습니다. 여러 가지 상황을 시나리오로 등록하고 그 시나리오에 따르는 변화를 표시하는 기능입니다. 예를 들어 이번 분기에서는 흑자였던 손익계산이었지만 다음 분기의 시나리오에서 [매출이 10%로 내려간 경우], [종업원을 20명 감소안나면], [상품단가를 5% 올린다면] 등 영업환경과 판매상황을 바꾸어보면서 대응할 수 있도록 하는 것이 시나리오의 목적입니다. 단순하게 예측은 수식을 준비하고 집계표로도 가능하지만 경험치를 적용한 예측과 변동원인을 생각한 예측, 복수의 조건과 그 조합에 따른 예측을 해야 할 때 복잡한 시뮬레이션을 하는 시나리오 기능이 매력을 발휘합니다.

■ **목표값 찾기** `240P`

목표값 찾기 기능은 계산된 결과가 목표값이 되도록 역산하는 기능이 입니다. 목표값이 확실한 경우 그 목표값이 되도록 계산하는 방법입니다. 예를 들어 한 달에 상환할 수 있는 금액이 이미 정해져 있는 경우, 연리와 기간을 구할 수 있습니다.

■ **피벗 테이블** `250P`

피벗 테이블은 리스트 형식의 데이터를 이용하여 크로스 집계표를 만드는 것입니다. 피벗 테이블은 행 레이블, 열 레이블, 값, 보고서 필터 항목을 자유롭게 레이아웃하여 여러 가지 각도로 데이터를 분석할 수 있습니다. 복잡한 수식을 사용하거나 함수를 입력하지 않아도 간단하게 집계할 수 있다는 것이 특징입니다.

01

아래 그림의 조건을 추가하여 이익금이 5,000,000원이 되도록 해를 구합니다.

예제 파일 : CD₩Part 03₩연습문제3-1.xlsx
완성 파일 : CD₩Part 03₩연습문제3-1_완성.xlsx

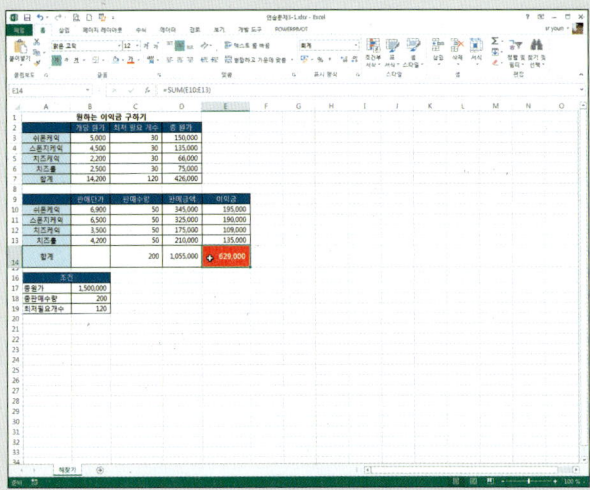

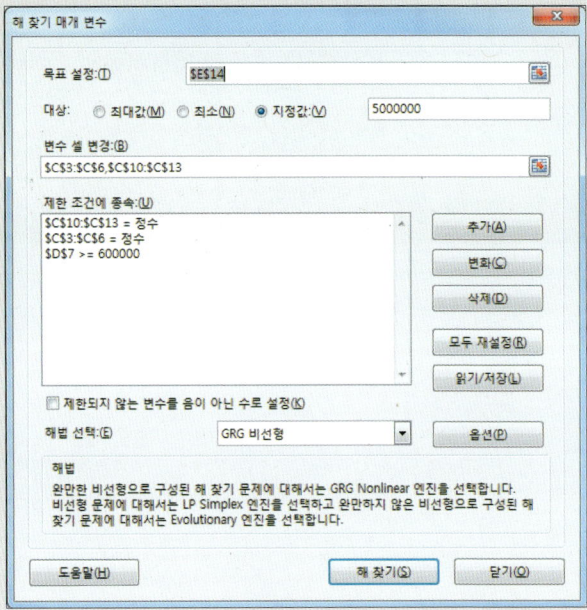

HINT 해 찾기는 [데이터] 탭–[분석] 그룹–[해 찾기] 기능을 사용하면 되며, 해를 찾을 때는 필요한 조건을 지정하면 됩니다.

매출과 판매
분석하기

상품의 특징 분석, 중점 상품을 결정, 매출을 올리기 위한 전략, 기업의 성

장성 분석, 계절 변동비 고려, 재고 관리, 앙케이트 설문 관리 등 매출과 판

매에 관련한 여러 가지 분석 방법에 대해 알아봅니다. 이러한 분석 방법에

대해 다양한 차트와 함께 설명합니다.

Chapter 01 · 상품 특징 분석하기

Chapter 02 · 중점 상품 결정하고 매출을 올리기 위한 전략 세우기

Chapter 03 · 계절변동비 고려하기법

Chapter 04 · 앙케이트 분석하기

Chapter 05 · 재고 관리하기

Chapter 06 · 기업의 성장성 분석하기

Chapter 07 · 상관 분석하기

CHAPTER 01 상품 특징 분석하기

ABC 분석 차트와 Z 차트의 개념과 작성 방법에 대해 알아봅니다. ABC 분석을 활용하는 방법과 Z 차트를 활용하는 방법에 대해 자세하게 알아봅니다.

STEP 01 • 상품 분석 개요

■ ABC 분석과 파레토 차트

"중점 분석"이라고도 불리며 어떤 수치를 바탕으로 그 누적 비율을 산출해 상황 파악과 관리 방법의 검토에 활용합니다. 파레토 차트는 상품의 매출 등의 수치를 내림차순으로 정렬한 막대형 차트와 각각의 상품 매출의 구성비와 누계를 표시하는 꺾은선형 차트를 조합한 혼합형 차트를 말합니다. ABC 분석은 파레토 차트를 사용하여 상품의 구성비의 크기 순으로 A, B, C의 세 그룹으로 나누어 그룹 A, 그룹 B, 그룹 C의 순으로 중요도를 평가하는 방법으로 그룹별 관리나 중점 지향과 같은 기존 자원의 관리 효율 향상을 목적이 필요한 곳에서 이용합니다. ABC 분석표는 파레토 차트 작성 시 필요한 표라고 할 수 있습니다.

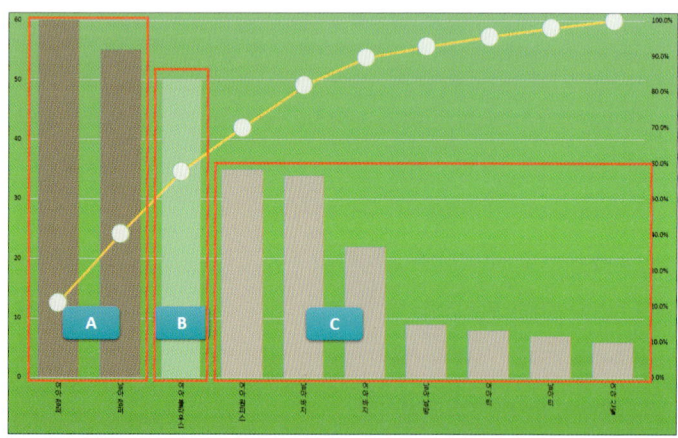

ABC 분석에서는 누적 구성비를 바탕으로 보통 3개 그룹을 작성합니다. 그룹 작성은 업무에 따라 다양한 기준이 있지만 대부분은 80:20 법칙을 사용합니다.

• **그룹 A** : 누적 구성비 ≦ 80%
• **그룹 B** : 80% 〈 누적구성비 ≦ 95%
• **그룹 C** : 95% 〈 누적구성비 ≦ 100%

또 업무에 따라서는 다음과 같이 그룹을 나눌 수 있습니다.

- **그룹 A** : 누적구성비 ≦ 60%
- **그룹 B** : 60 〈 누적구성비 ≦ 80%
- **그룹 C** : 80% 〈 누적구성비 ≦ 100%

ABC 분석에서 그룹을 나누는 기준은 없습니다. 이 방법을 활용하는 환경이나 업무에 따라 선택하면 됩니다. 따라서 이 적합한 기준을 찾는 것도 ABC 분석을 사용하는 또 하나의 과제라고 할 수 있습니다.

ABC 분석을 이용하여 할 수 있는 분석

- 매출 크기의 상품 중요도에 따른 판매홍보
- 재고가 많은 상품에 대한 재고효율의 개선
- 매출에 기여하는 상품군을 파악하고 중점상품을 파악하고 싶다.
- 고객 그룹별로 DM 송신의 우선순위 결정
- 구매금액에 의한 의존도가 높은 구입처 분석

이 경우 '[그룹 A], [그룹 B], [그룹 C]를 어떻게 결정할 것인가?'라는 문제가 남습니다. 보통은 그룹 A는 80%라는 숫자가 중요한 것이 아니라 다음과 같은 경험에 따른 숫자를 사용합니다. 따라서 꼭 20%가 아니라 상품에 따라 상황에 따라 30%든 35%든 상관은 없는 것입니다.

- 20%의 상품이 80%의 매출을 점유하고 있다.
- 20%의 상품이 80%의 이익을 내고 있다.
- 20%의 상품이 80%의 재고를 점유하고 있다.

■ ABC 분석 활용하기

판매 홍보하기

실제 판매촉진을 하기 위해 광고를 할 때 모든 상품에 대한 광고를 하지는 않습니다. 상품에 따라 광고를 하는 상품을 골라야 하는데 이런 경우 ABC 분석을 사용합니다. 20%의 상품으로 80%의 이익을 내고 있는 그룹 A의 상품을 추출하는 방법입니다.

재고 관리나 판매예측

모든 상품에 대해 재고 관리를 강화하는 것은 비효율적입니다. 판매광고와 달리 재고 관리의 경우에는 입하량, 출하량, 재고량 각각 상당 기간의 데이터를 시간을 들여 관리해야 합니다. 판매예측을 하는 것도 마찬가지입니다.

■ 파레토 차트 작성하는 순서

❶ 상품의 평가기준을 설정합니다. 예를 들어 매출이나 판매수량 등입니다.
❷ 매출의 구성비를 작성하고 내림차순으로 정렬합니다.
❸ 구성비누계를 작성합니다.
❹ ABC 분석 차트를 작성합니다.

■ ABC 차트에서 안정성과 영업 효율면에서 분석하기

ABC 차트의 패턴은 다음과 같은 3가지 형태를 생각할 수 있습니다.

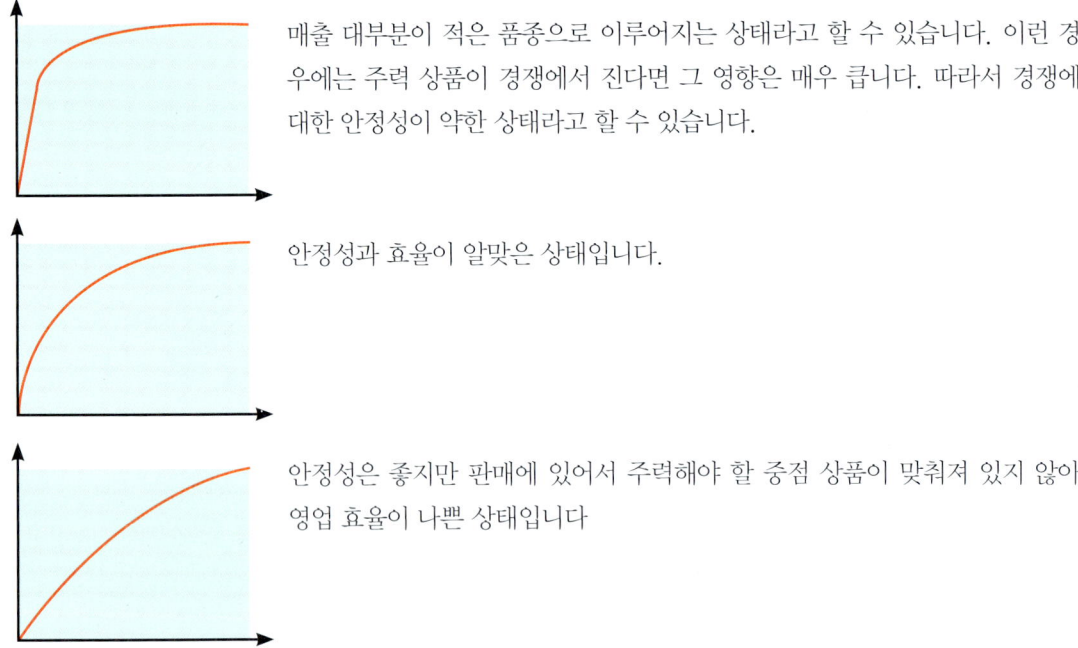

매출 대부분이 적은 품종으로 이루어지는 상태라고 할 수 있습니다. 이런 경우에는 주력 상품이 경쟁에서 진다면 그 영향은 매우 큽니다. 따라서 경쟁에 대한 안정성이 약한 상태라고 할 수 있습니다.

안정성과 효율이 알맞은 상태입니다.

안정성은 좋지만 판매에 있어서 주력해야 할 중점 상품이 맞춰져 있지 않아 영업 효율이 나쁜 상태입니다

■ 매출실적 분석하기

Z 차트로 매출 추이 분석하기

최근의 매출액 추이는 어떨까? 월별매출을 전년동월과 비교해 증감을 체크하는 것은 잘 이루어지고 있다고 생각하지만 Z 차트를 사용하면 월별매출로 매월 매출변동을 관찰할 수 있고, 그 변동에서 생기는 월별누계의 변화를 관찰하여 올해의 매출이 증가 기조인지 감소 기조인지를 파악할 수 있습니다.
Z 차트는 월매출과 매출누계, 과거 1년분 이동년계의 3곡선을 하나의 차트로 나타낸 모습이 마치 영문 Z의 형태가 되어 Z 차트라고 합니다.

매월 매출이 계절에 따라 변하는 경우에는 단기적으로 추이를 보기가 어려우므로 Z 차트를 이용하여 중장기적인 시점에서 추이를 분석하는 것이 중요합니다. 즉 긴 안목으로 보면서 매출이 늘고 있는지 떨어지는지를 판단하는 데 Z 차트를 사용하면 효율적입니다.

- **월별매출** : 매출이 뚜렷한 경우에는 매출 변동을 관찰할 수 있습니다.
- **매출누계** : 올해 매출의 증가/감소 경향을 알 수 있습니다.
- **이동년계** : 올해 매출을 전년도와 비교하여 증가/감소 경향을 알 수 있습니다.

월 매출과 누계로 알 수 있는 것

월 매출로는 월 매출의 변동을 알 수 있지만 매출 변동이 심한 경우에는 누계쪽을 이용하면 경향을 손쉽게 알 수 있습니다. 매출 변동이 심하지 않은 경우에는 맨 아래쪽의 선은 거의 일직선을 유지합니다.
가운데 사선의 누계는 위쪽으로 볼록한 모습을 보이는 경우에는 누계의 증가가 둔하게 움직이는 것을

알 수 있습니다. 올해 매출이 감소 경향이 있다는 것을 표시하는 것입니다. 그리고 누계가 아래쪽으로 볼록한 경우에는 누계의 증가가 점점 좋아지고 있다는 것을 표시합니다.

이동년계와 평균에서 알 수 있는 것

이동년계는 꽤 과거의 징후까지 알 수 있지만 이 경우에는 12개월 이동년계이므로 올해의 매출이 어떤 가보다는 전년도와 비교한 증가/감소 경향을 알 수 있습니다. 후반쪽은 올해의 경향을 알 수 있습니다. 그리고 이동년계를 이용하면 계절변동과 불규칙변동을 상쇄한 주요한 변동을 알 수 있습니다. 다만 매출 예측을 할 수 없습니다.

Z 차트를 보는 방법

다음은 기준이 되는 차트와 점점 증가/일정/점점 감소의 차트를 시뮬레이션한 것입니다.

기준이 되는 차트

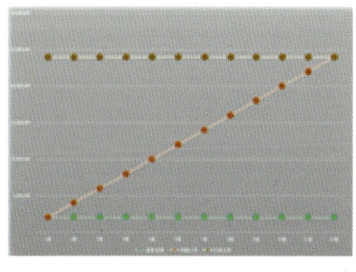

◀ 기준 : 전년도와 비교하여 매출이 일정합니다.

점점 감소 경향을 보이는 차트

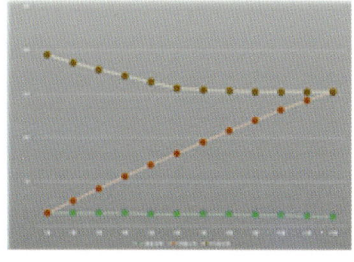

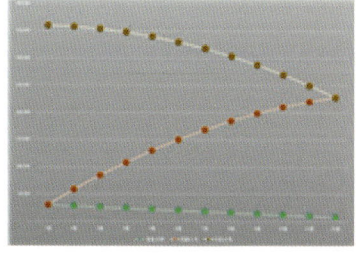

▲ 전년도의 감소 경향에서 점점 회복하는 추세입니다.

▲ 올해 매출 감소에 따라 누계 증가도 둔화 추세입니다.

점점 증가 경향을 보이는 차트

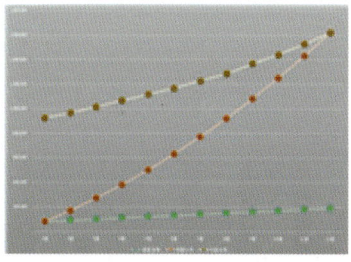

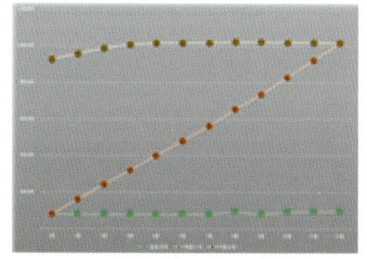

▲ 전년도와 비교하여 매출 성장이고 올해는 매출 증가 경향입니다.

▲ 전년도와 비교하여 매출 성장 둔화로 올해는 매출 정체 경향입니다.

파레토 차트를 작성하기 위해서는 리스트 형식의 데이터를 정렬하여 미리 만들어 두어야 합니다. 여기
서는 피벗 테이블을 이용하여 정리하는 방법에 대해 알아봅니다.

예제 파일 ㅣ CD₩Part 04₩피벗테이블–ABC 분석.xlsx

01. 데이터 범위의 아무 곳이나 클릭한 후 [삽
입] 탭–[표] 그룹–[피벗 테이블]을 클릭합니다.

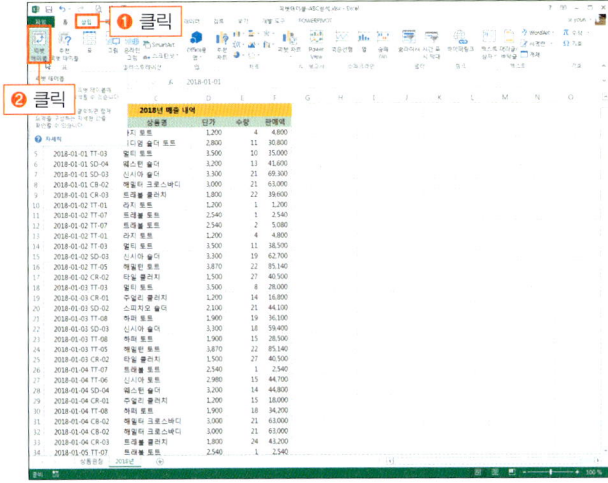

02. [피벗 테이블 만들기] 대화상자가 나타나면
표의 범위를 선택하고 [확인] 단추를 클릭합니다.

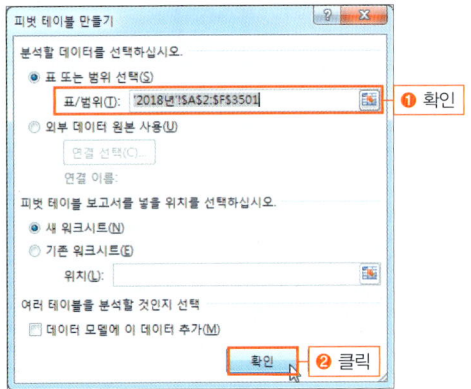

03. 피벗 테이블 레이아웃이 새로운 시트에 작
성되었습니다.

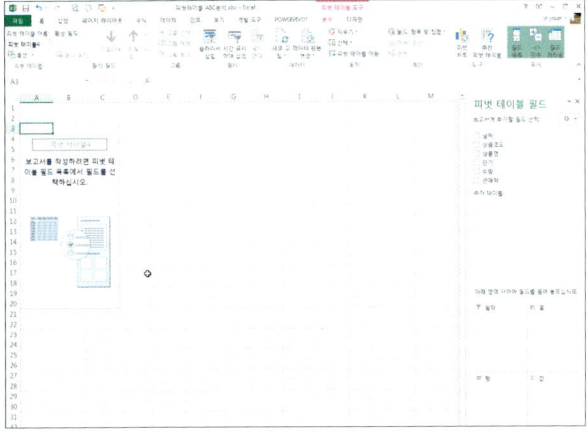

04. 영역에 다음과 같이 필드를 배치합니다. [값] 영역에 [수량] 필드 3개를 드래그하여 배치하는 것이 중요합니다.

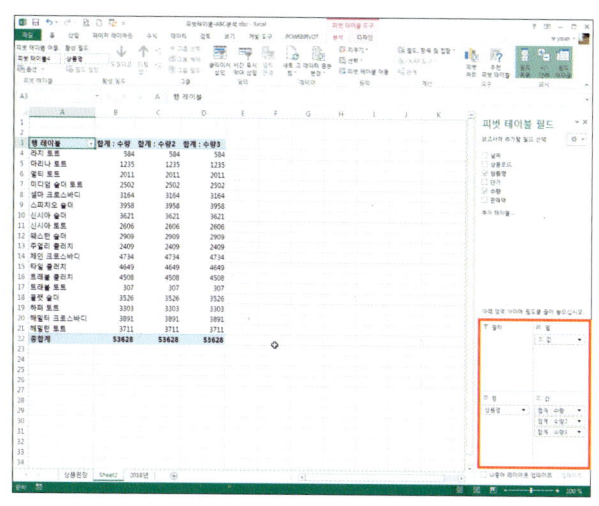

05. [B4] 셀을 클릭한 후 [데이터] 탭-[정렬 및 필터] 그룹-[숫자 내림차순 정렬]을 클릭합니다.

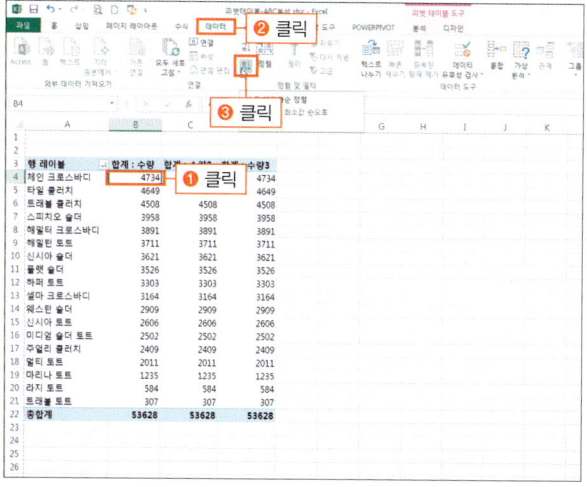

06. 내림차순으로 정렬하는 것이 ABC 분석을 하는 첫걸음입니다. 이제 [값] 영역에서 [수량 2] 필드를 클릭한 후 [값 필드 설정]을 클릭합니다.

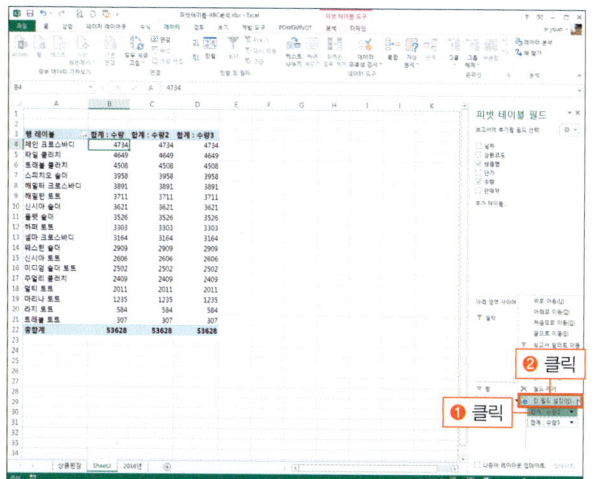

07. [값 필드 설정] 대화상자가 나타나면 [값 표시 형식] 탭에서 [열 합계 비율]을 선택하고 [확인] 단추를 클릭합니다.

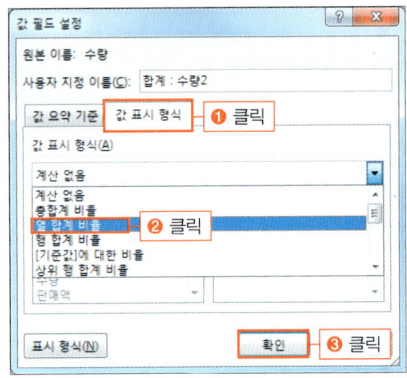

08. 다음과 같이 [수량 2]의 필드값은 모두 구성비로 자동 변경되었습니다. 이번에는 [값] 영역에서 [수량 3] 필드를 클릭한 후 [값 필드 설정]을 클릭합니다.

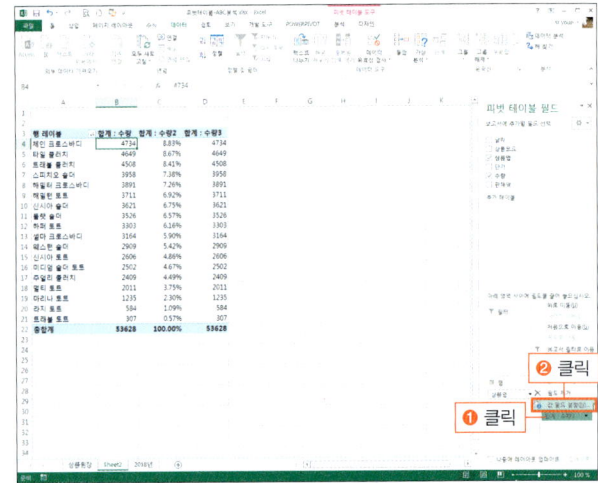

09. [값 필드 설정] 대화상자가 나타나면 [값 표시 형식] 탭에서 [누계 비율]을 선택하고 [확인] 단추를 클릭합니다.

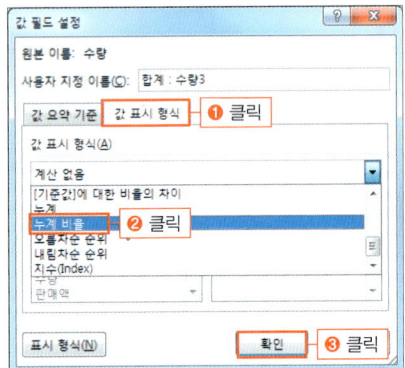

10. 다음과 같이 파레토 표가 작성되었습니다.

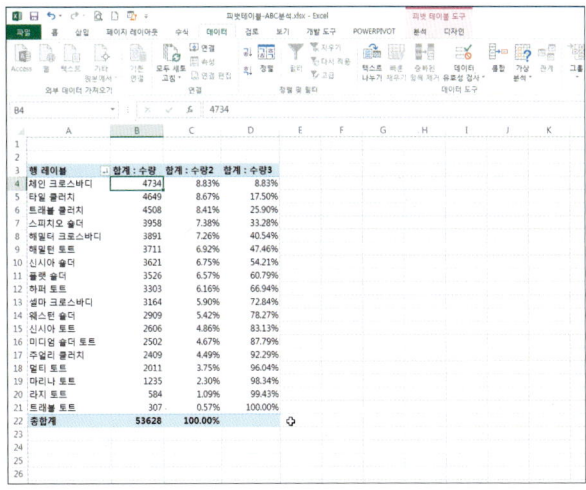

11. [B3] 셀을 클릭한 후 수식 입력줄에서 [매출수량]으로 내용을 변경합니다.

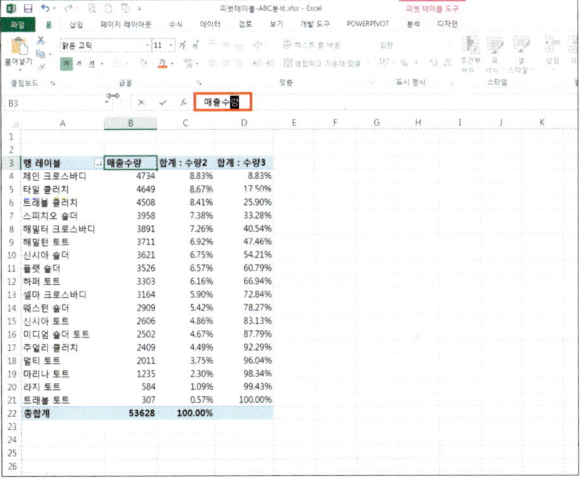

12. [C3], [D3] 셀도 다음과 같이 각각 [구성비], [구성비누계]로 변경합니다.

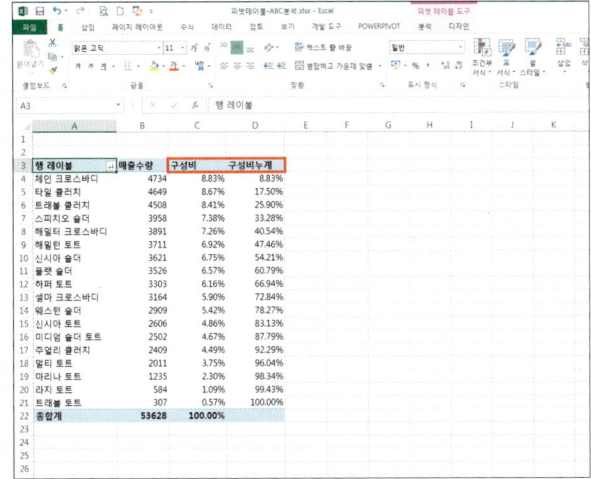

정리한 데이터를 이용하여 ABC 분석 차트를 작성하는 방법에 대해 알아봅니다.

01. [D4] 셀을 클릭한 후 [홈] 탭-[스타일] 그룹-[조건부 서식]-[아이콘 집합]-[기타 규칙]을 선택합니다.

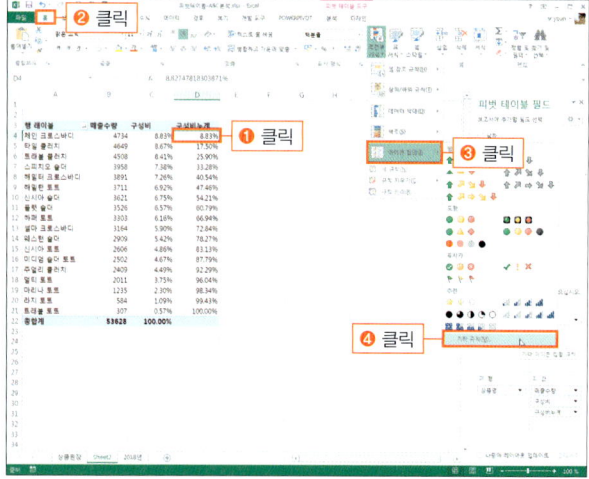

02. [새 서식 규칙] 대화상자가 나타나면 ["구성비누계"값을 표시하는 모든 셀]을 선택하고, [셀 값을 기준으로 모든 셀의 서식 지정]을 선택합니다. 이어 [규칙 설명 편집] 항목에서는 다음과 같이 지정합니다. 이때 순서를 잘 지켜주세요. 모든 설정이 끝나면 [확인] 단추를 클릭합니다.

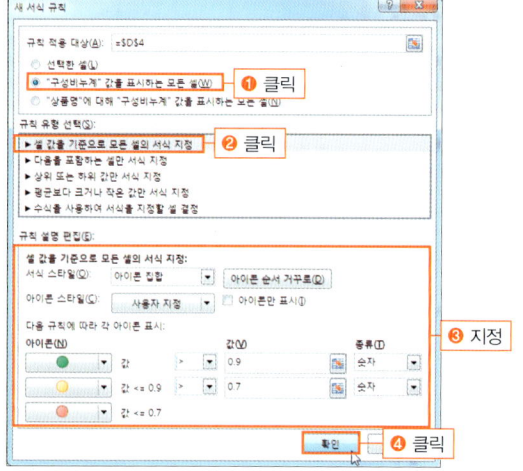

03. [구성비누계]에 아이콘 집합이 표시되었습니다. 각각 [A 랭크], [B 랭크], [C 랭크]입니다.

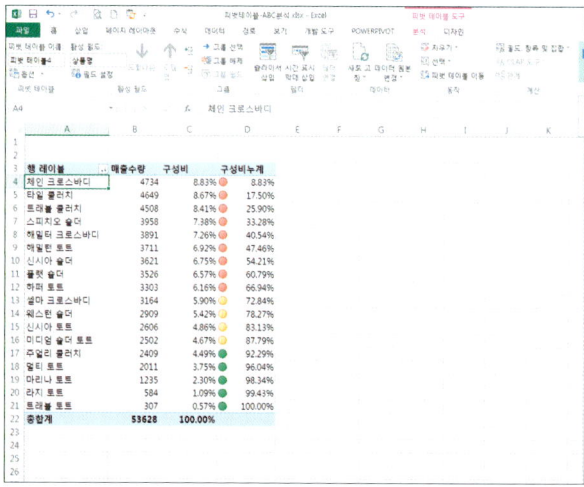

04. 이렇게 하면 일일이 계산하지 않고 피벗 테이블을 이용하여 ABC 차트를 작성하기 위한 모든 준비가 끝났습니다. [피벗 테이블 도구]-[분석] 탭-[도구] 그룹-[피벗 차트]를 클릭합니다.

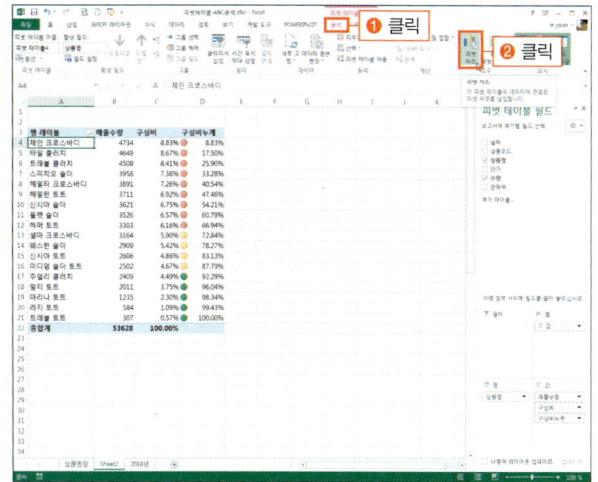

05. [차트 삽입] 대화상자가 나타나면 [콤보] 탭에서 [묶은 세로 막대형 – 꺾은선형, 보조축]을 선택하고 [확인] 단추를 클릭합니다.

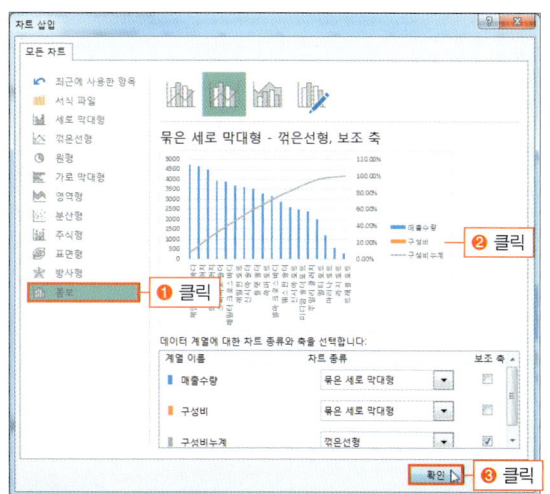

06. 차트가 작성되었습니다. 차트 크기 등을 조정합니다.

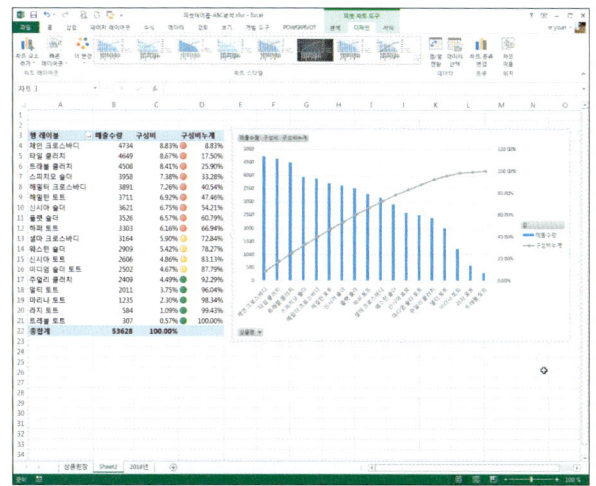

07. 보조축의 표시값이 120%까지 표시되므로 이것을 100%까지만 표시되도록 수정해야 합니다. 보조축을 더블클릭합니다.

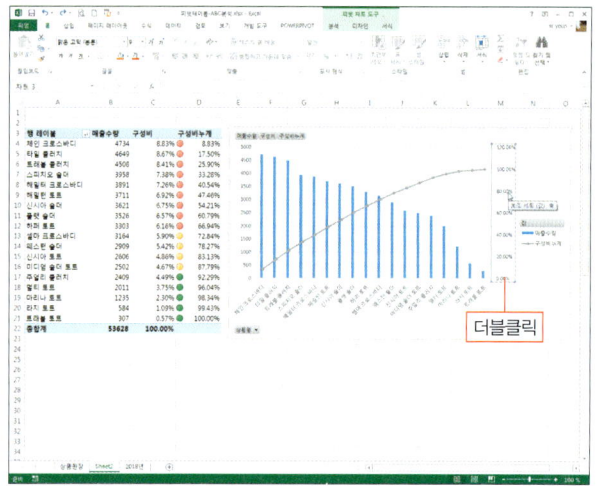

더블클릭

08. [축 옵션]의 최대값을 [1]로 수정합니다.

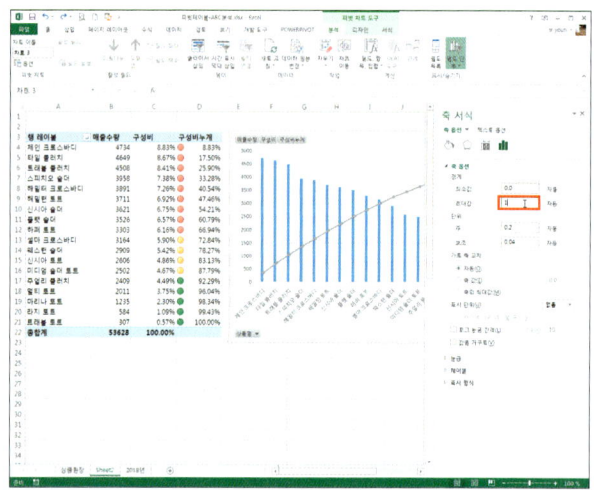

09. 보조축의 값이 변경되었습니다.

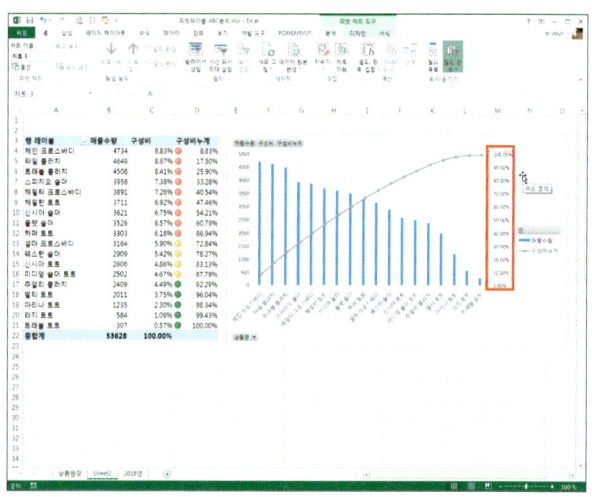

10. 다음과 같이 [A 랭크], [B 랭크], [C 랭크]라고 표시하여 차트를 완성합니다.

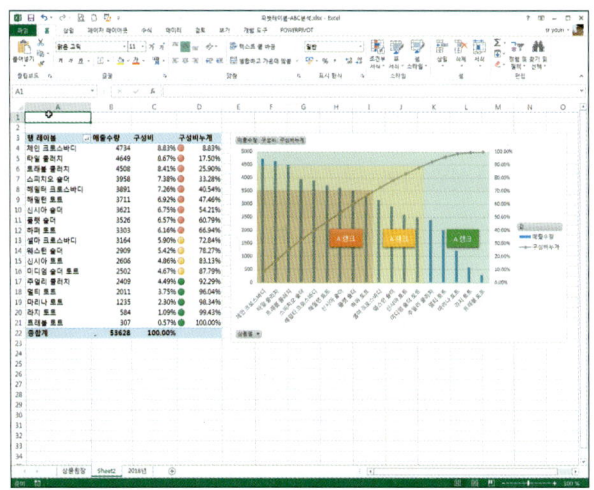

Z 차트를 작성하기 위한 표를 준비하는 방법에서부터 알아봅니다. 여기서는 피벗 테이블을 이용하여 자료를 정리한 후 차트를 만들어 보겠습니다.

예제 파일 ㅣ CD₩Part 04₩Z 차트.xlsx

01. 예제 파일은 2년 동안의 매출 데이터로 7,000줄에 해당하는 데이터가 있습니다. 엑셀을 사용하며 이 데이터를 일일이 계산할 필요는 없습니다. 피벗 테이블을 이용하면 누계까지는 간단하게 구할 수 있기 때문입니다.

그림은 예제를 이용하여 2018년과 2019년 매출액을 월별로 표시한 차트입니다. 이렇게 표시되는 데이터를 이용하여 Z 차트를 이용하면 어떤 분석을 할 수 있는지 알아봅니다.

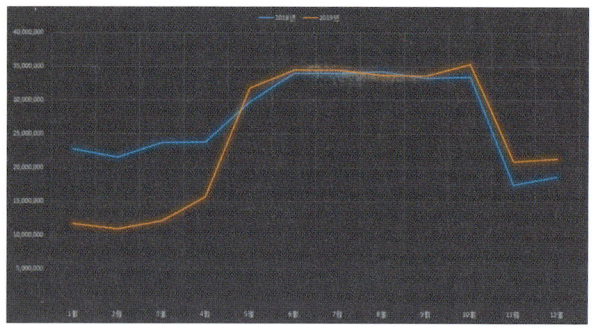

02. 데이터가 있는 셀을 클릭한 후 [삽입] 탭–[표] 그룹–[피벗 테이블]을 클릭합니다.

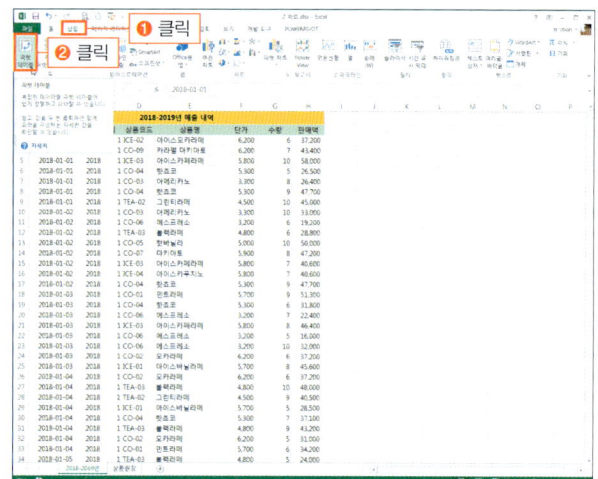

03. [피벗 테이블 만들기] 대화상자가 나타나면 범위를 확인하고 [확인] 단추를 클릭합니다.

04. 피벗 테이블이 삽입되면 다음과 같이 필드를 배치합니다. [값] 영역에서 [판매액2]를 클릭하여 메뉴가 표시되면 [값 필드 설정]을 클릭합니다.

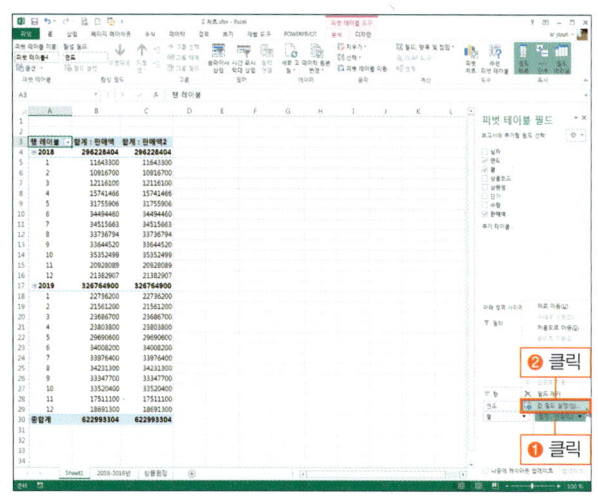

05. [값 필드 설정] 대화상자가 나타나면 [값 표시 형식] 탭에서 [누계]를 선택한 다음 [확인] 단추를 클릭합니다.

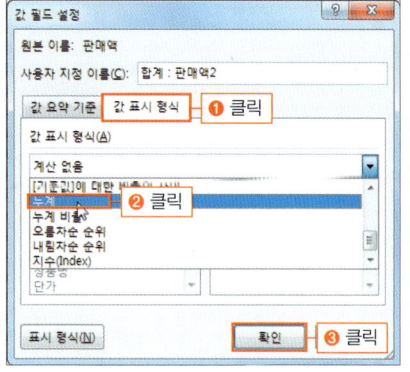

06. 다음과 같이 월별 매출과 누계까지 작성되었습니다.

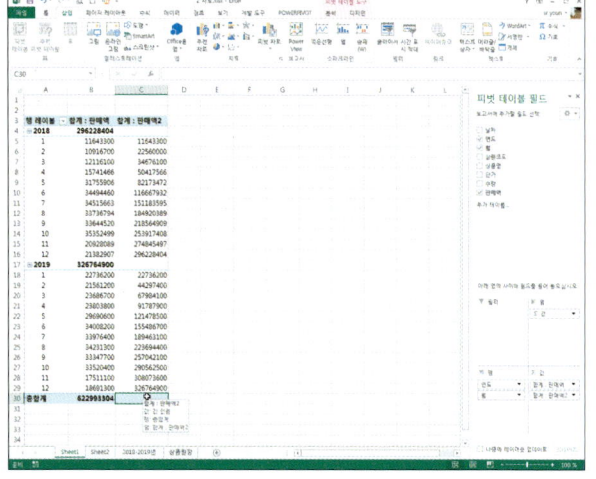

07. 데이터를 이용하여 Z 차트를 작성하기 위해 [A3:C29] 셀 범위를 선택한 다음 [홈] 탭-[클립보드] 그룹-[복사]를 클릭합니다.

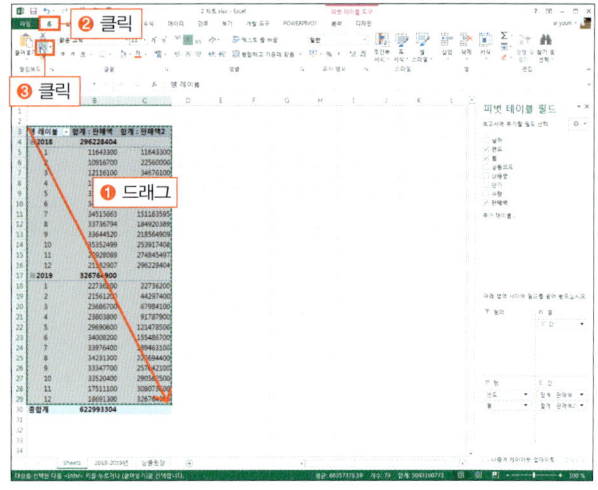

08. [새 시트] 아이콘을 클릭하여 시트를 삽입한 다음 [A1] 셀을 클릭하고 [붙여넣기]-[값]을 클릭합니다.

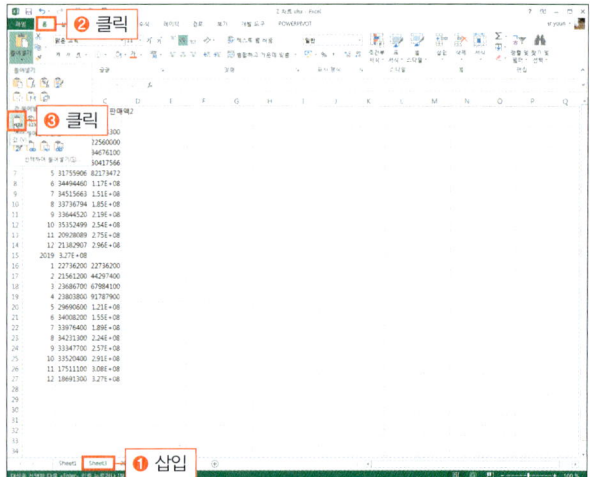

09. 앞의 피벗 테이블 데이터를 복사했습니다.

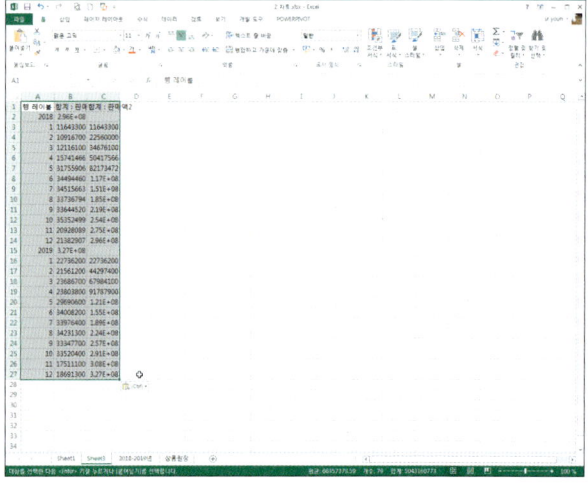

10. 복사한 데이터를 이용하여 다음과 같이 수정합니다.

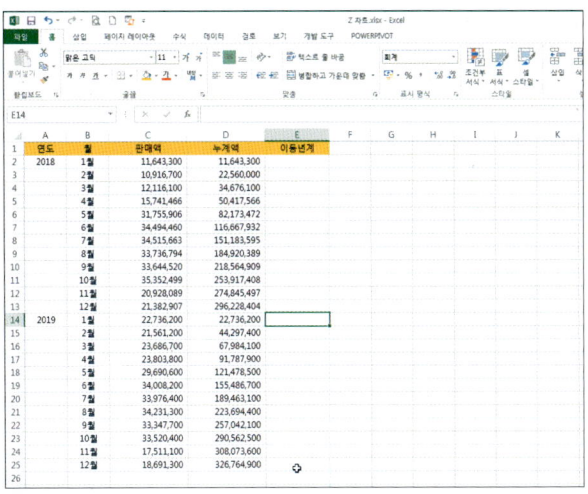

11. 이동년계를 구하기 위해 [E14] 셀을 클릭한 후 함수식 [=SUM(C3:C14)]를 입력합니다.

TIP : 1년 동안의 합계를 구하는 것이므로 전년도 2월부터 올해 1월까지의 합계를 구합니다.

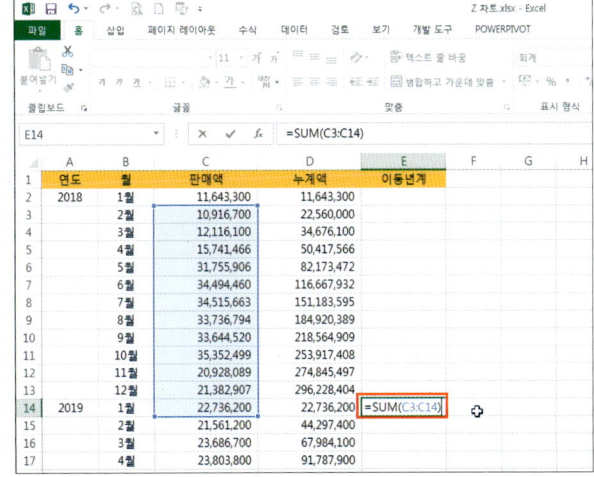

12. 나머지 셀은 [E25] 셀까지 수식을 복사합니다.

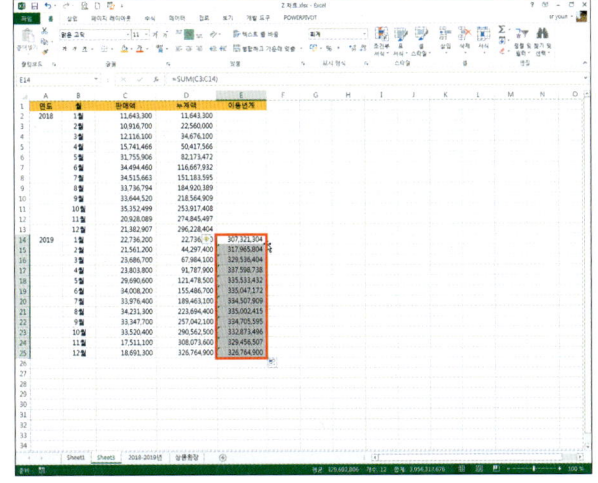

13. 오류 마크가 나타나면 [오류 무시]를 선택하여 오류 마크가 표시되지 않도록 합니다.

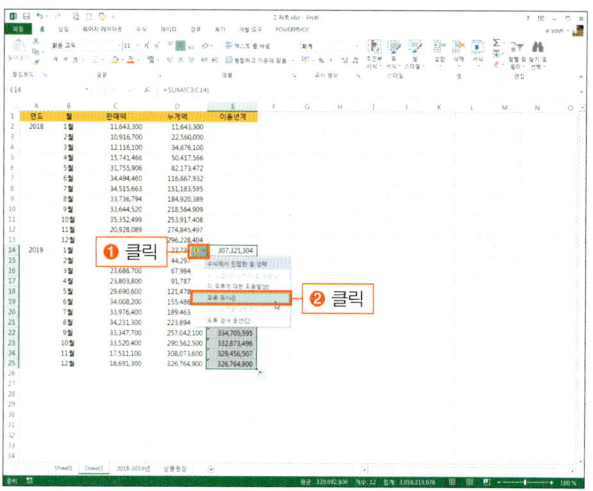

14. 이제 차트를 만들기 위한 표가 완성되었으므로 차트를 만들어 보겠습니다. 다음과 같이 [B1:E1], [B14:E14] 셀 범위를 선택합니다.

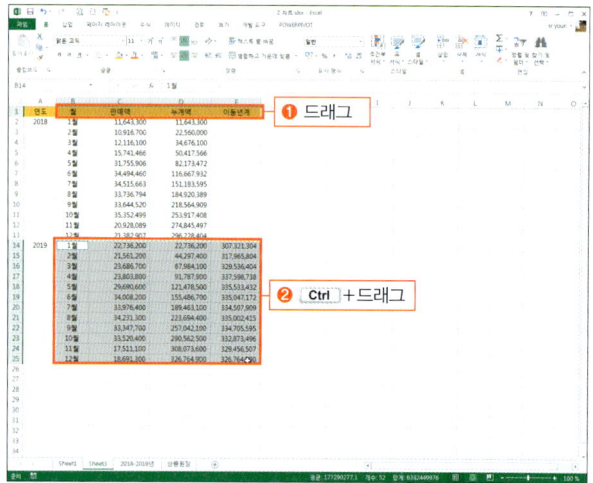

15. [삽입] 탭–[차트] 그룹–[꺾은선형]–[표식이 있는 꺾은선형]을 선택합니다.

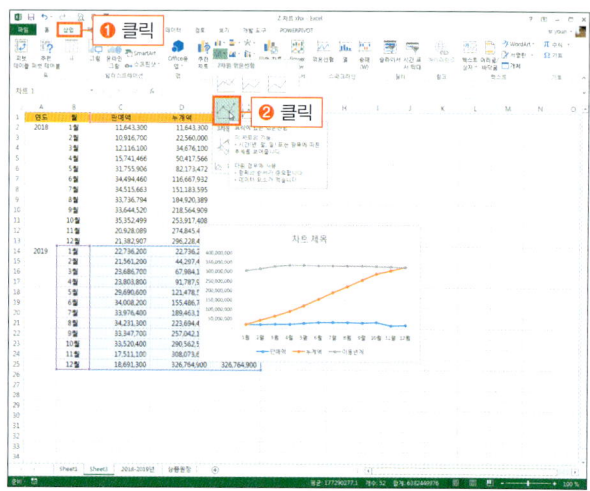

16. Z 차트가 작성되었습니다.

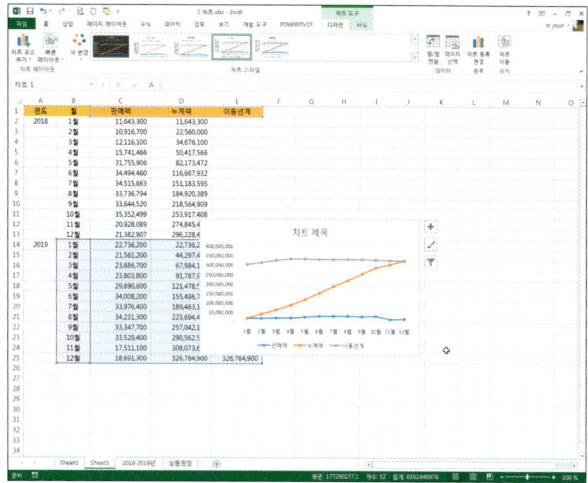

17. 차트 크기와 위치, 서식을 수정하여 완성합니다. 차트를 보면 그렇게 큰 변동은 없지만 그래도 약간의 증가 추세에 있다는 것을 알 수 있습니다.

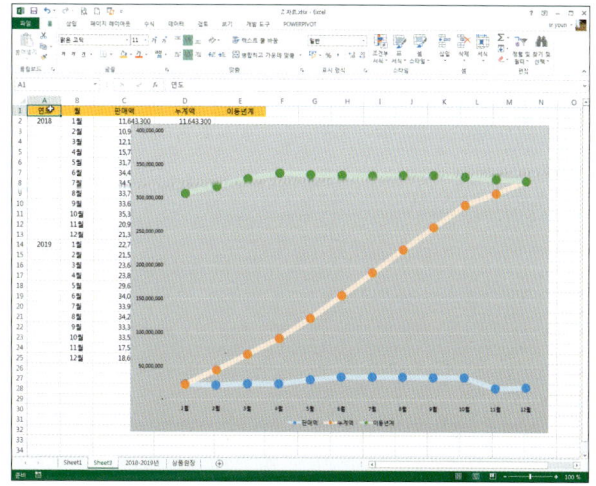

해석

Z 차트는 2년 간의 판매 상황의 추이, 특히 성장과 쇠퇴의 정도를 알기 쉽게 표시하므로 고객이나 상품에 대한 전략을 검토할 때 이제까지의 동향을 조사하는 수단으로 매우 뛰어난 수법이라고 할 수 있습니다.

중점 상품을 결정하고 매출을 올리기 위한 전략 세우기

회사가 취급하는 상품에는 판매가 빨리 되는 것과 그렇지 않은 것이 있고, 이익이 많거나 혹은 그렇지 않은 상품들이 혼재합니다. 따라서 매출을 올리기 위해서는 상품이 빠르게 회전할 수 있는 시스템을 만들어야 합니다. 이러한 시스템을 상품회전율이라고 합니다.

STEP 01 • 상품회전율을 높이면 판매 증가와 연결된다

■ 상품회전율

상품회전율은 높은 것이 좋습니다. 상품판매에서 재고가 많으면 경비가 발생하고 조금이라도 기회손실이 발생합니다. 재고를 적당하게 유지하는 것은 판매경영의 생명줄이라고도 할 수 있을 것입니다. 상품의 움직임을 볼 수 있는 대표적인 수치가 상품회전율입니다. 상품회전율은 매장 내 재고가 순환하는 속도를 표시하는 것으로 높을수록 좋고, 그것만으로 재고를 빠르게 현금화할 수 있습니다.

판매가 빨리 이루어지는 것과 그렇지 않은 것은 상품회전율로 알아볼 수 있습니다. 그렇다면 이익이 나기 쉬운 상품과 그렇지 않은 상품은 매출이익율과 상품회전율의 관계를 보면 됩니다. 이익금액이 낮은 상품을 많이 취급하고 게다가 재고가 과잉되면 이익률은 낮아지게 됩니다. 당연히 운전자금도 많이 들고 비효율적인 경영으로 압박을 받습니다. 효율이 좋게 경영을 하려면 이익률이 높고, 회전율이 높은 상품을 판매합니다.

다음은 상품회전율을 구하는 공식입니다.
상품회전율 = 연간매출액 / 평균재고액

상품회전율을 기본으로 들여온 물건이 어느 정도 이익을 발생시킬 것인지를 보는 것이 교차비율입니다. 교차비율은 상품을 판매하는 경우의 효율성을 표시하는 지표입니다.

교차비율로 이익을 내기 쉬운 상품을 찾고, 그것을 중점적으로 판매한다면 효율이 좋은 영업활동을 할 수 있게 됩니다. 일반적으로 판매이익률이 높은 업종은 상품회전율이 낮고, 이익률이 낮은 업종은 상품회전율이 높습니다.

다음은 교차비율을 구하는 식입니다.

교차비율 = 한계이익률 ×상품회전율 ×100

한계이익 = 매출액 − 변동비

한계이익률 = 한계이익 ÷매출액 ×100%

■ 교차비율 보는 방법

상품판매의 효율성을 높이는 것은 매출 총이익율과 상품회전율이 높으면 좋지만 2가지는 서로 비례 관계가 아닙니다. 정가판매를 하면 이익률은 올라가지만 회전율은 낮아집니다. 역으로 할인을 하면 상품회전율은 올라가지만 이익률은 내려갑니다. 이익률은 수익성을 좌우로 하여 상품회전율은 회사의 자금액에 영향을 주므로 교차비율은 이 조화를 보기 위한 지표가 됩니다. 교차비율은 주로 소매업의 상품력을 판단하는 경우에 많이 이용합니다. 교차비율을 사용하면 중점 판매 상품을 선택할 수 있고, 실적을 검증할 수 있습니다.

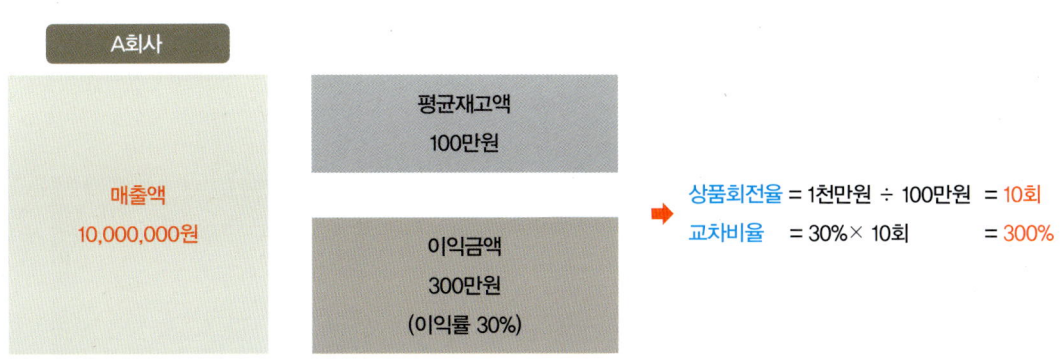

교차비율을 사용하는 용도

• 예 1: 상품별 교차비율을 산출합니다. 판매를 강화시킬 월간 중점 판매 상품을 선택하고 가격을 설정합니다.

• 예 2: 상품별 교차비율을 산출하고 실적을 검증합니다. 검증 내용을 따라 연내 경영계획을 수립합니다.

> **TIP : 적정 재고**
> 상품회전율의 계산식인 (연간매출액÷평균재고액)을 사용하면 (목표매출액÷목표상품회전율)로 적정 재고를 구할 수 있습니다. 예를 들어 연간 매출목표가 5억원, 목표상품회전율을 20회 회전한 경우 적정재고는 2,500만원이 되는 것입니다. 이처럼 어느 것이 기준이 되면 매출액, 재고, 상품회전율을 설정할 수 있습니다. 적정재고는 업종에 따라 차이가 있지만 항상 금액을 의식하는 것이 중요합니다.

상품의 교차비율을 구하여 상품의 실력을 평가해 보겠습니다. 여기서는 대부분의 데이터는 만들어져 있고, 평균재고금액과 상품회전율, 교차비율을 구하는 방법에 대해 알아봅니다. 평균재고금액과 상품회전율은 앞에서도 한 번 설명한 부분입니다. 재고회전율로 설명했는데 상품회전율과 재고회전율은 같은 의미입니다.

예제 파일 | CD₩Part 04₩교차비율.xlsx

01. 상품회전율을 구하기 위해서는 평균재고금액이 필요하며, 교차비율을 구하기 위해서는 상품회전율이 필요합니다. 먼저 평균재고금액을 구하기 위해 [K4] 셀에 함수식 [=AVERAGE($H4,$J4)]을 입력합니다. 기초재고금액과 기말재고금액의 평균으로 구합니다.

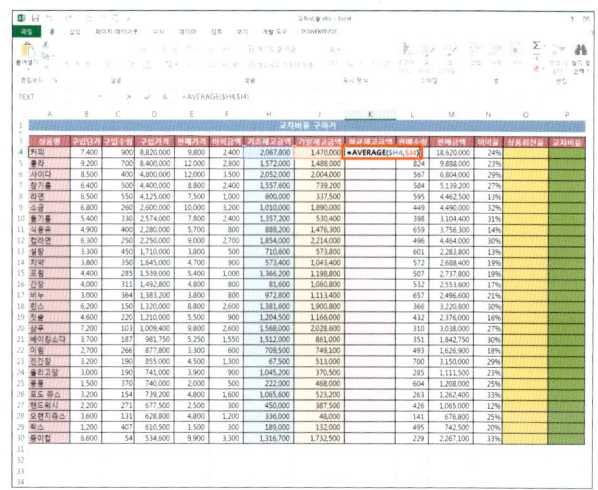

TIP : 이 방법은 상품의 움직임이 적거나 빈번하게 재고수를 계산하는 것이 어려울 때 많이 사용합니다.

02. 상품회전율을 구하기 위해 [O4] 셀에 수식 [=$M4/$K4]를 입력합니다.

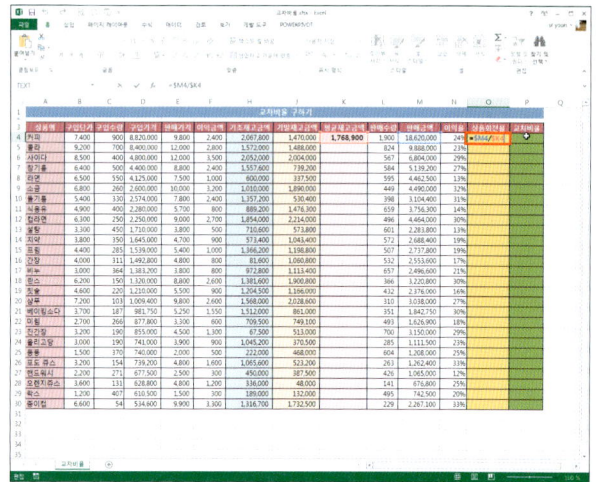

03. 교차비율을 구하기 위해 [P4] 셀에 수식 [=$N4*$O4]를 입력합니다.

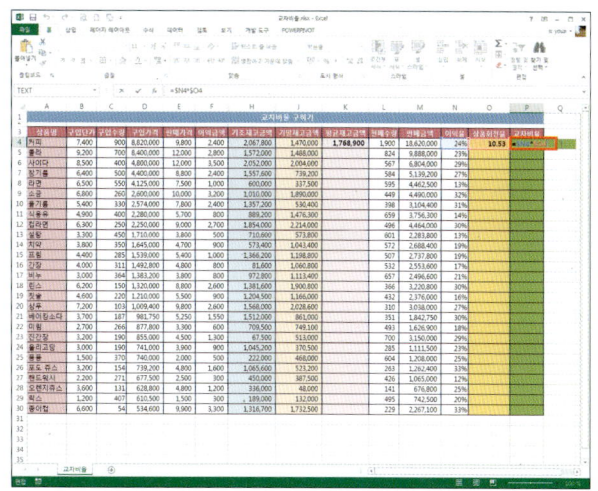

04. 3가지 셀의 수식을 복사하여 나머지 셀의 값도 구합니다. 예제에서 교차비율이 가장 높은 것은 314%로 [진간장] 상품인 것을 알 수 있습니다. 상품회전율도 높고, 이익률도 높은 것을 알 수 있습니다.

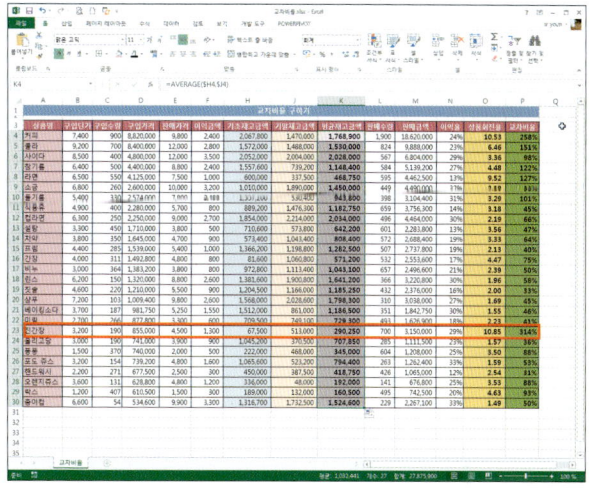

분산형 차트를 작성하면 계열의 분포를 한눈에 파악할 수 있습니다. 판매하고 있는 상품이 어느 정도 위치에 있는지를 알 수 있습니다.

예제 파일 | 앞의 예제 파일 이어서 사용

01. [N4:O30] 셀 범위를 선택한 다음 [삽입] 탭-[차트] 그룹-[분산형]-[분산형]을 클릭합니다.

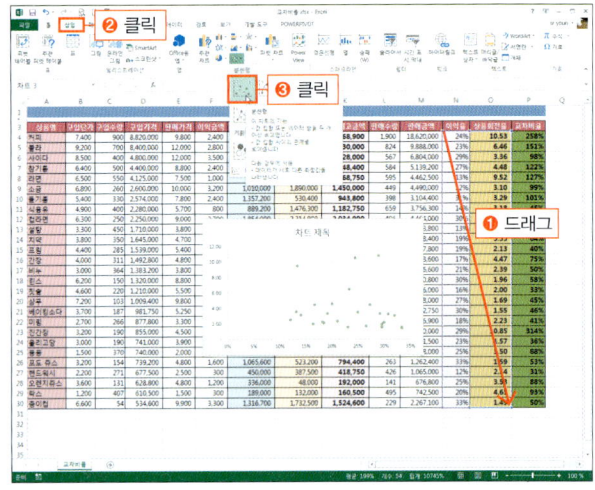

02. 차트가 삽입되었습니다.

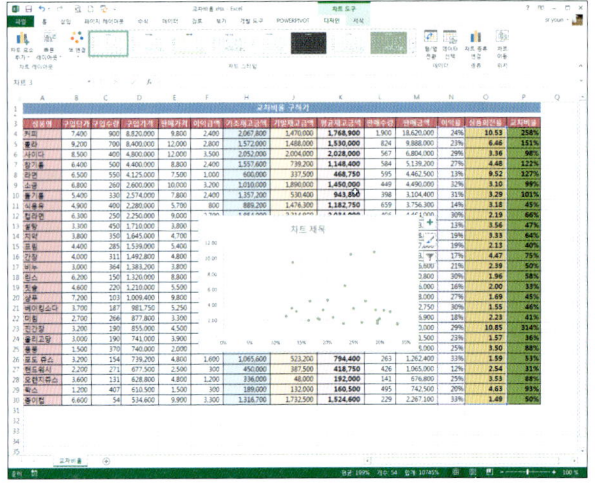

03. 차트를 클릭한 다음 [차트 요소]-[축 제목]을
클릭하여 축 제목을 삽입합니다.

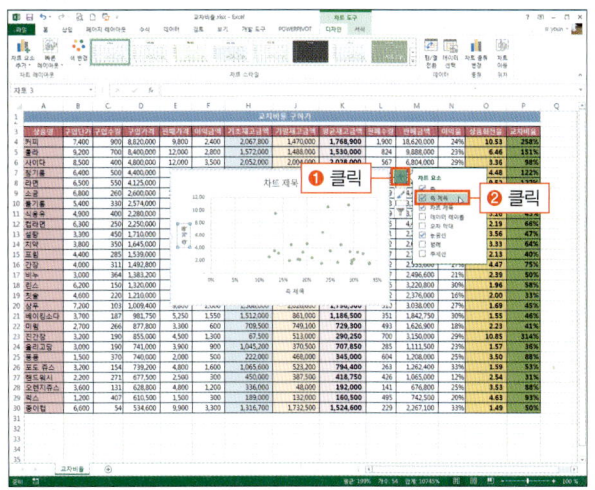

04. 세로 축 제목을 클릭한 다음 텍스트 방향을
[가로]로 지정하여 보기 쉽게 합니다.

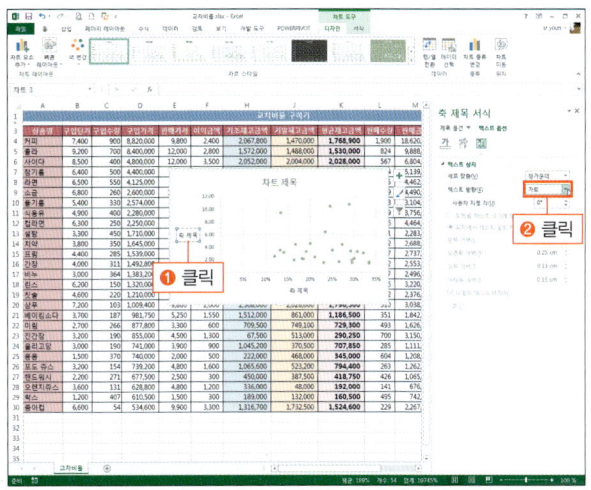

05. 차트 크기와 위치를 변경합니다. 가로 축을
더블클릭하여 [축 서식] 창이 나타나면 [단위]를
최대값의 50%로 지정하기 위해 주에 [0.175]를 입
력합니다.

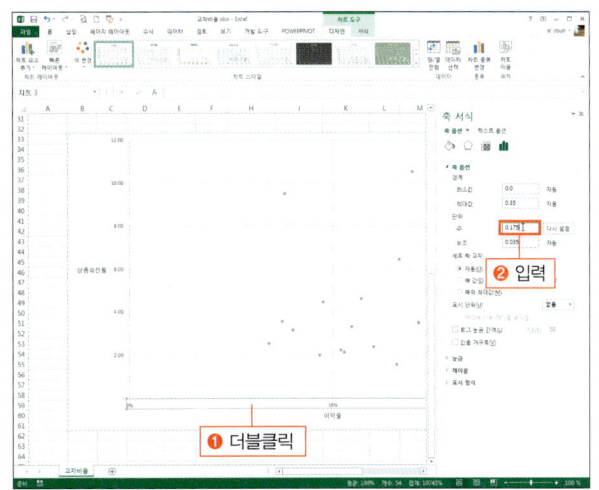

06. 세로 축의 [단위]도 주에 [6.0]을 입력합니다.

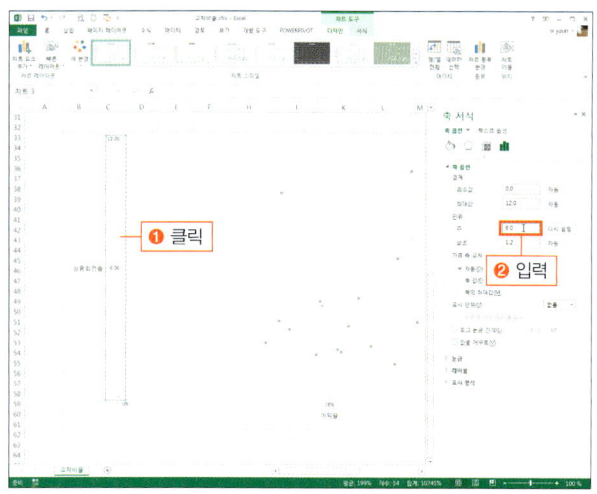

07. 다음과 같이 중앙선만 표시됩니다. 이제 계열을 클릭한 후 [요소]–[데이터 레이블]–[기타 옵션]을 클릭합니다.

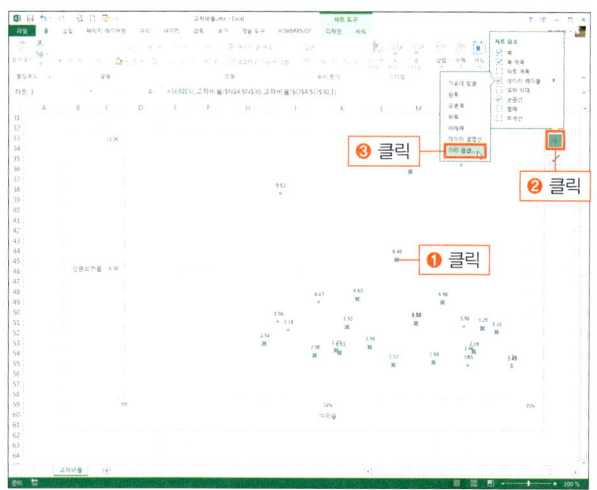

08. 레이블 옵션에서 계열에 상품명을 표시하기 위해 [셀 값] 항목을 클릭합니다. [데이터 레이블 범위] 대화상자가 나타나면 [A4:A30] 셀 범위를 지정하고 [확인] 단추를 클릭합니다.

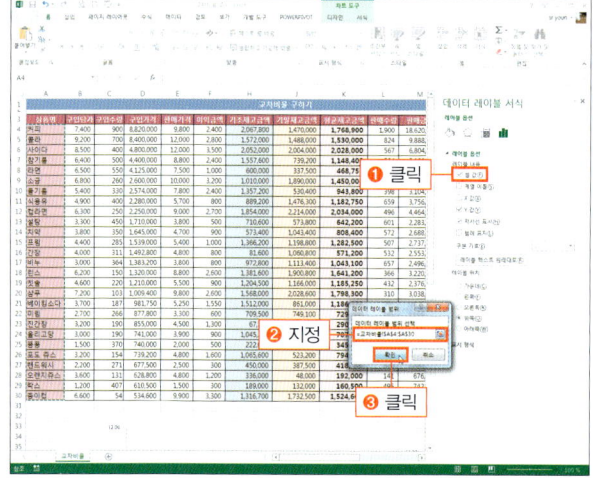

09. 다음과 같이 계열에 상품명이 표시되어 쉽게 구분할 수 있습니다.

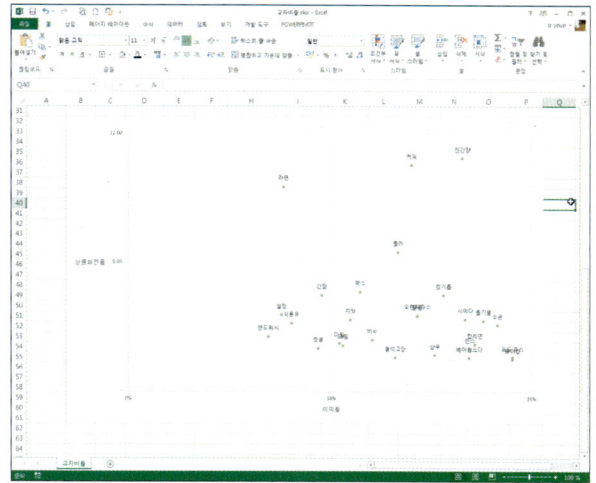

10. 차트 서식을 편집하여 보기 좋게 완성합니다.

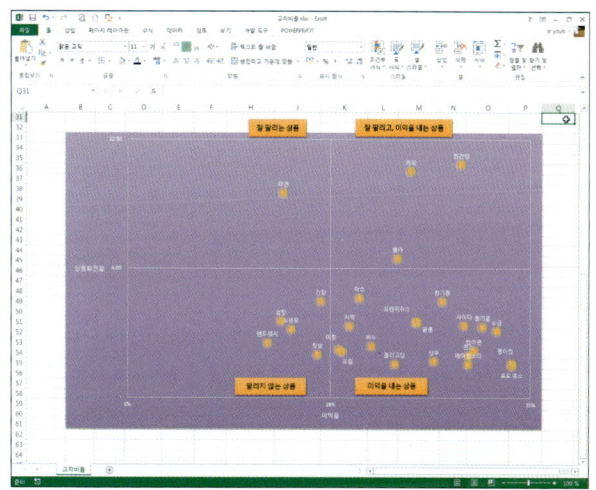

해석

[진간장]과 [커피]가 잘 팔리고 이익을 내는 상품이므로 계속해서 중점적으로 관리해야 할 상품이라는 것을 알 수 있습니다.

계절변동비 고려하기

연간을 기준으로 하는 시계열 데이터는 계절의 요인에 따라 매출에 차이가 생기는 것이 보통입니다. 이것은 계절에 따라 판매되는 상품이 다르기 때문입니다. 이러한 계절 요인을 계절 변동비로 구하여 계절적 변화와 성장 여부 등을 판단할 수 있습니다.

STEP 01 · 계절변동 기법

■ 이동평균법으로 계절적 변화와 성장 여부 판단하기

급성장하는 회사에서 가장 위험한 것이 정체라면 어떻게 그것을 꿰뚫어 볼 수 있을까요? 매출을 측정해도 휴일의 매출은 높고, 평일에는 낮다면 숫자만 본다고 해도 의미가 없습니다. 이런 경우 시간 변동을 고려해야만 합니다. 소위 계절적 변화라는 것입니다. 크리스마스나 특정 공휴일은 평소보다 매출이 증가하지만 장마 때는 매출이 내려간다면 매출 숫자만 가지고는 바로 확인하기가 어렵습니다. 이런 경우에 그러한 요인 즉 계절적인 요인을 배제시키고 볼 수 있다면 매출이 정말로 성장하고 있는 것인지, 아니면 단순히 계절적 변화에 의해 성장하고 있는 것인지를 알 수 있습니다.

이러한 것을 가능하게 하는 것이 이동평균법입니다.

이동평균법

이동평균법으로 구하는 예측은 새로운 분기나 월 또는 날짜 데이터를 추가할 때 과거 일정 기간 동안의 균형을 잡고, 구간을 하나씩 옮겨 차트에서 이동평균선의 최근 시점에서의 위치를 확인합니다.

이 기법의 그외 특징은 다음과 같은 것이 있습니다.

- **필요한 데이터** : 이동평균을 취하는 구간과 같은 분량의 데이터가 선행하는 데이터가 꼭 필요합니다. 예를 들어 6개월 이동평균을 구한다면 앞서 6개월 분의 데이터가 필요합니다.
- **구간이 되는 기수 늘리기** : 연, 월, 일 등 동일 단위가 되는 기간이 길수록 이동평균을 더 잘 구합니다.

■ 계절지수

일반적인 매출액은 연간으로 보면 매월 다릅니다. 3~4년 정도의 매출액 추이를 보면 매출이 높은 달과 낮은 달을 매년 같다는 것을 알 수 있습니다. 예를 들어 맥주나 아이스크림같은 여름 상품, 호빵이나 오뎅 등은 겨울 상품이므로 계절적으로 수요가 집중되어 판매가 증가합니다. 어느 정도 차이는 있지만 상품은 일정한 리듬이 있다는 것을 알 수 있습니다.

이처럼 연 단위로 계절적인 변동을 지수화한 것이 계절지수입니다. 계절지수는 매월 구입계획과 판매활동 등에서 이용할 수 있고, 적절한 예측과 행동을 하는데 도움이 됩니다.

■ 목표지수를 설정할 때 효과적인 지표

계절지수는 과거의 데이터를 기초로 연간의 계절적인 변동을 지수로 표시한 것입니다. 변동 요인을 제거한 수치를 구하는 것으로 근거있는 수치를 매출목표로 잡거나 안전한 물건 구입을 예측할 수 있습니다. 계절지수는 목표수치를 설정할 때 효과적인 지표입니다.

예를 들어 의류를 판매하는 곳이라면 계절지수를 이용하여 다음과 같은 효과를 얻을 수 있습니다.
• 수요분기를 예측한 집중적인 매출을 위한 할인 판매
• 온도, 날씨 등의 변동 요인에 대한 상품 관리
• 다음 계절과 다음 분기에 대한 빠르고 정확한 판매 예측
• 일년을 기준으로 상품 구입을 촉구하는 영업전략 입안

■ 계절지수 구하기

약간은 어려워 보이는 계절지수지만 간단한 방법으로 구할 수 있습니다. 월별 매출 계획을 세우는 경우 가장 일반적인 것은 월별 평균을 구하는 방법입니다. 월별매출액합계를 연간매출액합계로 나누는 비율을 구하고, 그 값이 100%에서 차지하는 비율을 계절지수로 표시합니다. 식은 다음과 같습니다.

계절지수 = 월별매출액합계/연간매출액합계×100

이동평균법은 일정 구간이나 기간을 정하여 범위를 지정하여 평균을 하는 방법으로 일정한 변화 요소 (계절 변동)와 불규칙한 변동 요소(무작위 변동)의 영향을 제외시켜 실제의 데이터보다 부드러운 추이를 작성할 수 있습니다. 특히 금융시장 등에서 [○일 이동평균]이라는 말을 많이 들어보았을 것입니다.

예제 파일 | CD\Part 04\월별매출.xlsx

01. 예제 파일을 열면 다음과 같이 기본 데이터와 제목들이 입력되어 있습니다. 이 부분을 채워나가면서 이동평균으로 매출 데이터의 추이를 볼 수 있는 방법에 대해 알아봅니다.

이것은 12개월 중심화 이동평균을 계산하기 위한 준비로, 위로 7기/아래로 6기(모두 해당 행 포함)의 이동평균을 계산합니다. 먼저 [E9] 셀을 클릭하여 비중심화 이동평균을 구하기 위한 수식 [=AVERAGE(D3:D14)]를 입력합니다.

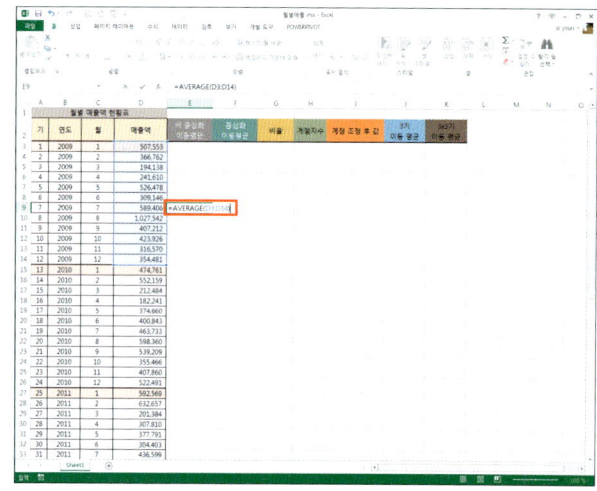

02. [E62] 셀까지 자동 채우기로 복사합니다.

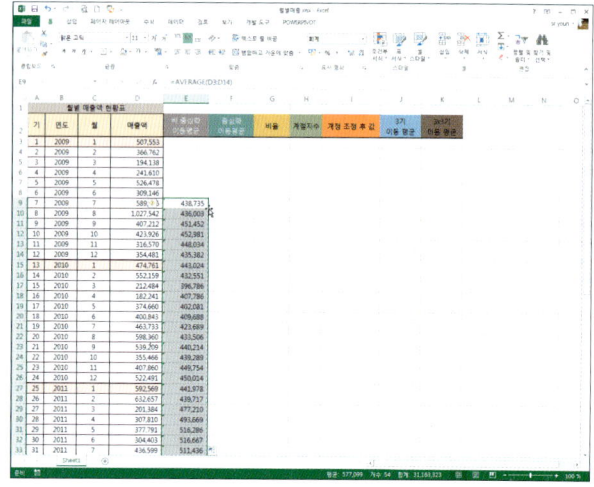

03. 중심화 이동평균을 구하기 위해 [F9] 셀에 수식 [=AVERAGE(E9:E10)]을 입력합니다. 이것은 비중심화 이동평균 2기 분의 평균을 구하는 것입니다.

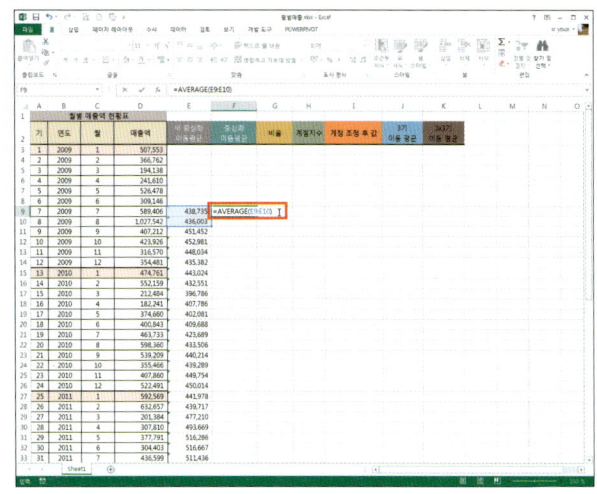

04. [F62] 셀까지 자동 채우기로 복사합니다.

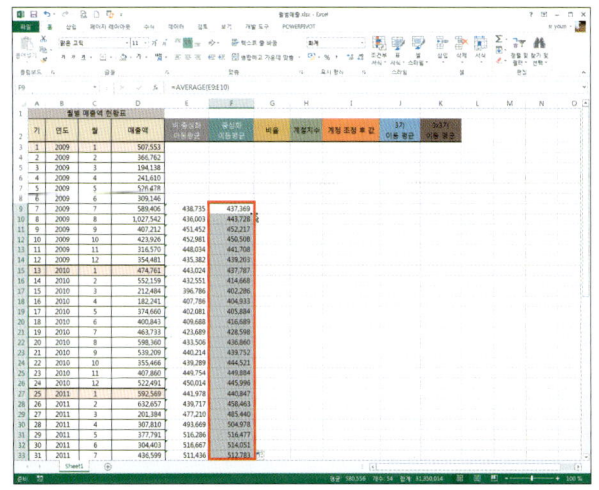

05. [G9] 셀에 실제값을 중심화 이동평균으로 나눈 비율을 구하기 위한 수식 [=D9/F9]를 입력합니다.

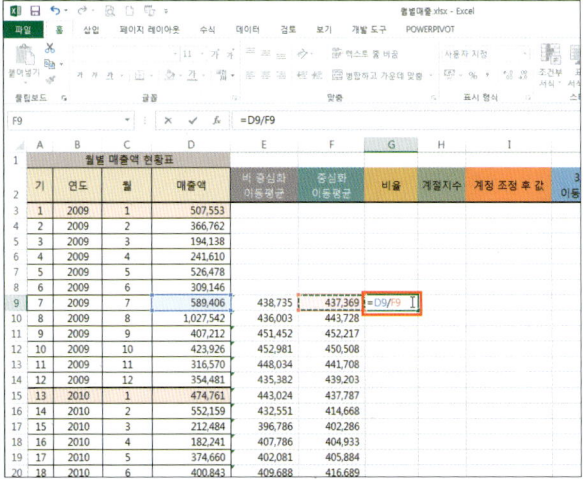

06. 비율도 자동 채우기로 [G62] 셀까지 복사합
니다.

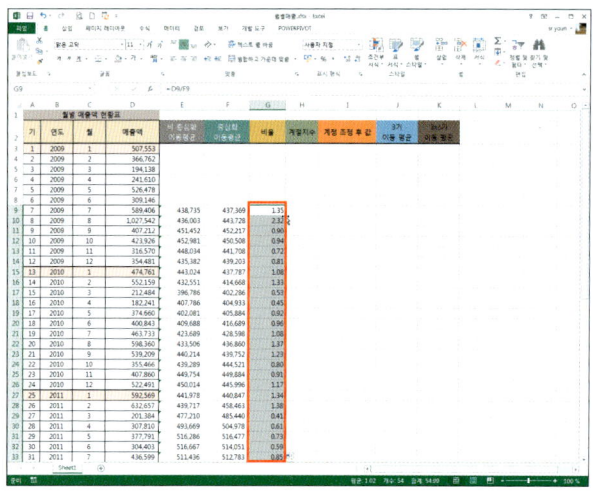

계절지수는 피벗 테이블을 이용하여 구해 보겠습니다. 데이터를 조정해야 하므로 현재 가지고 있는 데이터를 그대로 사용할 수 없기 때문입니다.

01. [삽입] 탭–[표] 그룹–[피벗 테이블]을 클릭합니다.

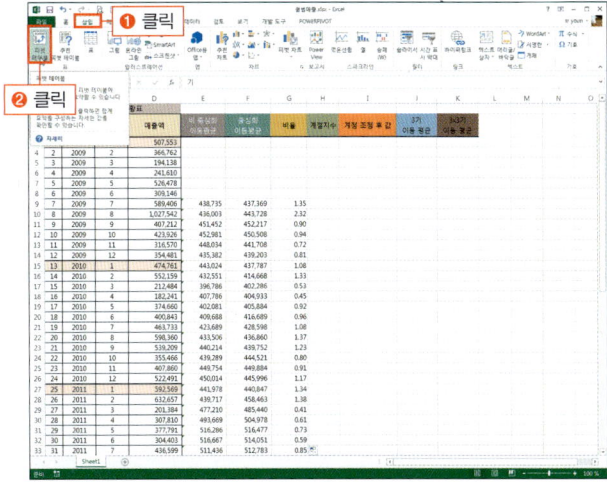

02. [피벗 테이블 만들기] 대화상자가 나타나면 범위를 확인한 다음 [확인] 단추를 클릭합니다.

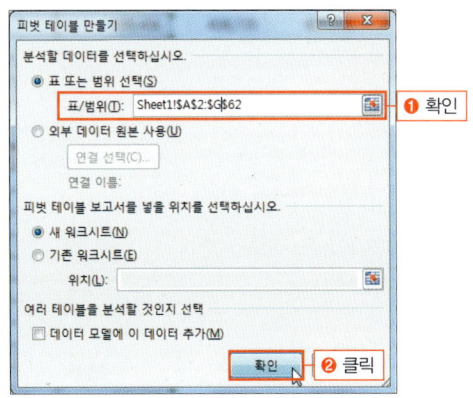

03. 피벗 테이블이 삽입되면 다음과 같이 필드를 배치합니다.

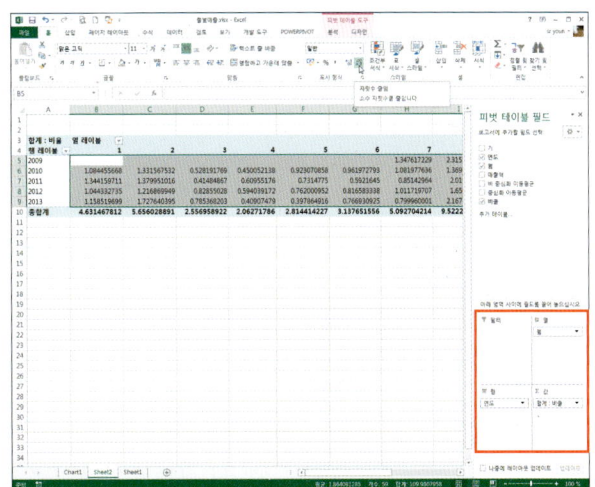

04. 소수점 이하 2자리수까지만 표시되도록 표시 형식을 수정합니다.

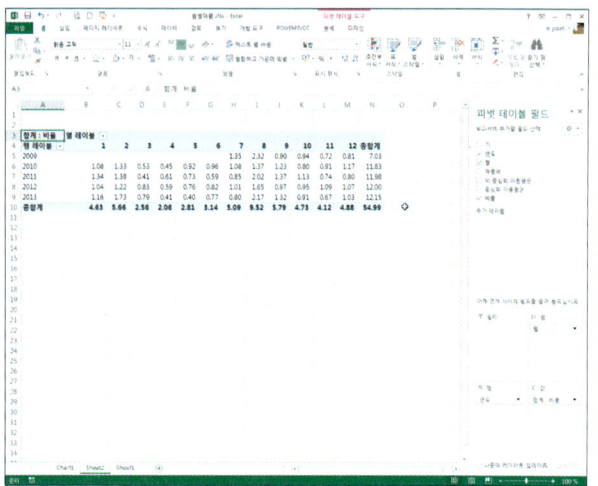

05. 다음과 같이 데이터를 수정한 다음 최소값을 구하기 위해 [B11] 셀에 수식 [=MIN(B5:B9)]를 입력합니다.

TIP : MIN 함수

MIN(number1, [number2], ...)
값 집합에서 가장 작은 숫자를 구합니다.

• number1, number2, ... : number1은 필수 요소이고, 이후의 number는 선택 요소입니다. 최소값을 구할 숫자로 1개에서 255개까지 지정할 수 있습니다.

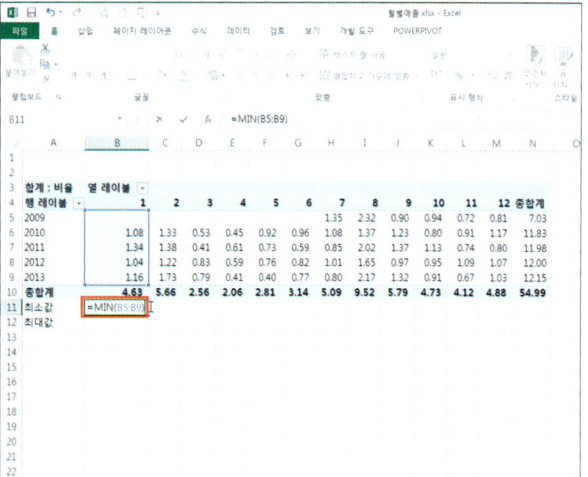

06. [B12] 셀에 최대값을 구하기 위한 수식 [=MAX(B5:B9)]를 입력합니다.

TIP : MAX 함수

MAX(number1, [number2], ...)
값 집합에서 가장 큰 값을 구합니다.

• number1, number2, ... : number1은 필수 요소이고, 이후의 number는 선택 요소입니다. 최대값을 구할 숫자로 1개에서 255개까지 지정할 수 있습니다.

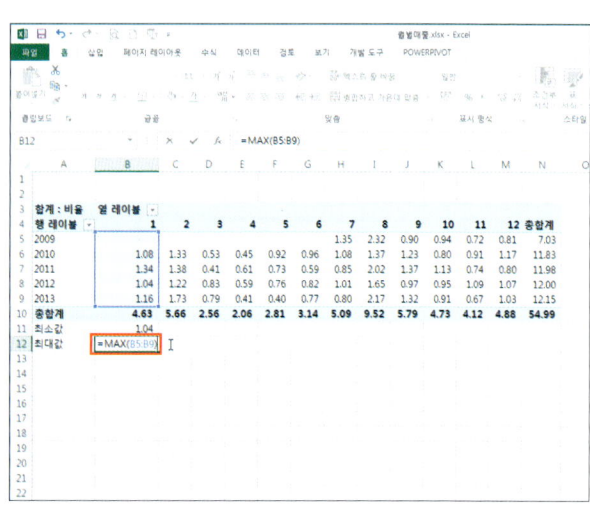

07. 최소값과 최대값을 [M] 열까지 자동 채우기로 복사합니다.

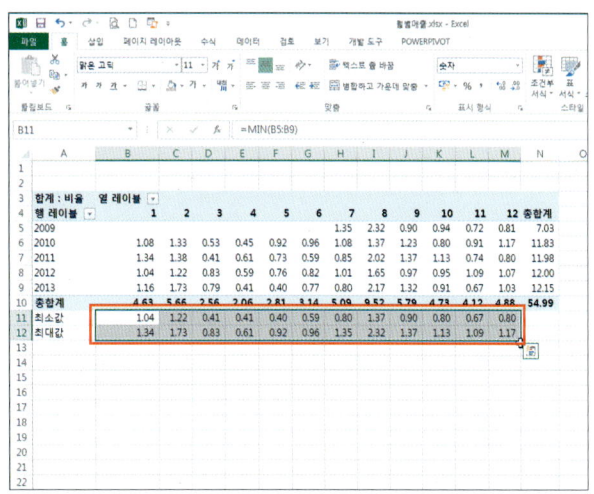

08. 이어 내부 평균을 구하기 위해 [B13] 셀에 수식 [=(SUM(B5:B9)−SUM(B11:B12))/(COUNT(B5:B9)−COUNT(B11:B12))]를 입력합니다.

Plus 내부 평균은 범위 데이터에서 최소값과 최대값을 뺀 다음 구하는 평균을 말합니다. 앞에서 구한 최소값과 최대값을 구한 이유를 알 수 있습니다. 이렇게 평균을 구하면 현재 5년 동안의 데이터이므로 최대값과 최고값을 뺐으므로 3년 동안의 평균이 되는 것입니다. 내부 평균을 구하는 이유는 계절 변동의 영향력을 조금이라도 줄이기 위해서입니다.

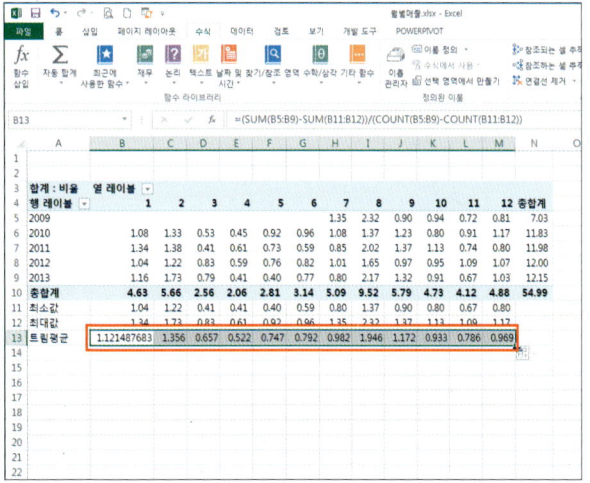

09. 내부 평균을 구했으면 [M] 열까지 자동 채우기로 복사합니다.

Plus 데이터를 보면 8월, 9월 데이터의 매출이 상승 경향이라는 것을 파악할 수 있습니다.

10. [N13] 셀에 내부 평균의 합계를 구합니다.

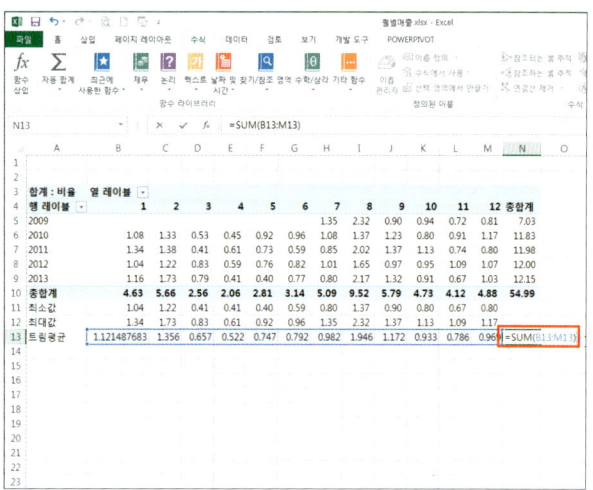

11. 내부 평균의 합계로 11.982를 구했습니다.

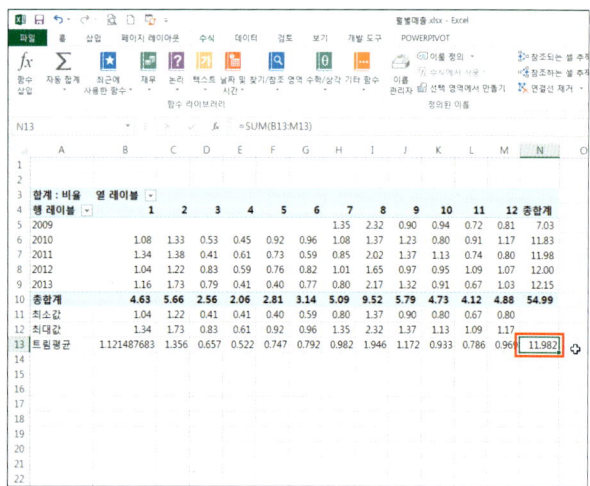

12. 내부 평균의 값이 12가 되는지 확인해야 합니다. 12개월 분의 지수이기 때문에 12가 되는지 확인하는 것입니다. 만일 7일 분의 지수라면 7이 되어야 합니다. [B14] 셀에 수식 [=B13*(12/$N$13)]을 입력합니다.

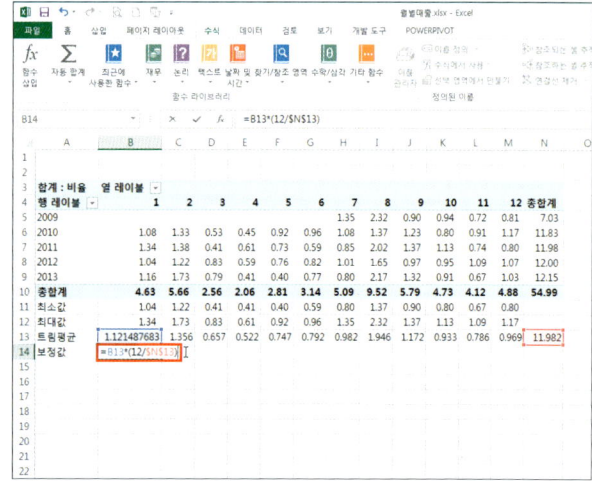

13. 입력한 수식은 [M] 열까지 자동 채우기로 복사합니다.

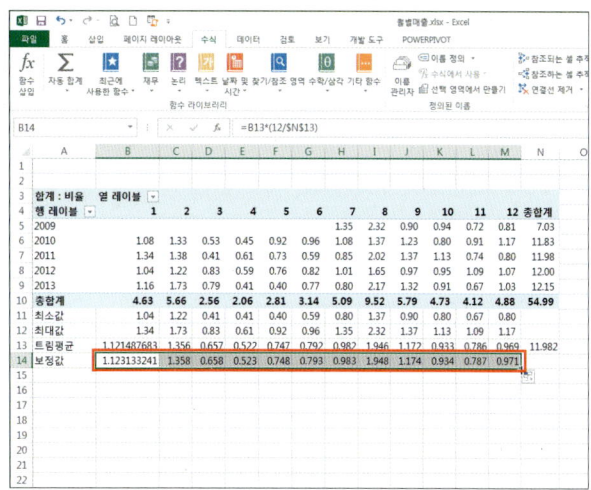

14. [N14] 셀에 보정값의 합계를 구합니다.

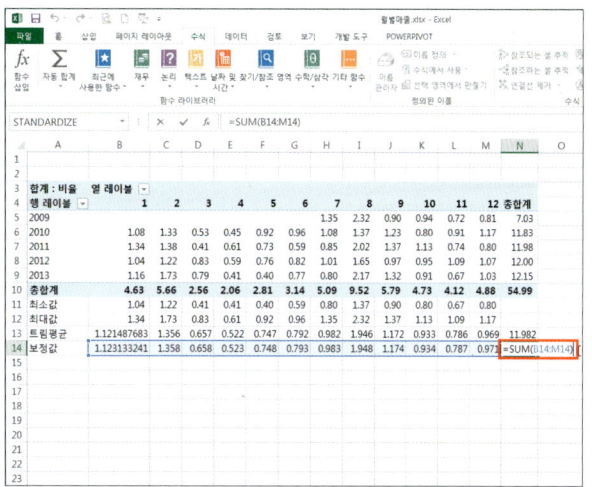

15. 12를 구했습니다.

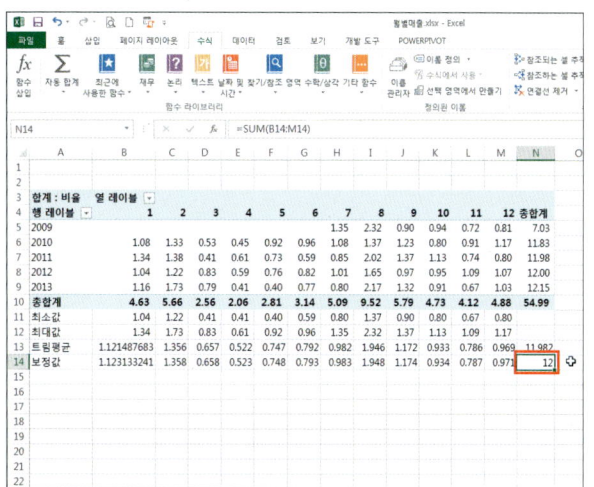

계절적인 요인을 제거하고 어느 정도 성장하는지 판단하는 방법에 대해 알아봅니다.

01. [B14:M14] 셀 범위를 선택한 다음 [홈] 탭-[클립보드] 그룹-[복사]를 클릭합니다.

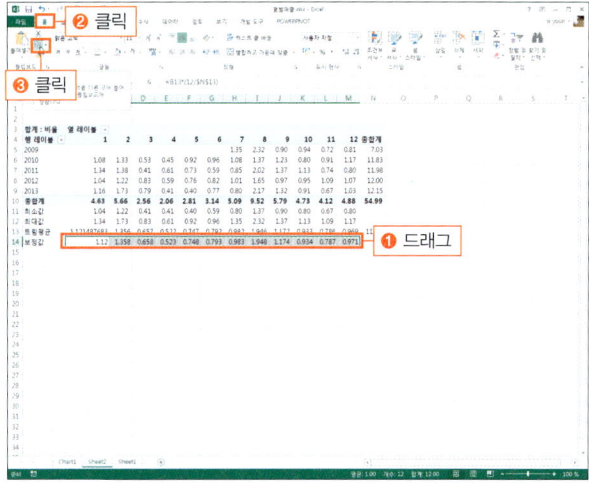

02. [Sheet1] 시트에서 마우스 오른쪽 단추를 클릭하여 [붙여넣기]-[값]을 클릭하여 데이터를 복사합니다.

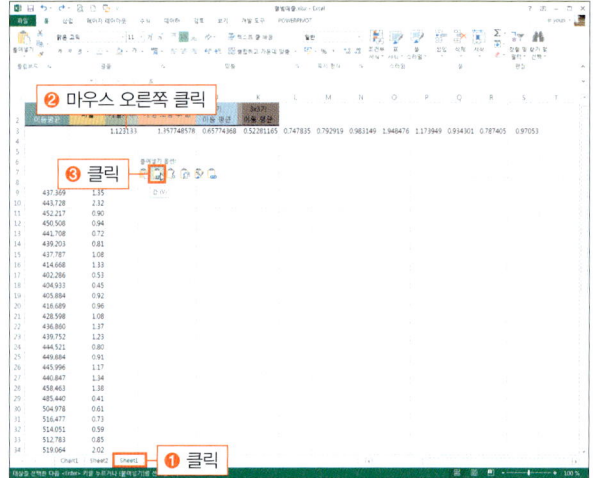

03. 붙여넣은 데이터를 선택하여 다시 복사한 다음 행과 열을 바꾸어 붙여넣기 위해 마우스 오른쪽 단추를 클릭하여 [붙여넣기]-[바꾸기]를 클릭합니다.

04. 해당 데이터를 다시 선택하여 복사합니다.

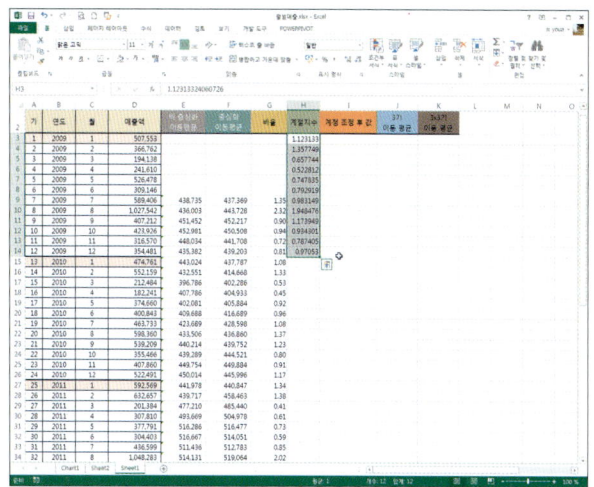

05. 다음과 같이 [계절지수] 열에 붙여넣습니다. 각 연도별로 계절지수는 같은 값을 입력하는 것입니다.

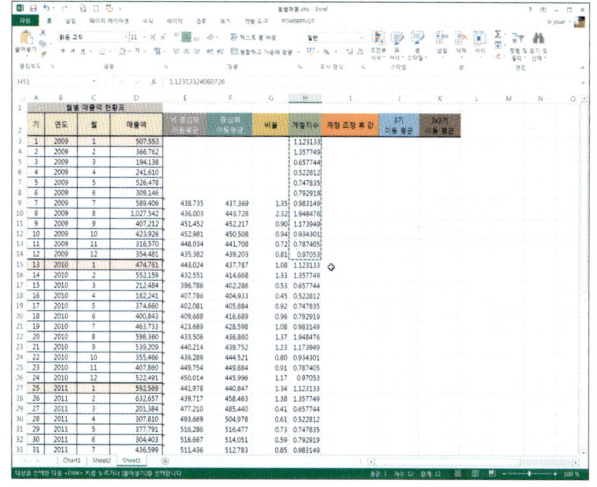

06. 이제 계절 조정 후 값을 만들기 위해 [I3] 셀에 수식 [=D3/H3]을 입력합니다. 매출액을 계절지수로 나누어 구합니다.

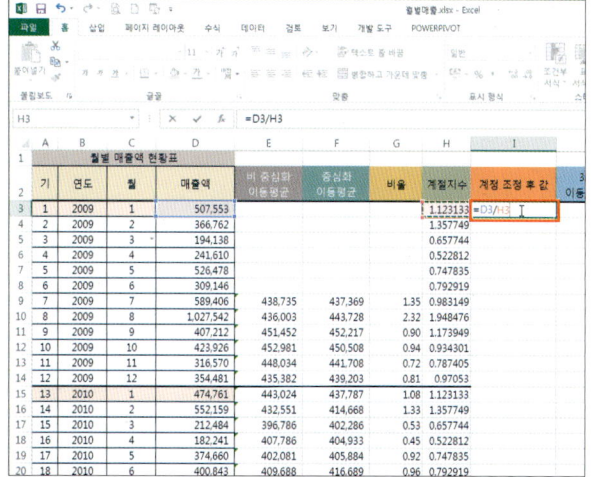

07. [I62] 셀까지 자동 채우기를 하여 복사합니다.

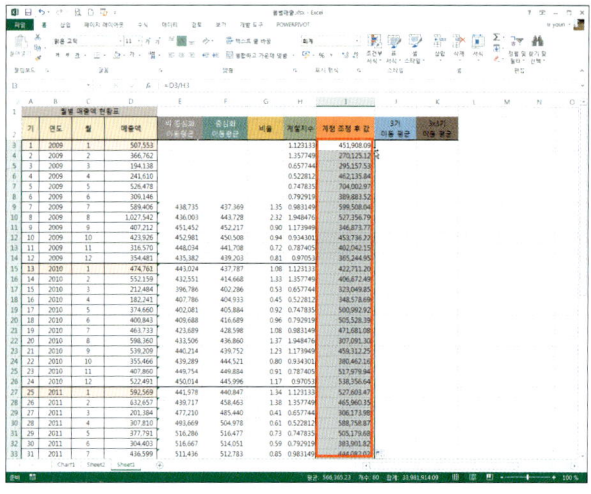

08. [J4] 셀에 3기 이동평균을 구하는 수식 [=AVERAGE(I3:I5)]를 입력합니다.

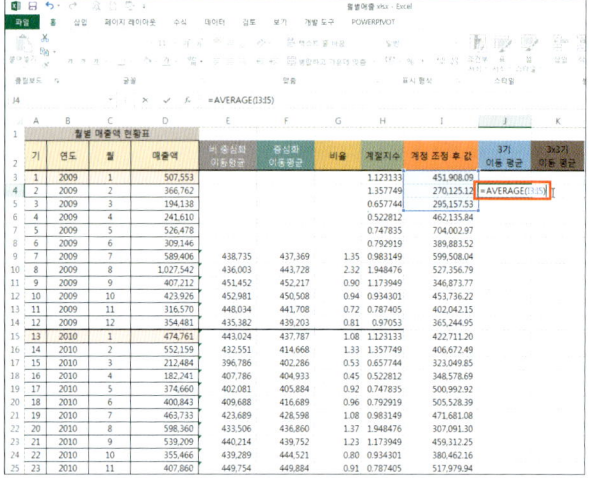

Plus 만일 실제 매출액을 기준으로 12개월 중심화 이동평균을 구하면 전후에 6기씩 누락이 생겨 버려 경향을 파악하는 데 문제가 생길 수 있으므로 3기 이동평균을 구하는 것입니다(데이터는 과거보다 최근 동향이 가지는 정보가 더 중요합니다).

09. [J61] 셀까지 자동 채우기를 하여 복사합니다.

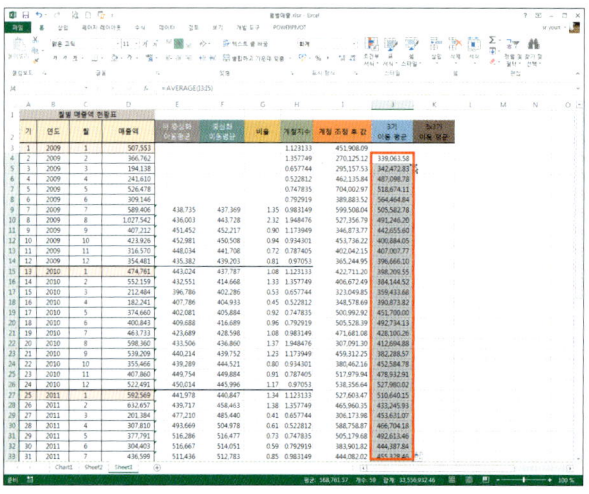

10. 3기 이동평균을 기준으로 3x3기 이동평균을 구하기 위해 [K5] 셀에 수식 [=AVERAGE(J4:J6)]을 입력합니다.

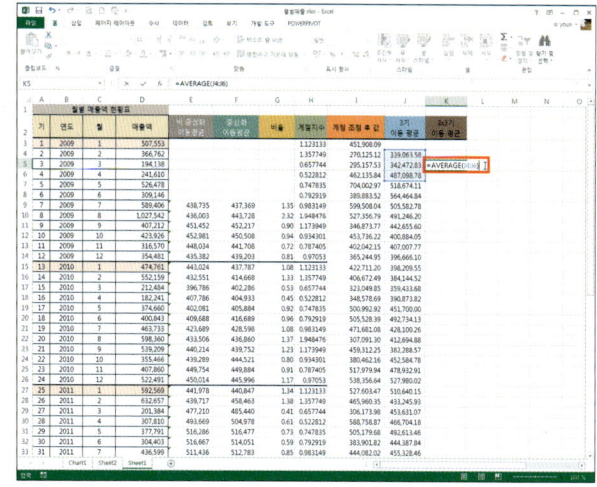

11. [K60] 셀까지 자동 채우기하여 복사합니다.

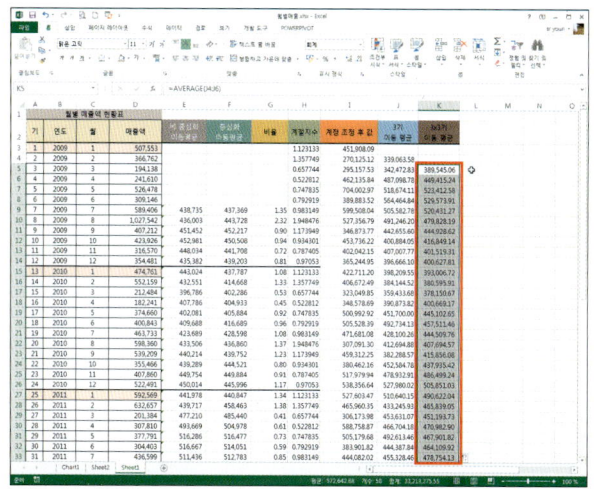

12. [K61] 셀에는 수식 [=AVERAGE(I60:I62)]를 입력합니다.

Plus 3x3기 이동평균은 최근의 2기 값이 누락되므로 누락된 부분을 채워야 합니다. 그래서 여기서는 [계절 조정 후 값]의 3기 이동평균으로 대체합니다.

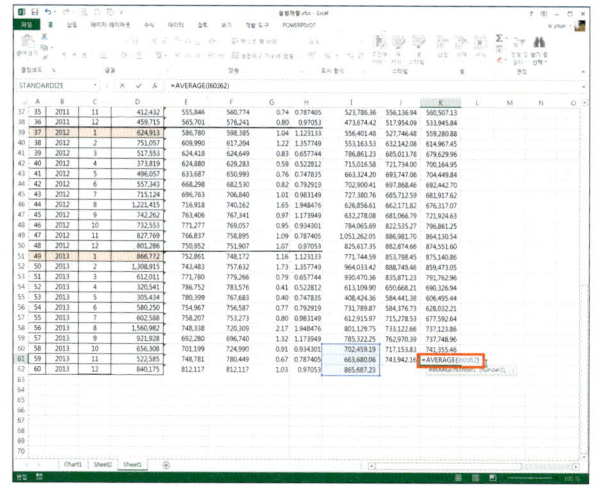

13. [K62] 셀에는 수식 [=AVERAGE(I61:I62)+(ABS(K61-K60)/2)]을 입력합니다. 가장 최신인 [K62] 셀에는 [계절 조정 후 값]의 2기 이동평균 값으로 대체합니다. 그러나 2기 분이므로 값 그대로는 어중간한 값이 되므로 보정을 하는 것입니다.

> **Plus**
> 보정은 최근 2기의 3x3기 이동평균의 차를 2로 나눈 값의 절대값을 사용합니다. 즉, 최근 3x3기 이동평균 값의 0.5기 분에 해당하는 값을 추가하는 것입니다. 이런 보정 방법은 사용자가 임의로 설정하면 됩니다.

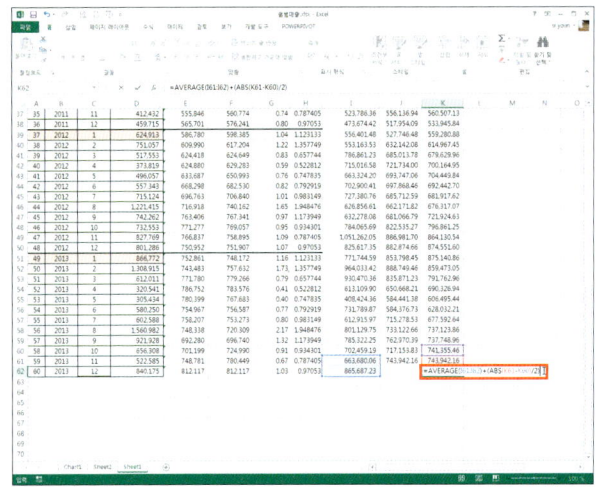

14. 데이터를 모두 완성했습니다.

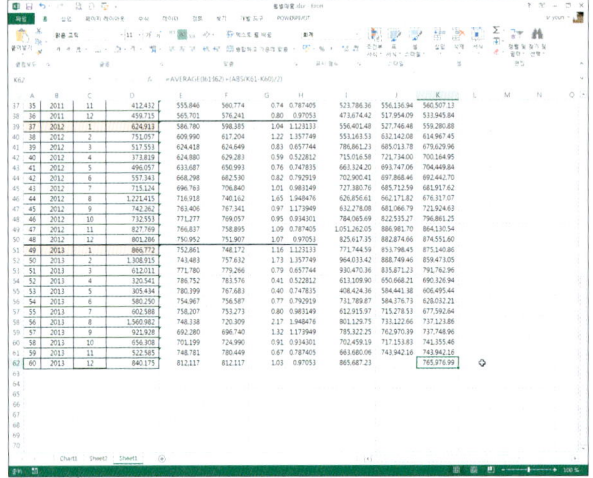

이동평균 데이터를 이용하여 차트를 작성하는 방법에 대해 알아봅니다.

01. 이제 차트를 작성하기 위해 시트를 복사합니다. 시트에서 마우스 오른쪽 단추를 클릭하여 [이동/복사]를 클릭합니다.

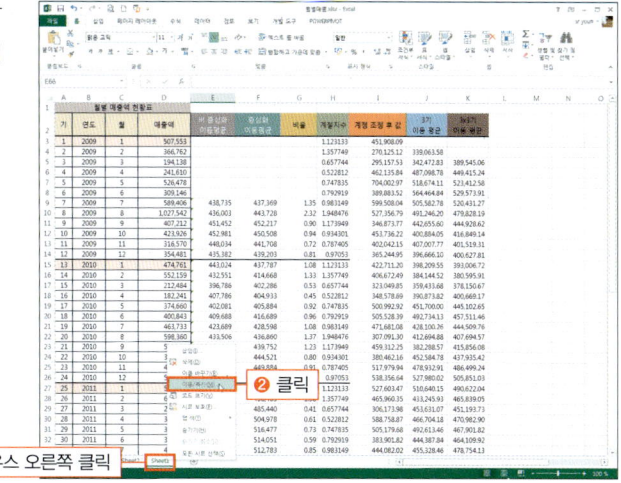

02. [이동/복사] 대화상자가 나타나면 [(끝으로 이동)]을 선택한 다음 [복사본 만들기]를 클릭한 다음 [확인] 단추를 클릭합니다.

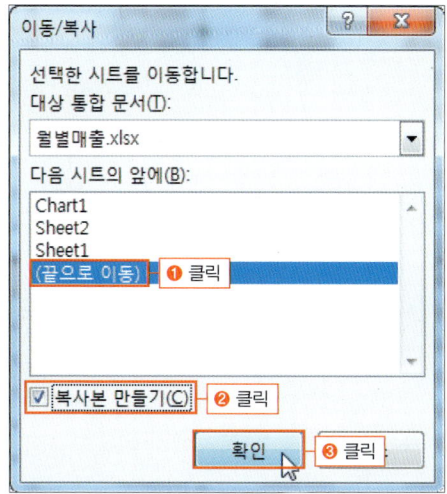

03. 시트가 복사되었으면 연도를 하나의 셀로 합치기 위해 2009년도인 [B3:B14] 셀 범위를 선택한 다음 [병합하고 가운데 맞춤]을 클릭합니다.

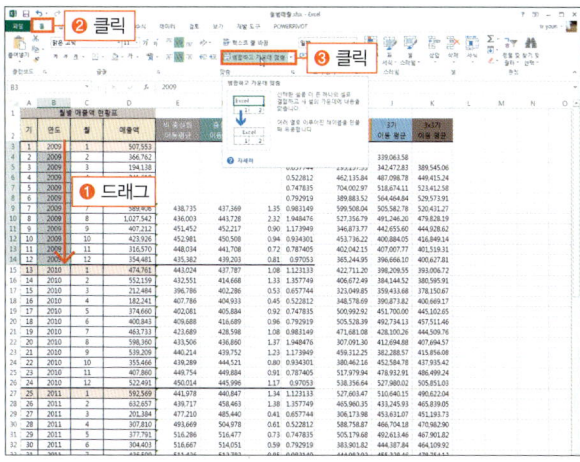

04. 다음과 같은 메시지 상자가 나타나면 [확인] 단추를 클릭합니다.

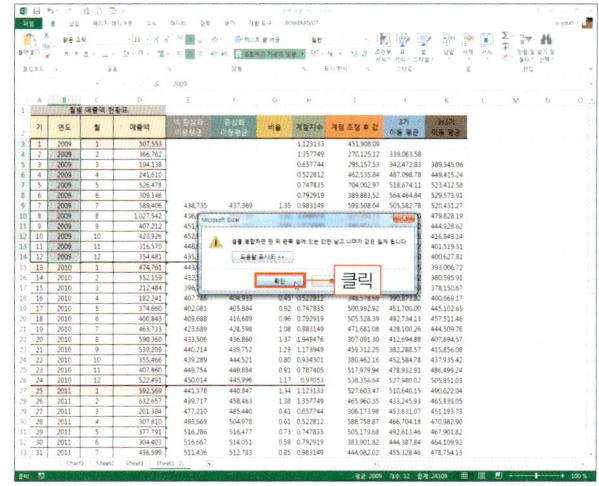

05. 연도별 셀 범위가 하나가 되었습니다.

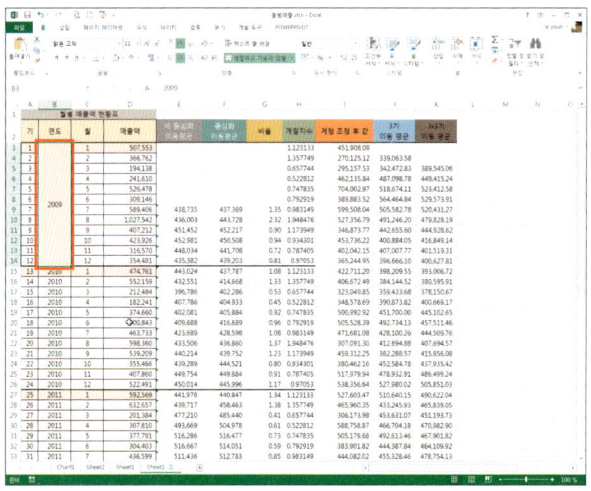

06. 나머지 연도도 모두 연도별로 셀을 병합합니다. 이제 차트를 작성하기 위해 [B2:D62], [I2:I62], [K2:K62] 셀 범위를 선택한 다음 [삽입] 탭-[차트] 그룹-[꺾은선형 차트]-[표식이 있는 꺾은선형]을 선택합니다.

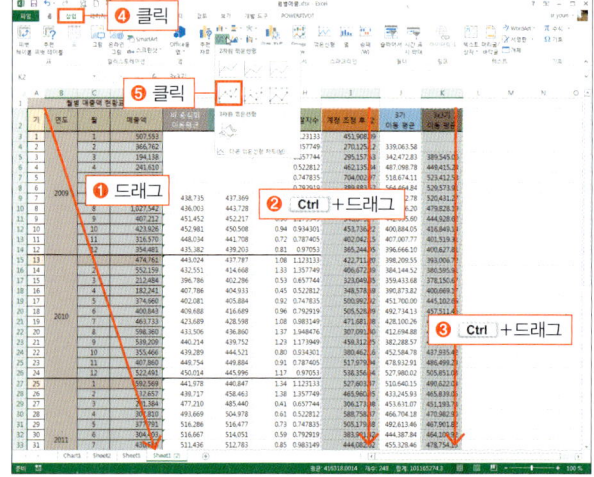

07. 차트가 삽입되었습니다.

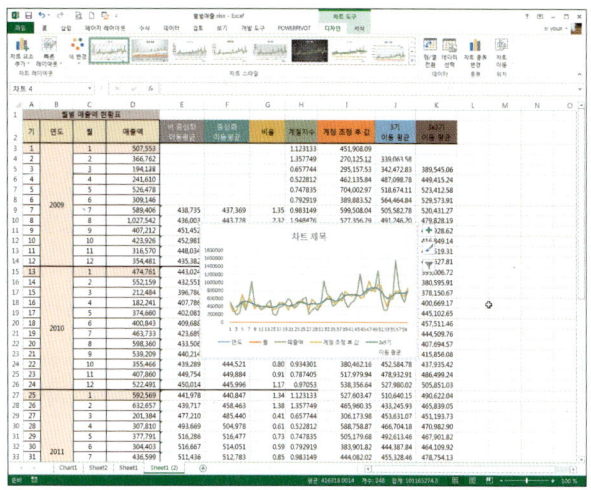

08. 데이터가 많으므로 시트로 차트를 이동한 다음 차트 서식을 수정하여 완성합니다.

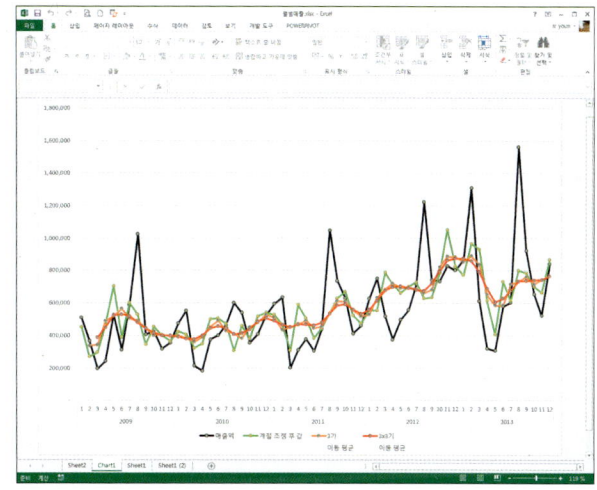

2013년 3, 4월의 상태가 거의 마이너스 성장 국면에 있다는 것을 파악할 수 있습니다. 왜 이러한 현상이 발생하고 있는지 파악하는 것이 중요하고, 그에 대한 대책을 세워야 합니다.

CHAPTER 04
앙케이트 분석하기

접객이나 신상품 등의 영업을 위해 앙케이트 조사를 하게 됩니다. 여기서는 실시한 앙케이트의 결과를 활용하는 방법에 대해 알아봅니다.

STEP 01 • 앙케이트 분석

앙케이트를 잘 활용하면 자사의 고객이 무엇을 원하는지, 어떤 것을 좋아하는지 등을 파악할 수 있습니다. 이것은 매우 귀중한 자료로 유효한 데이터로 만들면 판매 전략이나 경영 개선에 활용할 수 있습니다.

일반적으로 앙케이트는 관계자와 저명인사의 의견을 듣거나 길거리에서 질문 형태로 의견을 조사하는 것입니다. 비즈니스에서의 앙케이트는 제품과 서비스에 대한 명확한 질문부터 시작하므로 일정 수의 응답 데이터가 모아지면 이용 가치가 높아지는 것입니다. 고객이 좋아하는 것이나 행동 패턴, 개인 정보는 자사의 매출을 올릴 수 있는 전략을 세울 때 큰 무기가 될 것입니다.

앙케이트 집계의 용도 예

- 예 1 : 레스토랑의 고객 만족도 앙케이트를 하여 맛, 가게 분위기, 가격 등에서 현 상태를 분석하고 메뉴 변경 등의 접객 활동을 할 수 있습니다.
- 예 2 : 가전제품 세일 시 앙케이트를 실시하여 제품 판매 외의 출장수리나 부품교환, 컴퓨터 강습 등 새로운 사업 전개의 가능성을 찾을 수 있습니다.

표준편차

앙케이트의 집계는 어렵지 않습니다. 먼저 질문 항목에 대한 합계와 평균을 구합니다. 그 후에 수치를 2차적으로 가공하거나 다른 지표와 비교하여 독자적인 분석을 할 수도 있습니다. 앙케이트에서 자주 사용하는 기법 중 하나가 표준편차입니다. 표준편차는 데이터가 어느 정도 흩어져 있는가를 표시하는 수치로 어느 수치가 전체 평균에서 어느 정도 넓게 퍼져 있는지의 범위 분포를 표시합니다. 표준편차는 보통 STDEV 함수로 구합니다.

VLOOKUP(lookup_value, table_array, col_index_num, [range_lookup])
VLOOKUP 함수를 사용하면 셀 범위의 첫 번째 열을 검색한 다음 해당 범위의 같은 행에 있는 셀 값을 구합니다.

- **lookup_value** : 조회하고자 하는 값을 지정합니다.
- **table_array** : 찾을 데이터가 있는 표를 범위로 지정합니다.
- **col_index_num** : 인수로 지정한 [범위] 내에서 몇 번째 열에 있는 값을 찾을 것인지를 지정하기 위한 값을 숫자로 지정합니다.
- **range_lookup** : 논리값으로 검색 방법을 지정합니다. FALSE나 0을 지정하면 일치하는 값을 찾고, TRUE를 지정하면 일치하는 값이 없을 경우 비슷한 값을 찾아줍니다.

ROUNDUP(number, num_digits)
0에서 먼 방향으로 수를 올림합니다.

- **number** : 필수 요소입니다. 올림할 실수입니다.
- **num_digits** : 필수 요소입니다. 숫자를 올림할 자릿수입니다.

ROW([reference])
참조의 행 번호를 구합니다.

- **reference** : 선택 요소로 행 번호를 구할 셀 또는 셀 범위입니다. reference를 생략하면 ROW 함수를 입력한 셀의 참조가 사용됩니다.

TRUNC(number, [num_digits])
소수 점 이하를 버리고 정수 또는 지정한 자릿수의 수치를 구합니다.

- **number** : 내림을 할 숫자를 지정합니다. 셀을 참조할 때는 셀 하나만 지정합니다.
- **num_digits** : 소수점 이하 버릴 자릿수를 지정합니다.

STDEV(number1,[number2],...)
인수를 표본으로 간주하고 모집단의 표준편차의 추정치를 산출합니다.

number1, 2... : 표본이 되는 수치를 수치나 셀 참조, 셀 범위의 참고로 지정합니다.

이번에는 음식점 고객을 대상으로 조사한 결과를 분석해 보겠습니다. 평균을 이용한 방사형 차트에 의한 분석, 히스토그램 분석, 상관 분석, 피벗 테이블을 이용한 분석 등 다양한 방법으로 분석하는 방법에 대해 알아봅니다.

이번 예제는 음식점에 내점한 고객 총 50명이 응답한 조사 결과를 정리한 것입니다. 메뉴와 카페 분위기, 스텝은 5단계로 평가받고, 재방문에 대한 것도 5단계(5 : 꼭 재방문, 4 : 재방문, 3 : 잘 모름, 2 : 재방문하지 않음, 1 : 꼭 재방문하지 않음)로 평가받았습니다. 이 데이터로부터 이 음식점이 무엇을 중점적으로 개선해 나가야 하는지를 분석해 봅시다.

예제 파일 | CD₩Part 04₩앙케이트2.xlsx

01. 평균과 방사형 차트를 이용해 분석을 실시해 보겠습니다. [D58:M58] 셀 범위를 선택한 다음 [수식] 탭-[함수 라이브러리] 그룹-[자동 합계]-[평균]을 클릭합니다.

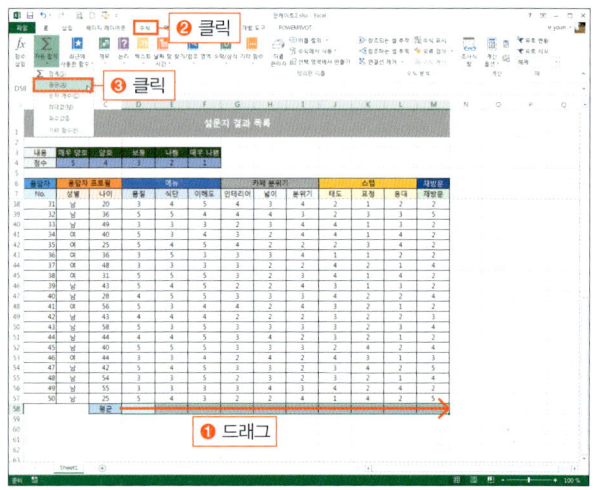

02. 각 항목의 평균을 구했습니다.

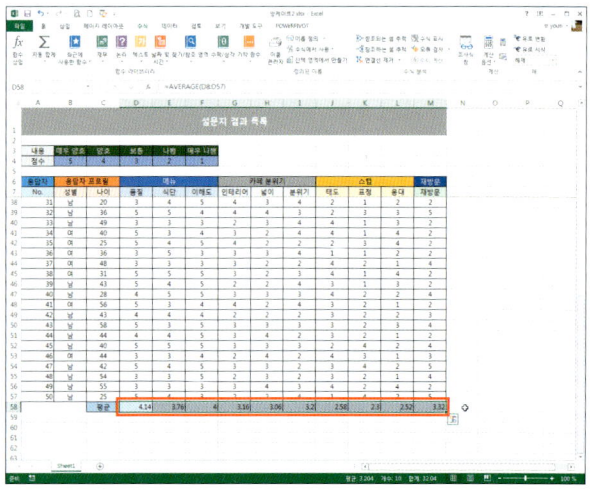

03. 이 평균값을 이용하여 방사형 차트를 만들어 보겠습니다. [D7:M7], [D58:M58] 셀 범위를 선택한 다음 [삽입] 탭-[차트] 그룹-[주식형, 표면형, 또는 방상형 차트 삽입]-[표식이 있는 방사형 차트]를 클릭합니다.

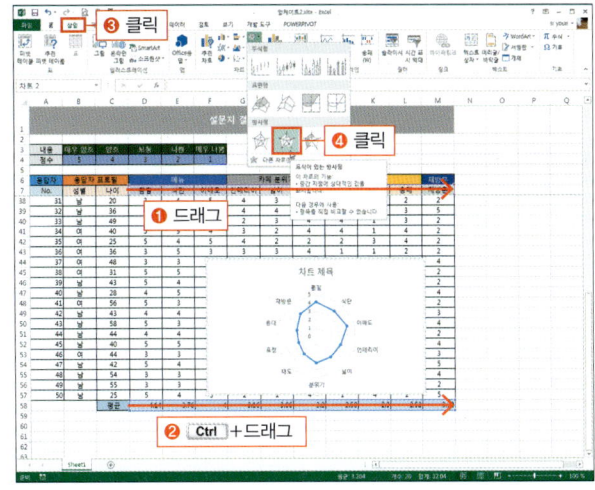

04. 방사형 차트가 삽입되었습니다.

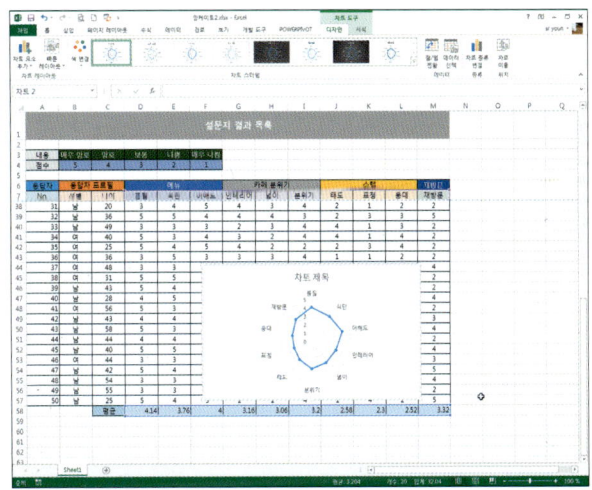

05. 차트 서식을 수정하여 차트를 완성합니다.

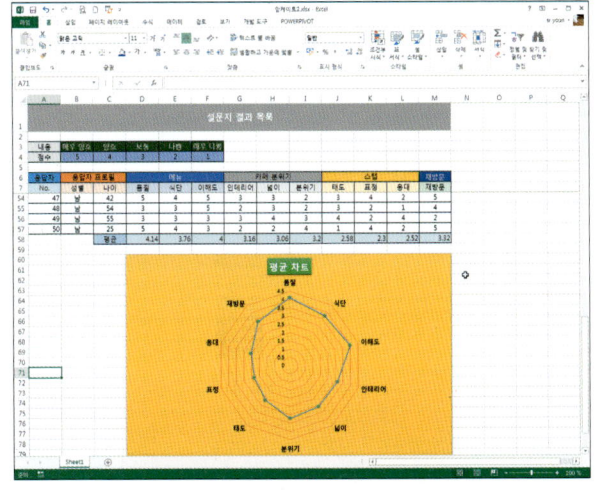

해석

스텝 부분의 [태도], [표정], [응대] 부분의 점수가 특히 낮고, 메뉴 부분의 [품질]과 [이해도] 부분이 높은 것을 알 수 있습니다.

방사형 차트에서 특히 낮은 점수가 나온 스텝의 태도와 표정, 응대 부분의 자료를 이용해 히스토그램을 만들어 도수 분석을 해 보겠습니다.

예제 파일 | 앞의 예제 파일 이어서 사용

01. [데이터] 탭-[분석] 그룹-[데이터 분석]을 클릭합니다. [통계 데이터 분석] 대화상자에서 [히스토그램]을 선택하고 [확인] 단추를 클릭합니다.

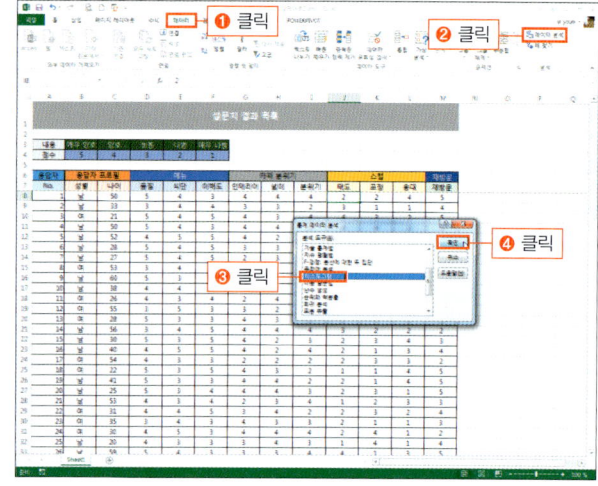

02. [히스토그램] 대화상자가 나타나면 [태도]에 대한 대한 응답의 히스토그램을 만들기 위해 입력 범위에는 [$J$7:$J$57], 계급 구간에는 [$A$4:$F$4]를 지정하고, [이름] 항목을 클릭하여 체크한 다음 [체크 옵션]을 다음과 같이 지정하고 [확인] 단추를 클릭합니다.

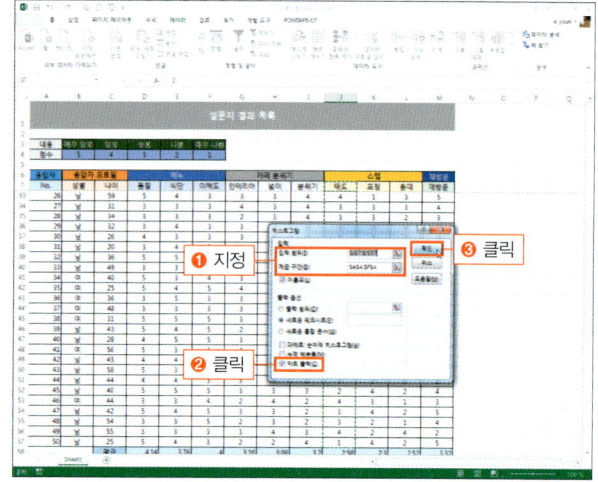

03. 새 시트에 히스토그램이 표시됩니다. 태도의 응답이 왼쪽으로 치우쳐 있는 것을 알 수 있습니다. 구체적으로 평균 3이 안되므로 반 이상이 나쁘다고 응답해 일부 고객들은 이 가게의 스텝들의 표정이 별로 좋지 않았다는 것을 알 수 있습니다. 차트 제목을 [태도 히스토그램]으로 수정하여 다른 항목들과 구분하기 쉽도록 합니다.

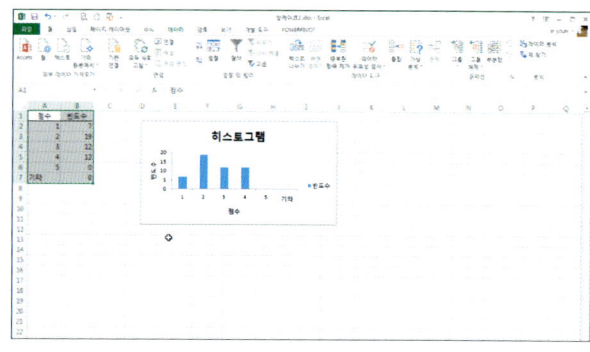

04. 이번에는 표정과 응대의 히스토그램을 만들어 보겠습니다. 방법은 앞에서와 같으며 입력 범위만 다르게 입력하면 됩니다. 그리고 새로운 워크시트가 아닌 앞에서 만든 히스토그램 아래 셀에 만들 것이므로 [출력 범위]의 범위 지정 아이콘을 클릭합니다.

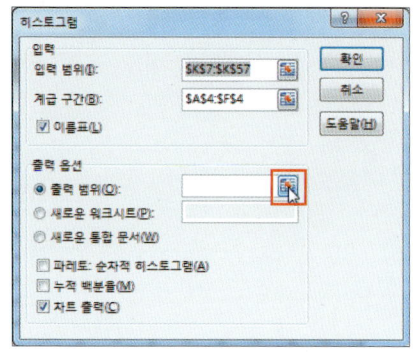

05. [Sheet2] 시트의 [A14] 셀을 클릭하여 출력 범위를 지정하고 범위 지정 아이콘을 클릭합니다.

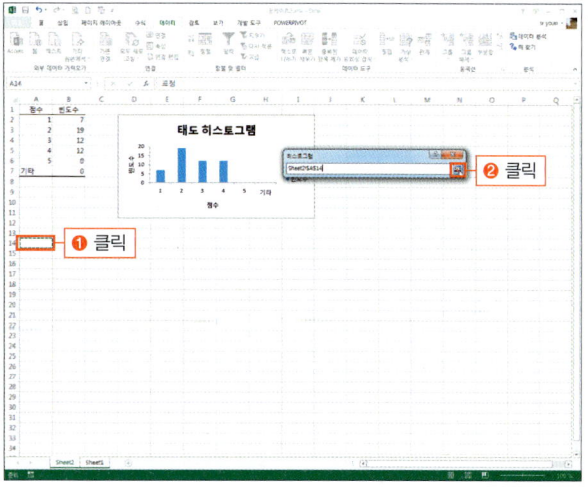

06. 지정한 셀에 히스토그램을 작성합니다.

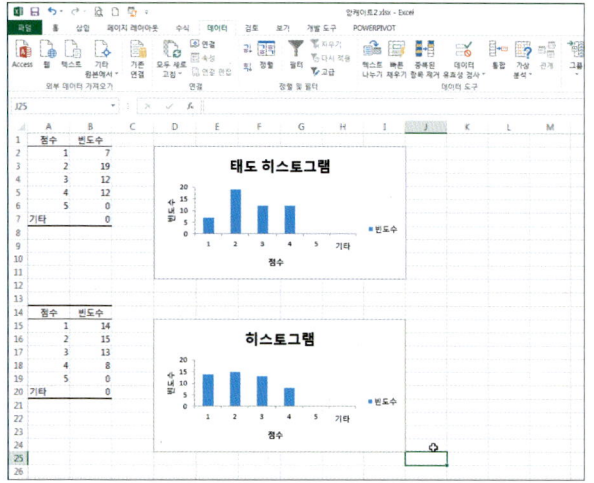

07. 이제 같은 방법으로 [응대] 히스토그램을 작성합니다. 세 설문 모두 2점이 가장 많다는 것을 알 수 있습니다. 이 항목들의 대책을 강구해야 한다는 결론을 얻을 수 있습니다.

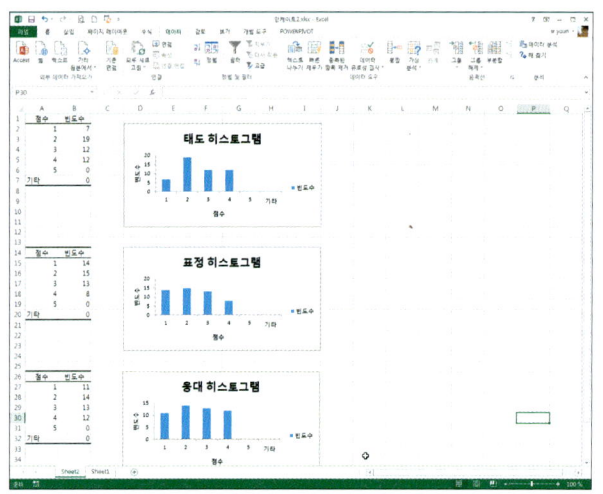

08. 이번에는 높은 점수가 나왔던 품질의 히스토그램을 작성하여 도수 분포를 살펴보겠습니다. 전체적으로 점수가 양호하다는 것을 알 수 있습니다.

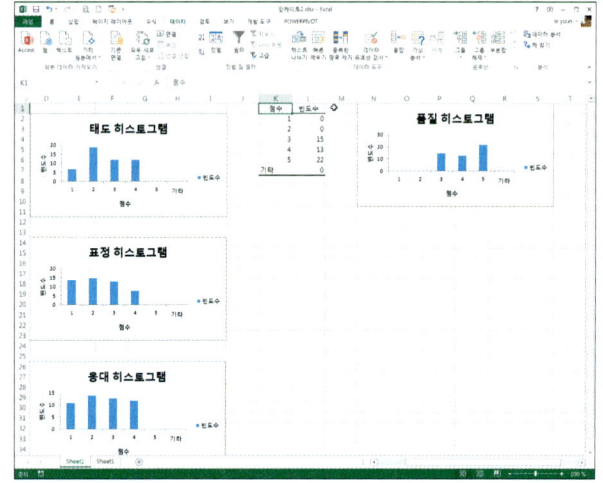

해석

결과를 보면 스텝들의 응대나 태도에는 불만이 있지만 메뉴에 대한 품질 등이 좋아 방문하고 있다는 것을 알 수 있습니다. 재방문의 평가가 높은 손님 중에는 이 가게의 품질 때문이라는 것을 알 수 있습니다.

재방문이 높은 고객의 특징을 더 알아보겠습니다. 재방문 점수와 강한 상관 관계를 가진 설문 항목을 찾아보겠습니다. 이것은 분석 도구의 상관 기능을 이용하여 재방문과 그 외의 설문 항목 사이의 결정 계수를 계산하여 구합니다.

예제 파일 | CD₩Part 04₩앙케이트2.xlsx

01. [데이터] 탭–[분석] 그룹–[데이터 분석]을 클릭하여 [통계 데이터 분석] 대화상자가 나타나면 [상관 분석]을 선택하고 [확인] 단추를 클릭합니다.

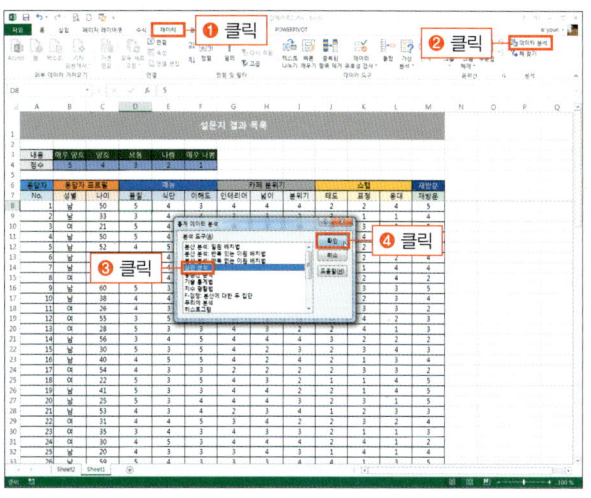

02. [상관 분석] 대화상자가 나타나면 [입력 범위]에 [D7:M57] 셀 범위를 지정하고 [첫째 행 이름표 사용] 항목을 선택한 다음 [확인] 단추를 클릭합니다.

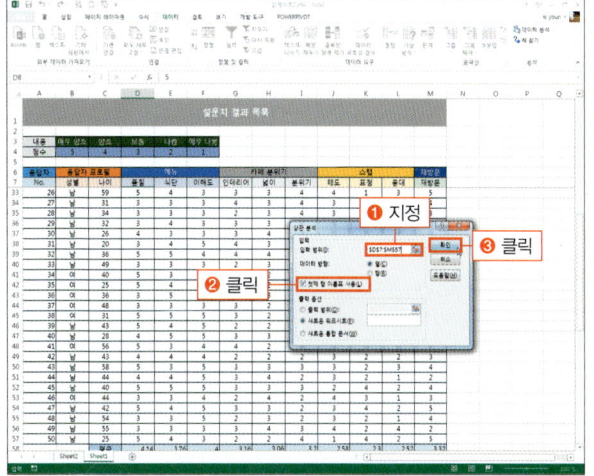

03. 상관 계수가 계산된 표가 새 시트에 삽입됩니다.

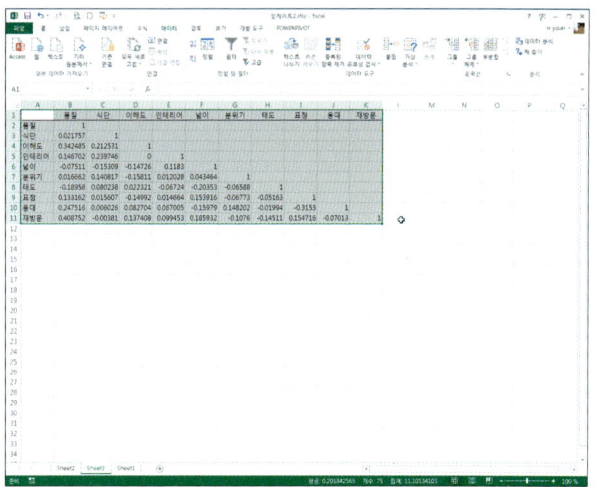

04. [B12] 셀에 [=B11^2]를 입력합니다.

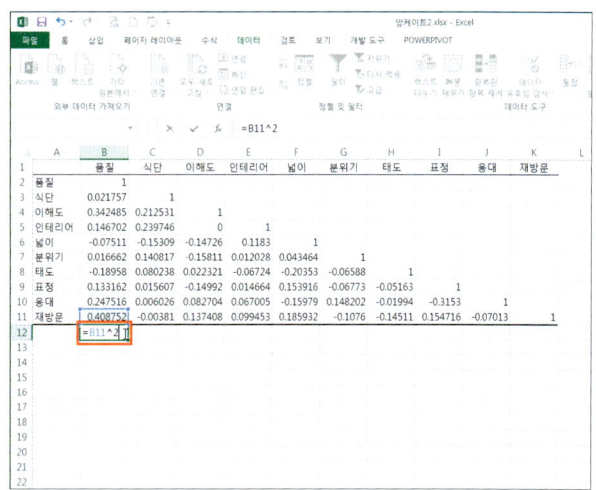

05. 재방문과 품질 사이의 결정계수를 구했습니다. [K12] 셀까지 자동 채우기로 수식을 복사하여 모든 항목의 결정계수를 구합니다. 구한 결정계수를 판단하여 재방문과 어느 정도의 상관 관계를 가진 항목은 "품질"임을 알 수 있습니다.

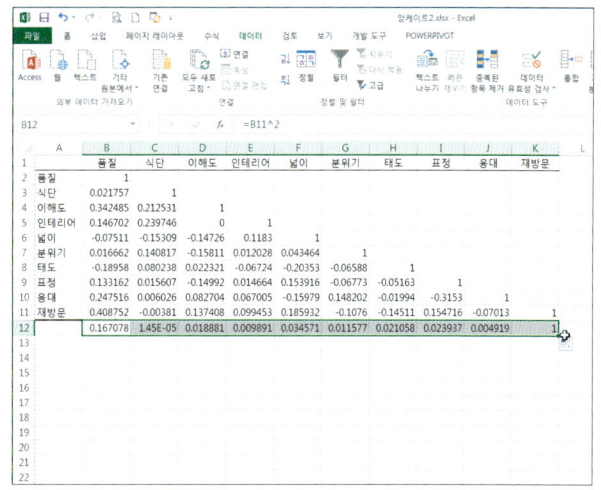

해석

[품질]이 재방문에 가장 강한 영향을 주고 있으므로 [품질]의 평균값을 더 올리도록 하는 것이 중요한 포인트라고 할 수 있습니다. 메뉴의 교체나 추가를 검토하는 것은 물론 메뉴 내용에 대한 특정 설문을 해 보는 등 여러 가지 방법을 강구해야 합니다.

이번에는 피벗 테이블을 이용하여 쉽게 집계를 할 수 있는 여러 가지 방법에 대해 알아봅니다. 다음은 피벗 테이블을 하기 위한 앙케이트 조사표입니다. 이 예는 숫자가 아닌 문자열로 조사되어 있습니다. 특히 여러 가지를 크로스로 집계하기 위해 데이터 자체를 약간 수정하는 방법부터 알아봅니다.

예제 파일 | CD₩Part 04₩앙케이트4.xlsx

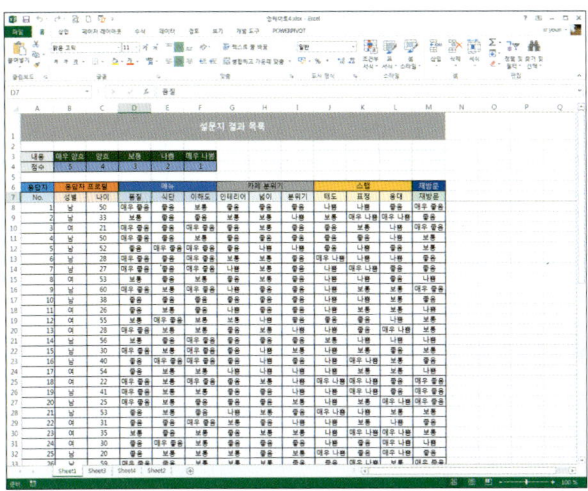

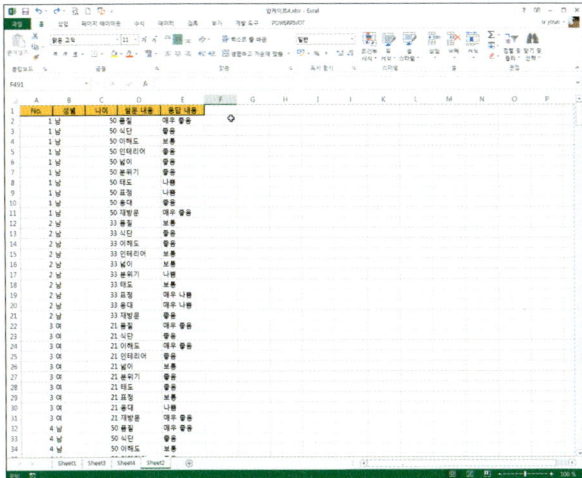

PART 04 · 매출과 판매 분석하기

■ 피벗 테이블을 이용하기 위한 데이터 정리하기

피벗 테이블을 이용하여 집계를 하기 위해 필요한 데이터 정리 방법에 대해 알아봅니다.

01. [A6:M57] 셀 범위를 선택한 다음 이름 상자에 [설문내용]이라고 입력하여 해당 범위를 이름으로 정의합니다.

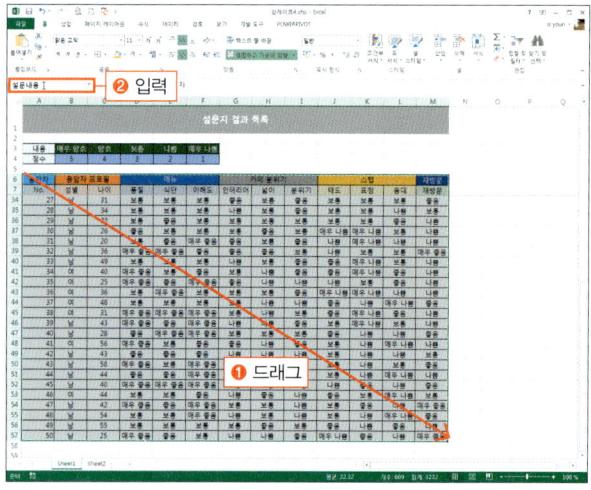

02. [Sheet2] 시트를 클릭한 다음 [A1] 셀에 수식 [=ROUNDUP(ROW(A1)/10,0)]을 입력합니다.

> **TIP : 수식 설명**
>
> 응답자수를 표시하기 위한 것으로 ROW(A1)으로 1을 구한 다음 10으로 나눕니다. 이 값을 ROUNDUP 함수로 올림하여 구합니다. 여기서 10으로 나누는 것은 설문 항목이 10개이므로 10개까지 같은 숫자가 나오도록 하기 위한 것입니다.

03. [B2] 셀에 수식 [=VLOOKUP(A2,설문내용,2,FALSE)]를 입력합니다. 10행씩 같은 값을 구합니다.

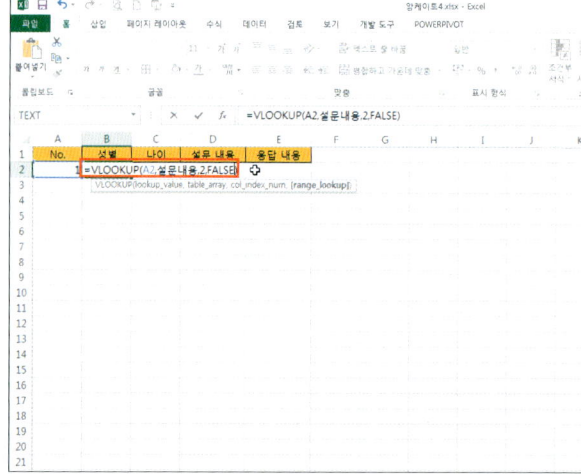

> **TIP : 수식 설명**
>
> 성별을 구하는 함수식으로 [A2] 셀에 입력되어 있는 값을 [설문내용] 범위에서 찾아 2번째 열에 있는 값을 구합니다.

04. [C2] 셀에 수식 [=VLOOKUP(A2,설문내용,3,FALSE)]를 입력합니다.

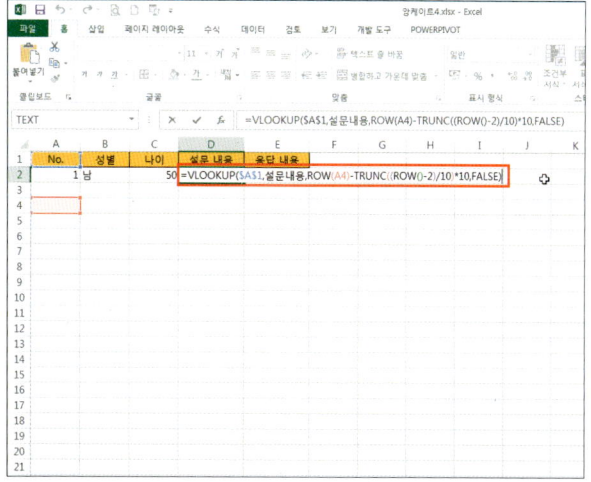

TIP : 수식 설명

나이를 구하는 함수식으로 [A2] 셀에 입력되어 있는 값을 설문내용 범위에서 찾아 3번째 열에 있는 값을 구합니다. 10행씩 같은 값을 구합니다.

05. [D2] 셀에 수식 [=VLOOKUP($A$1,설문내용,ROW(A4)−TRUNC((ROW()−2)/10)*10,FALSE)]을 입력합니다. 설문 내용을 구하는 함수식입니다.

TIP : 수식 설명

ROW() 함수로 해당 행의 값을 구한 후 2를 빼고(2를 빼는 것은 처음 숫자를 0으로 만들기 위한 것으로 함수식을 처음 시작하는 행이 2행이기 때문입니다), 10으로 나눕니다. 10으로 나눈 값을 TRUNC 함수로 지정한 자릿수만을 소수점 아래에 남기고 나머지는 버립니다 여기서는 잘라낼 소수점 이하 자릿수를 생략했으므로 소수점 이하는 모두 버리게 되는 것입니다. 이 값에 10을 곱하고, ROW(A4)로 구한 값에서 빼서 VLOOKUP 함수식에서 사용할 열 수를 구합니다. 설문 내용이 4번째 열이기 때문에 이와 같이 복잡한 수식을 사용했습니다.

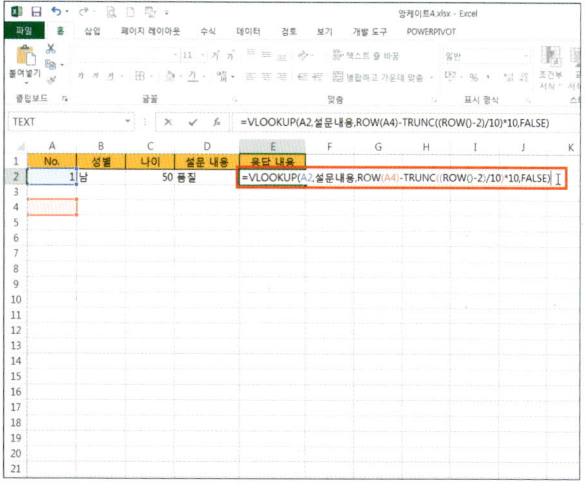

06. 응답 내용을 구하기 위해 [E2] 셀에 함수식 [=VLOOKUP(A2,설문내용,ROW(A4)−TRUNC((ROW()−2)/10)*10,FALSE)]를 입력합니다.

07. 입력한 수식을 자동 채우기 하기 위해 [A2:E2] 셀 범위를 선택합니다.

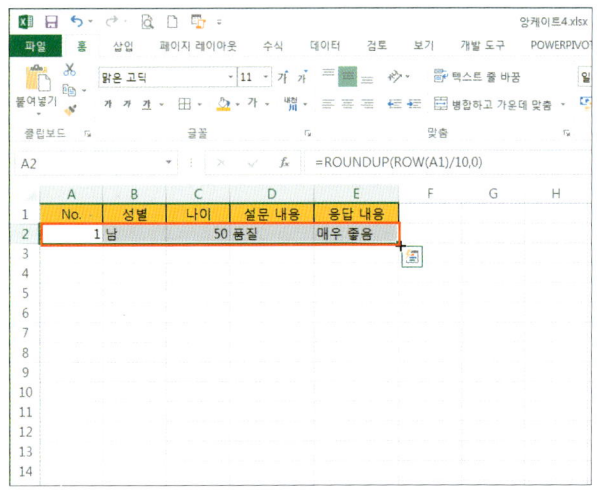

08. [E501] 셀까지 드래그하여 자동 채우기를 합니다. 수식이 모두 복사되었습니다.

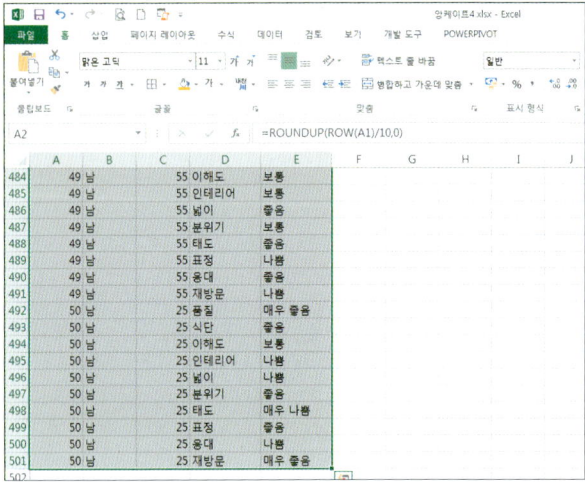

■ 피벗 테이블 작성하기

정리한 데이터를 이용하여 피벗 테이블을 작성하는 방법에 대해 알아봅니다.

01. 데이터가 있는 아무 셀이나 클릭한 다음 [삽입] 탭-[표] 그룹-[피벗 테이블]을 클릭합니다.

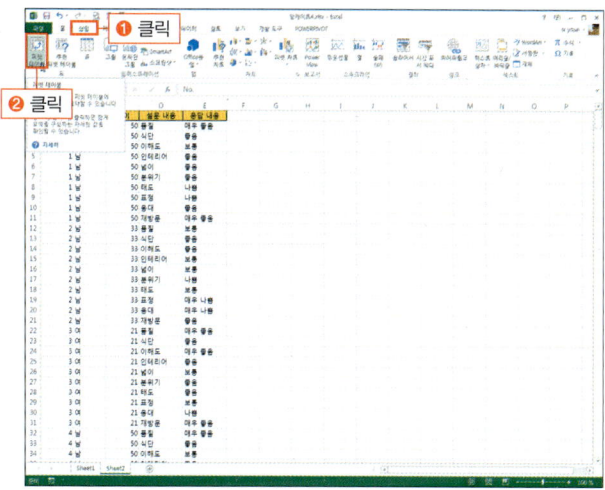

02. [피벗 테이블 만들기] 대화상자가 나타나면 범위를 확인하고 [확인] 단추를 클릭합니다.

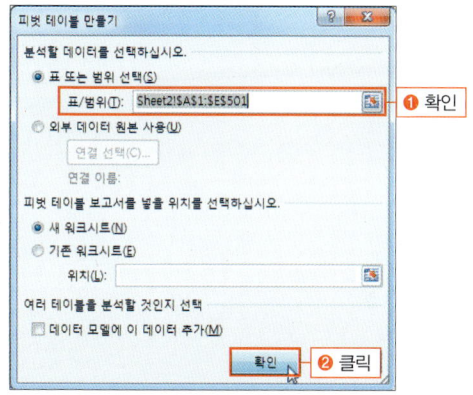

03. 피벗 테이블 레이아웃이 만들어지면 다음과 같이 항목들을 배치합니다.

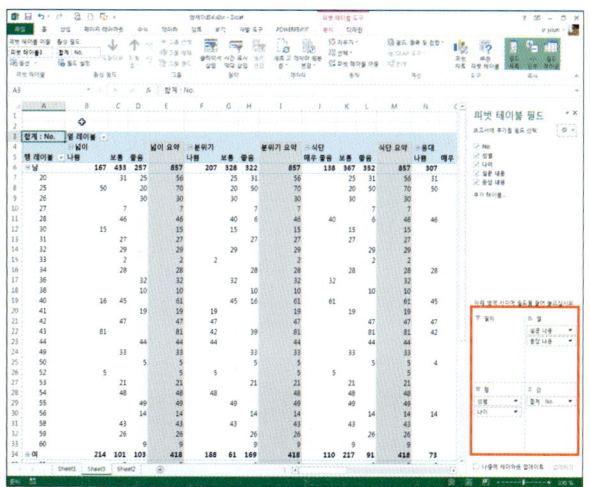

04. 현재는 [No.] 항목의 합계를 낸 것이므로
개수로 바꾸기 위해 [피벗 테이블 도구]-[분석]
탭-[활성 필드] 그룹 [필드 설정]을 클릭합니다.

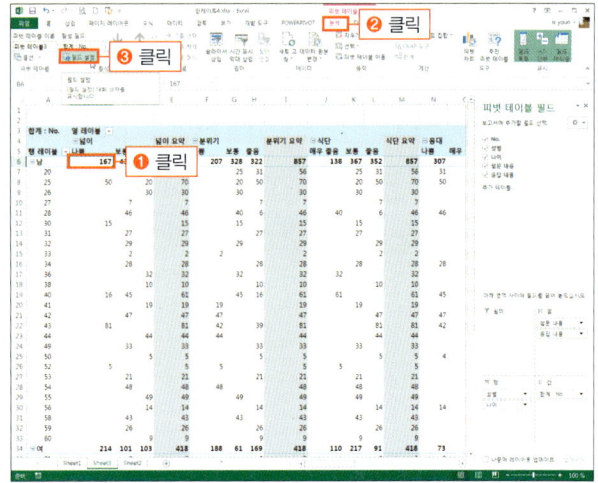

05. [값 필드 설정] 대화상자가 나타나면 [값 요
약 기준] 탭에서 [개수]를 선택하고 [확인] 단추를
클릭합니다.

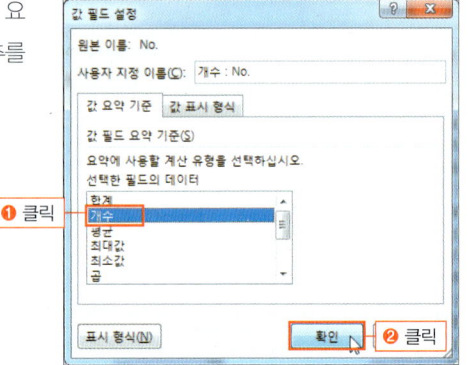

06. 다음과 같이 합계가 아닌 개수로 표시되어
각 항목을 선택한 사람 수를 알 수 있습니다. 나이
가 너무 광범위하게 퍼져 있으므로 이번에는 나
이를 그룹으로 지어 연령대별로 확인하는 방법에
대해 알아보겠습니다. 데이터를 선택한 다음 [피
벗 테이블 도구]-[분석] 탭-[그룹] 그룹-[그룹 선
택]을 클릭합니다.

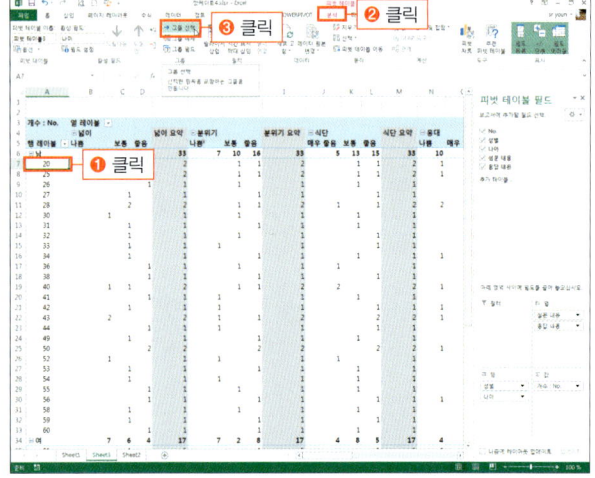

07. [그룹화] 대화상자가 나타나면 [시작]과 [끝]을 지정하고 [확인] 단추를 클릭합니다.

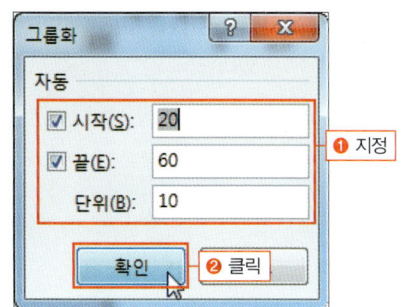

08. 다음과 같이 성별/연령대별로 확인하기가 쉬워졌습니다.

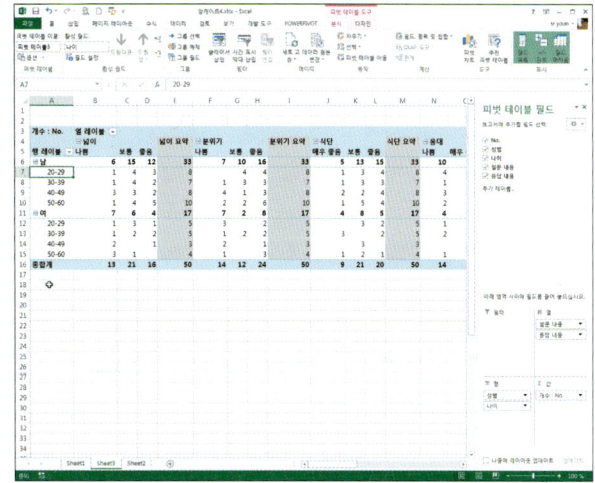

09. 슬라이서를 삽입하여 항목별로 간편하게 보는 방법에 대해 알아봅니다. [피벗 테이블 도구]-[분석] 탭-[필터] 그룹-[슬라이서 삽입]을 클릭합니다.

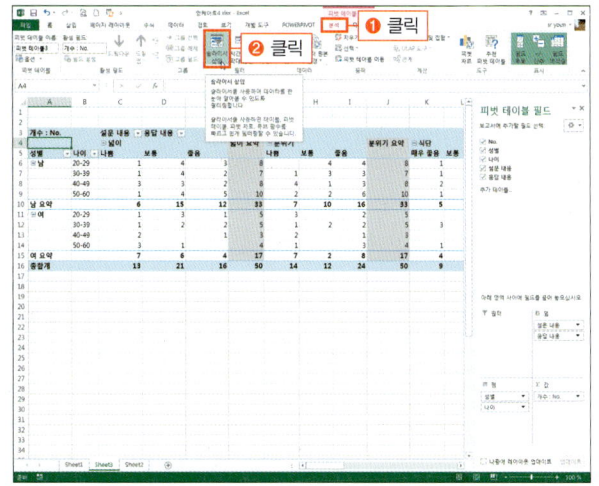

10. [슬라이서 삽입] 대화상자가 나타나면 [설문 내용] 항목을 선택하고 [확인] 단추를 클릭합니다.

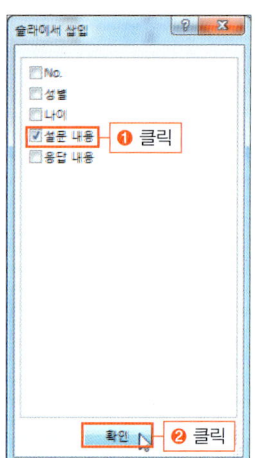

11. [설문 내용] 슬라이서가 삽입되었습니다. 슬라이서에는 설문 내용의 항목이 모두 표시됩니다. 이중에서 보고 싶은 항목만 클릭하여 볼 수 있습니다.

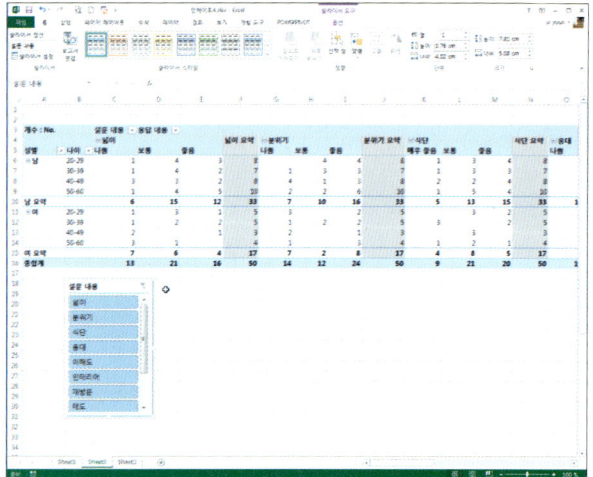

12. 다음은 [넓이]만 선택하여 [넓이] 설문 내용에 대한 것만 표시한 화면입니다. 보다 요약된 내용을 살펴볼 수 있습니다.

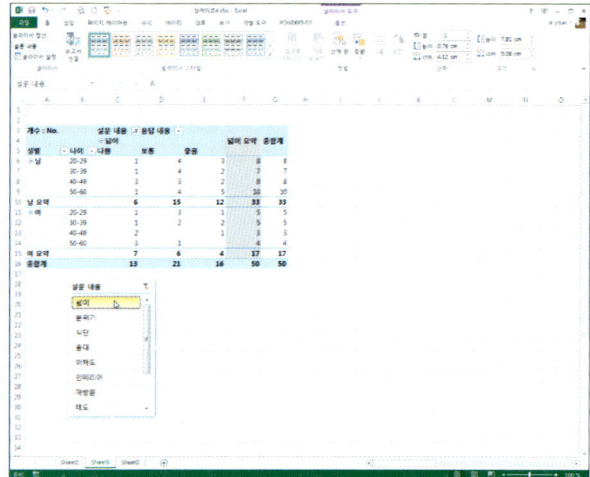

13. 요약과 총합계가 함께 표시되어 총합계 부분이 표시되지 않도록 [피벗 테이블 도구]–[디자인] 탭–[피벗 테이블 스타일 옵션] 그룹–[총합계]–[행 및 열의 총합계 해제]를 클릭합니다.

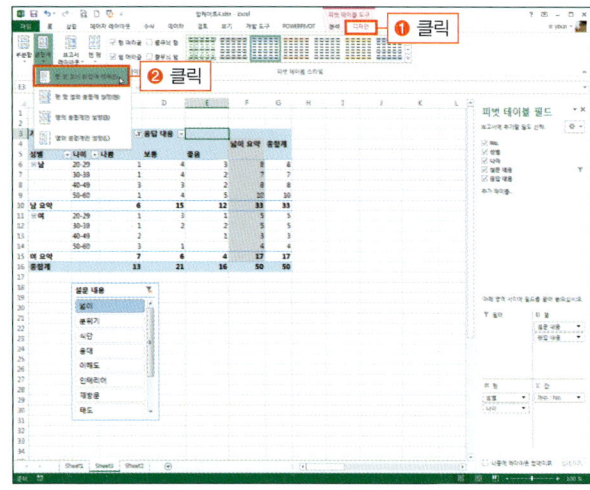

14. 총합계 부분이 표시되지 않습니다.

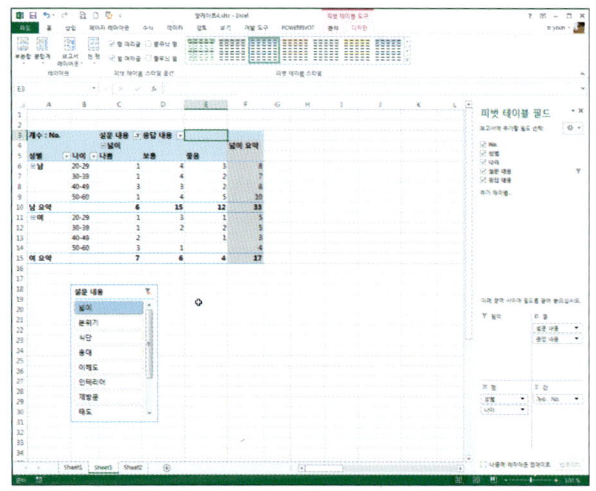

15. 이렇게 표시된 내용을 차트로 표시하여 각 설문 내용에 대한 것을 한눈으로 파악해 보겠습니다. [피벗 테이블 도구]–[분석] 탭–[도구] 그룹–[피벗 차트]를 클릭합니다. [차트 삽입] 대화상자가 나타나면 [세로 막대형]–[100% 기준 누적 세로 막대형]을 선택하고 [확인] 단추를 클릭합니다.

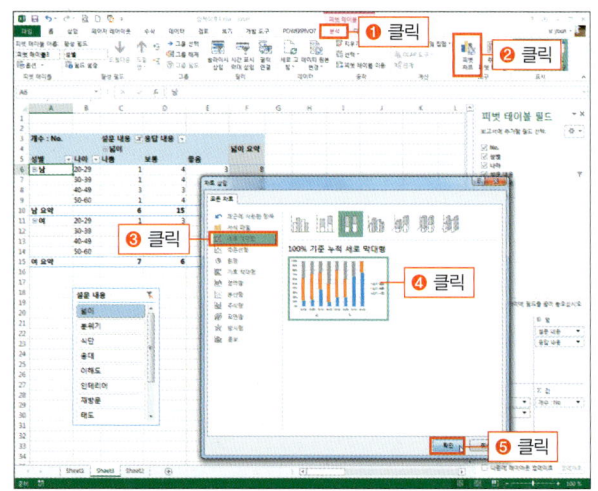

16. 100% 기준 누적 세로 막대형 차트가 삽입되었습니다.

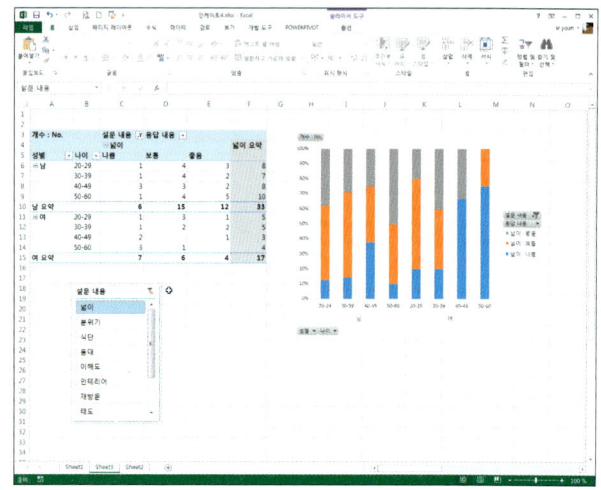

해석

차트를 보면 연령대가 낮을수록 넓이에 대한 것은 신경쓰지 않는다는 것을 알 수 있습니다.

17. 다음은 재방문 설문 내용만을 표시한 피벗 테이블과 차트입니다. 슬라이서에서 항목만 변경하면 자동으로 바뀌므로 사용자는 슬라이서만 이용하면 됩니다.

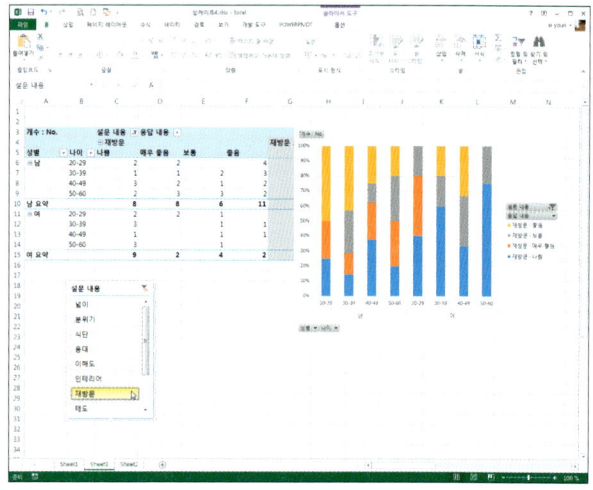

■ 남녀별로 구성비 구하기

실시한 앙케이트 결과를 가지고 남녀별 구성비를 구하는 방법에 대해 알아봅니다.

01. 새로운 피벗 테이블을 작성하고 다음과 같이 레이아웃합니다.

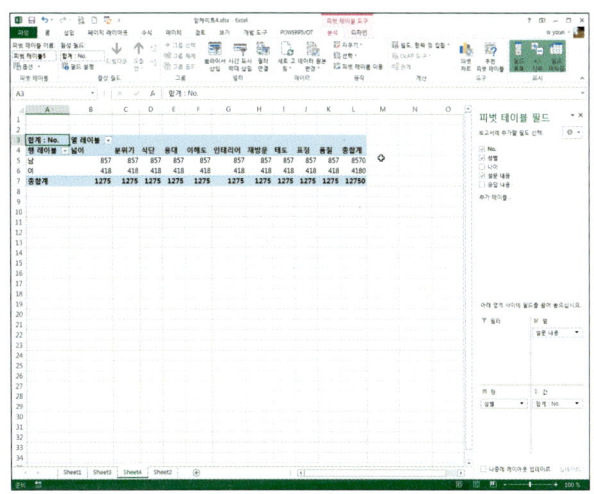

02. 앞에서와 마찬가지로 개수로 표시하도록 지정합니다.

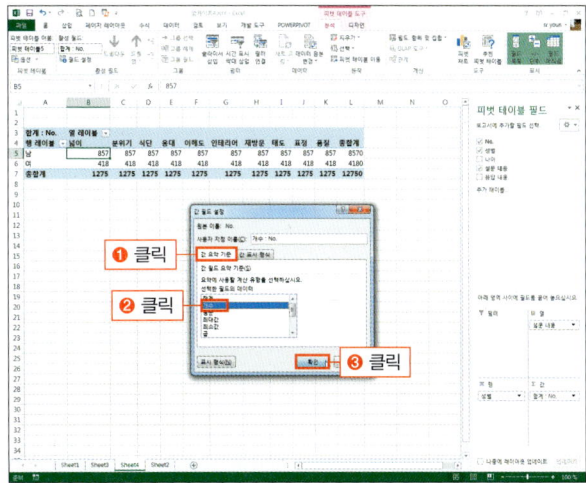

03. 배치를 다음과 같이 바꾸고 [No.] 필드를 값 영역에 다시 드래그하여 배치합니다.

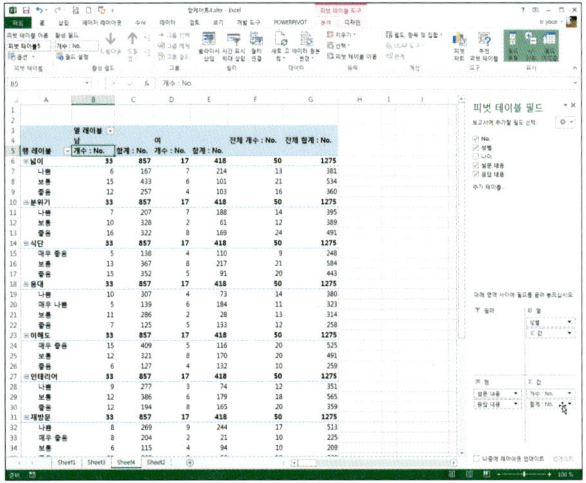

04. 구성비를 표시하기 위해 [합계 : No.] 필드를 클릭하고 [값 필드 설정]을 클릭합니다.

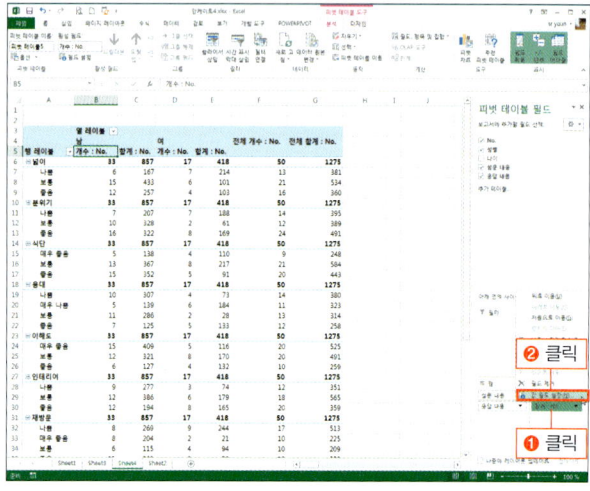

05. [값 필드 설정] 대화상자가 나타나면 [값 표시 형식] 탭의 [값 표시 형식]을 [행 합계 비율]로 선택한 후 [확인] 단추를 클릭합니다.

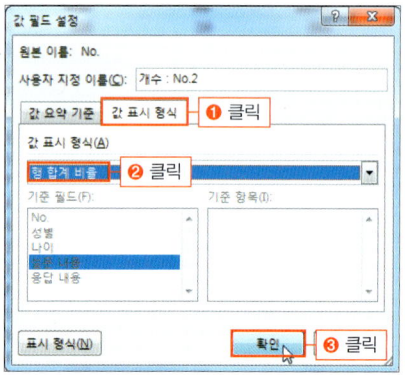

06. 남녀별 설문 내용에 대한 응답 결과를 구성비로 확인할 수 있습니다.

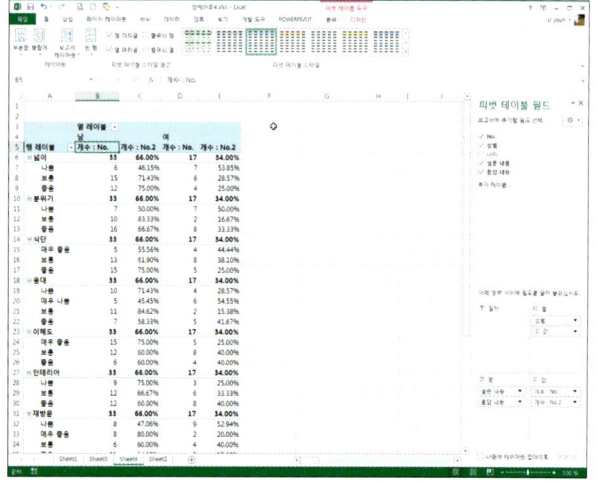

질문 사항의 합계나 평균을 구한 다음 그 후에 수치를 2차적으로 가공하거나 다른 지표와 비교하여 독자적으로 분석할 수 있습니다. 표준편차를 구하는 함수식은 STDEV입니다. 표준편차는 흩어져 있는 것을 표시하는 수치로 어느 수치가 전체평균에서 어느 정도 넓게 퍼져 있는가를 표시합니다.

많은 자료를 대표하는 하나의 값이 평균이라면 이 자료들이 평균에서 어느 정도 떨어져 있는지를 표시하려면 자료와 평균의 차를 구해 보면 됩니다. 이것을 편차라 하는데 자료가 많을수록 편차 하나하나를 살펴보기가 어려우므로 여러 편차들을 대표할 수 있는 하나의 값이 필요합니다. 이것을 흩어져 있는 정도라는 뜻에서 산포도라고 합니다. 평균 가운데 가장 흔히 쓰이는 것이 산술평균이라면, 산포도 가운데 가장 흔히 쓰이는 것이 표준편차(standard deviation)입니다.

예제 파일 | CD₩Part 04₩앙케이트5.xlsx

01. [BA2:BA11] 셀 범위를 선택한 다음 [수식] 탭-[함수 라이브러리] 그룹-[자동 합계]-[평균]을 선택합니다.

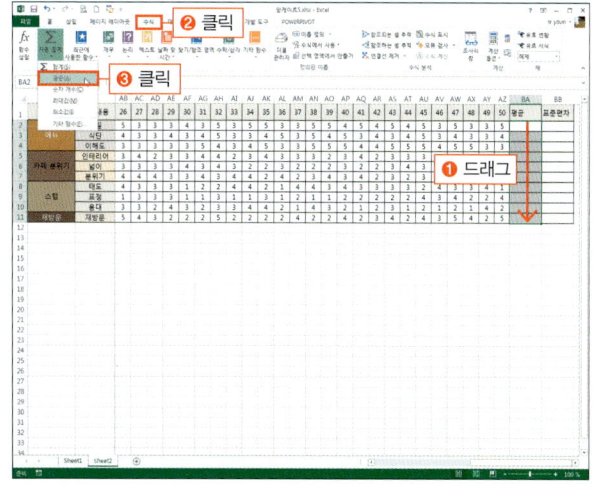

> **TIP : 수식 설명**
>
> 성별을 구하는 함수식으로 [A2] 셀에 입력되어 있는 값을 [설문내용] 범위에서 찾아 2번째 열에 있는 값을 구합니다.

02. 선택한 셀에 평균을 구합니다.

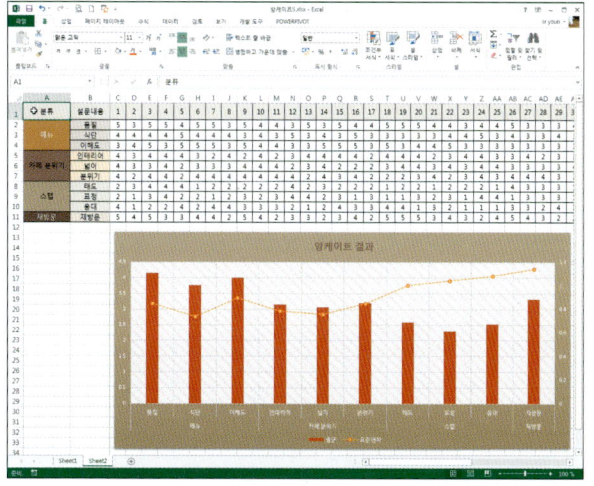

03. 표준편차를 구하기 위해 [BB2] 셀을 클릭한 다음 수식 [=STDEV.P(C2:AZ2)]를 입력합니다.

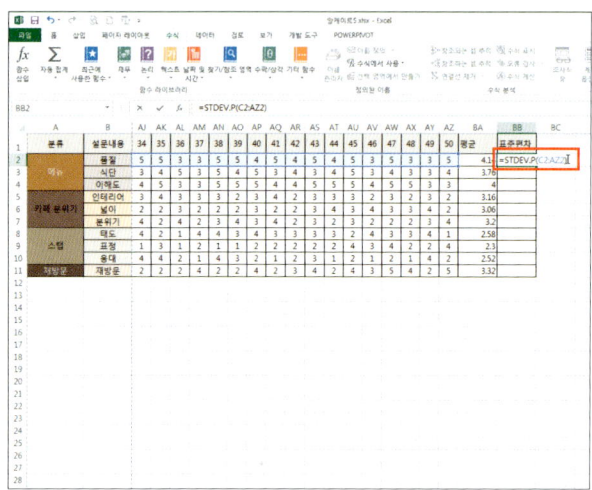

04. 품질에 대한 표준편차를 구했습니다.

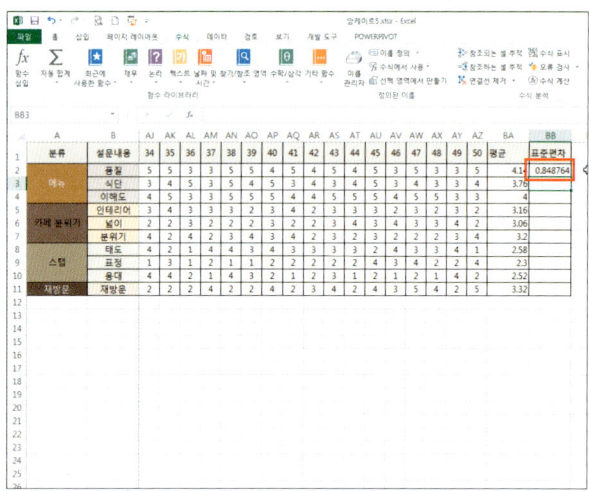

05. 나머지 셀은 자동 채우기로 함수식을 복사하여 표준편차를 구합니다.

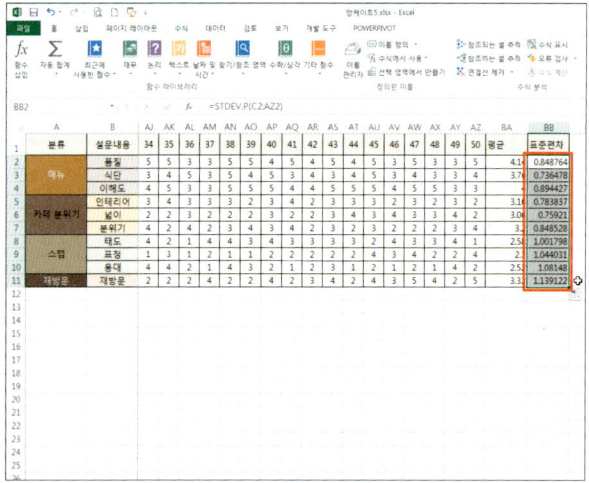

06. 표준편차에 따라 각 앙케이트 항목의 산포도를 알 수 있습니다. 표준편차가 0이면 관측값의 모두가 동일한 크기이고, 표준편차가 클수록 관측값 중에는 평균에서 떨어진 값이 많이 존재한다는 것을 알 수 있습니다. 다음 결과를 보면 재방문 설문 내용의 표준편차가 가장 큰 것을 알 수 있습니다. 평균과 표준편차를 이용하여 차트를 작성해 보겠습니다. [BA1, BB11] 셀 범위를 선택한 다음 [삽입] 탭-[차트] 그룹-[혼합형]-[묶은 세로 막대형 – 꺾은선형, 보조 축]을 선택합니다.

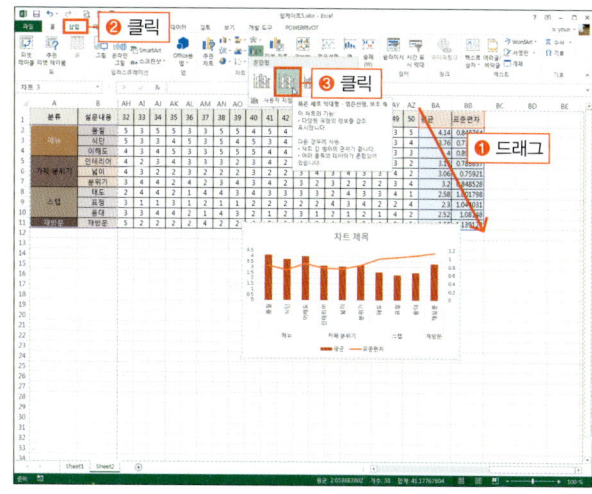

07. 혼합형 차트가 삽입되었습니다.

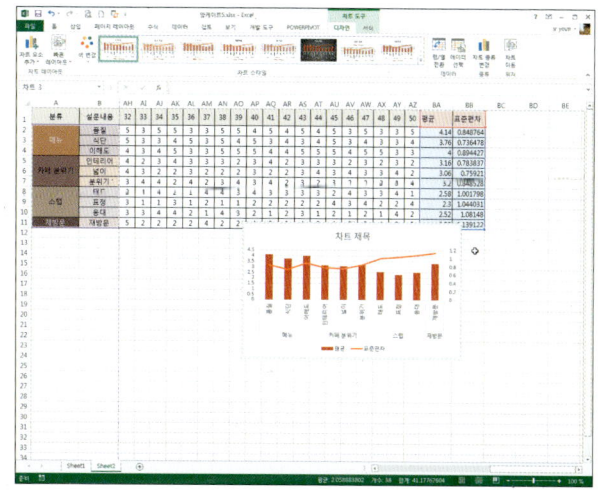

08. 차트 서식을 편집하여 완성합니다.

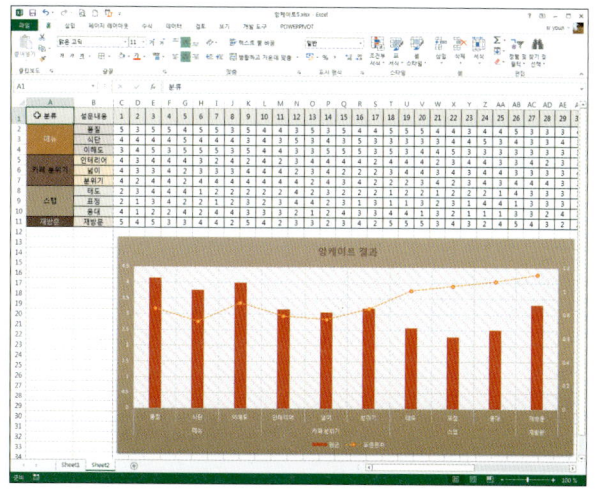

적정한 재고를 유지하도록 하는 것은 꽤 어려운 일입니다. 재고는 너무 많거나 적으면 안되므로 판매에 차지리 없도록 적정한 재고수를 유지시키는 것이 중요합니다. 여기서는 재고 관리를 위한 여러 가지 방법에 대해 알아봅니다.

STEP 01 • 재고 관리

재고 관리는 경영자가 신경써야 할 부분으로 재고는 많아도 적어도 고민입니다.

상품의 재고는 품절이 되면 기회손실로 연결되고, 재고가 많으면 유지비가 발생하여 불량재고가 됩니다. 이처럼 재고는 많아도 문제, 적어도 문제가 생기기 때문에 적정 수준의 재고를 유지하는 것이 중요합니다. 상품을 주문하면 바로 받을 수 있다면 문제가 없겠지만 발주한 다음 상품이 들어오기까지 시간이 걸리는 경우도 많으므로 일정 기간(리드타임)이 걸린다고 생각해야 합니다. 상품의 품절이 생기는 것은 언제나 일정하지 않으므로 그에 따른 대비를 해야 합니다.

상품의 판매량을 정도를 고려한 안전재고와 리드타임을 더해 상품의 발주시점과 발주수량을 구하는 방법에 대해 알아봅니다.

TIP : 기회손실
수요가 있어도 공급할 수 없는 상태로 상품의 품절을 의미합니다.

■ 표준편차와 표준 정규 분포

평균이 같은 정규 분포에서도 데이터에 따라 산의 폭은 다릅니다. 산의 폭이 다르다는 것은 데이터의 흩어진 정도(편차)가 다르다는 것으로 이 편차 크기는 분포를 보는 데 있어서 중요한 요소입니다. 편차를 나타낼 때 일반적으로 이용되는 것이 표준편차입니다. 표준편차는 정규 분포에 포함되는 데이터 전체의 약 68%가 포함된 평균으로부터의 거리의 값입니다. 더 말하면 평균에서 좌우 각각 표준편차의 2배의 폭으로 둘러싸인 범위에 데이터 전체의 약 95%가 들어갑니다.

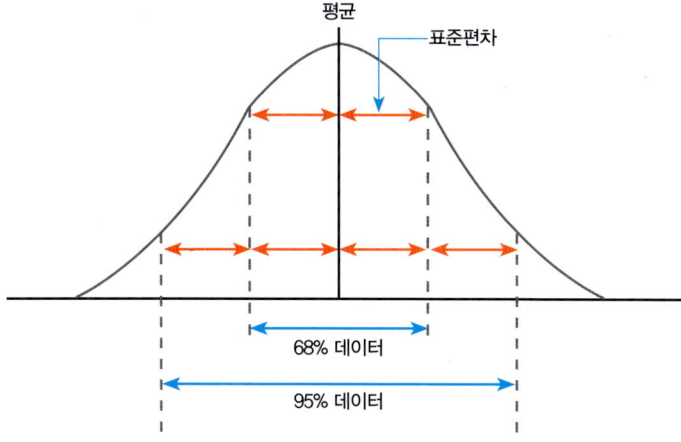

68% 데이터

95% 데이터

즉, 평균이 100이고, 표준편차가 10인 데이터가 있다고 가정하면 확률 변수는 68%의 확률로 90에서 110의 값을 가지고, 95%의 확률로 80에서 120의 값을 갖는다는 것이 됩니다. 표준편차는 STDEV 함수로 구합니다.

정규 분포에서도 평균이 0, 표준편차가 1인 값을 가지는 것을 표준 정규 분포라고 합니다. 이 표준 정규 분포의 누적 확률이 데이터 분석의 여러 곳에서 이용됩니다. 누적 확률은 정규 분포 산의 왼쪽 면적이 전체 면적에서 차지하는 비율로 누적 기여율이라고도 합니다. 표준 정규 분포의 특정 누적 확률에 대응하는 확률 변수 값을 구하는 것으로 일정한 확률을 보증하는 데이터 값을 계산할 수 있습니다.

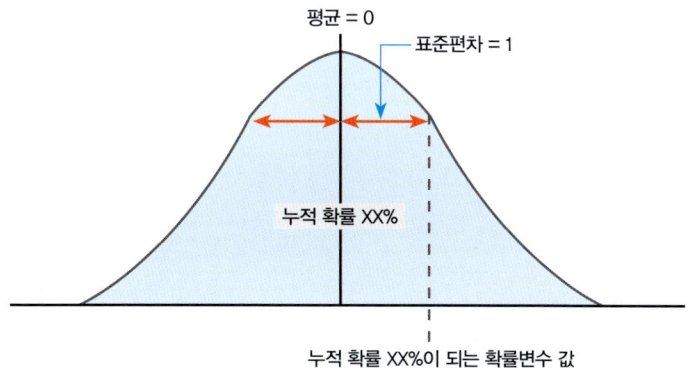

누적 확률 XX%이 되는 확률변수 값

예를 들어 하루 판매량의 평균과 표준편차를 알고 있는 경우, 그 날에 품절이 생길 확률을 5% 이내로 하기 위한 재고량은 표준 정규 분포의 누적 확률이 95%가 되는 확률 변수 값을 구하는 것으로 다음과 같이 계산합니다.

어느 날 품절이 될 확률 5% 이내가 되도록 하기 위한 재고수
=1일 평균판매수량 + 표준편차 × 표준정규분포의 누적 확률이 95%가 될 확률변수 값

표준 정규 분포의 특정 누적 확률에 대응하는 확률 변수 값을 구하려면 NORMSINV 함수를 이용합니다. 발주시점은 발주하는 타이밍이 되는 재고량을 말합니다. 품절을 막기 위한 재고량으로 발주한 후 제품이 입하될 때까지의 기간 중에 예상되는 판매수량이 발주시점이 됩니다. 리드타임 중에도 품절이 일어나지 않도록 방지할 수 있습니다.

TIP : 발주시점

발주시점이란 미리 정해진 재고 수준을 말합니다. 이 재고량보다 적어진 시점에 발주를 합니다. 즉, 발주시점 기준이 되는 재고량을 말합니다. 발주시점은 일반적으로 다음 계산식으로 구합니다.

발주점 = 1일 평균 판매수량 × 발주 리드타임 + 안전재고

■ 안전재고

항상 판매량이 일정하다면 좋겠지만 현실은 그렇지 않습니다. 상품의 판매량은 때때로 다르므로 경우에 따라서는 입하를 기다리는 시기에 품절이 될 수도 있습니다. 이와 같은 품절을 방지하기 위한 것이 발주한 후 입하할 때까지의 기간에 판매되는 양을 고려한 것이 안전재고입니다. 다시 말해 판매가 계획대로 되지 않은 경우(특히 계획보다 수요가 많은 경우), 품절이 되지 않도록 미리 여유를 갖는 재고입니다. 안전재고는 일반적으로 다음과 같은 계산식으로 구합니다.

안전재고=안전계수 × 표준편차(1일 판매수량의 흩어짐) × √발주 리드타임

이 계산식에서 사용하는 안전계수를 몇 개로 할지는 결함품율을 어느 정도까지 허용할 것인지, 서비스율(서비스율은 수주 물량 중 불량이 없고 납품 가능 비율을 말합니다)을 어디까지 보장할지로 정합니다. 결함품율은 반대로 [1-서비스율]로 구합니다. 판매 수량이 정규 분포를 따랐다고 가정하면 서비스율은 표준 정규 분포에서의 누적 확률, 안전계수는 그 누적 확률을 채우는 확률 변수의 값이므로 안전계수를 구할 때는 NORMSINV 함수를 이용합니다. 하루 판매 수량의 격차를 나타내는 수치는 표준편차를 사용하며 STDEV 함수로 구합니다.

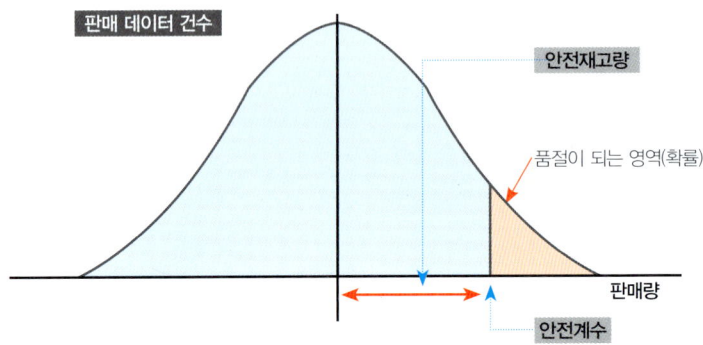

■ 안전재고를 고려한 발주시점

발주한 후 납품까지의 기간인 발주 리드타임 중 예상되는 판매 수량의 합계에 일자별 판매 수량의 격차를 커버하기 위한 안전재고 수량을 더한 것이 발주시점이 됩니다. 발주시점, 발주 리드타임, 안전재고의 관계를 그림으로 나타내면 다음과 같은 그림이 됩니다.

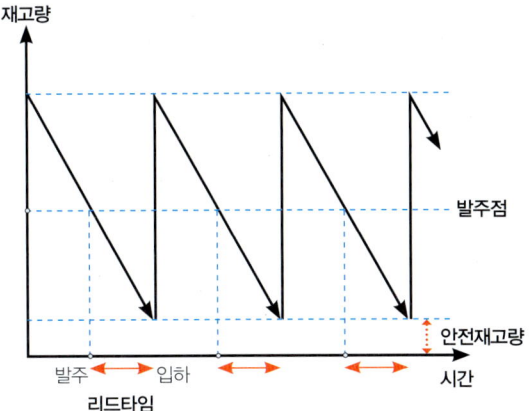

재고량

발주점

안전재고량

발주 ⟵입하

리드타임

시간

발주 리드타임을 일수가 아닌 제곱근을 곱하는 것은 표준편차가 하루 단위로 계산되고 있기 때문입니다. 표준편차 계산의 기초가 되는 기간(1일)보다 예측하는 기간(리드타임)이 길어질 때 예측하는 기간의 표준편차는 단순히 비례하여 커지는 것이 아니라 기간의 제곱근에 비례한다는 통계학적 규칙이 있습니다.

함수 구문

NORM.S.INV(probability)
표준 정규 누적 분포의 역함수 값을 구합니다. 이 분포의 평균은 0이고 표준편차는 1입니다.

• **probability** : 필수 요소로 정규 분포를 따르는 확률을 지정합니다. probability가 숫자가 아니면 #VALUE! 오류값을 구하고, probability ⟨= 0 또는 probability ⟩= 1이면 #NUM! 오류값을 구합니다.

함수 구문

STDEV.P(number1,[number2],...)
논리값과 텍스트를 무시하고 인수로 주어진 모집단 전체의 표준편차를 구합니다. 표준편차를 통해 값이 평균에서 벗어나 있는 정도를 알 수 있습니다.

• **number1** : 필수 요소로 모집단에 해당하는 첫 번째 숫자 인수입니다.
• **number2, ...** : 선택 요소로 모집단에 해당하는 숫자 인수로, 2개에서 254개까지 지정할 수 있습니다. 쉼표로 구분된 인수 대신 단일 배열이나 배열에 대한 참조를 사용할 수도 있습니다.

함수 구문

SQRT(number)
양의 제곱근을 구합니다.

• **number** : 필수 요소로 제곱근을 구할 숫자입니다. 음수를 지정하면 #NUM! 오류값을 구합니다.

발주시점을 계산해 보겠습니다. 평균 판매 수량의 평균과 편차를 구하기 위해 3개월 분의 날짜별 판매 데이터를 준비합니다. 발주 리드타임은 4일로 하며, 서비스율 95%를 보장하기 위한 안전계수부터 구합니다.

예제 파일 | CD\Part 04\재고발주.xlsx [발주시점] 시트

---

01. 다음은 3개월 간의 [블랙라떼] 상품의 재고량 발주시점을 구하기 위한 표입니다. 발주 리드 타임은 4일로 지정했습니다.

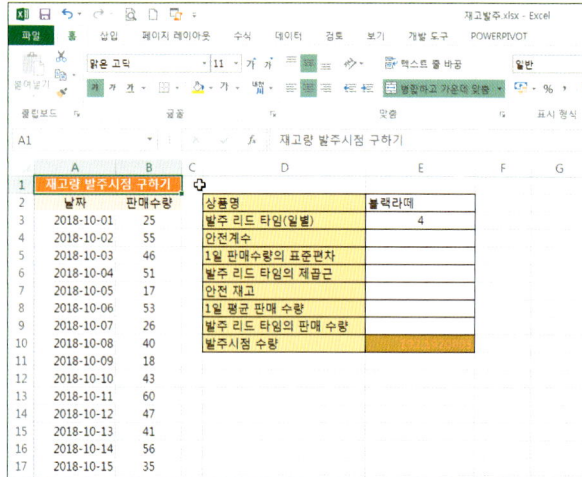

02. 안전계수를 구하기 위해 [E4] 셀에 함수식 [=NORM.S.INV(95%)]를 입력합니다. NORM.S.INV 함수 인수에 95%를 지정하고 안전계수를 구합니다.

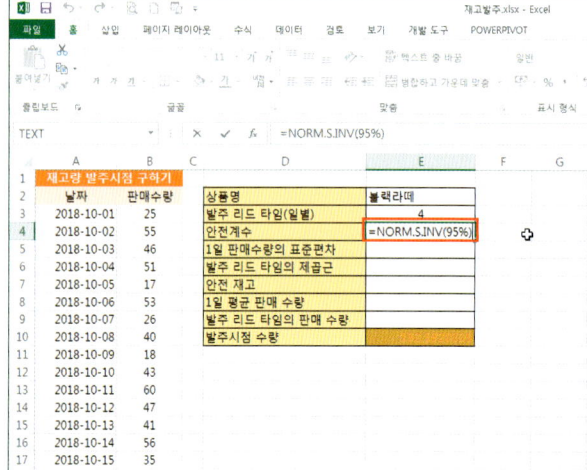

TIP : NORM.S.INV 함수

NORM.S.INV(probability)
표준 정규 누적 분포의 역함수 값을 구합니다. 이 분포의 평균은 0이고 표준편차는 1입니다.

• probability : 필수 요소입니다. 정규 분포를 따르는 확률입니다.

03. 1일 판매수량의 표준편차를 구하기 위해 [E5] 셀에 함수식 [=STDEV.P(B3:B94)]을 입력합니다.

TIP : STDEV.P 함수

STDEV.P(number1,[number2],...)
논리값과 텍스트를 무시하고 인수로 주어진 모집단 전체의 표준편차를 계산합니다. 표준편차를 통해 값이 평균 값에서 벗어나 있는 정도를 알 수 있습니다.

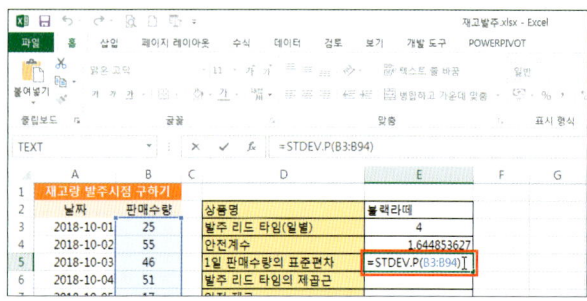

04. 발주 리드타임의 제곱근을 구하기 위해 [E6] 셀에 함수식 [=SQRT(E3)]을 입력합니다.

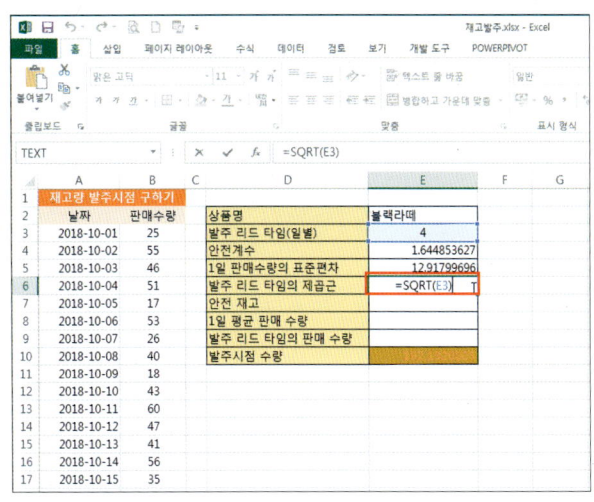

TIP : SQRT 함수

SQRT(number)
양의 제곱근을 구합니다.

• number : 필수 요소입니다. 제곱근을 구할 숫자입니다.

05. 안전재고를 구하기 위해 [E7] 셀에 수식 [=E4*E5*E6]을 입력합니다. 안전재고는 안전계수와 표준편차, 발주 리드타임의 제곱근을 곱하여 구합니다.

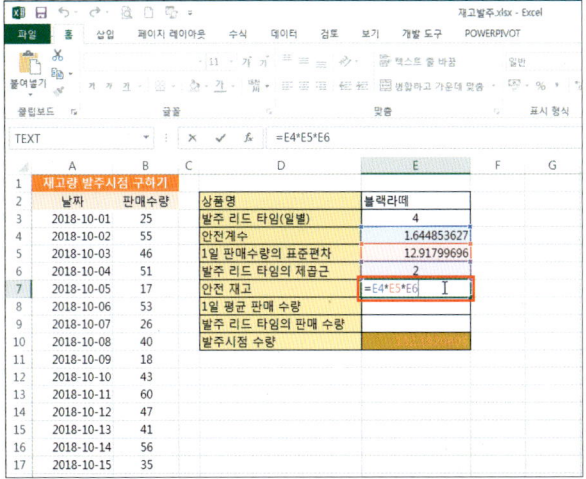

06. 안전재고수 대략 42 정도로 구했습니다. 즉, 이론상으로는 최대한의 재고에 60개를 여분으로 두면 95%의 확률로 품절을 막을 수 있다는 뜻입니다. [E8] 셀에 1일 평균 판매 수량을 구하기 위한 함수식 [=AVERAGE(B3:B94)]를 입력합니다.

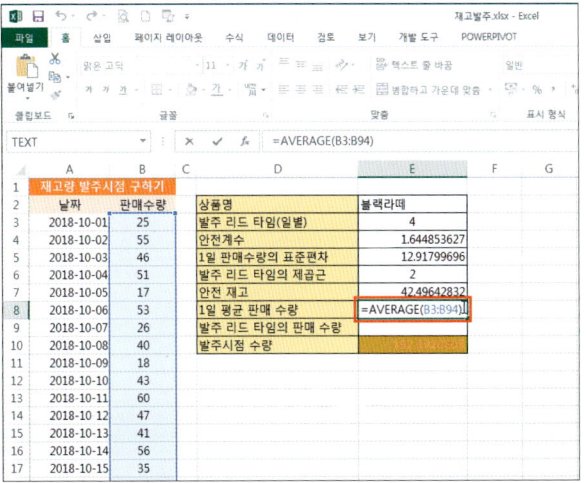

07. 이제 하루 평균 판매 수량과 발주 리드타임 값인 4를 곱하여 발주 리드타임의 판매 수량을 구합니다.

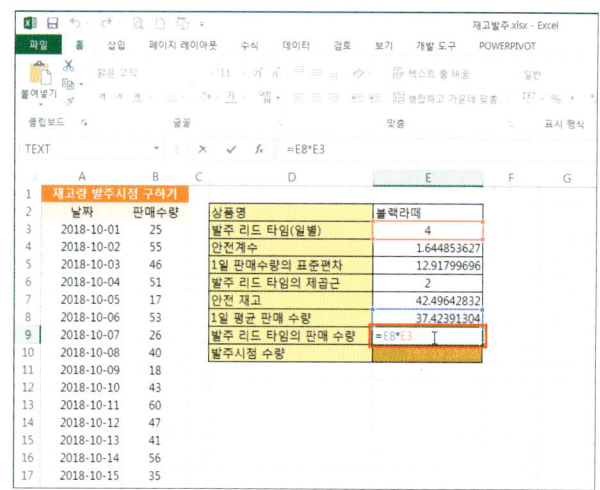

08. 이제 발주시점 수량을 구하기 위해 [E10] 셀에 발주 리드타임의 판매 수량과 안전재고를 더해 발주시점 구합니다.

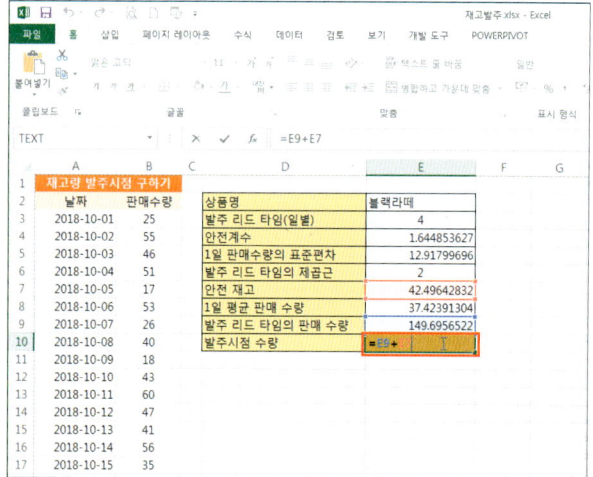

09. 계산 결과 발주시점은 192.19입니다.

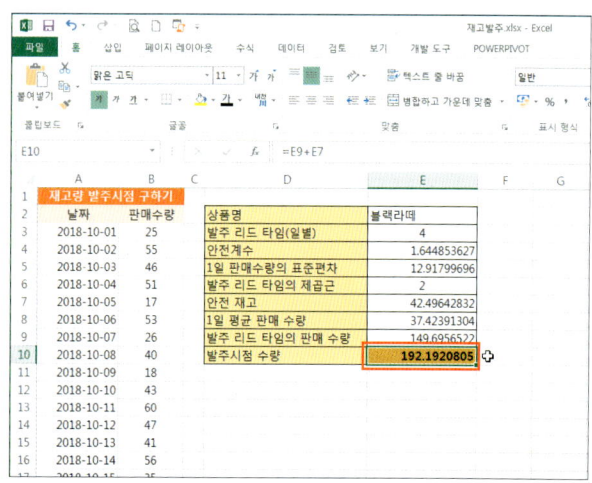

해석

재고가 191개 이하가 되었을 때 발주를 하면 최적의 재고 수량을 갖출 수 있게 되는 것입니다.

앞에서 발주시점 수량을 구해 보았습니다. 여기서는 발주시점 수량을 이용하는 방법에 대해 알아보겠습니다. [상품입출고] 시트에 데이터를 입력하면 재고 목록의 현재 재고수가 자동으로 표시되어 발주가 필요한지 아닌지를 알 수 있도록 하는 예제입니다.

예제 파일 Ｉ CD₩Part 04₩재고발주.xlsx [상품입출고] 시트

01. 다음은 [상품입출고] 시트의 내용입니다. 이 데이터를 이용하여 발주시점 수량을 이용합니다.

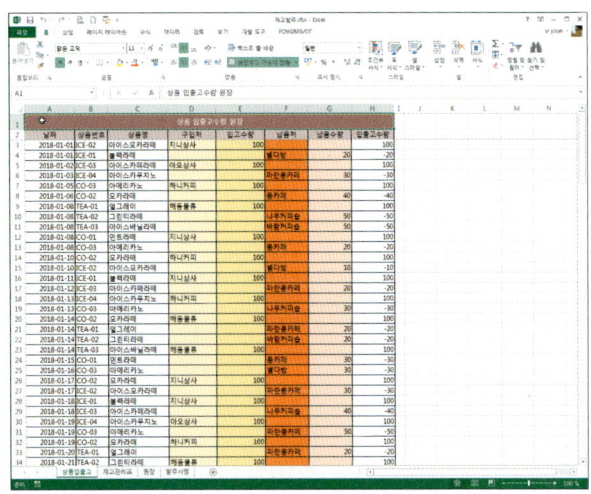

02. [재고 관리표] 시트의 [D3] 셀에 현재 입출고 수량을 구하기 위한 함수식 [=SUMIFS(상품입출고!H2:H149,상품입출고!B2:B149,A3)]을 입력합니다.

> **T I P :** 여기서는 현재 입출고 수량을 구하는 범위가 [H149] 셀까지인데 이것은 사용자가 자신의 업무 파일에 맞추어 변경해주세요.

해석

[상품입출고] 시트의 [B2:B149] 셀 범위에서 [A3] 셀에 입력되어 있는 값을 찾아 [상품입출고] 시트의 [H2:H149] 셀 범위에서 [A3] 셀에 입력되어 있는 [ICE-01] 상품의 입출고 수량의 합계를 구합니다.

03. [D4:D12] 셀 범위는 [D3] 셀의 오른쪽 아래 부분을 더블클릭하여 자동 채우기하여 구합니다.

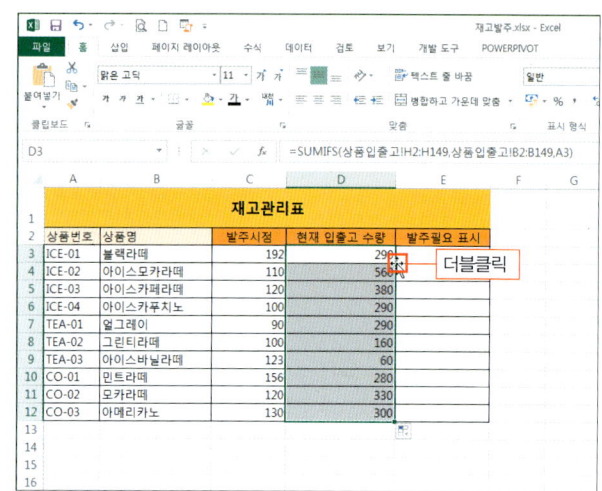

04. 이제 자동으로 발주가 필요한지 아닌지를 조건부서식으로 구하기 위해 [E3] 셀에 함수식 [=IF((C3)=D3),"발주필요","")]를 입력합니다.

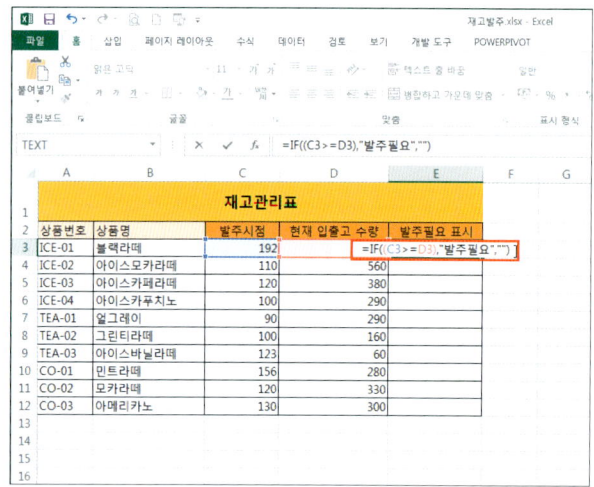

해석

[C3] 셀의 발주시점 값이 [D3] 셀의 현재 입출고 수량보다 크면 [발주필요]가 표시됩니다.

05. [E4:E12] 셀 범위는 수식을 자동 채우기로 복사합니다.

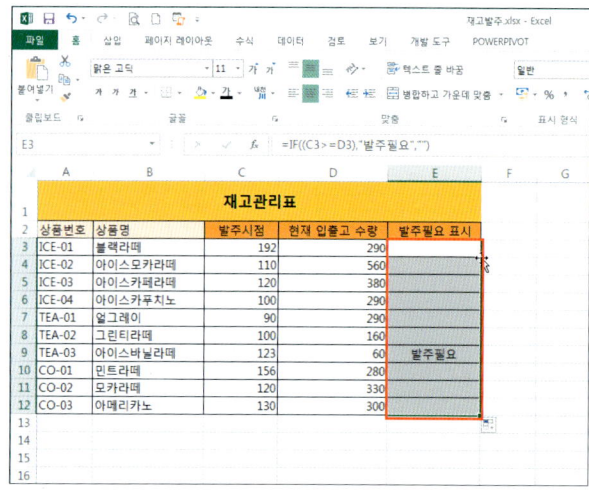

06. [E3:E12] 셀 범위를 선택한 다음 [홈] 탭–[스타일] 그룹–[조건부 서식]–[셀 강조 규칙]–[같음]을 클릭합니다.

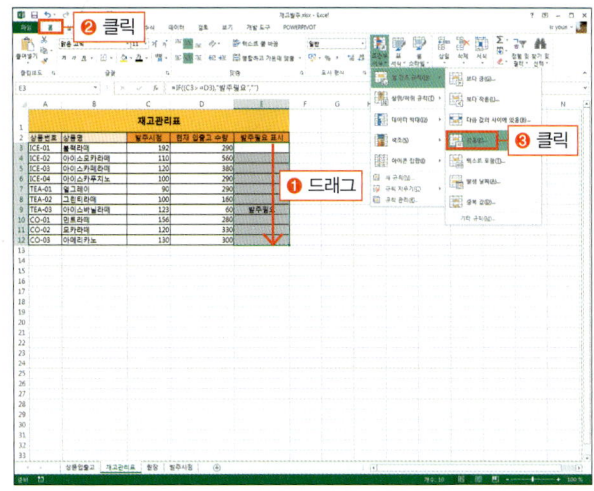

07. [같음] 대화상자가 나타나면 다음과 같이 서식을 지정하고 [확인] 단추를 클릭합니다.

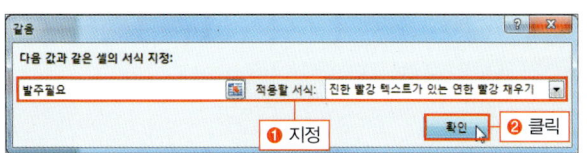

08. 다음과 같이 발주가 필요한 상품에 대해서는 빨강 글자로 [발주필요]가 표시됩니다. 언제 발주를 해야 하는지 일일이 살피지 않아도 이 표만 알 수 있습니다.

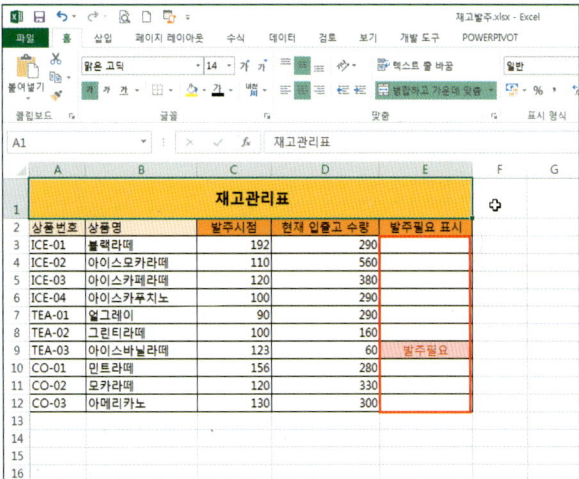

재고 효율성을 분석할 때 사용하는 대표적인 지표로 재고회전율이 있습니다. 특히 재고량이 큰 제품은 재고회전율을 정상적으로 감시하여 불량재고가 발생하지 않도록 해야 합니다. [표] 기능을 이용해서 재고회전율을 계산하는 방법에 대해 알아봅니다. 다음에 재고량이 큰 제품을 랭킹 분석의 일종인 ABC 분석을 거쳐 정상적으로 재고회전율을 감시하는 제품을 결정하는 방법에 대해 알아봅니다.

다만 재고회전율은 업종이나 제품에 따라 경향이 다릅니다. 예를 들어 소모품과 내구품을 단순 비교할 수는 없겠죠. 재고회전율을 비교할 때는 그 상품의 특징이나 판매되는 방법을 충분히 고려해야 합니다.

$$재고회전율\ 계산식 = \frac{매출원가}{평균재고액}$$

■ 재고회전율 구하기

재고회전율을 구하는 방법에 대해 알아봅니다.

예제 파일 | CD₩Part 04₩재고회전율.xlsx

01. 매출원가 필드를 선택한 다음 [데이터]-[정렬 및 필터]-[숫자 내림차순 정렬]을 클릭합니다.

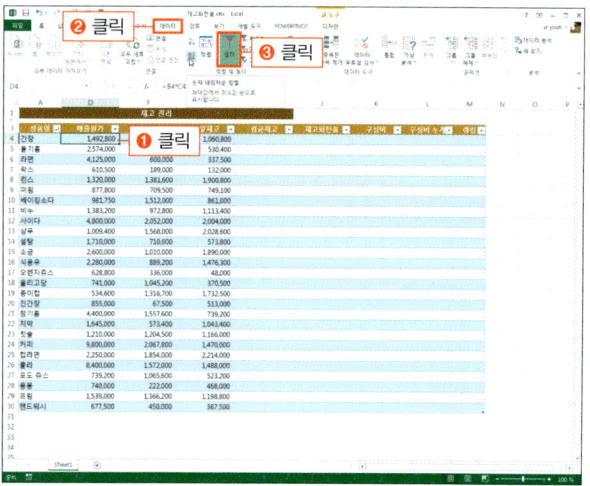

TIP : 재고회전율과 매출원가

• **재고회전율 :** 재고 효율성을 나타내는 지표로 일정 기간(1년, 상반기, 분기, 한 달 등)에 재고가 몇 번 바뀌었는지를 나타냅니다. 회전율이 클수록 재고 입고에서 판매에 따른 재고의 출고까지 기간이 짧고, 재고 관리가 효율적으로 진행되고 있다는 것을 알 수 있습니다. 회전율이 작을수록 창고에 재고가 오랫동안 쌓여있다는 뜻이므로 보관비 등 보관료가 판매 이익보다 높아질 수도 있습니다.

• **매출원가 :** 재고회전율을 구하는 대상이 되는 기간 내에 판매된 상품의 매출원가의 합계입니다. 평균재고량은 초기(대상 기간의 최초)의 재고량과 기말(대상 기간의 끝)의 재고량의 평균입니다.

02. [I4] 셀을 클릭하여 평균재고를 구하는 식 [=AVERAGE([@기초재고],[@기말재고])]를 입력합니다. 평균재고는 기초재고와 기말재고값의 평균입니다.

03. 나머지 셀들은 자동으로 평균재고가 구해집니다. 만일 자동으로 구해지지 않는다면 셀을 복사하여 평균재고를 모두 구합니다. 이어 재고회전율을 구하기 위해 수식 [=[@매출원가]/[@평균재고]]를 입력합니다.

■ ABC 그룹으로 재고회전율 분석하기

조건부 서식을 이용하여 ABC 그룹으로 나누어 재고회전율을 분석하는 방법에 대해 알아봅니다.

01. 매출원가의 합계를 구하기 위해 [B31] 셀을 클릭한 다음 [수식]-[함수 라이브러리]-[자동 합계]를 클릭합니다.

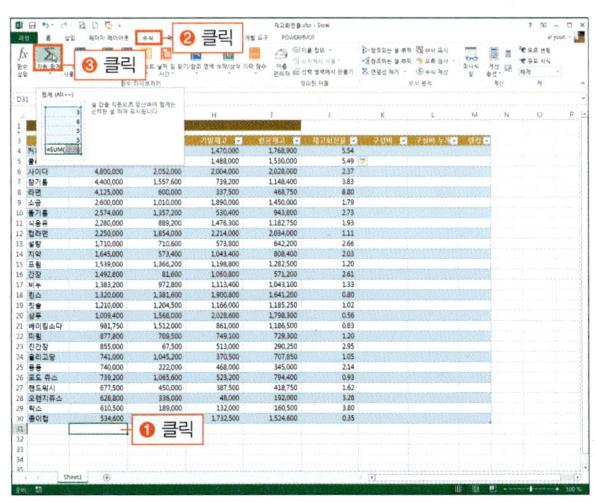

02. 매출원가의 합계를 구합니다. [K] 열에는 구성비를 구하는 수식 [=D4/$D$31]을 입력합니다. 절대참조 부분을 주의해서 입력해주세요.

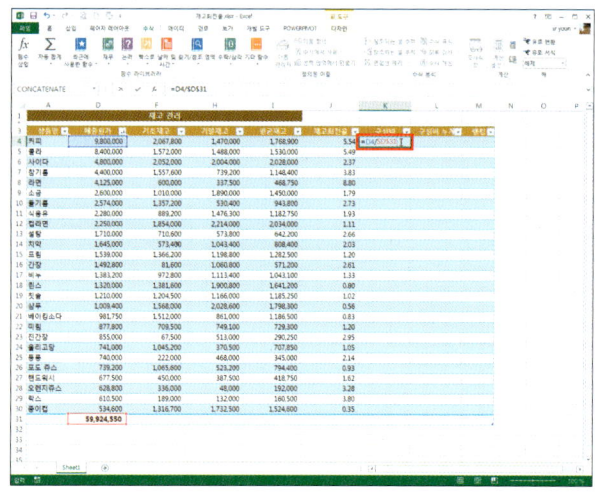

03. 나머지 셀은 수식을 복사하여 구성비를 모두 구한 다음 [L] 열의 구성비누계를 구하기 위한 수식 [=SUM(K4:$K$4)]를 입력합니다. 여기서도 마찬가지로 절대참조 부분을 주의해 주세요.

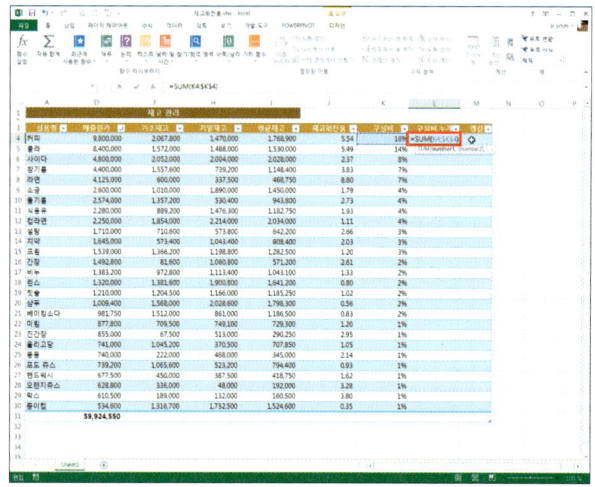

04. 구성비누계를 모두 구한 다음 [M] 열에 A, B, C를 각각 입력합니다. 0~70%는 A, 80%까지는 B, 나머지는 C를 입력합니다.

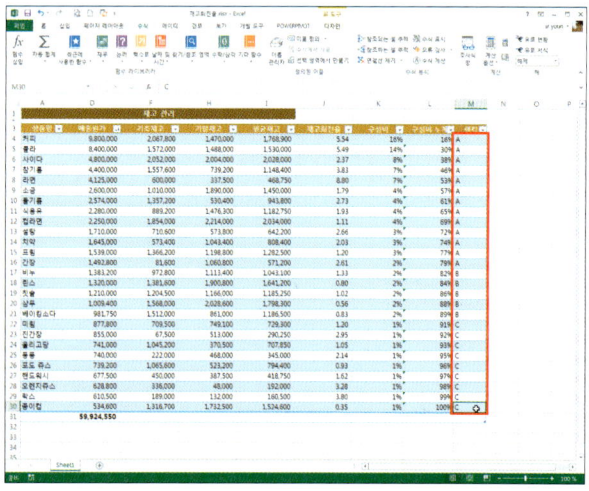

05. 랭킹 A만 표시하기 위해 [랭킹] 필터 아이콘을 클릭하여 [A] 항목만을 선택한 다음 [확인] 단추를 클릭합니다.

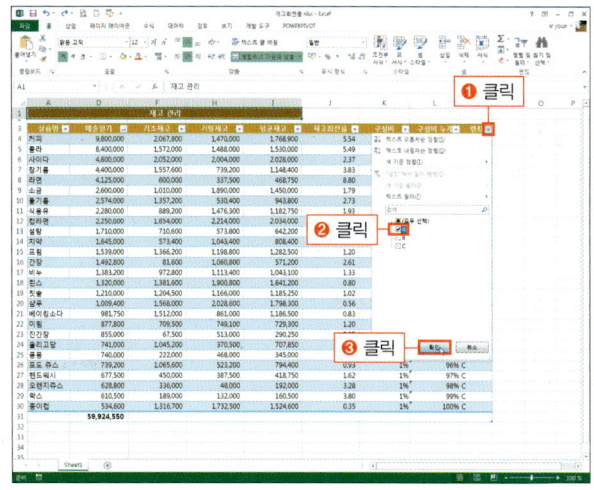

06. [J4:J16] 셀 부분을 선택한 다음 [홈]-[스타일]-[조건부 서식]-[규칙 관리]를 클릭합니다.

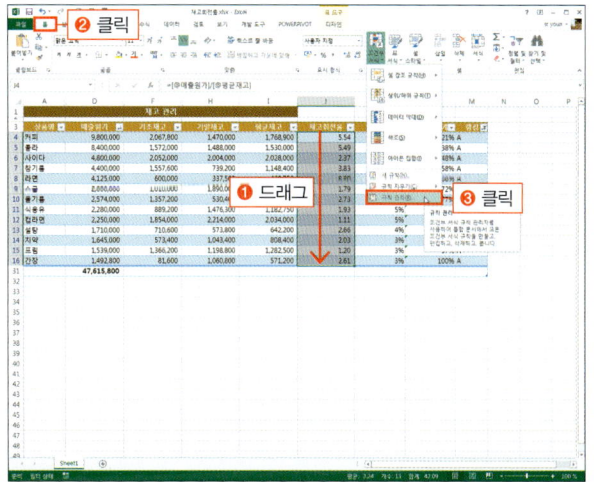

07. [조건부 서식 규칙 관리자] 대화상자가 나타나면 [새 규칙] 단추를 클릭합니다.

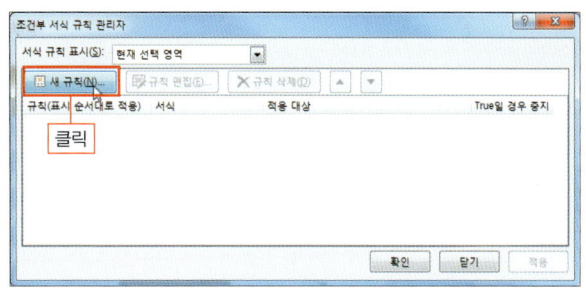

08. [새 서식 규칙] 대화상자가 나타나면 다음과 같이 설정하고 [확인] 단추를 클릭합니다.

09. 설정한 서식을 확인하고 [확인] 단추를 클릭합니다.

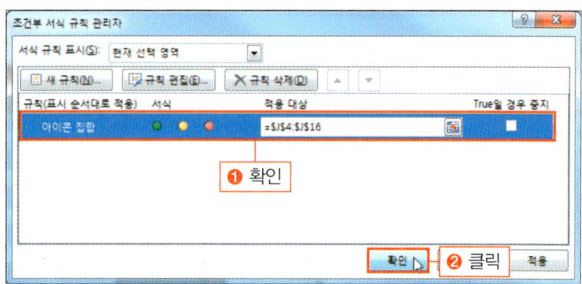

10. 아이콘 집합으로 조건부 서식이 표시되었습니다. 재고회전율을 구하고 중점적으로 관리해야 할 상품을 한눈에 알아볼 수 있습니다.

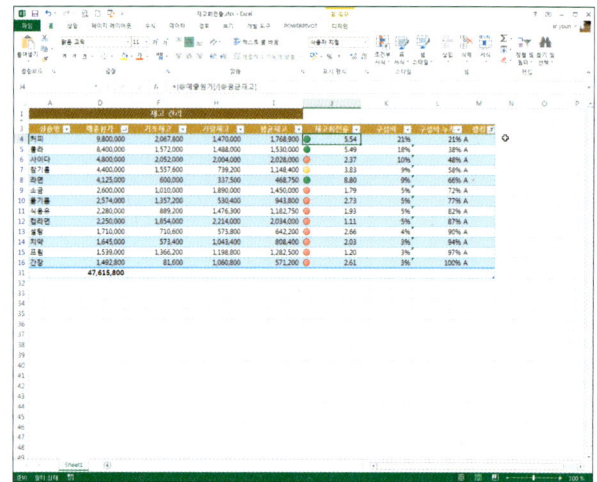

해석

ABC 분석으로 A 등급이 된 상품은 중점적으로 재고를 관리할 필요가 있습니다. 이러한 상품에 대해 재고회전율이 3.00 미만은 불량 재고가 있다고 판단하여 곧 재고 검토를 해야 합니다. 재고회전율이 4.00 미만은 불량 재고일 수 있으므로 보다 자세히 조사해야 합니다. 아이콘이 표시되어 재고에 문제 있는 상품을 한눈에 알 수 있습니다. 이 중 사이다는 매출원가가 3번째로 큰 반면 재고회전율이 3.00 미만이므로 긴급으로 재고 관리를 해야 할 필요가 있습니다.

기업의 성장성 분석하기

기업의 성장성을 분석하는 방법에 대해 알아봅니다. 여러 데이터의 증감, 경향, 성장률을 병렬로 비교하여 현재 상태가 아닌 시계열로 전체적인 성장성을 분석할 수 있습니다.

STEP 01 · 시계열 추이 비교

성장성의 분석에는 이동평균, 연평균 성장률(CAGR), 팬 차트 3가지 방법을 사용합니다. 복수의 수치 데이터를 시간축으로 늘어 놓고 그 증감이나 경향, 성장률을 다각적으로 비교 분석합니다. 데이터의 변화에서 현황을 파악하고 문제점 발견의 단서로 합니다. 복수의 데이터를 곡선 그래프로 비교합니다. 데이터의 규모를 시계열로 비교합니다.

■ 이동평균법

이동평균은 일정 구간을 정하고 그 구간 내의 평균치를 연속해서 계산함으로써 추세적인 동향을 파악하는 것입니다. 변동이 심한 것도 장기적인 경향을 나타내는 매끄러운 곡선이 얻어집니다. 계절 요인 등 시계열 데이터의 주기와 이동평균 구간이 동일한 경우, 주기의 영향은 배제된다는 특징이 있습니다.

■ 연평균 성장률

설정한 구간마다 증가율의 평균을 냅니다. 여기에서 평균은 통상의 산술 평균과 다른 기하 평균(상승 평균)이 됩니다. 기하 평균은 곱셈 또는 비율로 변화해 나가는 움직임에 대해 평균 변화율을 보고 싶을 때 주로 사용합니다. 이 때문에 경제 상황의 분석에서도 잘 쓰고 물가 변동의 동향 및 GDP 성장률, CAGR(연평균 성장률) 등에 이용됩니다. 일례로 1년째 : 3%, 2년째 : 3%, 3년째 : 2%의 데이터가 있는데 이 3년간 증가율을 알고 싶은 경우, 식으로 나타내면 $(3 \times 3 \times 2)\hat{}(1/3)$에 의한 2.26배가 됩니다

연평균 성장률 = (마지막 연도의 값/첫 연도의 값) $\hat{}$ (1/기간) −1

■ 팬 차트

특정 시점의 값을 기준으로 데이터를 지수화(index) 값의 변동 비율을 직관적으로 확인하기 위해 이용되는 선 차트입니다. 매출과 판매 수량 등 값 자체에서 변화의 크기를 보는 것이 아니라 그것들을 지수화하고 변화의 크기를 보는 것이 포인트입니다. 예를 들어 평상시에는 판매 금액적으로 주력 상품에 파묻혀 같은 비주력 상품의 변화의 징후를 파악하기 쉽기 때문에(조기에 재고를 확보하는 등) 기회 손실을 막을 필요가 있을 때 사용하면 편리합니다.

숨은 변화 간과하지 않기

다음은 톱 세일즈맨인 김대리와 영업 성적이 좋지 않은 이대리의 매출 금액 데이터와 성장률을 팬 차트로 작성한 것입니다. 딱 봐도 김대리의 매출 금액이 월등히 높다는 것을 알 수 있습니다. 하지만 여기서 간과하면 안 되는 부분이 있습니다.

매출금액 차트를 보면 어느 정도 판매하고 있는지는 알 수 있지만 경향이나 성장률 등은 알 수 없습니다. 하지만 팬 차트로 작성해보면 김대리가 매출은 높지만 계속 하강 추세에 있다는 것을 알 수 있습니다. 그에 비해 이대리는 현재 매출액은 적지만 상승 추세이며, 성장률도 상승하고 있다는 것을 알 수 있습니다. 이것은 수치만 따라가는 것이 아니라 시간의 흐름을 고려했을 때 보이는 수치입니다.

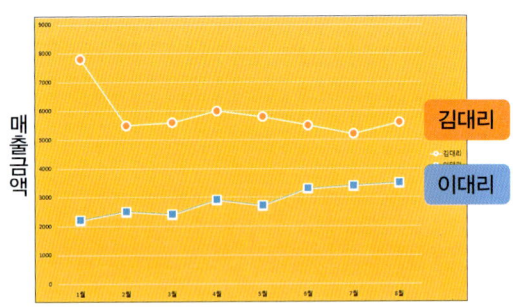
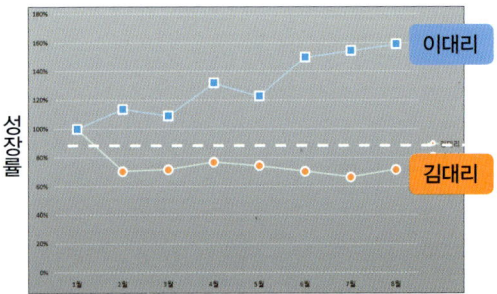

신규 사업도 검토되어야 하지만 막대한 투자가 필요하고 리스크도 높으므로 쉽게 결단하기는 어렵습니다. 그래서 지금 있는 사업의 성장성을 분석하고 성장성이 높은 사업에 집중적인 투자를 하기 위해 이동평균을 구하여 사업별 성장성 분석을 해 보도록 하겠습니다.

예제 파일 | CD₩Part 04₩사업성장성.xlsx [매출총액] 시트

01. 다음은 어느 회사의 매출 총액을 이용하여 연도별 매출 차트를 작성한 모습입니다. 2014년 이후 매출 곡선이 하강하고 있다는 것을 알 수 있으며 사업의 재검토가 필요한 상황이라고 할 수 있습니다.

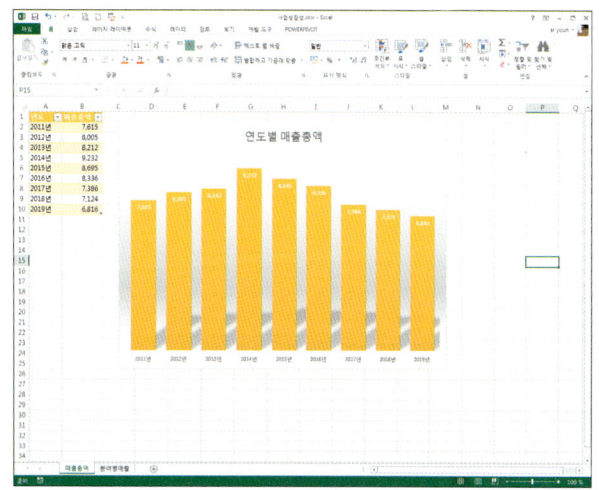

02. [분야별매출] 시트를 클릭하면 나타나는 화면은 사업별 매출 내역과 매출을 이용하여 차트를 만들어 본 모습입니다.

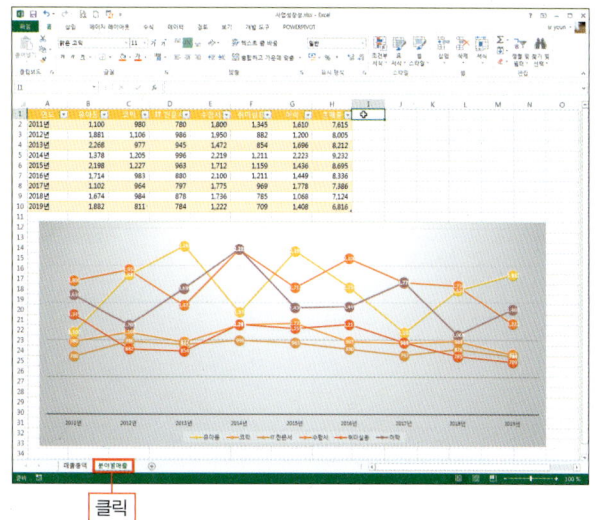

클릭

03. 이 데이터를 이용하여 이동평균을 구하기
위해 먼저 시트를 복사합니다. [분야별매출] 시트
에서 마우스 오른쪽 단추를 클릭하여 [이동/복사]
를 클릭합니다.

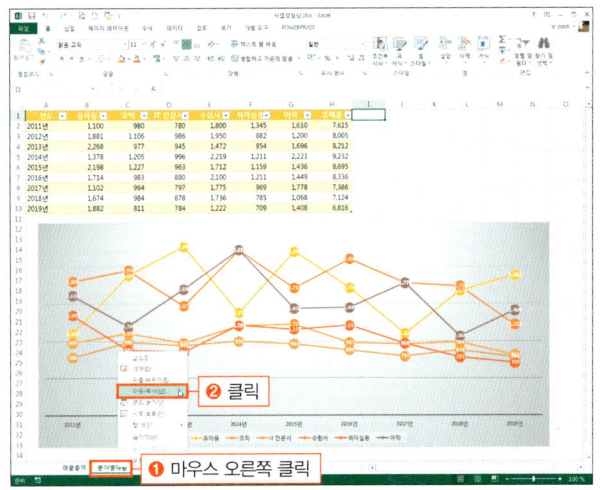

04. [이동/복사] 대화상자가 나타나면 [끝으로
이동]을 선택한 다음 [복사본 만들기] 항목을 클릭
하여 체크한 다음 [확인] 단추를 클릭합니다.

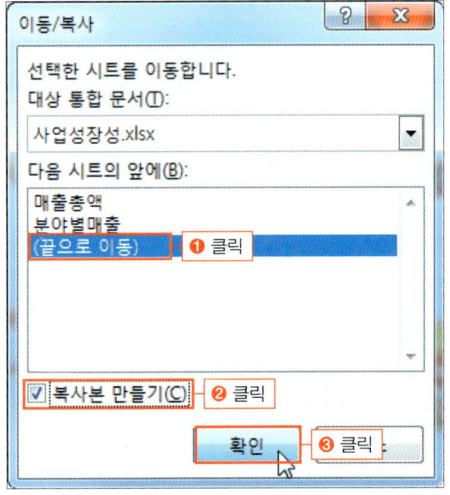

05. 시트가 복사되었습니다.

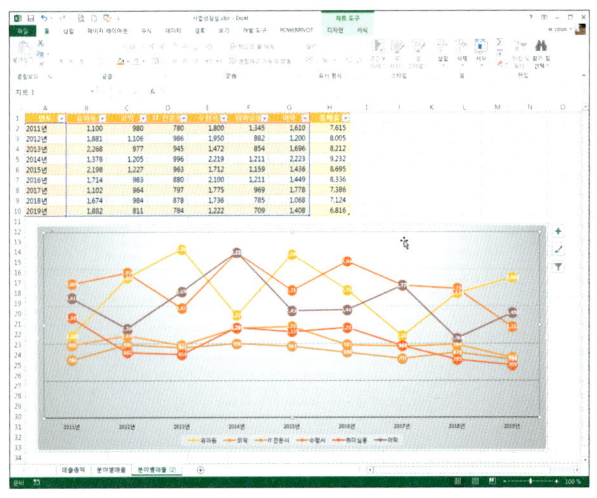

06. 차트를 삭제한 후 [A13:G18] 셀 범위에 다음
과 같이 데이터를 작성합니다. 원 데이터를 복사
하여 작성하면 됩니다.

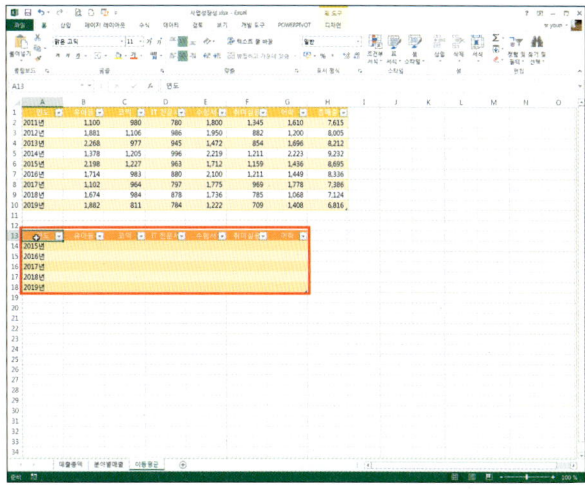

07. [B14] 셀을 클릭한 후 이동평균을 계산하기
위한 함수식 [=SUM(B4:B6)/3]을 입력합니다.

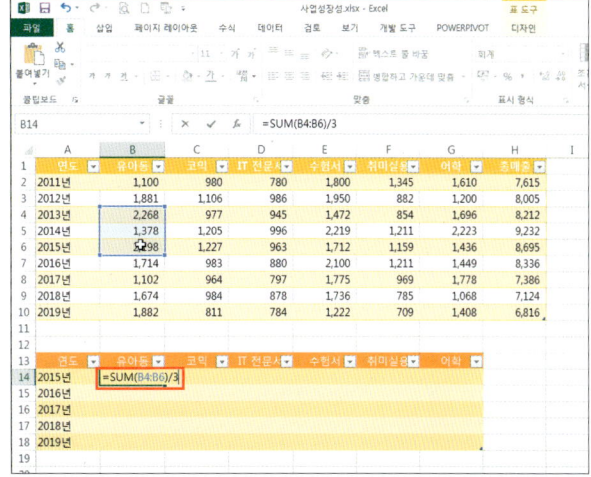

TIP : 수식 설명

3개년 매출액의 합계를 구한 다음 3으로 나누어 계산
합니다.

08. 수식을 입력하고 **Enter** 를 누르면 나머지
셀은 자동으로 계산됩니다.

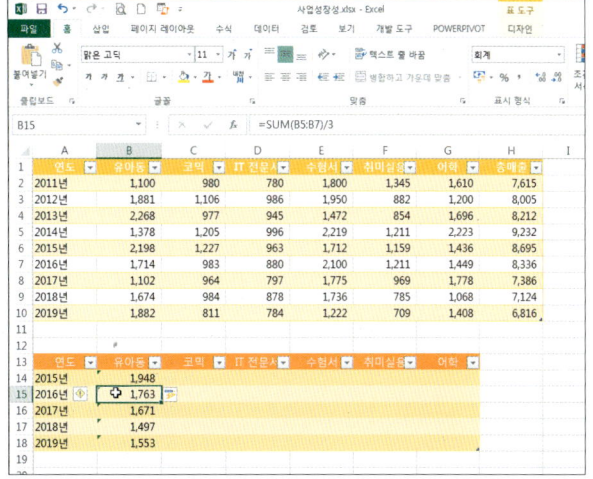

09. 나머지 셀도 복사하여 마무리합니다. 각 연도별 이동평균을 모두 구했습니다.

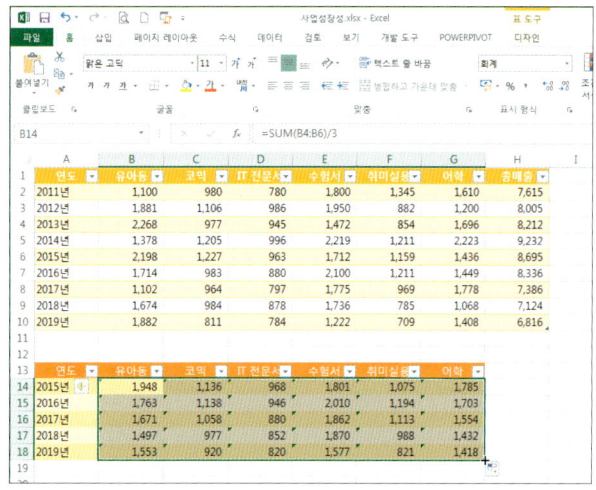

10. 차트를 삽입하기 위해 [A13:G18] 셀 범위를 선택한 다음 [삽입] 탭–[차트] 그룹–[꺾은선형]–[꺾은선형]을 클릭합니다.

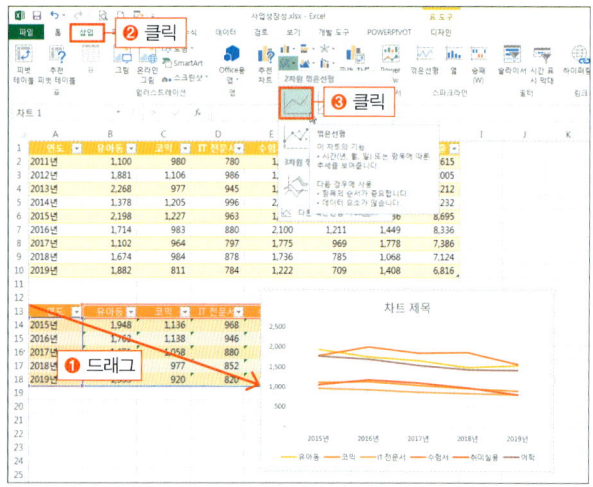

11. 차트가 삽입되었습니다.

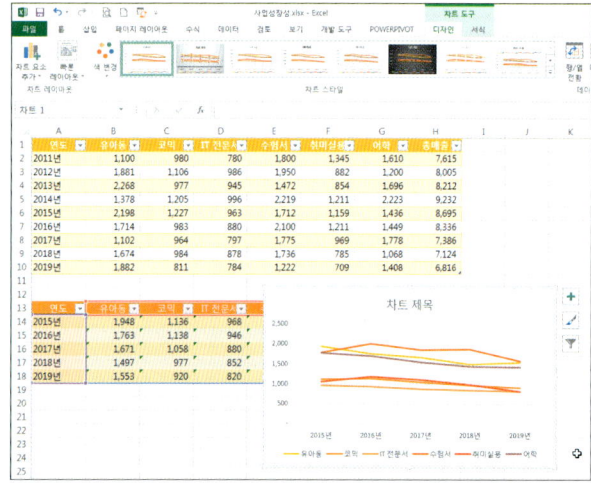

12. 차트 크기를 수정합니다. 맨 처음에 보았던 데이터에 비해 매출 경향이 훨씬 더 잘 보입니다.

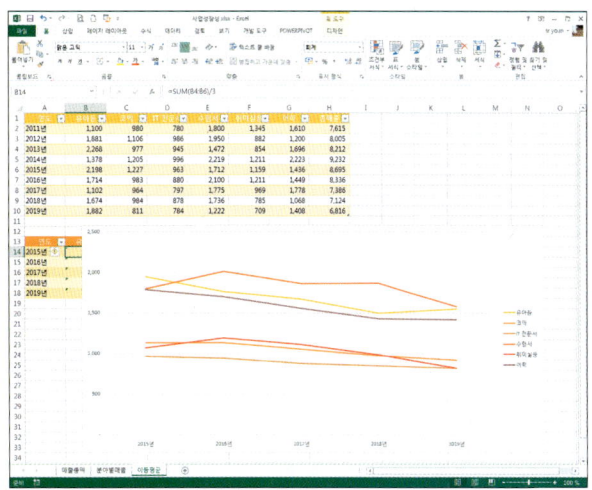

해석

이 차트를 보면 2015년(3개년 이동평균) 이후 매출 증가세에 있는 것이 거의 없고, 유아동 부분만 증가세로 돌아서고 있다는 것을 알 수 있습니다. 회사 차원의 대대적인 개혁이 필요하다는 것을 알 수 있습니다.

이번에는 연평균 성장률(CAGR)을 이용해 성장성을 분석하는 방법에 대해 알아봅니다. 연평균 성장률인 CAGR는 Compound Average Growth Rate의 약어입니다. 연평균 성장률은 계산할 대상의 기간 내 성장률이 확실하므로 경향을 명확히 하는데 적합합니다. 연평균 성장률 구하는 공식은 다음과 같습니다.

연평균 성장률(CAGR)=(마지막 연도의 값/첫 연도의 값)^(1/기간)−1

01. 연평균 성장률을 계산하기 위해 앞에서 작성했던 시트를 복사합니다. [이동평균] 시트에서 마우스 오른쪽 단추를 클릭하여 [이동/복사]를 클릭합니다.

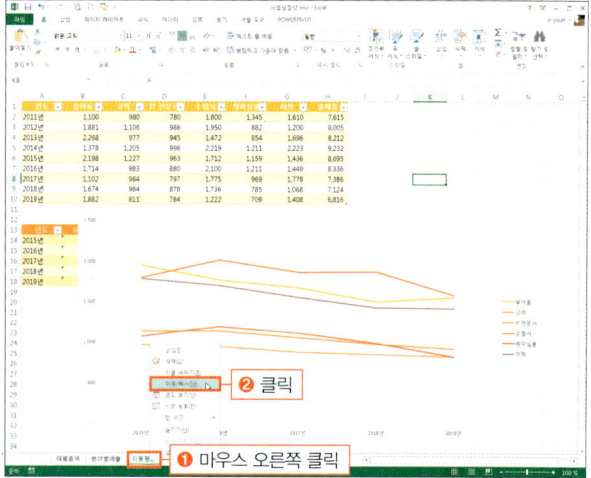

02. [이동/복사] 대화상자가 나타나면 [끝으로 이동]을 선택하고 [복사본 만들기] 항목을 클릭하여 선택한 다음 [확인] 단추를 클릭합니다.

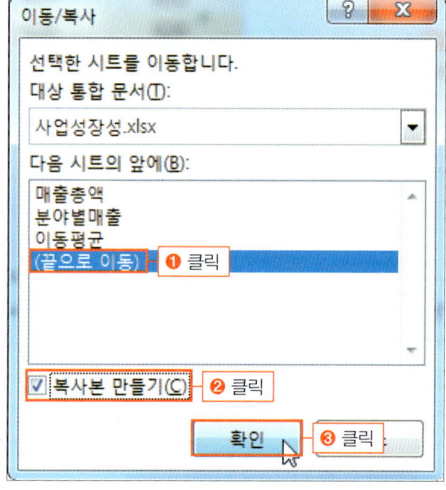

TIP : RATE 함수로 연평균 성장률 구하기

=rate(기간,0,−첫번째수치,마지막수치)
=rate(7,0,−10841,20045)

03. 시트명을 [연평균성장률]로 변경합니다.

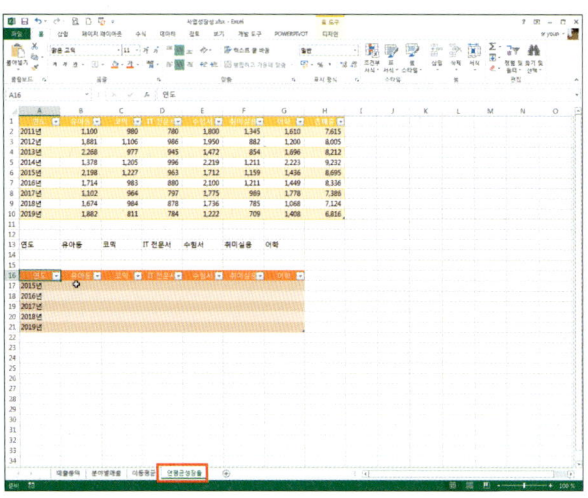

04. [B14] 셀을 클릭한 후 연평균 성장률을 구하기 위한 수식 [=((B6/B4)^(1/2)−1)]을 입력합니다.

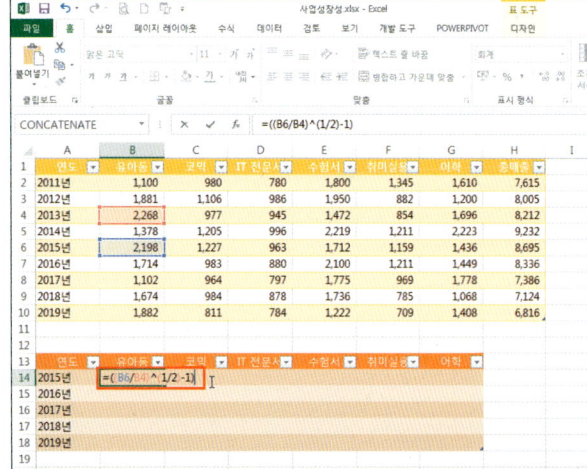

TIP : RATE 함수식으로 계산하기

=RATE(2,0,−B4,B6)

05. 2015년의 연평균 성장률을 구했습니다. 값이 퍼센트로 표시되지 않으므로 [B14:B18] 셀 범위를 선택한 다음 [홈] 탭−[표시 형식] 그룹−[백분율 스타일]을 선택하여 표시 형식을 변경합니다.

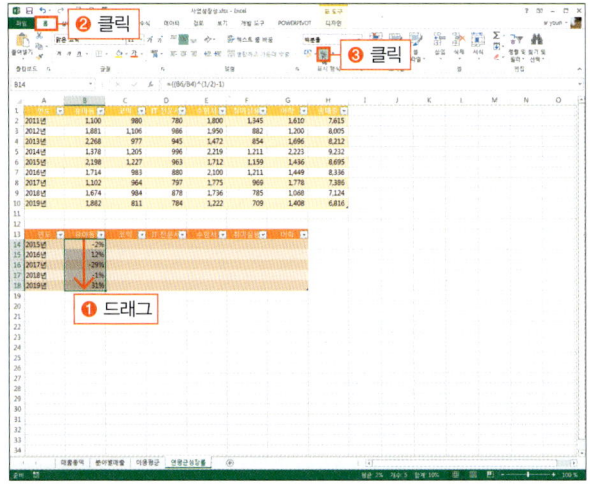

06. 나머지 셀 범위는 셀을 복사하여 완성합니다.

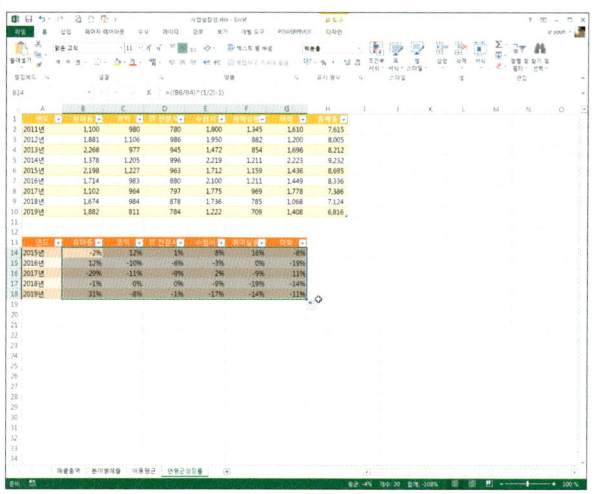

07. 차트를 삽입하기 위해 [A13:G18] 셀 범위를 선택한 다음 [삽입] 탭-[차트] 그룹-[꺾은선형]-[꺾은선형]을 클릭합니다.

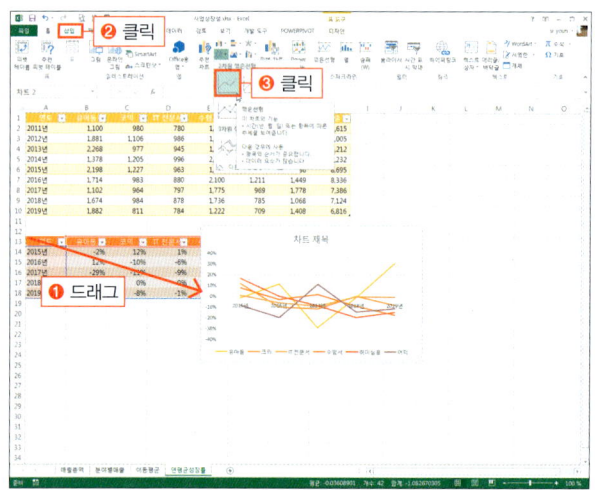

08. 차트가 완성되었습니다.

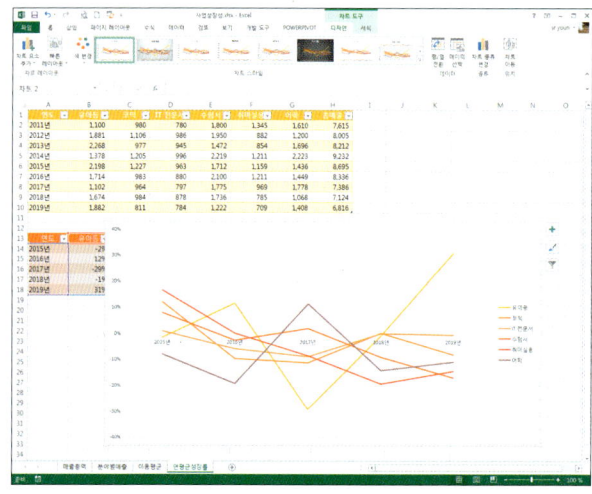

유아동 부분만 다시 성장세로 돌아서고 있다는 것을 확실하게 알 수 있습니다.

팬 차트를 이용해 성장성을 분석합니다. 팬 차트는 어떤 기준이 되는 시점을 100%로 하고 그 이후의 수치를 기준이 되는 시점에 대한 백분율로 표시해 곡선 그래프로 나타낸 것입니다. 차트가 마치 팬을 펼친 듯한 모양을 하면서 팬 차트라고 부릅니다. 팬 차트에서는 수치의 증가나 감소 등 변화율로 나타내기 위해 증가 경향에 있는 항목으로 감소 경향에 있는 항목이 값의 대소에 관계 없이 같은 축척에서 차트의 기울기로 나타나므로 값이 작아도 급성장을 하고 있는 항목 등을 간과하지 않고 파악할 수 있습니다.

01. [연평균 성장률] 시트에서 마우스 오른쪽 단추를 클릭하여 [이동/복사]를 클릭합니다.

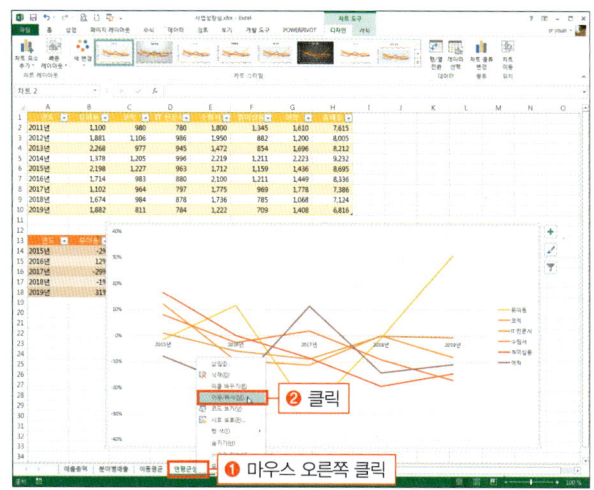

02. [이동/복사] 대화상자가 나타나면 [끝으로 이동]을 선택하고 [복사본 만들기] 항목을 클릭하여 선택한 다음 [확인] 단추를 클릭합니다.

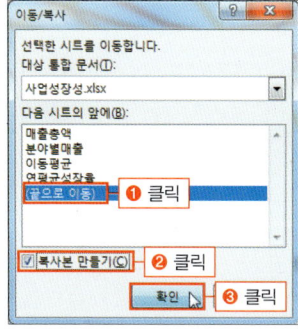

03. 복사한 시트의 이름을 [팬 차트]로 변경한 다음 차트와 데이터를 삭제하여 다음과 같이 만듭니다.

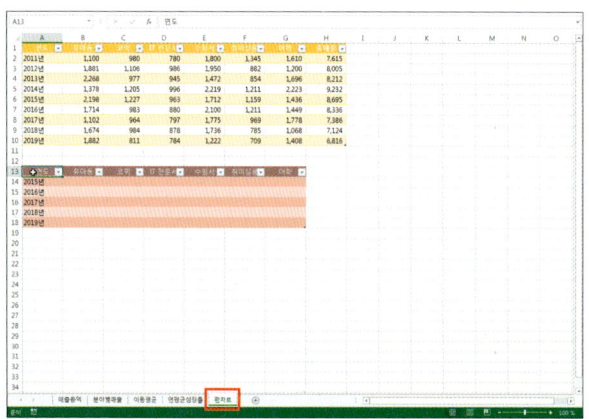

04. [B14] 셀을 클릭하고 수식 [=B6/B$6]을 작성합니다. 셀 값을 복사하기 위해 절대 참조를 정확하게 지정합니다.

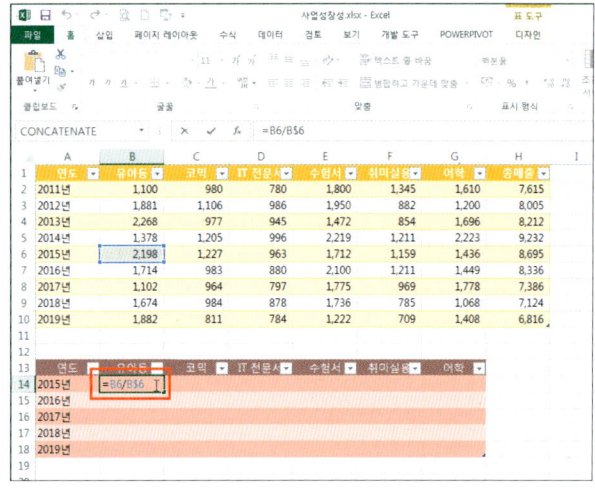

05. 수식을 작성한 다음 Enter를 누르면 다음과 같이 결과값을 표시합니다.

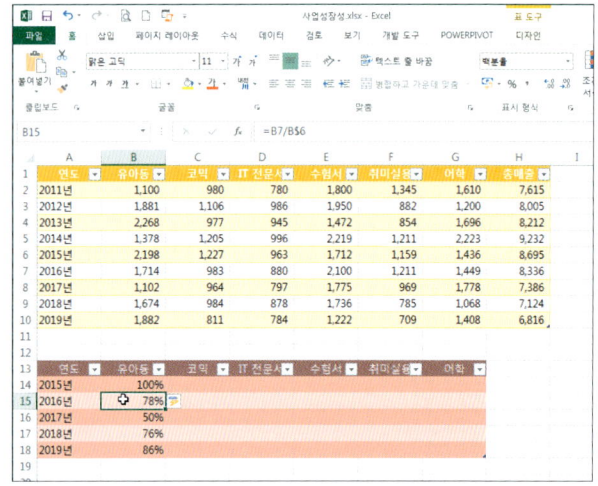

06. [B14:B18] 셀 범위를 선택한 다음 [G] 열까지 드래그하여 수식을 모두 복사합니다.

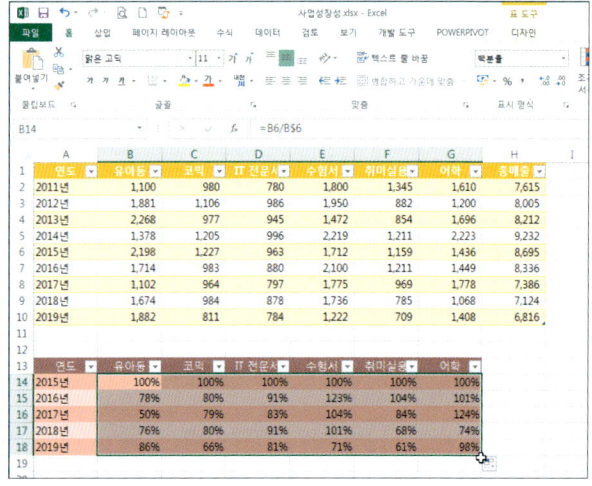

07. [A13:G18] 셀 범위를 선택한 다음 [삽입] 탭–[차트] 그룹–[꺾은선형]–[꺾은선형]을 클릭합니다.

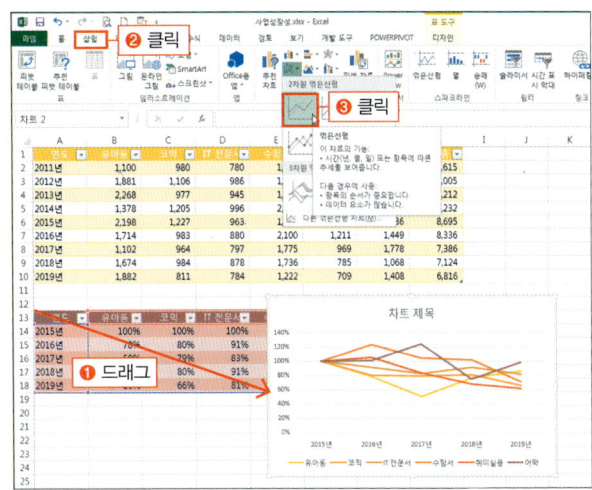

08. 팬 차트가 작성되었습니다.

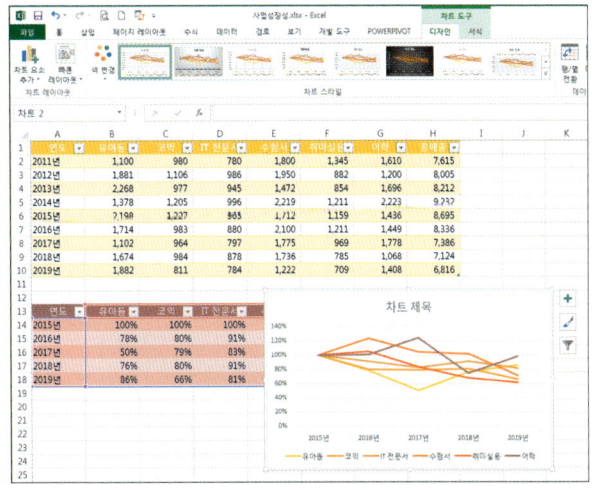

09. 차트 크기를 조정합니다. 이동평균과 CAGR 에서 판단한 결과와 거의 같은 경향을 볼 수 있습니다.

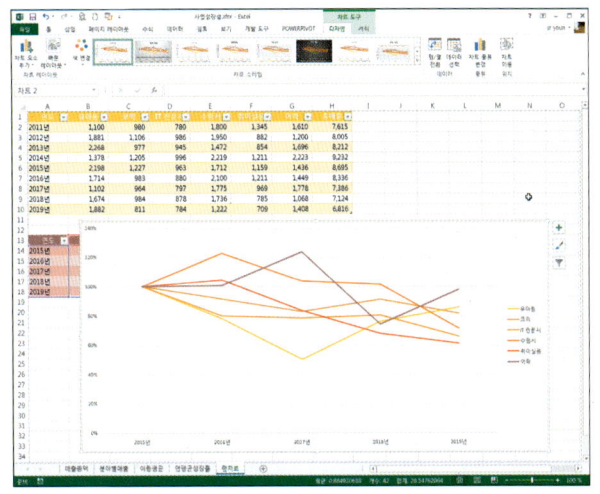

해석

감소 추세에 있는 것 중에서 어학 부분이 약간 증가 추세에 있다는 것을 확인할 수 있습니다. 최우선 순위로 투자 대상이 되는 것은 유아동이며, 어학 부분도 중점 투자 대상이라고 판단됩니다.

07 상관 분석하기

상관 계수를 구하면 수치 데이터의 관련성 크기를 구할 수 있습니다. 상관 계수는 데이터 수가 많아질수록 연관성이 강해도 작아지기 때문에 연관성은 상관 계수의 대소와 데이터 수를 포함하여 판단할 필요가 있습니다.

STEP 01 • 상관 계수 이용하기

상관 계수는 2가지 변수의 상관 관계를 나타내는 지표입니다. 상관 계수는 반드시 −1~1의 범위에 들어가고 0.7 이상이면 + 상관 관계(한쪽 값이 오르면 다른 한쪽 값이 일정 비율로 올라가는 관계)가 있다고 합니다. 반대로 −0.7 이하면 − 상관(한쪽의 값이 오르면, 다른 한쪽의 값이 일정 비율로 내려가는 관계)이 있다고 합니다. 상관 계수가 1일 때 2가지 변수는 완전히 양의 상관 관계입니다. 오히려 −1이면 2가지 변수는 완전히 음의 상관 관계입니다. 다음 그림을 보면 상관 관계를 바로 알 수 있습니다.

■ 상관 계수 · 회귀분석을 이용할 때의 주의점

상관이 있어도 인과 관계는 아니다

회귀분석에서 높은 상관 관계를 발견하더라도 그것들에 인과 관계가 있다고 단정할 수는 없습니다. 실제 차트로 표시해 보거나 속성을 살펴보면 제3의 요인을 생각할 수도 있기 때문입니다. 예를 들어 연봉에 따른 고혈압 환자의 비율에 상관이 있어도 두 요인은 서로 직접적인 인과는 없고, 다만 식생활과의 인과 관계가 더 높을 가능성이 있습니다.

상관에서 벗어날 때의 주의

회귀분석을 하고 차트를 보면 추세선에서 분명히 벗어나는 데이터가 나오는 경우가 있습니다. 이러한 데이터에는 사업상 큰 힌트가 숨겨져 있는 경우가 있으므로 주의하고 파고들어 보는 것도 좋습니다. 물론 단순한 노이즈로 데이터를 삭제해야 하는 경우도 있습니다.

상관결과(고저) 판단은 비즈니스의 종류에 따라 다르다

상관이 있다고 하기 위해서는 상관 계수가 일반적인 절대값으로 0.7 정도(R^2 값으로 0.5 정도)가 필요한데 비즈니스 성질에 따라서는 그 이하에서도 상관 관계가 있다고 생각하는 경우가 있습니다. 예를 들어 상관이 있을 경우 리스크가 매우 크다면 상관 계수(혹은 R^2 값)가 낮아도 꼭 내용을 조사합니다. 예를 들어 의약품 부작용 등은 상관이 있었을 경우 리스크가 높은 대표적인 것입니다.

지역별 사원의 신제품 선호도의 상관 관계를 찾기 위한 방법에 대해 알아봅니다. 다음 예제는 서울지역과 제주도지역에 몇 개의 매장이 있는 음식점에 대한 내용입니다. 이번에는 이제까지 제공하던 음식과는 다른 신제품 A를 새로운 메뉴로 내기 위해 검토 중에 있었습니다. 단지 두 지역에서의 획일적인 상품으로 기호의 차이도를 확실하게 알 수 없다는 불안감도 있습니다. 그래서 제품을 판단하기 위한 한 가지 방법으로 현장의 모든 사원의 생각을 반영하기로 했습니다.

예제 파일 | CD₩Part 04₩상관 계수 크레이머.xlsx

01. 다음은 예제를 불러오면 나타나는 모습입니다. 먼저 기대 빈도를 구하기 위해 [C11] 셀에 수식 [=$F4*C$6/$F$6]을 입력합니다. 실제값에서 [=해당 행 합계×해당 열 합계/총계]를 구하는 것입니다. 혼합 참조를 확인해주세요.

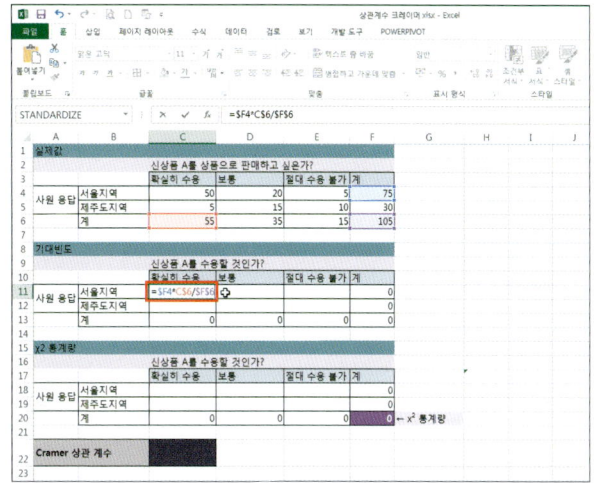

02. [E12] 셀까지 자동 채우기를 하여 복사합니다.

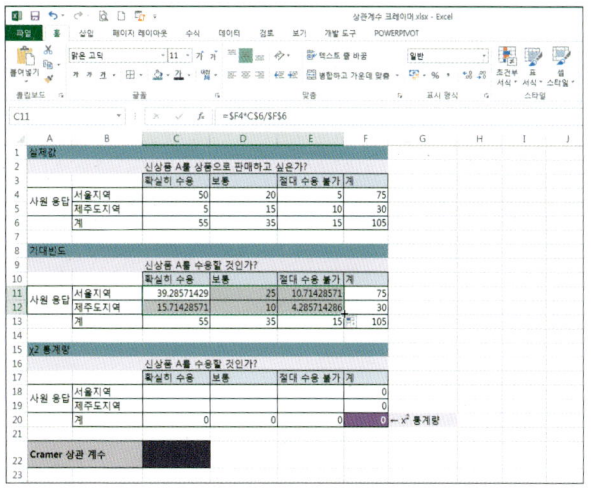

TIP : Cramer V 계수
2개 이상 범주에서 변수 간의 상관 계수를 말합니다. 여기서는 Cramer V 계수를 구한 다음 SQRT 함수로 상관 계수를 구합니다.

03. [C18] 셀에 크레이머 V 계수를 구하기 위해 수식 [=(C4-C11)^2/C11]을 입력합니다.

TIP : 수식 설명

[=(실제값-기대빈도)^2/기대빈도]로 구합니다. 이 식은 "실제값"과 "기대빈도" 표의 상대 위치에서 같은 셀 값의 차이에 2제곱한 것을 기대빈도의 상대 셀 값으로 나눈 것(피어슨의 χ^2값 계산식의 일부)입니다.

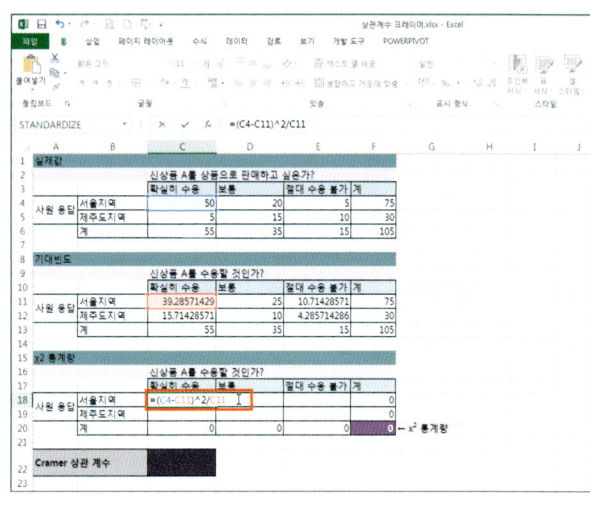

04. 이 식을 [E19] 셀까지 자동 채우기로 복사합니다. [F20] 셀값이 x^2 통계량(피어슨의 x^2값)입니다.

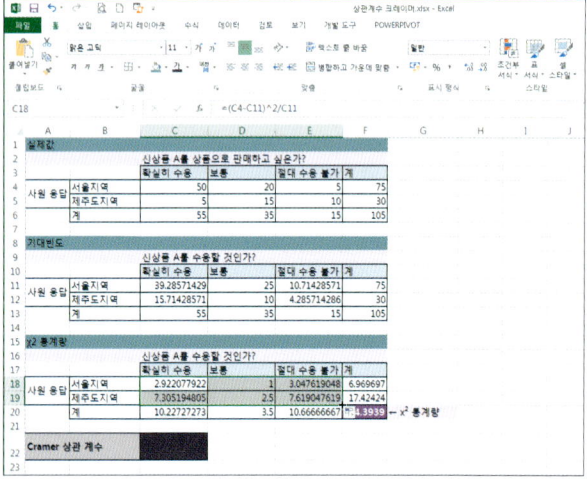

05. x^2 통계량을 바탕으로 크레이머 상관 계수를 구합니다. 다음과 같이 함수식 [=SQRT(F20/(F6*(MIN(2,3)-1)))]을 입력합니다.

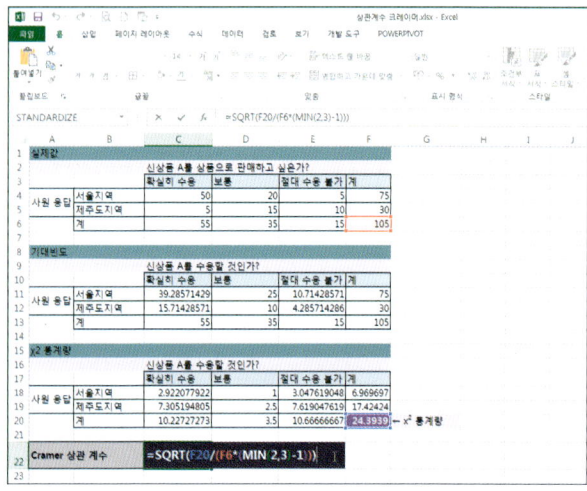

06. 상관 계수는 0.48을 구했습니다.

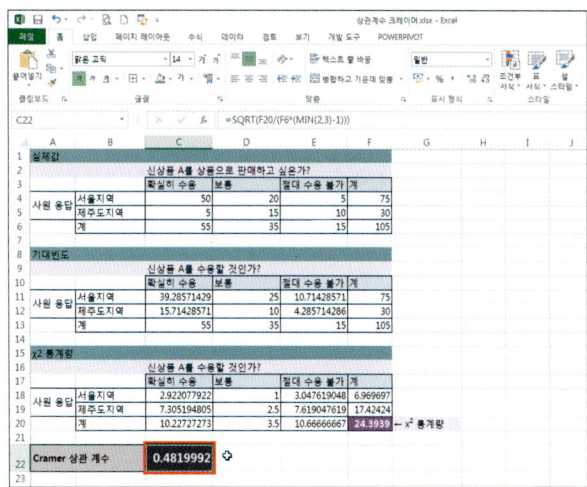

계수는 0부터 1의 값을 구하는데 2변수의 관련에서 0에 가까울수록 약하고, 1에 가까울수록 강한 것이므로 0.48은 그저그런 관계인 결과를 구했습니다.

어느 피부샵에서 이 지역의 잠재 고객을 개척하기 위해 샵에서 인기 있는 3개의 코스(A · B · C) 중 1개를 선택하여 무료 체험을 할 수 있는 쿠폰을 배포했습니다. 그 결과 기간 중 25명이 이 쿠폰을 사용했습니다. 여기서는 이 피부샵에서 체험한 사람의 연령과 이용 코스에 대해 표를 작성하여 서로의 상관 계수를 구하는 방법에 대해 알아봅니다.

예제 파일 | CD₩Part 04₩상관비.xlsx

01. 예제 파일을 불러오면 다음과 같은 모습입니다.

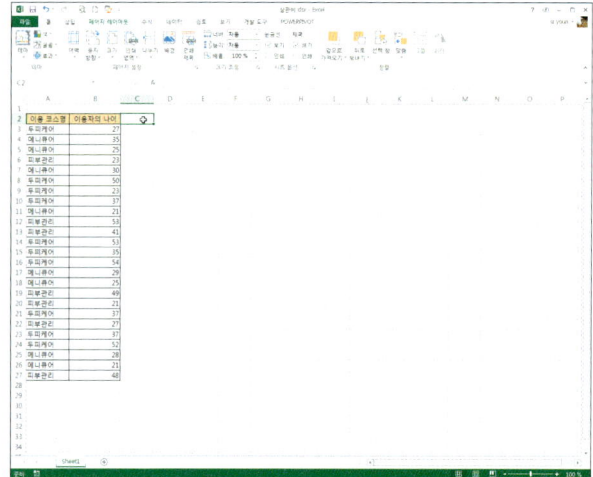

02. "과연 이용 방법과 이용자의 연령에 관련이 있는 것은 아닌가?"라고 생각하여 분류별로 자료를 합하기 위해 분산형 차트를 먼저 작성해 보겠습니다. [A3] 셀을 클릭하고 [데이터] 탭-[정렬 및 필터] 그룹-[숫자 오름차순으로 정렬]을 클릭합니다.

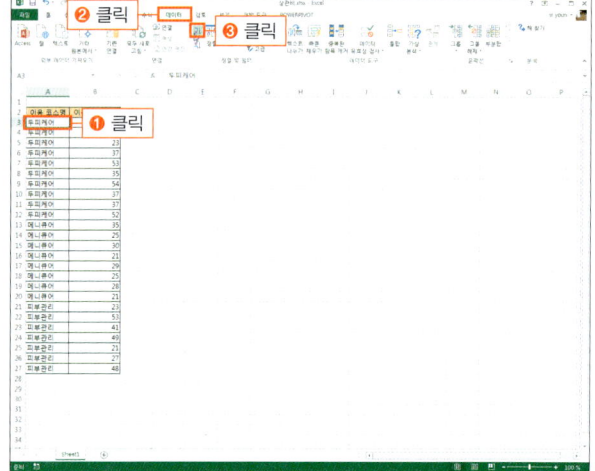

03. 이 데이터로는 분산형 차트를 작성할 수 없으므로 다음과 같이 자료를 복사합니다.

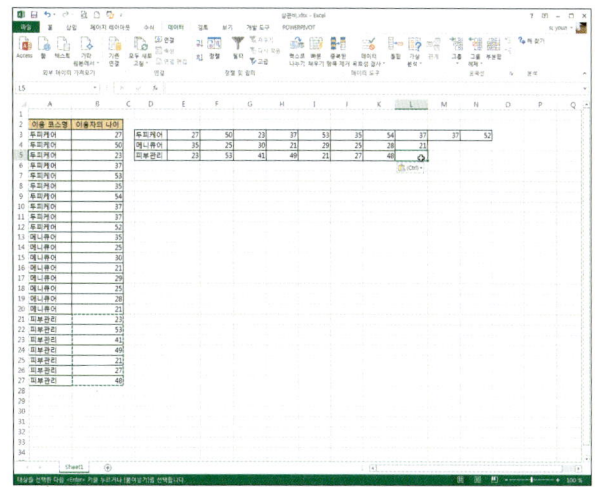

04. [D3:N5] 셀 범위를 선택한 다음 [삽입] 탭-[차트] 그룹-[꺾은선형]-[2차원 꺾은선형]을 클릭합니다.

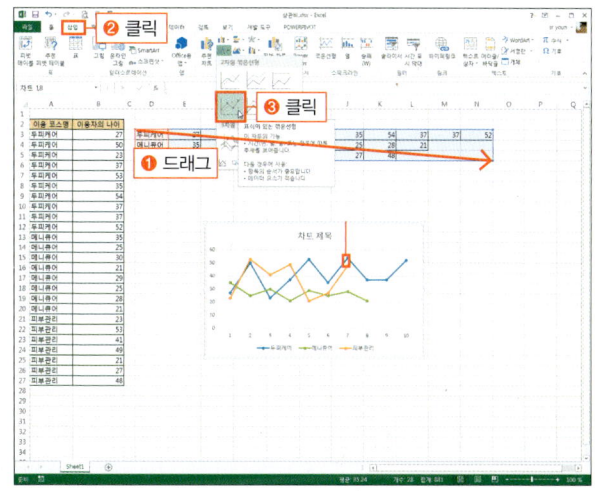

05. 차트가 삽입되었습니다.

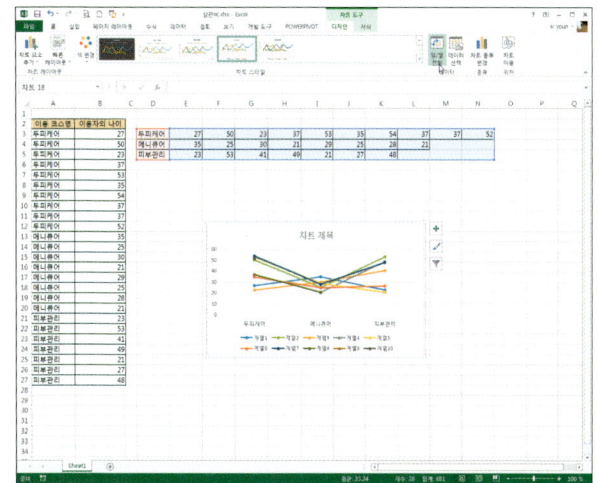

06. 선을 삭제하기 위해 선을 더블클릭합니다. [데이터 계열 서식] 창이 나타나면 [선] 항목에서 [선 없음]을 선택하여 선을 지웁니다.

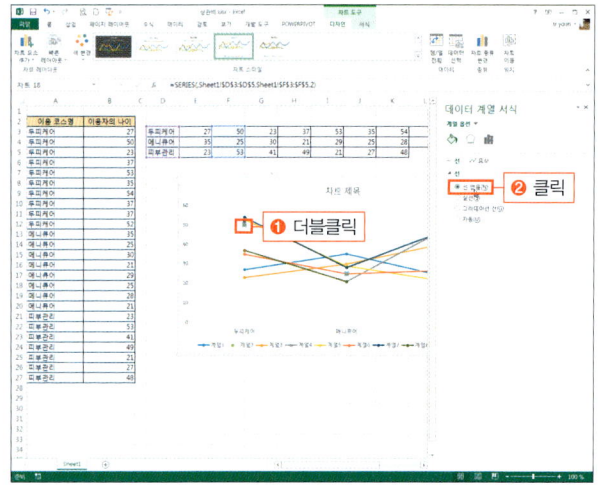

07. 선을 삭제한 다음 차트 서식을 정리하여 완성합니다. 여기까지 차트를 작성해 보았지만 상관 관계를 한눈에 알 수 없으므로 상관 계수를 구하여 좀 더 명확하게 알아보겠습니다.

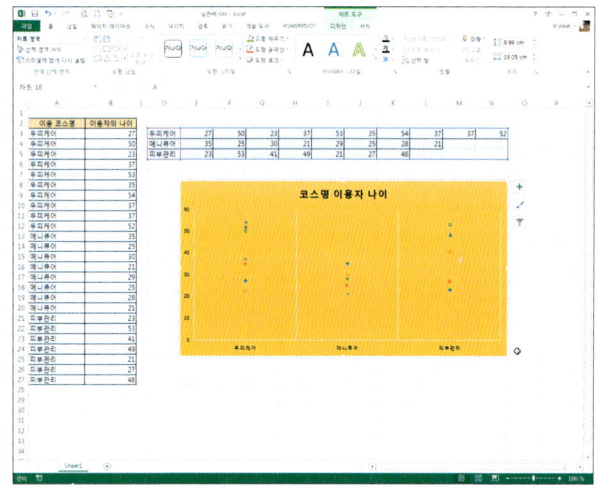

08. 부분합 기능을 이용하여 다음과 같이 개수와 평균을 구해 보겠습니다. 이 방법은 피벗 테이블을 이용해도 됩니다. 범위를 선택한 다음 [데이터] 탭-[윤곽선] 그룹-[부분합]을 클릭하여 [부분합] 대화상자가 나타나면 다음과 같이 설정하고 [확인] 단추를 클릭합니다.

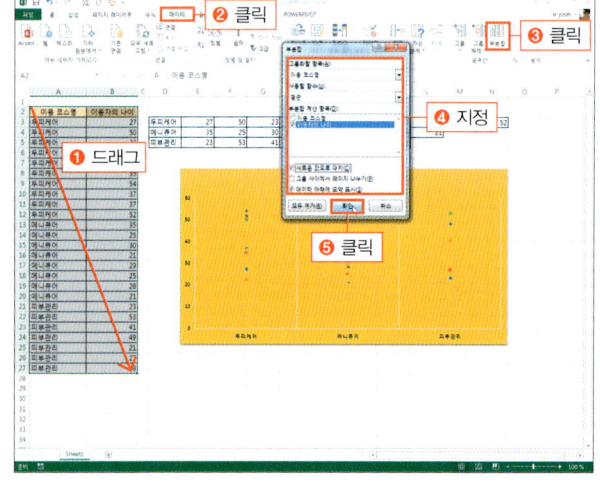

09. 평균을 구한 다음에는 다시 같은 메뉴를 선택하여 [부분합] 대화상자가 나타나면 사용할 함수를 [개수]로 지정하고 [새로운 값으로 대치] 항목을 클릭하여 선택을 해제한 다음 [확인] 단추를 클릭합니다.

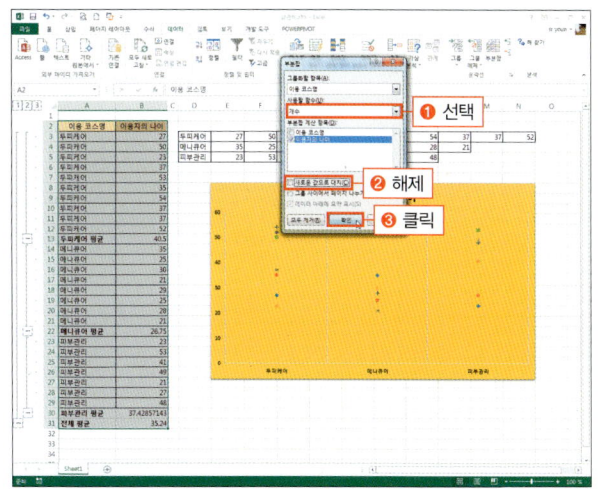

10. 부분합 결과가 나오면 데이터를 복사하여 새로운 시트에 붙여넣기 합니다.

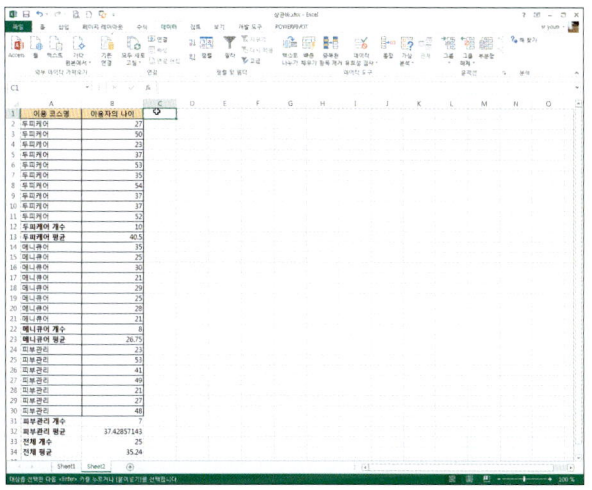

11. 이제 계산을 위해 다음과 같이 제목을 입력하고 [D2] 셀에 수식 [=(B2−$B$13)^2]을 입력합니다.

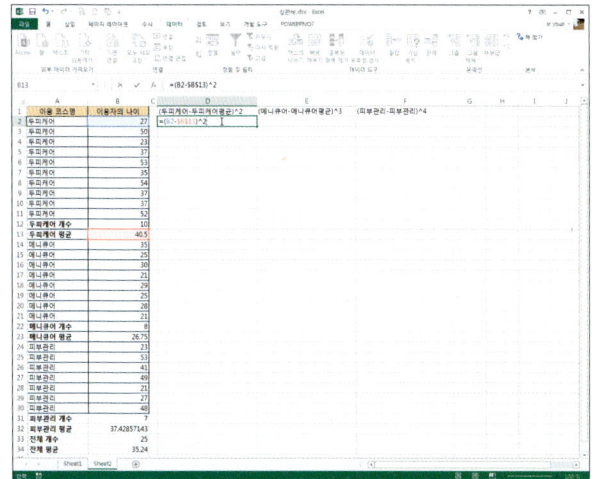

12. 나머지 셀들도 같은 수식으로 모두 복사합니다.

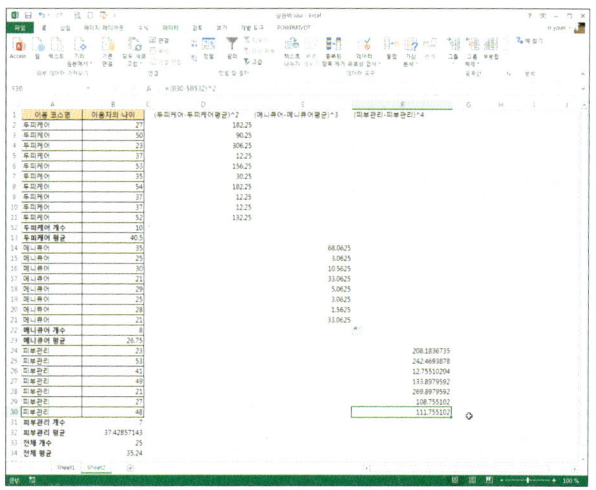

13. 계급내 변동을 구하기 위해 [E32] 셀에 SUM 함수를 이용하여 [D2:F30] 셀의 합계를 구합니다.

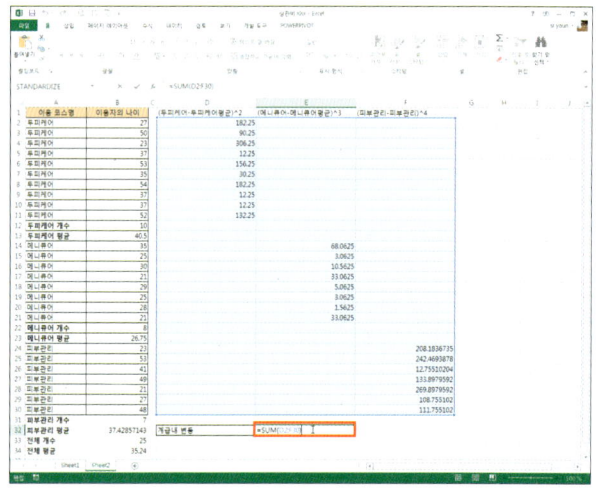

14. 이번에는 계급간 변동을 구하기 위해 [E33] 셀에 수식 [=B12*(B13−B34)^2+B22*(B23−B34)^2+B31*(B32−B34)^2]를 입력합니다.

TIP : 계급간 변동 구하기

각 항목의 평균과 전체 평균의 차의 제곱합을 모두 더해 구하면 됩니다.

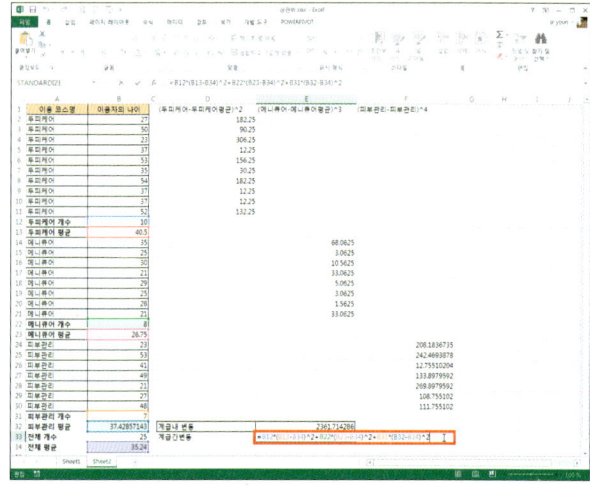

15. 이제 마지막으로 상관 계수를 구하기 위해 [E31] 셀에 수식 [=E33/(E32+E33)]을 입력합니다. 수식은 [계급간 변동/(계급내 변동+계급간 변동] 으로 구하면 됩니다.

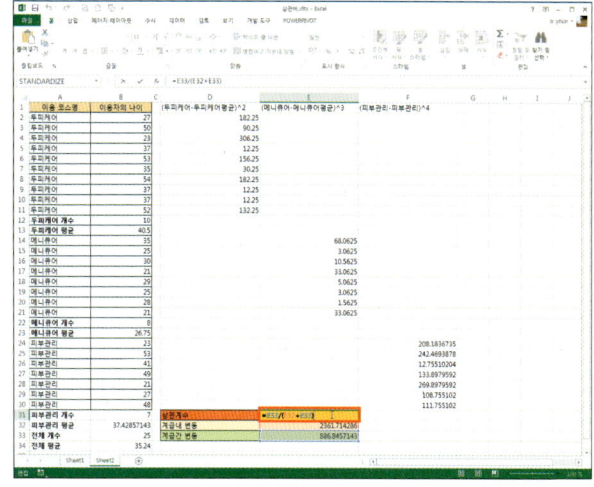

16. 상관 계수는 0.270이 되었습니다.

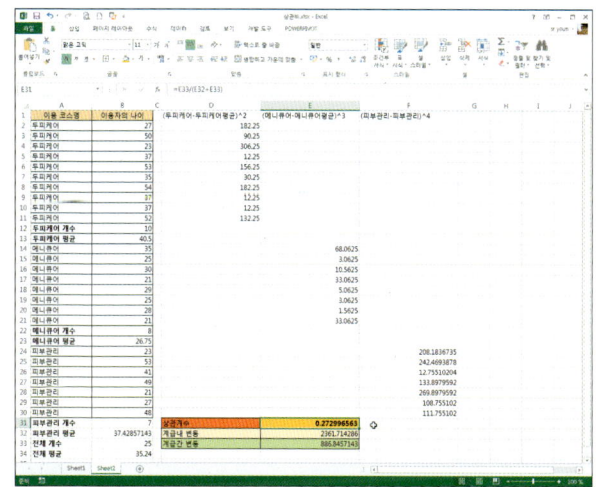

해석

상관 계수는 0부터 1의 값을 구하는데 두 변수의 연관은 0에 가까울수록 약하고, 1에 가까울수록 강합니다. 따라서 0.270이란 값을 보면 두 변수의 관계는 서로 높지 않습니다.

팬 차트 작성하기

팬 차트는 특정 시점의 값을 기준으로 데이터를 지수화(index)하고, 값의 변동 비율을 직관적으로 확인하기 위해 이용합니다. 매출과 판매 수량 등 값 자체에서 변화의 크기를 보는 것이 아니라 그것들을 지수화하고 변화의 크기를 보는 것이 포인트입니다. 보통은 판매 금액으로 인해 주력 상품에 묻혀버리는 비주력 상품의 변화에 대한 징후를 파악할 때 사용합니다. 조기에 재고를 확보하여 기회 손실을 막을 때 사용하면 편리합니다.

예제 파일 | CD₩Part 04₩팬 차트.xlsx

01. [D3] 셀을 클릭하여 1월 지수를 구하기 위한 수식 [=B3/$B$3]을 입력합니다. 이때는 수식을 복사할 것이므로 참조 형태를 주의하여 입력합니다.

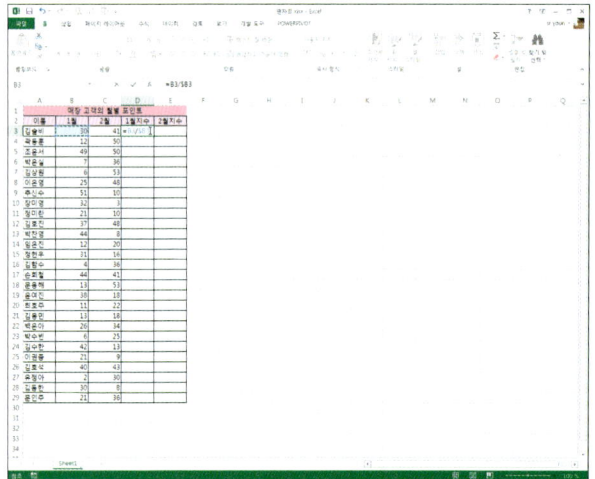

02. [D3] 셀의 오른쪽 아래 부분 핸들을 더블클릭하여 수식을 바로 복사합니다.

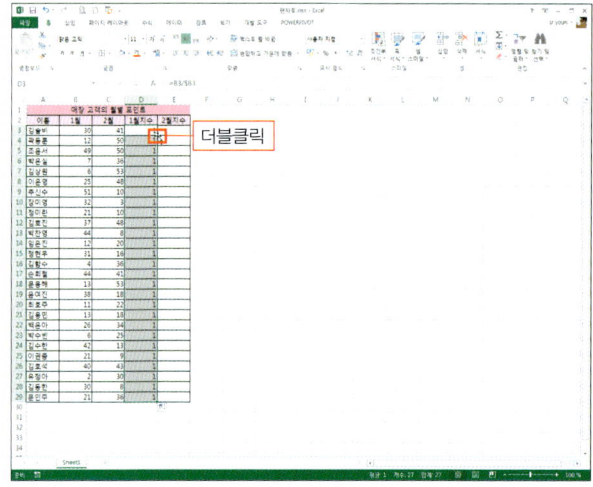

03. 복사한 셀 범위인 [D3:D29]를 선택한 다음 [홈] 탭-[클립보드] 그룹-[복사] 아이콘을 클릭합니다. [E3] 셀을 클릭하고 [붙여넣기] 아이콘을 클릭합니다.

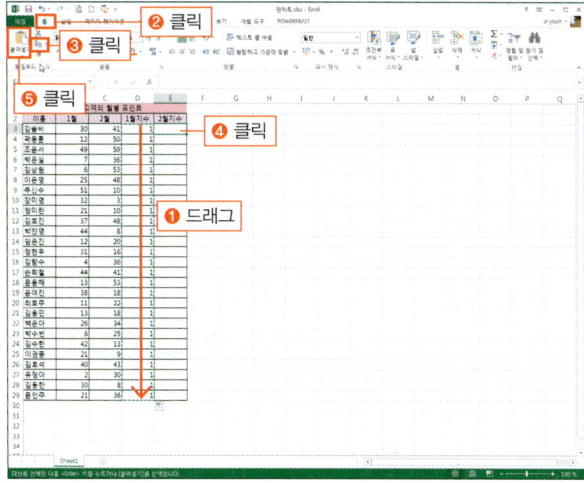

04. 2월지수가 복사되었습니다.

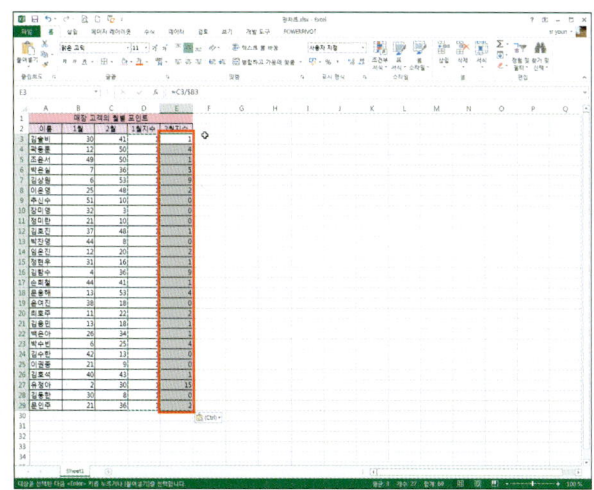

05. [1월지수]와 [2월지수] 부분을 모두 선택한 다음 [홈] 탭-[표시 형식] 그룹-[백분율 스타일]을 클릭하여 백분율로 표시합니다.

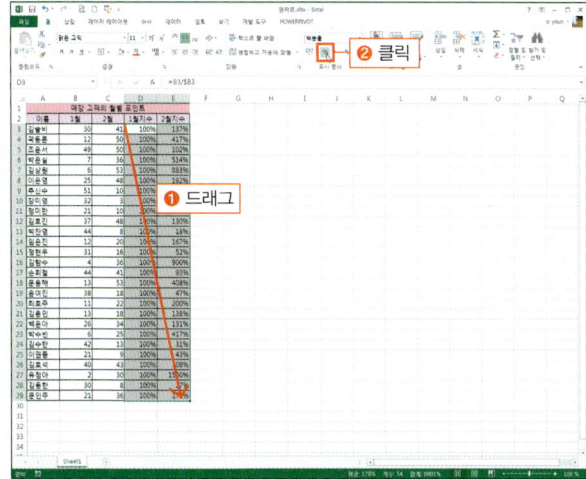

06. 팬 차트를 작성하기 위해 [A2:A29], [D2:E29] 셀 범위를 선택한 다음 [삽입] 탭-[차트] 그룹-[꺾은선형 차트 삽입]-[표식이 있는 꺾은선형]을 클릭합니다.

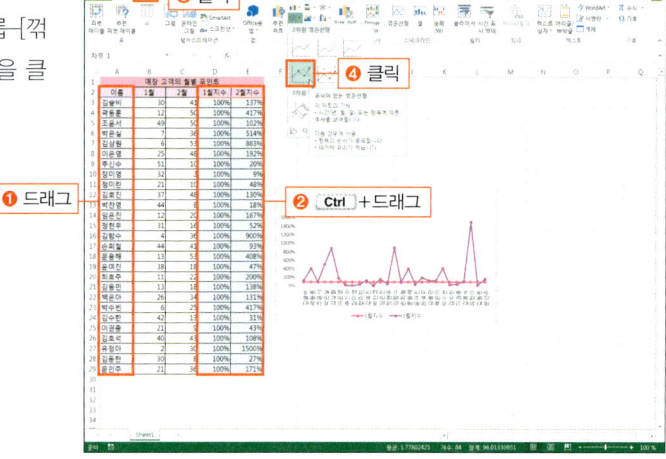

❶ 드래그 ❷ Ctrl + 드래그

07. 꺾은선형 차트가 삽입되었습니다. 하지만 이대로는 사용할 수 없습니다. 차트를 클릭한 다음 [차트 도구]-[디자인] 탭-[데이터] 그룹-[행/열 전환]을 클릭합니다.

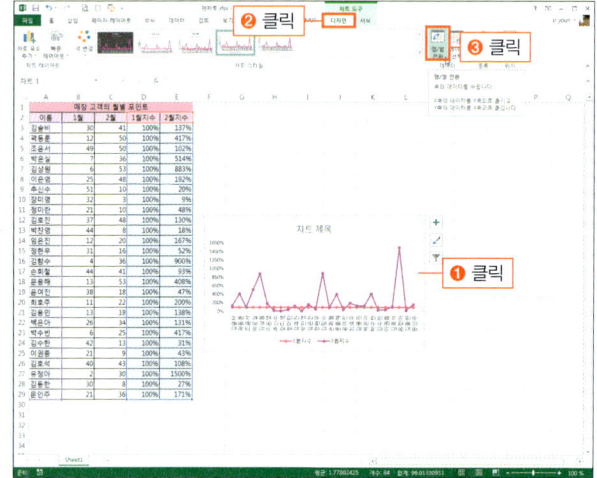

08. 팬 차트가 작성되었습니다. 차트 서식을 수정하여 완성합니다. 차트를 보니 [유정아] 계열이 가장 포인트 비율이 오른 것을 알 수 있습니다.

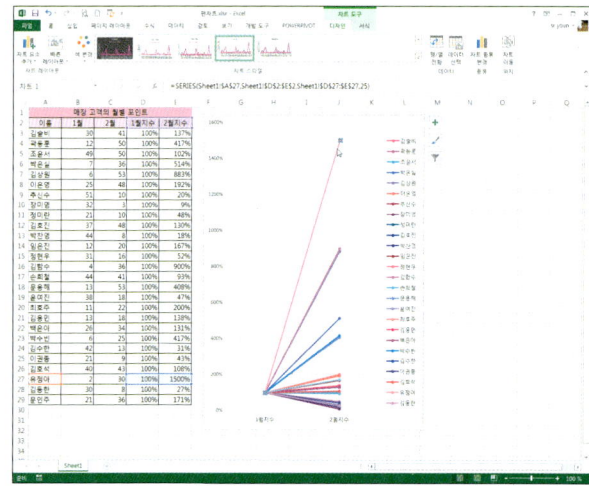

파레토 차트 작성하기

ABC 분석표를 이용하여 차트를 빠르게 작성하는 방법에 대해 알아봅니다.

예제 파일 | CD₩Part 04₩파레토.xlsx

01. ABC 분석표를 이용하여 파레토 차트를 작성하기 위해 [A2:B29], [D2:D29] 셀 범위를 선택한 다음 [삽입] 탭–[차트] 그룹–[추천 차트]를 클릭합니다. [차트 삽입] 대화상자가 나타나면 첫 번째 차트를 선택하고 [확인] 단추를 클릭합니다.

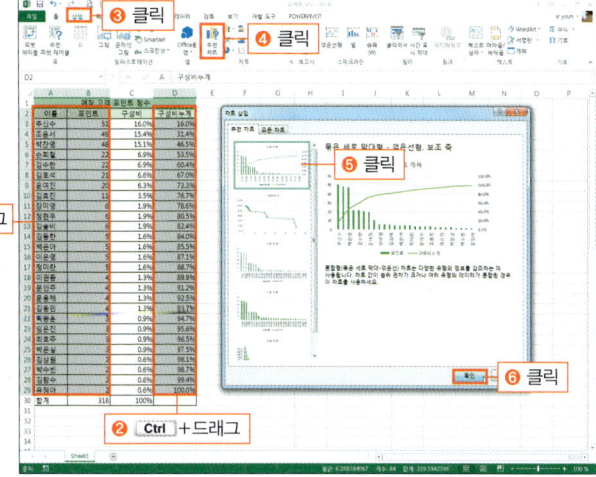

02. 차트가 삽입됩니다. 따로 지정하지 않아도 파레토 차트가 작성됩니다.

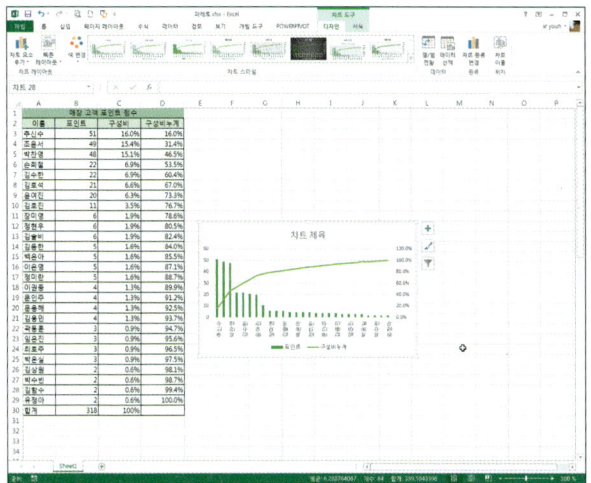

03. 차트 크기를 수정합니다.

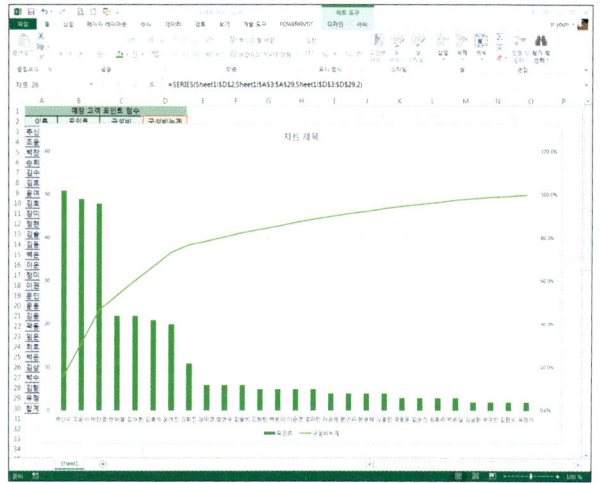

04. 차트 서식을 수정하여 다음과 같이 보기 좋은 차트로 완성합니다.

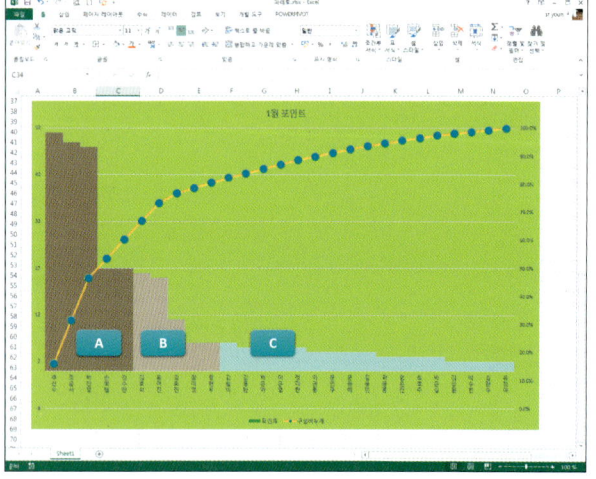

■ ABC 분석 `314P`

ABC 분석은 기존 자원을 효율적으로 관리할 때 주로 사용하며 파레토 차트를 만들기 위한 데이터입니다. ABC 분석은 누적 구성비를 바탕으로 보통 데이터를 3개의 그룹으로 나누어 작성합니다. 업무에 따라 그룹으로 나누는 기준은 여러 가지입니다. 보통은 8:2 법칙을 사용합니다.

- 그룹 A : 누적 구성비 ≦ 80%
- 그룹 B : 80% 〈 누적 구성비 ≦ 95%
- 그룹 C : 95% 〈 누적 구성비 ≦ 100%

ABC 분석에서 그룹을 나누는 기준은 없으므로 업무, 작업에서 적합한 기준을 찾는 것도 ABC 분석을 활용하는데 필요한 과제입니다.

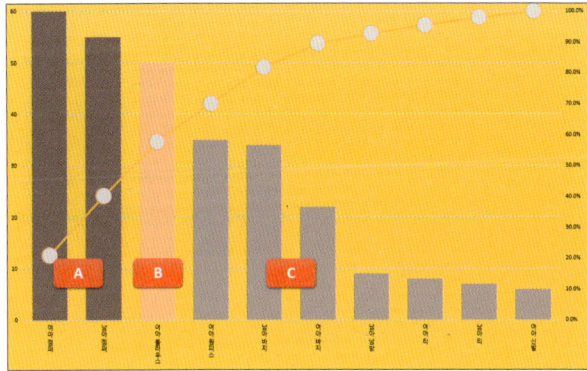

■ 파레토 차트 `310P`

매출 수량 등을 막대형 차트와 구성비 누적 곡선을 조합한 차트를 말합니다. 곡선이 급격하게 오른쪽으로 치우치는 경우는 분석 데이터가 극단적으로 치우친다고 예상할 수 있습니다. 다음은 차트의 3가지 형태와 내용입니다.

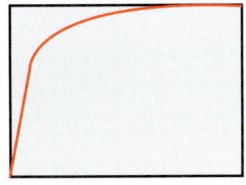

매출 대부분이 적은 품종으로 이루어지고 있는 상태라고 할 수 있습니다. 이런 경우에는 주력 상품이 경쟁에서 진다면 그 영향은 매우 큽니다. 따라서 경쟁에 대한 안정성이 약한 상태라고 할 수 있습니다.

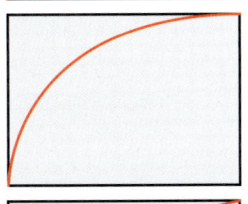

안정성과 효율이 알맞은 상태입니다.

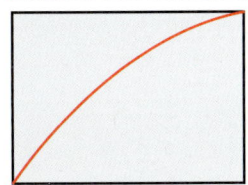

안정성은 좋지만 판매에 있어서 주력해야 할 중점 상품이 맞춰져 있지 않아 영업 효율이 나쁜 상태입니다

■ 팬 차트 <mark>399P</mark> <mark>412P</mark>

팬 차트는 어떤 기준이 되는 시점을 100%로 하고 그 이후의 수치를 기준이 되는 시점에 대한 백분율로 표시해 곡선 그래프로 나타낸 것입니다. 차트가 마치 팬을 펼친 듯한 모양을 하면서 팬 차트라고 부릅니다. 팬 차트에서는 수치의 증가나 감소 등 변화를 비율로 나타내기 위해 증가 경향에 있는 항목으로 감소 경향에 있는 항목이 값의 대소에 관계 없이 같은 축척에서 차트의 기울기로 나타나므로 값이 작아도 급성장을 하고 있는 항목 등을 간과하지 않고 파악할 수 있습니다.

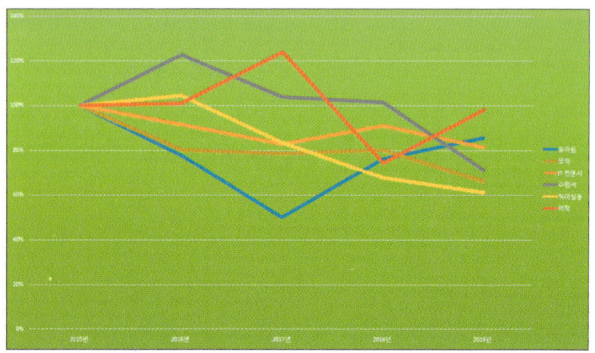

■ Z 차트 <mark>318P</mark>

많은 상품은 계절에 따라 판매 상황이 변화하는 이른바 "계절 변화"가 있습니다. 그리고 상품에 계절 변화가 있는 이상, 그 상품을 계속 구입하는 고객에의 판매 상황에도 계절 변동이 있습니다. Z 차트는 이 계절 변화에 현혹되지 않고 판매 상황의 상승과 하강을 판단하기 위한 것으로 3차트를 조합한 차트입니다.

▲ 이동년계가 오른쪽 위로 올라가는 차트 : 매출이 올라 전년 대비 증가 추세입니다. 성장형입니다.

▲ 이동년계가 직선인 차트 : 매출이 신장하지도 않고, 떨어지지도 않는 상태입니다.

▲ 이동년계가 오른쪽 아래로 내려가는 차트 : 매출이 감소 추세입니다. 쇠퇴형이라고 합니다.

■ 상품회전율 <mark>324P</mark>

상품의 움직임을 볼 수 있는 대표적인 수치가 상품회전율입니다. 상품회전율은 매장 내 재고가 순환하는 속도를 표시하는 것으로 높을수록 좋고, 그것만으로 재고를 빠르게 현금화할 수 있습니다.

판매가 빨리 이루어지는 것과 그렇지 않은 것은 상품회전율로 알아볼 수 있습니다. 그렇다면 이익이 나기 쉬운 상품과 그렇지 않은 상품은 매출이익율과 상품회전율의 관계를 보면 됩니다. 이익금액이 낮은 상품을 많이 취급하고 게다가 재고가 과잉되면 이익률은 낮아지게 됩니다. 당연히 운전자금도 많이 들고 비효율적인 경영으로 압박을 받습니다.효율이 좋게 경영을 하려면 이익률이 높고, 회전율이 높은 상품을 판매합니다.

- **상품회전율 = 연간매출액 / 평균재고액**
- **교차비율 = 한계이익률 ×상품회전율 ×100**
- **한계이익 = 매출액 − 변동비**
- **한계이익률 = 한계이익 ÷매출액 × 100%**

01

각 지점별 / 월별 판매금액을 이용하여 다음 그림과 같은 Z 차트를 완성합니다.

예제 파일 : CD\Part 04\연습문제4-1.xlsx
완성 파일 : CD\Part 04\연습문제4-1_완성.xlsx

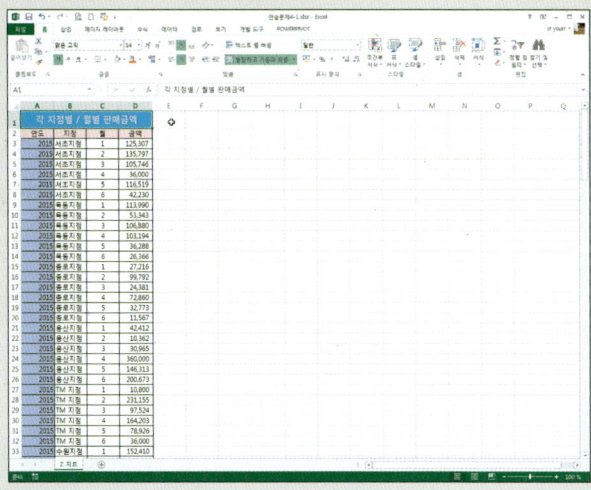

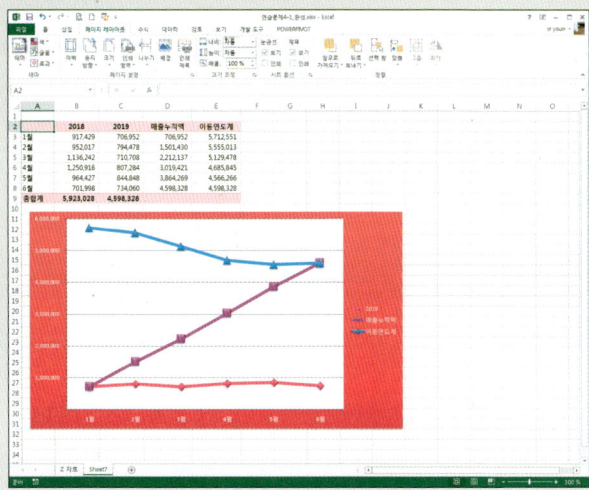

> **HINT** 데이터 원장에서 차트를 만들기 위한 데이터로 정리하려면 피벗 테이블을 만들어서 사용하는 것이 편리합니다.
> 피벗 테이블에서 원하는 레이아웃으로 만든 다음 내용을 복사하여 이용합니다.

고객 분석하여
매출 올리기

고객을 분석하여 고객에 맞는 맞춤형 서비스를 할 수 있는 여러 가지 분석 방법에 대해 알아봅니다. 여기서는 RFM과 PPM 분석 방법을 사용하는 방법에 대해 설명하고, 분석 결과에 따라 어떻게 해야 하는지 알아봅니다.

Chapter 01 • PPM으로 상품 분석하기

Chapter 02 • RFM으로 고객 분석하기

01 PPM으로 상품 분석하기

상품의 수가 많아지더라도 개개의 상품을 상세하게 분석하고, 변하는 매출 숫자에 민감하게 대처하기 위해 분석해야 합니다. 이런 경우 분산형이나 거품형 차트로 PPM 차트를 만들어 각 상품을 대상으로 이후 투자를 할 것인지 등을 판단할 수 있도록 분석하는 방법에 대해 알아봅니다.

STEP 01 • PPM 분석

■ PPM 분석에서의 각 포지션

PPM은 Product Portfolio Management의 약어로 분석은 자사가 하고 있는 사업이나 상품의 시장 성장률과 상대적인 시장 점유율에서 별(Star), Cash Cow(현금원), Problem Child, Dog의 4가지 포지션으로 분류하고 각각에 맞는 사업 전개를 검토하는 분석 방법입니다.

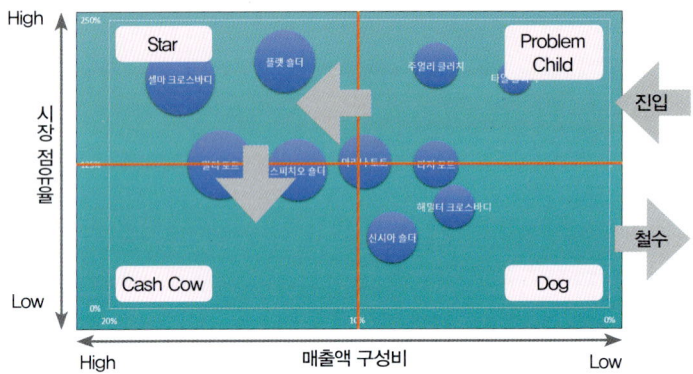

TIP : 상대적 시장 점유율
1위 기업과의 비교에 의한 점유율입니다. 1등 기업의 점유율이 40%, 자사가 30%라면, 자사의 상대적인 시장 점유율은 30%÷40%=0.75입니다. 만일 자사가 1등 기업이라면 40%÷30%=1.33이 됩니다.

Star(상대 점유율 높음 ×시장 성장률 높음)

시장의 성장률, 상대적 점유율 모두 높습니다. 기업에서 가장 주목 받기 쉬운 사업입니다. 이 사업이나 제품은 매출이 늘어 현금도 많이 유입되지만 점유율을 유지하기 위해 설비 투자나 판촉비도 늘릴 필요가 있기 때문에 현금 지출도 증가합니다. 이 카테고리에 들어가는 사업이나 제품은 현금 수입과 지출이 경쟁하고 있으므로 단기적으로 수익원이 되기는 힘들지만 이대로 시장이 성숙기가 되어 현금 투자가 줄면 단번에 수익 사업으로 돌아섭니다. 따라서 기업의 장래성을 생각한다면 이 Star 카테고리에 어느 정도의 사업이 있는가가 포인트입니다.

Cash Cow(상대 점유율 높음 ×시장 성장률 낮음)

시장 성장률은 낮지만 상대적 점유율이 높아 돈이 되는 사업이나 제품입니다. 자사의 점유율이 높아 매출도 크고 현금도 많이 유입되지만 시장 성장률이 낮아 경쟁이 둔화되는 상태라고 할 수 있습니다. 설비 투자나 판촉비 등의 지출은 감소합니다. 지금은 가장 수지 맞는 사업이지만 언젠가 쇠퇴할 가능성이 높은 사업이라고 할 수 있습니다. 이 카테고리에 있는 사업은 전사적으로 현금 공급원이 되는 경우가 많아, 여기서 벌어들인 자금을 어디로 돌릴 것인가 하는 것이 경영상 과제입니다. 그런 관점에서 이 범주에 많은 사업이 있는 기업은 현 시점에서 경영에 여유가 있다고 볼 수 있습니다.

Problem Child(상대 점유율 낮음 ×시장 성장률 높음)

시장 성장률이 높고 상대적 점유율이 낮아 문제가 되는 사업입니다. 시장은 성장하고 있으므로 설비 투자 등의 현금 지출은 증가하지만 자사 점유율이 낮아 수입은 적고 돈 먹는 하마라고 할 수 있습니다. 하지만 이 카테고리에 사업은 장래 Star 카테고리 후보이므로 차분하게 키워 나가는 것이 필요합니다. 따라서 이 카테고리의 사업을 어떻게 전개할 것인가가 경영의 한 가지 포인트가 됩니다. 하지만 이 카테고리에 들어가는 사업을 일률적으로 투자할 수는 없으므로 어떤 가치 판단을 가지고 투자할 사업인지 선택하는 것이 바로 경영의 이슈 자체라고 할 수 있을 것입니다. 새로 시작하는 사업은 대부분 이 카테고리에 속하는 것이 대부분입니다.

Dog(상대 점유율 낮음 ×시장 성장률 낮음)

향후 성장을 기대할 수 없는 시장에서 점유율이 올라가지 않는 사업입니다. 시장이 성숙기, 쇠퇴기에 이르렀기 때문에 현금을 새로 투자할 필요가 없고, 게다가 점유율도 낮기 때문에 현금 수입도 내다볼 수 없는 카테고리입니다. 현재는 현금이 들어오지도 않지만 나가는 현금도 한정되어 있으므로 큰 손실을 내지는 않고 있지만 장래성을 생각하여 철수하는 것이 좋겠습니다.

■ PPM 분석 후 대책

PPM 분석이 끝나면 각 포지션의 사업에 대한 방침을 세웁니다. 일반적으로 다음과 같습니다.
- Star : 투자를 증가해 점유율 확대를 노립니다.
- Cash Cow : 점유율 유지를 위한 투자를 지속하여 사업 유지를 꾀합니다.
- Problem Child : 투자를 늘려 점유율 확대를 노리거나 축소·철수할지를 정합니다.
- Dog : 축소·철수를 검토합니다.

■ 신규 사업의 포지션 흐름

일반적으로 신규 사업은 Problem Child에서 시작하여 Star, Cash Cow를 거쳐 Dog이 되는 순서로 포지션을 유지합니다.

제품의 도입 ➡ 제품의 성장 ➡ 제품의 성숙 ➡ 제품의 쇠퇴

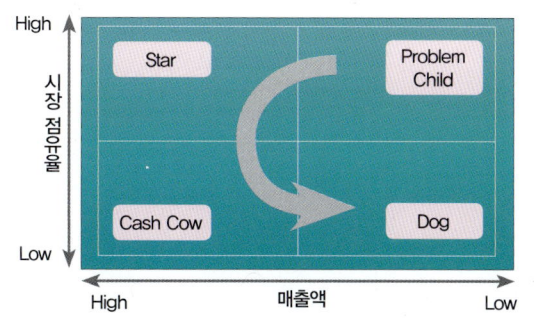

PPM 차트를 작성할 때 보통은 시장 성장률과 상대 시장 점유율을 사용합니다. 여기서는 개인 사용자를 예로 들어 설명할 것이므로 개인 사용자인 경우 시장 점유율이 낮으므로 상대 점유율 대신 매출액구성비를 사용하면 됩니다. 매출액구성비는 다음 식으로 구합니다.

매출액구성비(%)=품목의 매출액÷전체 매출액 × 100

예제 파일 l CD₩Part 05₩PPM.xlsx

01. 매출액구성비를 구하기 위해 [D3] 셀을 클릭하고 수식 [=C3/$C$13]을 입력합니다.

TIP : 여기서 100을 곱하지 않은 것은 엑셀에서 [백분율] 스타일을 지정할 것이기 때문입니다.

02. 매출액구성비를 구한 다음에는 [백분율]을 클릭하여 숫자가 백분율로 표시되도록 합니다. 이번에는 시장 성장률을 구하기 위해 [E3] 셀을 클릭하고 수식 [=C3/B3]을 입력합니다.

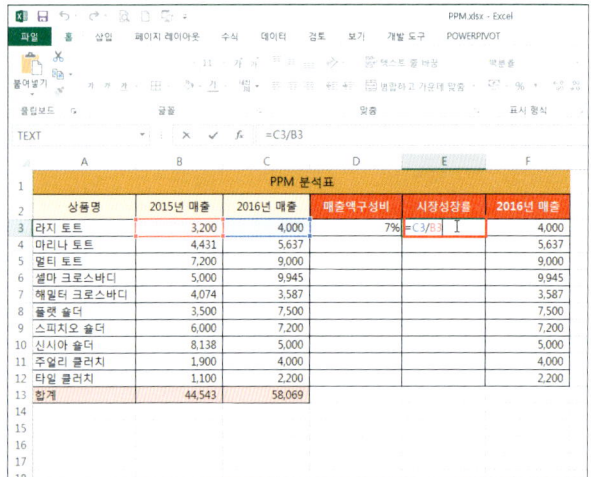

03. 수식을 구한 다음 [백분율]을 클릭하여 숫자가 백분율로 표시되도록 합니다. 두 셀을 자동 채우기하여 [12] 행까지 복사합니다.

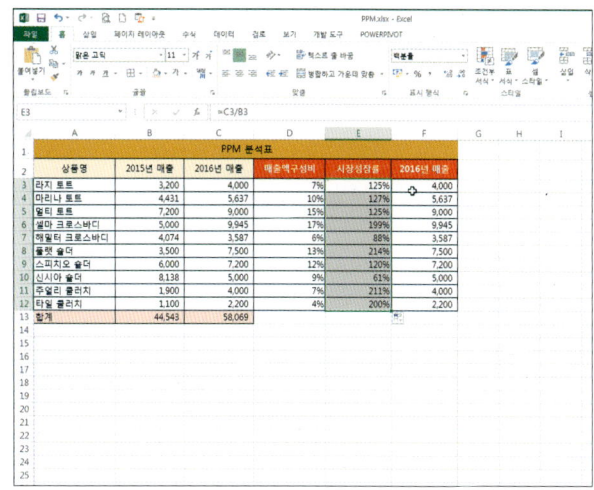

TIP : 상대 점유율 계산하기

상대 점유율(%)=자사 제품의 매출액÷상대 회사의 매출액 X 100
상대의 매출액은 자신이 1위라면 2위의 매출액, 자신이 1위가 아니면 1위의 매출을 사용합니다.

TIP : 매출액 구성비와 매출액 총이익률

매출액구성비 대신 매출액 총이익률을 사용해도 됩니다.
매출액 총이익률은 다음 수식으로 구합니다.
=매출액 총 이익÷매출액
=(매출액–매출 원가)÷매출액

거품형 차트를 이용하여 PPM 차트를 작성하는 방법에 대해 알아봅니다.

01. [D3:F12] 셀 범위를 선택한 다음 [삽입] 탭–[차트] 그룹–[분산형(x, y) 또는 거품형 차트 삽입]–[거품형]을 클릭합니다.

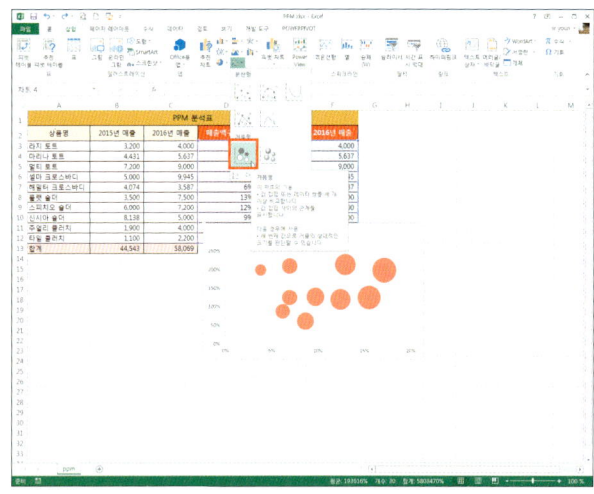

02. 거품형 차트가 삽입되었습니다.

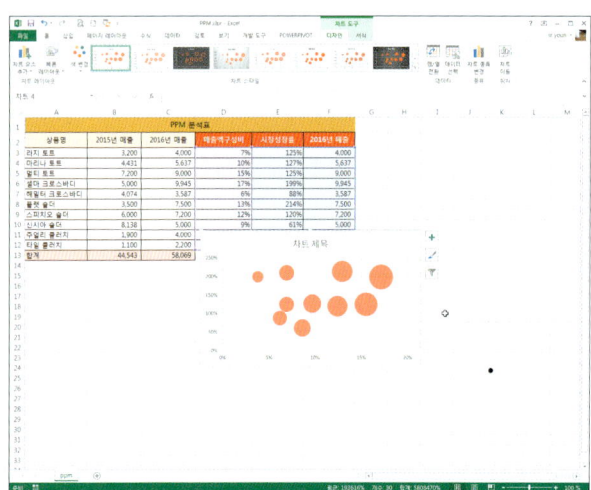

03. 차트 크기를 변경하고 위치를 이동하여 PPM 차트로 만들기 위한 준비를 합니다. 먼저 계열에 데이터 레이블이 표시되도록 [차트 요소]–[데이터 레이블]–[기타 옵션]을 클릭합니다.

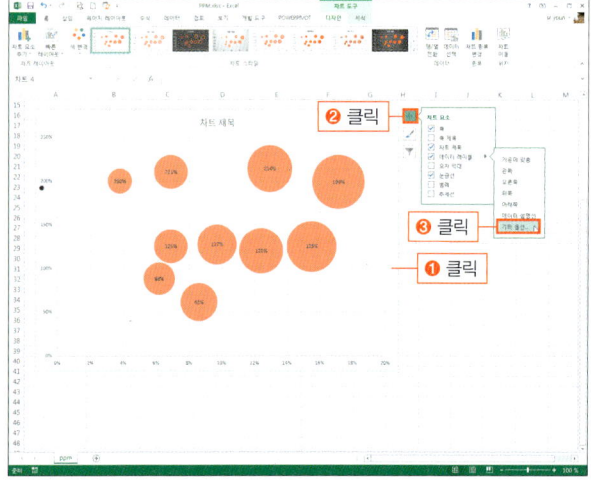

04. 계열의 이름을 표시하기 위해 [레이블 옵션]-[셀 값]을 클릭하면 [데이터 레이블 선택] 대화상자가 나타납니다.

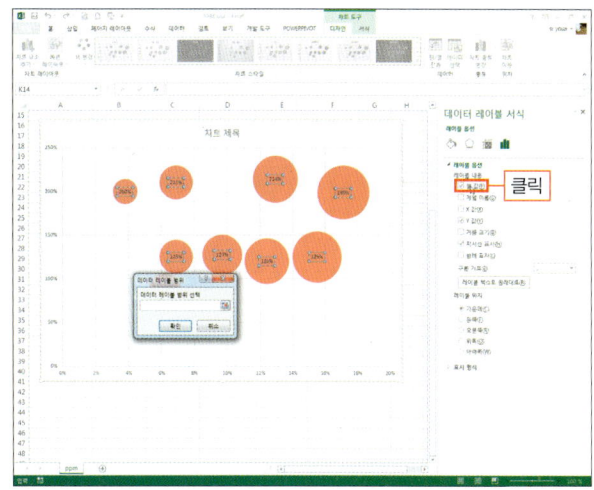

05. 상품명이 있는 [A3:A12] 셀 범위를 선택하고 [확인] 단추를 클릭합니다.

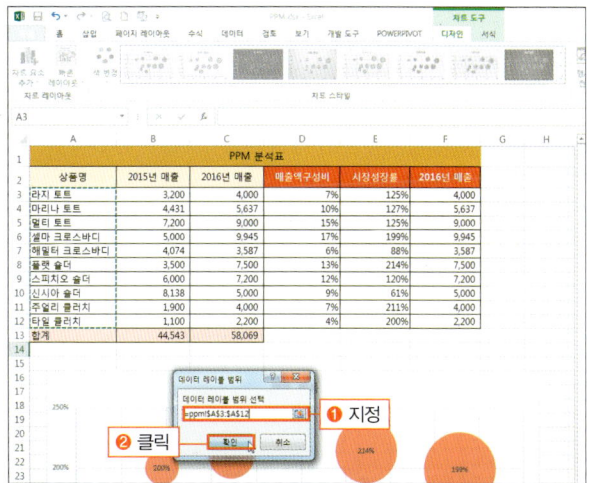

06. 계열에 상품명이 표시됩니다.

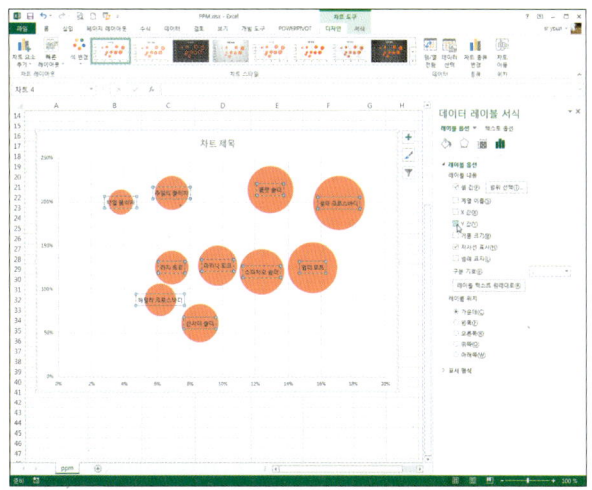

07. 축 제목을 표시하기 위해 [차트 요소]―[축 제목]―[기타 옵션]을 클릭합니다.

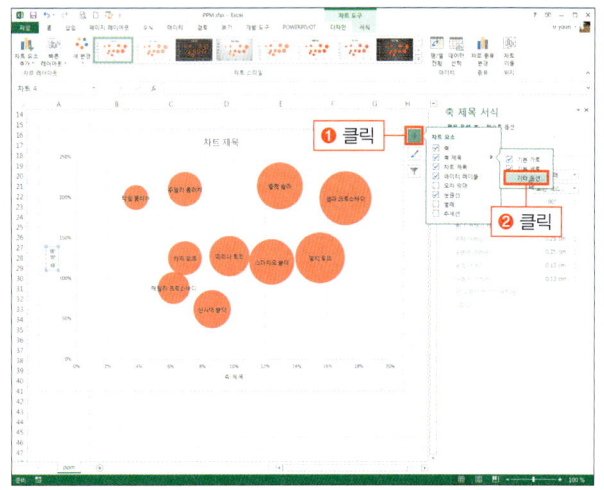

08. 가로 항목의 축 제목은 그대로 두고, 세로 축 제목을 클릭하고 [텍스트 옵션]―[텍스트 방향]―[가로]를 클릭합니다.

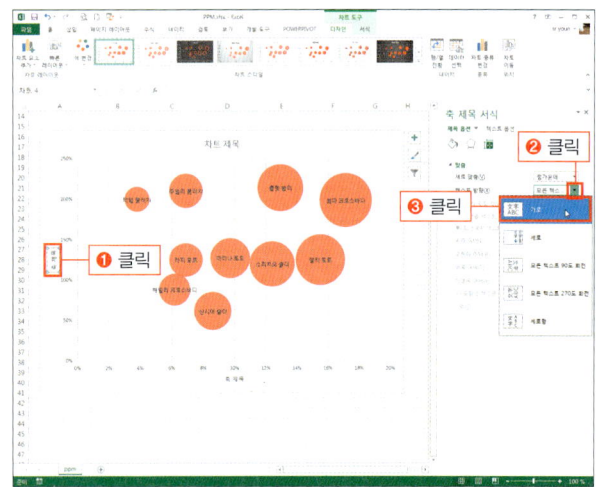

09. 세로 축 제목이 가로로 표시됩니다.

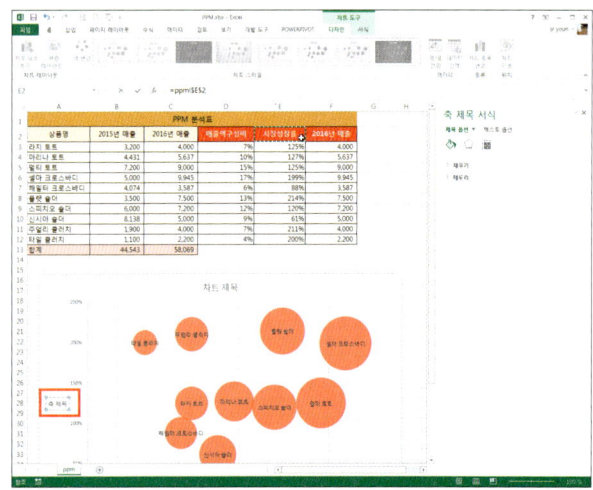

10. 축 제목 내용을 수정합니다.

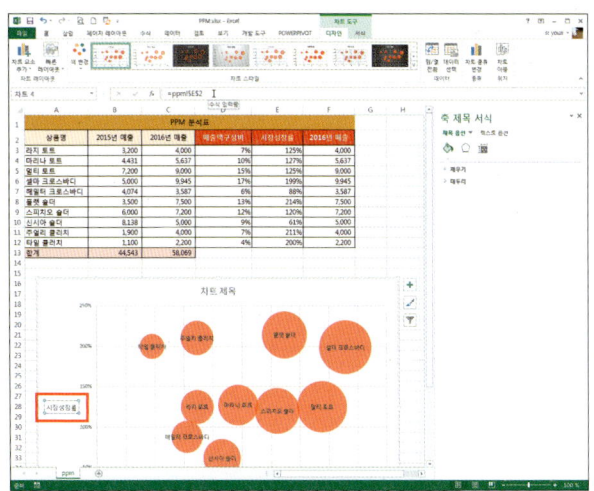

11. 가로 축 제목 내용도 수정한 후, 가로 축을 더블클릭합니다. [축 서식] 창이 표시되면 [단위] 항목의 주에 [0.1]을 입력합니다.

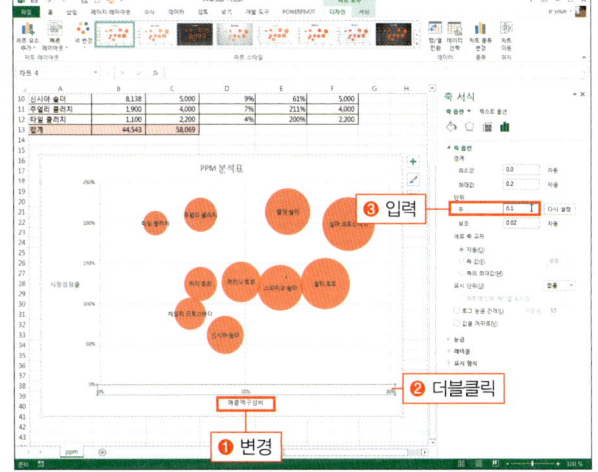

12. 세로 항목 축도 더블클릭하여 [축 서식] 창이 표시되면 [단위] 항목의 주에 [1.25]를 입력합니다.

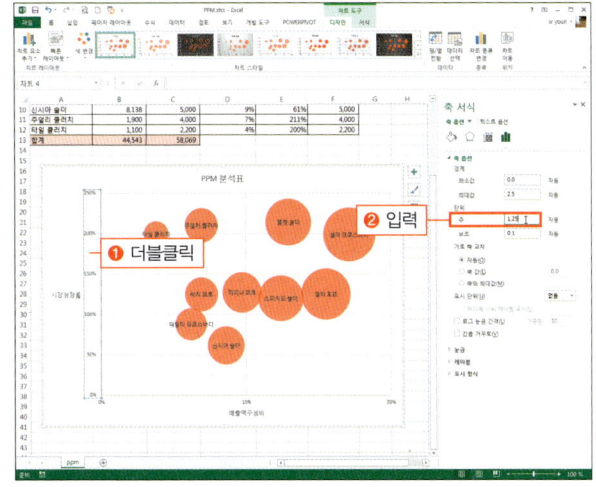

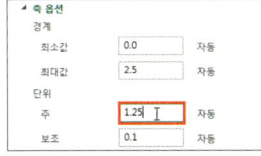

13. 가로 눈금과 세로 눈금이 중앙에만 표시됩니다. 다시 가로 항목 축을 더블클릭하여 [축 서식] 창이 나타나면 [세로 축 교차]를 [축의 최대값]으로 선택하고, [값을 거꾸로] 항목을 체크합니다. 이제 PPM 차트가 완성되었습니다.

TIP : PPM의 형식에 맞추기 위해 매출액 구성비(시장 점유율) 부분이 왼쪽이 높은 같이 되도록 설정하는 것입니다.

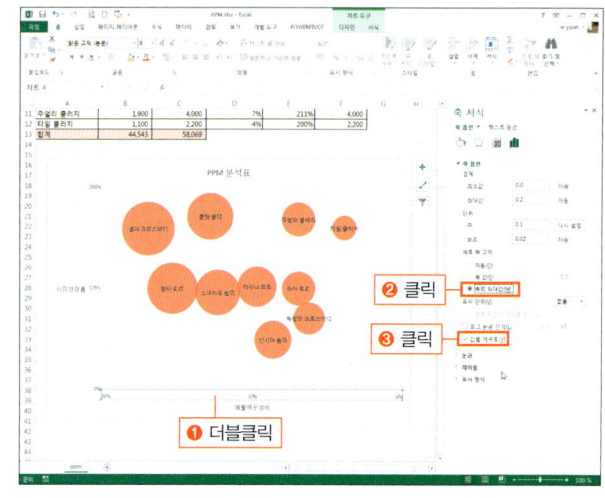

14. 차트 서식을 수정하여 보기 좋게 만들어 완성합니다. 차트를 보면 4개의 영역에 포함되는 상품을 한눈에 알 수 있습니다. PPM 분석 차트를 이용하여 앞으로의 경영 방향을 지정하는 데 도움을 받을 수 있습니다.

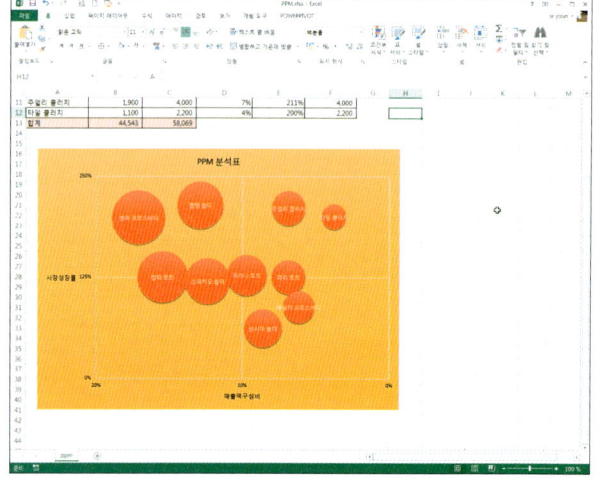

해석

작성한 차트를 이용하여 다음과 같은 내용을 확인할 수 있습니다.

❶ **거품(금액)의 크기** : 매출의 규모를 표시합니다. [셀마크로스바디]와 [멀티토트], [플랫 숄더] 등의 상품이 주력 상품인 것을 알수 있습니다.

❷ **4개의 영역** : [멀티토트], [스피치오 숄더] 상품이 돈이 되는 상품인 것을 알 수 있으며, [해밀터크로스바디] 상품은 쇠퇴하고있다는 것을 알 수 있습니다.

❸ **[주얼리 클러치]와 [타일 클러치] 항목** : Problem Child이므로 Star로 이행시키기 위한 투자가 필요합니다.

연령에 따라 사람이 좋아하는 것이나 경제 상황이 달라지므로 대상이 되는 시장의 연령층 구성비는 매출에 크게 영향을 줍니다. 남녀별, 연령층 비율 차트를 작성하면 연령층 구성비를 시각적으로 볼 수 있습니다.

예제 파일 ┃ CD₩Part 05₩피라미드차트.xlsx

01. 매장을 방문하는 손님들의 성별/나이별 데이터를 작성한 후 [삽입] 탭–[표] 그룹–[피벗 테이블]을 클릭합니다.

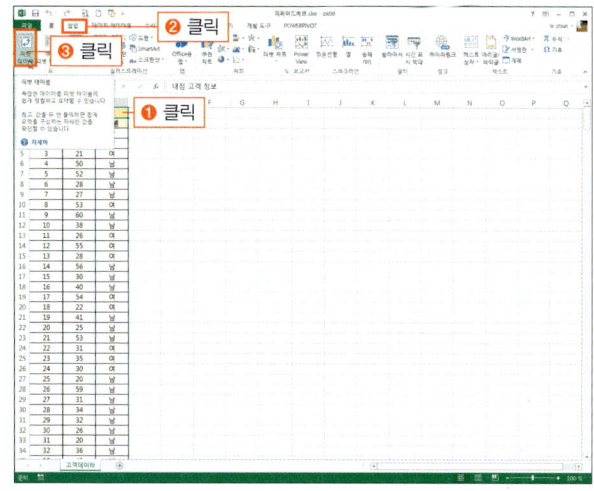

TIP : 피벗 테이블을 이용하면 원하는 데이터를 손쉽게 얻을 수 있으므로 일일이 계산하지 말고, 피벗 테이블을 적극 활용합니다.

02. [피벗 테이블 만들기] 대화상자가 나타나면 범위를 확인하고 [확인] 단추를 클릭합니다.

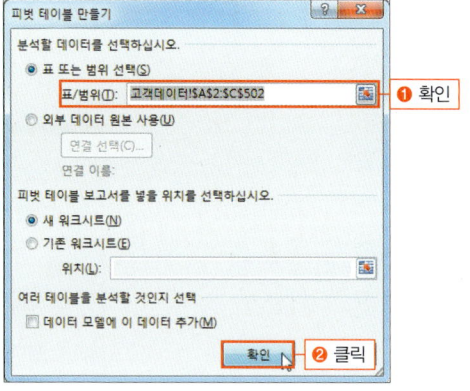

03. 새 워크시트에 피벗 테이블이 작성되면 다음과 같이 필드를 배치합니다.

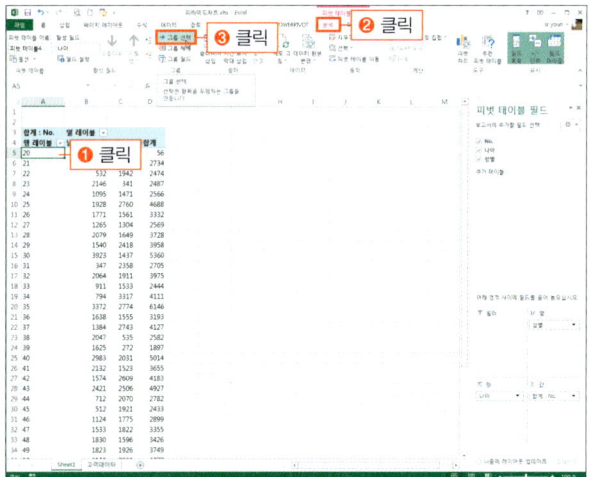

04. 나이를 연령대별로 그룹화하기 위해 [나이] 필드를 선택한 후 [피벗 테이블 도구]-[분석] 탭-[그룹] 그룹 [그룹 선택]을 클릭합니다.

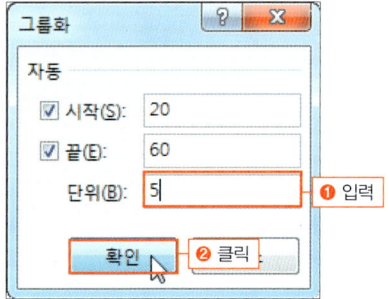

05. [그룹화] 대화상자가 나타나면 다음과 같이 단위를 [5]로 입력하고 [확인] 단추를 클릭합니다.

06. 다음과 같이 나이가 다섯살 단위로 그룹화되어 표시됩니다.

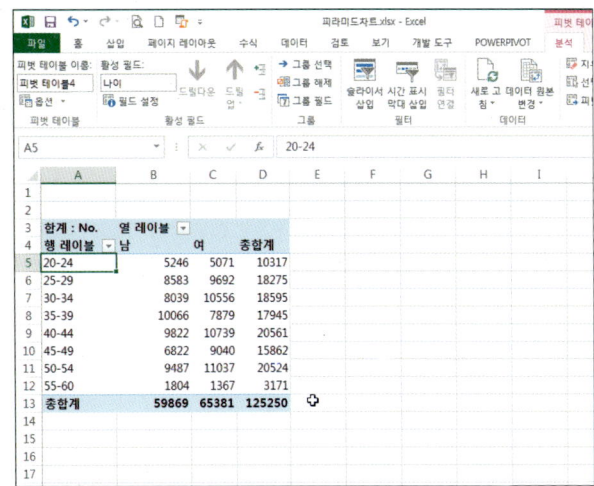

07. 이제 남/여 데이터를 합계가 아닌 개수로 구하기 위해 데이터 중 하나를 선택하고 [활성 피드] 그룹 [필드 설정]을 클릭합니다.

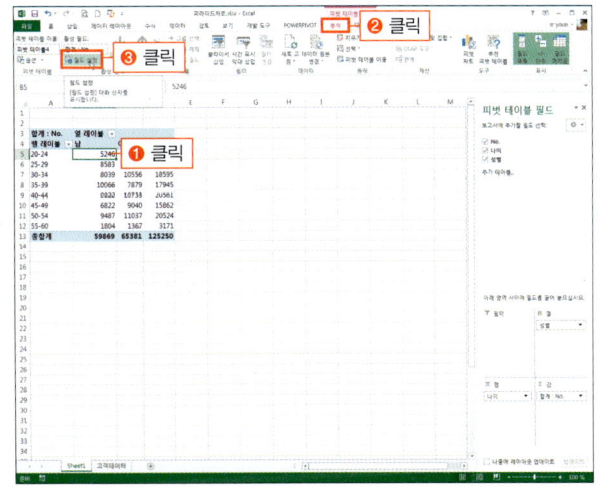

08. [값 필드 설정] 대화상자가 나타나면 [선택한 필드의 데이터] 항목에서 [개수]를 선택하고 [확인] 단추를 클릭합니다.

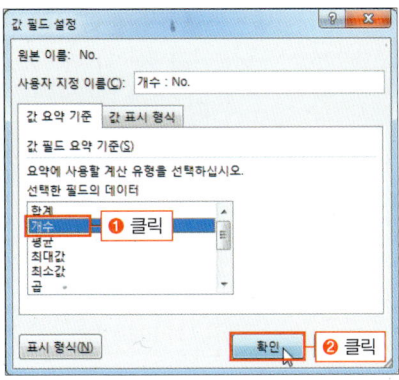

09. 다음과 같이 간단하게 연령별/성별 데이터를 만들었습니다.

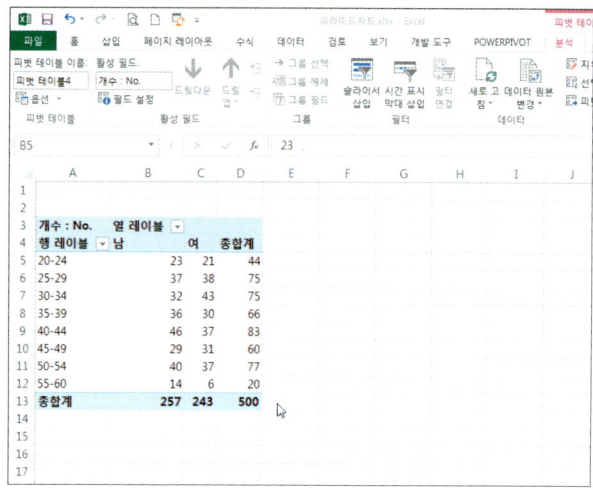

10. [A4:C12] 셀 범위를 선택하고 [홈] 탭-[클립보드] 그룹-[복사]를 클릭합니다.

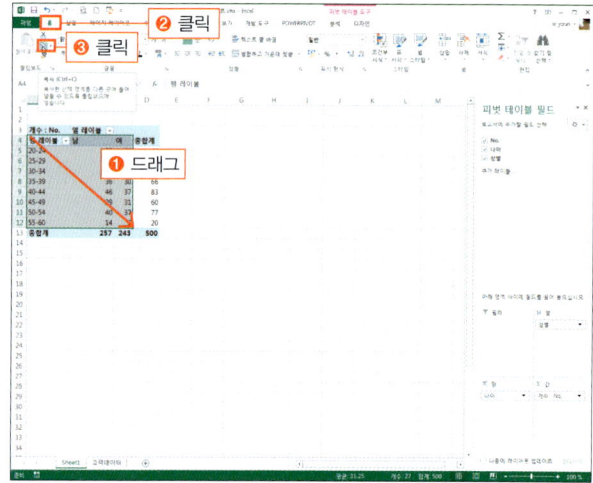

11. [새 시트] 아이콘을 클릭하여 새로운 시트를 삽입한 다음 [A2] 셀을 클릭하고 [붙여넣기]를 클릭합니다.

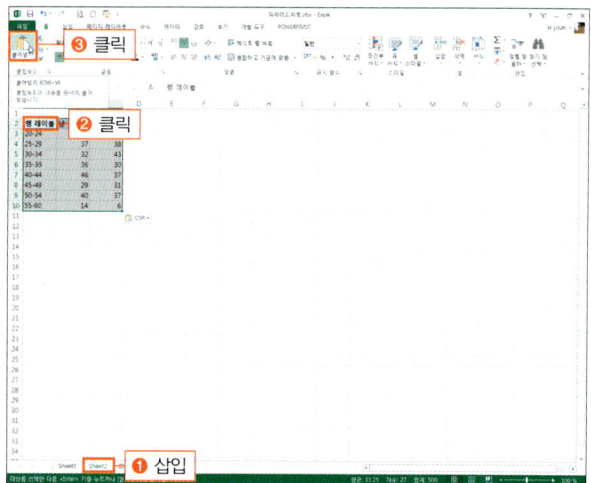

12. 데이터가 복사되면 [D2] 셀에 [−1]을 입력합니다.

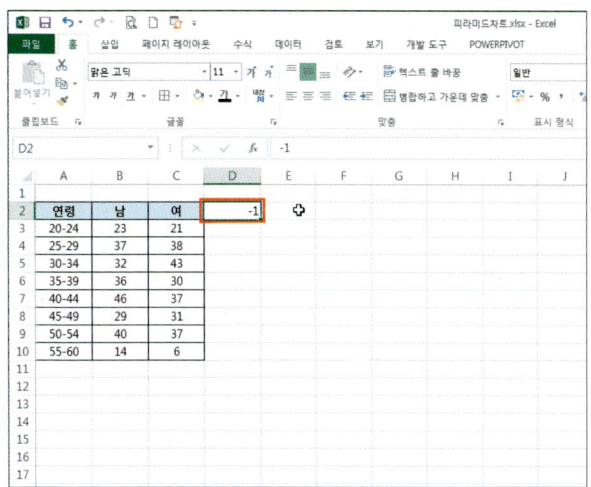

13. [남] 항목 데이터를 음수 값으로 만들기 위해 [D2] 셀을 클릭하고 [복사]를 클릭합니다.

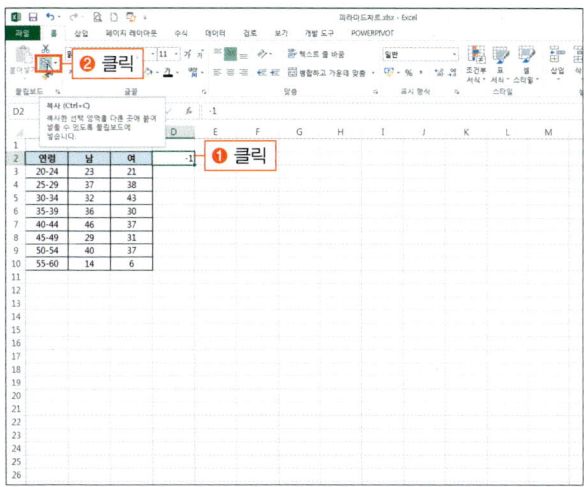

14. [B3:B10] 셀 범위를 드래그하여 선택한 다음 [붙여넣기]−[선택하여 붙여넣기]를 클릭합니다.

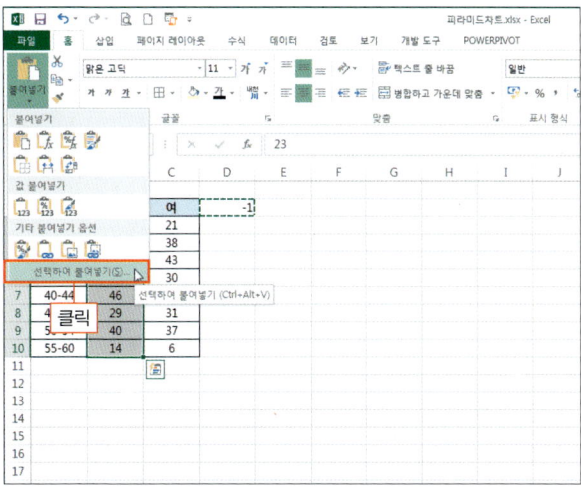

15. [선택하여 붙여넣기] 대화상자가 나타나면 붙여넣기에서 [값]을 선택하고, 연산에서 [곱하기]를 선택한 다음 [확인] 단추를 클릭합니다.

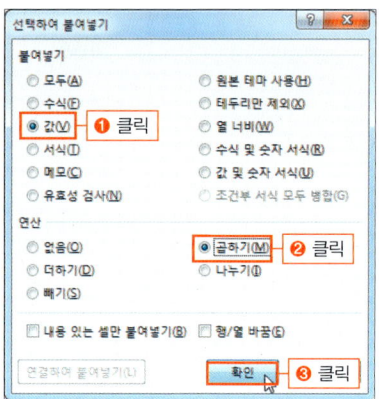

16. [B3:B10] 셀 범위의 값이 음수가 되었습니다. 값은 음수지만 화면에는 음수 기호가 표시되지 않도록 하기 위해 [B3:B10] 셀 범위를 선택한 다음 [표시 형식]-[표시 형식] 아이콘을 클릭합니다. [셀 서식] 대화상자가 나타나면 범주에서 [숫자]를 선택한 후 음수를 [1234]로 선택하고 [확인] 단추를 클릭합니다. 남성 데이터가 음수로 표시됩니다.

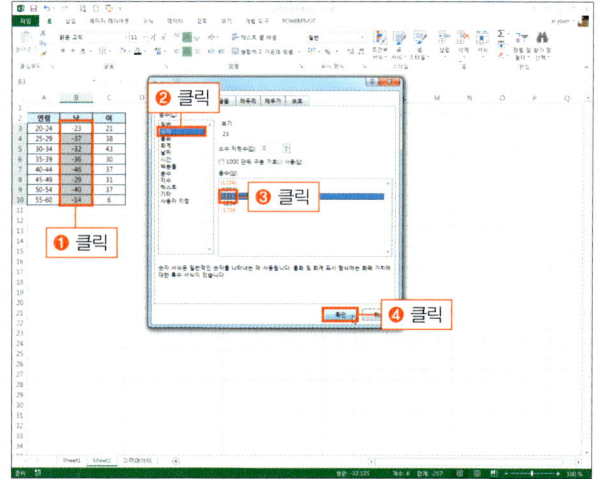

엑셀에서는 기본적으로 피라미드 차트를 삽입할 수는 없습니다. 여기서는 엑셀에서 피라미드 차트를 작성하는 방법에 대해 알아봅니다.

예제 파일 | CD₩Part 05₩피라미드차트.xlsx

01. 차트를 작성하기 위해 [A2:C10] 셀 범위를 선택한 다음 [삽입] 탭–[차트] 그룹–[가로 막대형]–[3차원 누적 가로 막대형]을 선택합니다.

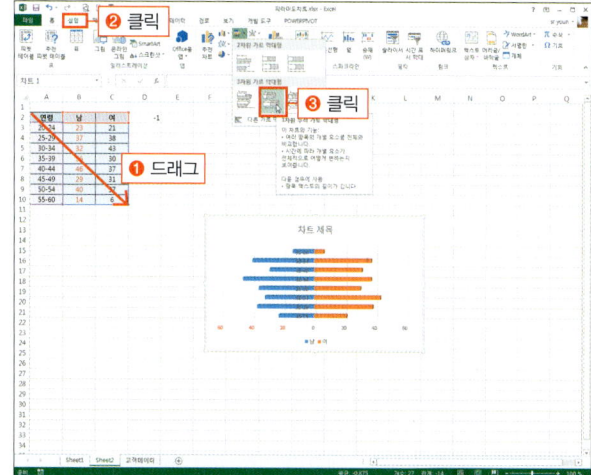

TIP : [남] 항목의 값은 빨강으로 표시되는 음수입니다.

02. 피라미드 차트가 삽입되었습니다.

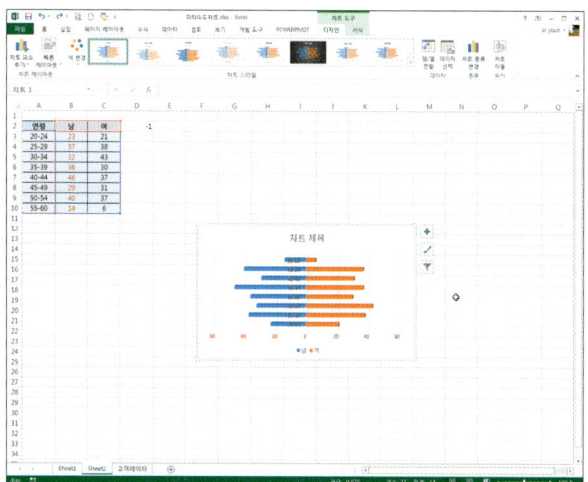

03. 차트 크기와 위치를 다음과 같이 변경한 다음 [차트 요소]-[축]-[기타옵션]을 클릭합니다.

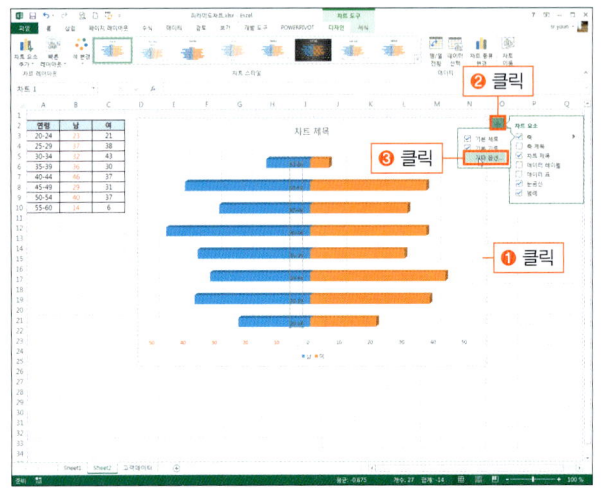

04. [축 서식] 창이 나타나면 [가로 항목 축]을 선택하고 축 값에 [-50]을 입력합니다. 세로 축이 차트의 왼쪽으로 이동됩니다.

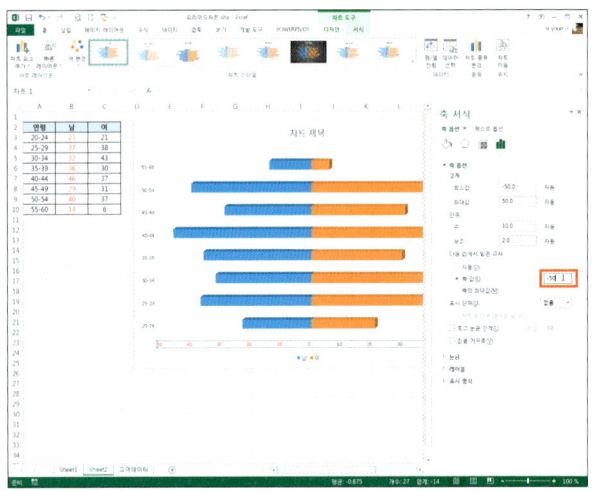

05. 계열을 더블클릭하여 [데이터 계열 서식] 창이 나타나면 간격 너비에 [0]을 입력합니다.

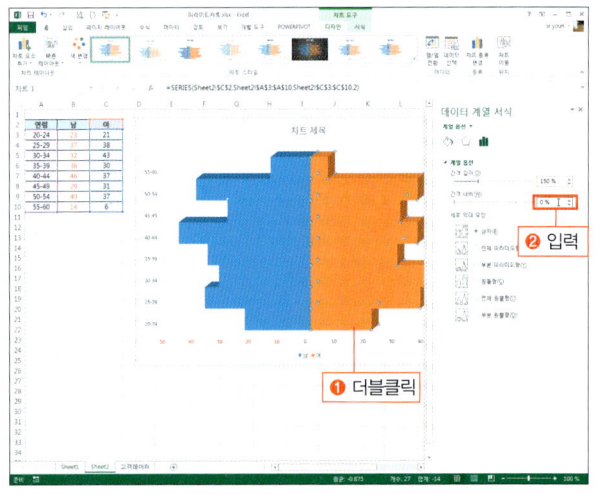

06. 이어 [계열 옵션]–[테두리]에 색을 지정하여
각 계열이 구분되도록 합니다.

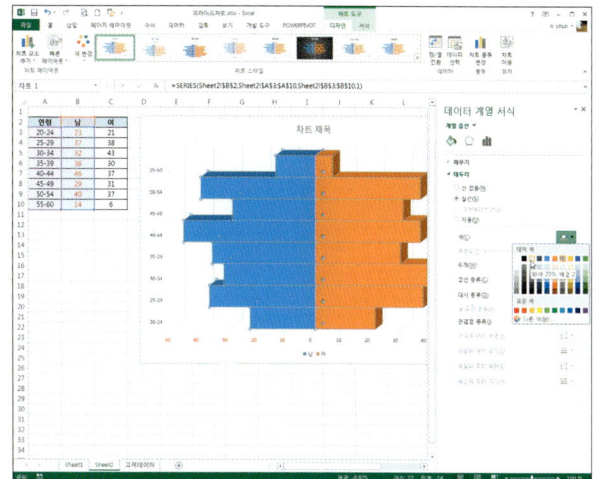

07. 피라미드 차트가 완성되었습니다. 고객의
연령별/성별 데이터를 한눈에 파악할 수 있습
니다. 어느 연령층의 성별에 중점을 두어 경영할
것인지를 알 수 있습니다.

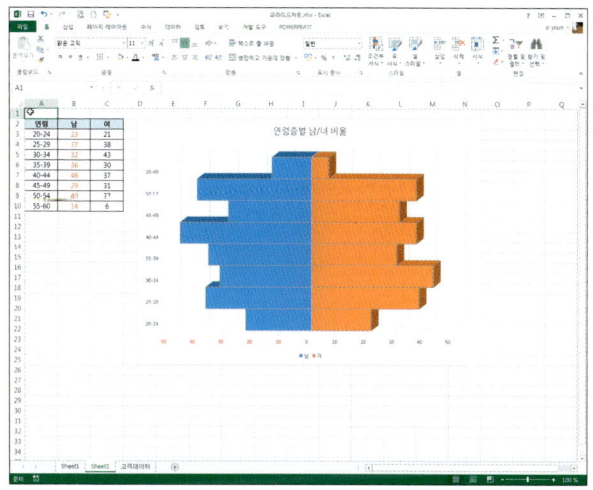

CHAPTER 02 RFM으로 고객 분석하기

고객의 움직임을 보다 선명하게 보기 위해 하는 기법이 RFM 분석입니다. RFM 각 항목을 모두 5개 등급으로 나누어 관리하며, 고객별 홍보나 개선책 등을 마련할 수 있습니다.

STEP 01 • 고객의 움직임을 보다 선명하게 보기 위한 RFM 분석

RFM 분석은 좋은 고객을 알아보기 위한 하나의 분석 방법입니다. 쉽게 설명하면 RFM 분석은 고객을 다음 3가지 측면에서 분석합니다.

- R : 가장 최근에 쇼핑 오는 날은 언제인가?
- F : 지금까지 몇 번 구입(방문)하는가?
- M : 지금까지 어느 정도 구입하는가?

일반적으로는 각각의 항목을 5단계로 평가하고 RFM의 각 항목에서 가장 높은 등급인 [555] 고객이 가장 좋은 고객이라고 할 수 있습니다. 반대로 [111] 고객은 다시 방문할 가능성이 없는 고객이라고 할 수 있습니다. 따라서 향후 구매 가능성이 없는 [111] 고객에게 메일을 보내거나 성의를 하는 것은 경비의 낭비입니다.

우선 RFM의 각 등급에 속하는 고객수와 그 구성비를 살펴보고, 그에 대한 분석을 하도록 하겠습니다. R의 5~1의 인원수는 F나 M과는 다릅니다. 이는 F와 M의 숫자는 누적되므로, 5에 가까워질수록 숫자는 낮아지기 때문입니다. RFM 각각 의미에 대해 실제 숫자를 바탕으로 정리해 보면 훨씬 이해가 빠를 것입니다.

RFM 분석 예

	A	B	C	D
1	평가 기준			
2	평가	R:최근 구입일	F:누적구입빈도	M:누적구입금액
3		(x일 이내)	(x회 이상)	(x원 이상)
4	5	30	10	1,000,000
5	4	60	6	700,000
6	3	90	4	500,000
7	2	120	2	100,000
8	1	그 이전	그 이하	그 이하

■ RFM의 의미

Recency : 최신 구매 날짜 반복 확률

구입하고 나서 시간이 별로 경과하지 않은 고객으로 기업이나 상품에 대한 기억이 제대로 남아 있다고 할 수 있습니다. 영업적으로 접근한다면 이미 기억에 남아 있지 않은 손님보다 높은 효과를 기대할 수 있습니다.

- R은 오늘 날짜에 가까운 손님으로 구입 경향이 높습니다.
- M이 많아도 R이 과거가 될수록 그 고객의 구입 경향은 낮아집니다.
- F가 많아도 R이 과거가 될수록 그 고객의 구입 경향은 낮아집니다.

Frequency : 구매 빈도 고객의 친밀도

- F가 낮은 고객이 많은 경우, 고객에게 만족을 주고 있지 않을 가능성이 있습니다.
- F가 높은 고객이 많은 경우 단골 손님이 많다는 것을 의미합니다.
- F가 낮은 고객이 비교적 적다면 신규 고객이 적은 것을 의미하므로 신규 고객 획득을 위한 기획이 필요합니다.
- R이 동일하다면 F가 많을수록 고객의 구입 경향이 높습니다.
- R이 과거가 될수록 F가 많아도 구입 경향은 낮아집니다.
- M이 많아도 F가 적을수록 구입 경향은 낮아집니다.

Monetary : 구매 금액 고객 로열티

- M 등급이 높으면 잠재적 구매력이 높은 것이므로 그러한 손님이 많다면 좋은 일입니다. 그러한 고객의 F와 R이 오르면 수익에 공헌합니다.
- M이 많고 적고에 따라 구입 경향을 판단할 수는 없습니다.
- 구입 여부의 판단은 우선 R 다음에 F에서 판단할 수 있습니다.
- M이 높을 경우 그 고객은 구매력이 있다고 판단할 수 있습니다.

고객의 R 랭크

R의 순위가 높을수록 구매액이 큰 고객이 속해 있다는 것을 나타냅니다. 즉 고객의 R의 랭크는 수익 면에서도 매우 중요합니다. 일반적으로는 다음과 같은 내용들이 알려져 있습니다.

- R의 순위가 높을수록 미래의 기업 수익에 공헌할 가능성이 높습니다.
- R의 랭크가 낮으면 F나 M의 순위가 높아도 타사에 빼앗길 가능성이 높습니다.
- R의 순위가 같다면 F의 등급이 높을수록 단골 손님이라고 할 수 있습니다.
- R의 순위가 같다면 F나 M의 순위가 높을수록 구매력이 있는 고객으로 판단할 수 있습니다.
- R과 F의 등급이 높아도 M이 적은 고객은 구매력이 낮다고 판단할 수 있습니다.
- F의 등급이 낮은 M이 높은 고객은 R의 높은 편이 좋은 고객이라고 할 수 있습니다.
- F의 등급이 오르지 않으면 타사에 빼앗길 가능성이 높습니다.
- RFM 모두 낮은 고객은 이미 다른 매장의 고객으로 판단할 수 있습니다.

매출의 상위를 점유하는 고객을 찾고, 분석할 수 있는 방법에 대해 알아봅니다. 전체 고객을 10등분하고 거기에서 유익한 정보를 얻기 위한 것입니다. 고객의 매출 데이터를 특정 변량(금액이나 횟수 등)을 내림차순으로 정렬한 다음, 데이터를 거의 균등한 10개 단위로 나누어 그룹을 만들고 그룹별 관리를 할 수 있습니다. 보통 8:2 법칙을 바탕으로 한 중점 관리에 이용되므로 파레토 분석(ABC 분석)과 겹치는 부분이 많다고 할 수 있습니다.

다만 이 분석 방법을 이용할 때는 한 가지 주의할 점이 있습니다. 너무 오래 기간의 매출 데이터를 분석하면 오래 전에 고액 상품을 한 번만 산 뒤, 그 이후에는 한 번도 사지 않는 고객도 상위 그룹에 들어갈 가능성이 있기 때문에 매출 데이터 기간을 고려해야 합니다. 이 분석 방법을 이용하면 매출 공헌도가 높은 고객을 중심으로 마케팅 전략을 짤 수 있습니다. 분석 방법도 쉬우므로 고객 분석을 위한 한 가지 방법으로 이용해 보세요.

예제 파일 | CD₩Part 05₩고객분석.xlsx

01. 고객별 구매횟수를 내림차순으로 정렬한 데이터를 준비합니다. 다음 데이터는 192명의 고객입니다.

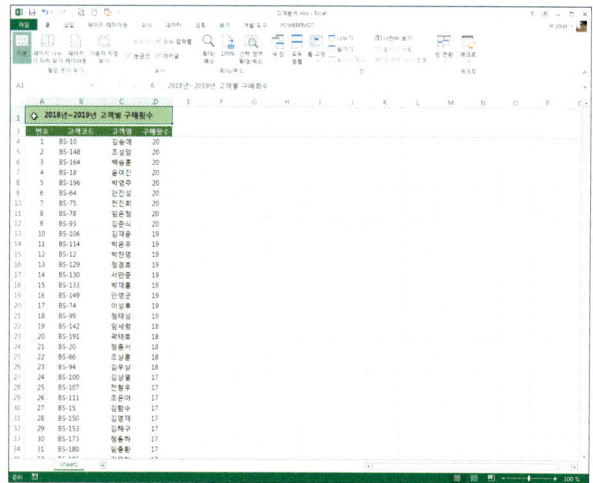

02. [F3:K5] 셀 범위에 다음과 같이 데이터를 입력합니다. 5행의 데이터는 192명의 데이터를 10개 단위로 나누어 구분하기 위한 준비 자료입니다.

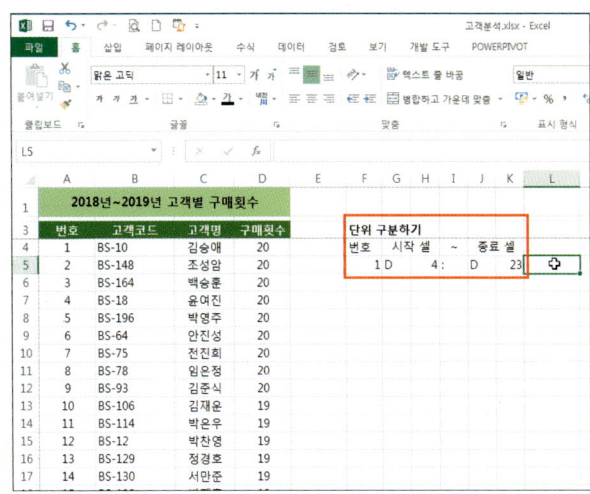

TIP : 첫 번째 단위에서 종료셀을 [D23] 셀로 한 것은 9개의 단위는 20명씩 나누고, 맨 마지막 단위는 나머지로 묶기 위한 것입니다. 이것은 사용자가 데이터 수에 따라 나누면 됩니다.

03. 나머지 10단위까지 모두 구분하여 입력합니다.

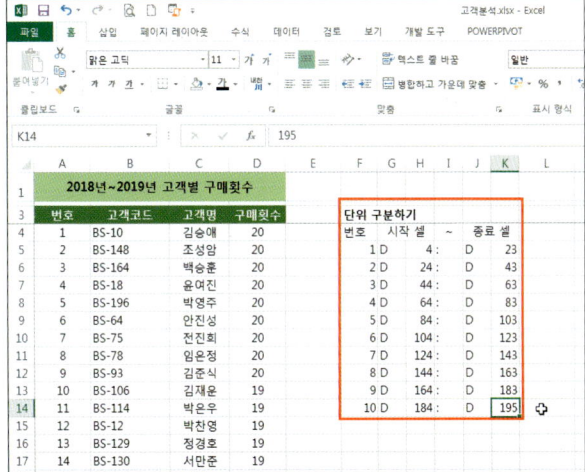

04. [L4] 셀에 [셀 범위]라고 입력한 다음 [L5] 셀에 함수식 [=CONCATENATE(G5,H5,I5,J5,K5)]를 입력합니다. 각 셀에 있는 데이터를 연결하여 하나의 셀 범위로 만들기 위한 것입니다.

TIP : CONCATENATE 함수

CONCATENATE(text1, [text2], ...)

CONCATENATE 함수는 최대 255개의 텍스트 문자열을 하나의 텍스트 문자열로 결합합니다. 결합된 항목은 텍스트, 숫자, 셀 참조 또는 이러한 항목의 조합일 수 있습니다.

• text1 : 필수 요소입니다. 연결할 첫 번째 텍스트 항목입니다.

• text2, ... : 선택 요소입니다. 추가 텍스트 항목이며, 쉼표로 구분하여 최대 255개까지 지정할 수 있습니다.

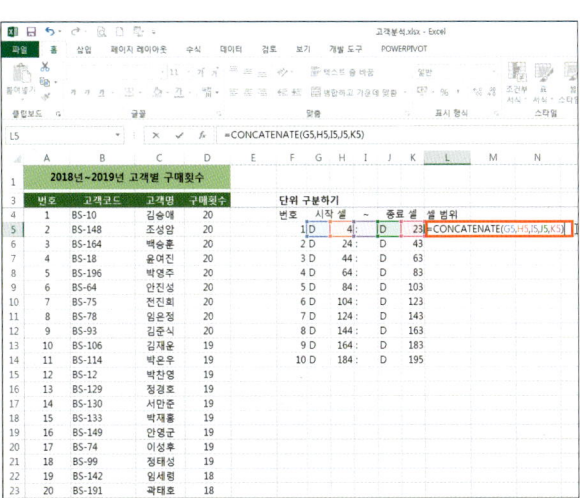

05. 하나의 셀 범위를 구했습니다.

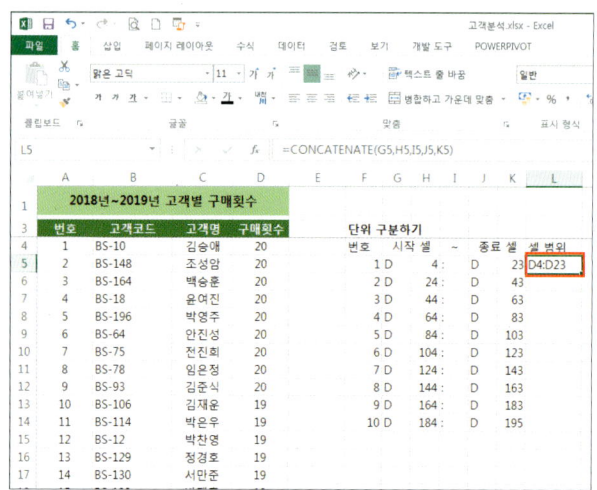

06. [L14] 셀까지 수식을 복사합니다.

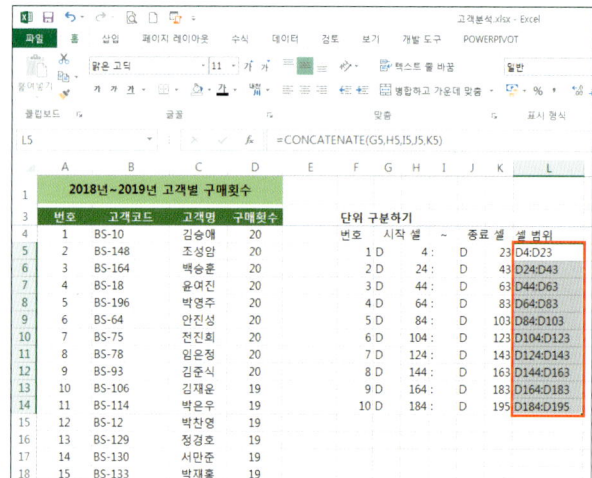

07. [M4:S14] 셀 범위에 다음과 같이 고객 분석을 하기 위해 입력합니다.

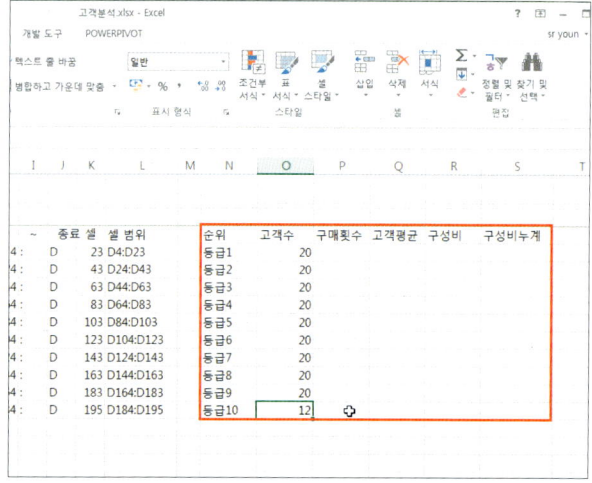

08. [P5] 셀에 구매횟수를 구하기 위한 수식 [=SUM(INDIRECT(L5))]을 입력합니다. [L5] 셀에 입력되어 있는 셀 범위의 합계를 구하기 위한 수식입니다.

> **TIP : INDIRECT 함수**
>
> INDIRECT(ref_text, [a1])
> 텍스트 문자열로 지정된 참조를 구합니다.
>
> • ref_text : 필수 요소로 A1 스타일 참조, R1C1 스타일 참조, 참조로 정의된 이름이 들어 있는 셀에 대한 참조이거나 셀에 대한 텍스트 문자열 참조입니다.
> • a1 : 선택 요소로 ref_text가 있는 셀의 참조 영역의 유형을 정하는 논리값입니다.

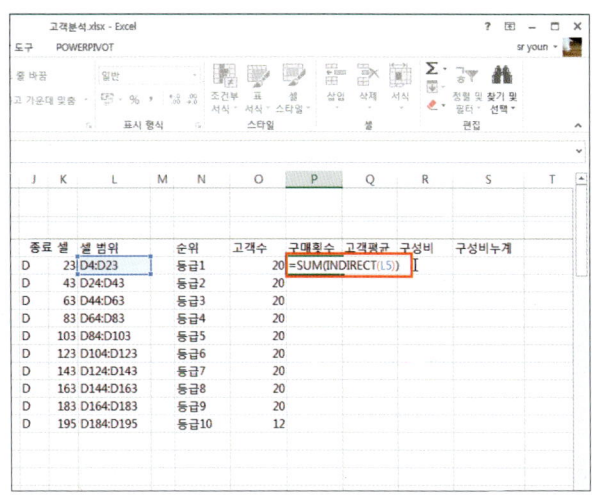

09. [D4:D23] 셀 범위의 합계를 구했습니다.

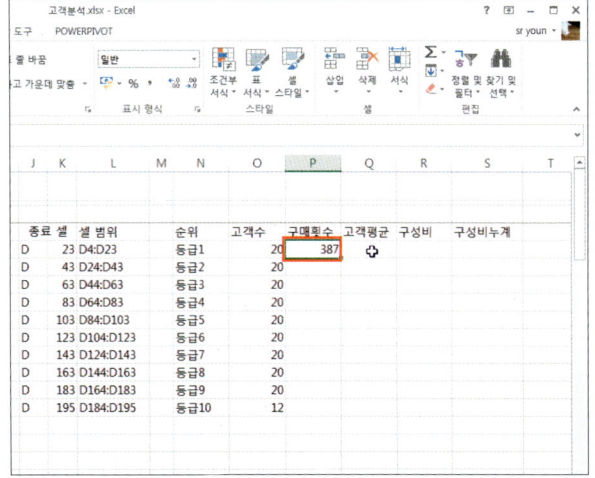

10. 나머지 셀은 자동 채우기를 하여 수식을 복사합니다.

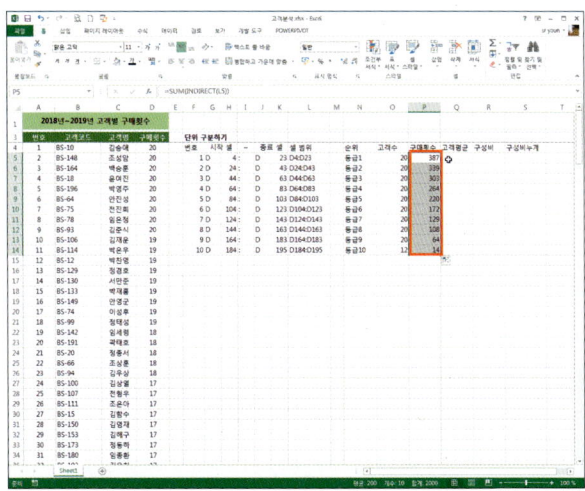

11. 고객의 구매횟수 평균을 구하기 위해 [Q5] 셀에 수식 [=P5/O5]를 입력합니다.

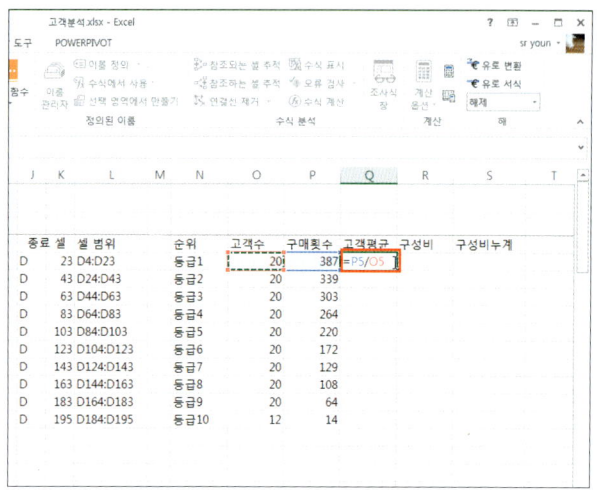

12. 고객평균을 구했습니다.

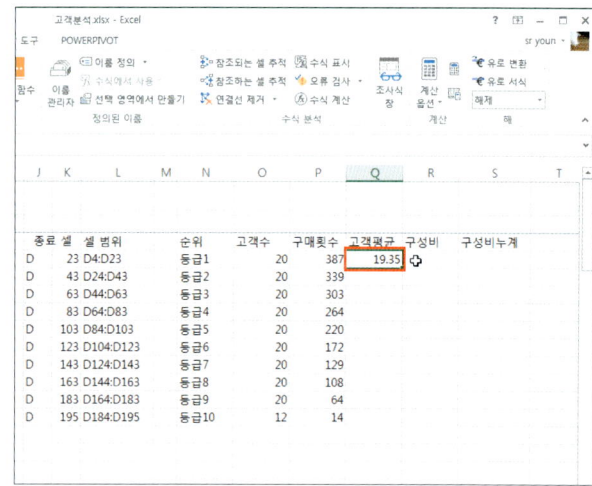

13. 나머지 셀은 자동 채우기로 복사하여 수식을 모두 입력합니다.

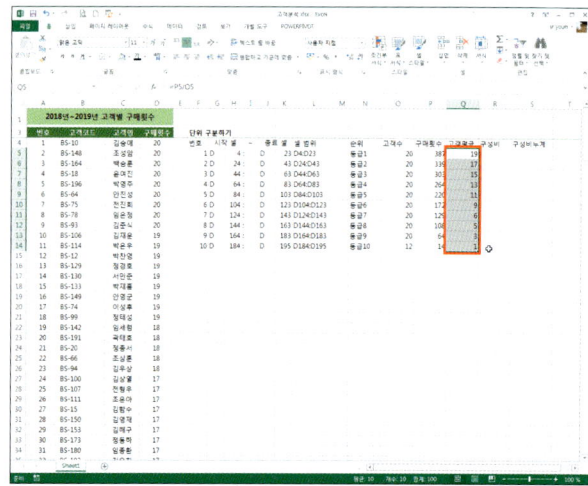

14. [O15] 셀에 고객수의 합계를 구하기 위한 수식 [=SUM(O5:O14)]를 입력합니다.

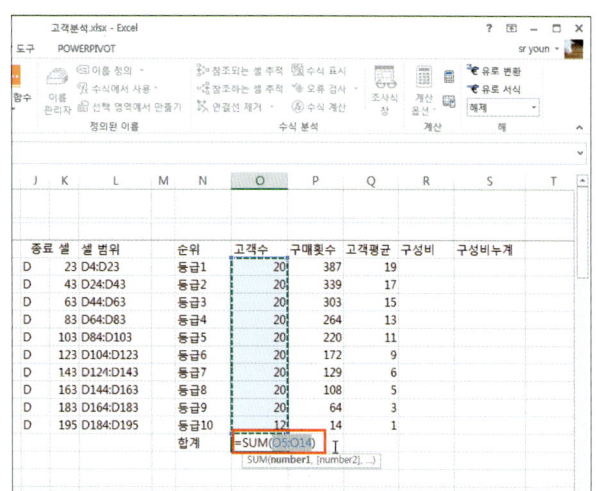

15. [P15] 셀에 구매횟수의 합계를 구하기 위한 수식 [=SUM(P5:P14)]를 입력합니다.

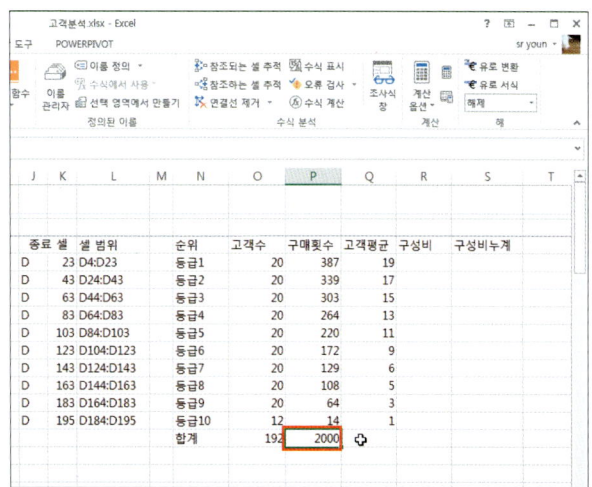

16. [R5] 셀에 구성비를 구하기 위한 수식 [=P5/$P$15]를 입력합니다. 이때 [P5] 셀은 절대참조로 지정합니다.

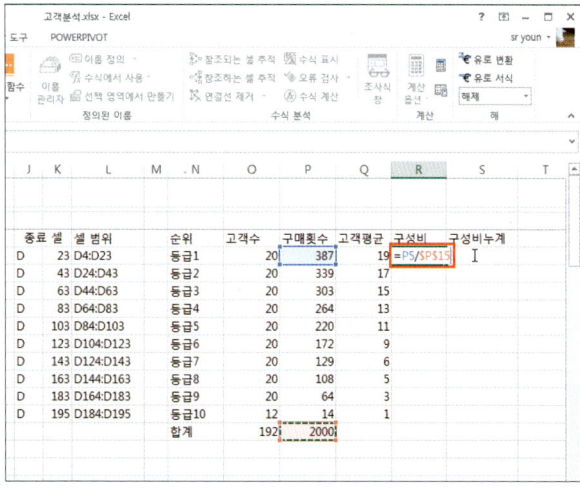

17. 자동 채우기를 하여 구성비를 모두 구합
니다.

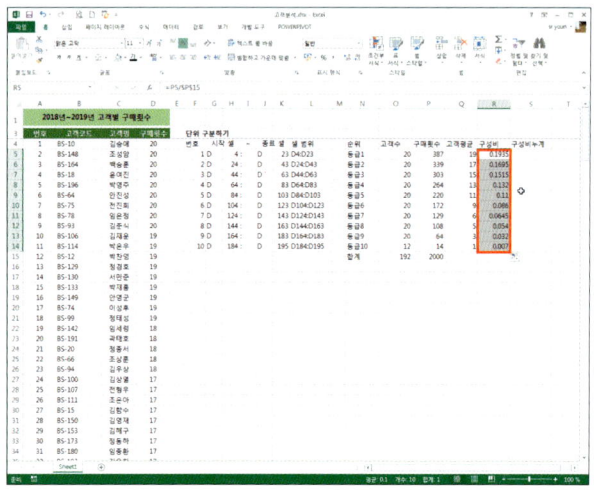

18. [S5] 셀에 구성비누계를 구하기 위한 수식
[=SUM($R$5:R5)]를 입력합니다.

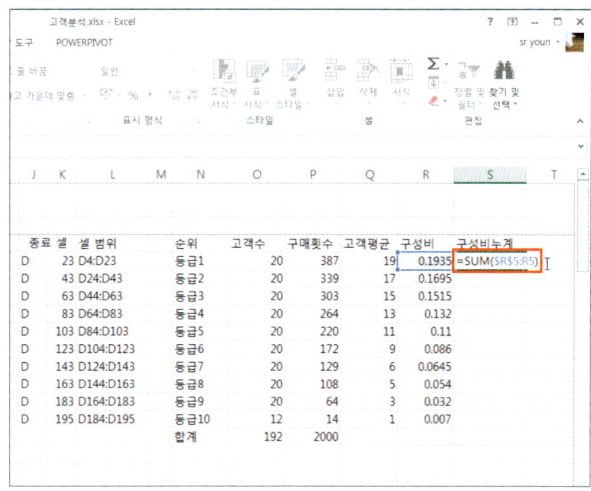

19. 나머지 셀은 자동 채우기로 복사하여 모두
구합니다.

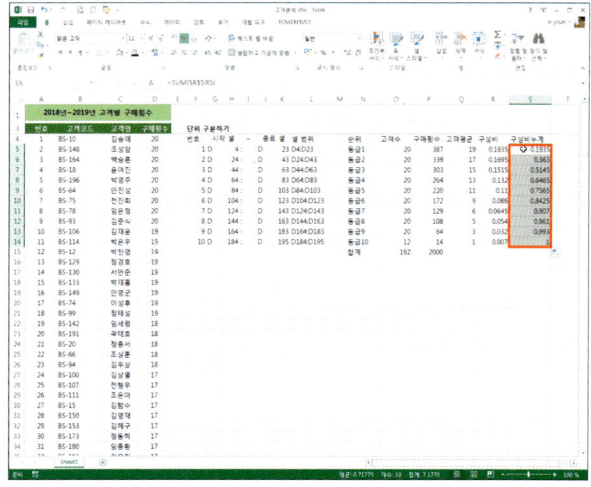

20. 구성비와 구성비누계가 입력되어 있는 범위를 모두 선택한 다음 [백분율 스타일]을 클릭하여 백분율로 표시합니다.

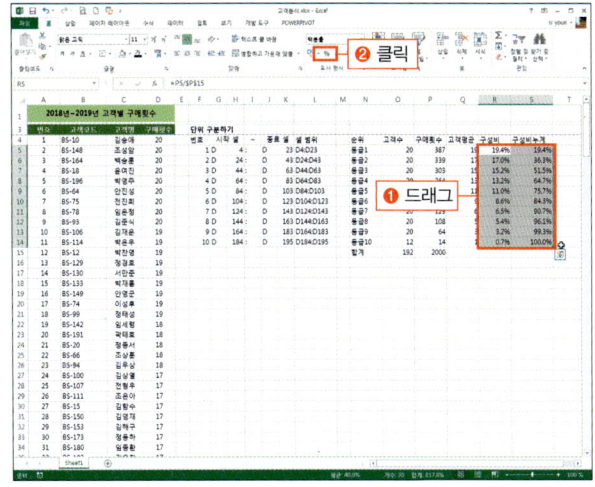

21. 데이터를 편집하여 완성합니다.

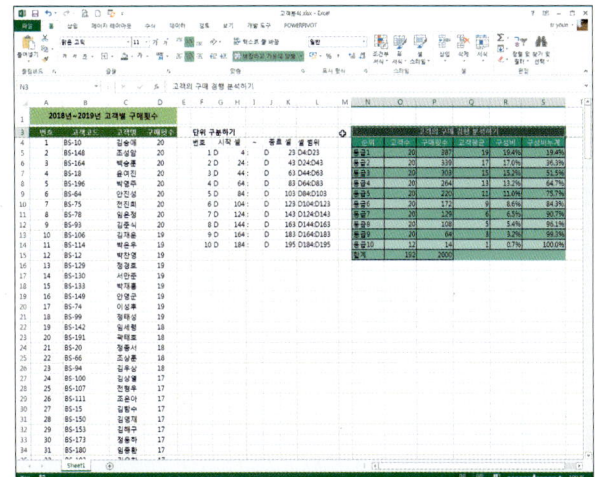

집계표는 별로 어렵지 않게 작성할 수 있습니다. 하지만 고객의 구매 경향은 여러 가지를 알 수 있습니다. 먼저 구성비누계를 보면 다음과 같습니다.

❶ 등급1에서 전체 구입금액의 19.4%를 차지하고 있습니다.

❷ 등급3까지 보면 전체 구입금액의 51.5%를 차지하고 있습니다.

결국 매출의 50% 이상은 상위 30%가 공헌하고 있음을 알 수 있습니다. 따라서 마케팅은 구성비누계에서 나타나는 상위 30%의 고객에 집중할 필요가 있습니다.

RFM 분석을 하여 고객의 움직임을 보다 선명하게 보는 방법에 대해 알아봅니다.

예제 파일 Ⅰ CD₩Part 05₩RFM분석.xlsx

01. 다음은 고객 데이터입니다.

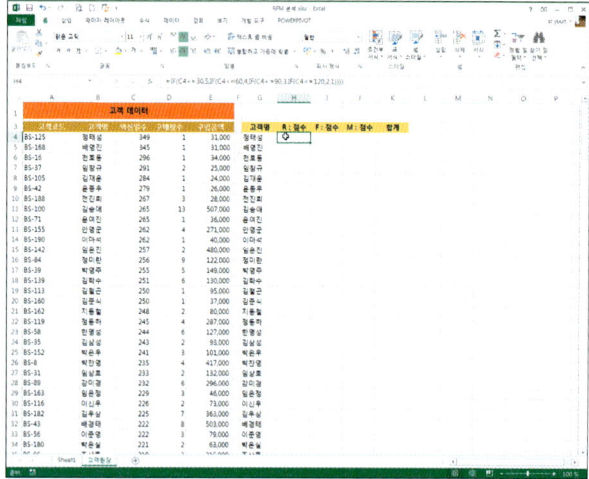

02. [Sheet1] 시트의 데이터는 평가 기준을 입력해 둔 것입니다. 이 값들을 기준으로 RFM 평가를 하겠습니다.

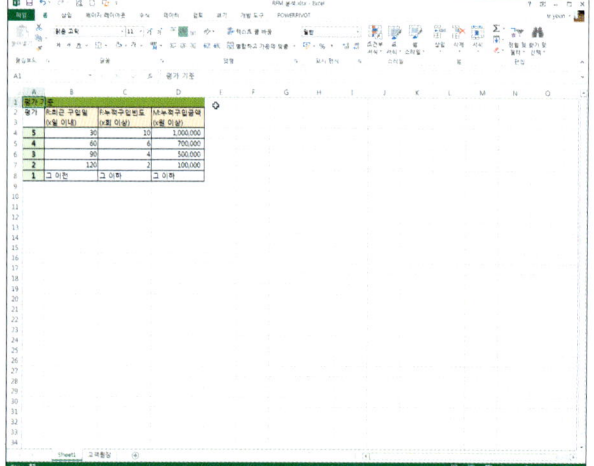

03. [고객원장] 시트의 [H4] 셀에 [정태성] 고객의 R 점수를 구하기 위한 수식 [=IF(C4<=30,5,IF(C4<=60,4,IF(C4<=90,3,IF(C4<=120,2,1))))]을 입력합니다. IF 함수의 수식은 [Sheet1] 시트의 판단 기준을 참조합니다.

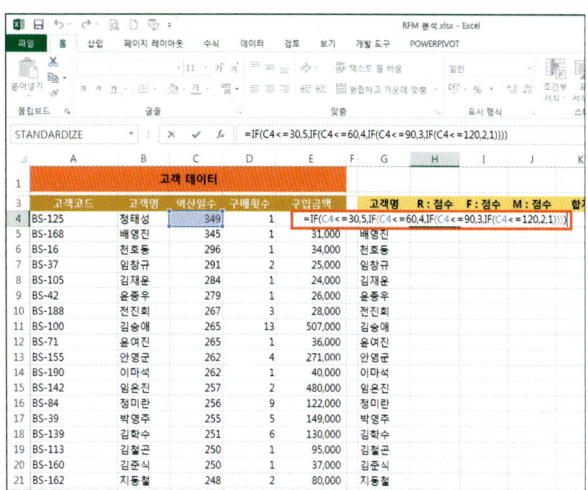

TIP : R 기준(최근 이용한 날의 경과 일수)

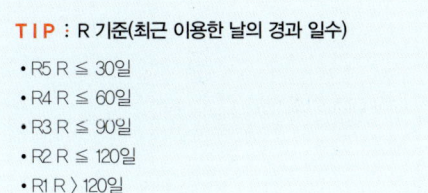

• R5 R ≤ 30일
• R4 R ≤ 60일
• R3 R ≤ 90일
• R2 R ≤ 120일
• R1 R > 120일

04. 역산일수가 349일이므로 1을 구했습니다.

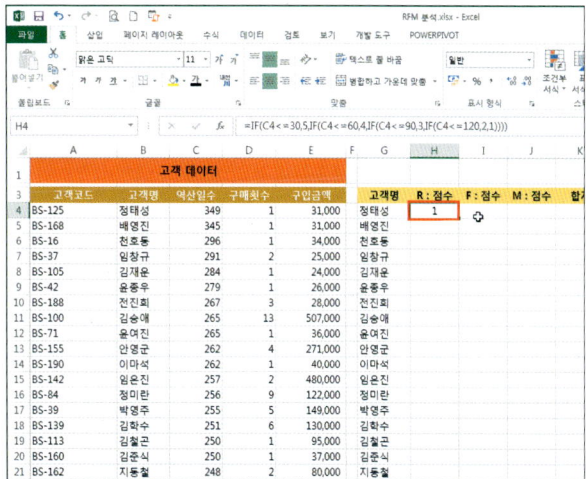

TIP : F 기준(이용 횟수)

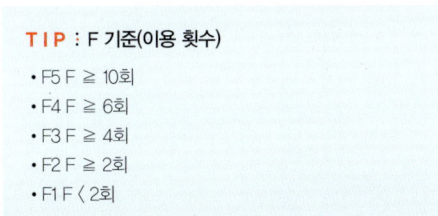

• F5 F ≥ 10회
• F4 F ≥ 6회
• F3 F ≥ 4회
• F2 F ≥ 2회
• F1 F < 2회

05. [I4] 셀에 F 점수를 구하기 위한 수식 [=IF(D4>=10,5,IF(D4>=6,4,IF(D4>=4,3,IF(D4>= 2,2,1))))]을 입력합니다.

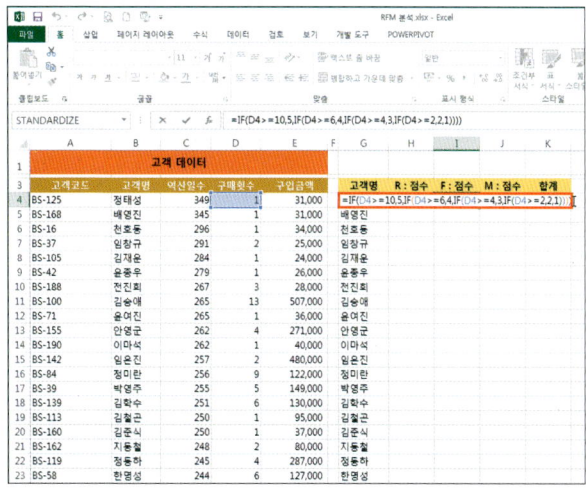

06. F 점수를 구했습니다. 구매횟수가 1이므로 F 점수는 1입니다.

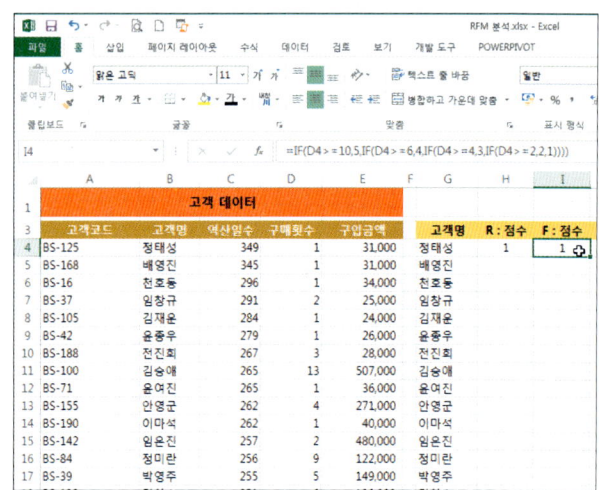

07. [J4] 셀에는 J 점수를 구하기 위한 수식 [=IF(E4>=1000000,5,IF(E4>=700000,4,IF(E4>=500000,3,IF(E4>=100000,2,1))))]을 입력합니다.

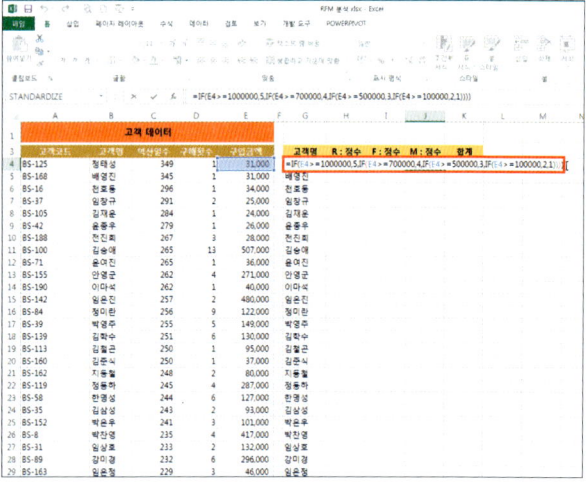

TIP : M 기준(이용 금액 누계)

- M5 M ≥ 1,000,000원
- M4 M ≥ 700,000원
- M3 M ≥ 500,000원
- M2 M ≥ 100,000원
- M1 M < 100,000원

08. 구입 금액이 31,000원이므로 M 점수는 1을 구했습니다. 점수들의 합계를 구하기 위해 [K3] 셀을 클릭하고 [수식] 탭─[함수 라이브러리] 그룹─[자동 합계]를 클릭합니다.

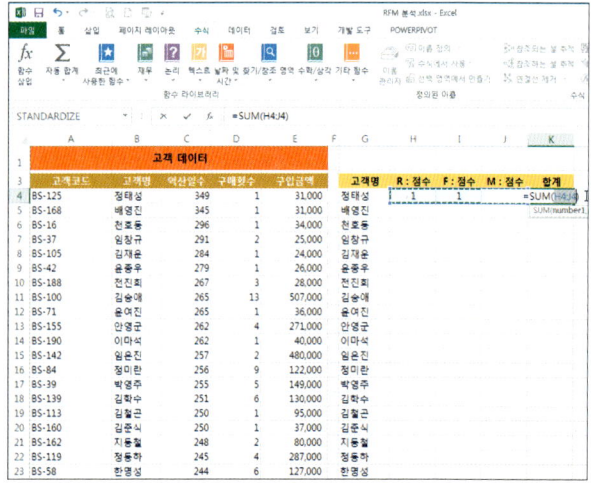

09. 합계 3을 구했습니다.

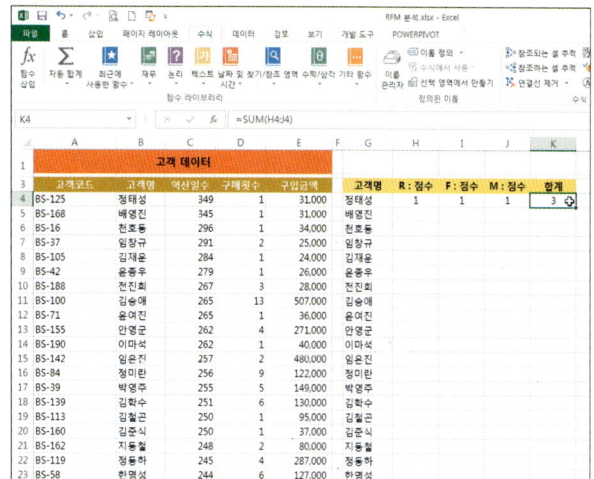

10. [H5:H203] 셀은 자동 채우기로 복사합니다.

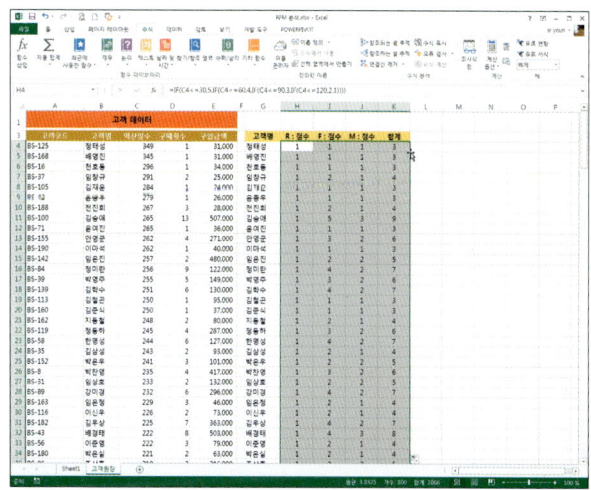

11. 이제 [G3:K203] 셀 범위를 선택한 다음 [홈]
탭-[클립보드] 그룹-[복사]를 클릭합니다.

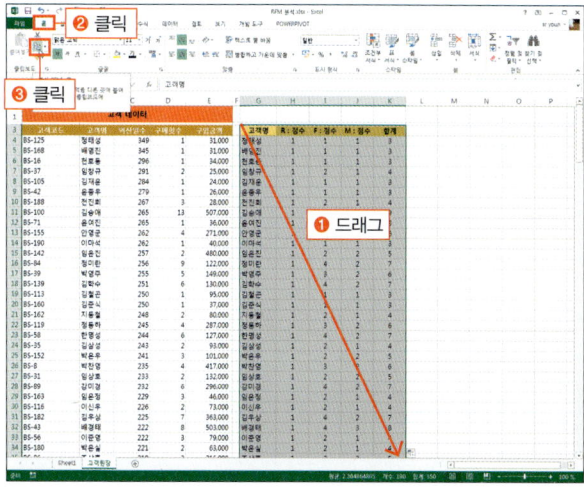

12. 새로운 시트를 삽입한 다음 [붙여넣기]–[값]을 클릭하여 복사합니다.

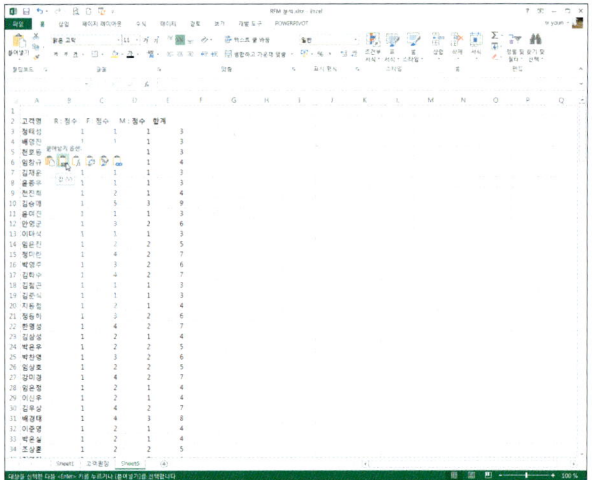

13. 데이터의 값만 복사되었습니다.

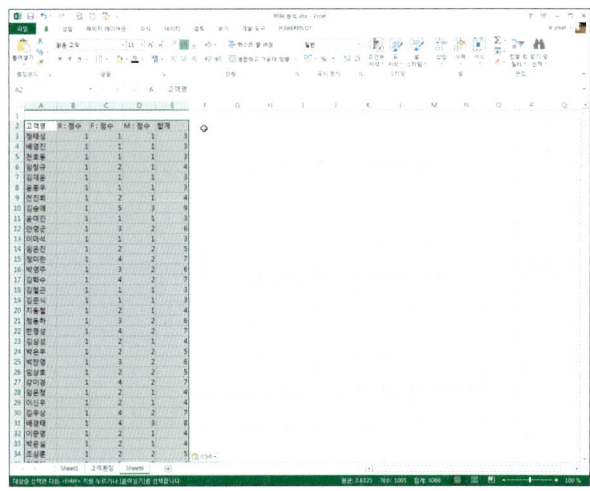

14. [E3] 셀을 클릭하고 [데이터] 탭–[정렬 및 필터] 그룹–[숫자 내림차순 정렬]을 클릭합니다.

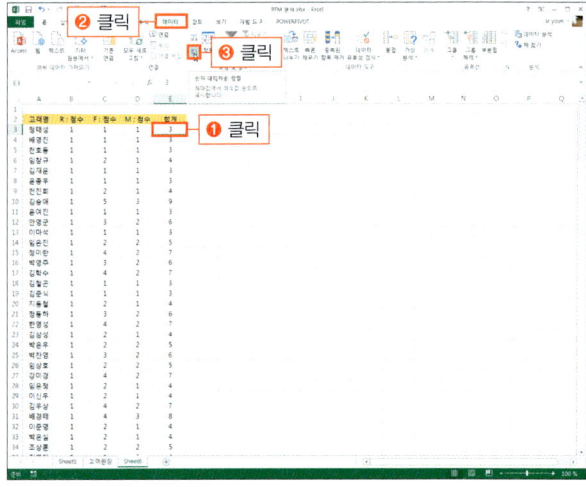

15. 합계를 기준으로 내림차순 정렬을 합니다.

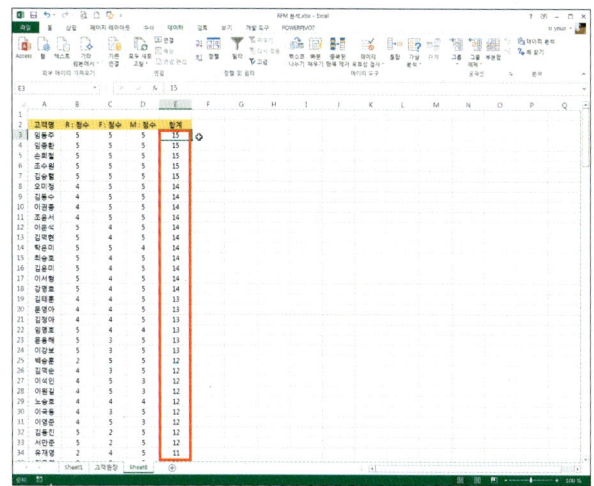

16. 다음과 같이 셀에 내용을 입력합니다.

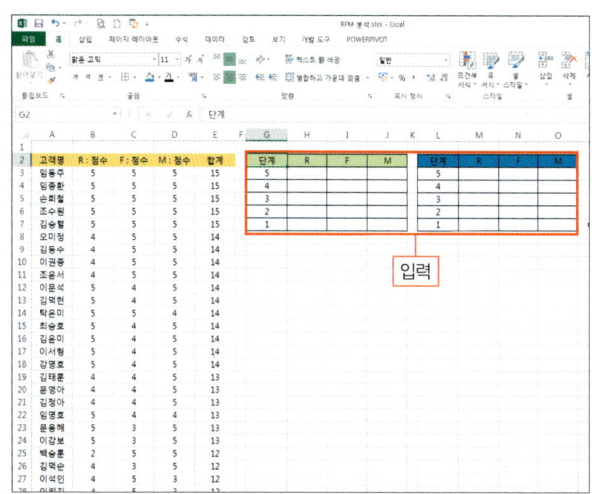

17. [H3] 셀에 R 점수에 대한 인원수를 구하기 위한 수식 [=COUNTIFS(B$3:B$202,$G3)]을 입력합니다. 수식을 복사하여 사용할 것이므로 참조 부분을 정확하게 입력합니다.

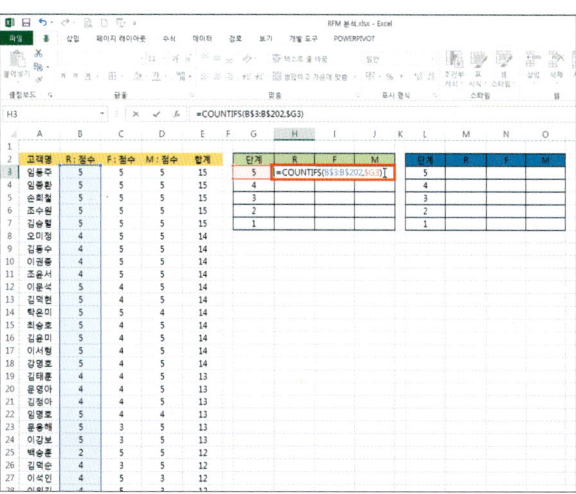

> **TIP : COUNTIFS 함수**
>
> COUNTIFS(criteria_range1, criteria1, [criteria_range2, criteria2]…)
> 여러 범위에 걸쳐 있는 셀에 조건을 적용하고 모든 조건이 충족되는 횟수를 계산합니다.
>
> - criteria_range1 : 필수 요소로 관련 조건을 평가할 첫 번째 범위입니다.
> - criteria1 : 필수 요소로 숫자, 식, 셀 참조 또는 텍스트 형식의 조건으로서, 개수를 계산할 셀을 정의합니다.
> - criteria_range2, criteria2, … : 선택 요소로 추가로 지정할 범위 및 관련 조건입니다. 범위와 조건의 쌍은 최대 127개까지 지정할 수 있습니다.

18. R의 5단계에 속한 인원수를 구했습니다.

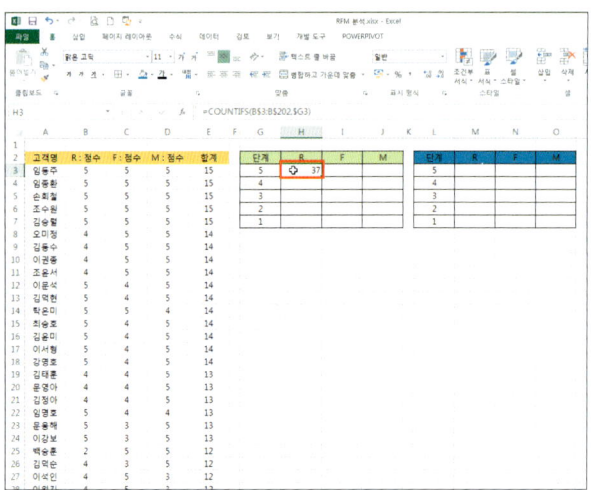

19. F와 M은 수식을 복사합니다.

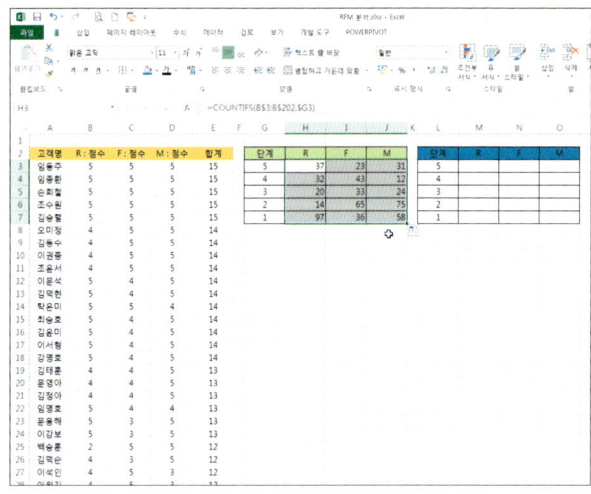

20. 총 인원수를 구하기 위해 [G8:H8] 셀에 다음과 같이 합계를 구합니다. 인원수 총 비율을 구하기 위해 [M3] 셀에 수식 [=H3/200]을 입력합니다.

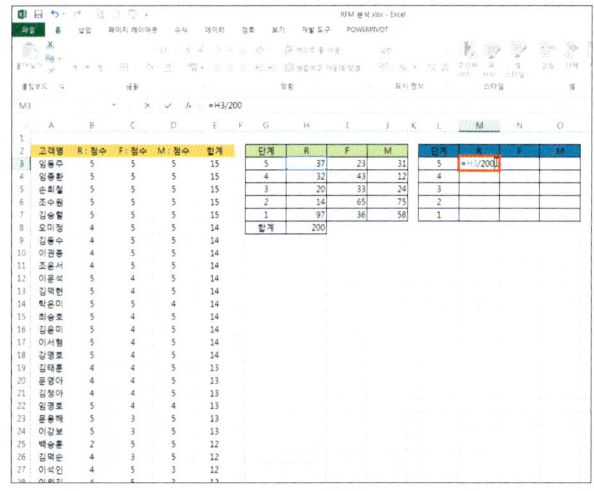

21. R 인원수에 대한 총 비율을 구했습니다.

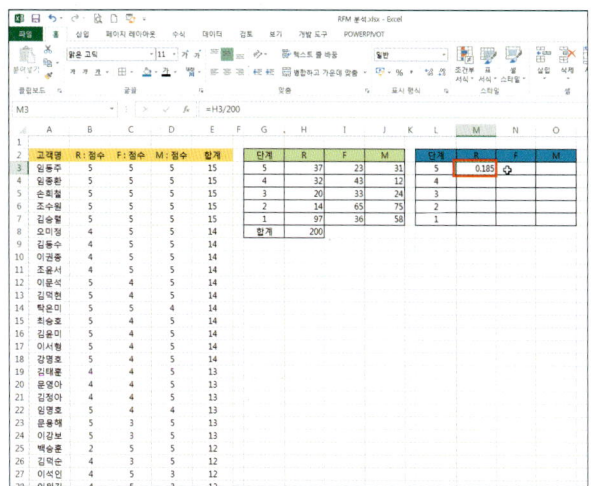

22. 나머지 셀은 자동 채우기로 복사하면 됩니다.

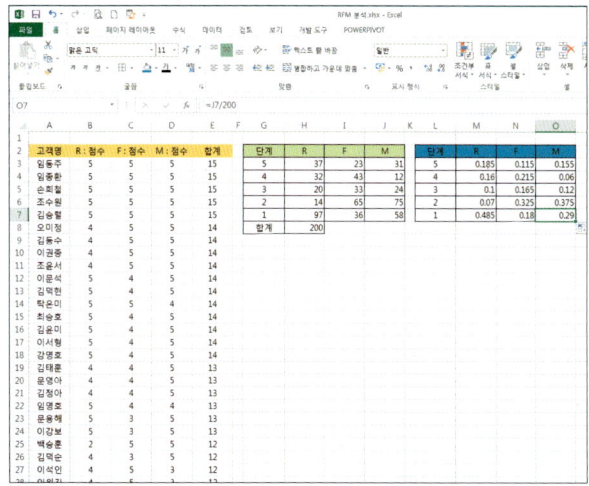

23. [M3:O7] 셀 범위를 선택한 다음 [백분율]을 클릭하여 퍼센트로 표시합니다. 이어 [자릿수 늘림] 아이콘을 한 번 클릭하여 소수점 이하 1자릿수까지 표시되도록 합니다.

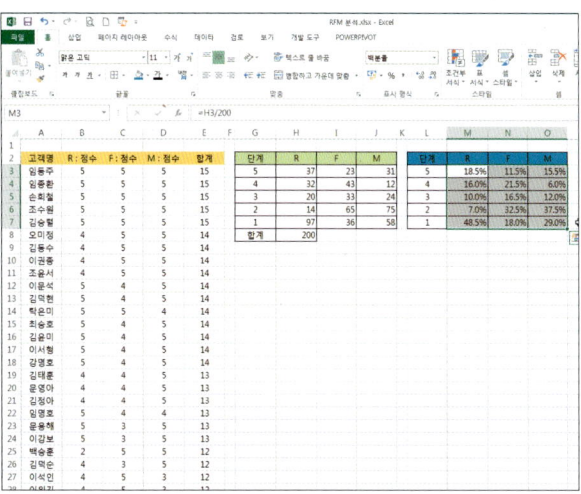

어떤 기준으로 분류해도 [555]의 고객이 좋은 고객인 것은 설명의 여지가 없습니다. 또 [111]은 좋은 고객이 아니라는 것을 알 수 있습니다. 그러나 [432]나 [324]와 같은 고객은 어떤지 잘 모르므로 크로스 집계를 하여 분석하는 것입니다. 여기서는 RFM 중 R과 F를 기준으로 크로스 집계를 해 보겠습니다. R은 방문(구입) 가능성, F는 고객과의 친밀도를 각각 나타내고 있습니다. 따라서 RF는 고객의 정착 정도를 나타낸다고 할 수 있습니다.

01. [G10:M16] 셀 범위에 다음과 같은 내용을 입력합니다. 이것은 R과 F를 크로스로 집계하기 위해 준비하는 것입니다. 고객 데이터의 아무 곳이나 클릭한 다음 [삽입] 탭-[표] 그룹-[피벗 테이블]을 클릭합니다.

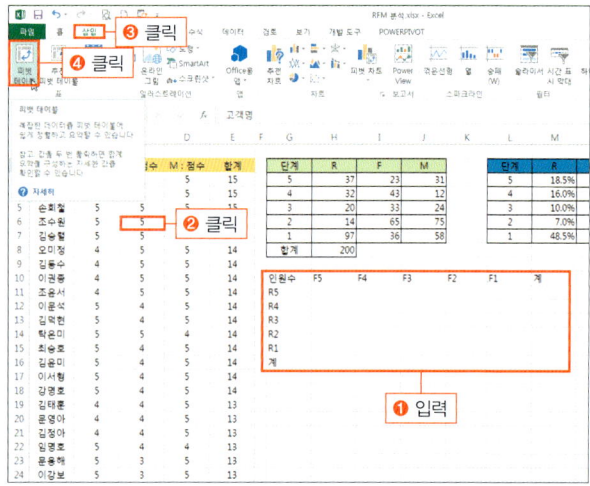

02. [피벗 테이블 만들기] 대화상자가 나타나면 범위를 확인하고 [확인] 단추를 클릭합니다.

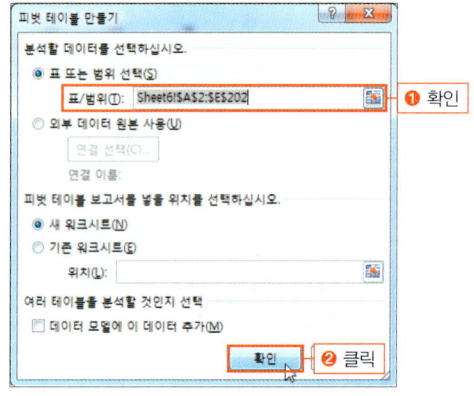

03. 새 시트에 피벗 테이블이 삽입되면 다음과
같이 배치합니다.

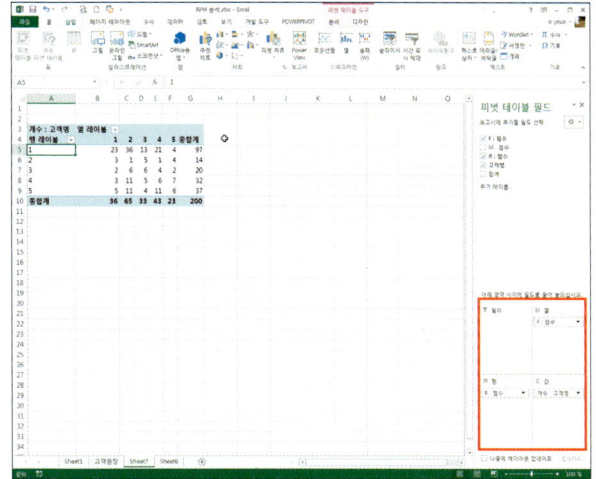

04. 일단 숫자들이 오름차순으로 정렬되어 있
으므로 내림차순으로 변경하기 위해 [열 레이
블]-[숫자 내림차순 정렬]을 클릭합니다.

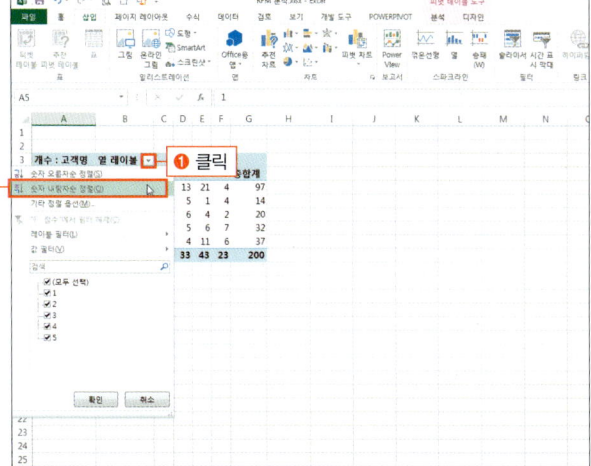

05. 마찬가지로 행 레이블도 [숫자 내림차순 정
렬]을 클릭하여 정렬합니다.

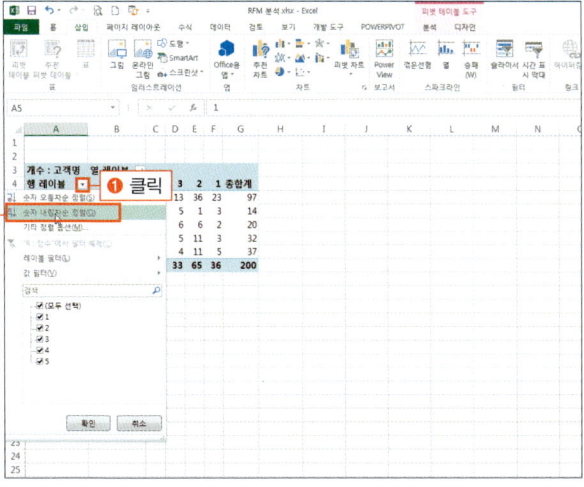

06. 원하는 대로 정렬되었습니다.

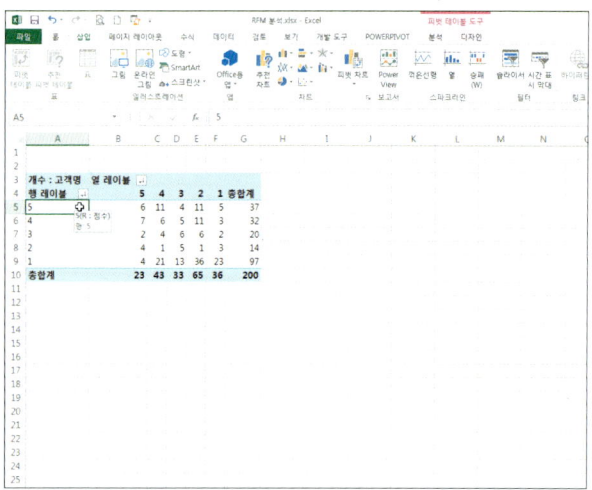

07. [B5:G10] 셀 범위를 선택한 다음 [홈] 탭–[클립보드] 그룹–[복사]를 클릭합니다.

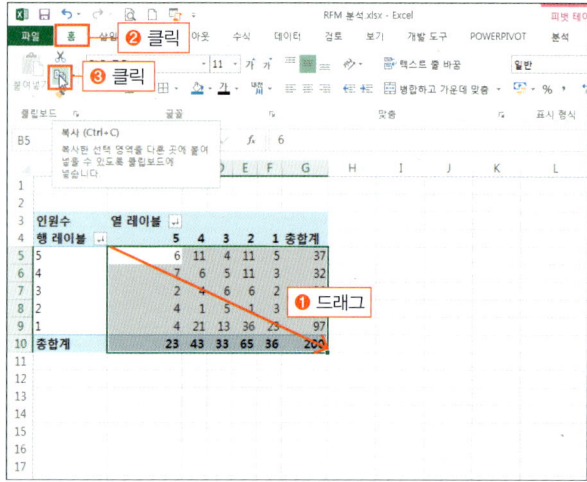

08. RFM 점수를 작성한 시트를 선택한 다음 [H11] 셀에 복사합니다.

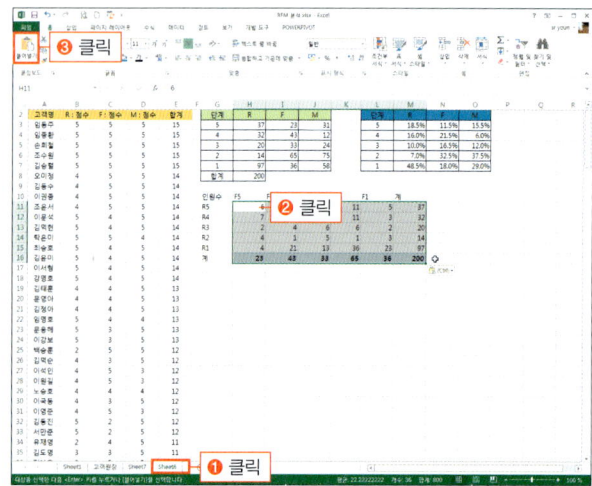

09. 다시 피벗 테이블 시트로 돌아가 [인원수]-
[값 필드 설정]을 클릭합니다.

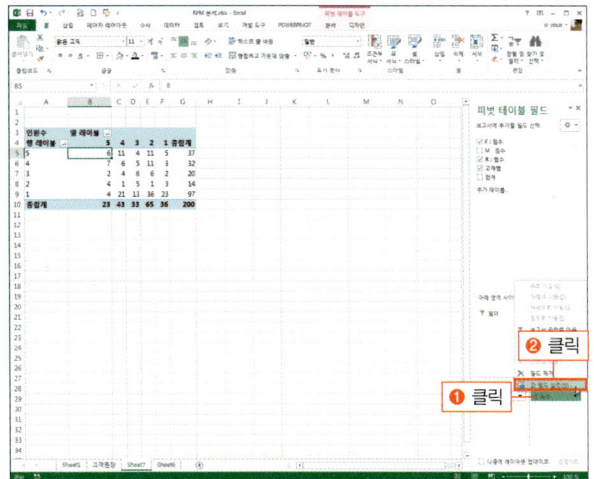

10. [값 필드 설정] 대화상자가 나타나면 [값 표
시 형식] 탭에서 [총합계 비율]을 선택하고 [확인]
단추를 클릭합니다.

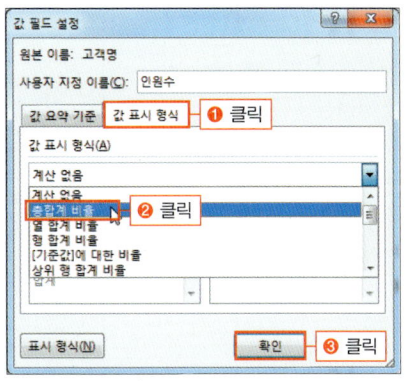

11. 인원수가 총합계 비율로 표시되었습니다. 이
번에도 이 비율을 선택한 다음 [복사]를 클릭합니다.

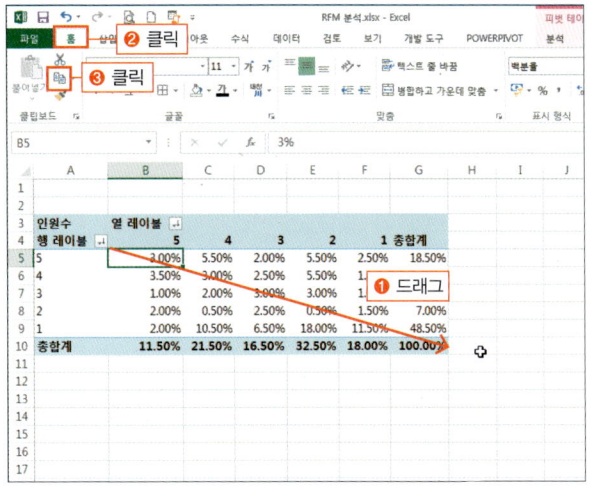

12. RFM 점수를 작성한 시트를 선택한 다음 [H19] 셀에 복사하여 데이터를 정리합니다.

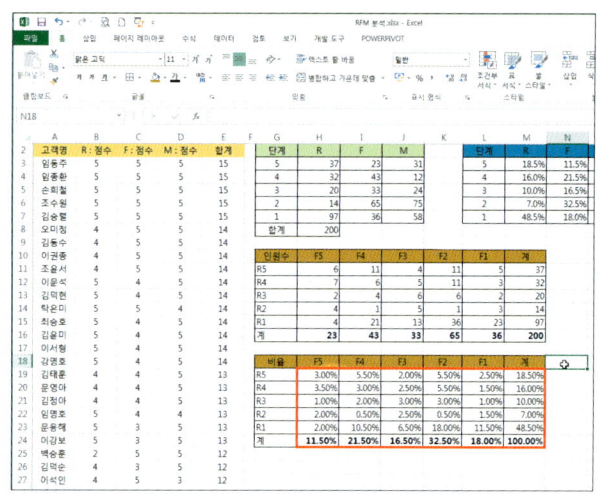

13. 데이터가 작성되었으면 다음과 같이 각 셀의 색을 맞추어줍니다. 이것은 구분을 쉽게 하기 위한 것으로 다른 뜻은 없습니다.

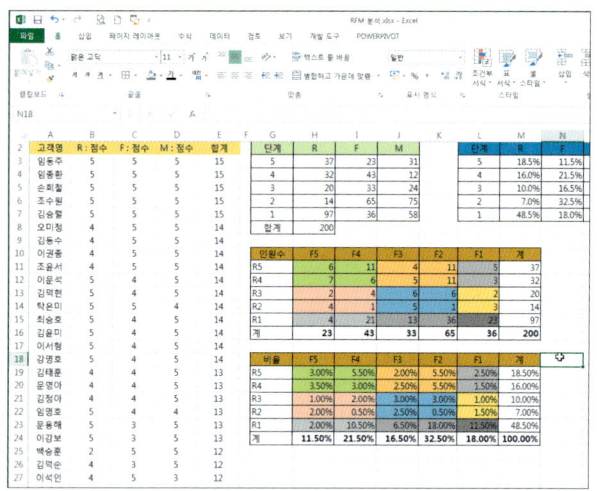

14. [G26:M32] 셀 범위에 서식만 복사하여 그림과 같이 작성합니다.

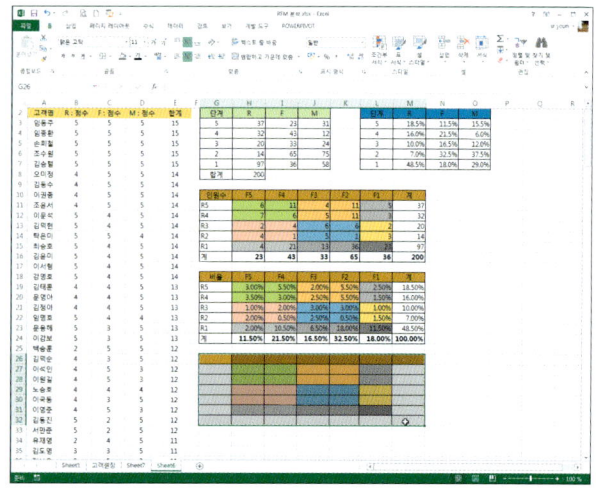

15. 다음과 같이 같은 색끼리 선택한 다음 [병합하고 가운데 맞춤]을 클릭합니다.

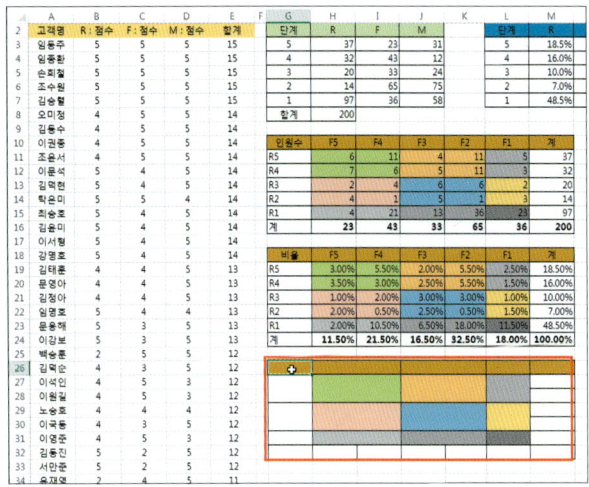

16. 계 부분은 필요 없으므로 삭제합니다.

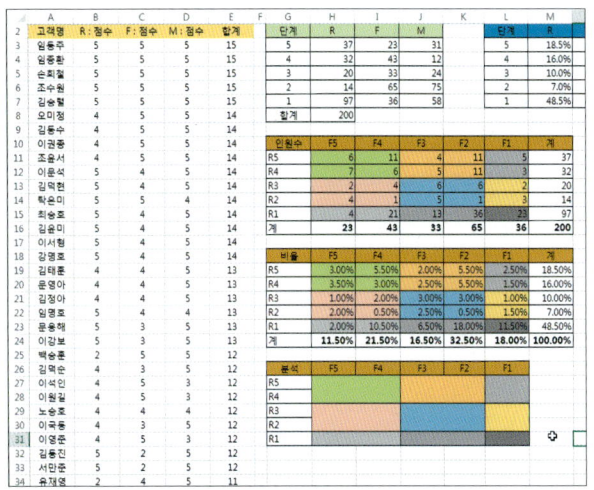

17. 다음은 분석 결과를 토대로 해당 점수의 고객이 어느 정도 위치에 있는지를 알기 쉽게 설명한 것입니다. 이 부분은 매장의 특성에 따라 사용자가 정의하면 됩니다.

18. [G33:L38] 셀 범위는 분석한 고객에 대한 대응을 살펴본 것입니다. 이렇게 하여 FR 크로스 집계에 대한 분석을 정리해 보았습니다. 이렇게 작성한 FR 분석 데이터 부분은 새로운 시트를 삽입하여 복사해 둡니다.

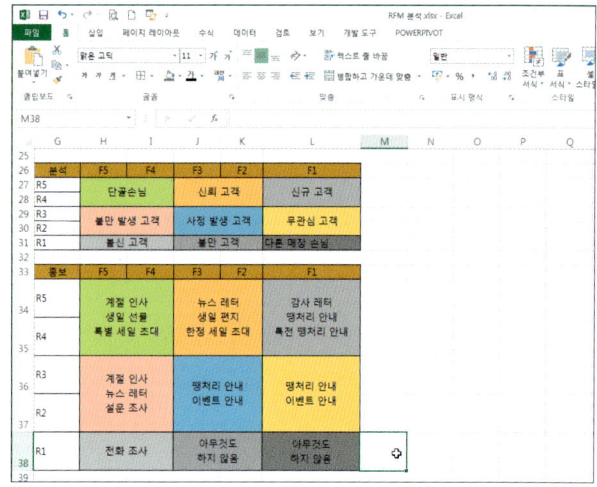

19. 다음은 새로운 시트에 MF 분석 내용을 작성한 것입니다. 실제로 고객이 가게에 방문했을 때의 접객 대응도 손님에 따라 바꿀 필요가 있습니다. 이는 접객 태도로 손님을 차별한다는 것은 아니라 서비스 내용을 차별하는 것입니다. 이렇게 고객의 대우를 생각할 때의 지표로서 FM 크로스 집계를 사용합니다.

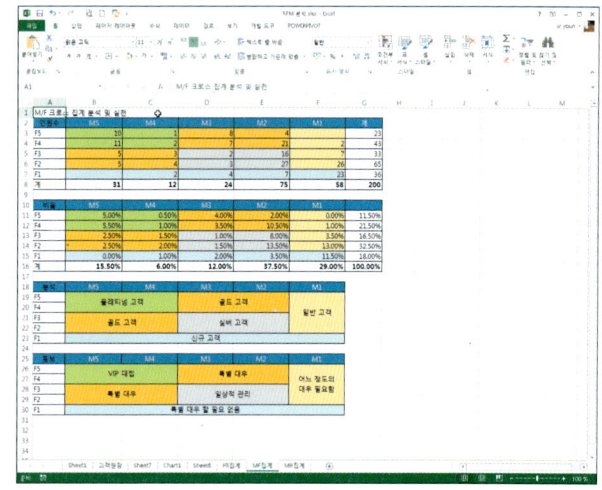

20. 다음은 새로운 시트에 MR 분석 내용을 작성한 것입니다. 할인이나 환원 등 고객에게 제공하는 특전이 모두 똑같지는 않습니다. 특전 가치를 생각할 때의 지표로서 MR 크로스 집계를 사용합니다.

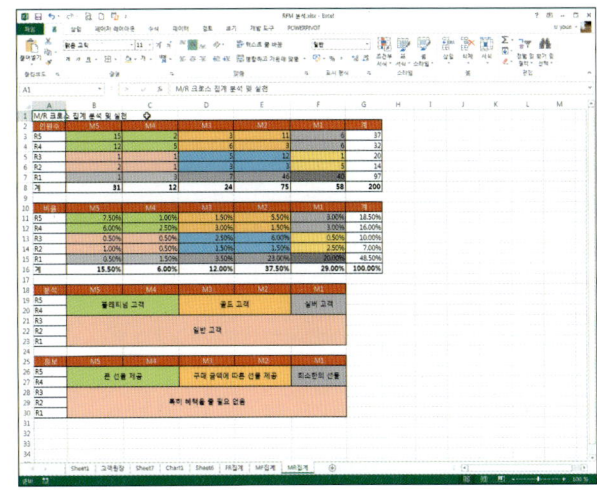

해석

MR 크로스 집계에 대한 분석 대응

❶ **플래티넘 고객** : 재구매 확률도 높은 고객으로 대담한 선물을 제공해도 좋습니다.

❷ **골드 고객** : 재구매 확률이 어느 정도 높은 손님입니다. 구매 금액에 따른 혜택을 제공하거나 할인율을 설정하거나 하드 가치로 환원함으로써 로열티가 높아집니다.

❸ **실버 고객** : 향후 기대를 담아 최소한의 특전 가치를 준비합니다.

❹ **일반 고객** : 특별한 혜택을 제공할 필요는 없습니다.

우량 고객 선별하기

RFM 분석으로 고객의 질을 선별할 수 있습니다. 축적되어 있는 고객 데이터에서 고객의 질을 선별할 수 있는 분석 방법으로 사용합니다. RFM 3가지의 시점에서 일반적으로 3~5단계로 구분하여 분석합니다.

• R과 F는 방문 빈도수가 높을수록 우량 고객입니다. F가 높은 고객이 많으면 고정 고객이 많고, F가 낮은 고객이 적으면 신규 고객이 적은 것입니다.

• R과 M은 최근 방문이 많을수록 우량 고객입니다.

• F와 M은 매출금액이 높을수록 우량 고객입니다.

예제 파일 l CD₩Part 05₩RFM분석2.xlsx

R과 F의 관계

고 F (이용빈도)		
방문이 뜸한 고객		우량 고객 (단골)
일반 고객		신규 고객

R (최근 방문일) → 최근

R과 M의 관계

고 M (매출금액)		
방문이 뜸한 고객		우량 고객 (단골)
일반 고객		신규 고객

R (최근 방문일) → 최근

F와 M의 관계

고 M (매출금액)		
매출 단가가 높은 고객		우량 고객 (단골)
일반 고객		매출 단가가 낮은 고객

F (이용빈도) → 최근

01. 2018년 고객별 실적 데이터를 이용하여 RFM 분석을 하기 위해 먼저 [H5] 셀에 경과일수를 구하기 위한 수식 [=DATEDIF(D167,$H$2,"d")]를 입력합니다.

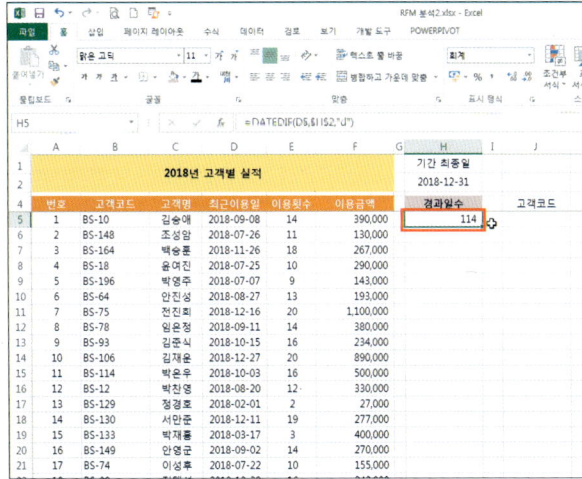

> **TIP : DATEDIF 함수**
>
> **DATEDIF(시작일, 종료일, 단위)**
> 지금은 지원하지 않는 함수로 특정 기간의 연수, 월수, 일수를 구합니다.

02. 경과일수를 구했습니다.

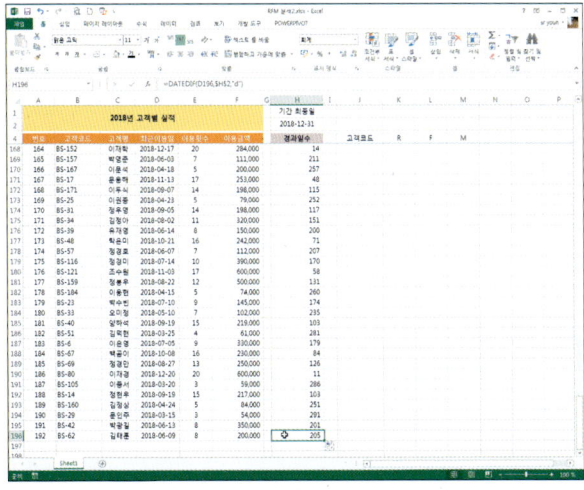

03. [H196] 셀까지 수식을 복사하여 경과일수를 모두 구합니다.

04. [J5] 셀에 고객코드를 입력하기 위한 수식 [=B5]를 입력합니다.

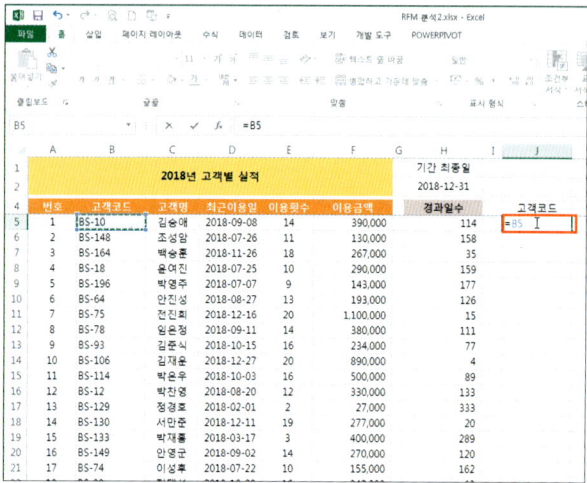

05. [K5] 셀에 R을 구하기 위한 수식 [=IF(H5<=45, 3,IF(H5<=100,2,1))]을 입력합니다.

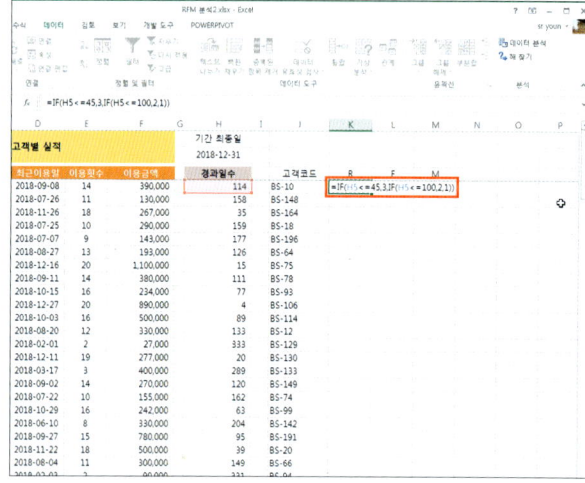

TIP : R 그룹 데이터 분류

R3 R ≤ 45
R2 45 < R ≤ 100
R1 100 < R

06. [L5] 셀에 F를 구하기 위한 수식 [=IF(E5>=15, 3,IF(E5>=7,2,1))]을 입력합니다. F 그룹은 다음과 같이 나눕니다.

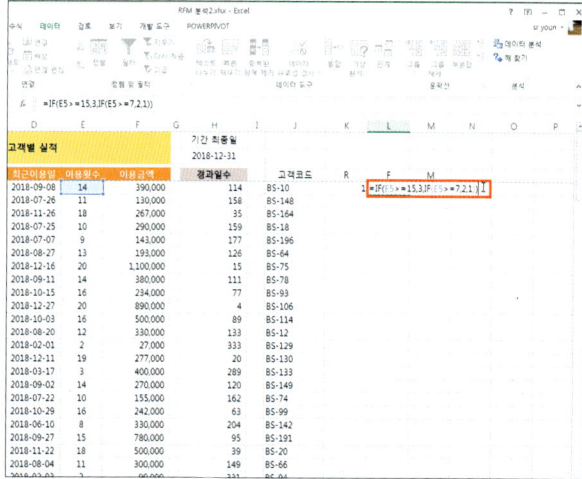

TIP : F 그룹 데이터 분류

F3 F ≥ 15
F2 15 > F ≤ 7
F1 7 > F

07. [M5] 셀에 M을 구하기 위한 수식 [= IF(F5)= 1000000,3,IF(F5)=200000,2,1))]을 입력합니다. M 그룹은 다음과 같이 나눕니다.

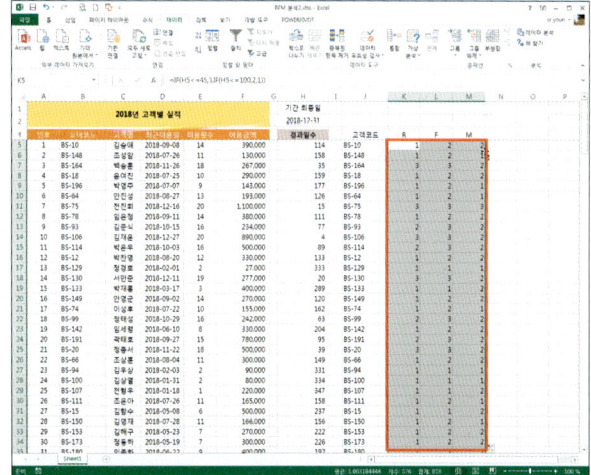

TIP : M 그룹 데이터 분류

M3 M ≥ 1,000,000
M2 1,000,000 > M ≤ 200,000
M1 200,000 > M

08. 각각 구한 수식을 마지막 셀까지 복사합니다.

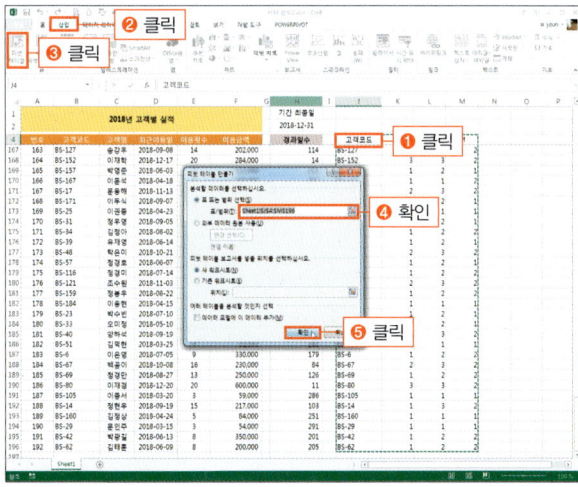

09. 이제 RFM 분석을 하기 위해 [J4] 셀을 클릭한 후, [삽입] 탭–[표] 그룹–[피벗 테이블]을 클릭합니다. [피벗 테이블 만들기] 대화상자가 나타나면 범위를 확인하고 [확인] 단추를 클릭합니다.

10. 피벗 테이블이 삽입되면 다음과 같이 필드 항목을 배치합니다.

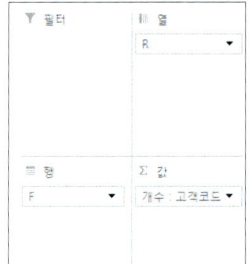

11. 열 레이블 제목을 정렬하기 위해 [A5] 셀을 클릭하고 [데이터] 탭-[정렬 및 필터] 그룹-[숫자 내림차순 정렬]을 클릭합니다.

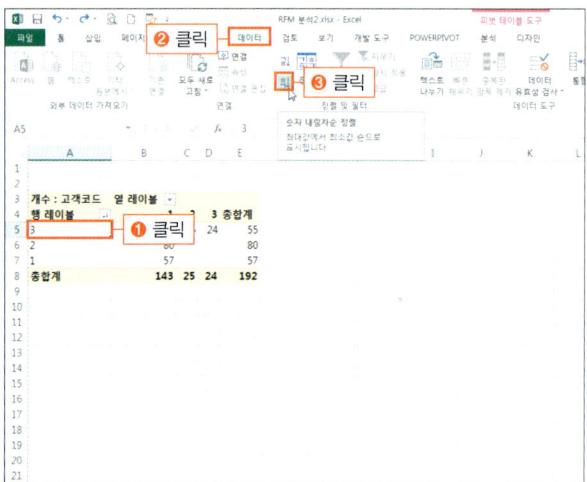

12. 고객의 수를 총합계 비율의 백분율로 표시하기 위해 [B5] 셀을 클릭한 후 [피벗 테이블 도구]-[분석] 탭-[활성 필드] 그룹-[필드 설정]을 클릭합니다. [값 필드 설정] 대화상자가 나타나면 [값 표시 형식] 탭에서 [총합계 비율]을 선택하고 [확인] 단추를 클릭합니다.

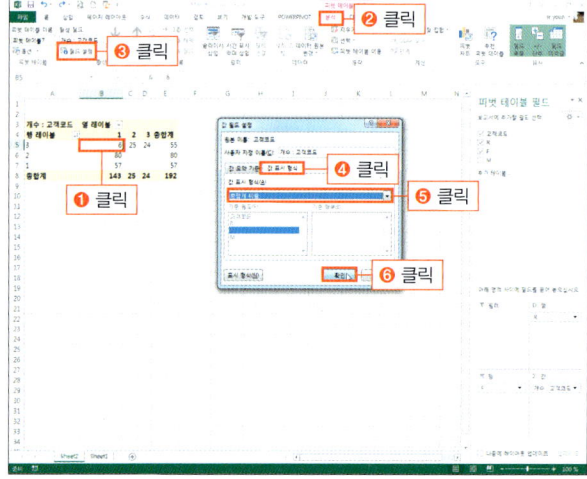

13. 총합계에 대한 비율을 구했습니다.

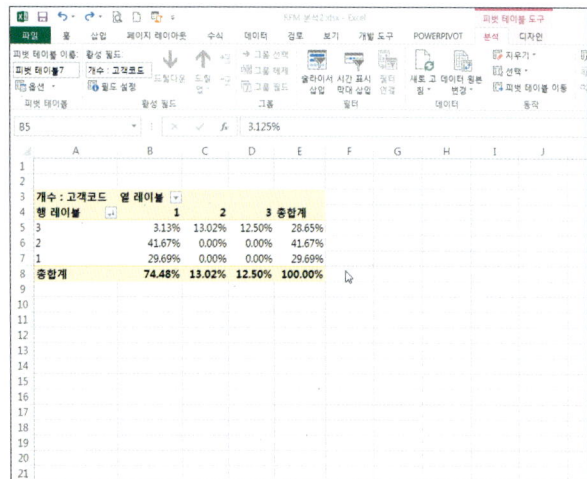

14. [B5:E7] 셀 범위를 선택한 다음 [홈] 탭–[표시 형식] 그룹–[자릿수 줄임]을 클릭하여 소수점 이하 한 자리 수로 변경합니다.

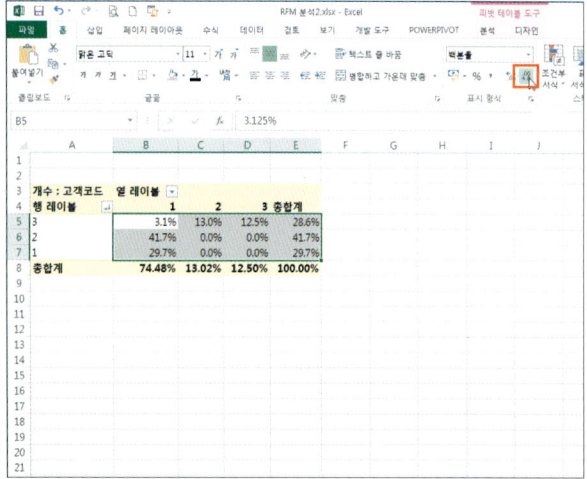

15. 이번에는 R과 M의 관계를 분석하기 위해 다시 피벗 테이블을 삽입합니다. [Sheet1] 시트에서 RFM 분석을 하기 위한 범위를 선택한 다음 [삽입] 탭–[표] 그룹–[피벗 테이블]을 클릭합니다. [피벗 테이블 만들기] 대화상자가 나타나면 [기존 워크시트] 항목을 선택한 후 [범위 선택] 아이콘을 클릭합니다.

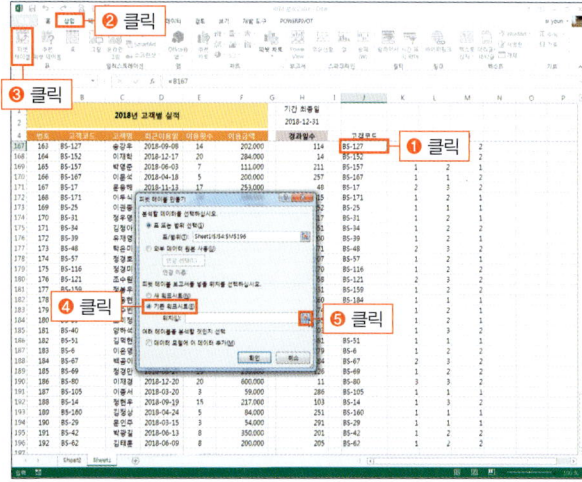

16. [Sheet2] 시트에서 [A11] 셀을 선택하고 [범위 설정] 아이콘을 클릭합니다.

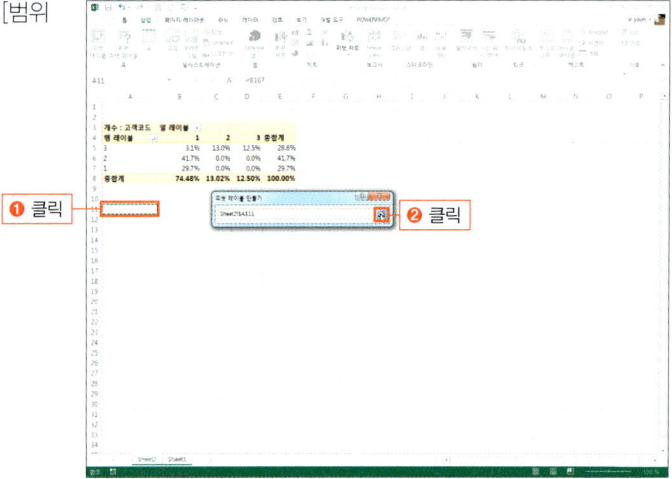

17. [피벗 테이블 만들기] 대화상자가 나타나면 범위를 확인하고 [확인] 단추를 클릭합니다.

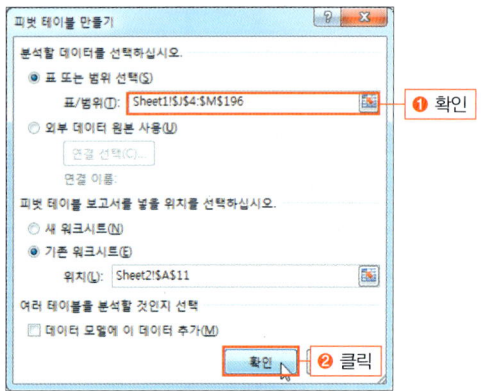

18. [Sheet2] 시트에 새로운 피벗 테이블이 삽입 되었습니다.

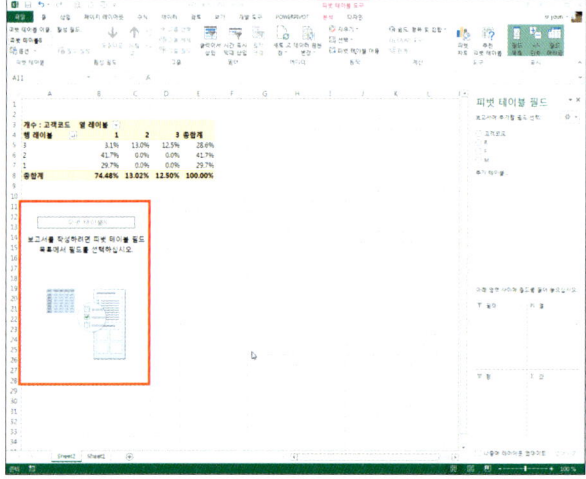

19. R과 M 필드 항목을 그림과 같이 배치합니다.

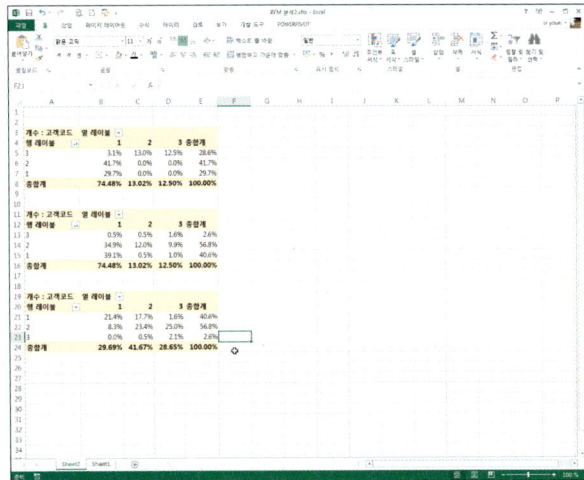

20. 이제 같은 방법으로 나머지 피벗 테이블을 삽입합니다. 마지막에는 F와 M입니다.

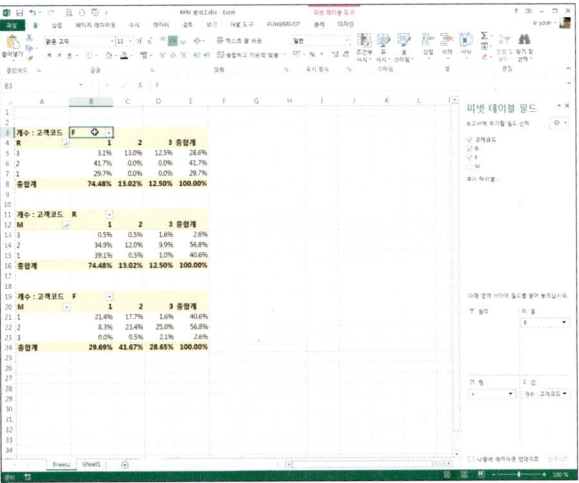

21. 열과 행의 레이블 이름을 알기 쉽게 변경하여 완성합니다.

■ **PPM 분석** 422P

PPM은 Product Portfolio Management의 약어로 분석은 자사가 하고 있는 사업이나 상품의 시장 성장률과 상대적인 시장 점유율에서 별(Star), Cash Cow(현금원), Problem Child, Dog의 4가지 포지션으로 분류하고 각각에 맞는 사업 전개를 검토하는 분석 방법입니다.

■ **RFM 분석** 440P

좋은 고객을 알아보기 위한 하나의 분석 방법입니다. RFM 분석은 고객을 다음 3가지 측면에서 분석합니다.

- **R** : 가장 최근에 쇼핑 오는 날은 언제인가?
- **F** : 지금까지 몇 번 구입(방문)하는가?
- **M** : 지금까지 어느 정도 구입하는가?

■ **Star(상대 점유율 높음 ×시장 성장률 높음)** 422P

시장의 성장률. 상대적 점유율 모두 높습니다. 기업에서 가장 주목 받기 쉬운 사업입니다. 이 사업이나 제품은 매출이 늘어 현금도 많이 유입되지만 점유율을 유지하기 위해 설비 투자나 판촉비도 늘릴 필요가 있기 때문에 현금 지출도 증가합니다. 이 카테고리에 들어가는 사업이나 제품은 현금 수입과 지출이 경쟁하고 있으므로 단기적으로 수익원이 되기는 힘들지만 이대로 시장이 성숙기가 되어 현금 투자가 줄면 단번에 수익 사업으로 돌아섭니다. 따라서 기업의 장래성을 생각한다면 이 Star 카테고리에 어느 정도의 사업이 있는가가 포인트입니다.

■ **Cash Cow(상대 점유율 높음 ×시장 성장률 낮음)** 423P

시장 성장률은 낮지만 상대적 점유율이 높아 돈이 되는 사업이나 제품입니다. 자사의 점유율이 높아 매출도 크고 현금도 많이 유입되고 있지만 시장 성장률이 낮아 경쟁이 둔화되는 상태입니다. 설비 투자나 판촉비 등의 지출은 감소합니다. 지금은 가장 수지가 맞는 사업이지만 언젠가 쇠퇴할 가능성이 높은 사업이라고 할 수 있습니다.

■ **Problem Child(상대 점유율 낮음 ×시장 성장률 높음)** 423P

시장 성장률이 높고 상대적 점유율이 낮아 문제가 되는 사업입니다. 시장은 성장하고 있으므로 설비 투자 등의 현금 지출은 증가하지만 자사 점유율이 낮아 수입은 적고 돈 먹는 하마라고 할 수 있습니다. 하지만 이 카테고리에 사업은 장래 Star 카테고리 후보이므로 차분하게 키워 나가는 것이 필요합니다. 따라서 이 카테고리의 사업을 어떻게 전개할 것인가가 경영의 한 가지 포인트가 됩니다. 하지만 이 카테고리에 들어가는 사업을 일률적으로 투자할 수는 없으므로 어떤 가치 판단을 가지고 투자할 사업인지 선택하는 것이 바로 경영의 이슈 자체라고 할 수 있을 것입니다. 새로 벌리는 사업은 보통 이 카테고리에 속하는 것이 대부분입니다.

■ **Dog(상대 점유율 낮음 ×시장 성장률 낮음)** 423P

향후 성장을 기대할 수 없는 시장에서 점유율이 올라가지 않는 사업입니다. 시장이 성숙기, 쇠퇴기에 이르렀기 때문에 현금을 새로 투자할 필요가 없고, 게다가 점유율도 낮기 때문에 현금 수입도 내다볼 수 없는 카테고리입니다. 현재는 현금이 들어오지도 않지만 나가는 현금도 한정되어 있으므로 큰 손실을 내지는 않고 있지만 장래성을 생각하여 철수하는 것이 좋겠습니다.

01 PPM 분석표를 이용하여 아래와 같은 PPM 차트를 작성합니다.

예제 파일 : CD\Part 05\연습문제5-1.xlsx
완성 파일 : CD\Part 05\연습문제5-1_완성.xlsx

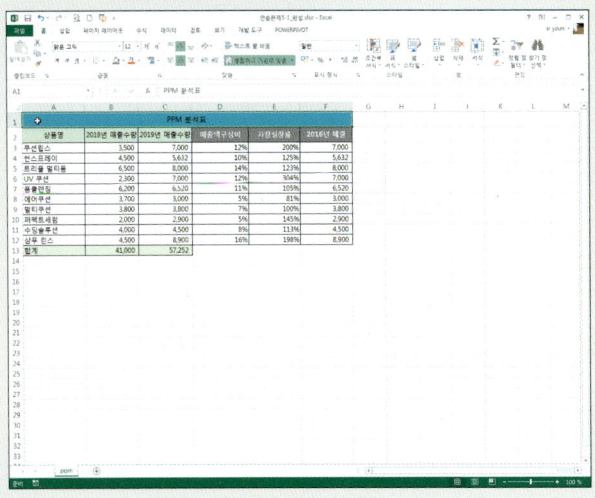

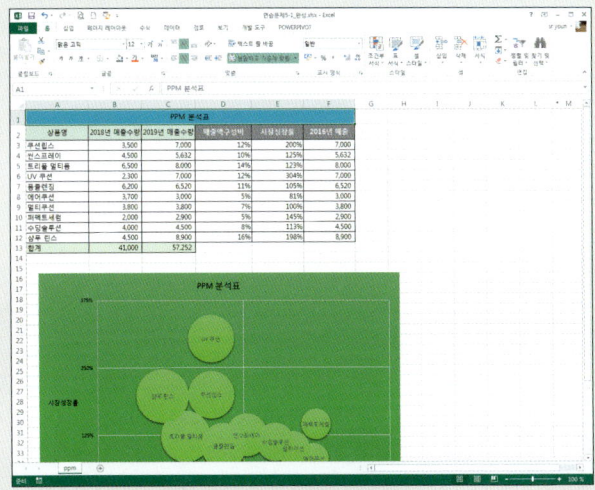

HINT   PPM 차트는 거품형 차트로 만들면 되며, 차트 범위는 [D3:F12] 셀 범위를 이용하면 됩니다. 특히 기본 차트를 작성한 후에는 축 서식 창에서 [값을 거꾸로] 항목을 지정하여 축을 변경합니다.

찾아보기

A

AVERAGE 함수	31
ABC 분석	307
ABC 분석 차트	314

C

Cash Cow	423
CONCATENATE 함수	443
CORREL 함수	163
COUNT 함수	33
COUNTIF 함수	103
COUNTIFS 함수	455

D

DATEDIF 함수	467
Dog	423

F

FORECAST 함수	136
FR크로스집계	458
Frequency	441

I

INDIRECT 함수	445
Int	213
INTERCEPT 함수	135

K

KURT	33

L-M

LINEST 함수	133
LOGEST 함수	132
MAX 함수	32
MEDIAN 함수	31
MEDIAN 함수	37
MIN 함수	31

M

MODE,SNGL 함수	32
Monetary	441

O

OFFSET 함수	152

P

PMT 함수	301
PPM 분석	422
PPM 차트	426
ProblemChild	423

R

Recency	441
RFM 분석	440
ROUND함수	283, 289

S

SKEW 함수	34
SLOPE 함수	134
Star	422
STDEV.P 함수	32
SUM 함수	33
SUMIF 함수	186

T

TRIMMEAN 함수	36

V

VAR.P 함수	31

Z

Z 차트	318

ㄱ

가로막대형 차트	20
개수	252
거듭제곱	115
거품형 차트	21
결정계수	131, 166
계열 서식	86
계절변동비	332
계절지수	332
고객분석	442
고정비	65
골드고객	464
관측수	166
교차비율	325
교차표	279
구간폭	62
기본 통계량	30
기울기	131
기초 통계량	35
꺾은선형 차트	20
날짜 데이터 그룹화	267

ㄴ

누계이동평균	15
누적 영역형 차트	77

ㄷ

다른매장손님	464
다중상관계수	166, 172
다항목 조건 분석	258
다항식	114
단골손님	464
단순회귀분석	165
단회귀분석	140
대출금	301
데이터갱신	257
도넛형 차트	20
도수분포표	60
독립변수조합	190

ㄹ — ㅁ

로그	113
매출누적액	76
매출액총이익률	425
매출액구성비	424
목표값 찾기	240
목표매출액	72
무관심고객	464

ㅂ

방사형 차트	21
변동비	65
병합	225
분산	39
분산형 차트	43
불만고객	464
불만발생고객	464
불신고객	464
비용분해	64

ㅅ

사정발생고객	464
상관 계수	406
상대점유율	425
상승평균	15
상품력	15
상품회전율	324
선형	113
성장기	286
세로막대형 차트	20
손익분기점	64
수지 예측	224
숫자 개수	252
시나리오	224
신규고객	464
신뢰고객	464
신뢰구간	34
실버고객	464

ㅇ

안전재고	376
앙케이트	350
연평균 성장률	389
열레이블	251
영역형 차트	21
영향도	172
예측 함수	131
오류체크	104
왜도	34
원형 차트	20
유지기	286
이동평균	115
이동평균법	389, 140, 332
이익한계선	78
일반손님	464

ㅈ

자동필터	104
자동 필터 보기	55
자동합계	35
재고회전율	385
절편	131
정렬	92
조정된 결정계수	166
주식형	21
중앙값	31
지수	114
지수평활법	140
진열대비율	216
진입기	286

ㅊ

첨도	33
최대값	32
최빈값	32
최소제곱법	168
최소값	31
추세선	116

ㅋ - ㅍ

콤보	21
파레토 차트	306, 415
팬 차트	390
평균	30
포지셔닝 맵	274
표면형	21
표본 분산	252
표본수	33
표본 표준편차	252
표준 정규 분포	374
표준편차	39
플래티넘고객	464
피라미드 차트	437
피벗 테이블	250
필드목록	251
필터	93
필터 아이콘	251

ㅎ

한계이익	64, 76
한계이익 차트	74
한계이익누적액	76
한계이익율	76
해 찾기	210
해 찾기 기능 추가 설치	211
행 레이블	251
회귀 방정식	131
히스토그램	34, 60

엑셀 데이터 분석 바이블

1판 1쇄 발행 2014년 8월 29일

저 자 | 윤신례
발 행 인 | 김길수
빌 행 처 | 녕신닷컴
주 소 | (우)153-803 서울특별시 금천구 가산동 664번지
　　　　　대륭테크노타운 13차 10층
등 록 | 2007. 4. 27. 제16-4189호

가격 24,000원

ⓒ2014. (주)영진닷컴
ISBN | 978-89-314-4738-5

도서문의처 | www.youngjin.com

FRJ JEANS